DAXUE
TIYU JULEBUZHI
JIAOXUE JIAOCHENG

大学体育俱乐部制

教学教程

李斌◎主编

北京师范大学出版集团
BEIJING NORMAL UNIVERSITY PUBLISHING GROUP
安徽大学出版社

图书在版编目(CIP)数据

大学体育俱乐部制教学教程/李斌主编. —合肥:安徽大学出版社,2023.7

ISBN 978-7-5664-2254-5

Ⅰ. ①大… Ⅱ. ①李… Ⅲ. ①体育组织—俱乐部—高等学校—教材 Ⅳ. ①G807.4

中国版本图书馆 CIP 数据核字(2021)第 130182 号

大学体育俱乐部制教学教程　　李　斌 主编

出版发行: 北京师范大学出版集团
安 徽 大 学 出 版 社
(安徽省合肥市肥西路 3 号 邮编 230039)
www.bnupg.com
www.ahupress.com.cn

印　　刷: 合肥锦华印务有限公司
经　　销: 全国新华书店
开　　本: 787 mm×1092 mm　1/16
印　　张: 25.25
字　　数: 597 千字
版　　次: 2023 年 7 月第 1 版
印　　次: 2023 年 7 月第 1 次印刷
定　　价: 55.00 元

ISBN 978-7-5664-2254-5

策划编辑:马晓波　李晨霞
责任编辑:马晓波　李　晴　王　晶
责任校对:刘婷婷
装帧设计:李伯骥　孟献辉
美术编辑:李　军
责任印制:陈　如　孟献辉

前　言

高校是我国培养人才的主阵地，体育教育是高校课程体系的重要组成部分，是高校体育工作的中心环节。习近平总书记在2018年9月出席全国教育大会时强调："要树立健康第一的教育理念，开齐开足体育课，帮助学生在体育锻炼中享受乐趣、增强体质、健全人格、锤炼意志。"2020年4月27日，中共中央全面深化改革委员会第十三次会议审议通过了《关于深化体教融合促进青少年健康发展的意见》。会议指出，深化体教融合促进青少年健康发展，要树立健康第一的教育理念，推动青少年文化学习和体育锻炼协调发展，加强学校体育工作，完善青少年体育赛事体系，帮助学生在体育锻炼中享受乐趣、增强体质、健全人格、锻炼意志，培养德、智、体、美、劳全面发展的社会主义建设者和接班人。2022年10月16日，习近平总书记在党的二十大报告中提出："加强青少年体育工作，促进群众体育全面发展，加快建设体育强国。"这为当前高校体育工作指明了方向。

进入新世纪以来，高校不断开展体育教育教学改革，按照国务院《关于强化学校体育促进学生身心健康全面发展的意见》要求，对照《高等学校体育工作基本标准》和《国家学生体质健康标准》，根据《安徽省教育厅关于在全省高校推行公共体育艺术教育俱乐部制教学改革的意见》精神，结合当前大学生上课情况和大学生身体素质状况，我们编写了《大学体育俱乐部制教学教程》。

本教材由李斌担任主编，章翔、林秋菊担任副主编，王友亮、乔伟、陈光华、姚煜、胡哲纯、贾恩峰、徐先霞、黄安泉、潮芳等参加编写。全书分为体育理论和体育实践两个部分，体育理论：学校体育与健康教育、体育运动中常见运动损伤、国家学生体质健康标准，体育实践：篮球运动、足球运动、排球运动、羽毛球运动、网球运动、乒乓球运动、武术、健美操、体育舞蹈、啦啦操运动。

本教材注重科学性、实用性、针对性，有如下独到之处：

(1)内容上侧重技能应用。强调学生对体育技能的应用，并将其作为学期考核的重要指标，达到"教会、勤练、常赛"的目的。

(2)形式上注重通俗直观。第三章"国家学生体质健康标准"除了列出大学生体质健康测试单项指标评分标准，还通过图文并茂的形式，简明扼要、通俗易懂地介绍了大学生体质健康标准的测试方法；全书示范动作照片均由参编老师亲自或指导学生拍摄，便于学生了解、学习、掌握。

(3)体育实践部分在单项项目教学内容之后，介绍了考核内容、方法、评分标准，有利于学生在学习时有的放矢。

由于时间仓促，编写水平有限，难免有不妥之处，敬请专家、学者以及广大师生批评指正。此外，在本教材的编写过程中，参考并引用了相关学者的文献和资料，在此表示诚挚的感谢！

目录

第一部分　体育理论

第一章　学校体育与健康教育 …… **003**
第一节　学校体育 …… 003
第二节　健康与健康促进 …… 006
第三节　健康教育 …… 008

第二章　体育运动中常见运动损伤 …… **010**
第一节　运动损伤的分类 …… 010
第二节　运动损伤的发生因素 …… 011
第三节　如何预防运动损伤 …… 012
第四节　如何处理运动损伤 …… 013

第三章　国家学生体质健康标准 …… **015**
第一节　国家学生体质健康标准说明 …… 015
第二节　大学生体质健康标准测试方法 …… 016
第三节　大学生体质健康测试单项指标评分标准 …… 025

第二部分　体育实践

第四章　篮球运动 …… **035**
第一节　篮球运动基本知识 …… 035
第二节　篮球运动基本技术 …… 036

第三节　篮球运动基本战术 …… 056
第四节　篮球比赛基本规则 …… 059
第五节　篮球运动教学的考核 …… 061

第五章　足球运动 …… 064
第一节　足球运动基本知识 …… 064
第二节　足球运动基本技术 …… 065
第三节　足球运动基本战术 …… 074
第四节　足球比赛基本规则 …… 088
第五节　足球运动教学的考核 …… 094

第六章　排球运动 …… 100
第一节　排球运动基本知识 …… 100
第二节　排球运动基本技术 …… 101
第三节　排球运动基本战术 …… 114
第四节　排球比赛基本规则 …… 119
第五节　排球运动教学的考核 …… 121

第七章　羽毛球运动 …… 127
第一节　羽毛球运动基本知识 …… 127
第二节　羽毛球运动基本技术 …… 128
第三节　羽毛球运动基本战术 …… 152
第四节　羽毛球比赛基本规则 …… 154
第五节　羽毛球运动教学的考核 …… 157

第八章　网球运动 …… 164
第一节　网球运动基本知识 …… 164
第二节　网球运动基本技术 …… 165
第三节　网球运动基本战术 …… 178
第四节　网球比赛基本规则 …… 181
第五节　网球运动教学的考核 …… 184

第九章　乒乓球运动 …… 189
第一节　乒乓球运动基本知识 …… 189
第二节　乒乓球运动基本技术 …… 190

第三节　乒乓球运动基本战术……202
第四节　乒乓球比赛基本规则……205
第五节　乒乓球运动教学的考核……210

第十章　武术……214
第一节　武术基本知识……214
第二节　武术基本技术……215
第三节　武术基本功与基本动作……217
第四节　太极拳……225
第五节　武术竞赛基本规则……264
第六节　武术教学的考核……267

第十一章　健美操……271
第一节　健美操基本知识……271
第二节　健美操基本动作……272
第三节　全国健美操大众锻炼标准……283
第四节　大众健美操比赛基本规则……296
第五节　健美操教学的考核……298

第十二章　体育舞蹈……302
第一节　体育舞蹈基本知识……302
第二节　体育舞蹈基本理论、技术与技巧……305
第三节　两种常见体育舞蹈的基本姿势及舞步……309
第四节　体育舞蹈教学的考核……327

第十三章　啦啦操运动……330
第一节　啦啦操运动基本知识……330
第二节　花球啦啦操运动的基本技术……332
第三节　花球啦啦操套路组合节选……339
第四节　花球啦啦操的竞赛规则……390
第五节　花球啦啦操教学考核……391

参考文献……395

—— 第一部分 ——

体育理论

第一章 学校体育与健康教育

学校体育是“健康第一”理念、健康教育落地的重要路径。在实施“健康中国”战略背景下,学校体育作为教育的重要组成部分,承担着促进国民体质健康的重要责任。新时代学校体育工作的重要使命和目标是帮助学生在体育锻炼中享受乐趣、增强体质、健全人格、锤炼意志,培养德智体美劳全面发展的社会主义建设者和接班人。

第一节 学校体育

一、学校体育的概念

学校体育是指根据国家的教育方针及社会的需要,依据学生身心发展的特征,以适当的身体练习和卫生保健措施为手段,通过体育课、课余体育训练、体育竞赛等形式进行教育活动。目的是使学生锻炼身体,增强体质,掌握体育的基本知识、基本技术和基本技能,发展体育能力,提高运动水平,接受思想品德教育,实现身心的全面发展。学校体育还是国民体育的基础。由此可见,学生身心全面、和谐的发展,国民身体素质的提高都离不开学校体育的健康发展。

2014 年 7 月,时任国务院副总理刘延东在全国学校体育工作座谈会上强调:“加强学校体育工作是促进学校回归育人本原、促进学生全面发展的重要途径,要通过学校体育活动使学生强健体魄、健全人格,养成终身体育锻炼习惯和健康生活方式。”2016 年 5 月 6 日,国务院办公厅颁发了《国务院办公厅关于强化学校体育促进学生身心健康全面发展的意见》,指出:“强化学校体育是实施素质教育、促进学生全面发展的重要途径。”由此可见,学校体育是我国学校教育的重要组成部分,是实施素质教育的必然要求,对促进青少年身心健康发展具有重要意义。

二、学校体育学的发展

中华人民共和国成立后,国家发出“建设新体育,把体育普及到千百万劳动人民中去”的号召。于是,在“以俄为师”“全盘学苏”的热潮中,我国翻译出版了《苏联学校体育教材》《苏联学校体育教育》等著作,引介了苏联学校体育的理论与实践经验。1955 年,苏联专家凯里舍夫来华讲学,系统介绍了体育教育理论的基本原理、学龄前及学龄儿童体育教育的理论和教法、高等学校体育教育的理论和教法、业余体育组织体育教育的理论和教法，根据其讲学内容，1956年北京体育学院整理出版了《苏联体育教育理论》（讲稿）。此后，苏联专家与我国体育理论专家、学者共同合作编写了体育院系使用的体育理论讲义，其中学校体育内容占较大篇幅。在"批美学苏"期间，我国学校体育在苏联学校体育理论的影响下，以增强学生体质思想为主导，以学习体育的基本知识、技术、技能及对学生进行思想品德教育为基本任务，运用"三段式"（准备、基本、结束三部分）课堂教学结构和凯洛夫教学原则开展教学，在很大程度上规范了当时的学校体育教学秩序，促进了学校体育理论与实践的结合。

20世纪60年代初，在消化吸收苏联体育教育理论的基础上，结合实际情况，我国于1961年出版了自编的体育学院作为内部教材使用的本科讲义《体育理论》，有讲述教学和训练、教学训练的组织和计划、学前体育、学校体育等内容；在此期间，也有一些专家编著出版了《体育教学法》《体育教育学》，这些教材和专著对于培养合格的体育教师起到了一定的作用，同时也奠定了学校体育学基础理论的根基。"文革"期间，我国体育研究氛围遭到破坏，理论建设遭受重创，学校体育学科发展几乎处于停滞状态。1979年5月，教育部、国家体委、卫生部、共青团中央在江苏扬州联合召开"全国学校体育、卫生工作经验交流会"（以下简称"扬州会议"）。"扬州会议"的召开是新时期我国学校体育教育理论与实践工作的重大事件，它果断结束了"文革"对学校体育造成的破败乱局，迅速打开了学校体育发展的新局面，为学校体育的发展提供了开放与变革的意识、探索与争鸣的环境和强大的发展动力，并在很大程度上解放了学校体育工作者的思想，明确了学校体育研究的主题——增强学生体质，开启了学校体育研究的新征程。

根据社会发展和学校体育实践发展的客观需要，经过我国学校体育理论工作者的不懈努力，我国于1983年出版了全国体育院系试用的教材《学校体育学》。《学校体育学》的出版，通常被视为学校体育学科知识规范化、专门化、系统化的标志，填补了我国学校体育学科理论研究的空白，初步建立起学校体育独立的知识体系，标志着学校体育学科开始进入自我发展的新阶段。

三、新时代学校体育的使命

"人民是历史的创造者"。在新时代，人民对美好生活的需要不断得到丰富与满足，是实现中华民族伟大复兴中国梦的体现，其必将落脚于人民健康素质的全面提升与完善。新时代是奋进有为、超越发展的时代，一个民族旺盛生命力的不断涌现，是学校体育推进强国梦的战略支点，将为人的成才成长与终身发展奠基。

在新时代，学校体育怀揣新梦想，孕育新希望，肩负新使命。2013年8月31日，习近平在沈阳会见参加全国群众体育先进单位和先进个人表彰大会时强调："发展体育运动，增强人民体质，是我国体育工作的根本方针和任务。"从中指明了体育在社会主义建设中的性质与作用，体育要为人民群众的健康素质和幸福生活服务。因此，人民群众体育锻炼意识的植入、兴趣的培养、习惯的生成、技能的获取等，都是体育工作的重要内容，被纳入体育事业的核心范畴。正如习近平总书记所说:“体育运动在中国是一项神圣的事业,体育运动在中国发展也是对人类发展的贡献。”因此,体育为人类社会发展保驾护航,是人们通往幸福生活的重要途径。在这一发展过程中,学校体育又是我国体育事业的重要组成部分,是全民健身工程实施的必要步骤,人在青少年时期的习得,决定着今后生活方式与习惯,学校体育将为终身体育打下基础。

2014 年 8 月 15 日,在看望南京青奥会中国代表团时,习近平强调:“少年强、青年强则中国强。”这里的“强”不仅是身体强健,还关系国富民强,青年强、身体强、精神强、文化强、体育强,都会汇聚到“中国强”之中,“强我中华”乃是我党为之不懈奋斗的目标。“少年强、青年强”首在教育培养,而“身体”又是人之为人的根本特征,培根说:“健康的身体是灵魂的客厅,病弱的身体是灵魂的监狱”,因此,健康、强壮、勇力与灵敏乃是学校教育所要达到的目标,学校体育则承担着这一教育职责,成为“德、智、体”三育之一。全民族身体素质的不断提高,学校体育肩负着重要的历史使命与责任,人生命成长的关键时期在学校中度过,从这个意义上讲,学校体育是强健生命的孕化器和护育站,“完整的人”必将接受学校体育的锻造与锤击,方能练就强健的身体基础为社会主义建设服务。

2020 年 9 月,习近平总书记在教育文化卫生体育领域专家代表座谈会上再次指出,要坚持健康第一的教育理念,加强学校体育工作,推动青少年文化学习和体育锻炼协调发展,帮助学生在体育锻炼中享受乐趣、增强体质、健全人格、锻炼意志。

2020 年 10 月,中共中央办公厅、国务院办公厅联合印发的《关于全面加强和改进新时代学校体育工作的意见》指出“学校体育是实现立德树人根本任务、提升学生综合素质的基础性工程,是加快推进教育现代化、建设教育强国和体育强国的重要工作,对于弘扬社会主义核心价值观,培养学生爱国主义、集体主义、社会主义精神和奋发向上、顽强拼搏的意志品质,实现以体育智、以体育心具有独特功能。为贯彻落实习近平总书记关于教育、体育的重要论述和全国教育大会精神,把学校体育工作摆在更加突出位置,构建德智体美劳全面培养的教育体系”。

党的二十大报告提出,“教育、科技、人才是全面建设社会主义现代化国家的基础性、战略性支撑”,赋予了教育新使命新任务,更加凸显了教育的基础性、先导性、全局性地位和作用,体现了党对教育工作前所未有的重视。党的二十大报告从全面建设社会主义现代化国家和全面推进中华民族伟大复兴的战略全局高度,首次对教育、科技、人才作出一体部署,强调要加快建设教育强国、人才强国、体育强国,办好人民满意的教育,落实立德树人根本任务,培养德智体美劳全面发展的社会主义建设者和接班人。党的二十大报告同时提出,“加强青少年体育工作,促进群众体育和竞技体育全面发展,加快建设体育强国”,推进健康中国建设。党的二十大为新时代学校体育高质量发展指明了方向,确立了行动指南。学校体育在新时代大有可为,进入人才强国和体育强国,学校体育必须行动起来。新时代是强国发展的时代,它给了我们崭新的使命,学校体育也需要紧密跟随“强起来”的步伐,为国民素质不断提升勇往直前披荆斩棘。为谋求人民幸福生活而助力,是新时代学校体育的使命。

第二节　健康与健康促进

一、健康概念

生物学模式下，人们认为健康就是“不生病”或“不虚弱”，把健康单纯地理解为“无病、无残、无伤”。

医学模式下，由单纯的“生物医学”向“生物—心理—社会医学”演变，健康的涵义也随之不断更新、扩展。

世界卫生组织 1984 年在宪章中提出“健康不仅是没有疾病或虚弱，而是指身体的、心理及社会的良好状态”的三维健康观。生理健康是指躯体、器官、组织及细胞的健康，心理健康是指精神与智力的正常，社会健康是指有良好的人际交往与社会适应的能力。三者的相互作用以维护个体的健康或产生疾病，当三者平衡时，我们称之为恒定，便能维持健康；当这种平衡受干扰而被破坏时，疾病便产生了。

中国社会医学学者在三维健康观的基础上，把健康分为三个层次：

第一层次（一级健康）是满足生存条件；

第二层次（二级健康）为满意度条件；

第三层次（三级健康）是最高层次的健康。

世界卫生组织提出的 2000 年人的健康标准 10 条：

（1）体重基本稳定：一个月内体重增减不超过 4kg，超过者为不正常。

（2）体温基本在 37℃左右：每日的体温变化不超过 1℃，超过 1℃者为不正常。

（3）脉搏每分钟在 75 次左右：一般不少于 60 次，不多于 100 次，否则为不正常。

（4）正常成年人每分钟呼吸 16—20 次：呼吸次数与心脉跳动的比例为 1 ∶ 4，每分钟呼吸少于 10 次或多于 24 次为不正常。

（5）大便基本定时：每日 1—2 次，若连续 3 天以上不大便或一天 4 次以上大便为不正常。

（6）每日进食量保持在 1—1.5kg 左右：连续一周每日进食超过正常进食量的 3 倍或少于正常进食量的 1/3 为不正常。

（7）一昼夜的尿量在 1500ml 左右：连续 3 天 24 小时内尿量多于 2500ml，或一天内尿量少于 500ml 为不正常。

（8）成年女性月经周期在 28 天左右：超前或推后 15 天以上为不正常，常有痛经伴随。

（9）正常成年男女结婚后能生育：夫妻生活在一起未避孕，3 年内不育为不正常。

（10）每日能按时起居：睡眠 6—8 小时，若每日不足 4 小时或每日超过 15 小时为不正常。

二、亚健康状态

亚健康是介于健康与疾病之间的一种生理功能低下的特殊状态，肌体虽尚无器质性病变，但体力降低、反应能力下降、适应能力减退、精神状态欠佳、人体免疫功能低下，已经有程度不同的各种患病的危险因素，具有发生某种疾病的高危倾向。又称为第三状态，也称为灰色状态、病前状态、亚临床期、临床前期、潜病期。

亚健康实际上就是我们常说的"慢性疲劳综合征"。因为其表现复杂多样，现在国际上还没有一个具体的标准化诊断参数。

三、健康促进

1920 年，温斯勒提出："健康促进就是组织社区，努力针对各种危险因素，开展个人卫生教育，完善社会机构以保证有利于维持并增进健康的生活水准。'1986 年，《渥太华宣言》指出："健康促进是指促进人们提高(控制)和改善他们自身健康的过程。"1986 年，《美国健康促进》杂志认为："健康促进是一门帮助人们改变生活方式，以达到理想健康状况的科学和艺术。"1988 年，世界卫生组织提出："健康促进是促进人们维护和提高他们自身健康的过程，是协调人类与他们环境之间的战略，规定个人与社会对健康各自所负的责任"。1991 年，美国健康教育学家劳伦斯·格林指出："健康促进是包括健康教育及能促使行为与环境有益于健康改变的相关的政策、法规、组织的综合。"1995 年，世界卫生组织西太平洋区办事处发表的《健康新地平线》认为："健康促进是指个人与其家庭、社区和国家一起采取措施，鼓励健康的行为，增强人们改进和处理自身健康问题的能力。"

(一)健康促进的任务

(1)主动争取和有效促进领导和决策层转变观念，从政策上对健康需求和有利于健康的活动给予支持，并制定各项促进健康的政策。

(2)强化个人、家庭和社区对预防疾病、促进健康、提高生活质量的责任感。

(3)创建有益于健康的外部环境。

(4)积极推动医疗部门观念与职能转变，使医疗部门的作用向提供健康服务的方向发展。

(5)在全民中深入开展健康教育。

(二)健康促进的社会作用

(1)是实现初级卫生保健的首要措施。

(2)是卫生保健事业发展的重要举措。

(3)是低投入、高产出、高效益的保健措施。

(4)是提高大众自我保健意识的重要渠道。

第三节　健康教育

一、健康教育概述

健康问题已经成为世界性的社会改革与发展话题，它越来越成为一个国家政治经济发展和社会进步的重要因素或力量，并得到学校教育改革的重视。

健康教育起源于德国。1792 年，德国首先开设卫生课，标志着健康教育（当时称为“卫生教育”）的出现。随后德国的卫生健育被传播到世界各国。1798 年到 1882 年，“卫生教育”一直作为世界各国开展健康教育所遵循的主要模式。19 世纪中叶，美国的妇女基督教禁酒协会对当时的健康教育发展产生了重大影响，不仅影响了美国的健康教育，而且影响了其他一些国家。19 世纪末，美国同许多西方国家一样把健康教育纳入学校的教学计划。

我国的健康教育一直被称为“卫生宣传教育”或“卫生教育”“卫生宣教”等。十一届三中全会以后，即 20 世纪 70 年代末到 80 年代初，才逐步发展起来，并确立为“生物—心理—社会医学”模式下的健康教育学。

健康教育学是建立在多学科基础上，研究与揭示健康教育工作基本规律，阐述健康教育工作基本原理与方法的一门综合性学科。它不但涉及医学、哲学、教育学、心理学、社会学、行为学、体育学、传播学和美学等的研究成果与方法，还与政治、经济制度有关，并以此来推动自身的发展。

随着社会政治经济的发展和科技的进步，人们的生活水平和生活质量得到了很大提高，生活方式也发生了根本性的变化。在更多享受现代文明带来的丰富的物质和精神财富的同时，人们的健康问题却在面临着新的威胁。不良的生活习惯和生活方式、缺乏身体锻炼和环境污染等外部因素已经极大地改变了人类疾病的类型和结构。以美国为例，20 世纪 70 年代以后，美国人的主要死因已经不再是传染病及营养不良，而是慢性病，如冠心病、肿瘤、中风以及意外事故等。如今，人们对生活方式与健康状态之间的关系有了更为深刻的认识，“预防”工作在促进人们健康方面显示出重要作用。

二、大学生实施健康教育的意义

（一）能强化学生思想品德和道德观念的教育

例如：先人后己、顾全大局是社会极力推崇的道德观，然而这样一种社会美德在一些教育活动中不易体现，而健康教育能阐明这一道理。“请不要随地吐痰”，因为痰污染环境、传染疾病，为了他人和社会的健康，也最终为了自己的健康，每个人都不应随地吐痰。同样，为他人和自己的健康，患病者不应到公共澡堂和游泳池去；为了防止艾滋病，请洁身自爱等。这些都不是空洞的说教，而是具有实质性的内容和说服力。

（二）将促进学校社会主义精神文明建设

健康教育宣传科学卫生知识，倡导健康生活方式和行为习惯，增进学生身心健康，净化校园环境，这些将大大推动学校的社会主义精神文明建设。

（三）有助于学生树立“大卫生”观念

在校大学生现在是受教育者，对他们进行教育，不仅使他们意识到健康教育人人受益、人人有责的道理，而且使他们能树立“人人为健康，健康为人人”的大卫生观念，当他们走向社会后，将成为各条战线健康教育的传播者，必将推动社会健康教育的发展。

第二章　体育运动中常见运动损伤

运动损伤是指在体育运动过程中所发生的各种损伤。运动损伤与运动训练安排和运动专项技术动作密切相关。在预防运动损伤的过程中,研究损伤发生的原因、机理、规律,并在此基础上改正错误的专项技术动作和训练手段,可以预防运动损伤的发生,有效提高运动成绩。

第一节　运动损伤的分类

运动损伤可分为四类九点:

一、按伤后皮肤完整性分类

开放性损伤:伤处皮肤的完整性遭到破坏,有伤口与外界相通,如擦伤、撕裂伤等。闭合性损伤:伤处皮肤无破损,没有伤口与外界相通,如肌肉挫伤、拉伤及关节韧带损伤等。

二、按运动损伤症状缓急分类

急性损伤:关节或软组织瞬间遭受直接或间接暴力造成的损伤,其发病快,病程短,症状急发,如关节韧带扭伤、肌肉挫伤拉伤等。慢性损伤:因局部关节或软组织长期负担过重,由反复微细损伤积累而成的运动损伤,其发病慢,症状渐起,病程较长。此外,还可因急性损伤处理不当或过早运动而转变为慢性损伤。

三、按运动技术分类

运动技术损伤:运动损伤发生与运动项目技术特点密切相关,其中包括急性损伤,如膝关节内侧副韧带损伤,也包括慢性微细损伤逐渐积累而成的慢性损伤,如髌骨软骨病、髌尖末端病等。非运动技术损伤:运动损伤发生与运动技术无关的意外损伤。

四、按伤情轻重分类

无运动损伤:按照教学训练计划可以正常进行训练和锻炼。中度损伤:能够按照教学训练计划完成大部分训练和锻炼,完成训练后症状没有加重。重度损伤:无法按照教学训练计划完成一半内容的训练和锻炼,完成训练后症状加重。

第二节　运动损伤的发生因素

1. 运动损伤发生因运动项目不同而存在差异。根据运动损伤发生的特点,可以看出运动损伤的发生与专项技术要求密切相关,不同的运动项目具有专项损伤特点。例如,篮球运动项目运动损伤多发生在下肢,最容易损伤部位依次为踝关节(踝关节韧带损伤)、膝关节(髌骨软骨病、半月板及韧带损伤)。篮球运动项目具有专项损伤特点,主要由两个因素造成。一是篮球专项的技术动作要求,二是运动员身体某关节或软组织存在解剖生理弱点。在进行训练和比赛过程中,运动员所特有的身体结构和功能,无法应付专项体能和技术动作的要求,造成运动损伤。

2. 运动损伤发生的内因是专项训练水平低,身体素质训练、专项技术训练、战术训练等不充分。身体素质包括力量素质、柔韧素质、灵敏素质、耐力素质和速度素质。具备正确的专项技术和保持正确的身体姿态是预防运动损伤的一个关键。这就要求在进行专项训练过程中,要选择适宜自己的身体素质训练和防伤训练。

3. 运动性疲劳也是导致运动损伤的重要因素之一。运动性疲劳是指由于运动过度而引发身体工作能力下降的现象,是人体运动到一定阶段所出现的正常生理现象。过度疲劳会对机体产生不良影响,引起身体机能障碍或运动损伤。

4. 运动损伤发生的外因是运动损伤预防不足。运动损伤的发生与学生对预防运动损伤认识不充分有关,缺乏运动损伤的基本知识,在平时专项训练和比赛的过程中,没有采取积极有效的预防损伤的针对性保护措施和训练方法。最终,导致运动损伤发生。

(1)准备活动不充分。充分做好准备活动,目的是做好参加体育锻炼的身心准备。准备活动的内容和运动量应根据个体、场地情况和气象条件的变化有针对性地进行。在进行准备活动时,要集中注意力,弄清楚训练中的要求,防止由于注意力不集中、训练中好强而导致发生运动损伤。

(2)场地、器材、运动装备不符合要求。有的学校运动场地比较简陋、场地不够平坦或有小块的碎石或杂物,有的学校运动器材年久失修,有的学校缺乏合适的运动装备,这些都可能导致运动损伤的发生。

(3)教学安排、组织缺乏保护与帮助。很多学生往往缺乏训练安全意识,思想容易麻痹大意,易发生损伤事故,所以要对他们进行安全教育,让他们建立自我保护意识。并且,在训练的过程中学会保护和帮助同学完成常规的训练内容。在场地周边可以做一些标牌宣传体育锻炼的科学原则及安全知识。

第三节　如何预防运动损伤

一、准备活动

一般性准备活动：与正式比赛或训练动作结构及生理特点不相似的准备活动。例如，在比赛、训练或体育课前进行各种跑、跳、徒手操、游戏等身体练习。目的在于提高神经系统的兴奋性、升高体温、增强机体的代谢水平和各器官系统的功能以及预防运动损伤。

专门性准备活动：与正式比赛或训练动作结构、节奏及运动强度相似的各种身体练习。例如，在完成一般性准备活动后进行专门的拉伸、运球训练、持球上篮训练等。专门性准备活动的目的是提高参与运动中枢神经系统协调性，强化动力定型，为正式比赛或训练做好准备。

二、运动性恢复手段

积极性休息是指运动过程中为了消除疲劳而采取的各种变化动作或运动强度的练习。积极性休息更适合于少量肌肉群参与工作所引起的局部疲劳，或运动强度较大引起的快速疲劳。在训练或比赛后，低中强度的有氧活动，如慢跑、体育游戏等可以达到加速恢复的效果。积极性休息者乳酸的消除速度远远快于普通休息者。因此，在运动训练过程中，采取调整训练内容、变换运动形式的积极性休息对于消除疲劳、促进恢复十分重要。

整理活动是指运动后进行的各种较为轻松的身体练习，其目的是消除疲劳，促进机体恢复。积极性休息结束后，通过整理活动使参与运动的肌肉拉伸。运动拉伸主要是为了增加人体关节的柔韧性。柔韧性一般被称为关节的活动范围，是人体运动的一个重要组成部分。运动拉伸是一种练习手段，以提高或保持关节和肌肉的柔韧性。运动前拉伸可以减少运动时的内部能量消耗，同时又可以提高肌肉收缩速度和肌肉收缩力量。

三、预防运动损伤的防伤训练

预防损伤的功能锻炼指的是专项训练过程中，为预防运动中出现的运动损伤而对身体容易出现损伤的部位进行专门的保护性练习。针对性的防伤训练不仅可以有效预防运动损伤的发生，而且有助于提高运动成绩。预防损伤的防伤训练是保证运动动作正确高效完成和预防运动损伤的基础。

第四节　如何处理运动损伤

一、普通运动损伤的处理方法

(一)冰敷法

有关研究结果显示,冰冷有助于提升组织血管收缩,降低血流量、麻木局部,使之减轻疼痛感,并减少肿胀面积以及肌肉痉挛现象。冷敷法主要通过降低组织温度,使周围血管收缩,减少局部血流量和伤部充血现象,放慢周围神经传导速度,因此有止血、退热、镇痛和防肿的作用。

冰敷具有以下几点效果:

1. 降低急性期炎症反应;
2. 促使血液收缩,降低局部血液循环;
3. 降低局部肿胀程度;
4. 促使局部麻木而减轻疼痛感;
5. 减少局部肌肉痉挛现象;
6. 缓慢甚至阻断局部神经反应。

方法:将毛巾用冷水浸泡后,放在伤部约 2 分钟,或将冰块装入袋内进行冰敷,每次 10 分钟左右,也可用自来水冲淋或将损伤部分浸入冷水中,或用冰块擦拭受伤部位。

适应症:主要用于急性闭合性组织损伤早期(24—48 小时)。

注意事项:冰敷法应在损伤后尽快使用,严格控制时间,并注意观察受伤部位局部组织情况,如果出现皮肤麻木或者皮肤变白应停止使用。

(二)热敷法

热敷法是运用比人体温度高的物理因子刺激来进行治疗的一种物理疗法。

热敷可以使局部血管扩张,改善血液和淋巴循环,加速组织新陈代谢。缓解肌肉痉挛,促进淤血和渗出液的吸收,加速坏死组织的消除。因而有消肿、镇痛、减少粘连和促进损伤愈合作用。

热敷法具有以下几点效果:

1. 由于局部循环加速,组织必须提升温度,因此对于疼痛有缓解的效果;
2. 提升温度,肌肉紧张度自然下降,具有弹性,可减少肌肉痉挛现象;
3. 肌肉因疲劳或僵硬造成的酸痛通过热敷情况可以改善。

方法:最简单易行的方法,是将毛巾用热水浸泡后置于伤处,无热感时更换,每次约半个小时,每天 1—2 次。

适应症:主要用于急性闭合性组织损伤 48 小时以后及慢性损伤。

注意事项:热敷时要注意避免烫伤,急性软组织损伤的早期禁止使用热敷法。

二、重大运动损伤的处理方法

急救目的:抢救生命,防止伤口感染,减少痛苦,为转运及进一步治疗创造条件。

(一)出血

出血分为内出血与外出血两种。外出血有伤口,分为动脉出血及静脉出血(动脉出血较严重)。内出血分为组织内出血、体腔出血与管腔出血。组织内出血如皮下组织、肌肉等出血。体腔出血如胸腔、颅内出血,管腔出血主要系指胃肠道出血。以下主要介绍外出血急救法。

1. 止血带法:常用的止血带有 3 种:皮管、皮带及气止血带。适用症:适用于大出血的情况。注意事项:缚止血带后肢端应呈蜡白色,如果呈紫红色则为不当。缚上的止血带,上肢应每半小时,下肢应每 1 小时分别放松一次,以免肢体坏死。

2. 压迫法:止血方法中最重要、最有效,且极简单的方法,是在出血点上直接加压,除大动脉破裂者外,出血点加压法可使血管闭塞,产生防御性血栓或血块。压迫时用手指或用包扎皆可。创伤中较大血管大出血则不然,必须于急救时采用“指压法”,压迫创伤附近的动脉或远距创伤之动脉止血。所加压力必须持续至可以结扎血管或用止血钳夹住血管时为止。

3. 充填法:多用于躯干的大伤口或不能上止血带的部位,运动创伤中很少使用。主要系用消毒纱布垫充填伤口压迫止血。

(二)骨折

骨折分为闭合性骨折和开放性骨折。闭合性骨折不与外界相通,开放性骨折锐利的骨折端穿破皮肤,直接与外界相通,这种骨折容易感染,发生骨髓炎与败血症。另外,复杂性骨折的表现是骨折后,锐利的骨折端刺伤了重要的组织与器官,如血管、神经、肺、心、肝,或影响关节,以致发生更严重的症状。这种情况在搬运病人时不小心或病人躁动,未及早给病人制动时尤易发生。

骨折的急救原则是救命在先,注意休克。预防休克的方法在于早期就地施用制动固定术,固定术应于受伤当时就地施行,未固定的病人不可移动,以免发生休克及其他严重合并损伤。固定时必须先牵引再上夹板制动。有伤口或有穿破骨折的病人应先洗涤伤口,再用消毒巾包扎,以免感染。争取在 6—12 小时以内送达医院施行手术。出血病人需要根据具体情况进行止血。

第三章　国家学生体质健康标准

第一节　国家学生体质健康标准说明

1.《国家学生体质健康标准》(以下简称《标准》)是国家学校教育工作的基础性指导文件和教育质量基本标准,是评价学生综合素质、评估学校工作和衡量各地教育发展的重要依据,是《国家体育锻炼标准》在学校的具体实施,适用于全日制普通小学、初中、普通高中、中等职业学校、普通高等学校的学生。

2. 本标准的修订坚持健康第一,落实《国家中长期教育改革和发展规划纲要(2010-2020年)》、《国务院办公厅转发教育部等部门关于进一步加强学校体育工作若干意见的通知》(国办发〔2012〕53号)和《教育部关于印发〈学生体质健康监测评价办法〉等三个文件的通知》(教体艺〔2014〕3号)有关要求,着重提高《标准》应用的信度、效度和区分度,着重强化其教育激励、反馈调整和引导锻炼的功能,着重提高其教育监测和绩效评价的支撑能力。

3. 本标准从身体形态、身体机能和身体素质等方面综合评定学生的体质健康水平,是促进学生体质健康发展、激励学生积极进行身体锻炼的教育手段,是国家学生发展核心素养体系和学业质量标准的重要组成部分,是学生体质健康的个体评价标准。

4. 本标准将适用对象划分为以下组别:小学、初中、高中按每个年级为一组,其中小学为6组、初中为3组、高中为3组。大学一、二年级为一组,三、四年级为一组。

5. 小学、初中、高中、大学各组别的测试指标均为必测指标。其中,身体形态类中的身高、体重,身体机能类中的肺活量,以及身体素质类中的50米跑、坐位体前屈为各年级学生共性指标。

6. 本标准的学年总分由标准分与附加分之和构成,满分为120分。标准分由各单项指标得分与权重乘积之和组成,满分为100分。附加分根据实测成绩确定,即对成绩超过100分的加分指标进行加分,满分为20分;小学的加分指标为1分钟跳绳,加分幅度为20分;初中、高中和大学的加分指标为男生引体向上和1000米跑,女生1分钟仰卧起坐和800米跑,各指标加分幅度均为10分。

7. 根据学生学年总分评定等级:90.0分及以上为优秀,80.0-89.9分为良好,60.0-79.9分为及格,59.9分及以下为不及格。

8. 每个学生每学年评定一次,记入《〈国家学生体质健康标准〉登记卡》(附表1-6)。特殊学制的学校,在填写登记卡时可以按规定和需求相应地增减栏目。学生毕业时的成绩和等级,按毕业当年学年总分的50%与其他学年总分平均得分的50%之和进行评定。

9. 学生测试成绩评定达到良好及以上者,方可参加评优与评奖;成绩达到优秀者,方可获体育奖学分。测试成绩评定不及格者,在本学年度准予补测一次,补测仍不及格,则学年成绩评定为不及格。普通高中、中等职业学校和普通高等学校学生毕业时,《标准》测试的成绩达不到50分者按结业或肄业处理。

10. 学生因病或残疾可向学校提交暂缓或免予执行《标准》的申请,经医疗单位证明,体育教学部门核准,可暂缓或免予执行《标准》,并填写《免予执行<国家学生体质健康标准>申请表》(附表7),存入学生档案。确实丧失运动能力、被免予执行《标准》的残疾学生,仍可参加评优与评奖,毕业时《标准》成绩需注明免测。

11. 各学校每学年开展覆盖本校各年级学生的《标准》测试工作,《标准》测试数据经当地教育行政部门按要求审核后,通过"中国学生体质健康网"上传至"国家学生体质健康标准数据管理系统"。测试和数据上传时间由教育行政部门确定。

12. 本标准由教育部负责解释。

第二节　大学生体质健康标准测试方法

一、身高

身高是反映学生生长发育水平的常用指标,与体重配合使用,可以有效地评价学生身体的匀称度与营养状况。该指标的测试适用于小学至大学的各个年级。

(一)测试方法

身高采用身高计进行测量(图3-1)。

身高计应靠墙放置在平坦的地面上,立柱的刻度尺应面向光源。测试人员要检查立柱是否垂直,连接处是否紧密,有无松动,若发现问题要及时纠正。

测试前,应对机械身高计"0"点进行检验。常用方法是将标准钢尺放置在身高计底板上,检验身高计刻度,最小刻度不得大于0.1厘米,检验误差不得大于0.1厘米。

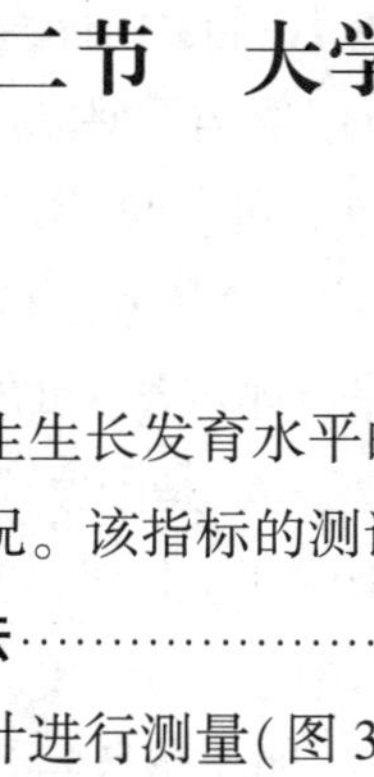

图3-1

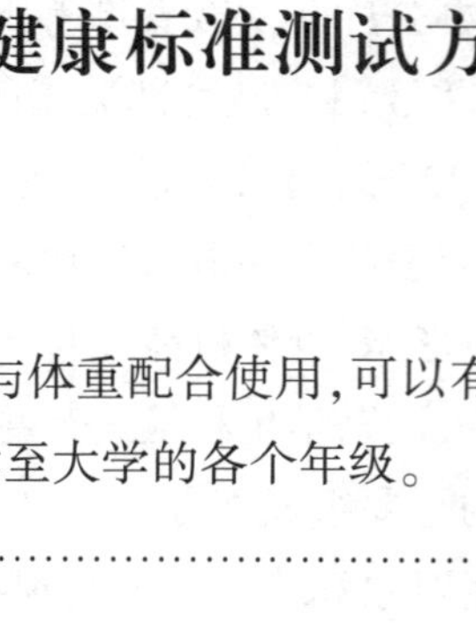

图3-2

使用电子身高计时，测试人员打开电源开关，将水平压板移至挡板处，按“按键”，显示屏显示 90.0，表明身高计已进入工作状态（图 3-2）。

测试时，受试者赤足，站立在身高计的底板上（图 3-3）；躯干自然挺直，头部正直，两眼平视前方，保持耳屏上缘与眼眶下缘呈水平位（图 3-4）。

上肢自然下垂，两腿伸直，两足跟并拢，足尖分开约 60°。

足跟、骶骨部、两肩胛间与立柱相接触，呈“三点一线”站立姿势。

测试人员单手将水平压板沿立柱下滑至受试者头顶。

读数时，测试人员双眼与水平压板水平面等高；记录员复述后进行记录。

记录时，以厘米为单位，精确到小数点后一位。

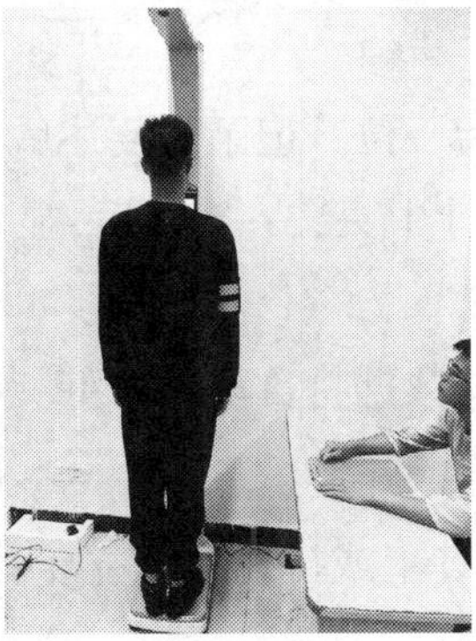

图 3-3

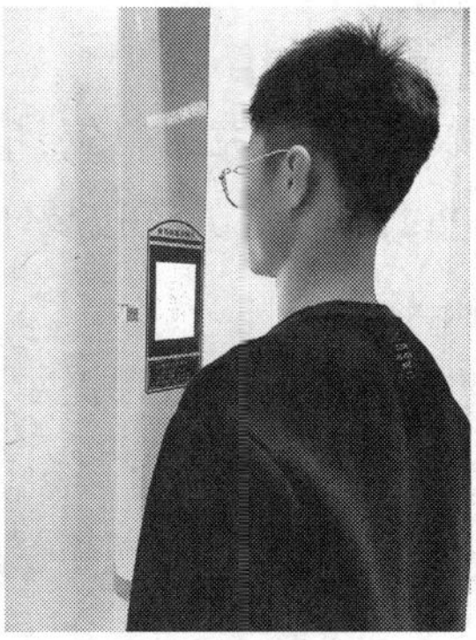

图 3-4

使用电子身高计测量时，受试者应按要求站立在身高计底板上，测试人员单手将水平压板沿立柱下滑至受试者头顶。显示屏显示身高数值，测试人员记录数值。

使用智能身高计测量时，按照语音提示进行测量，测试数值将自动写入 IC 卡内。

（二）常见错误

（1）受试者头顶上的发辫、发结未放开，饰物未取下，应让其放开发辫、发结，取下饰物后再测。

（2）受试者头过低或过高，耳屏上缘与眼眶下缘未呈水平位，或足跟、骶骨部及两肩胛间未与立柱相接触，或穿鞋站立于身高计上，应纠正后再测。

（三）注意事项

（1）测试前，受试者不得进行剧烈体育活动和体力劳动。

（2）测试人员读数完毕后，要将水平压板推回到安全高度，以防碰坏水平压板或碰伤受试者。

（3）智能身高计的水平压板是自动升降的，测试人员不要强行将其停止或上下移动。测试时，严禁拔卡。

二、体重

体重是反映学生身体重量的常用指标，与身高配合使用，可以有效地评价学生身体的匀称度与营养状况。该指标的测试适用于小学至大学的各个年级。

(一)测试方法

体重采用电子体重计或杠杆秤进行测量,不允许使用弹簧式体重计。

体重计应放置在平坦的地面上。

测试前,应对体重计进行检验。灵敏度检验的方式是将备用的100克标准砝码加到体重秤上,如果显示屏上显示的读数增加了0.1千克,表示仪器灵敏度符合测试要求。准确度检验的方式是采用备用的10千克、20千克、30千克标准砝码分别进行称量,检验误差不得大于0.1千克。

测试时,男性受试者身着短裤,女性受试者身着短裤、短袖衫,赤足,自然站立在体重计中央,保持身体平稳。

测试人员读数时,以千克为单位,精确到小数点后一位。记录员复述后进行记录。

使用电子体重计时,受试者按要求站立在体重计中央,3—5秒后,显示屏显示体重数值,测试人员记录数值。

使用智能体重计时,按照语音提示进行测量,测试数据将自动写入IC卡内。

(二)常见错误

受试者没有站立在体重计中央,穿鞋站立于体重计上或持物品站立于体重计上,应纠正后再测。

(三)注意事项

(1)测试前,受试者不得进行剧烈体育活动或体力劳动,不要大量饮水。

(2)杠杆秤每天都要按照要求进行校验,避免系统误差。

三、肺活量

肺活量是指人在尽最大努力吸气后,再尽最大努力呼气所能呼出的气体量,是反映学生肺容积和通气功能的常用指标。它的大小与年龄、性别、身高、体重、胸围及体育锻炼程度有关。该指标测试适用于小学五年级至大学的各个年级。

(一)测试方法

肺活量测试采用肺活量计进行(图3-5)。

肺活量计应放在平稳的桌面或专有支架上,使用前,用标准气体容量测试器进行肺活量计的检验(图3-6)。测试应在通风良好的房间内进行。

图 3-5

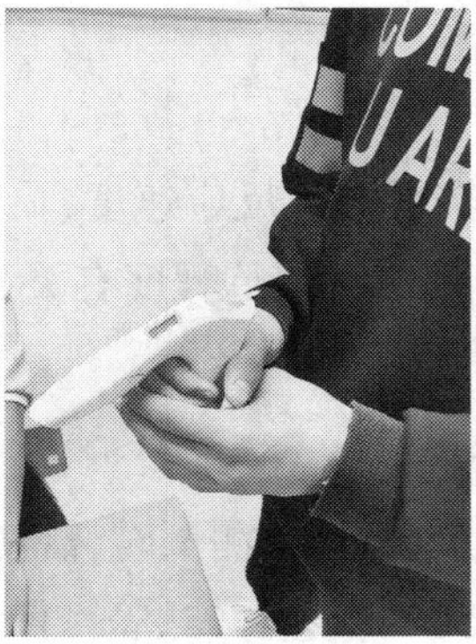

图 3-6

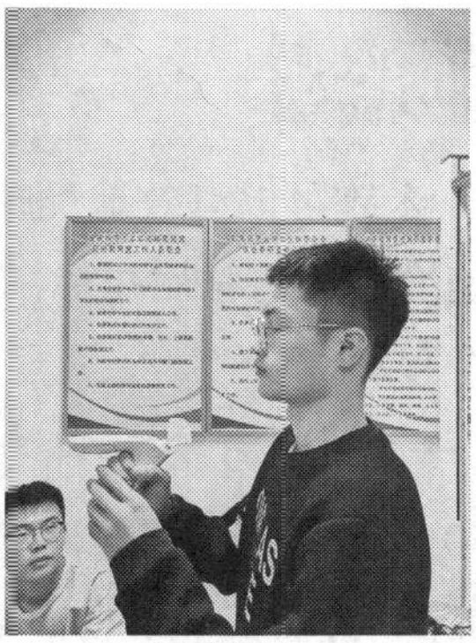

图 3-7

使用电子肺活量计时,测试人员打开电源开关,待显示屏上的闪烁信号定格在“0”时,表明肺活量计进入了工作状态。

测试前,测试人员首先要将肺活量计的口嘴装在文式管的进气口上,交给受试者(图 3-7);向受试者讲解测试要领,嘱其不必紧张。

测试时,受试者呈自然站立位,手握文式管手柄,使导压软管在文式管上方,头部略向后仰,尽力深吸气直到不能吸气为止(图 3-8);然后,将嘴对准肺活量计的口嘴缓慢地呼气,直到不能呼气为止。此时,显示屏上显示的数值即为肺活量值(图 3-9)。测试 2 次,测试人员记录最大值,以毫升为单位,不保留小数。2 次测试间隔时间不超过 15 秒。

使用智能肺活量计时,按照语音提示进行测量,测试数值将自动写入 IC 卡,并语音提示结果。

图 3-8

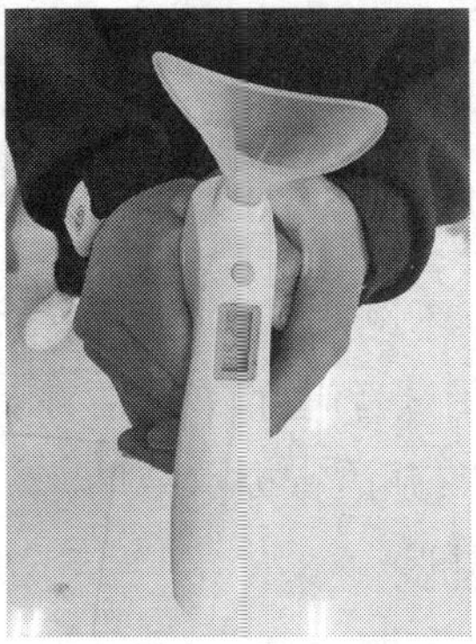

图 3-9

(二)常见错误

受试者测试时,导压管朝下或手堵住了出气口,应纠正再测。

(三)注意事项

(1)肺活量计计量部位的通畅和干燥是仪器准确的关键,导压软管必须在文式管上方,以免唾液等杂物堵住通气道。

(2)每测试 10 人及测试完毕后,要用干棉球及时清洁通气管内部。

四、50 米跑

50 米跑可以有效地反映学生移动速度、反应速度、灵敏素质及神经系统灵活性，是评价学生速度素质的常用指标。其成绩与体育锻炼程度有关。该指标的测试适用于小学至大学的各个年级。

（一）测试方法

50 米跑应在平坦地面上进行，地质不限；测试时，需使用发令旗、发令哨和秒表。

测试前，应在平坦地面上画长 50 米、宽 1.22 米的直线跑道若干条，跑道线要清晰。设一端为起点线，另一端为终点线。受试者至少 2 人一组，站立式起跑；当听到起跑信号后，立即起跑，全力跑向终点线。

发令员站在起点线的侧面，在发出起跑信号的同时，挥动发令旗。

计时员位于终点线的侧面，在发令旗挥动的同时，开表计时；当受试者胸部到达终点线垂直面时停表。

图 3-10

记录以秒为单位，保留小数点后 1 位。小数点后第二位数按非“0”进“1”的原则进位。如 7.53 秒应读成 7.6 秒。

使用智能 50 米跑测试仪时，受试者站在起跑线后，测试人员按下“确认”键，机器发出“砰”的枪响后，受试者起跑，仪器显示计时时间。受试者到达终点，计时停止，仪器自动将测试结果写入 IC 卡，并语音提示结果。

（二）常见错误

受试者踩、跨起跑线、抢跑或途中串道，应召回重跑。

（三）注意事项

（1）测试前，受试者需做充分的准备活动。

（2）受试者应穿运动鞋或胶鞋，不能穿钉鞋、皮鞋、凉鞋参加测试。

（3）测试时，如遇风，一律顺风跑。

五、立定跳远

立定跳远是反映学生下肢爆发力及身体协调能力的常用指标，其成绩与体育锻炼程度有关。立定跳远测试适用于初中至大学各个年级。

(一)测试方法

立定跳远采用丈量尺在沙面与地面平齐的沙坑或土质松软的平坦地面上进行测试。起跳地面要平坦,不得有凹陷,起跳线至沙坑近端距离不得小于 30 厘米。

受试者两脚自然分开,站在起跳线后(图 3-11),双脚原地同时起跳(图 3-12、3-13)。

丈量起跳线后缘至最近着地点后缘之间的垂直距离(图 3-14)。

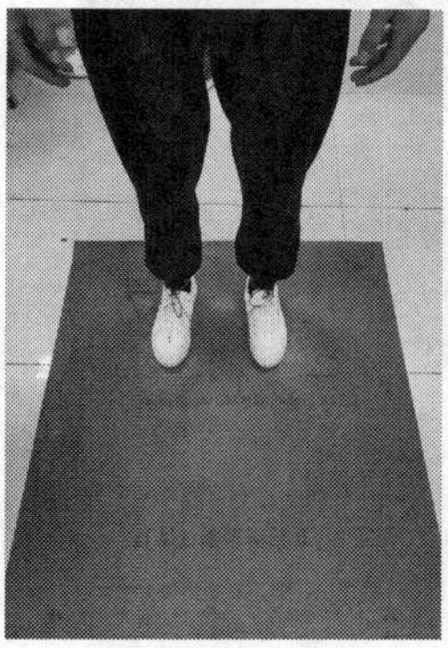
图 3-11

图 3-12

图 3-13

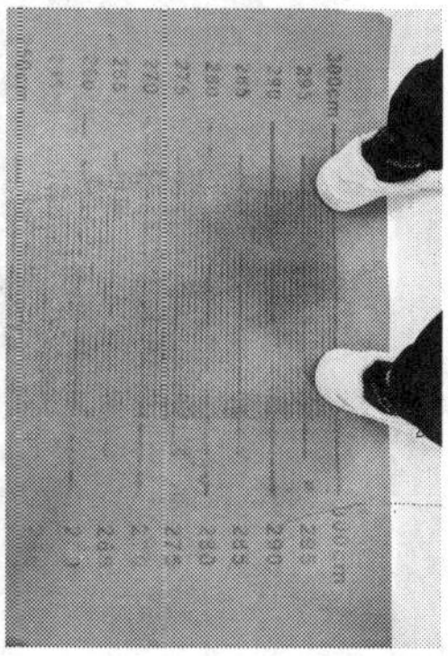
图 3-14

测试 3 次,记录最好成绩。以厘米为单位,保留 1 位小数。

使用智能立定跳远测试仪时,要将测试传感器摆放到平整的场地,受试者选择合适的起跳点,按动作要领测试,起跳落地后从测试区正前方走出,测试结果自动存入 IC 卡。

(二)常见错误

受试者起跳前两脚尖触线、过线或起跳时有垫跳、助跑、连跳等动作,应判犯规,须重跳。

(三)注意事项

(1)测试前,受试者需做充分的准备活动。

(2)发现犯规时,此次成绩无效。3 次试跳均无成绩者,须再跳,直至取得成绩为止。

(3)可以赤足,但不得穿钉鞋、皮鞋、凉鞋参加测试。

六、引体向上

引体向上是反映学生上肢肌肉力量和耐力的常用指标,其成绩与体育锻炼程度有关。该指标的测试适用于初中至大学各个年级的男生。

(一)测试方法

引体向上采用高单杠或高横杠进行测试,杠的粗细以受试者手能握住为准。

受试者面向单杠,自然站立,然后跃起正手握杠,双手分开与肩同宽,身体呈直臂悬垂姿势。

待身体停止晃动后,两臂同时用力,向上引体;引体时,身体不得有任何附加动作。

当下颌超过横杠上缘时,还原,呈直臂悬垂姿势,为完成 1 次。

测试人员记录受试者完成的次数。以次为单位。

使用电子引体向上测试仪时，应将臂带绑在受试者上臂中部。测试完毕后，显示屏显示引体向上的次数。

图 3-15

（二）常见错误

（1）受试者反手握单杠，应纠正。

（2）下颌达不到横杠上缘或引体时，身体有摆动、屈膝、挺腹等动作，该次不计数，立即纠正，继续测试。

（三）注意事项

（1）测试前，受试者需做充分的准备活动。

（2）受试者向上引体时，两次引体向上的间隔时间超过 10 秒即终止测试。

（3）若受试者身高较矮，不能自己跳起握杆时，测试人员可以提供帮助。

（4）测试时，应有相应的保护措施，防止伤害事故的发生。

七、1 分钟仰卧起坐

1 分钟仰卧起坐是反映学生腰腹部肌肉耐力水平的常用指标，其成绩与学生参加体育锻炼程度有关。该指标的测试适用于小学三至六年级的男女学生，以及初中至大学各个年级的女生。

（一）测试方法

1 分钟仰卧起坐采用软垫、秒表进行测试，测试应在平坦、整洁的场地进行，地质不限。

受试者仰卧于软垫上，两腿稍分开，屈膝成 90°，两手手指交叉贴于脑后。同伴按压其踝关节，以固定下肢（图 3-16）。

测试人员在发出“开始”口令的同时开表计时，记录 1 分钟内受试者完成次数。

受试者坐起时，两肘触及或超过双膝为完成一次（图 3-17）。

1 分钟到时，受试者虽已坐起但肘关节未触及双膝者不计该次数。

记录受试者 1 分钟完成的次数，精确到个位。

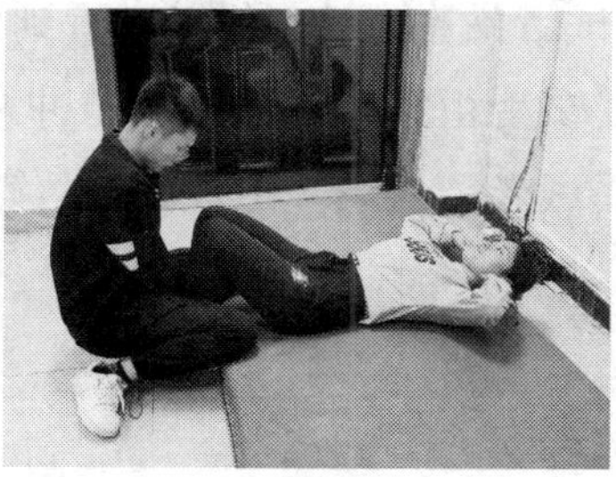

图 3-16

图 3-17

使用电子仰卧起坐测试仪时，受试者仰卧于测试板上。测试人员根据受试者躯干和下肢的长度调节托膝架和搁脚板位置，使受试者屈膝成 90°。按下测试板上的红色“开始”键，受试者听到蜂鸣器“嘀”的一声响后，开始完成 1 分钟仰卧起坐。

使用智能仰卧起坐测试仪时，按照语音提示进行测量，测试数值将自动写入 IC 卡，并语音提示结果。

（二）常见错误

受试者仰卧时，两肩胛没有触垫、双手没有抱头，膝关节没有弯曲成 90°、借用肘部撑垫或臀部起落的力量完成起坐时，该次不计数，立即纠正后，继续测试。

（三）注意事项

（1）测试前，受试者需做充分的准备活动。

（2）受试者双脚必须放于软垫上。

（3）测试过程中，测试人员应向受试者报数。

八、800 米跑（女）和 1000 米跑（男）

800 米跑和 1000 米跑是反映学生耐力素质的常用指标，可以有效地反映学生心血管、呼吸系统的机能及肌肉耐力。其成绩与体育锻炼程度有关。

800 米跑测试适用于初中至大学各个年级的女生，1000 米跑测试适用于初中至大学各个年级的男生。

（一）测试方法

400 米跑、800 米跑、1000 米跑采用发令旗、口哨和秒表进行测试。

测试应安排在 400 米、300 米、200 米田径场跑道上进行，若场地不正规，必须丈量准确，地面要平整，跑道线要清楚，地质不限。

受试者至少 2 人一组，站立式起跑。当听到起跑信号后，立即起跑，全力跑向终点线。

发令员站在起点线的侧面，在发出起跑信号的同时，挥动发令旗。计时员位于终点线的侧面，在发令旗挥动的同时，开表计时；当受试者跑完全程，胸部到达终点线的垂直面时停表。

记录以秒为单位，保留小数点后 1 位。小数点后第 2 位数按非“0”进“1”的原则进位。

使用智能中长跑测试仪时，打开电源开关，受试者站在起点线后，当听到测试仪发出“砰”的枪响后，受试者起跑，仪器显示计时时间。受试者由第二道或第三道冲刺，阻断测试终端的红外开关后，计时停止；未完成最后一圈的受试者须从第一道通过，继续测试。仪器自动将测试结果存入 IC 卡。

(二) 常见错误

(1) 受试者踩、跨起跑线或抢跑，应判犯规，须重跑。

(2) 受试者测试完毕后，立即坐卧休息，应扶起慢走。

(三) 注意事项

(1) 测试前，受试者需做充分的准备活动。

(2) 在非 400 米标准场地上进行测试时，测试人员应向受试者报告剩余圈数，以免跑错距离。

(3) 受试者应穿运动鞋或胶鞋，不得穿钉鞋、皮鞋、凉鞋参加测试。

(4) 对分秒进行换算时要细心，防止差错。

(5) 受试者通过终点线后方可减速。

九、坐位体前屈

坐位体前屈是指人体在相对静止状态下，躯干、髋、膝等关节可能达到的最大活动幅度，是有效地反映学生关节灵活性以及韧带和肌肉的伸展性与弹性的常用指标。其成绩与学生参加体育锻炼程度有关。该指标的测试适用于小学至大学的各个年级。

(一) 测试方法

坐位体前屈采用坐位体前屈测试仪与软垫进行测试。

测试前，应将坐位体前屈测试仪与软垫放置在平坦的地面上。

使用电子测试仪时，测试人员打开电源开关，将游标推到导轨的近侧端，当显示屏上显示出“—20.0 厘米”或以下数值时，表明该仪器进入工作状态(图 3-18)。

受试者面向仪器，坐在软垫上，两腿向前伸直；两足跟并拢，蹬在测试仪的挡板上，脚尖自然分开约 10—15 厘米。

测试时，受试者双手并拢，掌心向下平伸，膝关节伸直，身体前屈，用双手中指指尖匀速推动游标平滑前行，直到不能推动为止(图 3-19)。

记录时，游标超过“0”点，记录为正值；游标未超过“0”点，记录为负值。

受试者共测试 2 次，测试人员记录最大值，以厘米为单位，精确到小数点后 1 位。

使用电子测试仪时，受试者按照要求推动游标，显示屏显示测试数值。

使用智能坐位体前屈测试仪时，按照语音提示进行测量，测试数值将自动写入 IC 卡，并语音提示结果。

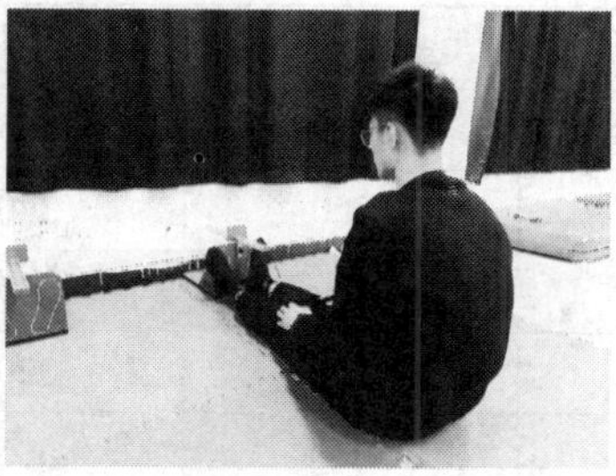

图 3-18

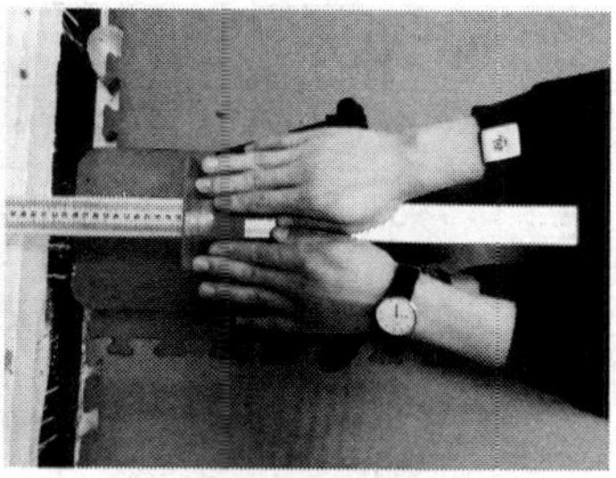

图 3-19

(二)常见错误

受试者单手向前或双臂突然发力向前推动游标;身体前屈时,受试者膝关节弯曲或足跟与挡板分离,应纠正,并重测。

(三)注意事项

(1)测试前,受试者需做充分的准备活动。

(2)每次测试前,测试人员都要将游标推到导轨近端位置。

(3)测试人员要正确记录受试者测试数值前的“+”“-”。

第三节　大学生体质健康测试单项指标评分标准

表 3-1　体重指数(BMI)单项评分表(单位:千克/米^2)

等级	单项得分	大学(男生)	大学(女生)
正常	100	17.9—23.9	17.2—23.9
低体重	80	≤17.8	≤17.1
超重		24.0—27.9	24.0—27.9
肥胖	60	≥28.0	≥28.0

表 3-2 肺活量单项评分表(单位:毫升)

等级	单项得分	大一大二(男)	大三大四(男)	大一大二(女)	大三大四(女)
优秀	100	5040	5140	3400	3450
	95	4920	5020	3350	3400
	90	4800	4900	3300	3350
良好	85	4550	4650	3150	3200
	80	4300	4400	3000	3050
及格	78	4180	4280	2900	2950
	76	4060	4160	2800	2850
	74	3940	4040	2700	2750
	72	3820	3920	2600	2650
	70	3700	3800	2500	2550
	68	3580	3680	2400	2450
	66	3460	3560	2300	2350
	64	3340	3440	2200	2250
	62	3220	3320	2100	2150
	60	3100	3200	2000	2050
不及格	50	2940	3030	1960	2010
	40	2780	2860	1920	1970
	30	2620	2690	1880	1930
	20	2460	2520	1840	1890
	10	2300	2350	1800	1850

表 3-3　50 米跑单项评分表(单位:秒)

等级	单项得分	大一大二(男)	大三大四(男)	大一大二(女)	大三大四(女)
优秀	100	6.7	6.6	7.5	7.4
	95	6.8	6.7	7.6	7.5
	90	6.9	6.8	7.7	7.6
良好	85	7.0	6.9	8.0	7.9
	80	7.1	7.0	8.3	8.2
及格	78	7.3	7.2	8.5	8.4
	76	7.5	7.4	8.7	8.6
	74	7.7	7.6	8.9	8.8
	72	7.9	7.8	9.1	9.0
	70	8.1	8.0	9.3	9.2
	68	8.3	8.2	9.5	9.4
	66	8.5	8.4	9.7	9.6
	64	8.7	8.6	9.9	9.8
	62	8.9	8.8	10.1	10.0
	60	9.1	9.0	10.3	10.2
不及格	50	9.3	9.2	10.5	10.4
	40	9.5	9.4	10.7	10.6
	30	9.7	9.6	10.9	10.8
	20	9.9	9.8	11.1	11.0
	10	10.1	10.0	11.3	11.2

表 3-4　坐位体前屈单项评分表(单位:厘米)

等级	单项得分	大一大二(男)	大三大四(男)	大一大二(女)	大三大四(女)
优秀	100	24.9	25.1	25.8	26.3
	95	23.1	23.3	24.0	24.4
	90	21.3	21.5	22.2	22.4
良好	85	19.5	19.9	20.6	21.0
	80	17.7	18.2	19.0	19.5
及格	78	16.3	16.8	17.7	18.2
	76	14.9	15.4	16.4	16.9
	74	13.5	14.0	15.1	15.6
	72	12.1	12.6	13.8	14.3
	70	10.7	11.2	12.5	13.0
	68	9.3	9.8	11.2	11.7
	66	7.9	8.4	9.9	10.4
	64	6.5	7.0	8.6	9.1
	62	5.1	5.6	7.3	7.8
	60	3.7	4.2	6.0	6.5
不及格	50	2.7	3.2	5.2	5.7
	40	1.7	2.2	4.4	4.9
	30	0.7	1.2	3.6	4.1
	20	-0.3	0.2	2.8	3.3
	10	-1.3	-0.8	2.0	2.5

表 3-5　立定跳远单项评分表(单位:厘米)

等级	单项得分	大一大二(男)	大三大四(男)	大一大二(女)	大三大四(女)
优秀	100	273	275	207	208
	95	268	270	201	202
	90	263	265	195	196
良好	85	256	258	188	189
	80	248	250	181	182
及格	78	244	246	178	179
	76	240	242	175	176
	74	236	238	172	173
	72	232	234	169	170
	70	228	230	166	167
	68	224	226	163	164
	66	220	222	160	161
	64	216	218	157	158
	62	212	214	154	155
	60	208	210	151	152
不及格	50	203	205	146	147
	40	198	200	141	142
	30	193	195	136	137
	20	188	190	131	132
	10	183	185	126	127

表 3-6　男生引体向上、女生仰卧起坐单项评分表(单位:次)

等级	单项得分	大一大二(男)	大三大四(男)	大一大二(女)	大三大四(女)
优秀	100	19	20	56	57
	95	18	19	54	55
	90	17	18	52	53
良好	85	16	17	49	50
	80	15	16	46	47
及格	78			44	45
	76	14	15	42	43
	74			40	41
	72	13	14	38	39
	70			36	37
	68	12	13	34	35
	66			32	33
	64	11	12	30	31
	62			28	29
	60	10	11	26	27
不及格	50	9	10	24	25
	40	8	9	22	23
	30	7	8	20	21
	20	6	7	18	19
	10	5	6	16	17

表 3-7　男生 1000 米、女生 800 米耐力跑单项评分表(单位:分·秒)

等级	单项得分	大一大二(男)	大三大四(男)	大一大二(女)	大三大四(女)
优秀	100	3′17″	3′15″	3′18″	3′16″
	95	3′22″	3′20″	3′24″	3′22″
	90	3′27″	3′25″	3′30″	3′28″
良好	85	3′34″	3′32″	3′37″	3′35″
	80	3′42″	3′40″	3′44″	3′42″
及格	78	3′47″	3′45″	3′49″	3′47″
	76	3′52″	3′50″	3′54″	3′52″
	74	3′57″	3′55″	3′59″	3′57″
	72	4′02″	4′00″	4′04″	4′02″
	70	4′07″	4′05″	4′09″	4′07″
	68	4′12″	4′10″	4′14″	4′12″
	66	4′17″	4′15″	4′19″	4′17″
	64	4′22″	4′20″	4′24″	4′22″
	62	4′27″	4′25″	4′29″	4′27″
	60	4′32″	4′30″	4′34″	4′32″
不及格	50	4′52″	4′50″	4′44″	4′42″
	40	5′12″	5′10″	4′54″	4′52″
	30	5′32″	5′30″	5′04″	5′02″
	20	5′52″	5′50″	5′14″	5′12″

—— 第二部分 ——

体育实践

第四章　篮球运动

篮球运动简易而有趣,可以变换方式组成各种丰富多彩的活动,方便人们参与,从而达到愉悦身心、强身健体、充实业余文化生活的目的。

第一节　篮球运动基本知识

一、篮球运动的起源与发展

篮球运动是 1891 年由美国马萨诸塞州斯普林菲尔德市基督教青年会训练学校体育教师詹姆士・奈史密斯博士发明的。他因是从工人和儿童用球向桃子筐内做投准的游戏中受到启发,故称其为"篮球"。最初的篮球比赛,场地大小、上场人数的多少以及比赛的时间无严格的限制,比赛规则比较简单。1892 年奈史密斯制定了最原始的 13 条篮球竞赛规则。1893 年形成了近似现代的篮板、篮筐和篮网。

1932 年国际篮球联合会(FIBA,原名为国际业余篮球联合会)在瑞士日内瓦成立。1936 年第 11 届奥运会将男子篮球比赛列入奥运会比赛项目。1950 年和 1953 年分别举行了第一届世界男、女篮球锦标赛。1968 年国际篮球委员会成立。1976 年第 21 届奥运会时,女子篮球比赛被列入奥运会比赛项目。随着篮球运动职业化程度的不断提高,NBA(美国男子职业篮球联赛)和 WNBA(美国女子职业篮球联赛)已成为全球收视率最高的体育比赛之一。

二、国际上重大篮球比赛

(一)奥运会篮球比赛

奥运会是世界体坛最高级别的综合赛事,篮球比赛是奥运会的重要项目之一,每四年举行一次。奥运会篮球比赛只设男女 2 个团体项目,各有金、银、铜 3 块奖牌。

(二)篮球世界杯

篮球世界杯是国际篮球联合会主办的世界最高水平的国家队级篮球赛事,每四年举办一次,其前身是从 1950 年开始举办的世界男子篮球锦标赛。2012 年 1 月国际篮球联合会宣布世界男子篮球锦标赛更名为篮球世界杯。2014 年西班牙篮球世界杯是世界男子篮球锦标赛更名为篮球世界杯后举办的第一届。

(三)美国 NBA 职业联赛

美国职业篮球联赛(National Basketball Association,简称 NBA)于 1946 年 6 月 6 日在纽约成立,是由北美 30 支队伍组成的男子职业篮球联盟,汇集了世界上最顶级的球员,是美国四大职业体育联盟之一。NBA 比赛是全世界公认的最高水平的篮球联赛,无论是竞技水平还是市场运作,都居世界单项体育联盟之首。

(四)CBA 篮球联赛

中国男子篮球职业联赛(Chinese Basketball Association,简称 CBA),是我国国内最高水平和最大规模的篮球赛事。1995 年初,我国首次进行甲级男篮八强主客场制比赛。目前,CBA 篮球联赛已经成为我国最重要的体育赛事之一。

(五)CUBA 篮球联赛

中国大学生篮球联赛(Chinese University Basketball Association,简称 CUBA)是面向高校,以培养高素质、高水平篮球人才为目标,采取社会化、产业化运作模式的大学生专项运动联赛。1996 年开始酝酿,1997 年建制立章,1998 年正式推行,现在该联赛已经成为我国篮坛重要的赛事之一。

第二节　篮球运动基本技术

篮球运动技术分为进攻技术和防守技术两大部分,常用的技术有移动、传接球、运球、投篮、持球突破、防守对手、抢打断球和抢篮板球等。

一、移动

移动是篮球比赛中队员为了改变位置、方向、速度和争取高度,所采用的各种脚步动作的通称。主要包括起动、跑、急停、转身、跳、滑步、攻击步、后撤步等。

(一)基本姿势

是篮球运动员在起动前的准备姿势。动作要领是两脚前后或左右开立,重心落于两脚间,两膝微屈,上体稍前倾,脚跟稍提起,两臂微屈于体侧,两眼注视场上情况(图 4-1)。

图 4-1 基本姿势

(二)起动

起动是队员改变静止状态的一种方法。起动时,迅速以上体前倾或侧转,向跑动方向移动重心,同时后脚或异侧脚的前脚掌短促有力地蹬地,并迅速向跑动方向迈出。起动后的两三步要积极、短促而迅速,使之能在最短的距离内把速度充分发挥出来。

(三)跑

跑是队员在球场上改变位置、提高速度的重要方法。主要有侧身跑、变方向跑等。

(1)侧身跑是篮球比赛快攻中无球队员常用的一种方法。动作要领是向前跑动时,头部和上体扭向球的方向,同时侧肩,脚尖朝着跑动的方向。

(2)变方向跑是在跑动中突然改变方向并加速以摆脱防守的一种方法。要领是在变化方向时,上体向改变方向方前倾,异侧腿蹬地移动重心,继续加速跑进。

(四)急停

急停是队员在跑动中突然制动速度的一种动作方法。包括跨步急停和跳步急停。

(1)跨步急停:动作要领是在快速跑动急停时,先向前跨出一大步,用脚跟先着地过渡到前脚掌着地,屈膝上体稍后仰,身体重心下降,减缓向前的冲力。第二步落地的同时,脚尖稍内扣,用脚前掌内侧蹬地,两膝深屈,腰胯用力,身体稍侧转,两臂屈肘张开,帮助控制身体平衡(图 4-2)。

图 4-2 跨步急停

(2)跳步急停:急停时,用单脚或双脚起跳(一般离地不高),上体稍后仰,两脚同时平行落地,略比肩宽。两膝深屈,身体重心下降,两臂屈肘微张以利于保持身体平衡(图 4-3)。

图 4-3　跳步急停

（五）转身

转身是一种以一脚作中枢脚，利用跨步和身体的转动来改变原来身体方向的动作方法。转身前，两膝微屈，上体稍前倾，身体重心投影在两脚之间。转身时，以中枢脚的前脚掌为轴，移动脚的脚前掌内侧用力蹬地跨出，上体随着移动脚转动以改变身体的方向。移动脚向中枢脚脚尖方向跨过称"前转身"，向中枢脚脚跟方向跨过称"后转身"。

（六）跳

跳是一种在球场上争取高度及远度的动作方法，有单脚起跳和双脚起跳两种。

（1）单脚起跳：当身体上升到最高点时，摆动腿自然伸直，向起跳腿靠拢，落地时，两脚略分开，注意屈膝缓冲。

（2）双脚起跳时，上体在空中要自然伸展。落地时，用前脚掌先着地，并屈膝缓冲身体下落的重力，注意保持身体平衡。

（七）滑步

滑步是队员防守时运用的主要移动技术之一。可分为侧滑步、前滑步和后滑步三种。

（1）侧滑步：在基本站立姿势的基础上，两臂左右张开，并不停地上下挥动。向左侧滑步时，右脚前脚掌内侧蹬地，左脚向左跨出，落地的同时，右脚紧随滑动靠近左脚，左脚又继续跨出连续进行。向右侧滑步时方向相反（图 4-4）。

图 4-4　侧滑步

(2)前滑步、后滑步：由两脚前后开立姿势开始，向前滑步时，后脚的前脚掌内侧蹬地，前脚向前跨出一小步，着地后，后脚紧随向前滑动，保持前后开立姿势。注意屈膝降低身体重心。后滑步动作要领与侧滑步相同，只是向后方移动(图 4-5)。

图 4-5　后滑步

(八)攻击步

攻击步是防守队员突然向前跨步的一种动作，用来进行抢球、打球或造成对手传接球投篮的困难。利用后脚蹬地，前脚迅速向前跨出，逼近对手身前，前脚落地，后脚的前脚掌辗地跟进，后腿屈膝，前脚同侧手臂伸出打球或干扰。

(九)后撤步

后撤步是变前脚为后脚的一种起步方法。撤步时，前脚用脚掌内侧蹬地，同时向撤步方向扭转腰髋，前脚后撤，同侧臂后摆，后脚前脚掌用力蹬地，前脚撤回后紧接滑步，身体重心要稳定，后撤角度不宜过大(图 4-6)。

图 4-6　后撤步

(十)移动练习方法

(1)由基本站立姿势开始,按信号作迅速起动练习。

(2)原地徒手或持球作转身跨步练习。

(3)利用标志杆作徒手起动、急停、转身、变向跑练习。

(4)原地背向站立,听信号后作转身起动、急停、转身综合练习,或按要求作变速变向跑。

(5)利用篮球场上的罚球圈、中圈和三分线,作变向跑、变速跑、侧身跑练习。

(6)原地双脚起跳,向前、左、右跨一步或向后撤一步作双脚起跳练习。

(7)跑动中作单脚起跳摸篮板、篮圈练习。

(8)全场一对一作徒手攻防脚步动作练习。

二、传接球

传接球是篮球比赛中队员有目的地转移球的方法。主要包括双手胸前传接球、单手肩上传接球、双手反弹传接球和单手体侧传接球等技术。

(一)双手胸前传接球

两手五指分开,拇指相对成“八”字形,用指根以上部位传球的后侧方,掌心空出,两肘自然弯曲,将球置于胸腹间,身体成基本姿势站立。传球时后脚蹬地,重心前移,同时两臂前伸,翻腕,两拇指用力下压,手指外翻,指尖用力将球传出(图 4-7)。接球时,两眼注视来球,两臂伸出迎球,手指自然分开,两拇指成“八”字形,手指向前上方形成一个半圆形。当手指触球后,两臂随球后引缓冲来球的力量,两手持球于胸腹之间(图 4-8)。

图 4-7　双手胸前传球

图 4-8　双手接球

(二)单手肩上传接球

动作要领(以右手传球为例)是左脚向传球方向迈出半步,同时右转体将球引至右肩侧上方,出球时,右脚蹬地的同时转体带动上臂,肘在前,前臂迅速前甩,手指用力下压将球传出(图 4-9)。既可用单手接球(图 4-10),也可用双手接球。

图 4-9　单手肩上传球

图 4-10　单手接球

(二)双手反弹传接球

这种传球方法及手法与双手胸前传球基本相似,不同点在于用力方向是向前下方击地反弹,击地点在距接球者三分之一的地方。接球时,迎球跨步,上体前倾,两臂向前下方伸出迎球,五指自然张开,手触球后,两手握球顺势将球移至胸腹间。

(三)单手体侧传接球

动作要领是在向左侧跨出半步的同时,右手将球移至右侧,向前作弧线摆动,当球摆过身体右前方时,迅速收前臂,借手腕的力量将球传出。

(四)传接球练习方法

(1)徒手作双手传接球模仿性练习。

(2)两人作一球原地体会持球和传球的手腕动作,两人相互纠错,轮流练习。

(3)两人作直线跑动传接球练习。

(4)半场四角跑动传接球。

(5)两三人行进间全场传接球。

（6）两人一组一球，作单手肩上传接球快攻练习。

三、运球

运球是控制支配球，组成战术配合及突破防守的重要手段。主要包括高运球、低运球、体前变向换手运球、背后运球、胯下运球、运球后转身等技术。

（一）高运球

抬头，目视前方，上体稍前倾，以肘关节为轴，拍按球的后上方，球的落点在身体前侧方，球的反弹高度在腰腹之间。主要用于行进间运球。

（二）低运球

抬头，目视前方，两膝深屈，用身体和腰保护球，同时用手短促拍按球，球的反弹高度在膝部。主要用于遇到防守急停时的运球（图 4-11）。

图 4-11　低运球

（三）体前变向换手运球

运球者从右手低运球开始，向防守队员左侧后方快速推进，同时左臂自然抬起侧身保护球，当防守队员重心左移时，运球变向，右手拍按球的右侧上方，同时上右腿，左转侧肩保护球，换至左手运球（图 4-12）。

图 4-12　体前变向换手运球

(四)背后运球

以右手运球,向对手左侧运球为例。当防守队员身体重心左移,右腿在前,突然用右手拍球的外侧,左脚上步的同时使球从身体后反弹至左前方,左腿迅速向左前方跨步,以臂、腿保护球,换至左手运球(图 4-13)。

图 4-13　背后运球

(五)胯下运球

当防守队员迎面堵截时,右手运球,用右手拍按球的右侧上方,将球从右拍至胯下,反弹至左侧,用左手继续运球(图 4-14)。

图 4-14　胯下运球

(六)运球后转身

当防守队员堵截运球线路时,运球队员持球控制在身体右侧,左脚向前跨出一步作为中枢脚置于对手两脚之间,然后右脚用力蹬地后撤,顺势作后转身的同时,右手拍按球的右侧前方,将球拉引向身体的侧后方落地,转身后换手用左手继续运球(图 4-15)。

图 4-15　运球后转身

(七)运球练习方法

(1)原地运球练习:每人一球,听信号作高低运球、横向运球、拉球、推球、体侧前拉后推球、体前左右换手运球等。

(2)看信号行进间作高、低、变速、急起急停运球练习。

(3)沿球场内中圈和罚球圈作曲线运球和变向运球练习。

(4)绕障碍作变向换手和运球后转身练习。

(5)作全场传、运、投技术综合练习。

四、投篮

投篮是篮球运动中最主要的进攻技术，有持球手法、瞄准点、出手动作、球飞行的抛物线及其旋转等几个环节。主要包括原地双手胸前投篮、原地单手肩上投篮、行进间投篮、跳起单手肩上投篮等技术。

(一)原地双手胸前投篮

两脚前后或左右开立，两膝微屈，双手持球于胸前，肘关节自然下垂。投篮时眼睛注视瞄准点，下肢蹬地发力，腰腹伸展，两臂向前上方伸出，前臂内旋，拇指下压，手腕前屈，食中指用力拨球通过指端将球投出(图 4-16)。

图 4-16　原地双手胸前投篮

(二)原地单手肩上投篮

右手投篮时，右脚在前，脚尖正对球篮，屈膝，身体重心在两腿之间，上体保持正直，右手指自然分开托球于肩上，手腕后翻，掌心空出，左手扶球的侧下部；投篮时，两脚蹬地发力，伸展腰腹向前上方，抬肘伸臂，手腕前屈，食指最后用力，并使球向后旋转把球投向篮圈(图 4-17)。

图 4-17　原地单手肩上投篮

(三)行进间投篮

行进间单手肩上投篮(以右手投篮为例)时,右脚向前跨出时接球,迅速上左脚起跳,右腿屈膝上抬,同时举球至右肩上。当身体跳至最高点时,右臂向上伸直,用手腕前屈和指力将球投出(图 4-18)。行进间单手低手投篮(以右手投篮为例)时,右臂向前上方托球下部,掌心向上,接近球篮时,手指用力上挑,球从指端旋转投向球篮(图 4-19)。

图 4-18　行进间单手肩上投篮

图 4-19　行进间单手低手投篮

(四)跳起单手肩上投篮

屈膝,重心在两脚之间,两脚用力蹬地垂直起跳,同时将球举至右肩上,左手扶球左侧下方,当身体接近最高点时,右臂向前上方伸直,手腕前屈,手指拨球将球投出。在空中要保持身体平衡,球出手后自然落地(图 4-20)。

图 4-20　跳起单手肩上投篮

(五)投篮练习方法

(1)徒手作各种投篮的模仿练习。

(2)两人一组用一球,相距 4—5 米相对站立,原地作单双手投篮模仿练习。

(3)作各种角度、距离的投篮练习。

(4)作移动中接球后各种投篮练习。

(5)作五点连续投篮练习。

(6)作运球行进间投篮练习。

五、持球突破

持球突破是一种持球队员运用脚步动作和运球技术快速超越对手的攻击性很强的技术,主要由蹬跨、转体探肩、推放球和加速等环节组成。

(一)交叉步突破

以右脚做中枢脚为例。两脚左右开立,两膝微屈,身体重心降低,持球于胸腹之间。突破前,先做瞄篮动作或向左虚晃动作,吸引防守队员,造成防守队员的重心不稳定。突破时,左脚内侧迅速蹬地并向右前方迈出一大步,上体右转,左肩前探下压,右手放球于迈脚的侧方,同时右脚蹬地向前跨出,右手运球超越对手(图 4-21)。

图 4-21　交叉步突破

(二)同侧步突破

突破者以左脚为中枢脚,突破前先降低身体重心并晃动,同时,右脚可试探性地向右前方跨出一步,并控制好身体重心,若防守者没有作出相应反应,则左脚迅速蹬地,右脚快速落地并立即转体侧身插肩,随后左脚离地推放球,并蹬右脚发力,形成交叉步运球加速,力争超越对手(图 4-22)。

图 4-22　同侧步突破

(三)持球突破练习方法

(1)原地持球做瞄篮动作后做交叉步、同侧步突破的蹬地、侧肩、放球加速动作。

(2)自抛自接急停后作交叉步、同侧步突破练习。主要明确中枢脚和放球的时机。

(3)作接球急停突破投篮练习。

六、防守

防守是队员在比赛中为了阻挠和破坏对手的进攻,达到夺球反攻的目的,所采用的合理的脚步移动和手臂动作,积极地抢占有利位置,阻止、防止对方进攻的技术。主要包括防守无球队员和防守持球队员两个方面。

(一)基本防守姿势

两脚平行或前后开立,略宽于肩。两膝弯曲,身体重心投影置于两脚之间。上体稍前倾,两眼平视。两臂左右或前后张开以扩大防守面积,随时准备移动抢位。

(二)防守无球队员

防守离球近的对手时,防守者应采用面向对手,侧向球的斜前站立姿势。靠近对手的异侧脚在前,堵截对手摆脱移动的接球路线,伸前脚一侧手臂封锁接球路线。防距离远的对手时,可采用两脚平行站立侧向对手面向球的姿势,以便进行协防或断球反击。

(三)防守持球队员

占据球篮与进攻队员之间的有利位置,并根据对手特点和意图调整位置。平步防守面积大,便于横向滑动,两臂侧举对防运球和突破有利;斜步防守,一臂前上举,可以干扰对方投篮,另一臂斜下伸阻挠运球突破。

(四)抢球

这是从进攻队员手中夺取球的方法。抢球时手部动作有拉抢和转抢两种。抢球时用双手抓住球向后突然猛拉,或者采用前臂、手腕及上体扭动的力量将球夺走(图 4-23)。

图 4-23　抢球

（五）打球

这是击落对手手中球的方法。在对手接到球的瞬间，可突然上步打球，若对手持球较高，可采用由下而上的方法打球，用手指和指根击球的下部（图 4-24）。若持球部位较低，多采用由上而下的方法打球，用手指和手指外侧击球的上部（图 4-25）。还有跳起投篮时的封盖球（图 4-26）。

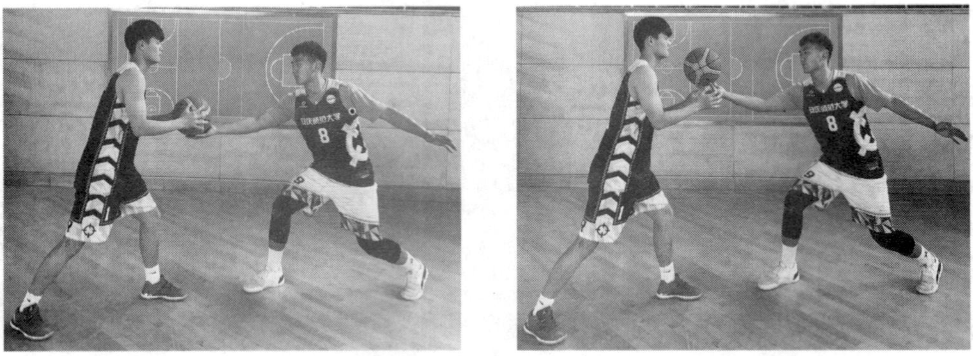

图 4-24　自下至上打球

图 4-25　自上至下打球

图 4-26　封盖球

（六）断球

这是截获对方传接球的方法。断球前，身体重心下降，做好起动的准备。当持球者传球给同伴离手的瞬间，突然起动，快速短促助跑，单脚或双脚蹬地起跳，侧身跃出，充分伸展两臂和身体，用单手或双手将球截获。断球有横断球（图 4-27）、纵断球（图 4-28）和封断球三种。

图 4-27　横断球

图 4-28　纵断球

(七)防守练习方法

(1)两人一组一球,原地作打、抢球手法练习。

(2)断球练习:三人一组,一人防守,另两人相距 5—6 米传球,防守者作断球练习。三人轮换练习。

(3)全场一对一作防无球队员练习。两人相距 1 米,一攻一守。攻方作变速变向突破等,摆脱防守者。守方练习撤步堵截,然后交换练习。

(4)全场一对一作防有球队员练习。一人运球突破,另一人进行防守练习,然后交换进行。

(5)三对三半场防守练习,进攻者在外围进行原地传球,防守队员采用人盯人防守,随球转移及时调整防守位置,尽量做到盯人为主、人球兼顾。

七、抢篮板球

抢篮板球的基本技术主要包括抢位、起跳、空中抢球和抢到球后的动作等。

(一)抢进攻篮板球

当同伴或自己投篮时,处在靠近球篮位置的进攻队员应及时判断球的反弹方向,快速起动摆脱防守,同时抢占有利位置起跳,跳至最高点补篮或抢篮板球。落地时屈膝,重心落于两脚之间,将球持于胸腹之间,肘外展(图 4-29)。

图 4-29　抢进攻篮板球

(二)抢防守篮板球

防守队员屈膝上体前倾,重心在两脚之间,当进攻方投篮时,注意对手的动向,运用上步、撤步和转身占据有利位置,把进攻队员挡在身后,同时判断球的落点,起跳至最高点时用双手抢球或将球点拨给同伴。如果在空中未传球,落地时保护好球并迅速完成第一传(图 4-30)。

图 4-30　抢防守篮板球

(三)抢篮板球练习方法

(1)作自抛自抢篮板球练习。

(2)作抢占位置练习。

(3)作全队连续助跑起跳托球碰板练习。

(4)作抢篮板球结合一传练习。

第三节　篮球运动基本战术

篮球运动战术是比赛中队员个人技术的合理运用和队员之间相互配合的特定的组织形式。

一、进攻战术基础配合

进攻战术基础配合是进攻队员间有目的、有组织、协调行动的方法。下面介绍几种常用配合战术。

1. 传切:进攻队员之间用传球和切入技术组成的简单配合。

如图 4-31 所示:⑤传球给④时,⑤乘其对手不备之机,突然横切或从底线切入篮下接④的传球投篮。

2. 掩护:掩护队员采用合理的行动,以自己身体挡住同伴的防守者的移动线路,使同伴借以摆脱防守的一种配合方法。根据掩护队员的掩护位置可分为前掩护、侧掩护、后掩护。

如图 4-32 所示:⑤传球给④后跑到④的侧面作掩护,④接球后做投篮或突破的动作,吸引防守者的防守,当掩护到位时,④持球从防守的左侧突破投篮。⑤掩护后及时移动到有利的位置去接球或抢篮板球。

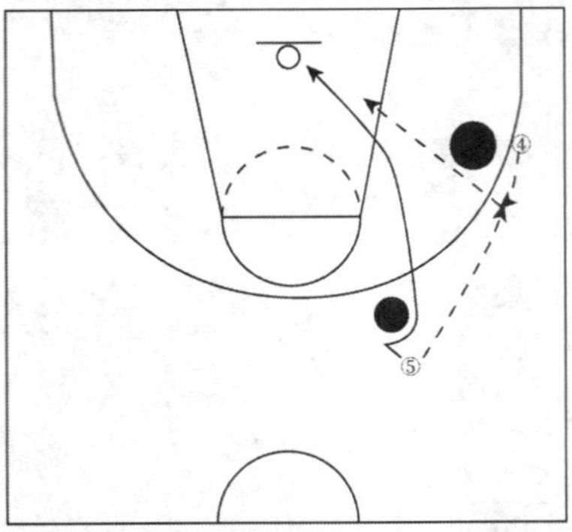

图 4-31　传切配合

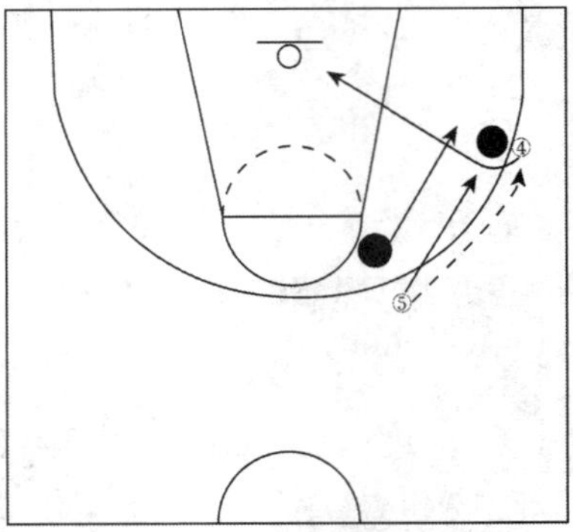

图 4-32　侧掩护配合

3. 策应:进攻队员背对或侧对篮筐接球,以他为枢纽,与同伴空切相配合而形成的一种里应外合的方法。

如图 4-33 所示:④摆脱防守插到罚球线作策应,⑤将球传给④,并立即空切篮下,接④的策应传球投篮。

4. 突分:有球队员突破后,主动地或应变地利用传球与同伴配合的方法。

如图 4-34 所示:⑤从防守者的左侧突破,④的防守者协防,封堵⑤向篮下突破的路线,此时④及时跑到有利的进攻位置,接⑤的球投篮,或作其他进攻配合。

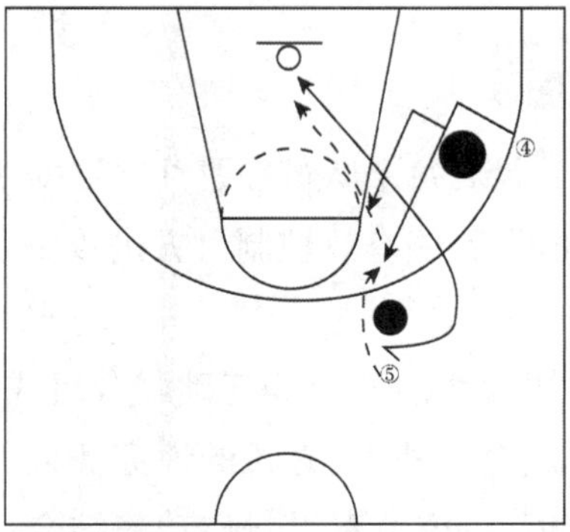

图 4-33　策应配合

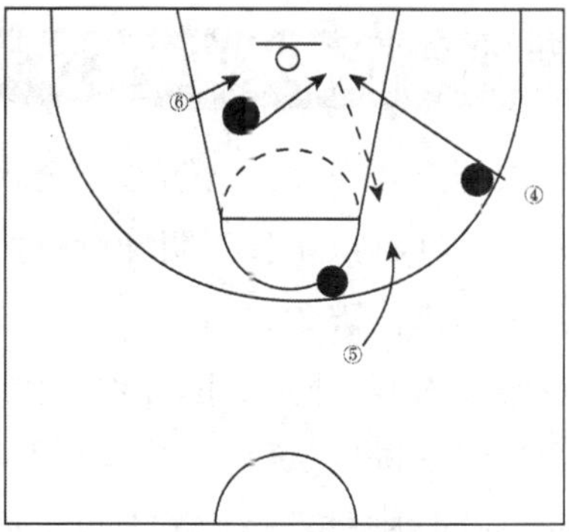

图 4-34　突分配合

二、防守战术基础配合

防守战术基础配合是防守队员间采用的协同防守方法。下面介绍几种常用配合战术。

1. 交换防守：为了破坏进攻队员的掩护配合，防守队员之间彼此及时交换自己所防守的对手的配合方法。当对方队员进行掩护时，防守队员相互呼应，并紧跟自己的对手，当进攻队员摆脱切入时，及时换防。

2. 关门：临近的两个防守队员协同防守突破的配合方法。当进攻队员运球向篮下突破时，防守突破的队员应挡住其通往篮下的路线，这时临近突破一侧的防守队员，应及时向防守突破的队员靠拢，像两扇门一样关起来，堵住突破者的路线。

3. 夹击：两个防守队员积极防守一个进攻队员的配合方法。它要求夹击时行动要积极、果断、突然，出其不意，攻其不备。

4. 补防：两三个防守队员之间的协同防守的配合。当同伴被进攻者突破而有直接得分的可能时，临近的防守队员要立即放弃自己的对手去补防。

三、快攻与防守快攻

1. 快攻是由防守转入进攻时，积极、主动、勇猛顽强地以最快的速度、最短的时间造成人数上以多打少的优势，是在对方尚未部署好防守之前，果断而快速地进行攻击的一种速决战。抢到防守篮板球、断球、掷界外球和跳球等都是发动快攻的有利时机。

快攻战术由发动、推进、结束三个阶段组成。快攻的形式主要有长传快攻、短传快攻和结合运球突破的快攻等。

2. 防守快攻是防守战术的重要组成部分，它的目的在于制约对方进攻速度，为本队积极防守争取时间。防守快攻的方法有提高进攻成功率、积极拼抢篮板球、攻防变换时头脑冷静，速度快，减少对方发动快攻的机会，堵截快攻第一传，尽量控制对方的推进，卡住快下队员，切断对方长传快攻的路线，同时提高以少防多的能力。

四、半场人盯人防守与进攻半场人盯人防守

1. 半场人盯人防守：由攻转守时，全队迅速退回后场，每个队员在盯住自己对手的同时，进行集体防守。其特点是分工明确，针对性强，机动灵活，能有效控制对方进攻重点，但它容易被进攻队员局部击破。

2. 进攻半场人盯人防守：由各种掩护、策应、传切和突破分球等基础配合组成的全队战术。要求合理组织进攻队形，充分利用基础配合组成全队战术；有目的地穿插换位，内外线结合，正面与侧面进攻相结合，扩大攻击面，注重速度，讲究节奏，快慢、动静结合，注意攻守平衡。

五、区域联防与进攻区域联防

1. 区域联防：一种半场防守的全队战术，防守队员退回半场后，每人负责一定的区域，严密防守进入该区的球和队员，并与同伴协同防守。

区域联防的站位队形有 2-1-2 联防、2-3 联防、3-2 联防和 1-3-1 联防等几种。2-1-2 联防是区域联防的基本形式，这种站位队形，队员分布均匀，易于联系协作，同时也便于控制后场篮板球发动快攻。但这种防守的薄弱环节在队员的防区衔接处，即图 4-35 的阴影区。

2. 进攻区域联防：应根据联防的特点和规律，针对其薄弱环节，占据有利的进攻位置，并结合本队具体情况，确定进攻重点，组织针对性的进攻战术。

进攻队 1-3-1 站位（如图 4-36）是攻 2-1-2 联防的基本阵式。这种阵型，队员分布面广，攻击点多，便于内外联系，左右配合，有利于组织抢篮板球和保持攻守平衡。

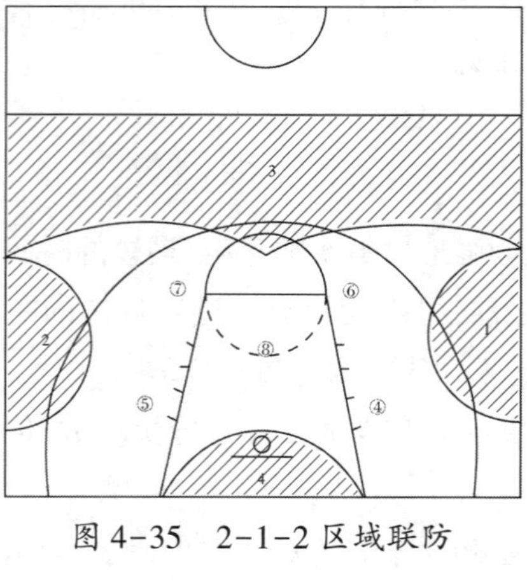

图 4-35　2-1-2 区域联防

图 4-36　1-3-1 进攻区域联防

第四节　篮球比赛基本规则

一、场地与设备

(一)场地

标准篮球场是长 28 米、宽 15 米的长方形,球场各线的宽度为 5 厘米。球场的大小从端线和边线的内沿算起。球场内有三分投篮区、限制区和罚球区。

(二)设备

在篮球场纵轴延长线上,端线外至少 2 米的地方各安置一篮球架,架上安装篮板,篮板的投影垂直于地面,平行于端线,并距离端线 1.2 米。它的下沿离地面 2.75 米。篮板中安装牢固的篮圈,篮圈距离地面 3.05 米,平行于地面。

二、违例、犯规及其罚则

(一)违例及其罚则

违反规则而未构成犯规的行为统称违例。其罚则是违例队失去控制球权,由对方在最靠近发生违例的地点掷界外球,直接位于篮板后面的地方除外。

(1)跳球违例:跳球时,两名跳球队员的脚要站在靠近本队球篮一边的半圆,一只脚靠近两人之间的线的中心;球达到最高点后必须被一名双方跳球队员合法地拍击。超出以上规定为跳球违例。

(2)队员出界和球出界:当队员身体的任何部分与界线或界线外的地面接触时,即为队员出界;当球触及界外队员或任何其他人员、界线上或界线外的地面或任何物体、篮板的支柱或背面时即为球出界。

(3)非法运球:队员第一次运球结束后,不得再次运球,否则为非法运球。

(4)带球走:不按规则规定的持球移动叫带球走。持球时,球未离手而中枢脚已离开地面再运球或中枢脚提起又落地后再传球、投篮等,均判违例。

(5)3 秒违例:某队控制球时,持球队员或其同伴在对方限制区内停留时间不得超过 3 秒钟。

(6)5 秒违例:有三种情况。罚球队员在裁判员递交球后 5 秒没有投篮出手;掷界外球的队员在裁判员递交球后或已将球放在他可处理球的地点后 5 秒,没有将球掷入场内;持球队员被严密防守,在 5 秒内没有传、投、滚或运球。

(7)8 秒违例:进攻队在后场控制球后,必须在 8 秒内使球进入前场。

(8)24 秒违例:一个队在场上控制活球时,必须在 24 秒内投篮出手。

(9)掷界外球违例:掷界外球时,掷球队员应站在裁判员指定的距违例地点最近的界外掷球入场,直接位于篮板后面的地方除外。

(10)拳击球、脚踢球违例:队员用拳击球为违例;故意踢球或用腿的任何部分拦阻球为违例,脚或腿偶然碰球不算违例。

(11)球回后场违例:某队控制前场活球,该队的队员不得使球回他的后场(中线属于后场)。

(12)干扰球违例:在投篮的时候,当球在飞行中下落,并完全在篮圈水平面上时,进攻或防守的队员都不能触球,但球触及篮圈后或明显不会触及篮圈时除外。

(二)犯规及其罚则

犯规是违反规则的行为,含有与对方队员的身体接触和违反体育道德的举止。对犯规队员应进行登记,并按照规则的有关条款进行处罚。

(1)侵人犯规:违反规则而造成与对方发生不合理的身体接触。如防守队员通过伸展臂、肩、髋、膝或过分地弯曲身体成不正常姿势以阻挡、推拉、撞绊来阻碍对方行进或使用粗野动作以及用手触及对方等,均判侵人犯规。

(2 技术犯规:比赛的正当行为要求双方球队的成员(队员、替补队员、教练员、助理教练员和随队人员)与裁判员、记录台人员以及技术代表有完美和真诚的合作。每个球队应尽最大的努力去获得胜利,但胜利的取得必须符合体育道德精神和公正竞赛的要求。任何故意的或一再的不合作,或不遵守规则的精神,应被视为一次技术犯规。

(3)双方犯规:双方队员同时相互犯规为双方犯规。

(4)违反体育道德的犯规:裁判员认为队员不是在规则的精神和意图的范围内合法地直接地试图抢球,造成的侵人犯规是违反体育道德的犯规。

三、一般规定

(1)队员 5 次犯规:一名队员已发生 5 次犯规,他必须在 30 秒内被替换。

(2)全队犯规:在一节中某队已累计发生 4 次队员犯规时,该队处于全队犯规处罚状态。所有随后发生的对未做投篮动作的队员的侵人犯规应被判 2 次罚球,代替掷球入界。

(3)可纠正的失误:如果裁判员无意地忽略了某条规则,并仅仅是导致了以下 5 种情况时,允许裁判员纠正这个失误。即没有判给应得的罚球;判给不应得的罚球;允许不该罚球的队员执行罚球;在错误的球篮执行罚球;不正确地判给了得分或取消得分。

四、比赛通则

(1)比赛时间:比赛时间分为 4 节,每节 10 分钟。在第 1、2 节(第一半时)和第 3、4 节(第二半时)之间以及每一决胜期的前面有 2 分钟的比赛休息时间。半时间的比赛休息时间为 15 分钟。

(2)比赛开始:比赛由中圈内跳球开始。

(3)暂停:每队第一半时有 2 次暂停,第二半时有 3 次暂停,决胜期有 1 次暂停。暂停机会可以不用,但不准将第一半时暂停机会挪到第二半时或决胜期内使用。每次暂停时间为 1 分钟。

(4)替换:替换队员必须亲自到记录台前报告被替换队员号码,坐在替换席上,经临场裁判准许后,方可进入场地替换。只有在替换机会期间球队才可以替换队员。

(5)比赛结束:当结束比赛时间的比赛计时钟信号响起时,一节、决胜期比赛应结束。

(6)比分相等和决胜期:如果在第4节比赛时间终了时两队比分相等,为打破平局,需要一个或多个5分钟的决胜期来继续比赛,直到分出胜负为止。

第五节 篮球运动教学的考核

一、基础班(1)

项目技能考核由原地单手肩上投篮(40分)、篮球教学比赛(60分)两部分组成。

1. 原地单手肩上投篮(40分)

(1)方法:罚球线前原地单手肩上投篮。

(2)评分标准:

①达标(20分):每人投10个球,每投进1球得2分。

②技评(20分):

技评标准	得分
重心平稳,投篮动作正确合理,动作协调一致,控球能力较好	18—20分
投篮手型正确,重心平稳,出球时眼手协调,控球能力较好	16—17分
投篮手型基本正确,重心基本平稳,动作不协调,控球能力较差	12—15分
投篮手型不正确,重心不平稳,动作不协调,失误较多	0—11分

2. 篮球教学比赛(60分)

(1)方法:按照最新篮球比赛规则要求进行比赛,时间8分钟,男生为全场五对五,女生为半场三对三。

(2)评分标准:

评分标准	分值
战术意识强,技术质量高	54—60分
战术意识较强,技术质量较高	48—53分
战术意识一般,技术质量基本符合要求	36—47分
战术意识与技术水平较差	0—35分

二、基础班(2)

项目技能考核由行进间单手高手投篮(40分)、篮球教学比赛(60分)两部分组成。

1. 行进间单手高手投篮(40分)

(1)方法:从边线与中线的交界处开始运球,采用行进间单手高手投篮。

(2)评分标准:

①达标(20分):每人行进间单手高手投篮10次,每进1球得2分。

②技评(20分):

技评标准	得分
重心平稳,投篮动作正确合理,动作协调一致,控球能力较好	18—20分
投篮手型正确,重心平稳,出球时眼手协调,控球能力较好	16—17分
投篮手型基本正确,重心基本平稳,动作不协调,控球能力较差	12—15分
投篮手型不正确,重心不平稳,动作不协调,失误较多	0—11分

2. 篮球教学比赛(60分)

(1)方法:按照最新篮球比赛规则要求进行比赛,时间8分钟,男生为全场五对五,女生为半场三对三。

(2)评分标准:

评分标准	分值
战术意识强,技术质量高	54—60分
战术意识较强,技术质量较高	48—53分
战术意识一般,技术质量基本符合要求	36—47分
战术意识与技术水平较差	0—35分

三、提高班(1)

项目技能考核由全场两人行进间双手胸前传接球(40分)、篮球教学比赛(60分)两部分组成。

1. 全场两人行进间双手胸前传接球(40分)

(1)方法:两人相隔3米,从球场一侧端线后出发,采用行进间双手胸前传接球技术,传至另一半场,采用行进间单手低手上篮,然后再传回,共计2个来回,4次上篮。

(2)评分标准:

①达标(20分):全场两人行进间双手胸前传接球,采用行进间单手低手上篮4次,每进1球得5分。

②技评(20分):

技评标准	得分
动作协调,传球手型正确,控球能力较好,没有走步,上篮动作流畅	18—20分
动作比较协调,传球手型正确,控球能力一般,没有走步,上篮动作流畅	16—17分
动作不太协调,传球手型正确,控球能力差,偶尔走步,上篮动作流畅	12—15分
动作不协调,传球手型正确,控球能力很差,走步次数多,上篮动作不流畅	0—11分

2. 篮球教学比赛(60 分)

(1)方法:按照最新篮球比赛规则要求进行比赛,时间 8 分钟,全场五对五。

(2)评分标准:

评分标准	分值
战术意识强,技术质量高	54—60 分
战术意识较强,技术质量较高	48—53 分
战术意识一般,技术质量基本符合要求	36—47 分
战术意识与技术水平较差	0—35 分

四、提高班(2)

项目技能考核由原地持球突破行进间上篮(40 分)、篮球教学比赛(60 分)两部分组成。

1. 原地持球突破行进间上篮(40 分)

(1)方法:从球场罚球线延长线与三分线的交界处,面向篮筐持球作原地持球异侧步突破后,行进间单手低手上篮。

(2)评分标准:

①达标(20 分):原地持球突破行进间单手低手上篮 10 次,每进 1 球得 2 分。

②技评(20 分):

技评标准	分值
动作协调,突破脚步正确,控球能力较好,上篮动作流畅	18—20 分
动作比较协调,突破脚步正确,控球能力一般,上篮动作流畅	16—17 分
动作不太协调,突破脚步正确,控球能力差,上篮动作流畅	12—15 分
动作不协调,突破脚步不正确,控球能力很差,上篮动作不流畅	0—11 分

2. 篮球教学比赛(60 分)

(1)方法:按照最新篮球比赛规则要求进行比赛,时间 8 分钟,全场五对五。

(2)评分标准:

评分标准	分值
战术意识强,技术质量高	54—60 分
战术意识较强,技术质量较高	48—53 分
战术意识一般,技术质量基本符合要求	36—47 分
战术意识与技术水平较差	0—35 分

第五章　足球运动

足球运动是以脚支配球为主,两个队在同一场地内进行攻守的体育运动项目。它是世界上最受人们喜爱、开展最广泛、影响最大的体育运动项目,被誉为“世界第一运动”。有些国家将足球定为“国球”。

第一节　足球运动基本知识

一、足球运动的起源与发展

古代足球运动起源于中国。据史料记载,早在战国时期,我国就有了足球游戏——蹴鞠。蹴鞠,又名“蹋鞠”“蹴球”“蹴圆”“筑球”“踢圆”等,蹴有用脚踢、蹋的意思,鞠最早是外包皮革内实米糠的球。蹴鞠在汉代成为兵家练兵之法,宋代出现了蹴鞠组织与蹴鞠艺人,清代开始流行冰上蹴鞠。

现代足球运动起源于英国。1863 年 10 月 26 日,英国 11 个足球俱乐部的代表在伦敦举行会议,成立了第一个足球运动组织——英格兰足球协会。因此,国际上都把 1863 年 10 月 26 日作为现代足球运动的诞生日。会上修改了剑桥大学规则,制定了全国统一的比赛规则,这是现代世界足球史上第一部较为统一的足球竞赛规则。尽管这部规则只有 14 条,比较简单,但它奠定了现今足球比赛规则的基础。其中具有重大历史意义的规定是,足球比赛只能用脚踢球,而不得用手触球。从此把可以用手抱球的运动从足球中分化出去,成为橄榄球运动。为了与之区别,把足球运动称为“协会足球”(Associa—tion Football)。当时在英国的学校里则称为 Soccer,即英式足球。现今国际上也都通称 Soccer。该足球竞赛规则的制定对现代足球运动的发展起到了十分积极的作用。

现代足球运动在英国兴起后,通过英国的海员、士兵、商人、工程师、牧师等传播到欧洲大陆和世界各地。到 19 世纪末,新西兰、阿根廷、智利、比利时和意大利等国相继成立了足球协会。

1904 年 5 月 21 日,法国、比利时、西班牙、荷兰、丹麦、瑞典、瑞士 7 国的足球协会的代表在巴黎举行会议,成立了国际性的足球组织——国际足球协会联合会,简称国际足联(法文缩写 FIFA)。它是国际奥林匹克委员会的一个单项体育组织。

1930 年英国人埃尔贝 · 契甫曼根据当时新的越位规则精神创造了“WM”式阵型,这是个分工明确、攻守平衡的阵型,它适应了当时的足球技战术发展的水平,在国际足坛上盛行了 20 年之久。1958 年巴西人针对四前锋式阵型重攻轻守的弱点,创造了"四二四"阵型,使攻守人数在布局上达到新的平衡,促进了足球技战术的进一步发展。1974 年荷兰人创造了全攻全守的整体型打法,使足球运动进入了"全面型"时代。

足球运动发展过程中由于历史、文化等多种因素的共同作用产生了不同的流派,目前国际足坛公认的有欧洲派、南美派、欧洲拉丁派三种不同风格的流派。

二、国际上重大足球比赛

世界性足球比赛主要有奥运会足球赛和世界杯足球赛。世界杯足球赛是最引人注目的,也是技术水平最高、争夺最激烈的足球赛。此外,还有地区性足球赛,如亚洲杯足球赛等。

1. 奥运会足球赛

1896 年在希腊举行的第 1 届奥林匹克运动会上,足球赛是表演赛的项目。从 1900 年第 2 届奥运会起,足球赛被列为正式比赛项目。国际奥委会章程规定,只有业余的足球运动员才能参加奥运会的比赛。1979 年又补充规定,欧洲和南美国家,凡参加过世界杯足球赛的运动员,一律不能参加奥运会足球赛。其他国家的运动员不受此限制。按规定,经过预选赛进入奥运会足球决赛阶段比赛的共 16 个队,即欧洲 4 个队,亚洲和非洲各 3 个队,北美洲、南美洲各 2 个队,再加上上届冠军队和本届举办国队。近几届决赛阶段的比赛是,先分 4 个组进行预赛,每组前 2 名再编成两组用交叉比赛的方法进行复赛。复赛中两个组的第 1 名决冠亚军,两个组的第 2 名争第 3、4 名。

2. 世界杯足球赛

国际足球联合会世界杯比赛,简称世界杯足球赛(旧译世界足球锦标赛),是由国际足球联合会统一领导和组织的世界性的足球比赛。它是世界上规模最大、影响最大、水平最高的足球比赛,也是世界上观众最多的体育比赛项目。每四年举办一届。首届世界杯足球赛于 1930 年在乌拉圭举行。

第二节　足球运动基本技术

足球运动技术是运动员在足球比赛中所采用的合理动作方法的总称,它是在比赛实践中逐步形成、发展和完善起来的。一般分为有球技术和无球技术。

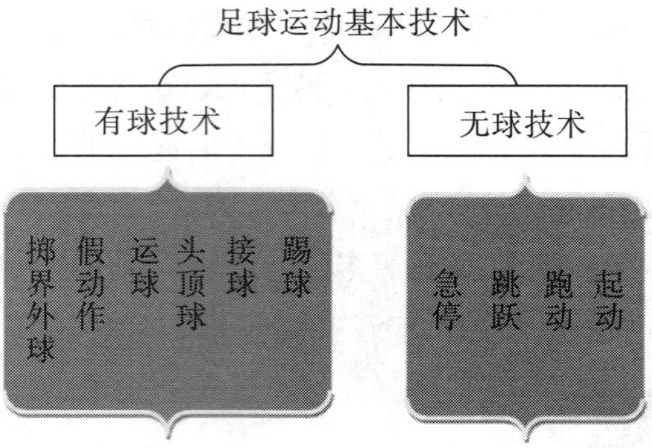

图 5-1　足球运动基本技术

一、踢球

踢球是组织进攻、变换战术、渗透突破、创造和完成射门的重要手段，也是比赛中应用得最多的一项技术。

(一)脚内侧踢球

技术动作特点：触球面积比较大，适用于短距离传球和射门。

踢定位球(以右脚为例)：直线助跑，支撑脚踏在球的一侧，膝关节微屈，脚趾指向出球方向。右腿以髋关节为轴由后向前摆动，膝关节外旋，脚后跟前顶，脚尖微翘，以脚内侧对准来球，当右腿膝关节摆至接近球体上方时，小腿加速前摆。击球瞬间脚踝绷紧，脚型固定，击球的后中部。击球后，顺势随球摆动。如图 5-2。

图 5-2　脚内侧踢球

图 5-3　脚背正面踢球

(二)脚背正面踢球

技术动作特点：摆动腿摆幅较大，摆腿动作顺畅快速，发力较充分，但出球路线较单一，适用于远距离发球和大力射门。

踢定位球：直线助跑，支撑脚踏在球侧，脚趾指向出球方向，膝关节微屈。在支撑脚前跨的同时，踢球腿大腿顺势后摆，小腿后屈。前摆时，大腿以髋关节为轴带动小腿前摆，当膝关节摆至接近球体上方时，小腿加速前摆，脚背绷直，脚趾扣紧，以脚背正面击球的后中部。击球后，踢球腿顺势前摆落地。如图 5-3。

(三)脚背内侧踢球

技术动作特点：摆腿动作顺畅、幅度大，脚触球面积大，出球平稳有力，且出球路线富于变化，适用于中远距离传球、踢定位球和射门。

踢定位球：斜线助跑，助跑方向与出球方向约成45°，支撑脚踏在球侧后，脚趾指向出球方向，膝关节微屈，眼睛看球，重心稍倾向支撑脚一侧。至支撑脚踏地的同时，踢球腿以髋关节为轴，大腿带动小腿由外向前内略成弧线摆动，膝踝关节稍外旋。当膝关节摆至接近球体的内侧上方时，小腿加速前摆。击球时，膝踝关节向前顶送，脚背绷直，脚趾扣紧斜下指，以脚背内侧击球的后中下部。击球后，踢球腿顺势前摆落地。如图5-4。

(四)脚背外侧踢球

技术动作特点：预摆幅度小、出脚快，出球具有隐蔽性，实用性较强，也是一种较难掌握的踢球技术。

踢定位球：该动作方法类似于脚背正面踢球，只是摆踢时，脚面绷直，脚趾内扣并斜下指，用脚背外侧击球的后中部，击球后，踢球腿顺势前摆着地。如图5-5。

图5-4　脚背内侧踢球

图5-5　脚背外侧踢球

二、接球

接球是指运动员运用身体的有效部位，将运行中的球有目的地接控在所需位置上的动作方法，是运动员获得球的主要手段。

(一)脚部接球

1. 脚内侧接球

(1)接地滚球：支撑脚脚尖正对来球方向，接球脚腾空，脚底与地面基本平行，在脚内侧与球接触的一刹那迅速后撤，把球接在脚下。如图5-6。

图 5-6　脚内侧接球

图 5-7　脚内侧接反弹球

(2)脚内侧接反弹球:看准来球方向,在球落地弹起瞬间,脚内侧对准球的侧中上部,抬脚下压。如图 5-7。

(3)脚内侧接空中球:根据来球方向和速度及时移动到位,将接球腿抬起,使脚内侧部位正对来球方向并进行"迎撤"缓冲。如图 5-8。

2. 脚背正面接高球

根据来球方向,移动到位,根据球的落点,抬腿,使脚面正对来球方向,进行"迎撤"缓冲。如图 5-9。

图 5-8　脚内侧接空中球

图 5-9　脚背正面接高球

3. 脚掌接球

根据来球方向和速度,迅速抬起接球脚的前脚掌,使球停在脚下。如图 5-10。

图 5-10　脚掌接球

4. 脚背外侧接地滚球

接球腿提起屈膝,脚内翻,对着接球后球运行的方向,然后大腿向接球后球运行的方向推送,同时身体随球移动。如图 5-11。

（二）胸部接球

1. 挺胸式接球

面对来球站立，上体后仰，下颌微收，两臂自然张开，维持身体平衡。在接触球的瞬间，用胸部轻托球的下部，使球微微弹起于胸前上方。如图 5-12。

图 5-11　脚背外侧接地滚球

图 5-12　挺胸式接球

图 5-13　收胸式接球

2. 收胸式接球

多用于接齐胸高的平直球。面对来球，两臂自然张开，触球瞬间收胸、收腹、臀部后移将球接在体前。如图 5-13。

三、头顶球

头顶球是指运动员有目的地用前额将球击向预定目标的动作方法。

前额正面头顶球：身体正对来球方向，眼睛注视运动中的球，两臂自然张开，下颌微收，身体后仰，成“背弓”，两腿用力蹬地，用前额正面击球中部，上体随球前摆。如图 5-14。

图 5-14　前额正面头顶球

四、运球

运球是指运动员有目的地控制球。

1. 脚背内侧运球

在运球前进时，运球腿提起外展，提踵，脚尖外转，使脚背内侧正对运球方向，在运球脚落地前用脚背内侧推拨球，使球随身体前进。如图 5-15。

图 5-15　脚背内侧运球

2. 脚背外侧运球

运球时，身体成正常跑动姿势，上体前倾，运球腿提起，膝关节稍屈，提踵，使脚背外侧正对运球方向，在运球脚落地前用脚背外侧推拨球的后中部。如图 5-16。

图 5-16　脚背外侧运球

3. 脚内侧运球

在运球前进时，支撑脚始终领先于球，位于球的侧前方，肩部指向运球方向，支撑腿膝关节微屈，重心放在支撑腿上，另一条腿提起屈膝，用脚内侧推球前进，然后运球脚着地。如图 5-17。

图 5-17　脚内侧运球

五、抢球与断球

抢球是指防守队员将进攻队员控制的球直接争夺过来或破坏掉的动作方法。断球是指用规则所允许的动作，把对方队员间的传球截获的动作方法。

根据对手运球移动的速度和方向，合理选位，看准时机，果断实施抢断球的动作。如图 5-18。

图 5-18　抢断球

六、掷界外球

掷界外球是指运动员按规则的规定用双手将球掷入场内预定目标的动作方法。掷球时，掷球队员必须面向球场，用双手将球从头后经头顶用一个连续动作掷入场内，脚可以踩在边线上，但不得越过边线，两脚不能完全离开地面。如图 5-19。

图 5-19　掷界外球

七、守门员技术

守门员技术是指在规则的允许下，守门员在罚球区内主要用手完成防守任务，以达到避免对手得分目的的技术动作的总称。

（一）接球

1. 下手接球

下手接球时，基本分为站立式、半跪式和俯背式三种，基本手型为“簸箕”状。如图 5-20。

2. 上手接球

接球时手型约成“W”型，如图 5-21。

(1)站立式接球　(2)半跪式接球　(3)俯背式接球

图 5-20　下手接球

图 5-21　上手接球

(三)扑球

(1)侧身扑接半高球：根据来球方向和速度，跃起腾空，扑向身体两侧远端的球。如图 5-22。

(2)倒地扑接地滚球：根据来球方向和速度，迅速作出反应，身体没有腾空，重心向侧下移动且距离较近，倒地速度快。如图 5-23。

图 5-22　侧身扑接半高球

图 5-23　倒地扑接地滚球

(四)托、击球

托、击球是守门员扑接球技术在应急情况下的灵活应变。

(1)托球：近球侧手臂深处迎球，触球瞬间，手腕后仰，用手掌跟部推顶发力，将球向侧或向上托出。如图 5-24。

(2)双拳击球：双臂于胸前屈肘握拳，两拳靠拢，拳心相对，双拳同时迎球冲出击球。如图5-25。

图 5-24　单手托球

图 5-25　双拳击球

(五)发球

发球是守门员组织发动进攻的技术手段。一般分为脚踢抛发球、低手掷地滚球和高手掷发球。

(1)脚踢抛发球:手抛球从身前掷出,在球腾空下降的同时,抬腿踢球。如图 5-26。

图 5-26 脚踢抛发球

(2)低手掷地滚球:看准同伴的跑动路线,单手持球,俯身,掷球臂后撤引球,利用后脚蹬地,向前掷出地滚球。如图 5-27。

图 5-27 低手掷地滚球

(3)高手勾抛掷发球:身体侧对出球方向,两脚前后开立,持球臂屈肘后引,身体随之侧转,腰部扭紧,重心移至后脚。掷球时,后脚发力蹬地,并快速转体,持球臂顺势由后经体侧向上呈弧线形抡摆,摆至肩上方时,甩腕拨球,将球掷向目标。如图 5-28。

图 5-28　高手勾抛掷发球

第三节　足球运动基本战术

足球运动战术是比赛中为了战胜对手，根据主客观的实际所采用的个人和集体配合的手段的综合表现。

技术、身体素质、心理素质和战术质量紧密相关。技术和身体素质是实现战术的基础，心理素质是完成战术任务的保证。它们之间相互渗透、相互补偿、相互制约，只有通过系统性的战术训练和在技术、身体、心理训练中有目的地培养战术意识，并通过比赛的实践锤炼才能使它们相互作用、彼此交融、日臻完善、不断提高。

足球比赛是由攻守矛盾组成的，攻守不断地转换组成了比赛的全过程。因此足球战术可分为进攻和防守两大系统，而其中又包含个人战术、局部战术、整体战术和定位球战术。

- 足球战术
  - 进攻战术
    - 个人战术
      - 传球、射门、运球突破
      - 跑位
    - 局部战术——传切配合、交叉掩护配合、转移进攻
    - 整体战术
      - 边路进攻、中路进攻、转移进攻
      - 快速反击进攻、层次进攻、破密集防守进攻
    - 定位球战术——中点开球、任意球、角球、掷界外球、门球、点球
  - 防守战术
    - 个人战术
      - 选位、盯人
      - 断球、抢球、封堵
    - 局部战术——保护、围抢
    - 整体战术
      - 区域盯人防守、人盯人防守、混合盯人防守
      - 向前逼压式防守、层次回撤式防守、快速密集式防守
    - 定位球战术——中点开球、任意球、角球、掷界外球、门球、点球

一、进攻战术

(一)个人进攻战术

1. 传球

传球是比赛中运用最多,也是最重要的技、战术手段。传球技术水平的高低代表着一个运动员和一支球队整体比赛能力的高低,传球成功率往往决定着比赛的胜负。

传球在比赛中的表现形式多种多样。按传球距离可分为短传(15 米以内)、中传(15—25 米)和长传(25 米以上);按传球高度可分为地滚球、低球(膝部以下)、平直球(膝部以上头部以下)和高球(头部以上);按传球方向可分为直传球、斜传球、横传球和回传球;按球的旋转可分为上旋球、下旋球、侧旋球和混合旋球。为使传球达到预期效果,传球时需注意以下几点:

(1)培养良好的传球意识。

(2)隐蔽传球意图。

(3)把握传球时机。

(4)提高传球的准确性。

2. 射门

射门是一切进攻战术配合的最终目的,只有射门才能进球得分,才能获取比赛的最终胜利。它是进攻战术中最重要、最困难、最振奋人心的环节。在现代足球比赛中,想要在对方严密防守和逼抢下有效完成射门,需注意以下几点:

(1)具有强烈的射门进球意识和欲望。

(2)射门必须准确、快速、有力。

(3)把握射门时机,选择合理射门方法和射门角度。

3. 运球突破

运球突破是撕开对手防线,形成局部以多打少的锐利武器。一般在下列情况下采取运球突破:

(1)控球队员在没有射门、传球可能或传球、射门角度不佳时,可通过运球突破创造出传球或射门机会。

(2)在攻守转换中,控球队员在进攻三区内,面对最后一名防守队员,且防守队员身后有较大空当时,应大胆运球突破其防守。

(3)当同伴处在越位位置而又没有其他更好传球选择时,应果断运球突破,直接攻门。

在比赛中,运球突破只是过渡手段,最终是通过运球突破来推进进攻配合,直至射门得分。因此一旦突破对手,应及时射门或与同伴进行传球配合,而不能随心所欲地控带球和突破过人,特别是在本方后场切不可滥用,以免贻误进攻机会或被对方抢断造成被动。

4. 跑位

跑位是指比赛中队员在无球情况下,通过有意识的跑动为自己或同伴创造进攻机会的行动。跑位是整体进攻战术的基础,是拉开对方防线,获取必要进攻时间和空间的重要手段。因此在进行无球跑位时需要有明确的目的,其目的主要包括摆脱、接应、拉开、切入、插上、套边、包抄、扯动、牵制。

跑位需要具有高度整体配合意识多名队员的协同行动,在协同跑位时要以球动而动,有拉有插,形成纵横交错、距离合理的攻击队形,同时还需要注意跑位的合理时机和多变的行动。

(二)局部进攻战术

比赛中,两三人之间在某一区域进行传球与跑位配合,称为局部战术配合。

1. 两人进攻配合

两人进攻配合主要有传切配合和二过一配合。

(1)传切配合。传切配合指当防守队员身后出现空当,同伴准备切入时,控球队员及时向同伴切入的方向传球的配合。

(2)二过一配合。二过一配合指两个进攻队员利用两次以上的传递行动,在局部地区,短时间内越过一个防守队员的配合。下面介绍几种常用的二过一配合形式。

①斜直传二过一配合:接应队员得球后,向同伴插入的空当及时传斜线或直线的配合。同伴直插则斜传,斜插则直传。这种配合在边路进攻时运用较多。

②踢墙式二过一配合:接应的同伴在配合中起一面墙的作用,将来球直接传给切入的同伴,在罚球区一带突破对方最后防线时运用较多。

③反切二过一配合:控球队员在对手紧逼下横向或向回运球拉开身后空当,传球给接应的同伴后,迅速反插对方身后接同伴传球的配合,对方紧逼程度越高效果越好。

④交叉掩护二过一配合:控球队员在对方紧逼的情况下通过运球吸引防守队员并与接应队员交叉换位,通过掩护将球传给接应队员。

2. 三打二配合

三打二配合较之二过一配合增加了一个配合者,机动性更强,进攻面更宽,传球路线更多,可将短传与中长传相配合,地面与空中传球相结合,对防守队员来说威胁也就更大。因此,三打二配合比二过一配合要求更高,其主要配合形式有连续二过一配合、二过一结合传切配合、打第二空当配合。

(三)整体进攻战术

整体进攻战术主要有边路进攻、中路进攻、转移进攻、快速反击进攻及破密集防守进攻等。

1. 边路进攻

在对方半场两侧地区发动的进攻称为边路进攻。边路的防守队员相对较少,空隙较大,围绕边锋组织边路进攻是普遍采用的方法,要求边锋具有较强的个人突破能力和传中能力及快速奔跑能力。边路进攻的具体配合方法有通过边锋的个人突破制造机会、通过中锋、前卫与边锋的配合突破及边后卫插上配合。

2. 中路进攻

从对方半场中间地带发动的进攻称为中路进攻。中路进攻主要通过中锋、前卫之间的两三人传切，二过一配合，三打二配合，结合个人运球突破，有时边锋也可以内切，甚至后卫也可以伺机插上参与中路进攻。

3. 转移进攻

这是将边路进攻与中路进攻相结合的打法，体现了战术运用的灵活多变。其配合方法有边传中、中传边配合以及两翼大范围的转移配合。转移配合可通过长传和快速短传实现。

4. 快速反击进攻

快速反击进攻就是在对方立足未稳、阵型松动的情况下用最短时间、最快速度突破对方防线，造成以多打少获取进攻的一种方式。其主要进攻方式采用准确的中长传打对方身后，前锋快速插上，从而制造杀机。

5. 破密集防守进攻

破密集防守进攻，首先要有耐心，稳住阵脚，保持攻守层次，防止对方打快速反击。进攻时多转移迂回，以边路进攻为主，边中结合，多倒脚扯动，制造空当，抓住时机，突然突破，在罚球区前制造任意球或突入禁区制造点球机会；也可以利用外围传中，高大队员争顶，配合抢点射门或进行远射，队员跟近抢点补射。

（四）定位球战术

定位球战术是指比赛开始或比赛成死球后恢复比赛时所采用的战术配合方法。定位球战术包括中圈开球、任意球、角球、球门球、点球和掷界外球时的战术配合方法。

现代足球比赛中，定位球战术已成为射门得分的重要手段，特别是角球和罚球区附近的任意球，如果战术组织得当，极有可能破门得分。

（五）基本练习方法

1. 传球

（1）横长传转移。

目的：提高队员改变进攻方向的能力。

方法：4 人一组。场地 40×15 米。队员①②在左右边线附近，队员③④在罚球区顶角附近。练习时，①或②回传球给同侧罚球区内的同伴③或④，同伴接球转身，将球长传转移给另一侧边线队员。该边线队员直接回传球给同侧罚球区内的同伴，这名队员接球转身又将球长传转移给另一侧的边线队员。边线队员传球后与同侧罚球区的队员交换位置。不断轮换练习。如图 5-29。

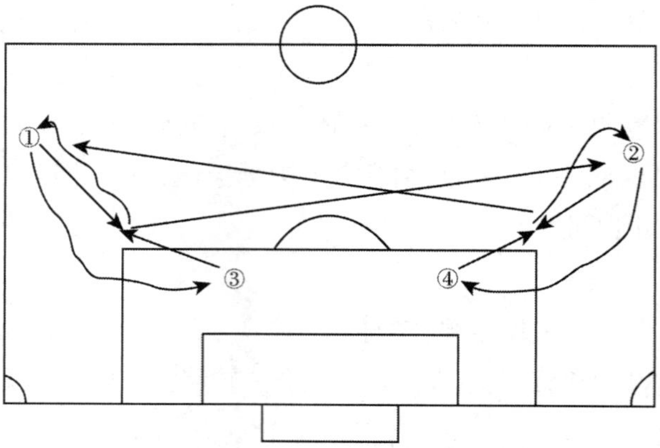

图 5-29　横长传转移

要求:横长传转移球速要快,落点要准确。接球和横长传转移的连接动作要快速。

(2)横传倒脚。

目的:提高队员快速倒脚转移进攻方向的能力。

方法:将 40×10 米的场地划分为两个相等的比赛场区和一个宽 10 米的自由人接应区。在两个比赛区内进行攻守二对二比赛。一方○控球在一侧进攻传递 5 次后仍没有射门或突破的机会时,必须立刻将球通过自由人传给另一侧的同伴。自由人只有 3 次触球机会。如图 5-30。

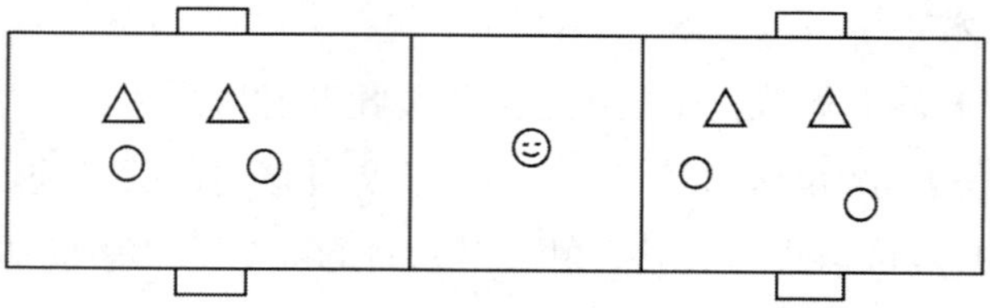

图 5-30　横传倒脚

要求:改变进攻场区的倒脚转移要快速。

(3)运球转移传球。

目的:提高队员快速转移进攻方向的能力。

方法:两队,人数不限。在每个罚球区顶角之间画线相连形成一个四方形。每个队一分为二站在两个罚球区的对角上。每队一个球。练习时,两队的第一个队员快速沿罚球区直线的延长线运球到中线处,然后斜长传到对面另一罚球区对角处的同伴脚下,传球后快速跑动到传球落点处的同伴的队尾。接传球的第一个同伴接控球后又快速直线运球到中线然后再斜长传回到第一个队员开始处的罚球区对角处的第二个同伴脚下,如此不断交替,直到每个队员练习 10 次为止。如图 5-31。

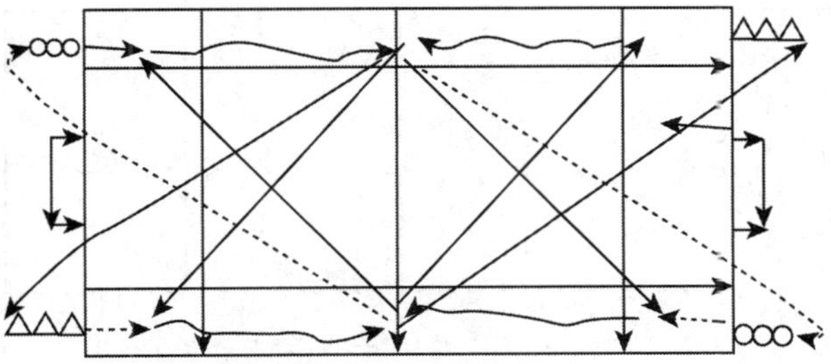

图 5-31　运球转移传球

要求：运球时控制好球，传球要准确、快速、有力。跑动换位要快速。

2. 射门

(1)运球射门。

目的：提高队员运球射门的能力和快速连接动作的能力。

方法：3 队，每队人数不限，分别站在罚球区前约 5 米左中右 3 个不同角度的位置。一个守门员守门。每队队员按左路中路右路的顺序，依次运球到罚球区横线处射门。

要求：运球时控制好球，调整好人与球的位置关系。起脚射门时要果断、准确、有力。射完后按顺时针方向转动交换射门位置。

(2)接球转身射门。

目的：提高队员接控球转身射门的能力。

方法：两队，每队人数不限。一队站在罚球区弧顶附近，另一队一分为二控球站在左右 45°距离射门员 15 米左右的位置。练习时，左侧第一个队员向罚球弧顶的第一个队员传地滚球，这个队员接球后向左转身并快速起脚射门，射门后捡球运回到右侧传球队员的队尾；然后右侧第一个队员向罚球弧顶的第二个队员传地滚球，这个队员接球向右转身并快速起脚射门，射门后捡球运回到左侧传球队员的队尾。传球队员传球后跑动交换到射门队员的队尾。不断交换练习。

要求：接球转身要快速协调，转身后的起脚射门动作连接要快速。射门要果断、准确、有力。左右脚均要练习。第二个接球队员要在第一个队员身后消极防守，第三个队员要在第二个队员身后消极防守，依此类推。

3. 局部进攻配合

(1)直传斜插二过一。

目的：提高队员通过局部配合越过一个防守队员的能力。

方法：将 40×10 米的场区纵向分为 4 个相等的区域，每个区域 1 个防守队员△、2 个进攻队员○。从第一个区域开始，通过传球配合越过每区的防守队员。如图 5-32。

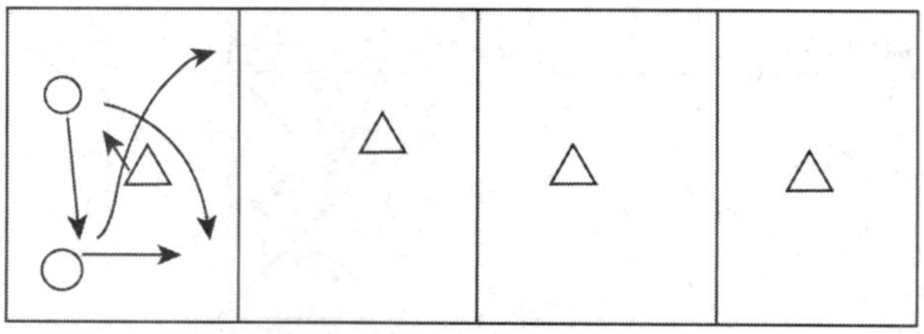

图 5-32　直传斜插二过一

要求:传切时机要准确,跑动节奏变化要明显。传球要及时准确。防守队员逐渐加大防守力度。

(2)直传斜插二过一射门。

目的:提高队员通过局部配合越过一个防守队员的能力。

方法:3 人一组,两攻一守。防守队员在罚球区前约 10 米的中路,2 个进攻队员通过二过一配合突破射门。练习一段时间后,1 名进攻队员与防守队员交换位置。如图 5-33。

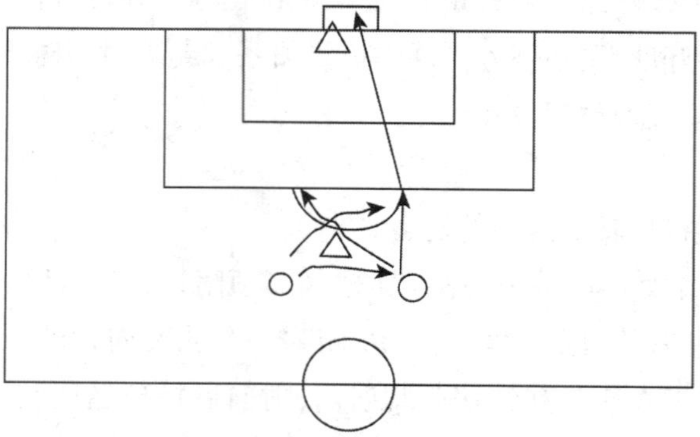

图 5-33　直传斜插二过一射门

要求:传切时机要准确,跑动节奏变化要明显。传球要及时准确。防守队员逐渐加大防守力度。射门的队员要快速跑动,尽快起脚射门,射门要快速、果断、突然、准确、有力。

(3)斜传直插二过一射门。

目的:提高队员通过局部配合越过一个防守队员的能力。

方法:3 人一组,两攻一守,设 1 名守门员。防守队员在罚球区前约 10 米的中路,2 个进攻队员通过二过一配合突破射门。练习一段时间后,1 名进攻队员与防守队员交换位置。如图 5-34。

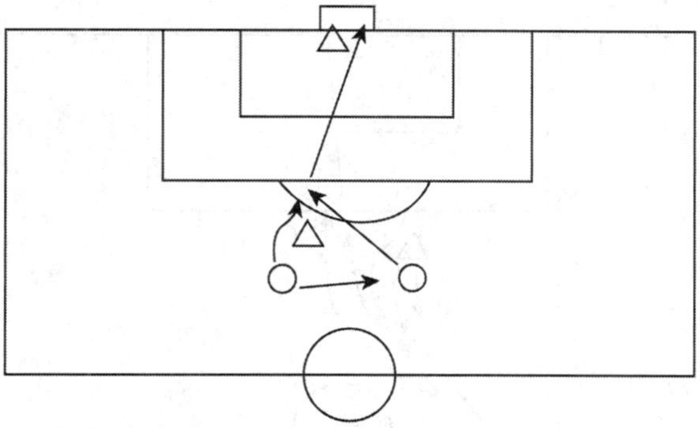

图 5-34　斜传直插二过一射门

要求:传切时机要准确,跑动节奏变化要明显。传球要及时准确。防守队员逐渐加大防守力度。射门的队员要快速跑动,尽快起脚射门,射门要快速、果断、突然、准确、有力。

(4)踢墙式二过一射门。

目的:提高队员通过局部配合越过一个防守队员的能力。

方法:3 人一组,两攻一守,另有 1 个守门员。防守队员在罚球区前约 10 米的中路,2 个进攻队员通过二过一配合突破射门。练习一段时间后,1 名进攻队员与防守队员交换位置。如图 5-35。

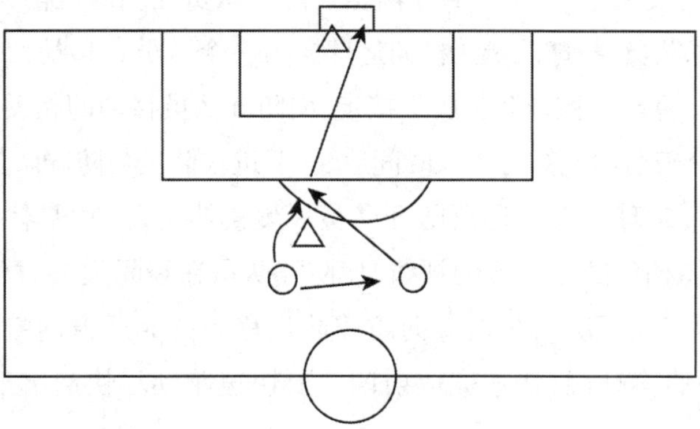

图 5-35　踢墙式二过一射门

要求:传切时机要准确,跑动节奏变化要明显。传球要及时准确。防守队员逐渐加大防守力度。射门的队员要快速跑动,尽快起脚射门,射门要快速、果断、突然、准确、有力。

(5)回传反切二过一射门。

目的:提高队员通过局部配合越过一个防守队员的能力。

方法:3 人一组,两攻一守,另有 1 个守门员。防守队员在罚球区前约 20 米的中路,2 个进攻队员通过二过一配合突破射门。练习一段时间后,1 名进攻队员与防守队员交换位置。如图 5-36。

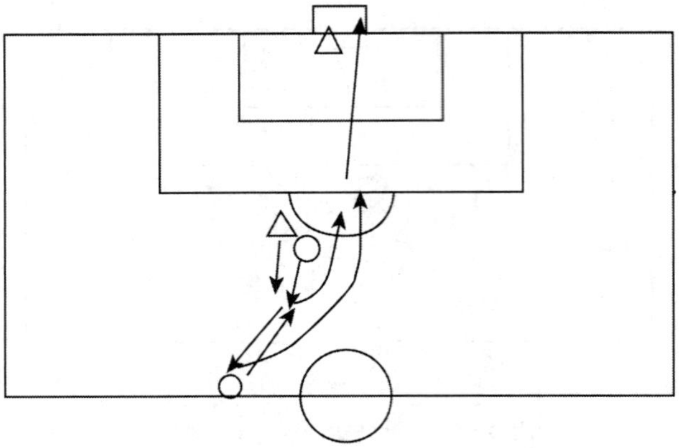

图 5-36　回传反切二过一射门

要求:直接回传,转身反切起动要快速,时机要准确,跑动节奏变化要明显。反切传球要及时、落点准确,应当从远离队员一侧的方位传侧旋球。防守队员逐渐加大防守力度。射门的队员要快速跑动尽快起脚射门,射门要突然、准确、有力。

(6)交叉掩护二过一。

目的:提高队员通过局部配合越过一个防守队员的能力。

方法:3 人一组,两攻一守,另设 1 名守门员。防守队员在罚球区前约 20 米的中路。练习时,防守队员盯防控球队员,控球队员①横向运球向另一个队员②移动,②迎面横向跑动,在与控球队员交叉换位时,将球从控球队员脚下接走,向防守队员移动的相反方向运球摆脱防守队员,通过二过一配合突破射门。练习一段时间后,一名进攻队员与防守队员交换位置。

要求:运球队员①运球时要用远离防守队员一侧的脚运球,用身体掩护好球,在与同伴②交叉换位时,用身体挡住防守队员的视线,使防守队员在瞬间失去对球的观察而产生盲目行动或者是站在原地犹豫不决。队员②向防守队员移动的相反方向接运球时要快速,摆脱防守队员后加速运球直奔球门,快速完成射门。要快速跑动尽快起脚射门,射门要突然、准确、有力。如图 5-37。

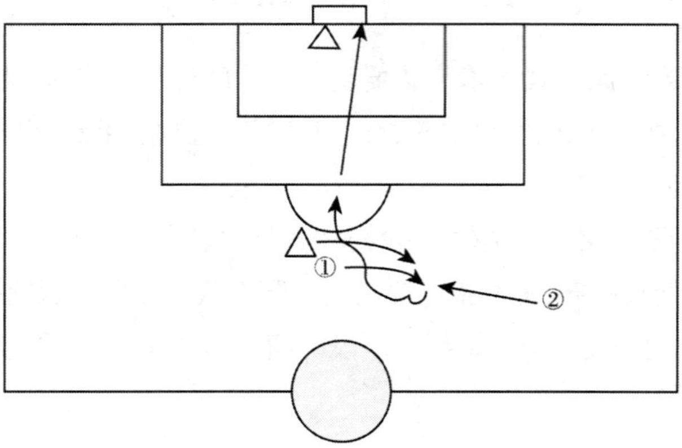

图 5-37　交叉掩护二过一

4. 定位球进攻战术

(1)任意球进攻战术。

①直接射门。距对方球门25米以内罚任意球应采用直接射门的战术配合。

目的:提高队员射门能力和意识。

方法:在罚球区附近,不同角度罚直接任意球射门。

要求:要踢出弧线球射门,并根据对方守门员的站位情况确定射门的角度。

②战术配合射门。不能或不适合直接射门时,均可配合射门。

目的:提高队员创造更好射门机会的能力和使对方守门员猝不及防的战术配合能力。

方法:遮挡守门员的视线。在对方防守人墙前约2—3米处,本方2名队员站在守门员一侧以遮挡对方守门员的视线,使之对主罚队员罚出的球判断和反应迟缓。在罚球位置上,有技术强脚为左脚和右脚队员各1人。如图5-38。

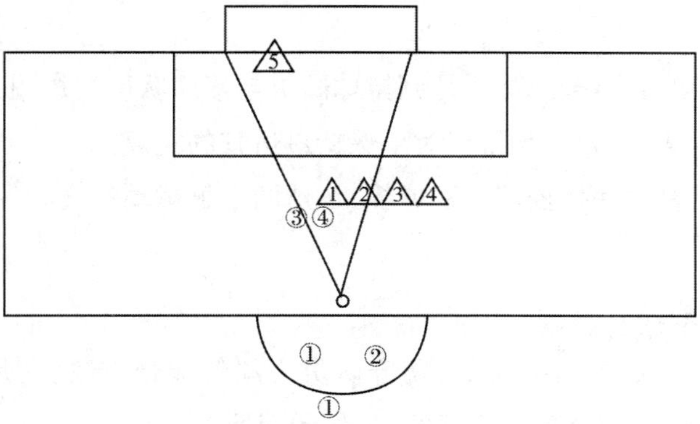

图5-38 战术配合射门

要求:2名本方站人墙的队员要双腿并拢身体靠紧尽力用身体遮挡住守门员的视线,尽可能地延长站墙的时间,应当在球被罚出后再散开。当要散开时,外侧队员向右转身,内侧队员向左转身并且同时向球门移动准备补射。

(2)短传配合的角球战术。一般在对方身材高大,争顶能力强,或遇较大的逆风时采用。其优点是发球快,利用守方要距球9.15米的规定,在角球区附近形成以多攻少的局面,为创造射门机会或直接射门打下基础。

二、防守战术

(一)个人防守战术

个人防守战术是指为了控制对手所采用的个人战术行动。个人战术行动体现着整体战术的特征。个人战术行动是整体战术的基础,包括选位与盯人、抢断球等。

1. 选位与盯人

选位是指防守队员根据位置职责和临场情况,选择占据合理防守位置的行动。盯人是指在正确选位的基础上,对防守的对手实施监控或严密控制其进攻行动。

选位与盯人的要素：

(1)及时：选位要先于进攻队员。

(2)位置：选位的基本原则是进攻队员、防守队员和本方球门中心三点成一线，并保持适当距离。

(3)兼顾：选位以盯人为主，同时兼顾球和空间情况的变化。

(4)队形：选位要组成纵横交错的三角形或菱形网络队形。

(5)灵活：以多防少或以少防多时，要根据具体情况和任务目的灵活选位。

(6)盯人：在正确选位的基础上根据不同的场区和任务，实施紧逼或松动盯人。

2. 抢断球

抢断球是指将对方控运的球或传球截下来、抢过来或破坏掉的战术行动。抢断球是重要的个人战术，是个人防守能力的重要体现和发动快速反击的有效战术行动。

抢断球的要素：

(1)正确的判断和站位：抢断球要预判持球队员与接应队员的意图，选择好有利的位置。

(2)合理的距离：通过移动，与持球对手保持最适宜的距离。

(3)准确的时机：在对手接控球未稳或控、运球两个触球动作之间的时机，将球抢下来或破坏掉。

(二)局部防守战术

局部防守战术是指两个或两个以上防守队员之间的配合方法，它是集体防守战术的基础。局部防守战术的基本配合形式有保护、补位和围抢。

1. 保护

保护是指给逼抢持球队员的同伴心理和行动上的支持，使其无后顾之忧，全力以赴紧逼对手。进行保护时，应注意：

(1)保护队员与逼抢队员的距离是动态变化的，根据不同场区应有所不同：后场3—5米，中前场4—8米。根据持球队员的不同特点也应有所变化，对技术型队员距离应近些，对速度型队员距离应稍远些。

(2)保护队员选位要根据临场具体情况随时调整角度。如果同伴堵内放外，保护队员选位角度应偏向外线；如果同伴堵外放内，保护队员选位角度应偏向内侧，配合同伴形成夹击之势。

(3)保护队员选位时还应考虑双方人数的对比。二防一时，全力保护、夹击；二防二时，既要保护同伴防突破，又要兼顾自己应盯防的对方接应队员；二防三时，主要是延缓对方的进攻速度，为其他队员争取回防的时间。

(4)保护队员还要通过语言指挥同伴抢截和选位，同时让同伴知道自己的保护位置，使防守配合更加协调、有效。

2. 补位

补位是指防守队员为弥补同伴在防守中出现的漏洞而采取的相互协助的战术配合。在比赛中,通过同伴间的相互补位,可以有效地遏制和破坏对方的进攻行动,变被动为主动。

补位注意事项:

(1)防守队员能追上自己的对手时,一般不需要交换防守和进行补位。

(2)需要补位时,最好是邻近位置的2名队员之间进行相互补位,尽量避免牵动更多的防守队员交换位置,以免打乱防守队形。

(3)要保证罚球区及附近的危险区域不出现空当。

3. 围抢

围抢是指两个以上的防守队员从多方位夹击对方的控球队员,把球抢夺回来或破坏掉的战术配合。

围抢的要求:

(1)在围抢的局部地点,守方人数占有优势,而且距离较近,思想统一。

(2)被围抢的队员尚未控制好球,其附近又没有接应队员或传球路线时应及时围抢。

(3)在边、角场区,对方观察角度较差或在守方门前接球、运球、射门时,应坚决展开围抢封堵。

(三)整体防守战术

整体防守战术是指全队所采取的防守配合。一般包括人盯人防守、区域盯人防守和混合盯人防守。

1. 人盯人防守

人盯人防守是一种除自由人以外,其他每个队员都有固定盯人对象的防守形式。虽然在全场攻守的每一个时间和空间,两两对垒的情况下总是使每一个进攻队员处于压力下,但需要每个队员都具有较强的个人能力和较好的体能。

2. 区域盯人防守

区域盯人防守是指每一个防守队员都有一定的防守区域,进攻者一旦进入该区域,防守队员即对其进行严密盯防,限制其在该区域的一切进攻行动。

虽然区域盯人防守规定了每名防守者的防守区域,但防守队员之间必须有协防的意识。当某一区域防守失败时,邻近区域的防守者必须及时补位,被突破者则应与他及时换位,以求得整体防守的平衡。

另外,值得注意的是,区域与区域之间结合部的防守,这一区域往往由于防守者职责不清或防守不够默契,容易造成混乱,给进攻者制造突破机会。

3. 混合盯人防守

混合盯人防守是人盯人与区域盯人互相结合的一种防守形式。是指根据对手情况,在某些区域实行人盯人,在某些区域实行区域盯人,充分发挥这两种形式的优点,提高整体防守的综合效益。

混合盯人防守的方式是非常灵活的,这主要取决于对方队员的特点以及本方整体防守的设计方案。在采用此种防守形式时必须注意：

(1)重点盯对方进攻的组织者和主要得分手,最大限度地限制他们的进攻行动,削弱他们的攻击能力。

(2)要明确在哪些区域实行盯人防守,哪些区域实行混合防守,应对对方哪些队员实行盯人防守、哪些实行区域防守,即对防守对象有明确的分工。

(四)基本练习方法

1. 个人防守

(1)防止对手控球转身的选位。

目的:提高队员正确选位对背身控球的队员逼抢能力。

方法:4 人一组。将 30 米长、10 米宽的场地分为 3 个相等的区域,在场地两端各有一个传球队员。中间区域内一人接球并设法转身将球传到对面,一人防守。防守队员努力防守不让接球队员转身。然后两人交换练习角色,防守队员接球转身,接球防守。如图 5-39。

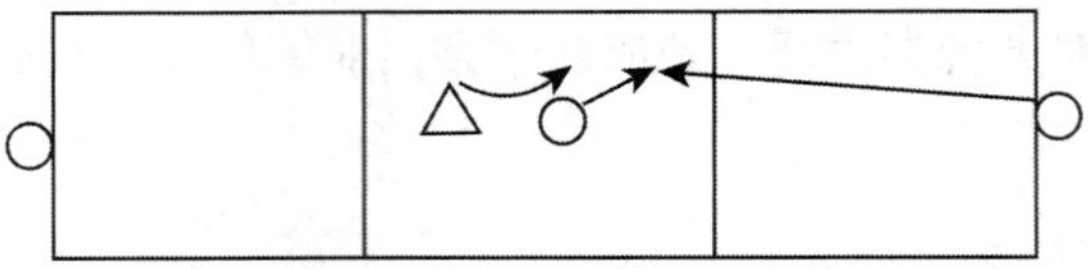

图 5-39　防止对手控球转身的选位

要求:防守队员应当在传球队员传出球时采取防守行动;当球到达接球者脚下时,防守队员应当保持身体平衡并处于恰当位置;防守队员应当注意看着球,并对球的移动作出反应,防守队员应当耐心并在对手企图转身时抢夺球;注意观察抢球的时机。练习一段时间后中间两人与两端传球队员交换练习角色。

(2)一对一防守三角球门。

目的:提高队员正确选位防守位置封堵射门或进攻角度和路线的能力。

方法:两队,每队 3 人。一队进攻,一队防守。将 30 米长、10 米宽的场地分为 3 个相等的区域,每个场地内用标志物设置一个三角形的球门,每个区域内都是一对一。每个控球队员设法将球射入自己所在区域的三角形球门的任何一侧球门得分,或者是传给另外两个区域的同伴。防守队员防守控球队员射门得分。如图 5-40。

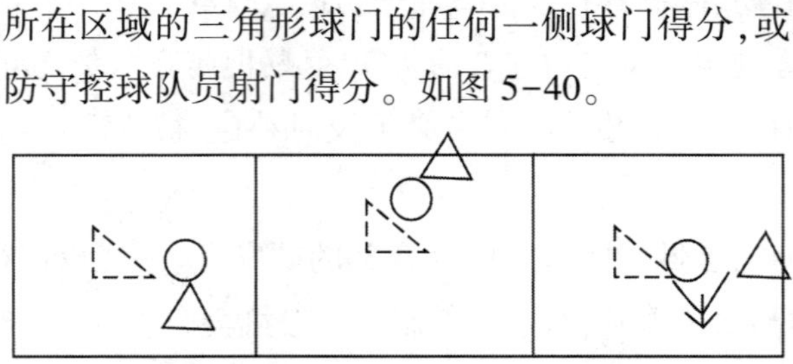

图 5-40　一对一防守三角球门

2. 局部防守

(1)中卫保护边卫。

目的:提高队员协同防守的能力。

方法:6 人一组(两个进攻队员、一个传球队员、两个边卫防守队员、一个中卫)。在 20×

10 米范围内，练习时，传球队员①将球传给一侧边路的进攻队员，边路队员运球向前。防守边卫队员上前逼抢封堵，中卫则移动到边卫的身后斜侧方形成防守保护。边锋遇阻后回传给传球的队员，传球队员又向另一侧边锋传球，另一侧边卫向前防守，中卫移动过去保护。如此不断交换练习方向和位置。如图 5-41。

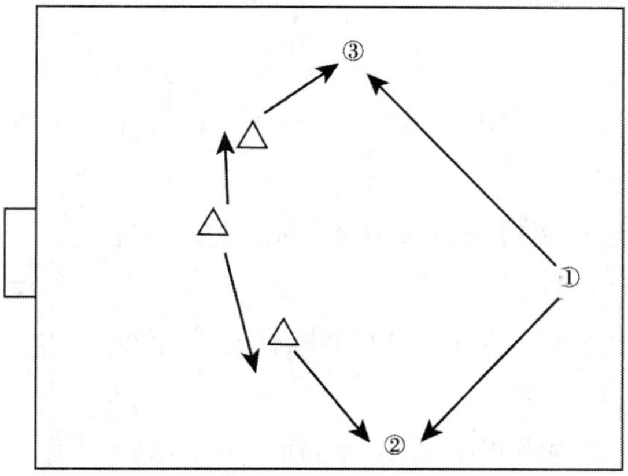

图 5-41　中位保护后卫

要求：两个防守队员配合要协调。防守保护的位置、距离要恰当。如果是要防守三区内的保护，保护队员与被保护队员的距离在 4—6 米，在禁区和进攻三区，距离是 8—9 米。在任何场区，如果争抢队员与保护队员之间的距离超过 10 米，那么抢球队员抢球失败后，保护队员成功地完成保护任务多半是不可能的。此外，保护队员还要提示争抢队员的站位和抢逼行动。

(2)边卫保护中卫。

目的：提高边卫队员保护中卫的能力。

方法：3 名进攻队员在中路形成一个三角形，前卫①传球给左前锋②，3 名前锋争取突破射门得分。对方中卫去盯左前锋。此时右边卫要向内收，保护右中卫的右侧身后空当。如图 5-42。

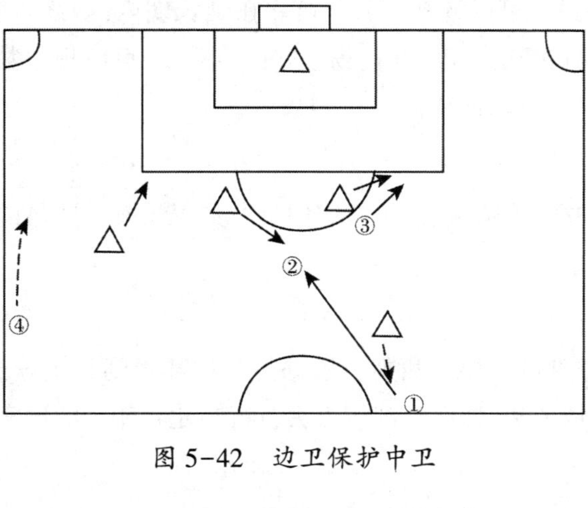

图 5-42　边卫保护中卫

要求：中卫盯人要坚决果断，边卫保护中卫的回收要快速及时。

第四节　足球比赛基本规则

一、十一人制足球比赛规则

(一)比赛场地

(1)足球比赛场地长90—120米,宽45—90米。国际比赛场地长100—110米,宽64—75米,如图5-43所示。

(2)场上各线应用熟石灰粉或白浆标画清晰,线宽不得超过12厘米,并与球门柱的宽度相等。

(3)角旗:场地四角必须各竖一平顶的旗杆,杆高至少1.50米,上挂一面小旗,称角旗。

(4)球门:球门两柱的内沿相距7.32米,横梁的下沿距离地面2.44米,立柱与横木的宽度和厚度均不得超过12厘米。

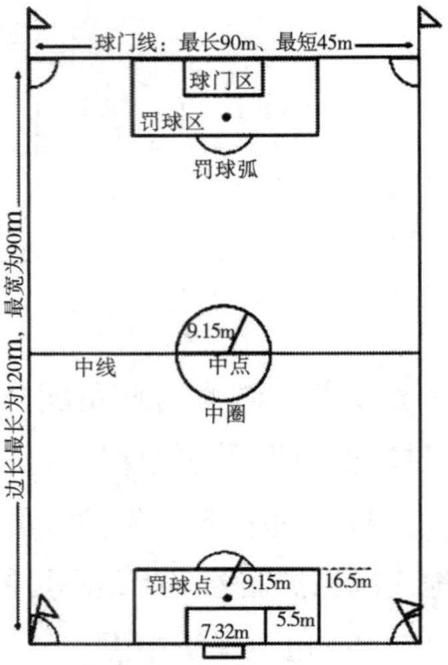

图5-43　比赛场地

(二)球

采用5号足球,气压处于0.6—1.1个海平面大气压。

(三)队员人数

(1)一场比赛每队上场队员不得多于11名。

(2)每队上场队员中必须有1名守门员。

(3)在中场休息时,各队调换守门员或替补其他队员,必须在下半时开始比赛前报告裁判员。

(4)正式比赛每场最多可以替补3名队员。在延长期内,如某队尚未换足替补数额,仍可进行替补。如以互踢点球决定胜负时,场上守门员受伤,可由规定数额以内的未换足的替补队员替补,除此以外,一律不得替补。

(四)队员装备

有袖上衣、短裤、护袜、护腿板、鞋子。守门员可穿着长裤。队员的着装颜色必须有别于对方球队和比赛官员。

(五)裁判员

每场比赛由一名裁判员掌控。裁判员依据足球比赛规则和足球比赛精神,尽自身最大能力,在规则框架内酌情考量,拥有全部权力去执行与比赛相关的比赛规则。

(六)助理裁判员

(1)助理裁判员的职责(由裁判员决定)是用旗示意球出界,应由某队掷界外球、踢角球或球门球。示意越位及裁判员未看到的犯规和不正当行为。协助裁判员记录比赛时间、进球队员号码及被警告或罚出场队员的号码和犯规情况，用旗示向裁判员提示替补队员。

(2)在协助裁判员按照比赛规则控制比赛时，助理裁判员可提供意见，但最终由裁判员决定。

(3)助理裁判员要及时跑到适当的位置，看清楚球的整体是否越过球门线。但当裁判员示意进球有效，助理裁判员不得有任何表示并跑向中线。

(4)助理裁判员所用旗子的颜色应鲜明易见，要与看台背景和队员上衣的颜色有明显区别。小旗的面积宜为30厘米×40厘米，旗杆长45厘米，旗的用料不宜太软或太薄。

(七)比赛时间

上下半场各45分钟，依照竞赛规程，在比赛开始前经裁判员和双方球队同意后，方可缩短各半场比赛时长。中场休息时间不超过15分钟。竞赛规程允许的医疗暂停，“补水”暂停(不超过1分钟)和“降温”暂停(90秒至3分钟)应考虑在补时内。

(八)比赛开始和重新开始

一场比赛各半场、加时赛各半场、进球后均以开球恢复比赛。任意球(直接或间接任意球)、罚球点球、掷界外球、球门球和角球是其他恢复比赛的方式。当裁判员暂停比赛，而规则未明确以上述何种方式恢复比赛时，以坠球恢复比赛。

(九)比赛停止与进行

1. 比赛停止

(1)球的整体从地面或空中越过球门线或边线。

(2)裁判员停止了比赛

2. 比赛进行

所有其他时间，如果球接触了比赛官员，或从球门柱、横梁、角旗杆弹回并且仍在比赛场地内，均为比赛进行中。

(十)计胜方法

(1)凡球的整体从门柱间及横木下越过球门线外沿的垂直面，而此前未违反比赛规则，均为攻方胜一球

(2)在球的整体越过两门柱间、横木下面球门线前裁判员发出了进球信号，但又立即发觉其错误，该进球无效。应由裁判员在错误停止比赛时球所在地点以坠球恢复比赛(如停止比赛时，球在球门区内，则应在离球最近的与球门线平行的球门区线上执行)。

(3)在任何情况下，球进入球门前受外界干扰所阻止，不能判为胜一球。如这种情况发生在比赛中(执行罚球点球时除外)，应暂停比赛，由裁判员在事故发生的地点以坠球恢复比赛。

(十一)越位

构成越位的条件:

(1)该队员在对方半场。

(2)该队员较球更接近对方球门线。

(3)在该队员与对方球门线之间,对方队员不足两人。上述三条中若缺少任何一条者,队员均不处于越位。

(十二)犯规与不正当行为

1. 判罚直接任意球

比赛进行中无论球在什么位置,如果防守队员在本方罚球区内违反下述 10 条中任何一条者,应被判罚球点球。

(1)踢或企图踢对方队员。踢球是比赛中重复最多的动作,在激烈对抗的情况下,会发生踢人的现象,因此裁判员必须分清“有意”还是“无意”。所谓“企图踢”是指已做出踢人动作,只是由于没有踢准或被踢者躲闪等原因而未触及人,对此仍应判罚直接任意球。

(2)绊摔或企图绊摔对方队员。指队员故意用脚或腿勾绊对方下肢,或用身体的蹲伏动作绊摔对方从而使对方失去平衡的犯规。

(3)跳向对方队员。指队员跳起的目的不在球,而向对方进行冲撞或蹬踏的犯规。

(4)冲撞对方队员。足球比赛快速、激烈,队员间避免不了身体接触,规则允许作合理冲撞。所谓合理冲撞必须符合下列条件:

①冲撞的目的在于球。

②冲撞时球必须在双方控制范围内(一般指在 2 米范围内)。

③必须用肩至肘关节部位冲撞对方的相应部位并且上臂不得扩张。

④力量应适当,不得猛烈或带有危险性。

(5)打或企图打对方队员。

(6)推对方队员。指队员故意用手或臂推对方队员的犯规。

(7)为了得到对球的控制而抢截对方队员时,于触球前触及对方队员。

(8)拉扯对方队员。指队员用手或臂故意拉扯对方队员,以阻碍对方队员自由行动的犯规。

(9)向对方队员吐唾沫。应视为恶劣行为,应将该犯规队员罚令出场并由对方在犯规地点踢直接任意球。

(10)故意手球。指队员故意用手或臂部携带、击或推球,或者队员蓄意用手或臂部扩大防守面积,以谋取利益,均属犯规。球无意触手则不判罚。

2. 判罚间接任意球

队员违反下列 4 条中任何一条者应判罚间接任意球:

(1)危险动作。指裁判员认为队员的动作具有危险性。

(2)阻挡对方队员。指队员目的不在踢球,球又不在其控制范围以内时,故意用身体阻挡对方队员行动的犯规。

(3)阻挡对方守门员从其手中发球。

(4)违反足球比赛规则第十二章以前未提及的任何其他犯规,如队员在场内抽烟或在场内向记者吐唾沫等,应给予停止比赛警告或罚令出场。

如果守门员在本方罚球区内犯有下列5条中任何一条者将由对方罚间接任意球。

(1)当以手控制球时,在发球之前行走4步以上。

(2)在发出球之后未经其他队员触及,再次用手触球。

(3)用手触及同队队员故意踢给他的球。

(4)用手触及同队队员直接掷入的界外球。

(5)拖延时间。守门员手持球超过6秒钟,裁判员必须因其延误时间而判罚间接任意球。

3.警告与罚出场

队员犯有下列7条中任何一条者将被出示黄牌警告:

(1)犯有非体育道德行为。例如:跳起用手拉球门横梁,向观众做鬼脸、打手势等,胜一球后脱掉上衣,场上抽烟。

(2)以语言或行动表示异议。如判罚犯规后,队员鼓倒掌、提抗议及故意将球踢向远处。

(3)持续违反规则。

(4)延误比赛重新开始。如踢球门球、角球、掷界外球时故意延误时间。

(5)当以角球或任意球重新开始比赛时,不退出规定的距离。

(6)未得到裁判员许可进入或重新进入比赛场地。

(7)未得到裁判员许可故意离开比赛场地。但是在下列情况下,不应判为擅自离场:

①队员由于奔跑冲力过大跑出场外。

②队员在边线或球门线附近运球,从界外绕过对方后回到场内。

③球在场内边线或球门线附近,队员从线外助跑踢球。

④处在越位位置的队员,为了表明自己不参与比赛而临时跑出场外。

队员违反下列7条中任何一条者将被出示红牌罚令出场:

(1)严重犯规。

(2)暴力行为。

(3)向对方或其他任何人吐唾沫。

(4)用故意手球破坏对方的进球或明显的进球得分机会(不包括守门员在本方罚球区)。

(5)用可判为任意球或球点球的犯规破坏对方向本方球门移动着的明显的进球得分机会。

(6)使用无礼、侮辱或辱骂性的语言。

(7)在同一场比赛中受到第二次警告。

(十三)任意球……………………………………………………………………………

(1)当场上队员、替补队员、已替换下场的队员、已罚令出场的队员或者球队官员犯规或违规时,判由对方球队罚直接或间接任意球。所有对方队员距球至少 9.15 米,除非他们已经处在本方球门柱之间的球门线上。

(2)如果将直接任意球踢入对方球门,则判为进球得分。

(3)如果将间接任意球踢入对方球门,则判为球门球。

(4)如果将直接或间接任意球踢入本方球门,则判为角球。

(十四)罚球点球……………………………………………………………………………

(1)队员在本方罚球区内,或如足球比赛规则第十二章、第十三章已明确的正常比赛移动中离开比赛场地后,犯有可判罚直接任意球的犯规,则判罚球点球。罚球点球时球必须放定在罚球点上。可直接射入球门得分。

(2)守方守门员必须停留在球门柱之间的球门线上,面向主罚队员,且不可触碰球门柱、横梁或球网,直至球被踢出。

(3)主罚队员和守门员以外的其他场上队员必须:距离罚球点至少 9.15 米,在罚球点后,在比赛场地内,在罚球区外。

可直接射入球门得分。

(十五)掷界外球……………………………………………………………………………

(1)当球的整体从地面或空中越过边线时,由最后触球队员的对方掷界外球。

(2)在掷出球的瞬间,掷球队员必须:站立面向比赛场地;任何一只脚的一部分在边线上或在边线外的地面上;在球离开比赛场地的地点,用双手将球从头后经头顶掷出;所有对方队员必须站在距离应掷球的地点所对应的边线至上的位置少 2 米的位置。当球掷入比赛场地内,即为比赛恢复。在球进入比赛场地之前,如果球接触地面,则由同一队在相同地点重新掷界外球。如果未依照正确程序掷界外球,则由对方掷界外球。

(3)如果一名队员以正确的方式,故意将球掷向对方队员以再次触球,但并未使用草率的、鲁莽的方式或过分的力量,则裁判员允许比赛继续。

(4)掷球队员在其他队员触及球前不得再次触球。

(5)界外球不能直接掷进球门得分,如果将球直接掷入对方球门——判踢球门球,如果将球直接掷入本方球门——判踢角球。

(十六)球门球……………………………………………………………………………

(1)当球的整体从地面或空中越过球门线,而最后由攻方队员触及,且并未出现进球,则判为球门球。

(2)球门球可以直接射入对方球门而得分。如果直接射入踢球队员本方球门,则判给对方角球。

（3）球必须放定，由守方球队中的一名场上队员在球门区内任意位置踢球。当球被踢且明显移动，即为比赛恢复。

（十七）角球

（1）当球的整体从地面或空中越过球门线，而最后由守方队员触及，且并未出现进球，则判为角球。

（2）角球可以直接射入对方球门而得分。如果角球直接射入踢球队员本方球门，则判给对方角球。

（3）球必须放在球越过球门线时最接近的角球区内；球必须放定，由攻方球队中的一名场上队员踢球；当球被踢且明显移动时，即为比赛恢复。无须将球踢出角球区；不得移动角旗杆；对方队员必须距角球弧至少9.15米，直到比赛恢复。

二、五人制足球比赛规则（简易版）

（1）比赛场地为长方形，长40米，宽20米，中圈半径为3米，罚球区垂直距离为6米。替换区在替补席各半场的边线上，距中圈5米远，长度为5米。

（2）比赛用球为4号低弹足球。

（3）全场比赛共40分钟，上下半场各20分钟，中间休息5分钟，每半场每队在获得球权时，允许有1次60秒的暂停，在暂停时教练员可以对队员进行指导。

（4）每队上场队员不得多于5人，其中必须有一名守门员，如若任何一队队员少于3人，则该场比赛队员少的队为弃权，判对方5∶0胜，如果实际比分净胜球大于或等于5个球，则按实际进球数计。

（5）替换队员次数不受限，可以重复替换上场，但必须在替换区完成，且先出场再进场，否则黄牌警告，判由对方队员在比赛暂停时球所在位置踢间接任意球。

（6）上场队员必须佩戴护腿板，否则不得上场比赛。

（7）参赛队必须提前15分钟到达比赛场地提交参赛队员名单，超过比赛时间10分钟仍未到场则当弃权处理。

（8）中圈开球不能助跑，可以直接射门，得分有效。

（9）没有越位犯规。

（10）一场比赛同一队员被出示两张黄牌应同时出示红牌将其罚下，并禁止其参加下一场比赛，他所属的球队在他被罚出场2分钟后或者当人数多的球队进球的时候可以重新再补充队员上场（上场前要站在替换区向裁判员示意）。

（11）没有犯规累积。

（12）任意球人墙距离为5米，4秒内踢出，踢球队员一只脚站定，用另一只脚将球踢出，直接和间接任意球均不允许助跑。

（13）踢界外球时，球放在线上，对方队员距球5米，在4秒内将球发出，不允许助跑，支撑脚不能完全踏进场内,直接踢进球门不算,由对方发球门球。

(14)球门球由守门员用手在4秒内发出,可以直接掷过中线,但直接掷入对方球门不能算得分。

(15)踢角球对方队员要距球至少5米,不能助跑,在4秒内发出,角球可以直接射门得分。

(16)界外球、角球违例,将由对方发间接任意球。

(17)暂未提及的按照最新11人制足球竞赛规则执行。

第五节 足球运动教学的考核

一、基础班(1)

项目技能考核由颠球(40分)、点球点位置射小球门(40分)和足球比赛基本站位和运行(20分)组成。

1. 颠球(40分)

(1)方法:在罚球区内,运用身体的合理部位进行不间断颠球;从球挑离地面,身体触球后开始计数,直到球落地时止;每人3次机会,取最好1次成绩。

(2)评分标准:

①达标(20分):每人颠5个球,每球4分。

②技评(20分):

技评标准	分值
身体放松,动作协调,节奏分明,控球能力较强	18—20分
身体不太放松,动作比较协调,节奏较分明,控球能力一般	15—17分
身体较僵硬,动作不太协调,节奏基本分明,控球能力差	12—14分
身体僵硬,动作不协调,节奏不分明,控球能力很差	0—11分

2. 点球点位置射小球门(40分)

(1)方法:在点球点采用脚内侧、脚背内侧踢球方式射小球门。男生采用脚背内侧踢球,女生采用脚内侧踢球。

(2)评分标准:

①达标(20分):每人踢5个球,每球4分。

②技评(20分):

技评标准	分值
技术动作舒展、正确、合理，击球部位［脚背内侧（男），脚内侧（女）］正确，动作连贯	18—20 分
技术动作基本正确，击球部位正确，性能较好	15—17 分
技术动作尚正确，击球部位不稳定，性能较差	12—14 分
技术动作不正确，击球部位不正确，动作不协调，失误较多	0—11 分

3. 足球比赛基本站位和运行（20 分）

（1）方法：足球比赛的基本站位以及比赛基本原则的运用。

（2）评分标准：

评分标准	分值
站位正确，比赛基本原则运用正确，处理球合理	18—20 分
站位正确，比赛基本原则运用基本正确，处理球基本合理	15—17 分
站位较正确，比赛基本原则运用不正确，处理球较合理，失误较少	12—14 分
站位不正确，比赛基本原则运用不正确，处理球不合理，失误多	0—11 分

二、基础班（2）

项目技能考核由颠球（30 分）、罚球区位置射小球门（30 分）和足球教学比赛（40 分）组成。

1. 颠球（30 分）

（1）方法：在罚球区内，左右脚脚面交替颠球；从球挑离地面，身体触球后开始计数，直到球落地时止；每人 3 次机会，取最好 1 次成绩。

（2）评分标准：

①达标（15 分）：每人颠 5 个球，每球 3 分。

②技评（15 分）：

技评标准	分值
身体放松自然，动作协调，触球部位正确，节奏分明，动作连贯没有调整，控球能力较强	14—15 分
身体不太放松，动作比较协调，触球部位较正确，节奏较分明，动作较连贯，控球能力一般	11—13 分
身体较僵硬，动作不太协调，触球部位较正确，动作不连贯调整较多，节奏基本分明，控球能力差	9—10 分
身体僵硬，动作不协调，触球部位不正确，动作不连贯调整较多，节奏不分明，控球能力很差	0—8 分

2. 罚球区位置射小球门(30 分)

(1)方法:在罚球区线上射小球门。男生采用脚背内侧踢球,女生采用脚内侧踢球。

(2)评分标准:

①达标(15 分):每人踢 5 个球,每球 3 分。

②技评(15 分):

技评标准	分值
技术动作正确、舒展、合理,击球部位[脚背内侧(男),脚内侧(女)]正确,动作熟练、协调、连贯,性能好	14—15 分
技术动作基本正确,击球部位正确,动作较连贯,性能一般	11—13 分
技术动作尚正确,击球部位不稳定,动作不够连贯,性能较差	9—10 分
技术动作不正确,击球部位不正确,动作不协调,失误较多	0—8 分

3. 足球教学比赛(40 分)

(1)方法:按最新足球比赛规则要求进行比赛。

(2)评分标准:

评分标准	分值
站位正确,比赛基本原则运用正确,处理球合理,配合默契	37—40 分
站位正确,比赛基本原则运用基本正确,处理球基本合理,配合较默契	30—36 分
站位较正确,比赛基本原则运用不正确,处理球较合理,配合不太默契	24—29 分
站位不正确,比赛基本原则运用不正确,处理球不合理,配合失误多,缺少默契	0—23 分

三、提高班(1)

项目技能考核由颠球(20 分)、罚球区位置射小球门(30 分)和足球教学比赛(50 分)组成。

1. 颠球(20 分)

(1)方法:在罚球区内,左右脚脚面交替颠球;从球挑离地面,身体触球后开始计数,直到球落地时止;每人 3 次机会,取最好 1 次成绩。

(2)评分标准:

①达标(10 分):每人颠 5 个球,每球 2 分。

②技评(10 分):

技评标准	分值
身体放松自然,动作协调,触球部位正确,节奏分明,动作连贯没有调整,控球能力较强	9—10 分
身体不太放松,动作比较协调,触球部位较正确,节奏较分明,动作较连贯,控球能力一般	7—8 分
身体较僵硬,动作不太协调,触球部位较正确,动作不连贯调整较多,节奏基本分明,控球能力差	5—6 分
身体僵硬,动作不协调,触球部位不正确,动作不连贯调整较多,节奏不分明,控球能力很差	0—4 分

2. 罚球区位置射小球门(30 分)

(1)方法:在罚球区线上射小球门。男生采用脚背内侧踢球,女生采用脚内侧踢球。

(2)评分标准:

①达标(15 分):每人踢 5 个球,每球 3 分。

②技评(15 分):

技评标准	分值
技术动作正确、舒展、合理,击球部位[脚背内侧(男),脚内侧(女)]正确,动作熟练、协调、连贯,性能好	14—15 分
技术动作基本正确,击球部位正确,动作较连贯,性能一般	11—13 分
技术动作尚正确,击球部位不稳定,动作不够连贯,性能较差	9—10 分
技术动作不正确,击球部位不正确,动作不协调,失误较多	0—8 分

3. 足球教学比赛(50 分)

(1)方法:按照最新足球比赛规则要求进行比赛。

(2)评分标准:

评分标准	分值
站位正确,比赛基本原则运用正确,处理球合理,配合默契	45—50 分
站位正确,比赛基本原则运用基本正确,处理球基本合理,配合较默契	37—44 分
站位较正确,比赛基本原则运用不正确,处理球较合理,配合不太默契	30—36 分
站位不正确,比赛基本原则运用不正确,处理球不合理,配合失误多,缺少默契	0—29 分

四、提高班(2)

项目技能考核由罚球区位置射小球门(20 分)、绕杆射门(30 分)和足球教学比赛(50 分)组成。

1. 罚球区位置射小球门(20 分)

(1)方法:在罚球区线上射小球门。男生采用脚背内侧踢球,女生采用脚内侧踢球。

(2)评分标准:

①达标(10 分):每人踢 5 个球,每球 2 分。

②技评(10 分):

技评标准	分值
技术动作正确、舒展、合理,击球部位[脚背内侧(男),脚内侧(女)]正确,动作熟练、协调、连贯,性能好	9—10 分
技术动作基本正确,击球部位正确,动作较连贯,性能一般	7—8 分
技术动作尚正确,击球部位不稳定,动作不够连贯,性能较差	5—6 分
技术动作不正确,击球部位不正确,动作不协调,失误较多	0—4 分

2. 绕杆射门(30 分)

(1)方法:从正对球门的罚球区线中点向场地中间直线设 8 根标杆(杆间距 2.5 米)并在离第一根标杆 2 米处设一标志线;从标志线处向前拨球后开始计时,到学生绕过全部 8 根标杆后将球射进球门那一刻止;漏杆、球不进球门均无成绩;每人 3 次机会,取最好 1 次成绩。

(2)评分标准:

①达标(15 分):

时间	分值
11″(13″)	14—15 分
12″(14″)	11—13 分
13″(15″)	9—10 分
14″(16″)	0—8 分

②技评(15 分):

技评标准	分值
身体放松,动作协调,节奏连贯,控球能力较好,出球性能好	14—15 分
身体不太放松,动作比较协调,节奏较连贯,控球能力一般,出球性能较好	11—13 分
身体较僵硬,动作不太协调,节奏基本连贯,控球能力差,出球性能较差	9—10 分
身体僵硬,动作不协调,节奏不连贯,控球能力很差,出球性能差	0—8 分

3. 足球教学比赛(50 分)

(1)方法:按照最新足球比赛规则要求进行比赛。

(2)评分标准:

评分标准	分值
选位正确,技术全面,比赛基本原则运用正确,处理球合理,配合默契	45—50 分
选位正确,技术较全面,比赛基本原则运用基本正确,处理球基本合理,配合较默契	37—44 分
选位较正确,技术不全面,比赛基本原则运用不正确,处理球较合理,配合不太默契	30—36 分
选位不正确,技术不全面,比赛基本原则运用不正确,处理球不合理,配合失误多,缺少默契	0—29 分

第六章　排球运动

第一节　排球运动基本知识

一、排球运动的起源与发展

1895 年,美国马萨诸塞州的霍利沃克城基督教青年会干事威廉·莫根,在青年会的体育馆中,把球网架在 6 英尺 6 英寸(约 2 米)的高度,让人们用篮球胆来回拍打。后来发现球胆太轻,于是制作了与现代排球相近的皮制的、内装球胆的球。由于球是在空中飞来飞去,后取名“Volleyball”,取“空中飞球”之意。从此“排球”的名称就正式出现了,并一直沿用至今。

1896 年美国开始有了排球比赛。最初比赛人数没有限制,赛前由双方临时商定,只要人数相等即可。

第一部排球比赛规则发表在 1896 年 7 月出版的美国《体育》杂志上。

排球运动问世后,在美国各地迅速开展起来。后由美国的传教士和驻外国的军官、士兵带到了世界各地。1900 年传入印度,1905 年传到了中国。亚洲各国都经历了 16 人到 12 人再到 9 人制排球比赛的发展过程,直到 20 世纪 50 年代才引进 6 人制排球比赛形式。

1947 年,排球运动世界性组织——国际排球联合会成立。

二、国际上重大排球比赛

1. 世界排球锦标赛

第一届世界男子排球锦标赛于 1949 年在布拉格举行,1952 年在莫斯科举行了第一届世界女子排球锦标赛,自此以后每隔 4 年举行一次。世界排球锦标赛是最早的、也是规模最大的世界性排球比赛。

2. 奥运会排球赛

排球比赛正式列为奥运会比赛项目是在 1964 年举行的第 18 届奥运会上,当时只有 10 支男队、6 支女队参加。后规定只有 12 队才有资格参加奥运会排球决赛,即东道主国队,世界杯排球赛前两名、各大洲预选赛的第一名以及奥运会落选赛的前四名。

3. 世界杯排球赛

1965 年在波兰举行了首届男子世界杯排球赛,1973 年在乌拉圭举行了首届女子世界杯排球赛,均为每隔 4 年举办一次,参赛队不超过 12 个。

第二节　排球运动基本技术

排球运动基本技术一般可分为准备姿势与移动、发球、垫球、传球、扣球、拦网等。

一、准备姿势与移动

准备姿势与移动是完成发球、垫球、传球、扣球和拦网等各项有球技术的前提和基础,并对各项有球技术的运用起串连和纽带作用。做准备姿势主要是为了移动,而要快速移动,就必须先做好准备姿势。

(一)准备姿势

合理的准备姿势是指既要使身体重心处于相对稳定的状态,又要便于移动和完成各种击球动作,为迅速起动、快速移动及击球创造最好的条件。

按照身体重心的高低,准备姿势可分为半蹲准备姿势、稍蹲准备姿势和低蹲准备姿势三种,而半蹲姿势运用较多。

1. 动作方法

半蹲准备姿势:两脚左右开立稍比肩宽,一脚稍前,两脚尖内收,脚跟稍提起。膝关节保持一定的弯曲,膝关节的投影在脚尖前面。上体前倾,重心靠前。两臂放松自然弯曲,双手置于腹前。全身肌肉适当放松,两眼注视来球,两腿始终保持微动。

稍蹲准备姿势:稍蹲准备姿势比半蹲准备姿势重心稍高,动作方法相同。

低蹲准备姿势:低蹲准备姿势比半蹲准备姿势的身体重心更低。

(1)稍蹲　　(2)半蹲　　(3)低蹲

图 6-1　准备姿势

2. 动作要领

屈膝提踵，含胸收腹，微动。

3. 练习方法

两人一组，一人做准备姿势，另一人纠正其错误动作。两人交换进行。

4. 比赛中的运用

（1）稍蹲准备姿势一般用于扣球助跑之前、对方正在组织进攻不需要快速反应起动的时候。

（2）半蹲准备姿势多用于接发球、拦网和各种传球。

（3）低蹲准备姿势主要用于防守和做各种保护动作时，由于重心低，便于倒地和插入球下，防守低远球。

（二）移动

从起动到制动的过程为移动。移动的目的主要是及时接近球，保持好人与球的位置关系，以便击球。迅速移动可占据场上的有利位置，争取时间和空间。队员能否及时移动到位，直接影响着技战术的质量。

1. 动作方法

（1）并步与滑步：如向前移动，则后腿蹬地，前脚向来球方向跨出一步，后腿迅速跟上做好击球准备。连续并步就是滑步。

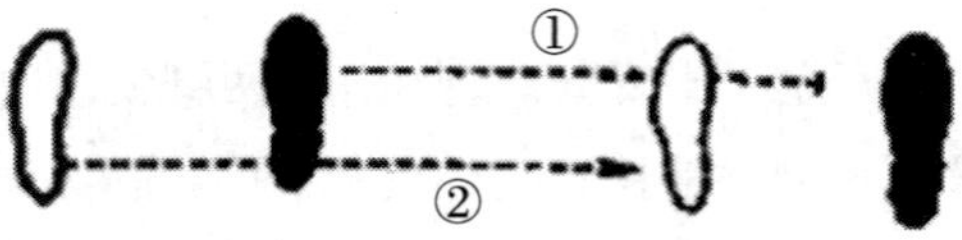

图 6-2　并步移动步法

（2）跨步与跨跳步：如向前移动，则后腿用力蹬地，前脚向来球方向跨出一大步，膝部弯曲，上体前倾，身体重心移至前腿上。跨步过程中有跳跃腾空即为跨跳步。

（3）交叉步：以向右交叉步为例，上体稍向右转，左脚从右脚前面向右交叉迈出一步，然后右脚再向右跨出一大步，同时身体转向来球方向，保持击球前的姿势。

图 6-3　跨步移动步法

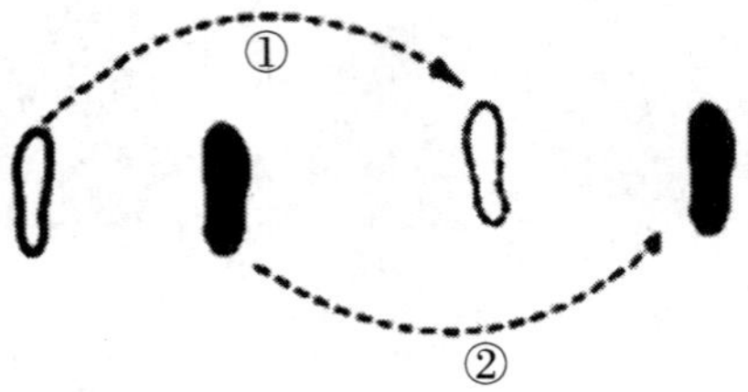

图 6-4　交叉步移动步法

(4)跑步:跑步时两臂要配合摆动。如球在侧方或后方时应边转身边跑。

(5)综合步:以上各种步法的综合运用。

2. 动作要领

判断及时快反应,拍腿弯腰移重心;关键快蹬第一步,制动身稳步法灵。

3. 练习方法

(1)两人一组,一人做准备姿势,另一人纠正其错误动作。两人交换进行。

(2)两人一组相对站立,一人跟随另一人作同方向的移动。

(3)两人一组,相距 6 米,各持一球,两人同时把球滚向对方本侧 3 米左右处,移动接住后再滚给对方,如此往复进行。

(4)结合其他技术的练习。

4. 比赛中的运用

(1)并步的特点是容易保持平衡,便于做各种击球动作,主要用于传、垫球和拦网。

(2)跨步适合在来球较低、离身体 1—2 米左右垫击时使用。

(3)滑步适合在来球较远、使用并步不能接近球时使用。

(4)当来球距体侧 3 米左右时,可采用交叉步,其特点是步子大、动作快、制动强,主要用于二传、拦网和防守。

(5)球距身体更远时,可采用跑步。

二、发球

发球是排球比赛中一项重要的进攻技术,是 1 号位队员在发球区内自己抛球后,用一只手或手臂将球直接击入对方场区的一种击球方法。

发球是排球运动技术中唯一不受他人制约的技术。发球是比赛的开始,也是进攻的开始,准确而有攻击性的发球可以直接得分或破坏对方的战术组成,减轻本方防守压力,为反击创造有利的条件,同时能振奋精神,鼓舞士气,在心理上给对方造成很大压力。发球失误,将直接失分和失去发球权。

(一)正面上手发球

正面上手发球是指发球队员面对球网站立,利用收腹转体动作带动手臂加速挥动,在头的右前上方用全手掌击球过网的发球方法。

1. 动作方法(以右手击球为例)

(1)准备姿势:面对球网,两脚自然开立,左脚在前,左手托球于体前。

(2)抛球与引臂:左手将球平稳地抛于右肩的前上方,高度适中,同时右臂抬起,屈肘后引,肘与肩平,上体稍向右侧转动,抬头、挺胸、展腹、手掌自然张开。

(3)挥臂击球:利用蹬地,使上体向左转动,同时收腹,带动手臂向前上方快速挥动。

在右肩前上方伸直手臂的最高点,用全掌击球的后中下部。击球时,手指和手掌要张开与球吻合，手腕要迅速做推压动作，使击出的球呈上旋飞行。击球后，随着重心前移，迅速入场。

图 6-5　正面上手发球

2. 动作要领

手托上抛高 1 米，同时抬臂右旋体；转体收腹带挥臂，弧形鞭甩应加速；全掌击球中下部，手腕推压要积极。

3. 练习方法

（1）作近距离的对墙发球练习，将抛球、挥臂、击球、用力等环节有机地衔接起来。

（2）两人一组间距 9 米左右相对发球。

（3）作近距离的隔网发球练习。

（4）站在端线向对区发球。

（5）站在端线左、中、右三个不同的位置向对区发球。

（6）规定各种性能发球。

（7）向指定区域内发球。

4. 比赛中的运用

（1）发球时，抛球要稳，否则影响发球的准确性；击球要准，只有以正确的手型击准球的相应部位，才能使发出球的性能与预期相一致。手法要正确。击球的手法不同，发出球的性能也不同。只有采用正确的手法击球才能发出相应性能的球。用力要适当。用力大小与发球站位的远近、击球弧度的高低、发出球的性能、落点密切相关。

（2）发球时，应根据比赛中的具体情况，或需要稳定，或需要凶狠，或需要找人、找区，或控制发球落点，灵活地运用各种发球技术，用相应动作发出不同性能的球。

（二）其他发球形式

1. 正面下手发球

正面下手发球是正面对网，手臂由后下方向前摆动，在腹前将球击入对方场区的一种发球方法。

（1）动作方法（以右手击球为例）。

面对球网，两脚前后开立，左脚在前，右脚在后，两膝微屈，上体前倾，左手持球于腹前，右臂自然下垂，两眼注视球。左手将球在体前右侧抛起，高于手 20—30 厘米，在抛球的同时右臂后摆。击球时，右脚蹬地，身体重心前移，右臂伸直。以肩为轴，向前摆至腹前，用虎口、掌缘或手掌击球的后下部，随着击球动作身体重心前移，迅速入场。如图 6-6。

图 6-6　正面下手发球

（2）动作要领。左手抛球低出手，右臂摆动肩为轴；击球一刹不屈肘，掌根部位击准球。

2. 侧面下手发球

侧面下手发球是侧对网站立，转体带动手臂由体侧后下方向前挥动，在体前肩以下的高度击球过网的一种发球方法。

（1）动作方法。左肩对网，两脚左右开立，约与肩同宽，两膝微屈，上体稍前倾，重心落在两脚之间，左手持球置于腹前。左手将球平稳上抛于胸前，距身体约一臂远，球离手高度约一个半球。抛球同时，右臂摆至右侧后下方。利用右脚蹬地向左转体的力量，带动右臂向前上方摆动，在腹前用全掌、虎口或掌根击球后下方。击球后，身体转向球网，并顺势进场。

（2）动作要领。腹前低抛球，转体带摆臂；击球后下部，控制球路线。

三、垫球

垫球是通过手臂或身体其他部位的迎击动作,使来球从身体的垫击面上反弹出去的击球动作。

垫球是排球运动最重要的基本技术之一,是防守的基础。主要用于接发球、接扣、吊球及接拦回球,也可在无法运用传球技术进行二传时用来组织进攻或处理球。

(一)正面双手垫球

正面双手垫球是双手在腹前垫击来球的一种最基本的垫球方法,是各种垫球技术的基础。如图 6-7。

图 6-7　正面双手垫球

1. 动作方法

(1)准备姿势:两脚开立,稍比肩宽。在左半场及中场位置接球最好左脚在前,在右半场位置最好右脚在前。两脚适当提踵,双膝弯曲,上体自然前倾,全身放松,随时准备移动。

(2)垫球手型:两手掌根紧靠,两手手指重叠合掌互握,两拇指平行紧靠,手腕下压,两臂外翻形成一个平面。如图 6-8。

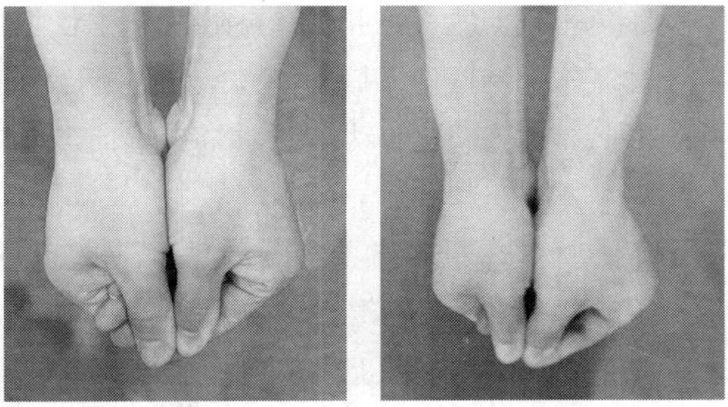

(1)叠掌式　　(2)抱掌式

图 6-8　垫球手型

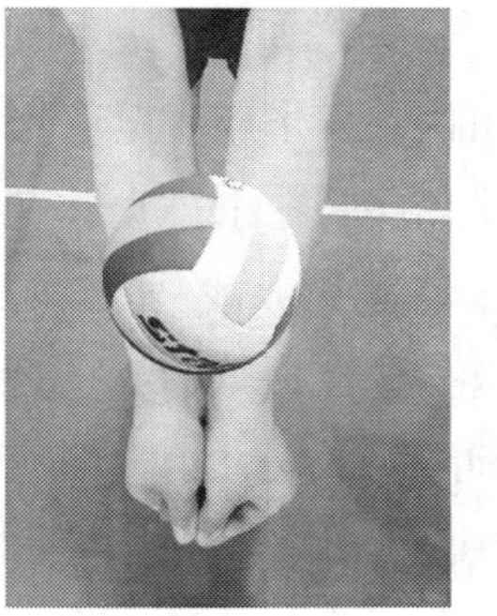

图 6-9　垫球部位

(3)击球部位:看准来球,两臂夹紧前伸,插到球下,用前臂腕关节上方 10 厘米左右的两臂桡骨内侧形成的一个近似的平面击球的下部。如图 6-9。

(4)击球动作:向前上方蹬地抬臂,迎击来球,使插、夹、抬、蹬连贯完成,灵活控制球的方向和力量。

(5)手臂角度:垫球手臂与地面所成的夹角,对控制球的方向、弧度、落点影响很大。一般来说,来球弧度高,手臂与地面的角度应该小些;来球弧度平,手臂与地面的角度应该大些。如果垫出的球弧度较平,跨度较远,手臂与地面所成的夹角要大些;如果垫出的球弧度较高,距离较近,夹角应小些。此外,垫击用力的大小与来球的力量成反比,与垫击的目标距离成正比。

2. 动作要领

两臂夹紧插球下,抬臂送体腕下压;蹬腿跟腰前臂垫,轻球重球要变化。

3. 练习方法

(1)两人一组,相距 4—5 米,一抛一垫。

(2)两人一组,相距 4—5 米,连续对垫。

(3)2—4 人一组,1 人发球,其余人轮流接发球。

(4)3 人一组,作半场接发球练习,1 人发、2 人垫,将球垫到二三号之间。

(5)结合场上位置练习:站好接发球位置,加强配合,接好各种发球。

4. 在比赛中的运用

(1)接发球。主要采用正面双手垫球。由于各种发球的性能不同,接发球的方法也有所不同。但不管采用何种方法,都应该全神贯注,注意力集中,全身保持放松状态;根据发球人的站位和动作特点,做好判断和准备;判断准确,移动快速,对正来球,协调用力;在腹前用前臂击球,保持好手臂与地面的适度夹角。

(2)接扣球。接扣球要运用各种垫球技术。一般采用上挡下垫。接扣球要及早判断,迅速移动卡好位,做好正确的准备姿势,根据不同发来球,采用不同的接球手法。防守的关键是预先判断其扣球路线,身体不宜过早深蹲,以免影响移动步法。

(3)接拦回球。拦回球一般速度快,路线短,落点大多在扣球队员附近。因此,取位重点应在前场,宜采用半蹲、低蹲准备姿势,上体基本保持正直,两手不宜太低,应置于胸前,以增加控制范围,在击球动作上,可有明显的屈肘、抬臂或翘腕等动作,尽量将球垫向二传。

(4)接其他球。

垫二传:当一传来球较低时,可采用双手垫传球。击球前要降低重心,面向垫球方向,两臂平直插入球下,击球时,用下肢和身体的协调用力向上抬臂,击球的下部。

垫入网球:比赛中常有球飞入球网内。垫入网球,要判断球入网的方向和落点,迅速移动到落点上,侧身对网,降低重心,手臂插到球下,垫击时,应加大屈肘翘腕,增加起球高度。

(二)其他垫球技术

1. 体侧垫球

体侧垫球简称侧垫,是在身体侧面垫球的一种垫球方法。其特点是控制面宽,但较难把握垫击的方向、弧度和落点。

(1)动作方法:以左侧垫球为例。右脚前脚掌内侧蹬地,左脚向左跨出一步,身体重心随即移至左脚,并保持左膝弯曲,两臂夹紧向侧伸出,左臂高于右臂右肩向下倾斜,再用向右转腰和收腹的力量,配合两臂在体侧截击球的后下部。切忌随球摆臂。

(2)要领:向侧跨步侧前伸臂,向内转体提肩击球。

2. 背垫

背对出球方向的垫球方法叫背垫。大多用于接应同伴垫飞的球或将球处理过网。其特点是垫击点较高。由于背对垫球方向,不便于观察目标和控制击球的方向和落点。

(1)动作方法:背垫时,首先判断来球的落点、方向和球网的距离,迅速移动到球的落点处,背对出球方向,两臂夹紧伸直、插到球下。击球时,蹬地、抬头挺胸、展腹,直臂向后上方摆动,用正确的垫球部位迎击球。

(2)要领:蹬挺抬仰两臂摆,背对目标肩上击。

四、传球

传球是排球运动基本技术之一,是利用手指手腕的弹击动作将球传至一定目标的击球动作。

传球技术主要用于二传,为进攻创造条件,在比赛中起着组织进攻的作用;传球技术也经常用来接发球,接对方的处理球、吊球和被拦回的高球,从这一角度看,传球也是一项防守技术;传球还可用来吊球和处理球,起着进攻的作用。

(一)正面传球

面对出球方向的传球动作,称为正面传球。正面传球是最基本的传球方法,是其他一切传球技术的基础。如图 6-10。

图 6-10　正面传球

1. 动作方法

(1)准备姿势:采用稍蹲姿势,上体稍挺起,仰头看球,两手自然抬起,屈肘,放松置于脸前。

(2)迎球动作:当来球接近额前时,开始蹬地、伸膝、伸臂,手指微张从脸前向前上方迎出。全身各部位动作应协调一致。

(3)击球点:在脸额前上方约一球距离处。

(4)手型:手触球时,十指应自然张开使两手成半球状,手腕稍后仰,以拇指内侧、食指全部、中指的二、三指节触球的后下部,无名指和小指在球两侧辅助控制球的方向。两拇指相对成“一”字形。如图 6-11。

(5)用力方法:在迎球动作的基础上,当手和球即将接触前,手腕和手指要有前屈迎球的动作,当手与球接触时,各大关节应继续伸展,最后用手指手腕的弹力将球击出。

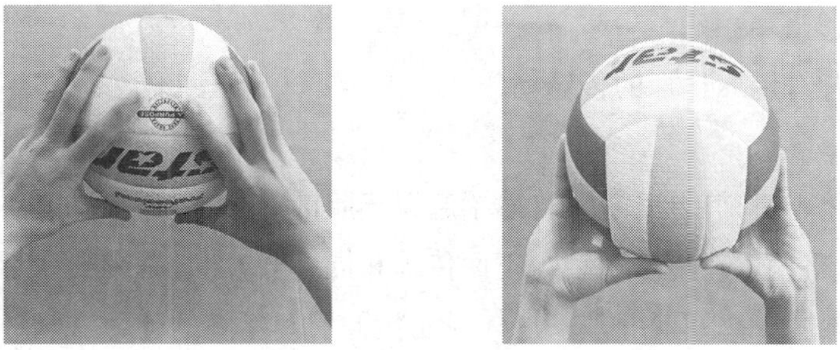

图 6-11　传球手型

2. 动作要领

蹬地伸臂对正球,额前上方迎击球;触球手型成半球,指腕缓冲控制球。

3. 练习方法

(1)两人一组,一人作徒手传球练习,另一人纠正错误动作。

(2)连续自传,传球高度不低于 50 厘米,传球时尽量少移动。

(3)距墙 50 厘米,对墙连续传球。

(4)两人一组,相距 3—4 米,传对方抛到额前的球。

(5)两人一组,相距 3—4 米,对传。

(6)在 3 号位向 4 号位、2 号位传顺网球。

(7)在1号位、6号位、5号位向4号位、2号位传调整球。

4. 比赛中的运用

(1)组织进攻。传球技术在比赛中主要用于组织进攻,即用作二传。二传时,二传队员应该做到取位恰当,便于观察,动作隐蔽,调整节奏,手法熟练。

正面传球是二传中最简单最常用的技术,传球动作与正面传球相似,其区别在于正面传球时,身体不宜面对来球,要适当地转向传球方向,尽可能保持正面传球,使球顺网飞行。

如果来球角度较大,可偏对传球方向,将击球点适当移向传球方向,边传边转体、边控制球,把球传向目标。当来球较高而且近网时,可采用跳传。在不能采用跳传的情况下,两膝伸直,两臂上伸,以提高击球点。如果来球较低,通常采用下蹲传球,由于身体姿势较低,难以运用下肢中立地和身体协调伸展的力量,主要依靠手臂、手指手腕动作来传球和控制球。

(2)一传。对对方处理过来的高球或本方拦起的高球,为保证一传到位率,可采用正面上手传球。传球时,根据来球力量适当控制指腕的紧张程度,主动用力将球传给二传,同时还可直接组织二次进攻,或直接将球传入对方空当。

(3)二传吊球。在对方没有防备的情况下,二传可以突然吊球,往往能成功。吊球时,可采用双手或单手。双手吊球时,以侧传吊球较好,动作隐蔽,比较突然。单手吊球时,手指并拢,轻拨球的侧下部,传球落入对方空当。

(4)第三传。当防守欠佳,无法阻止进攻时,可用传球方式把球击入对方场区。传球时,手指手腕紧张,要有蹬地伸膝、伸臂和压腕动作,将球快速地传入对方场地。

(二)背面传球

背面传球是背对传球目标的传球动作。

1. 动作方法

上体比正面传球时稍后仰,双手自然抬起置于脸前。抬上臂、挺胸、上体后屈,在头上方击球,比正面传球略偏后。传球手型与正面传球相同,但触球时手腕要稍后仰,掌心向上,拇指托在球下,击球的下部。利用蹬腿、展体、抬臂、伸肘和指腕的弹力,把球向后上方传出。

2. 动作要领

上体稍直臂上抬,掌心向上腕后仰;背部对正目标处,协调传球后上方。

五、扣球

扣球是排球运动基本技术之一,是队员跳起在空中,将高于球网上沿的球有力地击入对方场区的一种击球方法。

扣球在比赛中占有重要的地位,是得分的主要手段,是进攻中最积极有效的武器,是一个队摆脱被动、争取主动的主要途径。扣球的成败,体现着队伍的战术质量和效果,是能否夺取胜利的关键。扣球效果好,可以鼓舞全队士气,振奋精神,从而挫伤对方的锐气,给对方造成强大的心理压力。

（一）正面扣球

正面扣球是最基本的扣球技术。其他扣球技术都是在此基础上发展和派生出来的。如图 6-12、图 6-13。

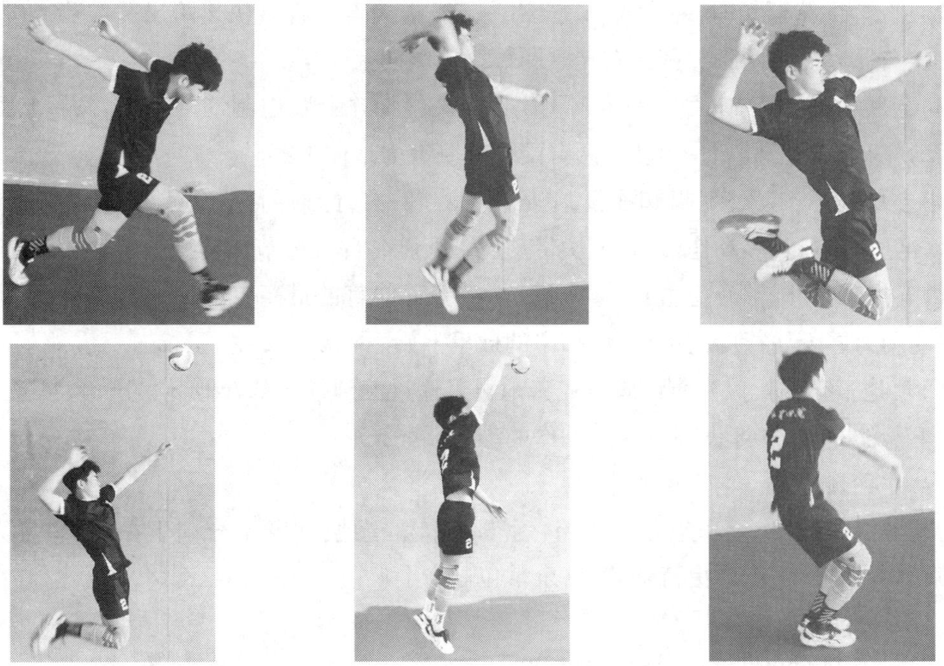

图 6-12　正面扣球

图 6-13　挥臂动作

1. 动作方法(以右手扣一般高球为例)

(1)准备姿势:采用稍蹲姿势,两臂自然下垂,站在离网3米左右处,身体转向来球方向,观察来球,做好向各个方向助跑起跳的准备。

(2)助跑:助跑开始时,左脚先向前迈出一步,紧接着右脚再快速跨出一大步,左脚及时并上,踏在右脚之前,两脚尖稍向右转。两臂绕体侧向上引摆。

(3)起跳:在助跑跨出最后一步(即第二步),左脚并上踏地制动的同时,两臂自后积极向前摆动,随着双腿蹬地向上起跳,两臂配合起跳有力地向上摆动。

(4)空中击球:起跳后,挺胸展腹,上体稍向右转,右臂向后上方抬起,身体成反弓形。挥臂时,以迅速转体、收腹动作发力,依次带动肩、肘、腕各部位关节向前上方成鞭甩动作挥动。击球时,五指微张,以掌心为主,全掌包满球,在手臂伸直的最高点的前上方击球的后中部,同时主动用力屈腕屈指向前推压,使扣出的球呈上旋。

(5)落地:落地时,以两脚前脚掌先着地再迅速过渡到全脚掌着地,同时顺势屈膝、收腹,以缓冲下落的力量,立即做好下一个动作的准备。

2. 动作要领

助跑节奏慢到快,一步定向二步跨;后步跨上猛蹬地,两臂配合向上摆;腰腹发力应领先,协调挥臂如甩鞭;击球保持最高点,全掌包球击上旋。

3. 练习方法

(1)助跑双脚起跳,挥臂击打高处树叶。

(2)两人一组,一人手持球高举作固定球,另一人扣该固定球。

(3)面对墙站立,手持一球,做正面扣球挥臂动作,将球甩出。

(4)距墙3—4米,连续对墙扣反弹球。

(5)在4号位助跑起跳,把由3号位抛来的球在高点轻拍过网。

(6)在4号位、2号位助跑起跳,扣顺网传来的球。

(7)在4号位、2号位助跑起跳,扣调整传来的球。

4. 比赛中的运用

(1)扣近网球。击球点距网50厘米左右的扣球称为扣近网球。扣近网球的特点是击球点高、路线变化多、威力大,但易被拦网。扣近网球时,要向上垂直起跳,以免前冲力过大,造成触网或过中线犯规。跳起后,主要利用收胸动作发力,以肩为轴,向前上方挥臂,以全手掌击球的后中上部。击球后,手臂要顺势回收,以防止手触网。

(2)扣远网球。通常把击球点距球网1.5米以外的扣球称为扣远网球,这种扣球力量大,角度较平,对方不易拦网。远网扣球时,跳起后击球点要保持在右肩前上方最高点,用全手掌击球的后中部,击球瞬间手腕要有明显的推压动作,使球呈上旋飞出。

六、拦网

拦网是排球运动的基本技术之一，是队员靠近球网，将手伸向高于球网处阻挡对方来球的行动。

拦网具有强烈的攻击性，可以直接拦死、拦回对方的扣球，能够削弱对方的锐气，动摇对方的信心，给对方造成心理压力。拦网是防守的第一道防线，是反攻的重要环节。拦网可以将对方有力的扣球拦起，减轻后排防守的压力。拦网水平的高低直接影响着比赛的胜负，在没有前排拦网的情况下，后排防守是极其困难的。如图 6-14。

图 6-14　拦网

1. 动作方法（以单人拦网为例）

（1）准备姿势：队员面对球网，两脚左右开立，约与肩同宽，距网 30—40 厘米。两膝微屈，两臂屈肘置于胸前。

（2）移动：常用的步法有一步、并步、交叉步、跑步等。无论采用哪种移动步法，都要做好制动动作，以保证向上起跳，避免触网和冲撞同队队员。

（3）起跳：原地起跳时，两腿屈膝，重心降低，随即用力蹬地，两臂以肩发力，在体侧近身处，作划弧划前后摆动，帮助身体迅速跳起。移动后的起跳，其起跳动作与原地起跳一样，但要注意制动并使移动与起跳动作紧密衔接。

（4）空中动作：起跳时，两手从额前沿球网向上方伸出，两臂伸直并保持平行，两肩上提。拦网时，两臂应伸过网去接近球。两手自然张开，屈指屈腕成半球状。当手触球时，两手要突然紧张，手腕下压盖在球的前上方。

（5）落地：拦球后，要做含胸动作，以保持身体平衡。手臂要先后摆或上提，从网上收回至本方上空，再屈肘向下收臂，以免触网。与此同时屈膝缓冲，双脚落地，随即转身面向后场，准备接应来球或做下一个动作准备。

2. 动作要领

判断移动及时跳，两臂摆动伸网沿；提肩压腕张手捂，眼看扣球拦路线。

3. 练习方法

(1)原地作拦网的徒手动作练习。

(2)两人一组,一人站在高台上持球,另一人跳起拦固定球。

(3)作低网扣拦练习:两人一组,原地一扣一拦。

(4)原地起跳拦高台扣球。

(5)在网前徒手作有助跑的拦网练习。

(6)作由 3 号位向 2 号位、4 号位移动拦网徒手练习。

(7)结合扣球练习拦网。

4. 比赛中的运用

排球比赛中以双人拦网最常见。由前排两个队员互相靠近,同时起跳组成的拦网,称双人拦网。主要在对方大力扣球时采用。

双人拦网时,应以一人为主拦队员,另一人为配合队员。但主拦队员不是固定的,一般情况下距对方扣球点近的队员应为主拦队员。主拦队员必须抢先移动到正对扣球点的位置,做好起跳准备,配合队员则迅速移动靠近主拦队员准备同时起跳。两队员之间的距离一定要合适:距离太远,跳起后将出现“空门”;距离太近,起跳时互相干扰,致使双方都跳不高。双人拦网起跳时,两人的手臂应该在体前划小弧向上摆伸,都要尽量垂直向上起跳,要防止互相碰撞或干扰。手臂在空中既不能重叠,造成拦击面缩小,又不能间隔太宽,造成中间漏球。扣球靠近边线时,靠边线近的拦网队员外侧的手应适当内转,以防打手出界。

第三节　排球运动基本战术

排球运动战术指运动员在比赛中根据排球运动的规律、双方的具体情况和临场的变化,合理地运用技术以及采取的有组织、有目的和有预见的一种配合行动。

排球运动战术可分为个人战术和集体战术两大类。个人战术可分为发球、接发球、二传、扣球、拦网、防守等。集体战术可分为接发球及其进攻(简称“一攻”)、接扣球及其进攻(简称“防反”)、接拦网球及其进攻(简称“保攻”)、接传垫球及其进攻(简称“推攻”)四个战术系统。

一、阵容配备

阵容配备的目的是合理地把全队的力量搭配好,更有效地发挥每一个队员的特长和作用。组织阵容配备时,应根据队员的身体素质、技术水平进行合理搭配。把进攻力量强的和防守技术好的队员搭配开,保证每一轮次都有较强的进攻力和较好的防守能力。在排球比赛中常用的有“四二”配备和“五一”配备。

(一)“四二”配备

“四二”配备即 4 个进攻队员和 2 个二传队员。4 个进攻队员中有 2 个是主攻队员,2 个是副攻队员,他们都站在对角位置上。这种配备方法在初学和一般水平队中采用较多。如图 6-15。

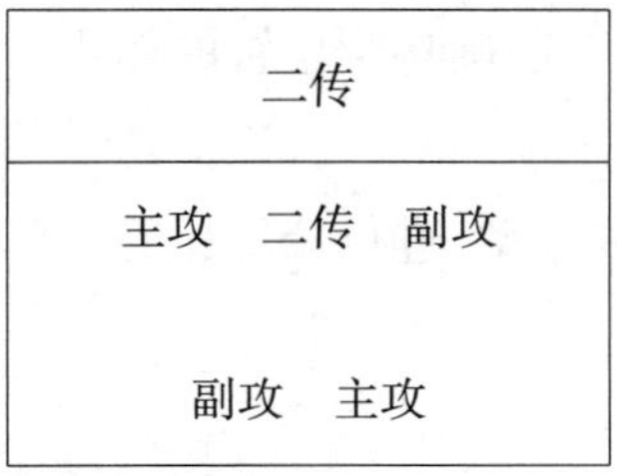

图 6-15 "四二"配备

1."四二"配备的优点

(1)每一个轮次前后排都能保持有 1 个二传队员和 2 个进攻队员,便于组织和发挥本队的进攻力量。

(2)如果 2 名二传队员都具有进攻力量的话,每一个轮次都可以插上,组成三点进攻,大大加强了进攻威力。

2."四二"配备的缺点

(1)每一个进攻队员都必须熟悉两个二传队员的传球特点,配合比较困难。

(2)一个队要培养出 2 名高水平的二传队员比较困难,又要求他们具有进攻能力就更不容易。

(二)"五一"配备

"五一"配备即 5 个进攻队员和 1 个二传队员,其目的是加强进攻的拦网的力量。为了弥补在主要二传队员来不及传球时所出现的被动局面,可以在二传队员的位置上,配备 1 名有进攻能力的接应二传队员。这种配备方法目前在水平较高的队中被普遍采用。如图 6-16。

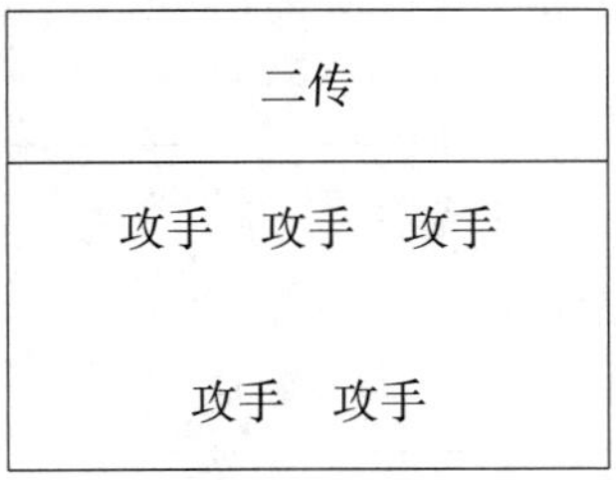

图 6-16 "五一"配备

1."五一"配备的优点

(1)1 个二传队员容易培养。

(2)当二传队员轮转到后排,前排有 3 个进攻队员,可以加强进攻和拦网的力量。

(3)全队进攻队员只需适应 1 名二传队员传球的特点、习惯,在相互配合上较容易建立默契。

2."五一"配备的缺点

(1)当二传队员轮到前排时,有 3 个轮次只有两点进攻。

(2)防反时,二传队员轮到后排要插上传球,难度较大。

(三)练习方法

(1)教师进行讲解示范,使学生明确各个位置的作用。

(2)徒手轮转位置,转 6 轮。

(3)根据队员的技术水平排列阵型,进行分组比赛。

二、位置交换

为了最大限度地发挥队员的特长,调动一切积极因素,加强攻防力量,以弥补由于队员身体、技术发展不平衡所带来的阵容配备上的缺陷,比赛中在规则允许的条件下,可以采取交换位置的方法,即在发球队员击球后,双方队员可以在本场区内任意交换位置。位置交换的目的是充分发挥每个队员的专长,以取得扬长避短的效果。前排队员之间的换位,主要是为了便于进攻战术的实施和拦网实力的调整。前、后排队员之间的换位,主要是为了保持前排三点进攻。后排队员之间的换位,是为了加强后排重点部位的防守。

三、进攻战术

进攻战术是指接对方来球后,全队所组成的有目的、有组织的配合。进攻战术是由一传、二传、扣球三个环节所组成的。主要分为进攻阵型和进攻打法两个方面。

(一)进攻阵型

1.“中二传”进攻阵型

“中二传”进攻阵型是进攻战术中最简单、最基本的战术形式。由 3 号位队员作二传,将球传给 4 号位、2 号位队员进攻的组织形式。如图 6-17。

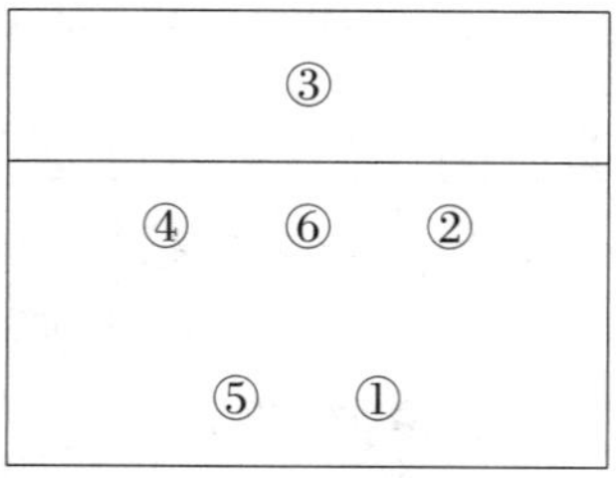

图 6-17 “中二传”进攻阵型

(1)优点:一传向网中间 3 号位垫球比较容易,二传向 2 号位、4 号位传球的距离较短,容易传准,有利于组织进攻,适合初学者采用。

(2)缺点:战术变化少,只能两点进攻,战术意图容易被对方识破。

2.“边二传”进攻阵型

由 2 号位队员作二传,将球传给 3 号位、4 号位队员进攻的组织形式。如图 6-18。

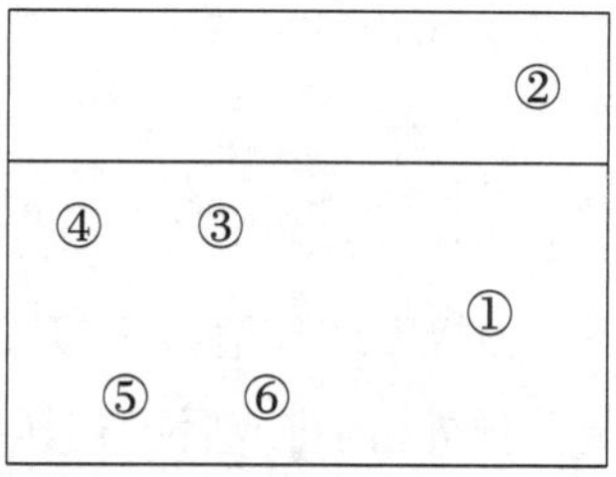

图 6-18 “边二传”进攻阵型

(1)优点:右手扣球者在 3 号位或 4 号位扣球都比较顺手,战术变化也比较多。

(2)缺点:对一传要求较高,尤其 5 号位队员向 2 号位垫球时,由于距离远,角度大,控制球难度较大。一传偏至 4 号位时,二传接应较困难。

3.“插上”进攻阵型

后排任一队员插到前排做二传,前排 2 号位、3 号位、4 号位三名队员进攻的组织形式。如图 6-19。

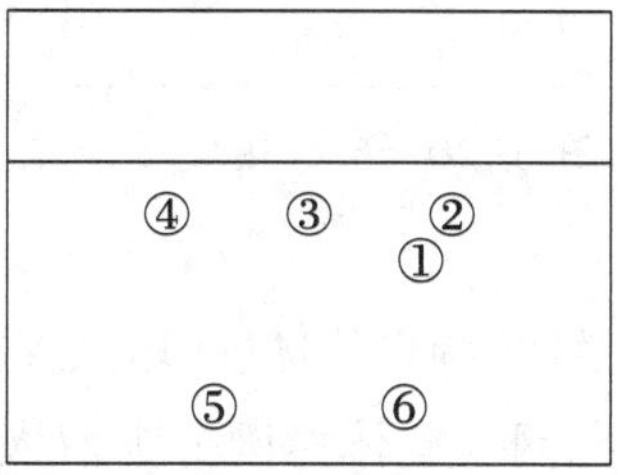

图 6-19 “插上”进攻阵型

(1)优点:二传队员在中场位置进行二传,有利于组织后排进攻及前排相互掩护进攻,战术变化多,适合技术水平较高的队使用。

(2)缺点:对一传及队员间的配合要求较高。

(二)进攻打法

1. 强攻

强攻就是在没有快球掩护的情况下,二传所传的集中、拉开、围绕、调整的高球进攻。

2. 快攻

快攻指各种近体快、远网快、后排快、单脚起跳快以及快球掩护组织的二点球进攻。快攻战术隐蔽性强,变化多,能分散对方的防守,但是需要全队协调统一,以及高水平的二传。

(三)练习方法

(1)教师进行讲解示范,可以运用小黑板讲解战术名称,场上队员位置、职责、跑动路线及配合特点等,使学生了解完整的战术概念。

(2)按战术要求,进行各轮次的徒手模仿战术跑动,进一步加深对所学战术的理解。

(3)接抛球组织进攻。作抛、垫、二传、扣球的全队整体配合练习。

(4)接发球组织进攻。作发、垫、二传、扣球的全队整体配合练习。

(5)先进行小组的战术配合,然后进行全队的战术配合练习,再进行分组比赛。

四、防守战术

（一）接发球防守战术

根据接发球人数的不等，有以下4种接发球阵型：5人接发球、4人接发球、3人接发球、2人接发球。5人接发球阵型即除一名二传队员外（前排或后排），其余5名队员均参加接发球。这是一种最基本的接发球阵型，目前采用这种阵型的球队较多，初级水平的球队应采用此阵型。

这种阵型站位队员分布均衡，职责分明，但队员之间的交界点相应增多，在队员配合不默契时，会出现互抢、互让或前后排相互干扰的现象。如图6-20。

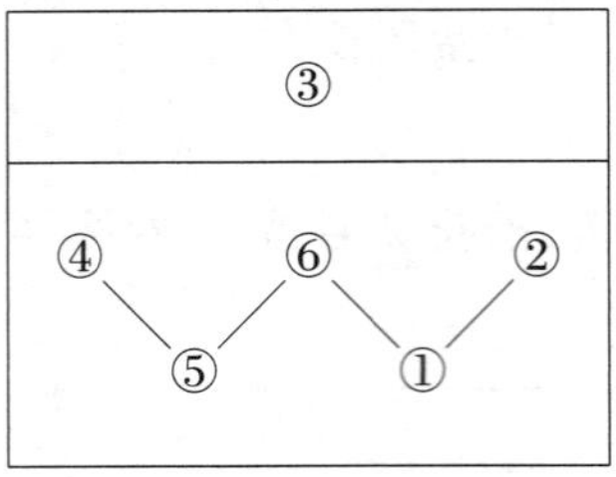

图6-20　5人接发球阵型

（二）接扣球防守战术

接扣球防守战术可分为前排拦网、调整传球、扣球及保护球几个环节。

拦网主要有单人拦网和集体拦网。集体拦网分为双人拦网和三人拦网，双人拦网较常用。双人拦网防守阵型有如下两种：

1.“边跟进”防守

“边跟进”防守阵型也称“马蹄形”或“1、5号位跟进”防守阵型。目前国内外强队广泛采用这种防守阵型。一般在对方进攻力量比较强、战术变化较多、吊球较少时采用。这种防守阵型对防对方重扣球较为有利，同时也便于组织反攻。其弱点是球场中间空隙较大，容易形成“心空”。对方如扣直线结合轻扣或吊球，防守保护较为困难。尤其是边上的队员又要防直线，又要跟进防前区，比较困难。

以对方4号位扣球为例：由2号位和3号位队员拦网，1号位队员跟进到拦网队员身后防吊球及前区球。如果1号位队员是二传队员，则便于随时插上接应防起的球，组织反攻。6号位队员向右移位补防扣向1号区的直线球。5号位队员防后场6号区，4号位队员后撤防斜线球。如图6-21。

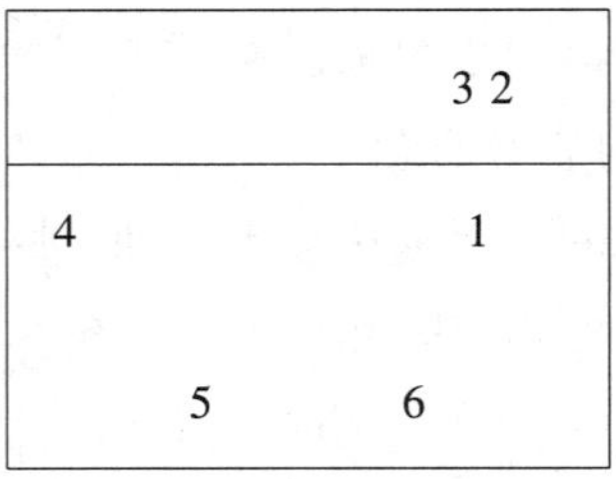

图6-21　“边跟进”防守阵型

2."心跟进"防守

"心跟进"防守阵型也称"6 号位跟进"防守阵型。多在对方扣球能力较强,对方采取打吊结合时采用。当对方 4 号位进攻时,本方 2 号位、3 号位队员拦网,6 号位队员在本方拦网时跟在拦网队员之后进行保护,其余 3 名队员组成弧形防守。其优点是加强了前区的防守能力,缺点是后排防守队员之间的空间较大。当对方扣球队员经常采用打吊结合,本方拦网能力强,能封住后场中区,6 号位或某个队员又善于防吊球时,就可采用这种防守阵型。采用这种防守阵型,有利于防吊球和拦网弹起的球,也便于接应和组织进攻。但后场只有两人防守,空隙较大,后场中央和两腰容易造成空当。

以对方 4 号位扣球为例:由 2 号位和 3 号位队员拦网,封住中区,4 号位队员后撤 4 米左右防守,6 号位队员跟至拦网队员身后 3 米附近,1 号位和 5 号位队员防守后场,每人负责一个防区。如图 6-22。

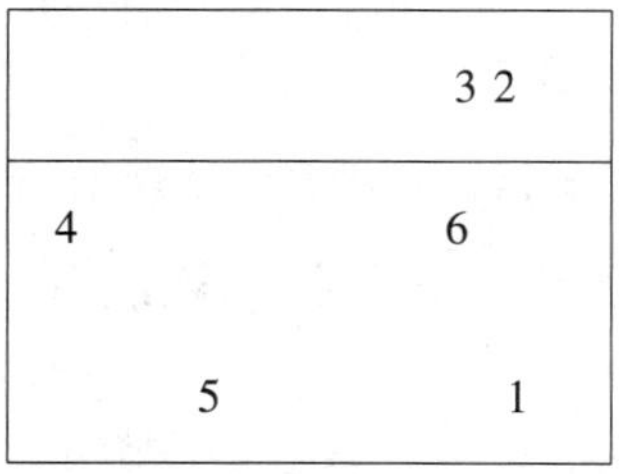

图 6-22 "心跟进"防守阵型

3. 练习方法

(1)教师用挂图进行演示,讲解双人拦网防守阵型及变化。

(2)徒手站位,轮转 6 轮,明确轮转到各个位置的防守站位方法。

(3)在对方进攻点(2 号位、4 号位)抛球,本方练习防反。

(4)在对方进攻点(2 号位、4 号位)扣球,本方练习防反。

(5)攻防结合练习防反。

第四节 排球比赛基本规则

排球比赛时双方上场队员各 6 名,自左向右排列,前排为 4 号位、3 号位、2 号位,后排为 5 号位、6 号位、1 号位。比赛开始前,教练员将上场队员号码站位表交记录台登记,由第二裁判员检查站位次序。

第一裁判员鸣笛后,比赛开始。由发球队 1 号位队员在发球区内发球,发出的球通过有效过网区直接落于对方场地上或对方接发球失误,发球方得 1 分,并继续发球。如果发球失误、违例、犯规或对方进攻有效,对方得 1 分并获得发球权,全队顺时针轮转一个位置,由轮转到 1 号位的队员发球。

比赛过程中,队员可以用身体任何部分触球,每队允许击球 3 次(拦网除外),将球通过网的有效区域击入对方场区，每人不能连续触球两次（拦网除外）。比赛应不间断地进行，直至球落地、触击障碍物或某一队员犯规。决胜局重新挑边，比赛中任何一方先得到 8 分时双方应交换场地，位置不变，比赛继续进行，直至决出胜负。

一、场地器材

排球比赛场区为长 18 米、宽 9 米的长方形。场地的地面必须平坦、水平。

比赛场地界线的长线称边线，短线称端线。在网下连接两条边线中点的线称中线。中线将场地分为长 9 米、宽 9 米的两个相等的场区。每个场区各有一条离中心线 3 米、长 12. 5 米的平行线称进攻线。进攻线前为前场区，进攻线后为后场区。两条边线有两条长 15 厘米的短线延长线，置于距端线外 20 厘米处，与端线构成的 9 米宽的地区为发球区。

球网为黑色，长 9. 5 米，宽 1 米。在 9 米处球网的两边各有两条标志带和两根标志杆，杆长 1. 8 米。球网高度成年男子为 2. 43 米，成年女子为 2. 24 米；少年男子为 2. 24—2. 35 米，少年女子为 2—2. 15 米。

正式比赛用的球，是用柔软的皮革制成外壳，内装橡皮或类质量制成的球胆。球应是一色的浅色或国际排球联合会批准的多色球。在一次比赛中所用的球的圆周、重量、气压等都必须是统一的。

二、胜一分、胜一局和胜一场

胜一分：比赛采用每球得分制，胜一球即胜一分。如果是发球队则得一分并继续发球；如果是接发球队则得一分同时获得发球权；如果双方犯规，则判“双方犯规”，不得分，由原发球队重新发球。

胜一局：比赛的前四局以先得 25 分，并同时超出对方 2 分的队为胜一局。当比分为 24∶24 时，比赛继续进行至某队领先 2 分为胜一局（如 26∶24，27∶25）。决胜局以先得 15 分，并同时超出对方 2 分的队获胜。当比分为 14∶14 时，比赛继续进行至某队领先 2 分为止（如 16∶14，17∶15）。

胜一场：正式比赛采用五局三胜制。最多比赛 5 局，先胜 3 局的队为胜一场。

三、暂停

成死球（球着地）时，教练员或场上队长可向裁判员请求暂停，每局每队有两次暂停，每次暂停时间为 30 秒钟，教练员可在场外指导。请求暂停的队可以要求提前恢复比赛。除教练员请求暂停外，每局中任何一方得分达到 8 分和 16 分时，规定技术暂停，时间为 60 秒。

四、换人

只有在死球时，由教练员或场上队长请求，经裁判员允许才准予换人。每局比赛中，每队最多可替换 6 人次，可同时换也可分开换。每局开始上场的队员只能退出比赛 1 次，在同一局中,若他再次上场比赛,只能替换替他上场的那个队员。替补队员每局只能上场比赛1次,他可以替换任何一位队员,在同一局中,他只能被他换下的队员来替换。

五、持球、连击以及借助击球

持球是队员没有将球清晰地击出,或触球时有较长的停留造成的犯规。

连击是指一名队员明显地连续两次触球(拦网除外)所造成的犯规。

借助击球是指队员在比赛场地内借助同伴或任何物体的支持进行击球。

六、界内外球

球触及比赛场区的地面包括界线为界内球。

球接触地面的部分完全在界线以外、触及场外物体、天花板或非比赛成员、触及标志杆、网绳、网柱或球网标志杆以外部分、球的整体或部分从过网区以外过网等均为界外球。

七、在球网附近犯规

在比赛过程中,任何队员都不得触及球网。

队员的一只(两只)脚或一只(两只)手越过中线触及对方场区的同时,其余部分还接触中线或置于中线上空是允许的,不判为犯规。队员身体的任何其他部分都不允许接触对方场区。在不妨碍对方比赛的情况下,允许队员在网下穿越进入对方空间。

八、自由人(后排自由防守队员)

规则规定每队有一名身穿不同颜色比赛服的后排自由防守队员。可以不经过裁判同意,替换后排任何一名队员。但不得在前场区传球组织进攻,不得发球、拦网和进攻。

九、后排队员进攻性击球犯规

后排队员在前场区或踏及进攻线,击高于球网上沿的球,并使球的整体由过网区通过球网垂直面进入对方场区或触及对方队员,则为后排队员进攻性击球犯规。

第五节　排球运动教学的考核

一、基础班(1)

项目技能考核由排球一传(40分)、排球发球(40分)和排球比赛基本站位和运行(20分)组成。

1. 排球一传(40分)

(1)方法:在右边(或左边)半场区,距离端线2米处做准备姿势,将对区右边(或左边)

同伴抛过来的球垫入对方场区 3 米线后对应的右边(或左边)半场区域内。(触线为界内)

(2)评分标准:

①达标(20 分):每人垫 5 个球,每球 4 分。

②技评(20 分):

技评标准	分值
准备姿势正确,动作协调,手型正确,控球能力较强	18—20 分
准备姿势较正确,动作比较协调,手型正确,控球能力一般	15—17 分
准备姿势不正确,动作不太协调,手型基本正确,控球能力差	12—14 分
没有准备姿势,动作不协调,手型不正确,控球能力很差	0—11 分

2. 排球发球(40 分)

(1)方法:在发球区内发球,落点须在对方场区内。男生采用正面上手发球,女生采用侧面下手发球。

(2)评分标准:

①达标(20 分):每人发 5 个球,每球 4 分。

②技评(20 分):

技评标准	分值
抛球和挥臂正确合理,击球部位正确,有鞭打动作(男)、有送球动作(女),性能较好	18—20 分
抛球和挥臂基本正确,击球部位正确,性能较好	15—17 分
抛球和挥臂尚正确,击球部位不稳定,性能较差	12—14 分
抛球和挥臂不正确,动作不协调,失误较多	0—11 分

3. 排球比赛基本站位和运行(20 分)

①方法:排球比赛的基本站位以及运行。

②评分标准:

评分标准	分值
站位正确,轮转正确,发球和一传不失误	18—20 分
站位正确,轮转正确,发球和一传失误较少	15—17 分
站位较正确,轮转不正确,发球和一传失误较少	12—14 分
站位不正确、轮转不正确,发球和一传失误多	0—11 分

二、基础班(2)

项目技能考核由排球一传(30 分)、排球发球(30 分)和排球教学比赛(40 分)组成。

1. 排球一传(30 分)

(1)方法:距离端线 3 米处,将对区同伴抛过来的球垫入本场区前场 3 米×3 米内的区域内,高度标准为球的下沿高于球网上沿 1 米。

(2)评分标准:

①达标(15 分):每人垫 5 个球,每球 3 分。

②技评(15 分):

技评标准	分值
准备姿势正确,判断取位好,移动迅速、熟练,动作协调,手型正确,控球能力较强	14—15 分
准备姿势较正确,判断取位尚好,移动正确、熟练,动作比较协调,手型正确,控球能力一般	11—13 分
准备姿势不正确,判断取位一般,移动稍慢,动作不太协调,手型基本正确,控球能力差	9—10 分
没有准备姿势,判断不准,步伐混乱,动作不协调,控球能力很差	0—8 分

2. 排球发球(30 分)

(1)方法:在发球区内发球,落点须在对方场区内。男生采用正面上手发球,女生采用侧面下手发球。

(2)评分标准:

①达标(15 分):每人发 5 个球,每球 3 分。

②技评(15 分):

技评标准	分值
抛球和挥臂正确合理,动作熟练、协调,击球部位正确,性能较好	14—15 分
抛球和挥臂基本正确,动作协调,击球部位正确,性能一般	11—13 分
抛球和挥臂尚正确,动作不够连贯,性能较差	9—10 分
抛球和挥臂不正确,动作不协调,失误较多	0—8 分

3. 排球教学比赛(40 分)

(1)方法:按照最新排球比赛规则要求进行比赛。

(2)评分标准:

评分标准	分值
站位正确,轮转正确,发球有攻击性,一传到位	36—40 分
站位正确,轮转正确,发球有一定攻击性,一传基本到位	30—35 分
站位较正确,轮转不正确,发球和一传失误较少	24—29 分
站位不正确,轮转不正确,发球和一传失误多	0—23 分

三、提高班(1)

项目技能考核由排球一传(20 分)、排球二传(30 分)和排球教学比赛(50 分)组成。

1. 排球一传(20 分)

(1)方法:距离端线 2 米处,将对区同伴抛过来的球垫入本场区前场 3 米×3 米内的区域内,高度标准为球的下沿高于球网上沿 1 米。

(2)评分标准:

①达标(10 分):每人垫 5 个球,每球 2 分。

②技评(10 分):

技评标准	分值
准备姿势正确,判断取位好,移动迅速,步法熟练,动作协调,手型正确,控球能力较强	9—10 分
准备姿势较正确,判断取位尚好,移动正确、熟练,动作比较协调,手型正确,控球能力一般	7—8 分
准备姿势不正确,判断取位一般,移动步伐稍慢,动作不太协调,手型基本正确,控球能力差	5—6 分
没有准备姿势,判断不准,步伐混乱,动作不协调,控球能力很差	0—4 分

2. 排球二传(30 分)

(1)方法:在 3 号位将 5 号位同伴抛到 3 号位附近的球用正面双手传球技术传到 4 号位相应的区域,传球后球的高度不得低于球网上沿 2 米。

(2)评分标准:

①达标(15 分):每人传 5 个球,每球 3 分。

②技评(15 分):

技评标准	分值
准备姿势正确,移动取位及时,人与球位置适合,传球时全身用力协调,手型正确,出手清晰,控球能力好,弧度和到位效果好	14—15 分
准备姿势较正确,移动及时,人与球位置适合,用力尚协调,手型基本正确,控球能力一般,效果稍差	11—13 分
准备姿势不正确,取位不准确,人与球位置不太适合,传球用力不够协调,手型基本正确,控球能力和效果较差	9—10 分
准备姿势不正确,取位不准确,人与球位置很不适合,传球用力不够协调,手型不够正确,控球能力和效果较差	0—8 分

3. 排球教学比赛(50 分)

(1)方法:按照最新排球比赛规则要求进行比赛。

(2)评分标准:

评分标准	分值
站位正确,发球有攻击性,垫球和传球到位	45—50 分
站位正确,发球攻击性较差,垫球和传球比较到位	37—44 分
站位较正确,发球、垫球以及传球有一定的失误	30—36 分
站位不正确,发球、垫球以及传球失误多	0—29 分

四、提高班(2)

项目技能考核由排球二传(20 分)、排球扣球(30 分)和排球教学比赛(50 分)组成。

1. 排球二传(20 分)

(1)方法:在 3 号位将 5 号位同伴抛到 3 号位附近的球用正面双手传球技术传到 4 号位相应的区域,传球后球的高度不得低于球网上沿 2 米。

(2)评分标准:

①达标(10 分):每人传 5 个球,每球 2 分。

②技评(10 分):

技评标准	分值
准备姿势正确,移动取位及时,人与球位置适合,传球时全身用力协调,手型正确,出手清晰,控球能力强,弧度和到位效果好	9—10 分
准备姿势较正确,移动及时,人与球位置适合,用力尚协调,手型基本正确,控球能力一般,效果稍差	7—8 分
准备姿势不正确,取位不准确,人与球位置不太适合,传球用力不够协调,手型基本正确,控球能力和效果较差	5—6 分
准备姿势不正确,取位不准确,人与球位置很不适合,传球用力不够协调,手型不够正确,控球能力和效果较差	0—4 分

2. 排球扣球(30 分)

(1)方法:在 4 号位将 3 号位同伴传到 4 号位附近的球用扣球技术扣入对方场区内。

(2)评分标准:

①达标(15 分):每人扣 5 个球,每球 3 分。

②技评(15 分):

技评标准	分值
助跑起跳动作连贯,步法正确,选位合适,起跳时机适合,击球点高,挥臂动作和手法正确,扣球力量大,控球能力好,失误较少	14—15 分
助跑起跳动作连贯,选位正确,击球点高,挥臂动作基本正确,控球能力较差,力量不大	11—13 分
助跑起跳动作协调性差,选位不稳定,起跳时机不适合,挥臂动作和手法一般	9—10 分
助跑不连贯,起跳不及时,选位不合适,挥臂动作不正确,没有在空中击准球,扣球力量太小	0—8 分

3. 排球教学比赛(50 分)

(1)方法:按照最新排球比赛规则要求进行比赛。

(2)评分标准:

技评标准	分值
技术全面,有较强的进攻与防守意识	45—50 分
技术较全面,有较强的进攻与防守意识	37—44 分
技术不全面,有进攻与防守意识	30—36 分
技术不全面,没有进攻与防守意识	0—29 分

第七章　羽毛球运动

第一节　羽毛球运动基本知识

一、羽毛球运动的起源与发展

(一)羽毛球运动的起源

羽毛球运动起源于民间体育运动。据《民间体育集锦》记载：中国至少有 7 个民族有类似于羽毛球的游戏活动。如苗族祖先“打花毽”游戏、古代基诺人“打鸡毛球”游戏等。在《后汉书》和英国的《大不列颠百科全书》中都有相关游戏活动的记载。

现代羽毛球运动起源于英国。1873 年英国格拉斯哥郡的伯明顿镇有一位叫鲍弗特的公爵，在他的领地开游园会时，有几个人向大家介绍了“毽子板”游戏，人们对此产生了很大的兴趣。因这项活动极富趣味性，很快就在上层社会社交场合流行开来。后来大家就用“伯明顿”(Badminton)来为羽毛球命名。从此，现代羽毛球运动正式诞生。

1893 年，英国的羽毛球运动俱乐部逐渐发展起来，成立了羽毛球运动协会，规定了场地的要求和运动的标准。1939 年，国际羽毛球联合会(IBF)通过了各会员国共同遵守的第一部《羽毛球规则》。2006 年，国际羽毛球联合会更名为羽毛球世界联合会(BWF)，即世界羽联。

(二)羽毛球运动的发展

20 世纪初，羽毛球运动迅速传入亚洲、美洲、大洋洲，许多国家羽毛球运动水平迅速提高。20 世纪 50 年代，亚洲羽毛球运动迅速发展起来，马来西亚、印度尼西亚选手打破了欧美选手“一统天下”的局面。20 世纪 60 年代中后期中国羽毛球队采用了先进的打法开始崭露头角，直至 80 年代一直与印度尼西亚处于领先地位。20 世纪末至今，中国逐渐走向辉煌，成就羽坛霸主地位。

二、羽毛球运动重大赛事

(一)汤姆斯杯

世界男子团体羽毛球锦标赛,1948年举行首届比赛,现为两年一届,在偶数年举行。比赛由三场单打、两场双打组成。历史上夺得汤姆斯杯冠军次数最多的是印度尼西亚队,共13次。

(二)尤伯杯

世界女子团体羽毛球锦标赛,1956年举行首届比赛,两年一届,在偶数年举行。比赛由三场单打、两场双打组成。历史上夺得尤伯杯冠军次数最多的是中国队,共11次。

(三)世界羽毛球锦标赛

世界羽毛球单项锦标赛,设有男、女单打、双打和混合双打五个比赛项目。1977年起为三年一届,1983年改为两年一届,在奇数年进行。2005年改为每年一届,但奥运年不举办。

(四)苏迪曼杯

世界羽毛球混合团体比赛,1989年开始举办,两年一届,在奇数年举行,比赛由五个单项组成。

(五)世界杯羽毛球赛

该比赛创办于1981年,属于邀请赛,由国际羽联邀请当年成绩优异的选手参加。1997年国际羽联决定从1998年起改为主办由世界顶尖级选手参加的明星赛。

第二节 羽毛球运动基本技术

羽毛球运动基本技术可分为击球前准备姿势、握拍、发球、前场技术、中场技术、后场技术和步法。

一、击球前准备姿势及握拍

(一)击球前准备姿势

两脚自然开立与肩同宽,持拍手同侧脚稍偏前,重心放在前脚掌上,膝关节微屈,后脚跟稍提起,收腹含胸,注视对方来球。如图7-1。

图7-1 准备姿势

(二)握拍

1. 正手握拍

单手握紧球拍,虎口对着拍柄窄面内侧的小棱边,中指、无名指和小指并拢弯曲,握住拍柄,拇指和食指贴在拍柄的两个宽面上,食指和中指稍分开,中指在大拇指下面,食指和大拇指相对。拍柄末端与近腕部的小鱼际肌齐平。掌心和拍柄之间要留有空隙,握拍时手处于放松状态。如图 7-2。

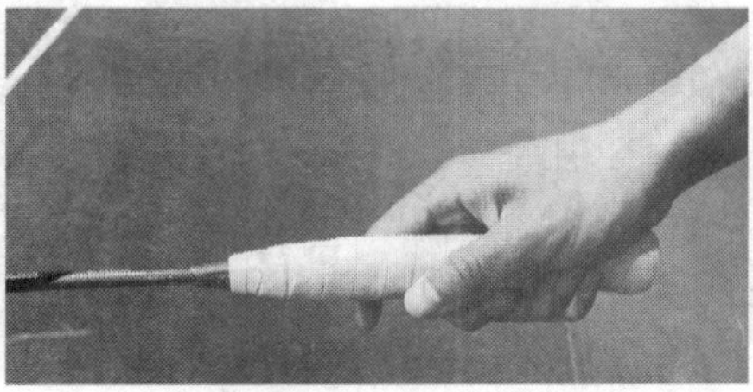

图 7-2　正手握拍

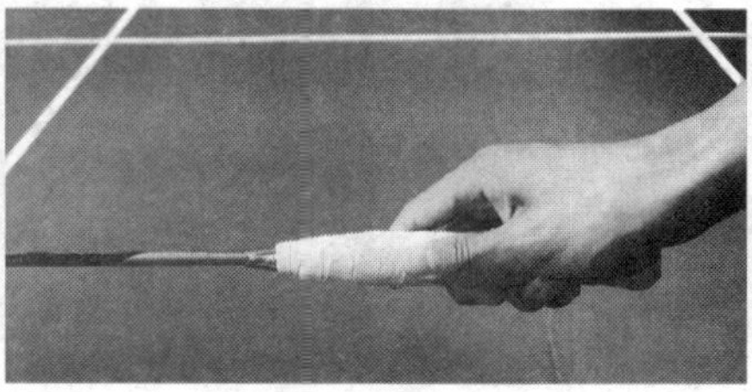

图 7-3　反手握拍

2. 反手握拍

在正手握拍的基础上,拇指和食指将拍柄稍向外转,拇指顶点在拍柄内侧的宽面上或内侧棱上,中指、无名指和小指并拢握住拍柄,柄端靠近小指根部,使掌心略微出现空隙。球拍斜侧向身体左侧,拍面稍后仰。如图 7-3。

二、发球

发球可以分为正手发球和反手发球,单打时多采用正手发球,双打时多采用反手发球。正手发球可分为正手发高远球、正手发平高球、正手发平射球和正手发小球。反手发球可分为反手发网前球和反手发后场球。我们重点介绍两种最常用的发球技术:正手发高远球和反手发网前球。

(一)正手发高远球

1. 准备姿势

以右手持拍为例,身体左肩侧对球网,两脚分立,与肩同宽。左脚在前,脚尖向网,右脚在后,脚尖稍向右侧,重心放在右脚上。准备发球时,右手握拍向右后侧举起,肘部微屈,左手拇指、食指和中指夹住球,举在腹部右前方。准备发力击球时,先放开球然后挥拍击球。

2. 击球动作

击球时,身体重心由右脚移至左脚上。在左手放开球使之下落时,右手上臂带动前臂,自右后方随转体向左前上方挥拍。当球下落到右臂向前下方伸直能接到球的瞬间,握紧球拍,并利用手腕屈伸的力量向前上方发力击球,球击出后球拍顺势向左肩上方收拍。如图 7-4。

3. 练习方法

(1)作分解动作挥拍练习。

(2)作完整动作挥拍练习。

(3)作对墙发球练习。

(4)作两人隔网面对面发球练习。

图 7-4　正手发高远球

(二)反手发网前球

1. 准备姿势

以右手持拍为例,面向球网,两脚前后站立,右脚在前左脚在后,上体稍前倾,身体重心在前脚上。右手反手握拍,左手捏住球的毛尖部位,球托朝向右下方或后下方,球体与拍面平行或球托对准拍面。

2. 击球动作

击球时,小臂带动手腕用大拇指朝前顶球拍使拍面横切推送球托,用力要轻,主要靠切、送。如图 7-5。

图 7-5　反手发网前球

3. 练习方法

(1)作分解动作挥拍练习。

(2)作完整动作挥拍练习。

(3)作两人隔网面对面发球练习。

三、前场技术

羽毛球运动前场技术分为放网前球、搓球、挑球、推球、扑球、勾对角球。以下所有前场技术的介绍都以右手持拍为例。

(一)放网前球

放网前球属于主动进攻技术,并且威胁性大,常常能够抢占先机而直接得分。在众多羽毛球运动的技巧中是关键性技术。放网前球分为正手放网和反手放网。

1. 正手放网

(1)准备姿势:侧身向来球的方向用蹬跨步移动到位,同时上体前倾,向前伸臂伸拍,左臂向后伸出,以保持身体的平衡。

(2)击球动作:击球点和腰部在同一水平面,击球瞬间不是用搓切的动作,而是轻轻向上抬,碰击球托的后底部,使球过网后球头朝下垂直下落。如图 7-6。

图 7-6　正手放网

图 7-7　反手放网

(3)练习方法:

①原地练习。

②作跨步击球多球练习:一人抛球一人练习。

③隔网对练:两人一组结合步法进行隔网对练。

2. 反手放网

(1)准备姿势:准备姿势大致与正手放网前球相似,不同的是先向左前场转体,向来球方向作蹬跨步,并且及时转换成反手握拍。

(2)击球动作:击球时,用反手握拍,反拍面轻轻击打球托。如图 7-7。

(3)练习方法:

①原地练习。

②作跨步击球多球练习:一人抛球一人练习。

③隔网对练:两人一组结合步法进行隔网对练。

(二)搓球

搓球是用球拍切击球托的左或右侧下方,使球向右侧或左侧旋转与翻滚过网的羽毛球运动基础技术。搓球可分为正手搓球和反手搓球。

1. 正手搓球

(1)准备姿势:侧身对右边网前,正手握拍,用正手上网步法向来球方向移动,同时以肩为轴,前臂外旋带动手腕伸展,在身体的右前方作适量的半弧回环引拍,左手自然后伸。

(2)击球动作:当球拍举至最高点时,前臂带动手腕由后伸至稍内收闪动,握拍手的食指和拇指夹住拍,中指、无名指和小指轻握拍柄,使球拍在手腕和手指的挥摆用力下,切击来球的底部,使球旋转翻滚过网。如图 7-8。

图 7-8　正手搓球

(3)练习方法:

①作原地挥拍练习。

②作跨步击球多球练习:一人抛球一人练习。

③隔网对练:两人一组结合步法进行隔网对练。

2. 反手搓球

(1)准备姿势:侧身对左边网前,反手握拍,用反手上网步法向来球方向移动,同时持拍手前臂内旋带动手腕作半弧形回环引拍向来球方向伸出,左手自然后伸,手腕前屈,手背约与网同高,而拍面低于网顶,反拍面迎球。

(2)击球动作:搓球时,主要靠前臂的前伸外旋和手腕由内收至外展的合力,切击球的底部,使球侧旋滚动过网。如图 7-9。

图 7-9　反手搓球

(3)练习方法:

①作原地挥拍练习。

②作跨步击球多球练习:一人抛球一人练习。

③隔网对练:两人一组结合步法进行隔网对练。

(三)挑球

挑球是把对方击来的吊球或网前球挑高回击到对方后场去,这是在比较被动的情况下采取的一种防守性技术。挑球可分为正手挑球和反手挑球。

1. 正手挑球

(1)准备姿势:正手握拍举在胸前,右脚向右前方跨出一大步,左脚在后,侧身向右前方,重心在右脚上,右臂向后摆,自然伸腕,使球拍后引。

(2)击球动作:击球时,以肘关节为轴,屈臂内旋,并握紧球拍,用食指及手腕的力量,将球向前上方击出。如图 7-10。

图 7-10 正手挑球

(3)练习方法:

①作原地挥拍练习。

②作跨步击球多球练习:一人抛球一人练习。

③作两步上网多球练习:一人抛球一人练习。

2. 反手挑球

(1)准备姿势:反手握拍举在胸前,右脚向左前方跨出一大步,重心放在右脚上。同时右肩向网,屈肘内旋引拍。

(2)击球动作:以肘关节为轴,球拍经体前由后下往前上,外旋手臂带动手腕,拇指第一指节压住拍柄的宽面,用力将球击出。如图 7-11。

图 7-11 反手挑球

(3)练习方法:

①作原地挥拍练习。

②作跨步击球多球练习:一人抛球一人练习。

③作两步上网多球练习:一人抛球一人练习。

（四）推球

推球在羽毛球运动中是一种常用的前场技术，是把对方击来的网前球推击到对方的后场两底角去的羽毛球运动基础技术。球飞行的弧线较低平，速度较快。推球可分为正手推球和反手推球。

1. 正手推球

（1）准备姿势：站在右侧网前，球拍向右侧上举。在肘关节微屈回收时，前臂稍外旋，手腕稍向后侧，球拍也随之往右后方摆，拍面正对来球。这时，小指和无名指稍松开，使拍柄稍离开鱼际肌，拇指和食指向外捻动拍柄，拍面更为后仰。

（2）击球动作：推球时，身体稍往前移，右前臂往前伸并内旋，手腕和手指控制拍面角度，手腕由后伸至伸直并闪腕，食指向前压，小指和无名指突然握紧拍柄，拍子急速地由右经前上至左挥动推球，使球沿边线飞向对方后场底角，击球后拍子顺势回收。如图 7-12。

图 7-12　正手推球

（3）练习方法：

①作原地挥拍练习。

②作跨步击球多球练习：一人抛球一人练习。

③作两步上网多球练习：一人抛球一人练习。

2. 反手推球

（1）准备姿势：站在左网前，以反手握拍前臂往前上方伸举。在前臂稍向左胸前收引，肘关节微屈，手腕外展时，变成反手推球的握拍法，球拍松握，反拍面迎球。

（2）击球动作：推球时，前臂前伸并带外旋，手腕由外展状态转变为伸直状态，中指、无名指和小指瞬间握紧拍柄，拇指顶压，往右前方挥拍时，推击球托的后部，使球向对方后场飞行。如图 7-13。

图 7-13　反手推球

(3)练习方法：

①作原地挥拍练习。

②作跨步击球多球练习：一人抛球一人练习。

③作两步上网多球练习：一人抛球一人练习。

(五)扑球

扑球是指对方发网前球或回击网前球时，在球刚越到网顶即迅速上网向斜下扑压。扑球可分为正手扑球和反手扑球。

1. 正手扑球

(1)准备姿势：运用前场扑球步法向来球方向移动，在右脚蹬地向前方跨出或腾空跃起的同时，持拍手高举向头部前上方伸出，前臂略外旋回环引拍。

(2)击球动作：击球时，前臂内旋，手腕带动手指快速闪动发力击球托后上方。击球后手臂制动并迅速将球拍收回至体前。如图 7-14。

图 7-14　正手扑球

(3)练习方法：

①作原地挥拍练习。

②作蹬跳挥拍练习。

③作多球练习：一人抛球一人练习。

2. 反手扑球

(1)准备姿势：握拍转换成反手握拍，运用前场扑球步法向来球方向移动，在右脚蹬地向前方跨出或腾空跃起的同时，持拍手前臂稍内旋回环引拍，向头部前上方的来球方向伸出。

(2)击球动作：击球时，前臂外旋，手腕带动大拇指快速发力击球托后上方。击球后手臂制动并迅速将球拍收回至体前。如图 7-15。

图 7-15　反手扑球

(3)练习方法：

①作原地挥拍练习。

②作蹬跳挥拍练习。

③作多球练习：一人抛球一人练习。

(六)勾对角球

网前勾对角球是将网前球回击到对方对角网前区域的技术。它可以快速地调动对手的位置，打乱其节奏，让自己获取进攻的主动性。勾对角球可分为正手勾对角球和反手勾对角球。

1. 正手勾对角球

(1)准备姿势：侧身对右边网前，正手握拍，用正手上网步法向来球方向移动，同时以肩为轴，前臂外旋带动伸展，在身体的右前方作适量的半弧回环引拍，左手自然后伸。

(2)击球动作：上臂内旋带动肘部稍回拉，手腕由伸腕至收腕带动手指发力，切击球托的右后侧，击球后迅速回位。如图 7-16。

图 7-16　正手勾对角球

(3)练习方法:

①作原地挥拍练习。

②作跨步击球多球练习:一人抛球一人练习。

③作两步上网多球练习:一人抛球一人练习。

2. 反手勾对角球

(1)准备姿势:侧身对左边网前,反手握拍,用反手上网步法向来球方向移动,同时持拍手前臂内旋带动手腕作半弧形回环引拍向来球方向伸出,左手自然后伸,手腕前屈,手背约与网同高,而拍面低于网顶,反拍面迎球。

(2)击球动作:上臂带动肘部外旋做回拉动作,手腕由展腕至收腕带动手指发力,切击球托的左后侧,击球后迅速回位。如图 7-17。

图 7-17　反手勾对角球

(3)练习方法:

①作原地挥拍练习。

②作跨步击球多球练习:一人抛球一人练习。

③作两步上网多球练习:一人抛球一人练习。

四、中场技术

中场技术可分为接杀挡网前球、接杀挑后场和抽球。以下所有中场技术的介绍都以右手持拍为例。

(一)接杀挡网前球

即将对方的杀球挡至对方前场区域的技术动作。可分为正手接杀挡网前球和反手接杀挡网前球。

1. 正手接杀挡网前球

(1)准备姿势:降低重心,运用正手接杀步法向来球方向移动,移至右场边线,身体右倾,手臂右伸、前臂外旋、手腕外展。

(2)击球动作:击球时,前臂内旋稍翻腕带动球拍由右下向前上方推送击球,把球挡向对方网前。如图 7-18。

图 7-18　正手接杀挡网前球

(3)练习方法:

①作蹬跨挥拍练习。

②作固定点多球练习:一人抛球一人练习。

③作杀接杀练习:一人杀球一人接杀挡网。

2. 反手接杀挡网前球

(1)准备姿势:反手握拍,降低重心,运用反手接杀步法向来球方向移动,移至左场边线,身体左转,持拍手上臂内旋带动手腕手指做引拍动作,成展腕状态。

(2)击球动作:击球时,前臂外旋带动手腕手指发力,斜拍面切推球托后下方,把球挡向对方网前。如图 7-19。

图 7-19　反手接杀挡网前球

(3)练习方法:

①作蹬跨挥拍练习。

②作固定点多球练习:一人抛球一人练习。

③作杀接杀练习:一人杀球一人接杀挡网。

(二)接杀挑后场

即将对方的杀球挑到对方底线附近。分为正手接杀挑后场和反手接杀挑后场。

1. 正手接杀挑后场

(1)准备姿势:降低重心,运用正手接杀步法向来球方向移动,同时以上臂带动前臂和手腕外旋作一定的弧形引拍,球拍与跨步脚脚尖均指向来球。

(2)击球动作：击球时，以肘为轴，前臂和手腕迅速内旋，手指抓紧球拍展腕发力将球击出，使球保持高远飞行，落入对方底线附近。如图 7-20。

图 7-20　正手接杀挑后场

(3)练习方法：

①作蹬跨挥拍练习。

②作固定点多球练习：一人抛球一人练习。

③作杀接杀练习：一人杀球一人接杀挑球。

2. 反手接杀挑后场

(1)准备姿势：降低重心，运用反手接杀步法向来球方向移动，跨步同时持拍手上臂内旋带动前臂和手腕作一定的弧形引拍，伸向左侧来球。

(2)击球动作：击球时，以肘为轴，前臂和手腕迅速外旋带动大拇指顶住球拍发力，以手腕动作将球击出，使球保持高远飞行，落入对方底线附近。如图 7-21。

图 7-21　反手接杀挑后场

(3)练习方法：

①作蹬跨挥拍练习。

②作固定点多球练习：一人抛球一人练习。

③作杀接杀练习：一人杀球一人接杀挑球。

(三)抽球

抽球是中场击球技术中的一种主要技术。它是把位于身体左右两侧，高度在肩部以下、腰部以上位置的球，用抽击的动作击过网，且球过网后便向下飞行的羽毛球运动技术。平抽球的技术特点是速度快，球的飞行弧度较平，落点较远。分为正手抽球和反手抽球。

1. 正手抽球

（1）准备姿势：两脚平行站立稍宽于肩，右脚稍向右侧迈出一小步，同时上体稍往右侧倾，右臂向右侧上摆，球拍随之上举，肘关节保持一定角度，击球前肘关节前摆，前臂稍往后带外旋，手腕稍外展后伸，引拍至体后。

（2）击球动作：击球时前臂内旋，手腕伸直闪动，手指抓紧拍柄，球拍由右后往右前方快速平扫来球，拍面顺势盖过去向左摆。如图 7-22。

图 7-22　正手抽球

（3）练习方法：

①作原地挥拍练习。

②作原地多球练习：一人抛球一人练习。

③作结合步法多球练习：一人抛球一人练习。

2. 反手抽球

（1）准备姿势：右脚前交叉在左侧前方，重心在左脚上，右手反手握拍在左侧前方，肘部稍上抬，前臂内旋，手腕外展，引拍至左侧。

（2）击球动作：击球时，在髋关节右转的带动下前臂外旋手腕由外展到伸直闪动，挥拍击打球托的底部，拍面顺势盖过去，球拍随身体的回动收回至体前。如图 7-23。

图 7-23　反手抽球

（3）练习方法：

①作原地挥拍练习。

②作原地多球练习：一人抛球一人练习。

③作结合步法多球练习:一人抛球一人练习。

五、后场技术

后场技术可分为高远球、吊球和杀球。以下所有后场技术的介绍都以右手持拍为例。

(一)高远球

高远球是在本方底线附近将来球击打到对方底线附近的技术,特点是飞行弧线较高,到达对方底线的时间较长。常用的后场高远球可分为正手击高远球、反手击高远球和头顶高远球。

1. 正手击高远球

(1)准备姿势:用正手后场步法移动到位后,左脚在前,右脚在后,两脚与肩同宽,身体侧向球网,重心在后脚上,左手自然上举,眼睛注视来球方向。正手握球拍,屈臂举于右侧,拍头位于额头上方,将球调整至右肩上方,注视来球,准备击球。

(2)击球动作:持拍手上臂随着身体向左转体,稍作回环上举,身体充分伸展。肘关节向上,拍头下垂,持拍手上臂上举,前臂急速内旋,同时顺着原来的回环动作继续向前上方挥动,手腕向屈收方向继续做回环动作,手指屈指发力握紧拍子,以正拍面击球托的后下部。击球瞬间,持拍手臂自然伸直。击球点在右肩上方,左手协调屈臂降至体侧协助转体。击球后,随着击球动作的完成顺势回位收拍。如图 7-24。

图 7-24　正手击高远球

(3)练习方法:

①原地挥拍练习分解动作。

②原地挥拍练习完整动作。

③作原地多球练习:一人抛球一人练习。

④作结合步法多球练习:一人发球一人练习。

⑤作两人半场一对一拉高远球练习。

2. 反手击高远球

(1)准备姿势:用反手后场步法移动到位后,身体稍向左转,背向球网含胸收腹,反手握拍屈肘举于右侧与肩同高的位置,同时手臂内旋回环引拍,手腕稍外展,将球调整至右肩上方,注视来球,准备击球。

(2)击球动作：击球时，上臂和前臂急速外旋带动手腕加速，由左下方经胸前向右前上方挥拍，手腕由伸展至屈收快速闪动屈指发力，利用拇指的顶力紧握球拍用反拍面击打球托后下方，击球点在右肩上方。击球瞬间，持拍手臂自然伸直。击球后，随着击球动作的完成顺势回位收拍。如图 7-25。

图 7-25　反手击高远球

(3)练习方法：

①原地挥拍练习分解动作。

②原地挥拍练习完整动作。

③作原地多球练习：一人抛球一人练习。

④作结合步法多球练习：一人发球一人练习。

⑤作两人半场一对一拉高远球练习。

3. 头顶高远球

(1)准备姿势：首先判断准确来球的方向和落点，然后向右后方转体侧身后退，使球处在自己头部前上方的位置，左肩对网，左脚在前右脚在后，重心在右脚上，左臂屈肘，左手自然高举，右手握拍，手臂自然弯曲，将球拍举在右肩上方，手腕、拍面稍内旋，两眼注视来球。

(2)击球动作：击球时，右上臂向上抬，球拍由右绕过头顶，击球点应选择在头顶上方的部位。右前臂向前上方由内旋带动手腕突然回收发力挥拍形成鞭打，击球托的后部，击球后，小臂内旋较明显，惯性作用小，手臂自然往前摆动。击球后，随着击球动作的完成顺势回位收拍。如图 7-26。

图 7-26　头顶高远球

(3)练习方法:

①原地挥拍练习分解动作。

②原地挥拍练习完整动作。

③作原地多球练习:一人抛球一人练习。

④作结合步法多球练习:一人发球一人练习。

⑤作两人半场一对一拉高远球练习。

(二)吊球

吊球是将后场来球回击到对方前场且向下坠落的技术。常用的有正手吊球、反手吊球和头顶吊球三种手法。

1. 正手吊球

(1)准备姿势:击球准备动作同正手击高远球。

(2)击球动作:击球时拍面稍向内倾斜,手腕作快速切削下压动作,击球托的后部和侧后部。若吊斜线球,则球拍切削球托右侧并向左下方发力;若吊直线球,则拍面正对前方向下方切削。击球后,随着击球动作的完成顺势回位收拍。如图 7-27。

图 7-27 正手吊球

(3)练习方法:

①作原地挥拍练习。

②作原地多球练习:一人抛球一人练习。

③作结合步法多球练习:一人发球一人练习。

④作一对一挑吊练习。

2. 反手吊球

(1)准备姿势:击球准备动作同反手击高远球。

(2)击球动作:击球时利用转身带动肘关节上抬,同时锁肘,小臂摆动外旋弧度比较小,依靠拇指和食指的捻动,使拍面与球网有一定的夹角,以斜拍面切削球托并带有向前下方“推送”之力。吊直线球时,用球拍反面切削球托的后上部,向对方的右半场网前发力;吊斜线球时,用球拍反面切削球托的左上方,朝对方左半场网前发力。如图 7-28。

图 7-28　反手吊球

(3)练习方法:

①作原地挥拍练习。

②作原地多球练习:一人抛球一人练习。

③作结合步法多球练习:一人发球一人练习。

④作一对一挑吊练习。

3. 头顶吊球

(1)准备姿势:击球准备动作同头顶高远球。

(2)击球动作:头顶吊斜线球时,中指、无名指和小指屈指外拉拍柄,使拍子内旋,拍面前倾,以斜拍面击球托左后上部;头顶吊直线球时,球拍击球托的正后上部。如图 7-29。

图 7-29　头顶吊球

(3)练习方法:

①作原地挥拍练习。

②作原地多球练习:一人抛球一人练习。

③作结合步法多球练习:一人发球一人练习。

④作一对一挑吊练习。

(三)杀球

杀球是进攻的主要手段,它是把对方击来的球在尽量高的击球点大力扣压下去的技术。这种球力量大,弧线直,落地快,给对方的威胁很大。常用的杀球可分为正手杀球、反手杀球和头顶杀球。

1. 正手杀球

(1)准备姿势:击球准备动作同正手击高远球。

(2)击球动作:侧身起跳时,往右上方提肩带动上臂、前臂和球拍上举,以便向上伸展身体。起跳后,身体后仰挺胸成反弓形。接着右上臂往右后上摆起,前臂自然后摆,手腕后伸,前臂带动球拍由上往后下挥动,此时握拍要松。随后凌空转体收腹带动右上臂往右上摆起,肘部领先,前臂全速往前上挥动,带动球拍高速前挥。当击球点在肩的前上方时,前臂内旋,腕前屈微收,闪腕发力杀球。这时手指要突然抓紧拍柄,把手腕的爆发力集中到击球点上。球拍和击球方向水平面的夹角小于 90°,球拍正面击球托的后部,使球直线下行。杀球后,前臂随惯性往体前收,在回位过程中将球拍回收至胸前。如图 7-30。

图 7-30　正手杀球

(3)练习方法:

①作原地挥拍练习。

②作原地多球练习:一人抛球一人练习。

③作结合步法定点杀球练习:一人发球一人练习。

2. 反手杀球

(1)准备姿势:击球准备动作同反手击高远球。

(2)击球动作:击球时利用蹬地、转身和腰腹的力量带动大臂,大臂带动小臂由外旋快速闪动、屈指发力,用反拍正面击球托后上方,使球由上到下快速飞行至对方场区,击球点比反手高远球和吊球稍前一点。如图 7-31。

图 7-31　反手杀球

(3)练习方法：

①作原地挥拍练习。

②作原地多球练习：一人抛球一人练习。

③作结合步法定点杀球练习：一人发球一人练习。

3. 头顶杀球

(1)准备姿势：击球准备动作同头顶高远球。

(2)击球动作：击球时前臂内旋，带动球拍高速向前下方挥动，以拍面与地面夹角小于90°的角度，屈指大力发力。击球点较头顶高远球和头顶吊球稍前。如图7-32。

图7-32　头顶杀球

(3)练习方法：

①作原地挥拍练习。

②作原地多球练习：一人抛球一人练习。

③作结合步法定点杀球练习：一人发球一人练习。

六、步法

羽毛球运动步法是一项非常重要的基本技术，它和手法相辅相成，取长补短，不可分割。没有正确的步法，必然会影响各种击球技术的完成。羽毛球运动步法是由垫步、并步、交叉步、蹬跨步、腾跳步等组成的在场上移动的方法。每一组步法一般都是从场地中心位置开始，可分为前场步法、中场步法和后场步法。

(一)前场步法

前场步法是完成上网搓球、推球、勾球、扑球及挑球的步法。可分为正手上网步法和反手上网步法。

1. 正手上网步法

(1)正手一步上网步法：在场地中间做好接球准备姿势，起动后左脚后蹬，接着侧身，右脚向右前方跨出一大步做击球动作。击球后立即退回到中心位置。如图7-33。

图 7-33　正手一步上网步法

(2)正手两步上网步法:在场地中间做好接球准备姿势,起动后左脚向右侧前方迈出一小步,同时用力蹬地,右脚交叉跨出第二大步做击球动作。击球后,利用后交叉或并步退回到场地中心。如图 7-34。

图 7-34　正手两步上网步法

(3)正手三步上网步法:在场地中间做好接球准备姿势,起动后右脚迅速向右侧前方迈出第一小步,左脚紧跟着向前交叉迈出第二小步,同时左脚前掌用力蹬地,右脚再往前跨出第三大步做击球动作。击球后,右脚向中心退回第一步,左脚交叉退回第二步,双脚往后同时做一个小跳步回位。如图 7-35。

图 7-35　正手三步上网步法

2. 反手上网步法

(1)反手一步上网步法：在场地中间做好接球准备姿势，身体往左前方微微转动，起动后左脚蹬地，右脚向左前方来球方向跨出一大步做击球动作。击球后，右脚向中心位置撤回一步，回到中心位置。如图 7-36。

图 7-36　反手一步上网步法

(2)反手两步上网步法：在场地中间做好接球准备姿势，起动后左脚向左前方迈出第一小步，右脚接着向前方交叉跨出第二大步做击球动作。击球后，利用后交叉或并步退回到场地中心。如图 7-37。

图 7-37　反手两步上网步法

(3)反手三步上网步法：在场地中间做好接球准备姿势，起动后右脚迅速向左侧前方迈出第一小步，左脚向前交叉第二小步，同时左脚蹬地，右脚再向前跨出第三大步做击球动作。击球后，右脚向中心位置撤回第一步，左脚紧跟退回第二步，两脚同时向中心位置作一个小跳步回位。如图 7-38。

图 7-38　反手三步上网步法

(二)中场步法

中场步法一般用于接杀球,分为中场正手步法和中场反手步法。

1. 中场正手步法

(1)中场正手蹬跨步接杀步法:起动后左脚蹬地,右脚往右侧作出跨步击球,击球后右脚迅速蹬地回位。如图 7-39。

图 7-39　中场正手步法

(2)中场正手垫步蹬跨接杀步法:起动后左脚蹬地往右脚方向迈出作一个小垫步,左脚落地后接着蹬地右脚往右侧作出一个跨步。击球后右脚往中心位置撤回一步,接着左脚退回第二步。如图 7-40。

图 7-40　中场正手垫步蹬跨接杀步法

2. 中场反手步法

(1) 中场反手蹬跨步接杀步法：起动后右脚蹬地，左脚向左侧转身跨步击球，击球后左脚迅速撤回。如图 7-41。

图 7-41　中场反手蹬跨步接杀步法

(3) 中场反手两步接杀步法：起动后左脚向左侧迈出一小步，向左转体，接着右脚向左侧跨出一大步击球。击球后右脚向中心位置退回第一步，同时身体右转，两脚做一个小跳步回位。如图 7-42。

图 7-42　中场反手两步接杀步法

(三) 后场步法

由中心位置向后场区域移动击球的步法叫后场步法。可分为后场正手后退步法、后场头顶后退步法和反手后场步法。

1. 后场正手后退步法

(1) 后场正手两步后退步法：当来球距离不远时，以左脚前掌为轴，右脚向右后侧来球方向蹬地起动后退，同时左脚向右脚并步，重心在右脚上，右脚向右后方跨出第二步击球。击球后，左脚向中心位置迈出第一步，双脚再往中心位置作一个小跳步回位。如图 7-43。

图 7-43 后场正手两步后退步法

(2)后场正手三步后退步法:当来球距离较远时,起动后右脚向来球方向后退一小步,左脚经右脚往后交叉退第二步,接着右脚再跨出一大步,重心在右脚上,准备击球。击球后右脚迅速向中心位置迈回第一步,左脚接着迈回第二步,双脚再作一个小跳步回位。如图 7-44。

图 7-44 后场正手三步后退步法

2. 后场头顶后退步法

(1)后场两步后退步法:当来球距离不远时,右脚蹬地转体,向左后方来球方向后退第一步,左脚向右脚并步,右脚再跨出一大步,重心在右脚上,准备击球。击球后左脚往中心位置迅速回动第一步,双脚再往中心位置作一个小跳步回位。如图 7-45。

图 7-45 后场两步后退步法

(2)后场三步后退步法:当来球距离较远时,右脚蹬地转体,向左后方来球方向迈出第一小步,接着左脚经右脚后方作一个交叉步,右脚再往后跨出一大步,重心在右脚上,准备击球。击球后右脚迅速向中心位置迈回第一步,左脚接着迈回第二步,双脚再作一个小跳步回位。如图 7-46。

图 7-46　后场三步后退步法

3. 反手后场步法

右脚蹬地向左后方转体，左脚同时向来球方向迈出一小步，右脚接着跨出第二大步，身体背对球网，右脚落地同时击球。击球后身体迅速右转，右脚往中心位置回动一小步，左脚接着往中心位置迈回第二步。如图 7-47。

图 7-47　反手后场步法

第三节　羽毛球运动基本战术

羽毛球运动战术是在充分了解对方优势和弱点的情况下，运用多种羽毛球运动技术并将它们组合起来，使对方逐渐陷入被动，从而为我方得分创造有利的机会。羽毛球运动战术可分为单打的基本战术和双打的基本战术。

一、单打的基本战术

常见的单打的基本战术有发球抢攻、攻后场、逼反手和拉吊突击。

（一）发球抢攻

从发球的第一拍起，争取控制对方，以攻杀得分。这种战术，一般为发网前低球结合平快球、平高球，争取第三拍的主动进攻。用这种战术对付应变能力较差的对手，或实施于比赛的关键时刻，效果往往很好。实施这一战术时，应有高质量的发球予以保证，否则很难成功。

(二)攻后场

此战术是通过击高远球，重复压对方的底线两角，造成对方的被动，然后寻找机会进攻。用它来对付初学者、后场还击能力较差、后退步法较慢和急于上网的对手是很有效的。

(三)逼反手

一般说来，后场反手击球的进攻性不强，球路也较简单。对于后场反手较差的对手要毫不放松地加以攻击。先拉开对方位置，使对方反手区露出空当。然后把球打到反手区，迫使对方使用反拍击球。如先吊对方正手网前，对方挑高球后用平高球攻击对方反手区。在重复攻击对方反手区迫使其远离中心位置时，突然吊对角网前。

(四)拉吊突击

以快速的平高球、吊球准确地打到对方场区的四个角落，迫使对方前后左右奔跑，当对方来不及回中心位置或失去重心时，抓住空当和弱点进行突击。

二、双打的基本战术

常见的双打的基本战术有攻人、攻中路、攻后场、前场打点封压进攻等。

(一)攻人

这是双打中常用的一种战术，就是以人为攻击目标。对付两名技术水平高低不一的对手时，一般都采用这种战术。对付两名实力相当的队员时也可采用这一战术，先通过将球下压或控制前场取得进攻机会，然后集中力量"二打一"，避其所长，攻其所短。

(二)攻中路

将球击到对方两名队员站位之间的空隙，从而造成对方经常出现争抢回击，或相互让球漏接等错误，可用于一些配合不够默契的对手。当对方前后站位时，可将球击到对方中场两侧边线处。而在对方分边左右站位防守时，则可利用杀球、吊球等技术攻击对方的中路。

(三)攻后场

这种战术常用来对付后场扣杀能力较差的对手，把对方弱者调动到后场时使用。此战术多采用平高球、平推球、挑高球把对方一人紧逼在底线，使其在底线两角移动击球，在其还击出半场高球或网前高球时即可大力扣杀，取得这一回合的胜利或主动。如在逼底线两角时对方同伴要后退支援，则可攻击网前空当或打后退者的追身球。

(四)前场打点封压进攻

这种战术要求打法比较积极，前半场技术要好，步法移动要快，两名队员配合默契。主要通过前半场积极抢点放网、推拨半场、平抽平挡和接杀球挡网跟进等技术，迫使对方被动起高球，从而有利于自己一方后压前封进攻得分。

三、羽毛球战术的练习方法

羽毛球战术内容多，训练方法复杂，运动员的身体条件不同，战术训练的任务也不同。

作为初学者，可采用以下一些方法进行练习和提高。

（一）固定战术球路训练

把几项基本技术根据战术要求组织起来，按固定球路进行反复练习。球路固定，重复的次数多，有利于练习者的动作连贯和提高击球质量，并逐步形成和掌握不同的战术球路。

譬如，用直线高球结合吊对角球练习、用直线高球结合直线吊球练习、用对角线高球结合吊对角球练习、用对角线高球结合直线吊球练习等球路，进行高吊战术球路练习；用直线高球结合杀对角线球路练习、直线高球结合杀直线练习、对角线高球结合杀直线练习、对角线高球结合杀斜线练习等方法，进行高杀战术球路练习；杀上网战术球路则可采用杀直线后直线上网搓球或推对角球、杀斜线后上网勾对角或推斜线球等练习方法。

（二）半固定球路战术训练

这是在基本掌握固定战术球路训练的基础上进行的战术训练方法。其特点是对训练的基本技术组合有固定要求，但对击球路线和落点不作规定，允许击球者根据场上的实际情况进行变化，使之能更接近于实战要求。

如"两点打四点"就属于高吊战术半固定球路的练习方法，"高杀对攻"就属于高杀战术的半固定球路练习方法。

（三）多球战术球路训练

事先将一些球路以固定或半固定的方法进行组织，练习时，由教师或陪练同学按此方法进行连续不断的供球，并可根据需要改变供球的速度、节奏、间隙的时间，从而调整练习的密度和强度。

其优点主要表现在，有利于提高练习者的战术意识和技战术的连贯性；有利于对不同训练水平的练习者，根据其实际情况调整练习的难度；有利于突出重点，强化提高某些技术和战术球路组合。

第四节　羽毛球比赛基本规则

一、场地

羽毛球场是一个长方形，场地用宽 4 厘米的白线或黄线画出，长 13.4 米，双打场地宽 6.1 米，单打场地宽 5.18 米。所有场地线都是它所确定区域的组成部分。从球场地面起，网柱高 1.55 米。球网应是深色、优质的细绳织成，网上下宽 760 毫米，网的顶端用 75 毫米的白布对折而成，用绳索或钢丝从夹层穿过。白布边的上沿必须紧贴绳索或钢丝，球场中央网高 1.524 米。

羽毛球比赛项目、方法

二、器材

1. 羽毛球

羽毛球可由天然材料、人造材料或用它们混合制成。只要球的飞翔性能与用天然羽毛和包裹羊皮的软木球托制成的球的性能相似即可。羽毛球应有16根羽毛固定在球托部。羽毛长64—70毫米，顶端围成圆形，直径为58—68毫米，球托直径25—28毫米，底部为圆形，重4.74—5.50克。

2. 球拍

球拍由拍柄、排弦面、拍头、拍杆、连接喉组成整个框架。拍头、连接喉、拍杆和拍柄总称拍框。拍框总长度不超过680毫米，宽不超过230毫米。球拍不允许有附加物和突出部，除非是为了防止磨损、断裂、振动，或调整重心的附加物，或预防球拍脱手而将拍柄系在手上的绳索，但尺寸和位置应合理。

三、计分方法

每场比赛21分制，3局2胜，每球得分制。每回合中，取胜的一方加1分，当双方均为20分时，领先对方2分的一方赢得该局比赛；当双方均为29分时，先取得30分的一方赢得该局比赛。一局比赛的获胜方在下一局率先发球。

四、赛间休息与换边规则

(1)在一局比赛中，当领先的一方达到11分时，双方有60秒休息时间。

(2)在两局比赛间，双方有2分钟的休息时间。

(3)在决胜局中，当领先的一方达到11分时，双方交换场地。

五、单打规则

(1)在一局比赛开始时(比分0∶0)或发球方得分为偶数时，发球方在右半场进行发球。当发球方得分为奇数时，在左半场进行发球。

(2)如果发球方取得1分，那么下一回合其继续发球。

(3)如果接发球方取得1分，那么下一回合其成为发球方。

六、双打规则

(1)与单打一样，发球方得分为偶数时，发球方在右半场进行发球。当发球方得分为奇数时，在左半场进行发球。

(2)如果发球方取得1分，那么下一回合其继续发球，且发球人不变。

(3)如果接发球方取得1分，那么下一回合其成为发球方。

(4)当且仅当发球方得分时，发球方的两位选手交换左右半场。

七、发球

(1)发球时任何一方都不允许非法延误发球。

(2)发球员和接发球员都必须站在斜对角发球区内发球和接发球,脚不能触及发球区的界线。

(3)两脚必须都有一部分与地面接触,不得移动,直至将球发出。

(4)发球员的球拍必须先击中球托,与此同时整个球要低于发球员的腰部。击球瞬间,球拍杆应指向下方,从而使整个拍头明显低于发球员的整个握拍手部。

(5)发球开始后,发球员的球拍必须连续向前挥动,直至将球发出。发出的球必须向上飞行过网,如果不受拦截,应落入接发球员的发球区内。

(6)一旦双方运动员站好位置,发球员的球拍头第一次向前挥动即为发球开始。

(7)发球员须在接发球员准备好后才能发球,如果接发球员已试图接发球则被认为已做好准备。

(8)一旦发球开始,球被发球员的球拍触及或落地即为发球结束。

(9)双打比赛,发球员或接发球员的同伴站位不限,但不得阻挡对方发球员或接发球员的视线。

八、违例

(1)球落在场地界线外。

(2)球从网孔或网下穿过。

(3)球未从网上方越过。

(4)球触及天花板或四周墙壁。

(5)球触及运动员的身体或衣服。

(6)球触及场地外其他物体或人。

(7)球被击时停滞在球拍上,紧接着被拖带抛出。

(8)球在一个回合中被同一方队员多次击中。

(9)运动员的球拍、身体或衣服,触及球网或球网的支撑物。

(10)过网击球(击球时,球拍与球的最初接触点在击球者网这一方,而后球拍随球过网的情况除外)。

九、重发球

由裁判员宣判“重发球”,用于中断比赛。

(1)遇不能预见或意外的情况,应重发球。

(2)除发球外,球过网后挂在网上或停在网顶,应重发球。

(3)发球时,发球员和接发球员同时违例,应重发球。

(4)发球员在接发球员未做好准备时发球,应重发球。

(5)比赛进行中,球托与球的其他部分完全分离,应重发球。

(6)司线员未看清,裁判员也不能作出决定时,应重发球。

(7)“重发球”时,最后一次发球无效,原发球员重新发球。

十、死球

下列情况为死球:

(1)球撞网并挂在网上,或停在网顶。

(2)球撞网或网柱后开始在击球者这一方落向地面。

(3)球触及地面。

(4)“违例”或“重发球”已被宣报。

第五节　羽毛球运动教学的考核

一、基础班(1)

项目技能考核由正手发高远球(40 分)、正手击高远球(40 分)和半场教学比赛(20 分)组成。

1. 正手发高远球(40 分)

(1)方法:从前发球线把球发到对方的后场区域内。

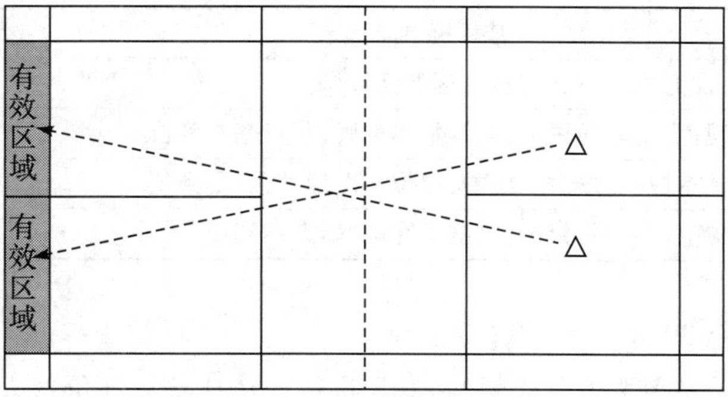

△:考生

(2)评分标准:

①达标(20 分):左右区各发 5 球,共 10 球,每球 2 分。

②技评(20 分):

技评标准	分值
握拍合理,动作规范,发力集中,动作协调,落点到位	18—20 分
握拍合理,动作基本规范,发力尚集中,动作基本协调,落点基本到位	15—17 分
握拍基本合理,动作基本规范,发力不集中,动作不协调,落点不到位	12—14 分
握拍不合理,动作不规范,发力不集中,动作不协调,落点不到位	0—11 分

2. 正手击高远球(40 分)

(1)方法:由教师或陪考发球至考生后场,考生运用步法结合正手击高远球动作把球从自己的后场打到对方的后场。

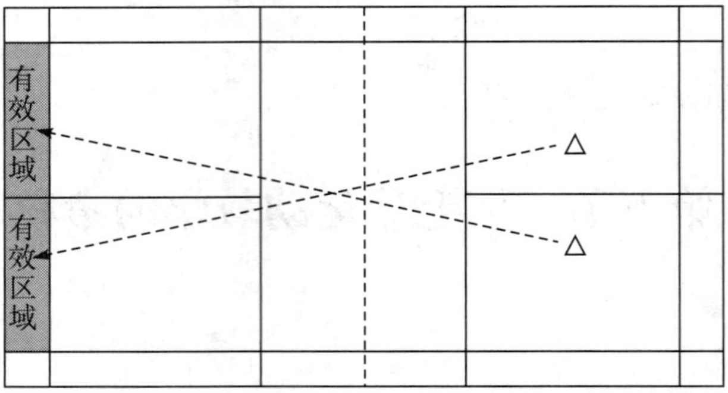

△:考生

(2)评分标准:

①达标(20 分):左右区各发 5 球,共 10 球,每球 2 分。

②技评(20 分):

技评标准	分值
握拍合理,动作规范,发力集中,取位准确,落点到位	18—20 分
握拍合理,动作基本规范,发力尚集中,取位基本准确,落点基本到位	15—17 分
握拍基本合理,动作基本规范,发力不集中,取位不准确,落点不到位	12—14 分
握拍不合理,动作不规范,发力不集中,取位不准确,落点不到位	0—11 分

3. 半场教学比赛(20 分)

(1)方法:抽签分组将学生分成两两一组,进行半场比赛。评价每人的比赛态度、意识以及技战术水平。

(2)评分标准:

评分标准	分值
站位准确,步法合理,动作准确,技战术运用合理	18—20 分
站位基本准确,步法基本合理,动作基本准确,技战术运用基本合理	15—17 分
站位基本准确,步法不合理,动作不准确,技战术运用不合理	12—14 分
站位不准确,步法不合理,动作不准确,技战术运用不合理	0—11 分

二、基础班(2)

项目技能考核由正手击高远球(40 分)、对击高远球(40 分)和半场教学比赛(20 分)组成。

1. 正手击高远球(40 分)

(1)方法:由教师或陪考发球至考生后场,考生运用步法结合正手击高远球动作把球从自己的后场打到对方的后场。

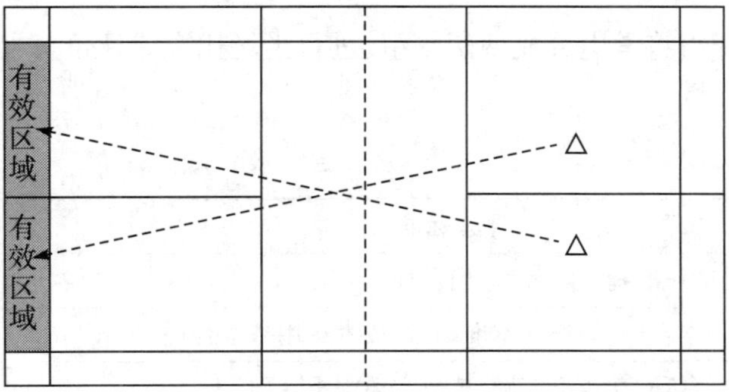

△:考生

(2)评分标准:

①达标(20 分):左右区各发 5 球,共 10 球,每球 2 分。

②技评(20 分):

技评标准	分值
握拍合理,动作规范,发力集中,取位准确,落点到位	18—20 分
握拍合理,动作基本规范,发力尚集中,取位基本准确,落点基本到位	15—17 分
握拍基本合理,动作基本规范,发力不集中,取位不准确,落点不到位	12—14 分
握拍不合理,动作不规范,发力不集中,取位不准确,落点不到位	0—11 分

2. 对击高远球(40 分)

(1)内容:考生站场地中间结合步法与陪考学生进行全场对云高远球(直线或斜线)。

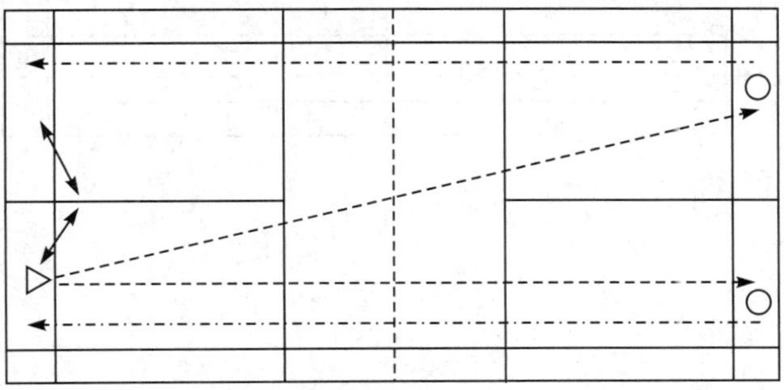

△:考生;○:陪考学生

(2)评分标准:

评分标准	分值
握拍合理,动作规范,发力集中,取位准确,落点到位	36—40 分
握拍合理,动作基本规范,发力尚集中,取位基本准确,落点基本到位	30—35 分
握拍基本合理,动作基本规范,发力不集中,取位不准确,落点不到位	24—29 分
握拍不合理,动作不规范,发力不集中,取位不准确,落点不到位	0—23 分

3. 半场教学比赛(40 分)

(1)方法:抽签分组将学生分成两两一组,进行半场比赛。评价每人的比赛态度、意识以及技战术水平。

(2)评分标准:

评分标准	分值
站位准确,步法合理,动作准确,技战术运用合理	18—20 分
站位基本准确,步法基本合理,动作基本准确,技战术运用基本合理	15—17 分
站位基本准确,步法不合理,动作不准确,技战术运用不合理	12—14 分
站位不准确,步法不合理,动作不准确,技战术运用不合理	0—11 分

三、提高班(1)

项目技能考核由对击高远球(20 分)、杀球上网组合(40 分)和全场单打教学比赛(40 分)组成。

1. 对击高远球(20 分)

(1)方法:考生站在场地中间结合步法与陪考学生进行全场对击高远球(直线或斜线)。

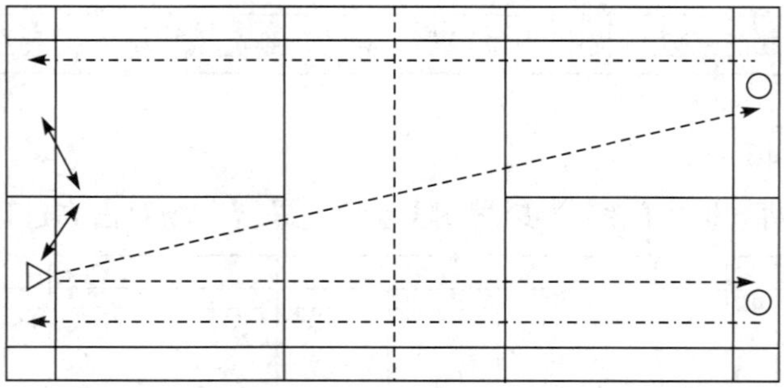

△:考生;○:陪考学生

(2)评分标准：

评分标准	分值
握拍合理，动作规范，发力集中，取位准确，落点到位	18—20 分
握拍合理，动作基本规范，发力尚集中，取位基本准确，落点基本到位	15—17 分
握拍基本合理，动作基本规范，发力不集中，取位不准确，落点不到位	12—14 分
握拍不合理，动作不规范，发力不集中，取位不准确，落点不到位	0—11 分

2. 杀球上网组合(40 分)

(1)方法：两人一组同时考试，一名考生杀球后上网挑高球给对方杀球，挑高球后回到场地中心位置进行接杀挡网，然后接对方挑球后退杀球上网挑高球，两人轮流完成杀球上网组合。

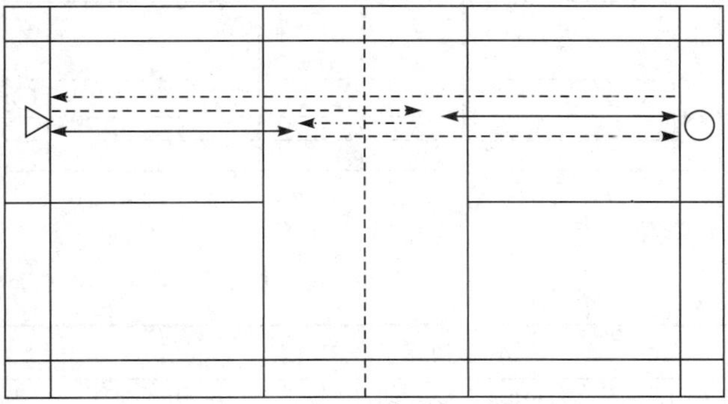

△：考生；○：另一名考生

(2)评分标准：

评分标准	分值
握拍合理，动作规范，发力集中，步法合理，杀球落点到位，接杀球质量好	36—40 分
握拍合理，动作规范，发力集中，步法较合理，杀球落点比较到位，接杀球质量一般	30—35 分
握拍合理，动作规范，发力较集中，步法较合理，杀球落点不到位，接杀球质量一般	24—29 分
握拍合理，动作不规范，发力不集中，步法不合理，杀球落点不到位，接杀球质量不好	0—23 分

3. 全场单打教学比赛(40 分)

(1)方法：抽签分组将学生分成两两一组，进行全场单打比赛。评价每人的比赛态度、意识以及技战术水平。

(2)评分标准：

评分标准	分值
站位准确，步法合理，动作准确，技战术运用合理	36—40 分
站位基本准确，步法基本合理，动作基本准确，技战术运用基本合理	30—35 分
站位基本准确，步法不合理，动作不准确，技战术运用不合理	24—29 分
站位不准确，步法不合理，动作不准确，技战术运用不合理	0—23 分

四、提高班(2)

项目技能考核由对击高远球(20 分)、吊球上网组合(40 分)和全场双打教学比赛(40 分)组成。

1. 对击高远球(20 分)

(1)方法:考生站场地中间结合步法与陪考学生进行全场对击高远球(直线或斜线)。

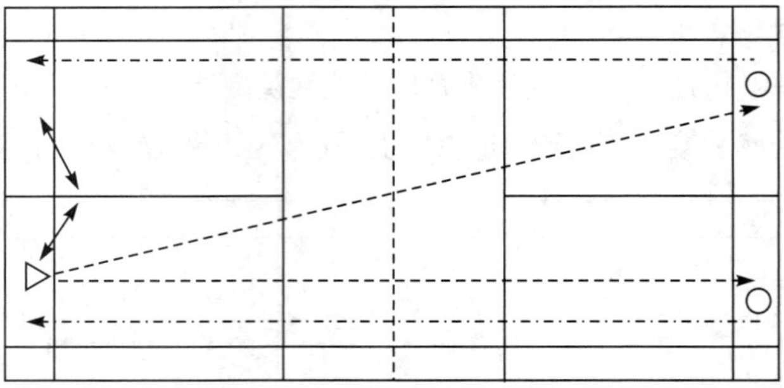

△:考生;○:陪考学生

(2)评分标准:

评分标准	分值
握拍合理,动作规范,发力集中,取位准确,落点到位	18—20 分
握拍合理,动作基本规范,发力尚集中,取位基本准确,落点基本到位	15—17 分
握拍基本合理,动作基本规范,发力不集中,取位不准确,落点不到位	12—14 分
握拍不合理,动作不规范,发力不集中,取位不准确,落点不到位	0—11 分

2. 吊球上网组合(40 分)

(1)方法:两人一组同时考试,一名考生吊球后上网挑高球给对方吊球,挑高球后回到场地中心位置进行接吊放网前球,然后接对方挑球后退吊球上网挑高球,两人轮流完成吊上网组合。

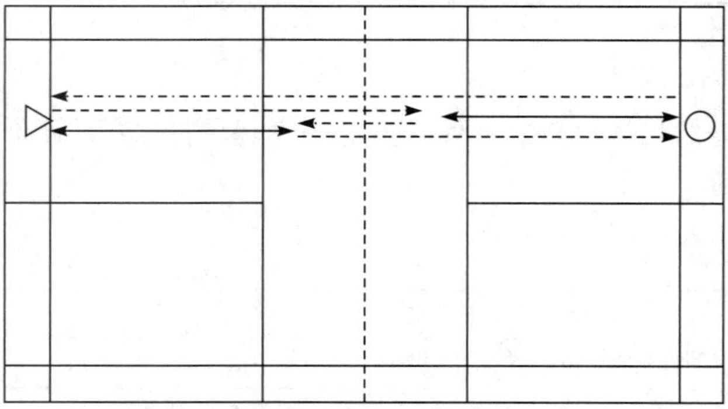

△:考生;○:另一名考生

(2)评分标准：

评分标准	分值
握拍合理，动作规范，发力集中，步法合理，吊球落点精确，接吊球质量好	36—40 分
握拍合理，动作规范，发力集中，步法较合理，吊球落点比较精确，接吊球质量一般	30—35 分
握拍合理，动作规范，发力较集中，步法较合理，吊球落点不精确，接吊球质量一般	24—29 分
握拍合理，动作不规范，发力不集中、步法不合理，吊球落点不精确，接吊球质量不好	0—23 分

3. 全场双打教学比赛(40 分)

(1)方法：将两个学生分成一队，再抽签对抗，进行全场双打教学比赛。评价每人的比赛态度、意识、轮转以及技战术水平。

(2)评分标准：

评分标准	分值
站位准确，步法合理，轮转到位，技战术运用合理	36—40 分
站位基本准确，步法基本合理，轮转基本到位，技战术运用基本合理	30—35 分
站位基本准确，步法基本合理，轮转不到位，技战术运用不合理	24—29 分
站位不准确，步法不合理，轮转不到位，技战术运用不合理	0—23 分

第八章　网球运动

第一节　网球运动基本知识

一、网球运动的起源与发展

网球运动一般包括室内网球运动和室外网球运动两种形式。最早起源于12—13世纪法国传教士在教堂回廊里用手掌击球的一种游戏。后来成为宫廷里的一种室内消遣娱乐活动。也有人认为,网球运动的起源应追溯到“百年战争”(1337-1453年英法两国战争)以前在法国民间流行的一种名叫海欧·德·巴乌麦的球类游戏。据说这种游戏是两个人进行的,每人各执一个球拍,球场的周围筑有围墙,球撞到墙上后被弹回去,而后过网。因为无论是从使用的场地和器具上,还是从进行游戏的方法上,它与网球运动都有许多相似之处,所以有人把它看作网球运动的原初形态。1877年,全英板球俱乐部在温布尔登举行了第一届草地网球锦标赛,以亨利·琼为首的裁判委员会草拟的比赛规则是网球比赛规则的基础,其中的盘制、局制、换位法等规则沿用至今。同年举行的温布尔登网球公开赛是网球史上最早的网球比赛。

1878年以后,草地网球相继传入加拿大、斯里兰卡、捷克斯洛伐克、瑞典、印度、日本、澳大利亚、南非乃至全球。1881年,美国草地网球协会成立。并于同年8月31日至9月3日,成功举办第一届美国草地网球锦标赛。同年,第一届美国网球公开赛在美国罗德岛新港举行。

1891年,第一届法国网球公开赛于巴黎西部罗兰·加洛斯的体育场内举行。1896年,首届现代奥运会在希腊雅典举行。网球运动是奥运会所举行的八大比赛项目之一,也是唯一的球类比赛项目。19世纪末,现代网球运动正式形成,并很快在欧美盛行起来,成为一项深受广大群众喜爱的球类运动。许多国家和地区相继成立了网球协会,并定期举行比赛。1900年,戴维斯杯网球公开赛在美国波士顿举行。1913年3月1日,英国、法国、澳大利亚等12个国家的网协代表在巴黎召开会议,成立了国际网球联合会,总部设在伦敦。

后来,由于国际奥委会和国际网球联合会在业余运动员问题上有分歧,已经连续举办了7届的奥运会网球比赛项目被取消。直到1984年的洛杉矶奥运会上,网球比赛才重新被列为奥运会表演项目。1988年在汉城(现首尔)奥运会上,网球比赛重新被列为正式比赛项目。

二、国际上重大网球比赛

(一)国际团体赛事

(1)戴维斯杯:世界男子网球团体赛的杯名。这项赛事起始于1900年,由美国人D. F.戴维斯创办,每年举行一次。赛制是先进行抽签决定主、客队,主队有权选择比赛地点和场地类型。每两队之间的比赛均采用五场三胜制,打满全部五场。比赛时,第一天进行两场单打,第二天进行一场双打,第三天再进行两场单打。在已经决出胜负后的比赛中,可采用三盘两胜制。

(2)联合会杯:世界女子网球团体赛的杯名。这项赛事是在1963年为庆祝国际网球联合会成立50周年而创办的,每年举行一次。

(3)霍普曼杯:以澳大利亚网坛传奇人物霍普曼的名字命名的世界网球混合团体赛,其地位相当于羽毛球比赛的苏迪曼杯。

(二)四大满贯赛事

分别是澳大利亚网球公开赛、温布尔登网球锦标赛、法国网球公开赛、美国网球公开赛,它们是世界上影响力最大、最有声望、积分最高、奖金最高的"大满贯"网球锦标赛。历史上首位网球四大满贯的得主是唐纳德·布吉,他于1938年获得。

按比赛场地的不同进行划分,澳大利亚网球公开赛与美国网球公开赛为硬地赛,法国网球公开赛为红土赛,温布尔登网球锦标赛为草地赛。

(三)奥运会网球比赛

早在1896年第一届希腊雅典奥运会上网球比赛就被列为八大比赛项目之一,也是当时唯一的球类比赛项目,只设有男子单打和男子双打两个单项。

我国网球运动的发展简况

第二节　网球运动基本技术

网球运动技术一般可分为握拍法、正反手击球、发球、接发球、截击球、高压球、挑高球、放小球、反弹球等几大部分。本教材主要介绍握拍法、截击球、正反手击球、发球等基本技术。

一、握拍法

握拍是学习网球运动最基本的技术环节,球拍是手臂的延伸和手掌的扩大,正确的握拍方法,会让初学者尽快掌握正确的击球方法与技术,也可以保证击球的效果和质量。握拍基本方法有四种:东方式、大陆式、西方式和双手握拍等。这四种握拍法都各有优缺点,运动者可以根据不同的来球、不同的击球方法采用不同的握拍方式。当然,也可以根据自己的特点与习惯选择适合自己的方法。

(一)东方式握拍法

东方式握拍法可以分为“东方式正手”握拍法(图 8-1)和“东方式反手”握拍法(图 8-2)两种。

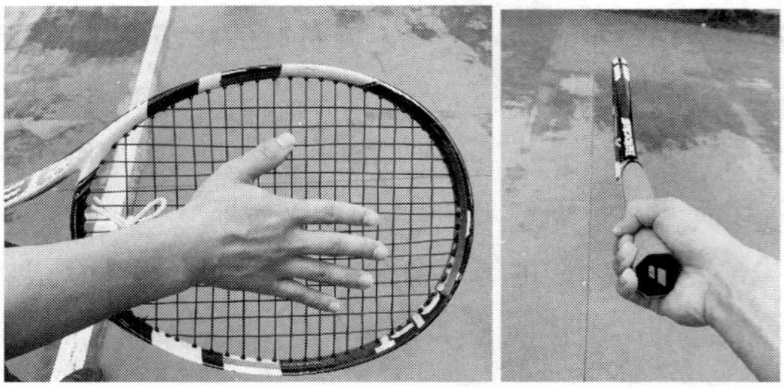

图 8-1　东方式正手握拍法

图 8-2　东方式反手握拍法

1. 动作方法及要领

东方式正手握拍法如同两个人握手的姿势一样。可以先把手拼贴在拍面上,保持手掌与拍面平行,手顺着拍面向下滑动到拍柄,掌根与拍柄底部平齐,然后握住拍柄即可。此时握拍手的虎口对准拍柄横截面的右上斜面。大拇指环扣拍柄,食指可以呈“扳机式”扣握法。

东方式反手握拍法是在东方式正手握拍法基础上向左旋转移动 90°。此时握拍手的虎口对准拍柄横截面的右上斜面。

2. 在比赛中的运用

东方式正手握拍法,一般是初学者最常用的握拍方法,也是比较容易控制正手击球的一种握法,同时这种方法比较容易击打出上旋球,对球的“包裹”性较强。另外,这种握法更适合于近网击球,也适合击打低矮的来球。东方式反手握拍法,是初学者在击打反手来球时的常用方法,这种方法也可以让初学者比较容易控制球的方向、高度及落点。

(二)大陆式握拍法

1. 动作方法

大陆式握拍法又称为“砍斧式”握拍法。这种方法比较像手握菜刀切菜时的握法一样,持拍手的虎口对准上平面或上平面与左上斜面之间的棱(图 8-3)。

2. 在比赛中的运用

大陆式握拍法,一般是在截击球以及发球过程中使用。大陆式握拍法适用于发球、网前截击、削球和防卫性的打法。尤其是网前截击,因为不需要切换正反手,所以可以很快地作出反应。由于这种握拍法很难打出上旋球,当球员要想打出有威胁的球或被动防守时,比较难以打出有力、稳定而准确的回球,这是球员要面对的难题。

图 8-3　大陆式握拍法

图 8-4　西方式握拍法

(三)西方式握拍法

根据虎口对准的位置不同,有人将西方式握拍法分为半西方式、西方式和超西方式三种。一般情况下,只要掌握西方式握拍方法就足够在实践中使用了。

1. 动作方法及要领

握拍手的虎口对准拍柄的右侧面,即为西方式握拍法。简单地说,可以先把网球拍平放在地面,然后用持拍手掌对准地面抓住拍柄,握住球拍,就是西方式握拍的方法(图 8-4)。

2. 在比赛中的运用

这是底线型选手常用的握拍方法。因为用这种握法可以打出稳定的上旋球,让球手可以更好地控制球的落点,对处理离地面较高的球十分奏效。它是红土球手的首选握法,因为击球区离地面更高和离身体更前的位置。

西方式握拍法的短处:处理低球十分困难,因为拍面和地面平行,所以球手要格外地把球拍移到球底部把球捞起来。这种握法不适用在球速较快的硬地和草地场,因为这要求球手用更多的腕力和更快的挥拍速度去打出有效的上选球。同时,也不适用于网前球以及网前截击,因为不方便转换到大陆式握拍法。

(三)双手反拍握拍法

1. 动作方法及要领

双手反手握拍是指采用两只手握拍,是击打反手球的基本握拍方法,其与只使用一只手的东方式反手握拍法不同。双手反手握拍的基本方法是,右手采用东方式反手握法并与拍柄底部齐平,左手握在右手的上方,采用东方式正手握拍法。其特点相当于右手作反手击球,而左手作正手击球(图 8-5)。

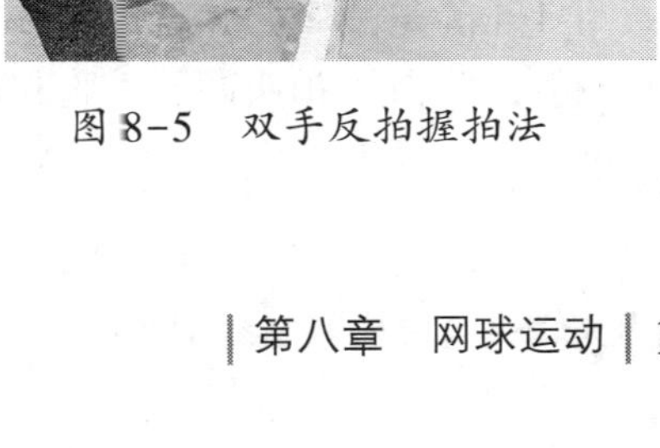

图 8-5　双手反拍握拍法

2. 在比赛中的运用

双手反拍握拍法是击打反手球的常用握拍方法之

一。该握拍法的优点是,适合于力量不足的运动者击打反手球,同时击球相对稳定性较好。其缺点是,在挥拍回球时,相较于单手反拍回球时的控制范围小,要求运动者的步伐精准到位,否则不容易控制回球的方向。

二、截击球

截击球是指在网球落地前,采用大陆式握拍法对其进行凌空拦击,是网前技术中一种攻击性击球方法。它回球速度快,力量重,威胁大。现代网球比赛的特点之一就是对抗双方都会力图占据网上的有利位置,上网截击已成为球员必须掌握的得分手段。截击球包括正手截击球、反手截击球、截击高球、截击底球、中场截击球、凌空抽击球等。这里只介绍正手截击球和反手截击球。

1. 动作方法

(1)正手截击球。

①准备姿势。两脚自然站立约同肩宽,重心在前脚掌上,脚跟提起,身体前倾,膝盖弯曲,持拍于体前,拍头高于手腕和球网,左手扶拍颈,眼睛注视来球(图 8-6)。

图 8-6　正手截击球准备姿势

图 8-7　转肩引拍

②转肩引拍。截击球的动作以“碰”和“推”的成分为主。左脚向来球方向跨出,拍头高于手腕,手腕绷紧在身体前面撞击球,以非常短促的“碰”和“推”击球,同时拍面稍向上,在向前推碰球的过程中略带一些切削,这样能很有控制地将球击向对方场地(图 8-7)。

③随球动作。截击的随球动作很简练,接触球后,拍子沿击球方向前送 30 厘米左右,这有助于控制球的飞行方向,然后及时恢复至准备姿势(图 8-8)。

图 8-8　随球动作

(2)反手截击球。

①准备姿势。两脚自然站立约同肩宽,重心在前脚掌上,脚跟提起,身体前倾,膝盖弯曲,持拍于体前,拍头高于手腕和球网,左手扶拍颈,眼睛注视来球(图 8-9)。

图 8-9　反手截击球准备姿势

图 8-10　转肩引拍

②转肩引拍。判明来球方向后，立即转肩向左，并用左手扶拍，使球拍作一个短短的后摆，拍头向上，高于手腕，眼睛看球（图 8-10）。

③挥拍击球。右脚上步的同时，球拍向前对准球做简短的撞击动作，要求手腕紧绷，手臂伸直，在提前 15—30 厘米处击球。左手自然伸向后边，以保持身体平衡（图 8-11）。

图 8-11　挥拍击球

图 8-12　随球动作

④随球动作。球拍接触球后沿击球方向送出 30 厘米左右，并及时恢复至准备姿势（图 8-12）。

2. 动作要领

截击球的后摆动作不宜过大，击球点应保持在身体前方约 30—60 厘米，要向前迎击来球，注意拍头不要下垂，要保持拍头高于手腕，击球时手腕固定，拍子应紧握，击球时拍子不能移动。

(1)眼睛始终盯住球。

(2)握紧球拍，绷紧手腕。

(3)在身体左右前方击球。

(4)保持拍头向上，即需要“立手腕”。

(5)用快速短暂的推切动作击球。

3. 练习方法

(1)近距离练习。两人对面站立，相距 1.5—2 米，一人用手抛球，一人用球拍练习截击，搭档用手接球再抛球，反复练习。

(2)两人隔网站立，多球练习。两人隔网对面站立，相距2—3米，一人用手抛球，搭档用拍截击，截击时可以练习不同的角度和力度。

(3)隔网同时练习。两人隔网对面站立，相距2—3米，两人都持拍相对击球练习，练习时注重配合，尽量能多回合练习。

(4)网前截击底线来球。一人网前持拍站立，同伴在底线用手或球拍供球进行多球练习。

4. 在比赛中的运用

在比赛中，当来球离网较高时，截击时平击的成分可多一些，打出具有进攻性、力量较大的深球或斜线球。当来球较球网低时，球员必须充分下蹲，仍然要保持拍头高于或平行于手腕，以利于身体重心的稳定，截击球的中下部，成为切削下旋。针对这种较低的来球，在截击时，不宜用力过猛，应以推深落点为目的。如果对方来球速度很快，只需握紧球拍，切削或推挡也要快速，随后动作不宜过大，采用“点击”的方法，打准落点即可。截击球除要求打深落点和控制角度以外，也可以轻放网前短球，这需要较好的手感和良好的控制能力。

上网截击要十分警惕对方的破网和挑高球，因此站位的选择很重要。一般要站在对方破网的直线和斜线之间所形成夹角的平分线上，并多注意保护直线空当。

三、正、反手抽击球

正、反手击球动作包括正反手抽击球(上旋球)、正反手平击球、正反手切削球(下旋)等几种方法。这里只介绍正反手抽击球，因为抽击球是正反手打法的最基本、最重要也是比赛中最常采用的击球动作。

(一)正手抽击球

正手抽击球是网球技术中最基本的击球方法，既是初学者的入门技术，又是多数运动员用以得分取胜的主要手段。正手抽击球由四个环节组成，即准备姿势、转体引拍、挥拍击球和随挥动作。

1. 动作方法

(1)准备姿势。两脚自然站立，与肩同宽，双膝微屈，上体略前倾，脚跟稍提起，重心落在前脚掌上。右手持拍于腹前，左手扶拍颈，两肘自然下垂略外张，拍头稍高于柄。

这种准备姿势除发球外也适用于其他大多数击球前的准备动作，因此尽可能在击球后立即还原至准备姿势。左手扶住拍柄位置既可以减轻右手负担，还能帮助右手变换球拍握法及迅速向后拉拍做出转肩动作(图8-13)。

(2)转体引拍。一旦判断对方来球是正手方向时，左脚向前跨一步同时转肩，左脚掌辗动使左肩对着球网，身体成侧身状态。随着转体右手应快速平稳地向后拉拍，拍头高于手腕。拉引拍结束时，使球拍指向后方，拍柄底部向网。沿水平的直线拉拍，要迅速协调。

转肩与击球的质量关系很大。拉引拍动作要尽可能早,这样便可获得充分的回击球时间。及早地转肩能使拉拍动作相当自然完成,随后加上适当跨步,使人处在一个能流畅击球的体位之中(图 8-14)。

(3)挥拍击球。挥拍击球时,踏出左脚使重心前移,可增大击球力量。一般踏出的左脚与端线约成 45°角,呈开放式步法。根据来球情况,适度屈膝关节,对准来球方向迅速向前挥拍,身体重心从后脚移向前脚,迎上击球。此时应绷紧手腕握紧球拍,防止拍子在手中晃动而打出不稳定和力量不足的球。击球点在身体右前方。拍面垂直于地面,平行于球网(图 8-15)。

(4)随挥动作。击球后,球拍应随球的方向做较长的前挥跟随动作。球拍前挥时应尽可能向前方伸展,直到手臂和拍头无法再向前运动为止。此时左手亦上举扶住拍柄,面对球网(图 8-16)。

击球的随挥动作不仅能使击球动作显得流畅、协调和舒展,而且它本身也是击球动作的一个有机组成部分。随挥动作可以保证击球的力量和控制球的飞行弧线。没有充分的随挥会使人觉得击球吃力和别扭,击出的球也不够准确、有力。

图 8-13　正手抽击球准备姿势

图 8-14　转体引拍

图 8-15　挥拍击球

图 8-16　随挥动作

2. 动作要领

(1)击球时,眼睛须始终盯住球。

(2)当决定用正拍击球时,应及早转肩向后引拍。

(3)转身左手推拍,左肩对网。

(4)击球点在右前方,击球点的高度约与本人的腰部平齐。

(5)击球时,绷紧手腕,握紧球拍。

(6)球拍随球送出的挥拍动作要充分,方向向前,尽量向前压转,充分“包裹”球。

(7)击球后能及时回到原准备姿势。

(二)反手抽击球

反手抽击球通常是指击打左侧来球(以右手持拍为例),反手击球有单手反手击球技术和双手反手击球技术两种。这里仅介绍双手反手击球技术,即握拍方法是右手采用东方式反手握拍,左手采用东方式正手握拍,并放在左手的上方。

1. 动作方法

(1)准备姿势。面对球网,两脚自然开立与肩同宽,两膝微屈,重心落在前脚掌上,左手扶拍颈,拍面垂直于地面,拍头指向对方,双目注意对方来球(图 8-17)。

图 8-17 准备姿势

图 8-18 转体引拍

(2)转体引拍。正确判断来球方向后,快速移动到位,重心移至左脚,身体向左旋转,将右肩对着来球,左右手配合转动球拍,成东方式反手握拍,屈膝降低重心,右脚向击球方向跨出,呈"关闭式"或"闭锁式"步法。在击球之前,尽量提前快速向后引拍,将拍头指向场地后方(图 8-18)。

(3)挥拍击球。来球落地反弹后,由下向上、向前挥拍,在身体左侧前方,位于膝关节与腰之间的高度击球,击球部位及拍形与正手击球相同,拍体与地面平行,拍面与地面及击球方向垂直,用拍面中心位置击打球的后中部(图 8-19)。

(4)随挥动作。击球后,球拍尽量随球前送,挥至右肩上方(图 8-20)。

图 8-19 挥拍击球

图 8-20 随挥动作

2. 动作要领

(1)一般采用"闭锁式"步法,右脚向击球方向跨出一步。

(2)引拍时一定要将右肩对着来球,通过身体旋转,加大击球力量。

(3)击球挥拍路线与正手击球相同,按由下向上、向前直线挥拍。

(4)击球点位置要尽量靠前,在右脚的前方击球。

3. 练习方法

(1)先从击打原地自由落体球开始练习,即击打原位固定球。练习时,两两配合,一人给击球者抛球,一人持拍练习正反手击球。注意在抛球时,在击球点的位置上方让球自由落体落下,击球者在球下落反弹后,寻找恰当的时机击球。

(2)击打正面抛来的移动球。一人在前方用手模拟对面来球,将球抛给持拍练习的击球者,分别抛在击球者的左、右两侧前方,击球者采用正确的挥拍击球动作击打来球,反复多球练习,直至熟练掌握。

(3)隔网模拟击打对面来球训练。一人用球拍从对面场地、隔网用球拍送球,击球者则用正确的正反手击球动作击打来球。循序渐进,正反手交替轮换练习。注意步法及击球动作的到位及准确性。

(4)两人隔网实战练习。两人隔网对练,采用正确的动作击打对面的来球,要求步法精准,击球动作完整到位。

(三)正反手击球在比赛中的运用

(1)要会使用身体的力量。在比赛中,正手击球时应转动身体,用力蹬腿,以肩关节为轴,手腕固定,用大臂挥动带动小臂,沿着来球的轨迹挥出去。一般在左脚右侧前方与腰齐高的高度击球,当来球较高时就快速后退,来球较低时应屈膝并上前,尽可能地保持在与腰齐高的高度击球。同时在挥拍击球时,要能做出"鞭打"动作,只有这样才能真正掌握发力的顺序及技巧。

(2)要把握击球时机。在击球时,通常要考虑击球点的问题。所谓击球点,是指球拍与球接触的那个点,它包括球与身体的前后距离、左右距离和地面的垂直高度三个方面。正确的击球总是尽可能地将来球调控在最理想位置上击出,这个理想位置,就是"能量"最大限度发挥的位置,也叫作"最佳发力点"。这一点是击打所有球的核心所在。"最佳发力点"因人而异,当球友或教练在场地的对面向你喂出轻重高低适当的球,而你每次轻松自如地将球击回,并且能够很好地控制球时,你会发现你的击球点基本上是在身体附近一个固定的"点"上,这就是你的"最佳发力点"。一般来说,击球点都在身体的左右侧前方。另外,要加强球感的练习,针对不同节奏的球,击球的时机也要进行相应的调节,从而真正地把握好准确的击球时机。

(3)击球时身体要协调并放松。任何一项运动都需要全身的协调,网球运动当然也不例外,它也需要身体从上到下,从左至右协调配合。追根求源,网球运动无论是发球还是抽球,动力都源自脚下。屈膝、蹬地、伸直上身的动作会帮助来自地面的反作用力,经由腿、躯干和前臂输送到球拍上,使击球的力量更大。只有协调好这一链条中的各个环节,使彼此协作,才能收到良好的发力效果。除到达击球点前一瞬间需握紧球拍并保持手腕、肘的固定和强劲外,击球者一定还要注意加力的渐进性。击球前手臂放松取决于准备动作的协调,步法移动、重心交换及引拍时的后拉是否得当。故在击球前,一定要保持步法移动合理,重心交换适宜及引拍时的后摆自然放松。只有这样,整个身体、手臂在击球时的动作才能协调,才能做出"鞭打"动作,才能击出高质量回球。

（4）随挥动作要完整。在正手击球中，一般左手即非持拍手（以右手持拍为例）一定要随着侧身转体而指向前面的来球。其作用主要有两点：其一是保持身体的平衡；其二是帮助判断和预测来球的方向及速度。这些都有利于提高正手击球的稳定性。球触拍后，使拍面平行于网的时间尽量长些，挥拍沿着球的飞行方向向前送，重心前移落在左脚上，身体转向球网，拍头随着惯性挥到左肩的后上方，肘关节向前向上，用左手扶拍颈。随挥跟进结束后，立即恢复到准备姿势，准备下一次的击球。现代正反手击球技术强调从准备击球至击球结束是一个连贯、一气呵成的动作，而不是把它分成几个部分。应充分利用身体的力量协调顺畅地打出漂亮的一击。

三、发球

发球是一项比较难掌握的技术，因为发球时动员的身体部位较多，动作幅度较大，需要肌肉的协调程度较高。尽管如此，要学好发球也并非特别困难，因为发球的主动权掌握在击球者手里，无论是抛球还是挥拍击球都完全凭自己的控制，发球者所要做的只是为自己创造最佳的条件并按照自己的意图将球发出手。可见，在发球过程的始末，它不受对方制约，能较大程度地发挥出个人的特点，并能以此调动或制约对手，为自己下一拍的进攻创造有利条件与机会，争取在比赛中得分。

发球技术可以分为下手发球和上手发球两大类。其中，在较正规或水平相对较高的比赛中，一般都采用上手发球技术。水平较高的运动员采用上手发球，不但能给自己争取到得分的机会，同时还是尊重对手的一种表现。当然，业余选手采用下手发球也是非常普遍的现象，是尽量避免双发失误的一种策略手段。

（一）下手发球

发球时，手臂由下向前上方摆动，并利用身体的转动将球击出。按其动作，可分为正面下手发球和侧面下手发球。

1. 动作方法

（1）准备姿势：上身面对球网站立，膝关节稍微弯曲，身体的重心落在前脚掌，左手持球，右手放松。

（2）引拍阶段：上身向右后方扭转，球拍后摆，左脚向前上步，左手将球稍向上抛，眼睛盯住球。

（3）击球阶段：球拍稍微降低、下垂，手腕关节微打开，肩膀向前扭转，在球落地前，在身体一侧的前面击球，拍面从垂直变为稍稍打开。

（4）挥拍阶段：击球手臂和球拍顶端应尽可能地向前上方随挥。动作可以与正手抽击球随挥动作一样。随挥动作结束后收拍回位，做好下一次回球的准备。

2. 动作要领

根据对手不同的站位，可以选择平击、下旋或上旋的击球方法。一般采用大陆式握拍方法，发上旋可以采用西方式握拍方法。

发球时，非持拍手抛球应把球抛在击球侧的侧前方，在球落地之前把球击打出去。

3. 练习方法

(1)采用大陆式握拍法，用拍面进行颠球练习。

(2)同伴抛球，击球者用拍子把球击打出去。

(3)在场地的底线中点两侧，自抛球进行下手发球练习。

4. 在比赛中的运用

下手发球虽然并不是常用的技术，但在平时训练中经常用到。在比赛时，如果选手的上手发球不稳定，经常出现发球双误丢分的情况，就可以采用下手发球，以保证发球不失误。另外，偶尔采用下手发球，有可能会欺骗到对方，从而调动对手到前场击球，但是同时也给对手提供了大力回击球的机会。

下手发球就力气和威力而言，远远不如上手发球，因而在高水平、高强度的比赛中很少看到。职业选手基本不会采用下手发球，一则给对手强攻或抢攻的机会，让自己被动；二则也是不够尊重对手，因为职业选手上手发球失误的概率极低，在不追求力量、速度的前提下，基本上不会出现失误。

(二)上手发球

1. 动作方法

(1)握拍。东方式反手或大陆式握拍。许多网球初学者都喜欢用东方式正手握拍进行发球，这可能是底线击球所留下的“后遗症”。如果采用东方式正手握拍，不仅往往发出去的球不稳定，会偏向外角一侧，而且易使手腕受到损伤。

(2)准备动作。双脚自然分开站立，两脚的连线根据球员不同的习惯可与底线相垂直，也可以保持一个合适的角度；身体自然前倾；球自然轻握在持球手拇指、食指及中指三指上，无名指和小指自然屈于球的后部，切忌用力将球握在手里或捏在手里。然后双手相对内收，使球拍与球相互接触，这不仅能够给球员一个集中注意力的提示，告诉自己“我要发球了”，同时也是稳定情绪和整理思路的延续，初学者应该养成此习惯(图 8-21)。

(3)抛球。位置得当、出手平稳的抛球是发好球的关键环节(图 8-22)。

图 8-21　准备动作

图 8-22　抛球

①抛球的方法:在准备动作的基础上,持球手的肘部渐渐伸直并向下靠近持球手同侧的大腿,然后从身体侧面自下而上将球抛起。在整个动作过程中,手臂保持伸直的状态,其走势与地面垂直,掌心向上,以拇指、食指、中指三指将球平稳托起,尽量避免勾指、甩手腕等多余的手部小动作,以使球在空中减少旋转。球脱手的最佳点在手掌走势的最高点,球不是被"扔"到空中而是被"抛送"到空中。

②球在空中的位置:根据不同的需要,球出手后在空中相对于身体的前后位置也不尽相同。一般来说,第一次发球强调出球的速度与攻击力,击球点较靠前,因此球也抛得较靠前。第二次发球相对保守,在保证成功率的前提下强调球的旋转和球的落点,击球点也就相应后移,因此球要抛得靠后一些。一般来说,第一发球抛球后球应落于前脚前一个拍头的位置上。

③抛球的高度:球抛到空中的高度当然不能低于击球点的高度,但是,把网球抛掷多高才合适,要视个人情况而定,因为高度跟每个个体挥拍击球所用的时间相关联。从准备姿势到抛球出手,身体重心还有一个后移、再前移的过程,同时髋部前顶,使腰背呈"背弓"状,然后反弹背弓并发力挥拍击球,这个过程所需要的时间因人而异,因而抛掷球的高度因不同的人而有所不同。刚刚开始学发球,肯定要面临抛不稳球的较大困难,所以一般在学发球动作之前最好能专门花一点时间练习抛球。在比赛时,在不做出挥拍击球动作的前提下,可以反复抛球,直到确定抛出最佳位置的球之后,再挥拍击球则是最好的选择。

(4)挥拍击球(图 8-23)。挥拍击球包括以下几个环节。

图 8-23　挥拍击球

图 8-24　搔背动作

图 8-25　随挥动作

①后摆球拍:以准备姿势为基础向持拍手一侧转身,同时持拍手引导球拍贴近身体像钟摆一样将球拍摆至体后。

②背弓动作:球拍后摆至一定高度后(此高度因各人习惯而异,至少大臂不应紧夹在体侧),以肘为轴,小臂、手、拍头依次向体后、背部下吊,同时弯曲双膝并伴随身体后展呈"弓"状,即所谓的"搔背动作":挥拍击球时肘部有一个引导小臂、球拍下吊至背后再以肘部为轴带动臂、拍摆向击球点的过程(图 8-24)。其目的是使持拍手能有一个足够的获得摆动速度的过程,为到达击球点一瞬间力的爆发做充分的准备。搔背动作是否到位,关键要看搔背时手、臂是否得到了充分的放松,在手、臂十分僵硬的情况下是不能形成这样的动作的,身体背

弓产生的弹力都被破坏掉了,发不出力也就在情理之中。事实上"搔背动作"不是做出来的,而是身体手臂等放松后自然而然就能形成的。

③击球:在屈膝、背弓动作的基础上自下而上依次蹬直踝部、膝部,反弹背弓并向出球方转体,与此同时以肘为轴带动手、拍头摆向击球点,最后在力的爆发点上击中空中的球。发力自下而上一气呵成,其间的快慢由自己掌握,习惯、素质不同速度也就不一样,共同点是球拍走势最快、击打力最大的点应在到达击球点那一瞬间。球拍击打球的瞬间,拍面自然地稍向内侧切削以便于击球的侧后部,发出侧上旋球或侧旋球。如果拍面不切削直接平击球,就会发出平击球。

(5)随挥动作。挥拍击中球时,虽然挥拍击球动作已告完成,但整个发球过程仍在继续。身体随着球拍的惯性做收腹、转肩和收拍动作,最终拍子由大臂带动挥向持拍手的异侧体侧,结束发球动作。这一过程被称为随挥动作,即随球挥动(图 8-25)。

2. 动作要领

(1)做准备姿势时全身放松,侧身站在端线外中场标记近旁边(单打),左肩对着左边网柱,面向右边网柱,两脚分开约同肩宽,左脚与端线约成 45°,右脚约与端线平行,重心在左脚上。左手持球轻托球拍在腰部,拍头指向前方。呼吸均匀,精神集中。

(2)抛球与后摆拉拍动作同步开始。抛球动作要协调、平稳,将球送至最高点后抛向空中。此时右肘向后外展约与肩同高,拍头指向天空,左侧腰、胯成弓形状,身体重心随着抛球开始先移向右脚,然后平稳地开始前移。此刻,肩与球网成直角。

(3)当左手抛出球时,球拍继续向上摆起,这时握拍手的肘关节放松,可以使向前转动的身体和右肩自动地使手臂产生一个绕圈(注意,不是故意叫拍子去做搔背动作)。当球下降至击球点时,迅速向上挥拍击球,左脚上蹬,使手臂和身体充分伸展。当身体向前上方伸展击球时,肩、手臂已经回转,双肩与球网平行。挥拍击球时,持拍手腕带动小臂有一个旋内的"鞭打"动作。

(4)球发出后,身体向场内倾斜,保持连续的完整的向前上方伸展的随挥动作。球拍挥至身体的左侧(美式旋转发球球拍随挥至身体的右侧),重心移向前方,做到完全自然地跟进并保持身体平衡。

3. 上手发球技术分类

上手发球包括平击发球、切削发球和上旋发球。每一种发球都有自己的特点和用途,好的发球具有相当大的攻击力,并使发出的球在速度、力量、旋转和落点等方面有变化。

(1)平击发球。平击发球在诸种发球中是球速最快的发球法,也叫作炮弹式发球。其所发球不但球速快,而且反弹低。不过这种发球法所发的球虽然力量大、球速快、威胁大,但命中率比较低。

发平击球时的击球点应在右眼前上方,以拍面中心平直对准球,击球的后中上部。因此手腕的向前拌甩和前臂的"旋内鞭打"非常重要,身体充分向上向前伸展,以获得最高击球点,提高发球命中率。

(2)切削发球。这是一种以右侧旋转(略带下旋)为主的发球法。就是由球的右上往左下切削击球。其所发球不但球速快,威胁大,而且容易提高发球命中率,为此被世界各国多数运动员所采用。

发球时把球抛到右侧斜上方,球拍快速从右侧中上方至左下方挥动。击球部位在球的中部偏右侧,使球产生右侧旋转。

采用东方式反手握拍法,击打网球的左侧面也可发出左侧旋球。

(3)上旋发球。这是以上旋为主、侧旋为辅的发球法。由于球的上旋成分多于切削发球,使球产生一个明显的从上向下的弧形飞行轨迹过网。发力越强,旋转成分越多,弧形就越大,命中率也越高;球落地后高反弹到对方的左侧,迫使对方离位接球,给对方造成很大压力,同时为发球上网带来足够的时间。

发上旋球时把球抛到头后偏左的位置,击球时身体尽量后仰成弓形,利用杠杆力量对球加旋转,球拍快速从左向右上方挥动,从下向上擦击球的背面,并向右带出,使球产生右侧上旋。

4. 练习方法

(1)贴墙或贴围网训练抛球。

(2)在罚球线后蹲下,练习发球,然后逐渐向后退移再继续练习。

(3)找一个凳子,先后放在罚球线后、中场和底线后,练习坐着发球。

(4)在罚球线后站立发球,逐步过渡到底线发球。

(5)在球网上分别放置6个标志物,以确定过球的区域及高度。

5. 在比赛中的运用

要想提高发球的水平,必须掌握许多方面的技术,包括技术动作、落点控制等。

在比赛时,要尽量减少发球双误,因此,在第二次发球时一定要稳。这就要求在平时训练过程中,一定要掌握一种自己熟悉的、稳定的发球方法。

在比赛时,如果球速不快,也可以采用选择控制角度的方法调动对手,以占据有利时机。

第三节　网球运动基本战术

一、单打基本战术

(一)发球战术

1. 具体内容

可以有一发战术、二发战术、发球上网等战术。要对自己的发球有信心,利用发球从一开始就控制局势,变换发球位置和目标,使对方捉摸不定。

2. 比赛运用

一发时通常将球发向对手弱的一侧,不要忘记发追身球。不要用力过大,通常用70%—

80%的力量即可。如是大力发球,可考虑上网截击。如用中等力量发球,要有角度,球路明确,随即掌握场上主动。发球要稳,力求达到70%的成功率。如一发很弱,则留在后场,等候对手回球,注意防守自己较弱的一侧。

二发时要稳,二发应该要有近乎100%的成功率。变换旋转和速度,用二发进行攻击,也可以发追身球。如二发球较好,则向前移动或上网截击;如二发很弱,则留在后场,等待对手回球。

发球上网截击。在多数情况下,利用良好的一发上网截击得分。沿回球线路移动上网截击。关键分时,如果二发较好,发球上网截击也不失为出奇制胜的一招。

(二)接发球战术

1. 具体内容

(1)力求将球击入场地一个特定位置。

(2)变换接发球方式,可改变接发球的速度和旋转(如采用切削)。

(3)对付大力发球时,采用挡球式接发球。

2. 比赛运用

力求判断对方发球意图(注意抛球动作),并根据对方的站位变换接发球的位置。用一个正确的转髋和转肩动作向后引拍,动作要小。对付大力发球时,采用挡球式接发球。接力量小的发球时要提前准备,朝球的方向斜线移动,迎上去挥拍击球。接弹跳高的发球时,提前移动做好准备,侧身正手击球。用削球接发球可能是一种备用武器。

接一发时要稳,力求不让对方一发轻易得分。如对手留在后场,接发球时用挡击打一个深的直线球,或有角度的球,或用上旋高球送至对方反手。根据接发球的类型,上网截击或留在后场。接二发时,当出现机会,应有攻击意识,可用正手侧身攻或跑动中正手打直线球,偶尔打一个轻吊球。接球前也可向前移动给对方造成心理压力,或可造成对方双误,或向反手一侧移动侧身正手进攻。如对手上网,用一个近网上旋斜线球或深的直线球攻击回球;如对手留在后场,可采用深的直线球或小斜线球攻击。

(三)击球上网战术

1. 具体内容

当发出快速有效的发球,或击打出一记势大力沉的正手回球时,可以快速随着球的路线上网,准备截击对方的回球。

2. 特点与运用

用大力的准确击球或球在上升时击打回球,可以创造机会、控制局面,并能威胁对方。上网可令对手措手不及。随球上网,把球击向对手弱的一侧。截击前先跨步,不要过多地使用轻吊或空中短击。运用上网截击是为了将对手调至网前或作为一种出其不意的战术。中场截击球要深而低,网前区截击球应有角度、短而有力。随时防备对手挑高球。

（四）高远球防守战术

1. 具体内容

在自己处于被动，或体力不支的情况下，可以采用高远球战术。即采用击打出较高的上旋球，同时球的落点在对方的后场，这样可以压制或限制对方快速有力的来球，并给自己带来调整的机会。

2. 特点与运用

高远球战术既可以打乱对手的进攻节奏，也可以打乱对手的网前战术；采用上旋击打高远球能够使球飞越网前对手，迅速落在后场，使对方既不能打出高压球，也很难退守击打出强劲的底线球，即使勉强打到高压球，也是软弱无力，从而漏出空当，给破网得分创造机会。

二、双打基本战术

单打战术也同样适用于双打比赛当中，另外双打还有其自身的基本特点与相应的战术。双打需要两个队员默契配合，只有这样才能打出比任何一个人单打都高的水平。由于双打战术机动灵活，变化比单打复杂，所以双方的战术运用就显得极为重要。

（一）双打站位战术

在双打比赛中，哪方占据网前的主动，哪方就能控制整个局势，所以在比赛时，要将此规律贯彻到比赛的战术中去。双打有三种基本站位方式。

（1）一前一后两侧站位。发球与接发球队员，分别站位于底线处一侧，双方的同伴站位于发球线与球网之间的另一侧（靠边线处），以便随时封网，这是一种最普遍的站位方式。

（2）双底线站位。网前信心不足、底线技术出众的选手，可以多使用双底线站位战术。不过这种战术属于防守型，现代网球比赛中较少使用。

（3）一前一后直线站位。又称为奥式站位。即发球和接发球队员站位于底线一侧，同伴则站位（蹲立）于网前中位处，可以随时向左右两侧起动，进行封网击打来球。

（二）双打协作配合战术

由于双打战术灵活多变，双打协作配合就显得相当重要，是双打战术成功的关键。双打中的两人如同一个整体，无论何时都要并肩战斗，移动一致，相互协调配合，一方移动，另一方必然要配合移动补位。两个人犹如被一根 3.5 米长的绳子拴在一起，不能超过 3.5 米的距离，同时一定要相互配合前后左右一块移动。

（1）发球配合。发球注重一发成功率，落点以内角和中路居多，便于同伴抢网得分。发球时要让同伴了解自己发球的落点，以便同伴有备抢网（通常是由网前球员给出手势，暗示同伴自己会发什么样的球）。

（2）接发球配合。接发球有多种路线选择：一是可以击打斜线给正向前跑的发球员，二是可以打直线穿越网前球员，三是可以挑高球过对方网前球员头顶，四是接发球队员可以瞄准对方对打球员之间的空位击球。

(3)协同防守。如果同伴出现十分被动的局面,要给予支持和援助。当同伴被迫挑高球时,要立刻后退,使自己处于被动的防守位置。如果对方出现浅球,两人应立即一起上网,回到网前封网。如果同伴被拉出边线,要立即向同伴靠近,给予支援。否则,与同伴之间会留下空当,给对手机会。

(4)抢网战术。发球前要与同伴进行交流,做出是否抢网的决定,以便于抢网后的移动与配合。注意抢网的时机,既不能移动过早,给对手穿越的机会,也不能移动过迟,过迟则抢不到来球,无法完成抢网。抢网后,与同伴之间要交换场区,交叉换位,配合防守回击。抢网回击的路线一般是网前小斜线、接发球者的对侧底部大斜线或者网前球员的后方或脚边;当对方接发球队员上网时,可以回球至对方两者中间的空当。

(三)运用双打战术的要点

(1)提高一发成功率,旋转落点要有变化,尽量发出内角或中路球,有利于网前同伴拦网。

(2)接发球可以尽量低而斜地打在发球员的脚下。

(3)与同伴协同配合,一起前后左右移动。

(4)尽量控制网前,迫使对方后退防守。

第四节　网球比赛基本规则

网球比赛分为单打和双打两种形式,实行淘汰制。一场比赛中,男子单打比赛除大满贯赛事采用五盘三胜制以外,均使用三盘两胜制。女子比赛全部采用三盘两胜制。

一、发球前

网球运动基本礼仪

发球员在发球前应先站在端线后、中点和边线的假定延长线之间的区域里,用手将球向空中任何方向抛起,在球接触地面以前,用球拍击球(仅能用一只手的运动员,可用球拍将球抛起)。球拍与球接触时,即算完成球的发送。

二、发球时

发球员在整个发球动作中,不得通过行走或跑动改变原站的位置,两脚只准站在规定位置,不得触及其他区域。

三、打球中

(1)每局开始,先从右区端线后发球,得或失一分后,应换到左区发球。

(2)发出的球应从网上越过,落到对角的对方发球区前的方格内,或其周围的线上。

四、发球失误

未击中球;发出的球,在落地前触及固定物(球网、中心带和网边白布除外);违反发球站位规定;球下网或落到对角发球区外。发球员第一次发球失误后,应在原发位置上进行第二次发球。

五、发球无效

2013 年以前的规则是擦网发球作废,重新发球,但 2013 年国际网联修改了规定,擦网不再影响发球是否成功,以球擦网后的落点判断。或对方接球员未做好接球准备。

六、交换发球

第一局比赛终了,接发球员成为发球员,发球员成为接发球员。以后每局终了,均依次互相交换,直至比赛结束。这里需要强调双打发球次序的问题。在双打每盘第 1 局开始时,由发球方决定由何人首先发球,对方则同样地在第 2 局开始时,决定由何人首先发球。第 3 局由第 1 局发球方的另一球员发球。第 4 局由第 2 局发球方的另一球员发球。以下各局均按此顺序发球。

同时双打接球次序也有一定要求。假定该局 A 队开球,B 队决定好负责接左区和接右区的接发球员(B 左和 B 右),正如每次发生得分或失分时 A 队会更换发球区一样,每次得分或失分时 B 队负责接发球的球员也会在 B 左和 B 右间切换,直到该局结束为止。(该局 A 队的发球员始终只是一个人,只有到下下局收回发球权时发球员才会成为 A 队另外一人)

七、交换场地

(1)双方应在每盘的第 1、3、5 等单数局结束后,以及每盘结束双方局数之和为单数时,交换场地。

(2)在抢 7 分比赛中,双方分数相加每 6 分更换一次场地。

八、计分方法

(1)胜 1 分。遇到下列情况时,判对方胜 1 分:

①发球员连续两次发球失误或脚误时。

②接发球员在发来的球没有着地前用球拍击球,或球触及自己的身体及所穿戴的衣物时。

③在球第二次落地前未能还击过网时。

④还击球触及对方场区界线以外的地面、固定物或其他物件时。

⑤还击空中球失败时。

⑥在比赛中,击球员故意用球拍拖带或接住球,或故意用球拍触球超过 1 次时。

⑦“活球”期间运动员的身体、球拍(不论是否握在手中)或穿戴的其他物件触及球网、网柱、单打支柱、绳或钢丝绳、中心带、网边白布或对方场区以内的场地地面。

⑧还击尚未过网的空中球(过网击球)。

⑨除握在手中(不论是单手还是双手)的球拍外,运动员的身体或穿戴的物体触球。

⑩抛拍击球时。

⑪比赛进行中,运动员故意改变其球拍形状。

⑫对方发球或回球时出界。(出界的判法为球的第一个落点是否过第二白线)

(2)胜 1 局。

①每胜 1 球得 1 分,先胜 4 分者胜 1 局。

②双方各得 3 分时为“平分”,平分后,净胜 2 分为胜 1 局。

(3)胜 1 盘。

①一方先胜 6 局为胜 1 盘。

②双方各胜 5 局时,一方净胜 2 局为胜 1 盘。

(4)决胜局计分制。在每盘的局数为 6 平时,有以下两种计分制。

①长盘制:一方净胜 2 局为胜 1 盘。

②短盘制(抢七):决胜盘除外,除非赛前另有规定,一般应按以下办法执行。

a. 先得 7 分者为胜该局及该盘(若分数为 6 平时,一方须净 2 分)。

b. 首先发球员发第 1 分球,对方发第 2、3 分球,然后轮流发第 2 分球,直到比赛结束。

c. 第 1 分球在右区发,第 2 分球在左区发,第 3 分球在右区发。

d. 每 6 分球和决胜局结束都要交换场地。

短盘制的计分方法:

a. 第 1 个球(0 : 0),发球员 A 发 1 分球,1 分球之后换发球。

b. 第 2、3 个球(报 1 : 0 或 0 : 1,不报 15 : 0 或 0 : 15),由 B 发球,B 连发 2 分球后换发球,先从左区发球。

c. 第 4、5 个球(报 3 : 0 或 1 : 2,2 : 1,不报 40 : 0 或 15 : 30,30 : 15),由 A 发球,A 连发 2 分球后换发球,先从左区发球。

d. 第 6、7 个球(报 3 : 3 或 2 : 4,4 : 2 或 1 : 5,5 : 1 或 6 : 0,0 : 6),由 B 发 1 分球之后交换场地,若比赛未结束,B 继续发第 7 个球。

e. 比分打到 5 : 5,6 : 6,7 : 7,8 : 8……时,需连胜 2 分才能决定谁为胜方。但在记分表上则统一写为 7 : 6。

f. 决胜局打完之后,双方队员交换场地。

九、常用术语

(1)活球。网球比赛中,一个球从被发出去那一刻起即进入比赛状态(活球)。除非出现发球失误或发球无效,该球一直为活球直至得分。

(2)失分。活球时发生下列任何一种情况，均判失分。

①发球方连续两次发球失误。

②接发球方在球第一次落地前进行接球。

③身体接触发球或还击球。

④本方还击球第一落点在对方界内以外的地面或其他固定物(球网除外)，称作界外球。

⑤本方还击球触网后掉入对方界内以外的地面及固定物。

⑥对方还击球在第二次触及地面(包括界外)及球网以外的设备前未能将球还击过网。

⑦本方还击时球拍触球后未能将球还击过网。

⑧球未过网前连续两次击球。

⑨过网击球，以触球点在球网另一侧上空为标准。

⑩对方还击球落入本方地面后又过网返回触及对方区域(包括对方界外的地面及固定物)，在该种情况下，球在过网返回后尚在对方上空时，只要本方球员不与球网接触依然可以作出回击行为。

⑪双打时接球方未按照规则进行接球。

⑫活球时球拍、球员以及其他穿戴物触网或触及对方界内。

(3)压线球。落在线上的球都算界内球。

(4)休息时间：

①分与分之间，捡到球后直至发出，最大间隔 25 秒。

②单数局结束交换场地时可休息 90 秒。

③每盘结束可休息 120 秒。

④每盘的第一局结束后，交换场地时不能休息。

⑤在抢 7 分比赛中，双方分数相加 6 分，更换场地时不能休息。

第五节　网球运动教学的考核

一、基础班(1)

项目技能考核由拍球、垫球(40 分)和正手抽击固定球(60 分)两部分组成。

1. 拍球、垫球(40 分)

(1)方法：

①拍球：在地面用粉笔画一个直径 1 米左右的圆圈，学生蹲立，尽量控制在圆圈内拍球；

②垫球：学生采用站立姿势，可以移动，用拍子的正、反面交替垫球。

(2)评分标准：

①达标(20 分)：能一次性连续拍、垫 50 个球以上。

②技评(20 分)：

技评标准	分值
准备姿势正确,判断取位好,动作协调、放松、完整,控球能力很好	18—20 分
准备姿势较正确,判断取位尚好,动作较协调、放松,控球能力尚好	15—17 分
不能连续控制球,或中间有球滚动出圈、落地,动作基本协调,控制球能力一般	13—14 分
不能连续控制球,中间多次有球滚动出圈、落地等,动作不协调,控制球能力较差	0—12 分

2. 正手抽击固定球(60 分)

(1)方法:学生采用自抛球,也可以搭档辅助抛球,球落点需在考生的右前方。考生站在底线中点处后方,找准击球时机,挥拍击打地面反弹球。

(2)评分标准:

①达标(30 分):每人击打 5 个球,每球 6 分。

②技评(30 分):

技评标准	分值
判断取位好,动作协调,动作放松、完整、到位,控球能力很好,过网球的高度及落点好	27—30 分
准备姿势较正确,判断取位尚好,动作较协调放松、较完整,控球能力较好	23—26 分
判断取位一般,动作较不协调、僵硬,动作基本完整,控球能力一般	19—22 分
判断取位不正确,动作不协调、僵硬,动作不完整,控球能力较差	0—18 分

二、基础班(2)

项目技能考核由正手抽击移动球(50 分反手抽击固定球(50 分)两部分组成。

1. 正手抽击移动球(50 分)

(1)方法:两两搭档,一人在右前方约 10 米处抛球、一人击球,轮换考评。

(2)评分标准:

①达标(20 分):每人击打 5 个球,每球 4 分。

②技评(30 分):

技评标准	分值
准备姿势和挥臂动作正确完整,动作熟练、协调,击球点正确,球的方向与高度控制较好	27—30 分
准备姿势和挥臂动作基本正确完整,动作协调,击球点正确,球的方向与高度控制一般	23—26 分
准备姿势和挥臂动作基本正确,动作不够协调连贯,控球能力较差	19—22 分
准备姿势和挥臂动作不正确或不完整,动作不协调,失误较多	0—18 分

2. 反手抽击固定球(50 分)

(1)方法:两两搭档,一人原地抛自由落体反弹球、一人击球,轮换考评。

(2)评分标准：

①达标(20分)：每人击打5个球，每球4分。

②技评(30分)：

技评标准	分值
判断取位好，动作协调，动作放松、完整、到位，控球能力很好，过网球的高度及落点好	27—30分
准备姿势较正确，判断取位尚好，动作较协调、放松、完整，控球能力较好	23—26分
判断取位一般，动作较不协调、僵硬，动作基本完整，控球能力一般	19—22分
判断取位不正确，动作不协调、僵硬，动作不完整，控球能力较差	0—18分

三、提高班(1)

项目技能考核由反手抽击移动球(50分)、截击球(50分)两部分组成。

1. 反手抽击移动球(50分)

(1)方法：两两搭档，一人在击球同学的反手位前方约10米处，抛球至反手位适当的位置，击球同学根据来球移动步法，调整自己的击球位置，采用反手击球方法击打来球。

(2)评分标准：

①达标(20分)：反手击打5个球，有效过网3个达标。

②技评(30分)：

技评标准	分值
准备姿势正确，判断取位好，移动迅速、熟练，动作协调，动作完整，控制球能力较好	27—30分
准备姿势较正确，判断取位尚好，移动正确、熟练，动作比较协调，动作比较完整，控制球能力一般	23—26分
准备姿势不正确，判断取位一般，移动稍慢，动作不太协调，动作基本完整，控制球能力差	19—22分
没有准备姿势，判断不准，步伐混乱，动作不协调不完整，控制球能力很差	0—18分

2. 截击球(50分)

(1)方法：两两搭档，一人在对面场地中间位置，用手抛球或用球拍击打供球，击球同学在网前根据来球移动，调整自己的击球位置，分别采用正、反手截击球方法击打来球。

(2)评分标准：

①达标(20分)：截击5个球，每球4分。

②技评(30分):

技评标准	分值
准备姿势正确,判断取位好,移动迅速,动作协调,动作完整,握拍正确,控制球能力较好	27—30分
准备姿势较正确,判断取位尚好,移动正确、熟练,动作比较协调,动作比较完整,控制球能力较好	23—26分
准备姿势不正确,判断取位一般,移动稍慢,动作不太协调,动作基本完整,控制球能力较差	19—22分
没有准备姿势,判断不准,步伐混乱,动作不协调不完整,控制球能力很差	0—18分

四、提高班(2)

项目技能考核由正手抽击直线、斜线球(50分)和反手抽击直线、斜线球(50分)两部分组成。

1. 正手抽击直线、斜线球(50分)

(1)方法:两两搭档,一人在击球同学的正手位前方约10米处,抛球至正手位适当的位置,击球同学根据来球移动,调整自己的击球位置,采用正手击球方法击打来球。击球的路线为直线和斜线两个方向。

(2)评分标准:

①达标(30分):正手击打6个球,3个直线、3个斜线,每球5分。

②技评(20分):

技评标准	分值
挥拍击球动作正确,判断取位好,移动迅速,步法熟练,动作协调完整,控制球能力好,能够很好地控制球的线路	18—20分
挥拍击球动作基本正确,判断取位较好,移动较为迅速,动作比较协调完整,控制球能力较好,能够较好地控制球的线路	15—17分
挥拍击球动作尚可,具备判断取位意识,移动较为迅速,步法一般,动作具有一定的协调性,控制球能力一般,控制球的线路能力一般	13—14分
挥拍击球动作较差,无判断取位意识,移动缓慢不到位,动作僵硬不协调,控制球能力差,不能够控制回球的线路	0—12分

2. 反手抽击直线、斜线球(50分)

(1)方法:两两搭档,一人在击球同学的反手位前方约10米处,抛球至反手位适当的位置,击球同学根据来球移动,调整自己的击球位置,采用反手击球方法,击打来球。击球的路线为反手直线和反手斜线两个方向。

(2)评分标准：

①达标(30 分)：反手击打 6 个球,3 个直线、3 个斜线,每球 5 分。

②技评(20 分)：

技评标准	分值
移动迅速、熟练,判断取位好,挥拍击球动作正确、协调、完整,控制球能力好,能够很好地击打出直线和斜线方向	18—20 分
移动迅速、熟练,判断取位好,挥拍击球动作正确、协调、完整,控制球能力好,能够较好地击打出直线和斜线方向	15—17 分
挥拍击球动作尚可,具备判断取位意识,移动较为迅速,步法一般,动作具有一定的协调性,控制球能力一般,控制球的线路能力一般	12—14 分
挥拍击球动作较差,判断取位意识及能力差,移动不到位,动作僵硬不协调,控球能力差,不能够控制回球的线路	0—11 分

第九章　乒乓球运动

乒乓球运动是智能、技能、体能三者兼容以智能为主隔网对抗的运动项目，在中国有“国球”之称，其动作简单易学，便于开展。

第一节　乒乓球运动基本知识

一、乒乓球运动的起源与发展

19 世纪末，欧洲盛行网球运动，由于受到场地和天气的限制，英国有些大学生便把网球运动移到室内，以餐桌为球台，书作球网，用羊皮纸做球拍，在餐具上打来打去，取名为“table tennis”，即“桌上的网球”。在中国因其打击时发出“Ping Pang”的声音，就以“乒乓球”作为它的官方名称。

1926 年，在英国伦敦召开了国际乒乓球联合会(以下简称国际乒联)成立大会，正式通过了国际乒联章程和竞赛规则，并举办了国际乒乓球邀请赛，后被追认为第一届世界乒乓球锦标赛。

乒乓球运动问世后，在欧洲和亚洲蓬勃开展起来。1904 年，乒乓球运动从日本传入中国。开始是由上海一家文具商从日本购回一些乒乓球运动器材，并在店内作表演，于是买乒乓球、打乒乓球的人逐渐增多，各大城市先后推广了这项活动。

二、国际上重大乒乓球比赛

1. 世界乒乓球锦标赛

每届比赛由国际乒联授权比赛地乒乓球协会主办，具有广泛的影响力。世界乒乓球锦标赛包括男女单打、男女双打和混双以及男女团体等赛事。首届于 1926 年 12 月在英国伦敦举行，从 1959 年的第二十五届开始改为每两年举办一次。

2. 奥运会乒乓球赛

在 1988 年第 24 届汉城(现首尔)奥运会上乒乓球比赛被列入正式比赛项目。奥运会乒乓球赛包括男女单打及团体共四项赛事，每隔四年举办一次。

3. 世界杯乒乓球比赛

世界杯乒乓球比赛包括男女单打及团体共四项赛事(分开举办)。首届世界杯乒乓球男女单打比赛分别于 1980 年和 1996 年，在中国香港举行。首届世界杯乒乓球男女团体比赛于 1990 年在日本千叶举行。除 1999 年因赞助商原因停办外，该项顶级赛事保持一年一度的举办传统。

三、我国乒乓球比赛的发展简况

自 1959 年容国团获得第二十五届世界乒乓球锦标赛男子单打冠军后，中国队开始登上国际乒坛，逐渐形成了以“快、准、狠、变”为技术风格的直拍近台快攻打法。在 1961 年第二十六届世界乒乓球锦标赛中，中国队第一次夺得了男子团体世界冠军，后连续获得第二十七、二十八届男子团体冠军，标志着世界乒乓球比赛进入中国时期。直至今日，中国乒乓球队一直站在世界的巅峰，无人能够撼动中国队的霸主地位。

第二节　乒乓球运动基本技术

一、握拍方法

乒乓球运动握拍法主要有两种：一是直拍握法，二是横拍握法。不同的握拍法各有不同的优缺点，从而产生了各种不同的打法。

（一）直拍握法

拇指与食指钳住拍柄，拇指第一指节压住球拍的左肩，食指第三指节紧贴拍柄右肩，食指第一、二指节按住拍面，拇指与食指间距离约 2—3 厘米。球拍背面三指半伸半屈排指托拍。

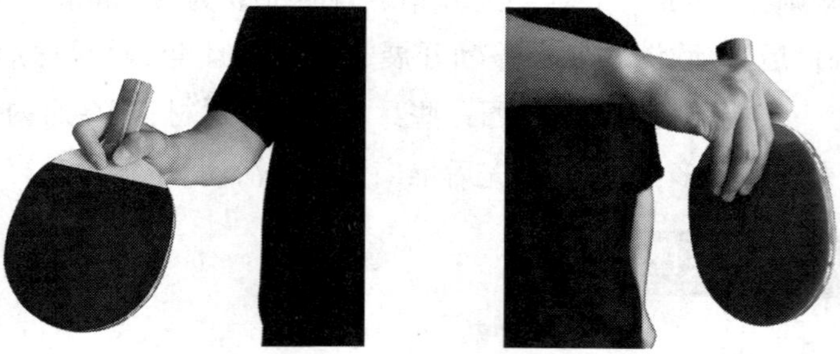

图 9-1　直拍握法

（二）横拍握法

横拍攻击型（包括快攻和弧圈两种）和防守型（包括削、攻结合）的握拍方法基本相同。可分为浅握和深握两种。

浅握以中指、无名指、小指自然地握住拍柄，拇指在球拍的正面轻贴在中指旁边，食指自然伸直斜放于球拍的背面，虎口轻微贴拍。

深握与浅握的握法基本相同，但虎口紧贴球拍。这两种握法，正手攻球时食指要用点力，也可将食指往上移动一些帮助压拍。反手攻球或快拨时，拇指要用点力，也可用拇指往上移动一些帮助压拍。正、反手削球时，手指基本不动。

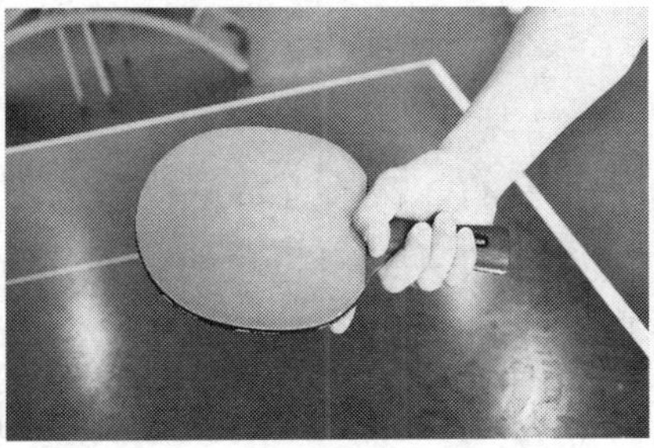

图 9-2　横拍握法

2. 练习方法

(1)教师示范领做,使学生正、背面看清。

(2)学生握拍,按动作要领相互纠正,教师提示要点。

(3)原地向上托球,体会手腕手指用力动作,熟悉球性。

(4)移动托球或两排相距 2 米对托击球。

3. 比赛中的运用

(1)直拍握法的正反手都用球拍同一面击球,一般情况下,不需两面转换,出手较快;正手攻球快速有力,攻斜、直线球时拍形变化不大,对手不易判断,便于从速度、球路和力量上取得主动;手腕动作灵活,发球可作较多变化,但反手攻时,因受身体阻碍较难掌握及防守时照顾面积较小。

(2)横拍握法照顾的面积比直拍大,反手攻球不受身体阻碍,便于发力;削球用力方便,易于发挥手臂的力量和掌握旋转变化,但在还击左右两面来球时,动作容易被对方识破;台内正手攻球也较难掌握。

二、基本姿势和站位

运动员为了便于回击各种不同落点和性能的来球,在每次击球前,都会根据个人的打法及身体特点,力求使自己处于一个相对固定的位置,即基本站位;并保持一种相对稳定的姿势,即基本姿势。

(一)基本姿势(以右手执拍者为例)

进攻型打法的基本姿势:两脚开立,比肩稍宽,左脚稍前,右脚稍后,前脚掌内侧着地,脚后跟略抬起;两膝自然微屈,重心在两脚之间;含胸收腹,身体略前倾;肩关节放松,执拍手位于身前偏右处,拍略高于台面。

削球打法的基本姿势与进攻型打法略同,不同之处:两脚间距较宽、重心稍低;右脚在左脚之前,上体前倾较少;执拍手位于胸前。

上面谈的是一般情况,每个运动员的基本姿势还会依其身体条件及技术特点略有变化。

图 9-3

（二）站位

1. 动作方法

进攻型打法的基本站位：距离球台端线50厘米左右。擅长近台进攻的选手，站位可再稍近些；擅长中近台进攻的选手，站位可稍靠后些；擅长正手侧身抢攻的选手，可站在球台偏左侧；擅长打相持球或反手实力较强的选手，可站于球台中间略偏反手的位置。

削攻型打法的基本站位：距离球台端线100—150厘米左右，多在球台中间略偏反手的位置。进攻能力强的，站位可稍近些；以防守为主的选手，站位可稍远些。

2. 练习方法

（1）学生在教师的示范领做下练习准备姿势。

（2）原地踏步或跑步听教师的示范口令做准备姿势。

（3）学生分成偶数列，单数列做准备姿势，双数列纠正其错误，然后交换进行。

（4）结合步法练习准备姿势。

3. 比赛中的运用

（1）每个选手的基本姿势还会依其身体条件及技术特点略有变化。如个子高的选手，两脚间距就可能大一些。弧圈球打法的选手，动作幅度大，跑动范围亦大，离台也较远，所以两脚间距就比快攻选手大，重心也略低。即使同是左推右攻打法的选手，其基本姿势也不尽相同。推挡多、侧身少的选手基本姿势多为两脚平站，执拍手的位置亦稍偏向反手位，球拍下端亦朝向反手位。而侧身抢攻多的人，左脚多在右脚前半至一脚的距离，执拍手亦放在身前偏正手位的一侧。

（2）基本站位指的是一个大概范围，并不是固定的一点。各类型打法的基本站位不仅不一样，而且它们所指的范围大小亦不相同。直拍近台快攻打法的基本站位所指范围较小，弧圈球打法的基本站位所指范围就大些，而削球打法的基本站位所指范围则更大。另外，基本站位还与个人身体及对方打法特点有关。从目前发展趋势看，为突出正手抢攻，进攻型打法的基本站位多偏于球台左侧。

三、基本步法

1. 动作方法

（1）单步。以一只脚为轴，另一只脚向前、后、左、右不同方向移动，身体重心随之落在移动脚上。

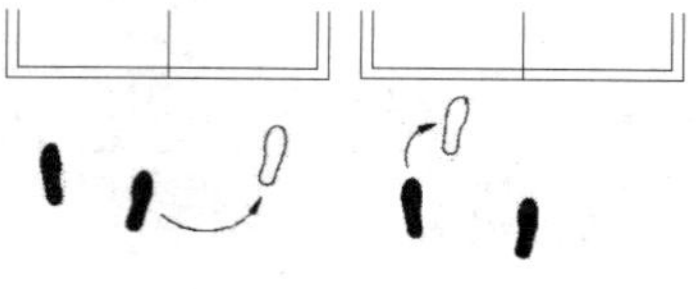

图9-4 单步

(2)跨步。以一只脚蹬地,另一只脚向移动方向跨出一大步,蹬地脚随后跟上,身体重心即移到跨步脚上。

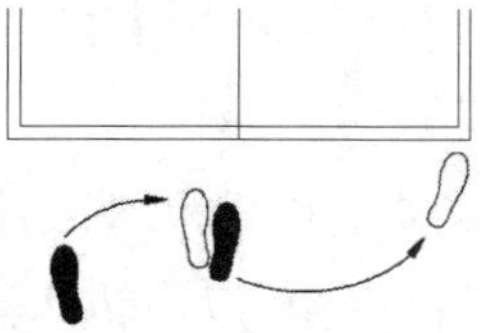

图 9-5　跨步

(3)并步。以一只脚先向另一只脚并上,另一只脚在并步脚落地后,随即向来球方向移动一步。

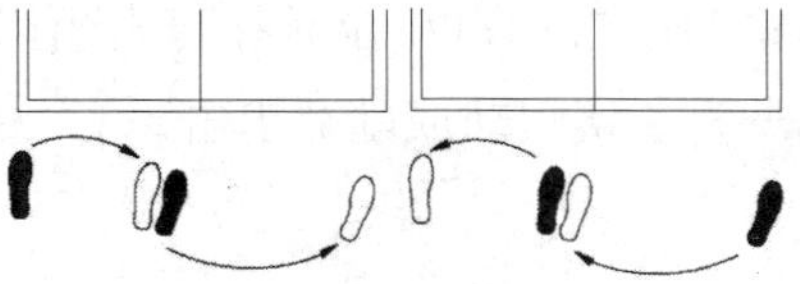

图 9-6　并步

(4)跳步。以来球异侧脚用力蹬地,两脚同时离地向来球方向跳动。

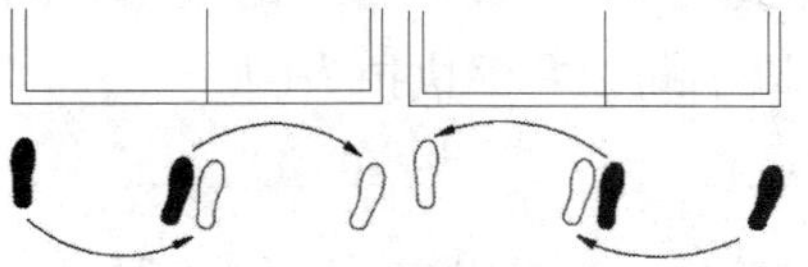

图 9-7　跳步

(5)交叉步。以靠近来球方向的脚作为支撑脚,该脚的脚尖调整指向移动方向,远离来球方向的脚在体前交叉,向来球方向跨出一大步,身体随之向来球方向转动,支撑脚迅速跟着向来球方向再移动一步,这是前交叉步。后交叉步是在体后完成交叉动作。

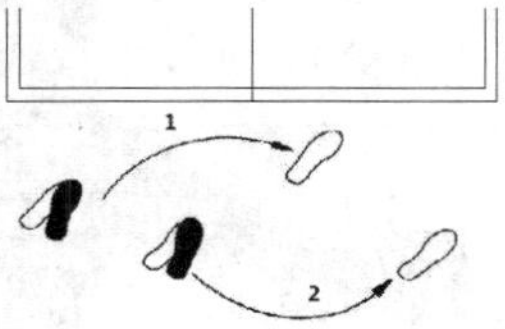

图 9-8　交叉步

2. 练习方法

(1)学生分成若干组,听教师口令或看手势进行步法练习。

(2)结合挥拍进行步法练习。

(3)3—4 人一组,一人供球,其余人依次在移动中作对托球练习。

(4)作对墙托球步法练习。

(5)在素质练习中进行步法练习。

3. 比赛中的运用

(1)单步:一是运用于处理接近网前的小球;二是用于削追身球;三是用于单步侧身攻,

在来球落点位于中线稍偏左，或对推中侧身突袭直线，或对搓中提拉球时常用。

(2)跨步：一是近台快攻打法，用来对付离身体稍远的来球；二是削球打法，左右移动击球；三是跨步侧身攻，当来球速度较慢，但离身体稍远时，左脚向左前上方跨出，右脚随即跟上，同时配合腰部右转动作，完成侧身移动。

(3)并步：一是快攻选手在左右移动中攻或拉球；二是削球选手正反手削球；三是并步侧身攻，多用于拉削球，右脚先向左脚后并一步，以便转体，随之左脚向侧跨出一步。

(4)跳步：一是快攻选手左右移动击球，常与跨步结合起来使用；二是弧圈类打法由中台向左、右移动时常用；三是跳步侧身攻或拉，但在空中需完成转腰动作；四是削球选手在接突击时常采用，但以小跳步来调整站位用得较多。

(5)交叉：一是快攻或弧圈打法在侧身攻、拉后扑打右角空当，或从右大角变反手击球；二是在走动中拉削球；三是削球打法接短球或削突出击。

四、发球

发球是乒乓球运动中一项重要的进攻技术，是乒乓球运动技术中唯一不受对方来球制约的技术。发球方可以选择合适的站位，按照自己的战术意图将球发到对方球台的任意位置，为得分或抢攻创造条件。以下均以右手执拍为例。

(一)正手平击发球

站位近台，左脚稍前，右脚略后，含胸收腹。左手持球置于掌心然后向上抛起，同时右臂内旋，使拍面稍前倾，手臂向右后方引拍。当球从高点下降至稍高于球网时，击球中上部向左前方发力，击球后第一落点在球台中央，击球后手臂继续向左前方挥动并迅速还原成准备姿势。

图 9-9　正手平击发球

(二)正手发左侧上(下)旋球

站位左半台，在抛球同时持拍手迅速向右上方引拍，身体随即向右转，手臂自右上方向左下方挥摆，球拍从球的右侧中下部向左侧面摩擦，若发左侧下旋球，手臂自右上方向左前下方挥摆，球拍从球的右侧中部向左侧下部摩擦，第一落点在本方端线附近。

图 9-10　正手发左侧上(下)旋球

(三)反手平击发球

站位左半台离台 30 厘米左右,右脚稍前,身体略向左转,左手掌心托球,右手持拍于身体左侧。持球手轻轻向上抛球,同时持拍手向后引拍,上臂自然靠近身体右侧,待球下落低于球网时,持拍手以肘关节发力,由左后向右前挥拍击球中部,拍面稍前倾,第一落点在本台中区。

图 9-11　反手平击发球

(四)反手发右侧上(下)旋球

1. 动作方法

站位左半台离台 30 厘米左右,右脚稍前,身体略向左转,左手掌心托球,右手持拍于身体左侧。持球手轻轻向上抛球,在抛球同时持拍手向左后引拍,用前臂带动手腕向右前上方挥动,拍面逐渐向左稍前倾,拇指压拍手腕内转从球的中部向右侧上摩擦,第一落点在本方端线,第二落点在对方左角。若发落点短的球,前臂向前力量减小而增强手腕摩擦力量,第一落点在本方中区;若发下旋球,击球时拇指加力压拍,使拍面略后仰从球的中部向侧下摩擦。

图 9-12　反手发右侧上(下)旋球

2. 练习方法

(1) 徒手模仿各种发球动作,体会抛、引、挥等动作。

(2) 离墙 2 米对墙作各种发球练习。

(3) 在台面上着重作第一落点的各种发球练习。

3. 比赛中的运用

(1) 正手平击发球速度一般,略带上旋,是初学者最基本的发球方法,也是掌握其他复杂发球方法的基础。对方容易回接,便于衔接正手攻球或反手推拨的练习。初学者容易出现不抛球、台内击球或犯规的合力发球。

(2) 反手平击发球出球性质与正手平击发球类似,但整个技术动作都与之差异很大,主要为日后掌握高质量的反手发球打下基础。除会出现学习正手平击发球时的常见问题外,初学者还易用球拍向前下方切击,使球产生急下旋。

(3) 正手发左侧上(下)旋球以旋转变化为主,飞行弧线向右偏拐,对手回球时易向发球方左侧上(下)反弹。以近似手法发出两种不同的旋转,能起到迷惑对手的作用。若对手接发球习惯保守,采用左侧上旋发球较利于占据主动。

(4) 反手发右侧上(下)旋球以旋转变化为主,飞行弧线向左偏拐,对手回球时易向其左侧上(下)反弹。以近似手法发出两种不同的旋转,能起到迷惑对手的作用。

五、挡球和推挡球

挡球和推挡球技术是初学者首先应学习的技术。其速度慢、力量轻、动作简单,容易掌握。推挡球是左推右攻类型的主要技术之一,由于其站位近、动作小、球速快,所以在比赛中常用推挡的速度和落点变化压制对方的攻势。

(一) 挡球

近台中偏左站位,左脚稍前,屈膝提踵含胸收腹,重心在前脚掌上,持拍手置于腹前,上臂靠近身体右侧,球拍呈半横状。前臂和手腕顺来球路线向前伸出主动迎球,上升期击球部,拍面与台面几乎垂直,拍触球后立即停止,迅速还原成准备姿势。拍触球时,前臂和手腕稍向前移动,主要是借助对方来球的反弹力将球挡回。

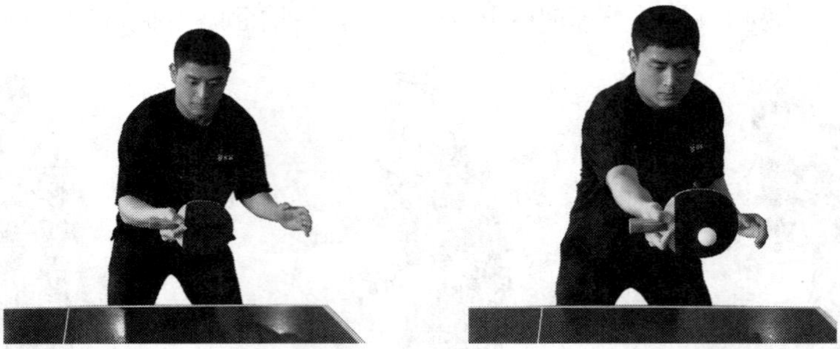

图 9-13 挡球

(二)推挡球

1. 动作方法

近台中偏左站位,右脚稍前,击球时提起前臂上臂后收肘部贴近身体,在上升时期或高点期击球中上部。击球时适当用伸髋转腰动作加大手腕发力,并用中指顶住拍背向前用力。

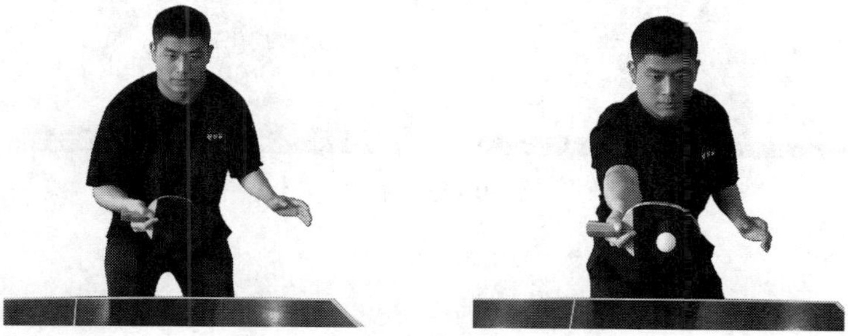

图 9-14　推挡球

2. 练习方法

(1)徒手模仿挡球或推挡球动作,体会动作要领。

(2)用正反手对墙作挡球练习。

(3)两人在台上对练挡球,不限落点,要求动作正确并能击球过网。

(4)两人在台上先练挡中线再练挡斜线或直线,要求逐渐加力。主要是体会前臂和手腕的推挡动作。

(5)两人在台上作反手势挡斜线练习,逐渐加快,体会快速推挡动作。

(6)两人台上练习,一人一点推两点,另一人两点推挡一点,然后互换练习。

3. 比赛中的运用

(1)挡球站位近,动作小,借力还击,速度快,线路变化多,适用于回击一般的拉球、推挡球和中等力量的攻球;在相持中能发挥回球速度快的优势,推压两大角或袭击对方空当,为自己的进攻创造条件。

(2)推挡球的回球力量重,速度快,击球点较高,能充分发挥手臂的推压力量。比赛中运用加力推可迫使对方离台,陷于被动局面(如侧身正手攻前一板,加力推底线或大角度),与减力挡搭配使用,能有效地调动对方,获得主动。它适用于对付逗度较慢、旋转较弱的上旋球或力量较轻、着台后弹起比网稍高的来球。

六、搓球

搓球是近台还击下旋球的一种技术。一般在左半台使用较多,可以牵制对方的攻势,并为抢攻或抢拉创造机会。

(一)慢搓

近台站位,右脚稍前,持拍手臂自然弯曲。根据来球的具体情况,控制好拍面的后仰角度。击球时,前臂用力为主,转腕动作不宜过大,在下降期击球中下部。搓加转球时,在向下用力的同时，应增加前送的幅度。

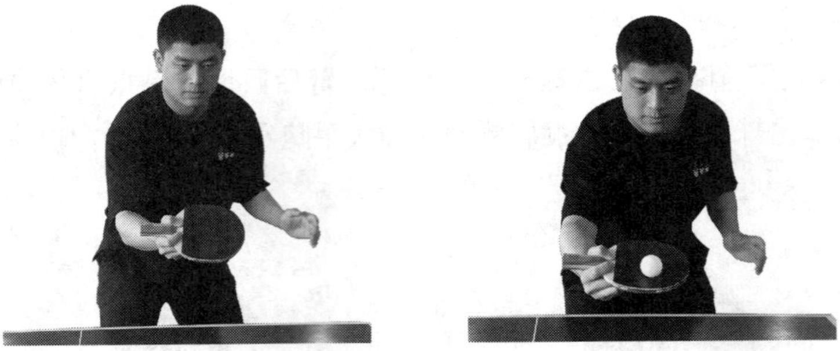

图 9-15　慢搓

（二）快搓

1. 动作方法

近台站位，右脚稍前，持拍手臂自然弯曲。击球时拍面稍横立避免出界或回球过高。根据来球的具体情况，身体重心前移，身体靠近来球。前臂主动前伸插向球的中下部。击球时，以前臂用力为主，转腕动作不宜过大，在下降期击球中下部。快搓一般借力还击，若来球下旋弱可用力下切。

图 9-16　快搓

2. 练习方法

（1）徒手模仿搓球动作，掌握技术要领。

（2）自己在台上抛球，将球搓过球网。

（3）一人发下旋球，一人将球搓回。

（4）两人对搓中路直线，再对搓斜线。

3. 比赛中的运用

（1）慢搓动作幅度大，在来球的下降期击球，回球速度慢，但有利于增加搓球的旋转强度。慢搓一般适用于回接旋转较强、线路稍长的来球。在对搓中，快慢搓结合起来，可以变化击球节奏，牵制对方。

（2）快搓动作幅度小，回球速度快，借来球的前进力将球搓回，常用于接发球或削过来的近网下旋球。在对搓中，利用快搓变化击球节奏，缩短对方回球的准备时间。

七、攻球

攻球技术是乒乓球比赛中争取主动和得分的重要手段。具有快速有力的特点，能体现积极主动、快速进攻的指导思想。

(一)正手近台攻球

近台中偏右站位，左脚稍前，身体斜对球台，持拍手自然放松置于腹前，球拍呈半横状。

顺来球路线，略向右侧引拍，约与台面齐高，拍面与台面成 80°左右角，前臂与台面基本平行。当球从台上弹起，持拍手由右侧向左前上方挥动，以前臂快速内收发力，配合手腕内转沿球体作弧线挥动，在上升期击球的中上部。触球瞬间向前为主，略带向上摩擦，击球位置在身体右前方一个前臂距离处。

图 9-17　正手近台攻球

(二)正手中远台攻球

身体离台约 1 米，左脚在前，随着腰部向右转动，手臂大幅度向右移动，将球拍引至身体右后方，身体重心移至右脚；击球时，右脚蹬地，腰部向左转，执拍手臂向左前上方挥动，拍面接近垂直，在下降前期击球的中部并向上摩擦；以上臂带动前臂发力为主，并借助蹬地和甩腰的力量，动作结束时身体重心在左脚。

图 9-18　正手中远台攻球

(三)正手拉球

中近台的正手位，两脚开立略比肩宽，两膝微屈，重心降低。身体右转，球拍引向身体右后方至腰高，重心移至右脚。在高点期，摩擦球的中上部，球拍面稍前倾。向前、向上发力摩擦球，大臂带动前臂快速收缩。球拍顺势挥至前额，然后迅速制动还原。

图 9-19　正手拉球

(四)反手近台攻球

1. 动作方法

站位近台,右脚稍前,持拍手自然弯曲置于腹前偏左,重心偏于左脚。顺来球线路向后引拍。当球从台上弹起,持拍手由左后方向右前上方加速挥拍,以肘关节为轴心,前臂发力为主,手腕外转,有一向前上方摩擦球的动作,球拍面前倾,重心移至右脚,击球上升时期的中上部。

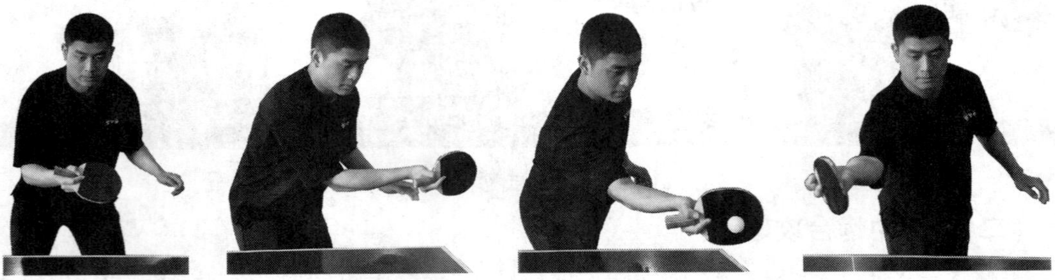

图 9-20　反手近台攻球

2. 练习方法

(1)徒手模仿正、反手攻球动作,体会挥臂、腰部扭转和重心转换等动作要领。

(2)练习者站位近台中偏右(左),在右(左)角端线附近,自抛自攻对方右(左)边斜线。体会前臂内收发力和手腕内(外)旋及击球点。

(3)两人对练,一人自抛自攻,另一人用挡球回击,然后互换练习。

(4)两人对角,一人正(反)手攻球,另一人推挡回击,然后互换练习。

(5)两人对练,一人一点攻两点,另一人两点推挡一点,然后互换练习。

(6)两人正(反)手对攻斜线。

(7)两人对攻中路直线。

3. 比赛中的运用

(1)正手近台攻球是近台快攻打法的主要技术之一。站位近台,击球时间早,球的速度快,动作幅度小,常用于还击正手位的发球、推挡球、一般的上旋球等,使对方措手不及,在对攻中以线路、落点变化相结合,调动对方,伺机扣杀。

(2)正手中远台攻球技术站位稍远,动作幅度大、力量重,进攻性强,但步法移动的范围较大。多用于对攻中,以力量配合落点变化直接得分或为扣杀创造条件,也用于侧身后扑正手打回头,防御时,在相持中寻找机会。

(3)正手拉球技术速度快、动作小、线路活和稳健性好,是回击发球、搓球、削球等下旋球的一种必备技术。常用于接发球抢位、对搓中抢位,对付削球时稳拉,以落点、弧线和旋转程度的变化,伺机进行突击。

(4)反手近台攻球技术站位近、动作小、速度快、突击性强,一般用来回击落在左半台的来球,与反手推挡、正手攻球结合,能加强攻势,取得更多的主动权。但反手攻球因受身体妨碍,攻球力量不如正手大。

八、削球

削球是利用球拍的摩擦力切削击球的一种技术,是乒乓球运动防守技术之一。以其旋转和落点变化威胁对方。一般分为近削和远削。

(一)正手削球

站位中台,左脚稍前,上体稍向右转,重心落于右脚,持拍手臂自然弯曲于腹前。顺来球方向,向右上方引球拍与肩同高,拍面后仰。当球从台上弹起时,持拍手上臂带动前臂,由右上向左前下方加速切削,手腕向下转动用力,在右侧离身体 40 厘米处,击下降期球的中下部,并顺势前送。

图 9-21　正手削球

(二)反手削球

1. 动作方法

中台站位,右脚稍前,上体左转,重心落于左脚,持拍手自然弯曲放松置于胸前。顺来球路线,向左上方引球拍约与肩同高,拍柄向下。当球弹起时持拍手从左上方向右前下方挥动,拍面后仰,用前臂和手腕加速用力切削,球拍在胸前偏左 30 厘米处,击下降期球的中下部,并顺势挥拍至右侧下。

图 9-22　反手削球

2. 练习方法

(1)徒手模仿削球动作,掌握正、反手削球技术动作要领。

(2)对墙作正、反手削球练习。

(3)作一人发平击球,另一人用正、反手削球的互换练习。

(4)一人发长线下旋球,另一人用正、反手削球,然后互换练习。

(5)一人正手攻球,另一人用正、反手削球,然后互换练习。

3. 比赛中的运用

(1)远削球技术击球动作大、球速慢、弧线长,有利于削转与不转球和以落点变化来牵制对方。常用于对付对方的扣杀球、弧圈球和提拉球。是以削为主打法的选手必须掌握的基本技术之一。

(2)近削球技术动作幅度小、回球速度快、前进力较强,多用于近削逼角,有一定的威胁,往往能获得主动或直接得分。一般用来对付轻拉球和一般的上旋球。

第三节　乒乓球运动基本战术

(一)发球抢攻

发球抢攻是指以旋转、线路、落点以及速度不同的发球来增加对方回击的难度,使其出现机会球,或降低回球质量,然后抢先进攻,以争取主动或直接得分,这是乒乓球运动所有打法特别是进攻型打法的主要战术和得分手段。

1. 运用方法

(1)发下旋转与“不转”抢攻。

(2)发正、反手奔球抢攻。

(3)发正、反手侧上、下旋球抢攻。

2. 比赛中的运用

(1)发球要有线路和落点变化,以使对方在前、后、左、右走动中接发球。

(2)发球后要有抢攻准备,以不失抢攻的机会。

(3)自己发什么球,对方可能以什么技术回击,要做到发球前心中有数。只有这样,才能较好地做好抢攻的准备。

(4)抢攻要尽可能凶,又不能过凶。否则,会影响命中率。

(二)推攻

主要运用正手攻球和反手推挡的速度和力量,并结合落点变化和节奏变化来压制和调动对方,以争取主动或得分。推攻是左推右攻打法对付攻击型打法的主要战术,有反手推挡能力的两面攻运动员、攻削结合运动员等也常使用它。

1. 运用方法

(1)左推右攻。

(2)推挡侧身攻。

(3)推挡、侧身攻后扑正手。

(4)左推结合反手攻。

(5)左推、反手攻、侧身攻后扑正手。

2. 比赛中的运用

(1)推、攻都要有线路变化、落点变化和节奏变化,这是推攻战术争取主动和创造扣杀机会的主要方法。

(2)推挡一般以压对方反手为主,然后突然变正手,以创造进攻机会。只有对方正手较差,才可以推对方正手为主。

(3)在推挡中突然加力推对方中路,使对方难以反手击球,然后用正手或侧身扣杀。

(4)遇到机会球时要果断扣杀,这是推攻战术得分的主要手段。

(5)推攻战术要坚持近台,但又不能死守近台,要学会近台和中台的位置转换,掌握对方节奏。

(6)推攻战术对付弧圈类打法应坚持以近台为主,用快推和加、减力推挡控制落点,伺机采用近台反拉或中等力量扣杀弧圈球,然后进入正手连续进攻。

(三)两面攻

主要利用正、反手攻球技术的速度和力量压制对方,争取主动和创造扣杀机会。

1. 运用方法

(1)攻左扣右。

(2)攻打两角,猛扣中路。

2. 比赛中的运用

(1)正、反手攻球都要有线路变化和落点变化,以便创造扣杀机会。

(2)要以压对方反手为主,然后攻击对方正手或中路,以创造扣杀机会。

(3)遇到机会球时要大胆扣杀。

(4)在主动进攻情况下要坚持近台,被动情况下可适当后退,在中近台或中台进行反攻。

(5)对付弧圈球打法应坚持近台,用快带顶住对方的弧圈球,伺机采用近台反拉或中等力量扣杀弧圈球，然后转入连续进攻。

(四)拉攻

拉攻是指连续运用正手快拉创造进攻机会，然后采用突击和扣杀来作为得分手段。拉攻是快攻打法对付削球类打法的主要战术。

1. 运用方法

(1)正手拉后扣杀。

(2)反手拉后扣杀。

2. 比赛中的运用

(1)拉、扣的力量要悬殊，以使对方措手不及。

(2)拉球要有线路和落点变化以调动对方，争取主动和创造进攻机会。

(3)遇到机会球时要大胆扣杀或突击。

(4)要有耐心，不要急于求成，对没有把握的机会球不要过凶。

(五)拉扣吊结合

由拉攻与放短球相结合而成，是快攻型打法对付削球打法的常用战术。

1. 运用方法

(1)在拉攻战术的扣杀或突击后放短球。

(2)在拉攻战术中放短球后，结合扣杀或突击。

2. 比赛中的运用

(1)拉攻中放短球，要在对方站位较远并且来球比较近网时进行。这样，放短球的落点容易靠近球网，可增加对方向前移动的距离和难度。

(2)放短球后扣杀时，如果对方靠台极近，可对准对方身体方向扣杀。这样，往往能使对方难以让位还击。

(六)搓攻

主要运用"转、低、快、变"的搓球控制对方，以寻找战机，然后采用低突、快点或拉攻等技术展开攻势并进入连续进攻；在搓球中遇到机会球时进行扣杀，常常带有突然性，往往可以直接得分。搓攻是乒乓球运动各种打法都不可缺少的辅助战术。

1. 运用方法

(1)正、反手搓球结合正手快拉、快点、突击或扣杀。

(2)正、反手搓球结合反手快拉、快点、突击或扣杀。

2. 比赛中的运用

(1)既要尽可能早起板，以争取主动，又不能有急躁情绪。否则，起板容易失误。

(2)在搓球中遇到机会球时要大胆扣杀，这是搓攻战术的主要得分手段。

(3)在搓球中摆短，可使对方不易抢先进攻，有利于创造进攻机会，以便伺机用正、反手或侧身进攻。

(七)削中反攻

由削球和攻球结合而成，常以逼角加转削球为主，伺机反攻；或以转、低、稳、变的削球，迫使对手在走动中拉攻，以从中寻找机会，予以反攻。这种战术有“逼、变、凶、攻”的特点，是攻、削结合打法的主要战术。

1. 运用方法

(1)正、反手削球逼角，结合正手攻或侧身攻攻对方右侧空当。

(2)正、反手削两大角长球，结合正、反手反攻。

2. 比赛中的运用

(1)正、反手削球要注意旋转强度的变化。在削加转后用削加转球相似的手法削不转球，是使对方拉出高球，以进行反攻的有效方法。

(2)削球时要尽可能压低弧线，以避免对方扣杀或突击。

(3)削球逼角时要适当配合削另一角，以使对方在走动中击球。

(八)接发球抢攻

接发球抢攻由某一单项攻球技术所形成，进攻性强，可变接发球的不利地位为主动地位，也可直接得分，是乒乓球运动各种打法特别是进攻型打法的主要战术。

1. 运用方法

用快点、快攻或中等力量突击进行接发球抢攻。

2. 比赛中的运用

(1)由于接发球抢攻是在对方主动发球，自己处于被动的接发球地位时所采取的进攻性打法，所以难度较大。接发球抢攻一般不可过凶，要看准来球的旋转方向、旋转强度和高度，采用适当的方法进攻。例如对方发加转下旋球，接发球抢攻时要采用提拉手法，以免下网。同时，攻球的力量不可过大。

(2)接发球抢攻动作结束后，要立即做好对攻或连续攻的准备，以便继续处于主动地位。

(3)接发球抢攻、抢冲的力量越小，越应注意球的路线或落点，一般应多打在对方反手；若对方反手强而正手弱，则可多打在对方正手。

(九)弧圈结合快攻

以弧圈球为主，快攻为辅，是当今最流行的打法，男子中使用这种打法的可能占八成。

快攻结合弧圈：以快攻为主，弧圈球为辅，占位比前者近。

第四节　乒乓球比赛基本规则

一、球台

球台的上层表面叫作比赛台面，应为与水平面平行的长方形，长 2.74 米，宽 1.525 米，离地面高 76 厘米。

比赛台面应具有一定的弹性，呈均匀的暗色，无光泽。

比赛台面由一个与端线平行的垂直的球网划分为两个相等的台区，各台区的整个面应是一个整体。双打时，各台区应由一条 3 毫米宽的白色中线划分为两个相等的“半区”。中线与边线平行，并应视为右半区的一部分。

二、球网装置

球网装置包括球网、悬网绳、网柱及将它们固定在球台上的夹钳部分。

整个球网的顶端距离比赛台面 15.25 厘米，底边应尽量贴近比赛台面，其两端应尽量贴近网柱。

三、球

(1)球应为圆球体，直径为 40 毫米。

(2)球应用赛璐珞或类似的塑料制成，呈白色或橙色，且无光泽。

四、球拍

(1)球拍的大小、形状和重量不限。但底板应平整、坚硬。

(2)底板厚度至少应有 85%的天然木料。加强底板的黏合层可用诸如碳纤维、玻璃纤维或压缩纸等纤维材料，每层黏合层不超过底板总厚度的 7.5%或 0.35 毫米。

(3)底板、底板中的任何夹层以及用来击球一面的任何覆盖物及黏合层均应为厚度均匀的一个整体。

(4)球拍两面不论是否有覆盖物，都必须无光泽，且一面为鲜红色，另一面为黑色。

(5)比赛开始时及比赛过程中运动员需要更换球拍时，必须向对方和裁判员展示他将要使用的球拍，并允许他们检查。

五、常用术语

(1)回合：球处于比赛状态的一段时间。

(2)球处于比赛状态：从发球时球被有意向上抛起前静止在不执拍手掌上的最后一瞬间开始，直到该回合被判得分或重发球。

(3)重发球：不予判分的回合。

(4)1 分：判分的回合。

(5)执拍手：正握着球拍的手。

(6)不执拍手：未握着球拍的手。不执拍手臂：不执拍手的手臂。

(7)击球：用握在手中的球拍或执拍手手腕以下部分触球。

(8)阻挡：对方击球后，在比赛台面上方或向比赛台面方向运动的球，尚未触及本方台区,即触及本方运动员或其穿戴的任何物品,即为阻挡。

(9)发球员:在一个回合中首先击球的运动员。

(10)接发球员:在一个回合中第二个击球的运动员。

(11)裁判员:被指定管理一场比赛的人。

(12)副裁判员:被指定在某些方面协助裁判员工作的人。

(13)运动员穿或戴的任何物品:包括他在一个回合开始时穿或戴的任何物品,但不包括比赛用球。

(14)越过或绕过球网装置:除从球网和比赛台面之间通过以及从球网和网架之间通过的情况外,球均应视作已越过或绕过球网装置。

(15)球台的"端线":包括端线两端的无限延长线。

六、发球

(1)发球开始时,球自然地置于不持拍手的手掌上,手掌张开,保持静止。

(2)发球员须用手将球几乎垂直地向上抛起,不得使球旋转,并使球在离开不执拍手的手掌之后上升不少于16厘米,球下降到被击出前不能碰到任何物体。

(3)只有当球从抛起的最高点下降时,发球员方可击球,使球首先触及本方台区,然后越过或绕过球网装置,再触及接发球员的台区。在双打中,球应先后触及发球员和接发球员的右半区。

(4)从发球开始,到球被击出,球要始终在比赛台面的水平面以上和发球员的端线以外,而且不能被发球员或其双打同伴的身体或他们所穿戴的任何物品挡住。

(5)球一旦被抛起,发球员的不执拍手臂应立即从球和球网之间的区域移开。

(6)运动员发球时,应让裁判员或副裁判员看清他是否按照合法发球的规定发球。

如果裁判员对运动员发球合法性有怀疑,在一场比赛中第一次出现时,判重发球,并警告发球方。

此后,当裁判员对该运动员或其双打同伴发球动作的合法性再次怀疑时,将判接发球方得1分。

无论是否第一次或任何时候,只要发球员明显没有按照合法发球的规定发球,无须警告,应判接发球员得1分。

(7)运动员因身体伤病而不能严格遵守合法发球的某些规定时,可由裁判员作出决定免于执行。

七、还击

对方发球或还击后,本方运动员必须击球,使球直接越过或绕过球网装置,或触及球网装置后,再触及对方台区。

八、比赛次序

(1)在单打中,首先由发球员发球,再由接发球员还击,然后两者交替还击。

(2)在双打中,首先由发球员发球,再由接发球员还击,然后由发球员的同伴还击,再由接发球员的同伴还击,此后,运动员按此次序轮流还击。

九、重发球

回合出现下列情况应判重发球:

(1)如果发球员发出的球,在越过或绕过球网装置时,触及球网装置,此后成为合法发球或被接发球员或其同伴阻挡。

(2)如果接发球员或接发球方未准备好时,球已发出,而且接发球员或接发球方没有企图击球。

(3)由于发生了运动员无法控制的干扰,而使运动员未能发球、还击或遵守规则。

(4)裁判员或副裁判员暂停比赛。

(5)由于身体残疾而坐轮椅的运动员在接发球时,出现下列情况应判重发球:

①球在触及接发球员的台区后,朝着球网方向离开球台;

②球停在接发球员的台区上;

③在单打中,球在触及接发球员的台区后,从其任意一条边线离开球台。

可以在下列情况下暂停比赛:

(1)由于要纠正发球、接发球次序或方位错误;

(2)由于要实行轮换发球法;

(3)由于警告或处罚运动员;

(4)由于比赛环境受到干扰,以致该回合结果有可能受到影响。

十、1 分

除被判重发球的回合,下列情况运动员得 1 分:

(1)对方运动员未能正确发球;

(2)对方运动员未能正确还击;

(3)运动员在发球和还击后,对方运动员在击球前,球触及了除球网装置以外的任何东西。

(4)对方击球后,球没有触及本方台区而越过本方台区或其端线;

(5)对方阻挡;

(6)对方连击;

(7)对方用不符合《乒乓球比赛规则》2.4.3,2.4.4 和 2.4.5 条款的拍面击球。

(8)对方运动员或他穿或戴的任何东西使球台移动;

(9)对方运动员或他穿或戴的任何东西触及球网装置；

(10)对方运动员不执拍手触及比赛台面；

(11)双打时，对方运动员击球次序错误；

(12)执行轮换发球法时，出现《乒乓球比赛规则》2.15.2条款情况。

十一、一局比赛

在一局比赛中，先得11分的一方为胜方。10平后，先多得2分的一方为胜方。

十二、一场比赛

一场比赛由奇数局组成。

十三、发球、接发球和方位的次序

(1)选择发球、接发球和方位的权力由抽签决定。中签者可以选择先发球或先接发球，或选择先在某一方位。

(2)当一方运动员选择了先发球或先接发球，或选择了先在某一方位后，另一方运动员必须有另一个选择。

(3)在获得每2分之后，接发球方即成为发球方，依此类推，直至该局比赛结束，或者直至双方比分都达到10分或实行轮换发球法。这时，发球和接发球次序仍然不变，但每人只轮发1分球。

(4)在双打的第一局比赛中，先发球方确定第一发球员，再由先接发球方确定第一接发球员。在以后的各局比赛中，第一发球员确定后，第一接发球员应是前一局发球给他的运动员。

(5)在双打中，每次换发球时，前面的接发球员应成为发球员，前面的发球员的同伴应成为接发球员。

(6)一局中首先发球的一方，在该场下一局应首先接发球。在双打决胜局中，当一方先得5分时，接发球方应交换接发球次序。

(7)一局中，在某一方位比赛的一方，在该场下一局应换到另一方位。在决胜局中，一方先得5分时，双方应交换方位。

十四、发球、接发球次序和方位的错误

(1)裁判员一旦发现发球、接发球次序错误，应立即暂停比赛，并按该场比赛开始时确立的次序，按场上比分由应该发球或接发球的运动员发球或接发球；在双打中，则按发现错误时那一局中首先有发球权的一方所确立的次序进行纠正，继续比赛。

(2)裁判员一旦发现运动员应交换方位而未交换时，应立即暂停比赛，并按该场比赛开始时确立的次序，按场上比分对运动员应站的正确方位进行纠正，再继续比赛。

(3)在任何情况下,发现错误之前的所有得分均有效。

十五、轮换发球法

(1)如果一局比赛进行到10分钟仍未结束,双方都已获得至少9分时除外,或者在此之前任何时间应双方运动员要求,应实行轮换发球法。

①当时限到时,球仍处于比赛状态,裁判员应立即暂停比赛。由被暂停回合的发球员发球,继续比赛。

②当时限到时,球未处于比赛状态,应由前一回合的接发球员发球,继续比赛。

(2)此后,每位运动员都轮发1分球,直至该局结束。如果接发球方进行了13次还击,则判接发球方得1分。

(3)轮换发球法一经实行,将一直使用到该场比赛结束。

第五节　乒乓球运动教学的考核

一、基础班(1)

项目技能考核由平击发球(50分)和教学比赛(50分)组成。

1. 平击发球(50分)

(1)方法:在球台后连续发球。

(2)评分标准:

①达标(30分):每人发5个球,每球6分

②技评(20分):

技评标准	分值
站位正确,发力协调,动作符合规则,球速很快,弧线很低	18—20分
站位基本正确,发力较协调,动作符合规则,球速较快,弧线较低	15—17分
站位基本正确,发力不够协调,动作基本符合规则,球速和弧线一般	12—14分
站位不正确,发力不协调,动作不符合规则,球速很慢,弧线很高	0—11分

2. 教学比赛(50分)

(1)方法:五场三胜制(五场单打)一个队由3—5名运动员组成。

比赛顺序是:A—X,B—Y,C—Z,A—Y,B—X。

(2)技评标准：

技评标准	分值
团体比赛成绩全班前 20%	45—50 分
团体比赛成绩全班次前 30%	37—44 分
团体比赛成绩全班再次前 40%	30—36 分
团体比赛成绩全班后 10%	0—29 分

二、基础班(2)

项目技能考核由推挡(50 分)和教学比赛(50 分)组成。

1. 推挡(50 分)

(1)方法：自己选择同伴，进行 1 分钟正手或反手连续推挡。每人 3 次机会，取次数最高的记入成绩。

(2)技评标准：

技评标准	分值
准备姿势正确，击球动作准确、协调，落点稳定，能对推 45 个以上	45—50 分
准备姿势基本正确，击球动作较准确、协调，落点较稳定，能对推 36-45 个	41—44 分
准备姿势基本正确，击球动作有一定错误、发力不够协调，落点较稳定，能对推 31-35 个	37-40 分
准备姿势基本正确，击球动作有明显错误、发力不够协调，落点不稳定，能对推 21-30 个	30—36 分
准备姿势严重错误，击球动作有严重错误、发力很不协调，落点极不稳定，仅对推 1-20 个	0—29 分

2. 教学比赛(50 分)

(1)方法：五场三胜制(五场单打)一个队由 3—5 名运动员组成。

比赛顺序：A—X，B—Y，C—Z，A—Y，B—X。

(2)技评标准：

技评标准	分值
团体比赛成绩全班前 20%	45—50 分
团体比赛成绩全班次前 30%	37—44 分
团体比赛成绩全班再次前 40%	30—36 分
团体比赛成绩全班后 10%	0—29 分

三、提高班(1)

项目技能考核由发旋转球(50 分)和教学比赛(50 分)组成。

1. 发旋转球(50 分)

(1)方法：学生任选 3 种不同类型的旋转球，每种球只发 1 次，在发球前说出要发球的旋转名称。

(2)评分标准:

①达标(30分):每人发3个球,每球10分。

②技评(20分):

技评标准	分值
站位正确,发力协调,动作符合规则,旋转很强烈,弧线很低	18—20分
站位基本正确,发力较协调,动作符合规则,旋转较强烈,弧线较低	15—17分
站位基本正确,发力不够协调,动作基本符合规则,有一定旋转,弧线一般	12—14分
站位不正确,发力很不协调,动作不符合规则,无旋转,弧线很高	0—11分

2. 教学比赛(50分)

(1)方法:五场三胜制(五场单打)一个队由3—5名运动员组成。

比赛顺序:A—X,B—Y,C—Z,A—Y,B—X。

(2)技评标准:

技评标准	分值
团体比赛成绩全班前20%	45—50分
团体比赛成绩全班次前30%	37—44分
团体比赛成绩全班再次前40%	30—36分
团体比赛成绩全班后10%	0—29分

四、提高班(2)

项目技能考核由正手攻球(50分)和教学比赛(50分)组成。

1. 正手攻球(50分)

(1)方法:由同伴防守,考生攻球。

(2)技评标准:

技评标准	分值
准备姿势正确,攻球动作准确、协调,落点稳定,能攻球10个以上	45—50分
准备姿势基本正确,攻球动作较准确、协调,落点较稳定,能攻球6—9个	37—44分
准备姿势基本正确,攻球动作有一定错误、发力不够协调,落点较稳定,能攻球4—5个	30—36分
准备姿势严重错误,攻球动作有严重错误、发力很不协调,落点极不稳定,仅能攻球1—3个	0—29分

2. 教学比赛(50 分)

(1)内容:五场三胜制(五场单打)一个队由 3—5 名运动员组成。

比赛顺序:A—X,B—Y,C—Z,A—Y,B—X。

(2)技评标准:

技评标准	分值
团体比赛成绩全班前 20%	45—50 分
团体比赛成绩全班次前 30%	37—44 分
团体比赛成绩全班再次前 40%	30—36 分
团体比赛成绩全班后 10%	0—29 分

第十章　武　术

武术是我国最具代表性的民族传统体育项目，具有鲜明的民族文化特色，世代相传，历久而不衰，运动中注重内外兼修、形神兼备，且具有丰富的攻防技击含义，深受学生的喜爱。

第一节　武术基本知识

武术是中华民族在长期生活和实践中，逐步积累和发展起来的一项宝贵文化遗产，如今已成为世界人民喜爱的一项体育运动。武术的内容丰富，形式多样，风格独特。在其漫长的发展过程中，不同的时期对武术概念的诠释不同。当前学界普遍认为武术是以技击动作为主要内容，以套路、格斗（功法）为主要运动形式，注重内外兼修的中国传统体育项目。

一、武术的起源与发展

武术起源于人们的生产劳动。在原始社会"物竞天择，适者生存"的严酷斗争中，人们逐渐学会了制造和使用石制或木制的工具作为武器，并且产生了一些徒手的和使用器械的搏斗捕杀技能，这便是武术的萌芽。原始社会末期，部落战争的频繁发生，进一步促进了武术的发展。进入阶级社会，随着生产力的发展、兵器的改进，武术也进入一个新的发展阶段。

商周时期，由于青铜业的发展，出现了矛、戈、戟、斧、钺、刀、剑等精良兵器，以及运用这些器械的方法，如劈、扎、刺、砍等技术，还有了较量武艺高低的比赛。

春秋战国时期，武术的格斗技能在军队和民间得到重视和迅速发展。当时诸侯各国"以兵战为务"，对拳技、膂力、筋骨强壮出众者都很重视。如每年春秋两季，齐国都举行全国性的"角试"，选拔武艺高强的豪杰充实到军队中去。

汉代是武术大发展的时期，在宫廷的酒宴中常出现剑舞、刀舞、双戟舞等单人的、对练的或集体舞练的套路运动。

隋唐是武术的兴盛时期，推行"武举制"，从政策上促进了民间和官方的练武活动。

两宋时期，武术逐渐走向成熟，"十八般武艺"一词也出现在了宋代的典籍之中。

元代由于民族矛盾比较尖锐，不少武术家隐姓埋名，习武组织也转为秘密性的民间组织，使武术发展受到极大的抑制。

明代是我国武术全面大发展的时代，不同风格、不同流派的拳派林立，大有百家争鸣之势，且开始有势有法，有拳谱歌诀，武术流派趋于定型。

清朝时期虽一度限制练武,但由于武术在民间已有广泛的群众基础,加之当时存在许多反清复明组织,很多人习武练功以图推翻清朝统治之风反而使各种流派的武术更加纷呈于世。

民国时期,由于社会的发展,火器的普遍使用,武术的健身作用更为明确,武术更主要是以体育运动的形式出现在社会生活之中。

新中国成立后,武术得到了蓬勃发展。国家不仅定期举行武术汇报表演,还在高等师范院校及体育学院开设武术专业,并组织专业人员整理出简化太极拳、中级长拳、初级长拳以及器械套路。为了弘扬民族文化,发展体育运动,全国各地还建立了武术协会,吸引武术爱好者前去习武健身;国家还设有专门机构负责开展武术运动,将武术列为正式比赛项目。这些措施极大地推动了武术的普及和研究工作,使武术得到长足发展。

随着我国对外开放的扩大,武术也不断走出国门一展风采,对发展同各国人民的友谊、促进文化交流作出了贡献。

二、主要武术比赛

目前,主要的竞技武术比赛有全国武术(套路、散打)锦标赛和冠军赛,亚洲武术(套路、散打)锦标赛,亚洲青少年武术(套路、散打)锦标赛,世界武术(套路、散打)锦标赛,世界青少年武术(套路、散打)锦标赛,世界杯武术散打比赛,以及综合性赛事中的全运会武术(套路、散打)比赛和亚运会武术(套路、散打)比赛等。

第二节　武术基本技术

武术内容丰富、形式多样、风格独特,其分类也多种多样。从其运动形式来看,武术可分为功法运动、搏斗运动和套路运动。

功法运动是以单个动作为主进行练习,以达到健体或增强某方面体能的运动,包括内壮功、外壮功、轻功、柔功,主要为武术套路和攻防格斗服务。

搏斗运动是两个人在一定条件下按照一定的规则进行斗智、较力、较技的实战攻防格斗,包括散手、推手、短兵、长兵。目前武术竞赛中正在开展的有散手、推手两项。

套路运动是以技击为主要训练方向,多种形态相结合的运动。该种运动有矛盾的运动变化规律。套路运动主要由三种形式组成,分别为单练、对练、集体演练。单练是器械和拳术的形式;对练包括多种形式的对练;集体演练按照一定的规则进行,是一种斗智斗勇的实战练习形式。

一、武术套路

武术套路的基本技法是指演练过程中技术动作的要求和规律性的运动方法。武术在技法上表现得丰富多彩,主要有踢、打、摔、拿、击、刺等。由于武术内容丰富、表演形式多样、流派众多，因此，各种套路具有不同的技术要求和技击方法，从而形成了武术技术体系。

（一）拳术

拳术是徒手练习的套路运动。主要拳种有长拳、太极拳、南拳、形意、八卦、八极、通背、劈挂、翻子、地躺、象形拳等。如长拳要求动作舒展大方、快速有力、节奏鲜明，并多起伏转折，在技术方法上表现为手要捷快、眼要明锐、身要灵活、步要稳固、精要充沛、气要下沉、力要顺达、功要纯青。

太极拳是一种柔和缓慢的拳术，要求心静体松、呼吸自然、轻灵沉着、上下相随、以意导动，在技术方法上表现为虚灵顶劲、气沉丹田、含胸拔背、松腰敛臀、圆裆松胯、沉肩坠肘、舒指坐腕、尾闾中正等。

南拳是一种流传于我国南方各省的拳势刚烈的拳术，要求动作紧凑、刚劲有力、步法稳固、手法多变，常以发声吐气助拳势发力，在技术方法上表现为稳马硬桥、脱肩团胛、直项圆胸、沉气实腹、五合三催、发声呼喊等。

（二）器械

器械种类繁多，有短器械、长器械、双器械和软器械等。如以剑术、刀术为代表的短器械，剑术要求动作轻快洒脱、吞吐自如、矫捷优美、刚柔相兼、富有韵律，在技术方法上表现为轻快敏捷、刚柔兼备、身活腕灵、气韵生动；刀术要求动作勇猛快速、刚劲有力、紧密缠身，在技术方法上表现为力劲势猛、刀快法诈、刀手配合等。长兵器枪术则要求动作上下翻飞、走势开展等，其技术方法为枪扎一线、势贵四平、行枪活跃、工于一圈；棍术要求动作勇猛泼辣、密集如云，其技术方法要求横打一片、身棍合一、梢把并用、握法灵便、长短兼施。

以上仅列举了一些具有代表性的拳种和器械，其他的拳种和器械也都各具不同的技术方法和要求，表现出不同的风格和特点。

二、武术散手

散手又称散打，技术可分为进攻、防守和防守反击三类。其中，散手步法是基础，始终贯穿于散手技术运用的全过程。

（一）进攻技术

进攻技术是指在对抗中运用各种方法击打对方的技术。主要包括踢、打、摔三种：踢，是用腿攻击对方的各种击法，有正蹬腿、边腿和侧踹腿；打，是用拳攻击对方的各种击法，有冲拳、贯拳、鞭拳和抄拳；摔，是用各种接触式方法破坏对方重心，使其除两脚之外的第三点着地的各种击法，它主要有主动摔和接招摔两种，如格挡搂推摔、抱腿压摔、接腿搂劲摔等。

（二）防守技术

防守技术是指在对抗中运用各种防护手段保护自己不被打击或免受重击的方法。可分为接触式防守和不接触式防守，前者主要有阻挡、格架、推拍等，后者主要有躲闪、进招等。

(三)防守反击技术

它是一种复合技术,由防守与进攻技术组合而成。

(四)步法

步法是指在散手对抗中根据对方的不同情况合理移动脚步的方法。主要有前后左右的单滑步、双滑步、左右闪步以及垫步和跃步等。

(五)组合技术

组合技术是指在散手实战中根据对方的实际情况,运用由几个进攻和防守动作有机连接起来的组合动作。主要有拳、腿、摔技术的各种组合动作。

第三节　武术基本功与基本动作

经常进行基本功练习,可以增强各关节、韧带的灵活性和柔韧性,并提高肌肉的弹性和力量。以下介绍一些武术基本功及基本动作。

一、手型

(一)拳

四指并拢卷握,拇指紧扣食指和中指的第二指节。拳握紧,拳面平,直腕。如图 10-1。

(二)掌

四指并拢伸直,拇指弯曲紧扣于虎口处;掌指向上成 90°,小指一侧向前。如图 10-2。

(三)勾

五指第一指节捏拢在一起,屈腕。指尖向上或向下。如图 1C-3。

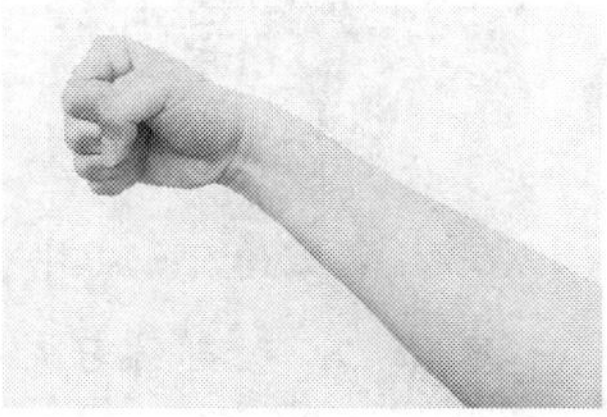

图 10-1　拳

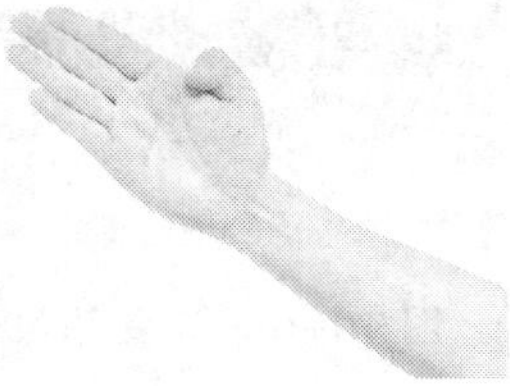

图 10-2　掌

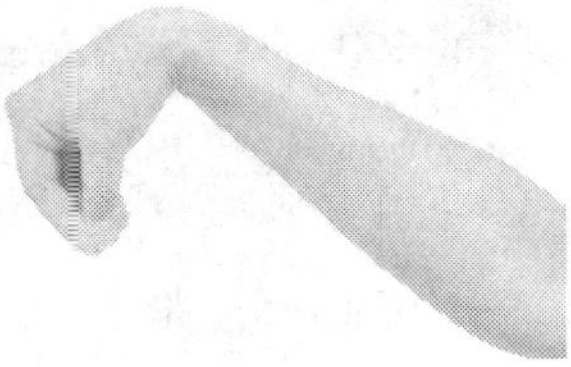

图 10-3　勾

二、手法练习

(一)冲拳

动作要点:分俯拳和立拳两种。俯拳拳心向下,立拳拳眼向上;两脚左右开立,与肩同宽;两拳抱于腰间,肘尖向后,拳心向上;挺胸、收腹、立腰,右拳从腰间向前猛力冲出,同时转腰、顺肩,在肘关节过腰后右前臂内旋,力达拳面,臂要伸直,高与肩平;左肘向后牵拉。如图

10-4。

练习要求：出拳要快速有力，做好拧腰、顺肩、急旋前臂动作。

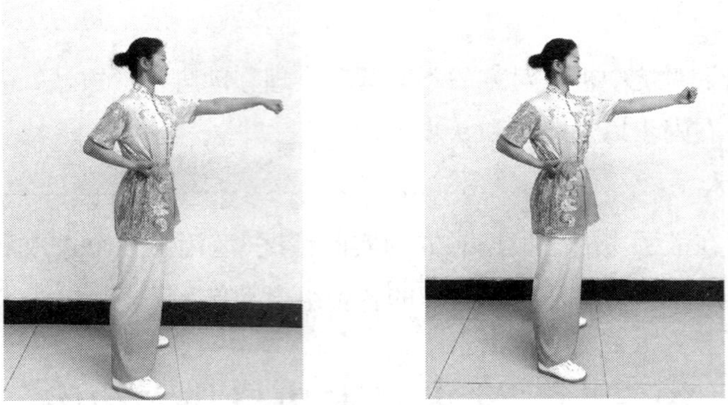

图 10-4　冲拳

（二）推掌

动作要点：预备姿势与冲拳同。右拳变掌，前臂内旋，以掌根为力点向前猛力推击，同时转腰、顺肩，臂要伸直，高与肩平；左肘向后牵拉。如图 10-5。

练习要求：挺胸、收腹、立腰。出掌要快速有力，同时还要做好拧腰、顺肩、沉腕、翘掌等动作。

图 10-5　推掌

图 10-6　肩臂练习

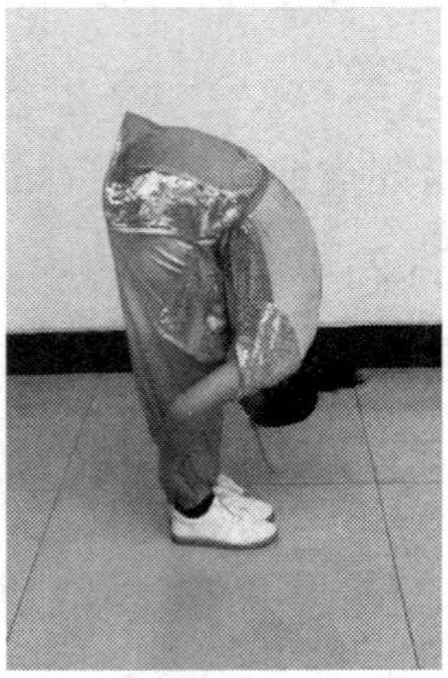

图 10-7　腰部练习

三、肩臂练习

动作要点：面对肋木或二人对面站立，距离一大步，两脚左右分开与肩同宽。两手抓握肋木或扶同伴双肩，上体前俯、挺胸、塌腰，并做下振压肩动作。如图 10-6。

练习要求：两臂、两腿要伸直，振幅应逐步加大，压点集中于肩部。增加助力时应由小到大。

四、腰部练习

动作要点:向前俯腰。由两脚开立逐渐过渡到并脚,两手逐步过渡到抱小腿。如图 10-7。

练习要求:腿要直,腰尽量平。还可以进行涮腰和下桥练习。

五、腿部练习

(一)压腿

1. 正压腿

动作要点:面对肋木,并步站立;一腿提起,脚跟放在肋木上,脚尖勾起,踝关节屈紧,两手扶按膝上;两腿伸直,立腰,收髋;上体前屈,并向前向下做压振动作。左右压腿交替进行。如图 10-8。

练习要求:直体向前、向下压振,逐步加大振幅和提高被压腿的高度。先以前额、脚尖触及脚尖,然后过渡到下颌触及脚尖。

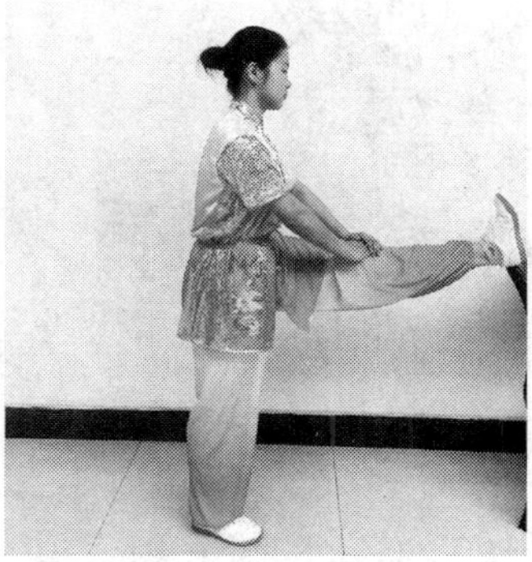

图 10-8　压腿

2. 侧压腿

动作要点:侧对肋木,右腿支撑,脚尖稍外撇;左腿举起,脚跟放在肋木上,脚尖勾起,踝关节紧屈;右臂屈肘上举,左掌附于右胸前;两腿伸直,立腰,开髋;上体向左侧压振。左右交替练习。如图 10-9。

练习要求:同正压腿,逐步过渡到上体侧卧在被压腿上。

图 10-9　侧压腿

（二）踢腿

踢腿是武术练习中的重要内容，也是表现基本功训练水平的主要方面之一。

腿部的柔韧性、灵敏性和控制腿部的力量，都比较集中地从踢腿上表现出来。踢腿的方法有直摆性的正踢腿和侧踢腿，另外还有屈伸性的踢腿，这里不作介绍。

1. 正踢腿

动作要点：两脚并立，两手成立掌；左腿向前上半步，左腿支撑，右脚勾起脚尖向前额快踢；两眼向前平视。左右交替进行。如图 10-10。

练习要求：挺胸、立腰。踢腿时，脚尖勾起绷落或勾起勾落。踢起时快速收腹，过腰后加速，讲究寸劲。

直摆性腿法技术要领："三直一勾"，"三直"即腿直、腰直、臂直，"一勾"即脚尖勾。

图 10-10　正踢腿

2. 侧踢腿

动作要点：预备姿势与正踢腿同。右脚向前上半步，脚尖外展；左脚脚跟稍提起，身体略右转，左臂前伸，右臂后举；随即，左脚脚尖勾紧向左耳侧上踢，同时右臂屈肘上举亮掌，左臂屈肘立掌附于右肩前或垂于胸前；眼向前平视。踢左腿为左侧踢，踢右腿为右侧踢。如图 10-11。

练习要求：挺胸、立腰、开髋、侧身和快收腹。

图 10-11　侧踢腿

六、基本步型

(一)弓步

动作要点：两腿前后开立一大步，前腿弓，后腿绷直，挺胸、塌腰，眼向前看。如图 10-12。

练习要求：后腿用力蹬直。

图 10-12 弓步

(二)马步

动作要点：两脚开立宽于肩，屈膝成 90°，两膝内扣，双脚脚尖向前，挺胸、塌腰，双手握拳抱于腰间。如图 10-13。

练习要求：蹲裆式尽量低。

图 10-13 马步

(三)仆步

动作要点：一腿全蹲，全脚掌着地，另一腿伸直平仆，亦全脚掌着地，脚尖内扣，上体尽量挺直。如图 10-14。

练习要求：不得半蹲。

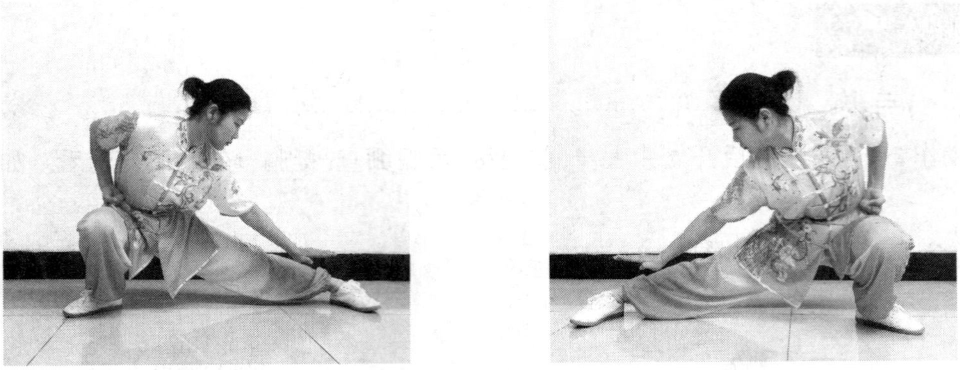

图 10-14　仆步

(四)虚步

动作要点:两脚前后开立,后腿屈膝半蹲全脚着地,前腿屈膝,脚尖内扣点地。如图 10-15。

练习要求:尽量低姿势。

图 10-15　虚步

(五)歇步

动作要点:两腿前后交叉,双腿下蹲,上体直立。如图 10-16。

练习要求:不得坐下,大腿撑劲。

图 10-16　歇步

七、五步拳

五步拳为学习武术入门之基本拳术组合,包含了武术中最基本的五种步型(弓、马、仆、虚、歇)和三种手型(拳、掌、勾)。通过五步拳的练习可以增强身体的协调能力,掌握动作与动作之间的衔接要领,提高动作质量。

(一)动作名称

并步抱拳,弓步冲拳,弹腿冲拳,马步架打,歇步盖冲拳,提膝仆步穿掌,虚步挑掌,并步抱拳。

(二)动作说明

1. 并步抱拳

两脚并拢,双手握拳抱于腰间,拳心向上,双肘后顶,向左摆头,目视左前方。如图10-17。

2. 弓步冲拳

成左弓步,左手向左平搂收回腰间抱拳;冲右拳。目视前方。如图10-18。

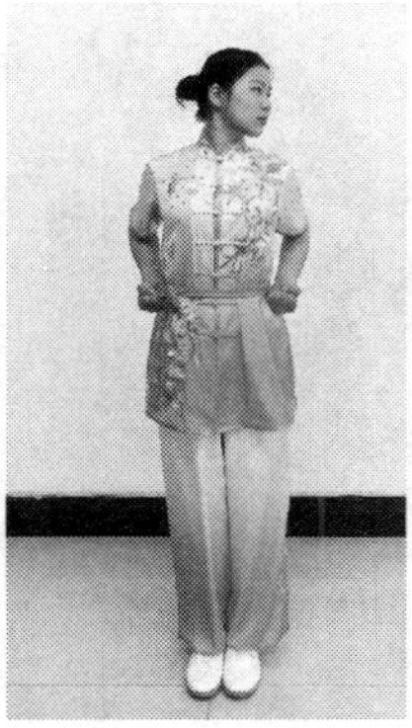

图10-17　并步抱拳

图10-18　弓步冲拳

3. 弹腿冲拳

重心前移,右腿向前弹踢,同时冲左拳,收右拳。目视前方。如图10-19。

4. 马步架打

右脚落地,向左转体90°,下蹲成马步,同时左拳变掌,屈臂上架,冲右拳,目视右方。如图10-20。

图 10-19　弹腿冲拳

图 10-20　马步架打

5. 歇步盖冲拳

左脚向右脚后插一步，同时右拳变掌向左下盖，掌外沿向前，身体左转 90°，收左拳；目视右掌(图 10-21(1))；上动不停，两腿屈膝下蹲成歇步，同时冲左拳，收右拳；目视左拳(图 10-21(2))。

(1)

(2)

图 10-21　歇步盖冲拳

6. 提膝仆步穿掌

两腿起立，身体左转。随即左拳变掌，顺势收至右腋下；右拳变掌，由左手背上穿出，手心向上。同时左腿屈膝提起，目视右手(图 10-22(1))。上动不停，左脚落地成仆步；左手掌指朝前，沿左腿内侧穿至左脚面，目视左掌(图 10-22(2))。

(1)

(2)

图 10-22　提膝仆步穿掌

7. 虚步挑掌

左腿屈膝前弓，右脚前上成右虚步。同时左手向后划弧成勾手，右手顺右腿外侧向，上挑掌。目视前方。如图 10-23。

图 10-23　虚步挑掌

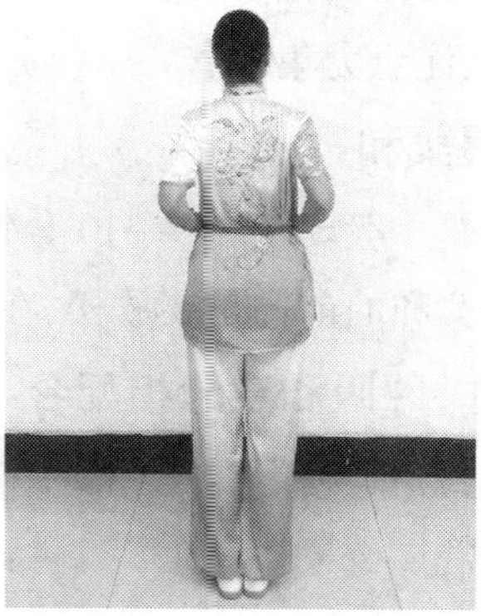

图 10-24　并步抱拳

8. 并步抱拳

左脚向右脚靠拢成并步。同时左勾手和右掌变拳，回收抱于腰间。目视前方。如图 10-24。

要点：五步拳是结合长拳的主要步型、步法和手型、手法编成的组合练习。

（三）练习方法

（1）先掌握单个动作，然后再练习两个动作以上的组合动作，并逐渐过渡到整套组合动作的练习。

（2）组合动作的练习，主要是巩固和提高武术的基本动作，练习时先以步型、手型、手法的训练为主，而后再逐渐做到"手、眼、身法、步"的协调一致。

（3）待动作熟练后，可左右势互换，重复练习。

第四节　太极拳

关于太极拳的缘起，据考于明末清初逐渐形成，始创者陈王廷是卓有创见的武术家，他研究道家的《黄庭经》，参照戚继光的《拳经》创编了太极拳。太极拳在长期演变中形成许多流派，其中流传较广或特点较显著的有陈式、杨氏、吴氏、武氏和孙式。

一、太极拳的基本特点

太极拳的基本特点是体松心静、呼吸自然、轻灵沉着、圆活连贯、上下相随、虚实分明、柔中寓刚、以意导动。概括起来可从以下三个方面分析。

（一）体松心静

体松心静是太极拳的重要特点之一。“体松”是指练拳时，在维持动作姿势的基础上，身体肌肉应处于放松状态，尽量使身体自然舒展，不用僵力。腿部在运动时经常是半弯曲的，肌肉必然要用力，但在左右交替支撑体重时，不支持体重的腿，仍然要放松。“心静”是指要排除一切杂念，注意力集中。

（二）缓慢柔和

一套太极拳一般要求在5—10分钟内完成。缓慢还包含边贯，各拳式之间不得停顿，做到连绵不断。柔和的前提是要放松，在此基础上使两臂动作姿势及运动路线都保持弧形。

（三）动作、呼吸和意念相配合

练太极拳到一定程度，只有把动作、呼吸和意念配合起来，才能表现出太极拳的特点，才能取得较好的锻炼效果。

1. 动作与呼吸的配合

太极拳的动作是由起落开合动作组成的，一般是起（向上）的动作为吸气，落的动作为呼气；开（两臂张开）时为吸，合时为呼。另一种呼吸方式为，凡是一个动作完成时为呼气，过渡动作为吸气。无论哪一种呼吸方式都应求其自然。

2. 动作与意念的配合

在练拳时首先要排除杂念，把注意力集中到动作的运动过程中，以意识引导动作，做到“意领身随”。

二、太极拳的技术分析

（一）太极拳的基本姿势

1. 头部

练习太极拳时，头部姿势的要求是自然上顶，好像有根绳索将头向上提起似的。口唇自然合闭，下颌微向内收，舌放平，舌尖轻抵上颌。运动中根据不同动作的要求，头部须沿着身体的纵轴转动，不能前倾后仰、左右歪斜，眼神随着身体转动或平视前方，面部神态力求自然，养成用鼻呼吸的习惯。

2. 上肢

其最重要的是“沉肩垂肘”和“坐腕”。肩要松沉灵活，两肩要平，不可一高一低。肘关节须保持微屈，即有下垂的意思。两臂要保持弧形，不可过分弯曲或伸直。手掌前推至终点时，腕部要微微下塌、沉实，掌指随之展直，这个短暂的过程谓之“坐腕”。总之，练太极拳时，上肢要做到舒松伸展又不绵软无力。

3. 躯干

要求上体正直，以腰为轴来带动两臂的运动。

胸部要做到“含胸圆背”。太极拳要领中也经常提到“含胸拔背”，其实都是说练太极拳时，既不要像长拳那样挺胸，也不要过分内缩，应顺其自然。“圆背”是指要放松胸背肌肉，两肩向外牵引，使背部略成弧形。

腰在太极拳中起着很重要的作用，有“腰脊为第一之主宰”的说法。练拳时，腰部要注意松沉舒展，上体不能前俯后仰、左歪右斜。运动时以腰带动臂，使两臂的运动在腰的左右转动下进行。

4. 下肢

在练习太极拳时，对于步法的进退变换和周身的稳定程度，两腿起着决定性的作用，对两腿要求虚实分明，稳定轻灵。承受全部或大部分体重的腿为实，另一腿为虚。只有做到虚实分明，动作才能稳定灵活，进退转换才能变化自如。腿部活动时总的要求是松胯、屈膝，两脚轻起轻落。前进时脚跟先着地，后退时脚掌先着地，然后慢慢踏实，以保持全身动作的稳定与灵活。

（二）运动方法

练太极拳，除了姿势正确，还要注意运动方法，尤其对于行动中的精神、心理方面的训练是极为重要的。只有这样，才能达到身心并练和体现出其独特风格，更好地提高锻炼效果和技术水平。

1. 心静体松

心静是练好太极拳的基础。所谓“心静”，是指心理安静，要求思想上排除一切杂念，专心练拳。自预备势至收势，无论动作繁简、姿势高低，始终保持安舒畅和、从容不迫的状态，使姿势正确而不呆板，呼吸自然，毫不矫揉造作。

松与紧是对立统一的，如果没有一定的紧张，就达不到难度较高的要求。同样，没有对抗肌的放松也完不成高难动作。

2. 以意导体，贵在练神

太极拳的动作都在意念引导下进行。譬如，做起势这一简单的动作时，在意念引导下两臂前平举，然后下蹲，屈胯屈膝，松腰敛臀，以两肘下坠带动两手下按，且上体保持正直；熟练后也可进一步随着两手下按和呼气，同时使上体的气下降至脐下小腹，这就是所谓的气沉丹田。对初学者来说，只做到意领即可。

3. 连贯圆活

所谓连贯，是指从容地一气呵成、一气贯串。即为势断意连或势断劲不断。这样，势与势既有节分，而又连贯，势势衔接中既不飘浮滑过，又沉实稳健，形成一种和谐的节奏。

所谓圆活，是指动作变转圆活不滞的意思。太极拳的上肢动作一般多是平面或空间的圆形、弧形或螺旋形（包括小圆、大圆、椭圆、半圆和螺旋性旋转等）动作，这与直出直入的做法显著不同。太极拳的各种圆形、弧形或螺旋形动作能使身体许多关节得到多方面的锻炼和均衡的发展，同时也使较多的肌肉群一同参加活动。例如，太极拳中的“野马分鬃”“云手”“倒卷肱”等动作，几乎全身每一块肌肉都程度不同地参与活动，且有利于静脉血回流心脏。此外,由于圆形动作的变化复杂多样,对训练中枢神经系统的机能有较好的作用。

4. 虚实分明,刚柔相济

从整体动作来看,一般动作到达终点时为实,动作变转过程为虚。从动作局部来分,主要支撑体重的腿为实,辅助支撑或移动换步的腿为虚。体现动作主要内容的手臂为实,辅助、配合的手臂为虚。在劲力的变换中,轻灵、含蓄的动作为虚,左手为实,右手为虚;就整个左手来说,左掌外侧为实,内侧为虚。

5. 上下相随,周身协调

练太极拳时,要使上肢、下肢、躯干等各部分进行协调的运转,这就叫作上下相随。上下相随,可使动作得机得势,协调一致,身法就不至于散乱。不能将上下相随单纯理解为只限于手脚两方面。比如,“云手”动作,两手是互成上下的,除上肢与下肢相随外,两手也要上下相随;如果没有腰的拧转,要想将“云手”的提、挪、转、按等手法都做好是不可能的。

三、太极拳主要动作

(一)八式太极拳

八式太极拳也叫一段太极拳,是中国武术段位制初段位技术规定教程的一段太极拳,即初段位中的一段考评套路。共有 10 个动作(含起势、收势),吸取了杨式大架太极拳中最为主要和基础的 8 个动作。

八式太极拳动作舒展大方,柔和平稳,圆活连贯,由简至繁;练起来轻松自如,阴阳相合,刚柔相济,均匀缓慢,如行云流水,连绵不断;以连续弓步为主要步型变化,手法动作以中国传统太极拳的正手即挪、捋、挤、按为主线变化而成。整套八式太极拳基本上都是由原地左右对称的单个动作组成,按中等速度练习用时两分钟左右,对于初学者是一套行之有效、体验杨式太极拳动作风格的拳术。

起势(图 10-25)

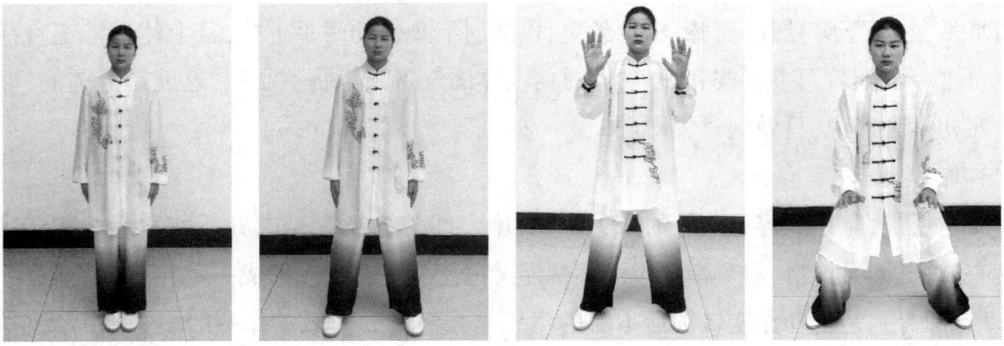

图 10-25 起势

1. 左脚开步
2. 与肩同宽
3. 两臂前举

4. 屈膝按掌(同步)

第一动:卷肱势(图 10-26)

1. 右转身划弧(45°)翻掌

2. 卷肱(敬礼动作)推掌后收

3. 左转身划弧(45°)翻掌

4. 卷肱(敬礼动作)推掌后收

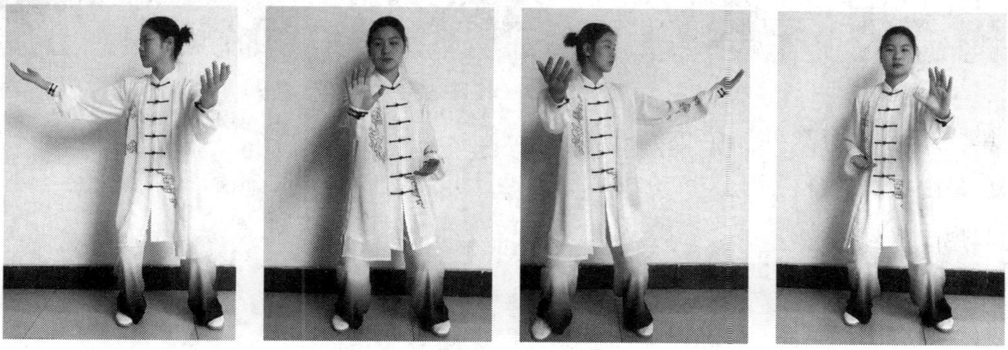

图 10-26 卷肱势

第二动:搂膝拗步(图 10-27)

1. 丁步反提(身体右向 45°)

2. 屈臂上步(正东)

3. 弓步搂推

4. 坐腿转身扣脚

5. 丁步反提(身体左向 45°)

6. 屈臂上步(正西)

7. 弓步搂推

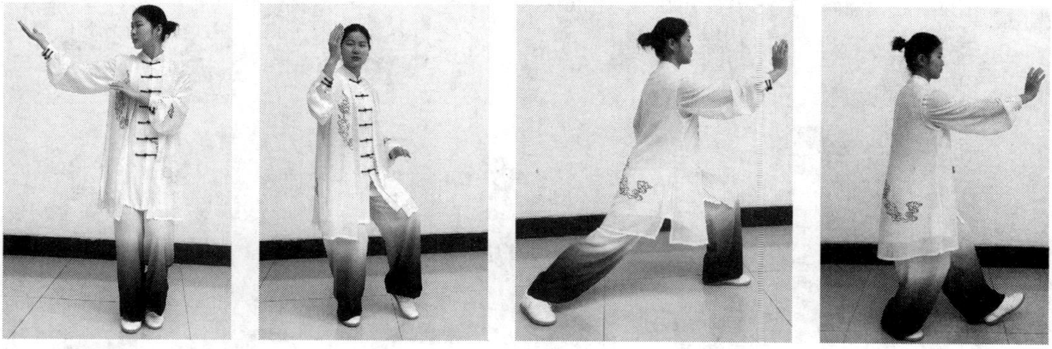

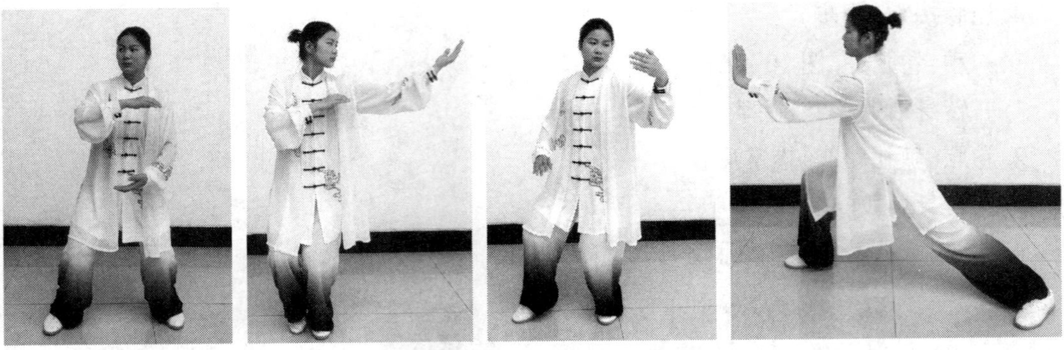

图 10-27　搂膝拗步

第三动:野马分鬃(图 10-28)

1. 坐腿扣脚转身
2. 抱手收脚点地
3. 转身上步(正东)
4. 弓步分手
5. 坐腿扣脚转身
6. 抱手收脚点地
7. 转身上步(正西)
8. 弓步分手

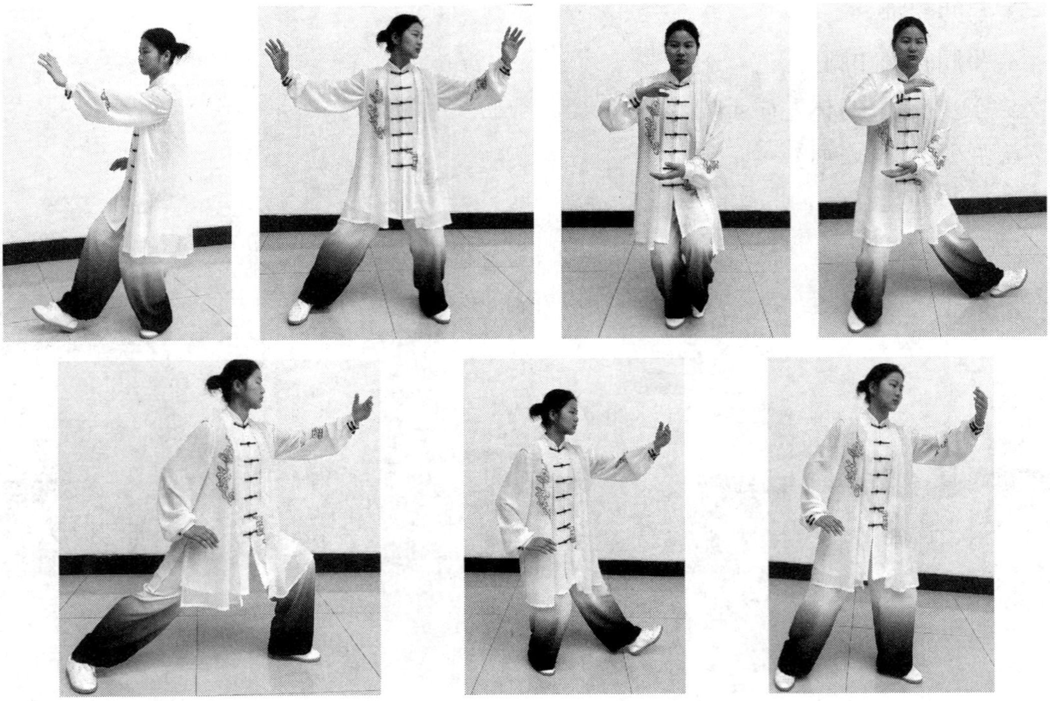

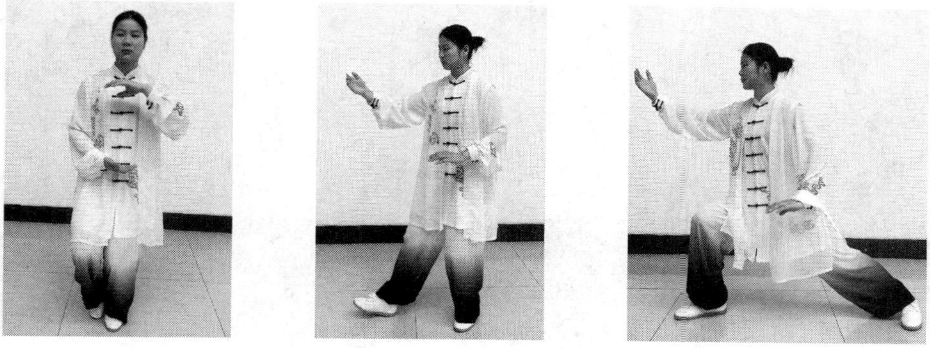

图 10-28　野马分鬃

第四动：云手（图 10-29）

1. 摆手翻掌
2. 转身摆脚（左）扣脚（右）
3. 向左云翻掌收脚并步
4. 转身向右云翻掌出脚开步
5. 向左云侧弓步翻掌
6. 转身向右云翻掌收脚并步
7. 转身向左云翻掌出脚开步
8. 向右云侧弓步翻掌

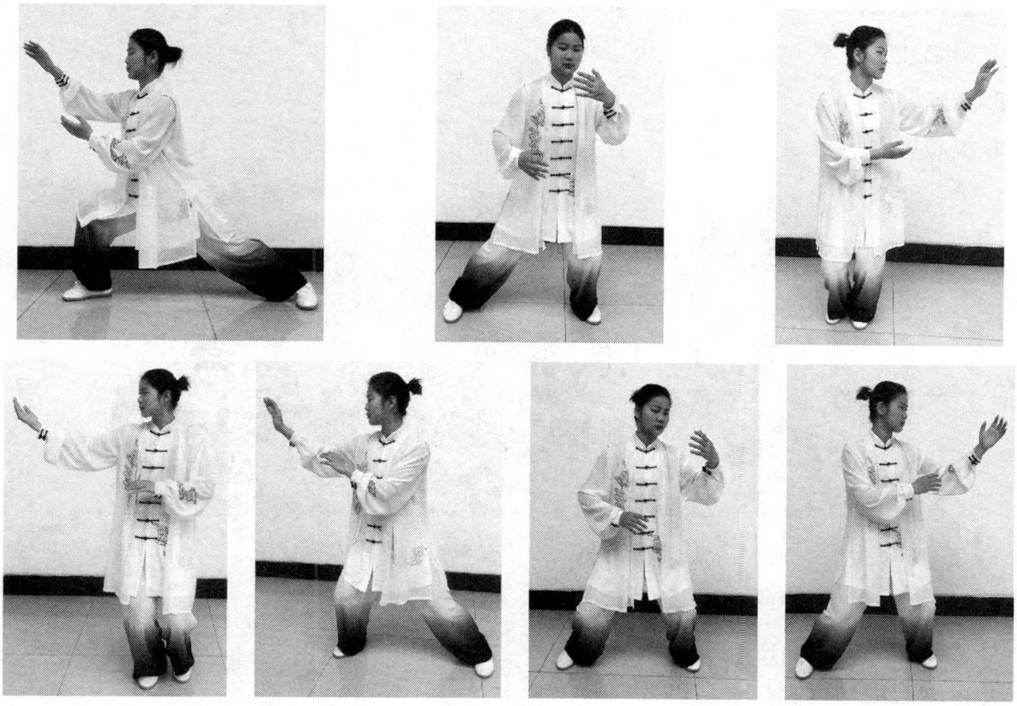

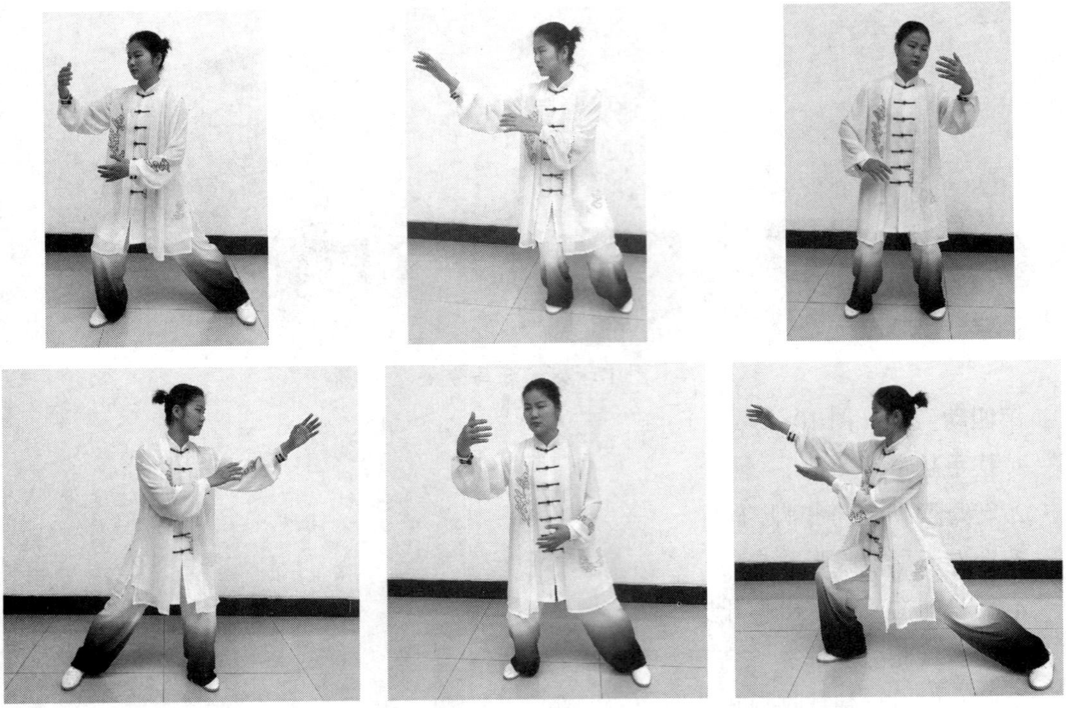

图 10-29　云手

第五动：金鸡独立（图 10-30）

1. 坐腿转身落手
2. 提膝独立挑掌
3. 坐腿转身落手
4. 提膝独立挑掌

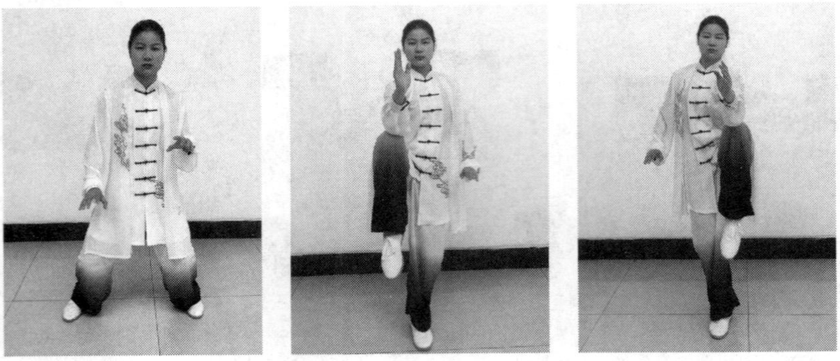

图 10-30　金鸡独立

第六动：蹬脚（图 10-31）

1. 落脚抱手（左手在上、右脚跟提起）
2. 提膝举抱（胸前）
3. 分手蹬脚（右前方）
4. 落脚抱手（右手在上、左脚跟提起、身体转向左前方）

5. 提膝举抱(胸前)

6. 分手蹬脚

图 10-31 蹬脚

第七动:揽雀尾(图 10-32)

1. 落脚屈膝抱手(左胸前、丁步)
2. 转体上步出脚(正西、脚跟落地)
3. 弓步前掤(右手心向内、左手心向下按在左胯旁)
4. 转体旋臂(右手心向上、左手心向下)
5. 后坐下捋、转身后捋(左手心向上)
6. 转体搭手(右手在前、左手在后、两手心相对)
7. 弓步前挤
8. 弓步平分掌
9. 后坐引手
10. 弓步前按
11. 转身分手
12. 收脚(丁步)抱手
13. 转体上步出脚(正东、脚跟落地)
14. 弓步前掤(左手心向内、右手心向下按在右胯旁)
15. 转体旋臂(左手心向上、右手心向下)
16. 后坐下捋、转身后捋(右手心向上)

17. 转体搭手(左手在前、右手在后、两手心相对)

18. 弓步前挤

19. 弓步平分掌

20. 后坐引手

21. 弓步前按

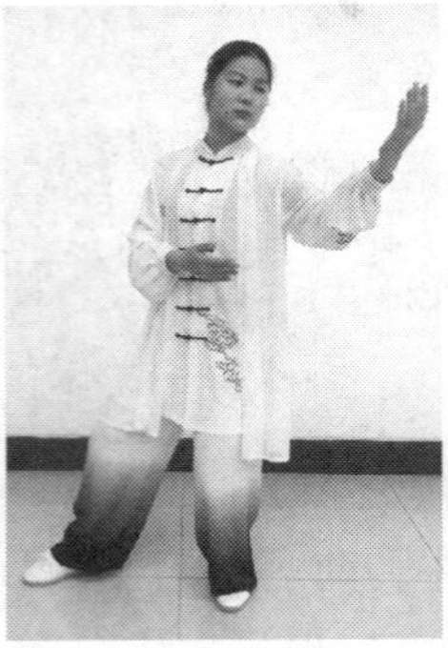
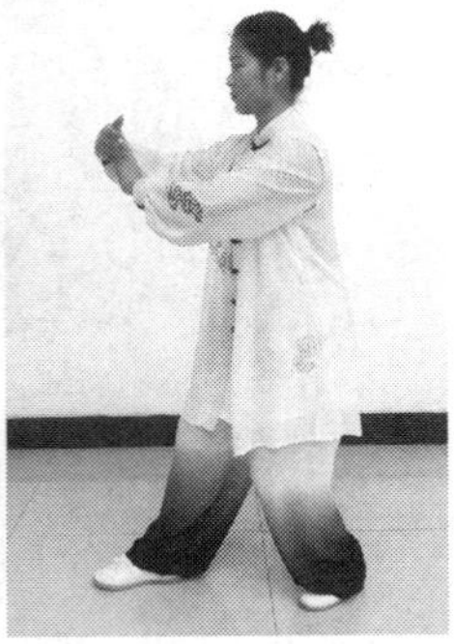

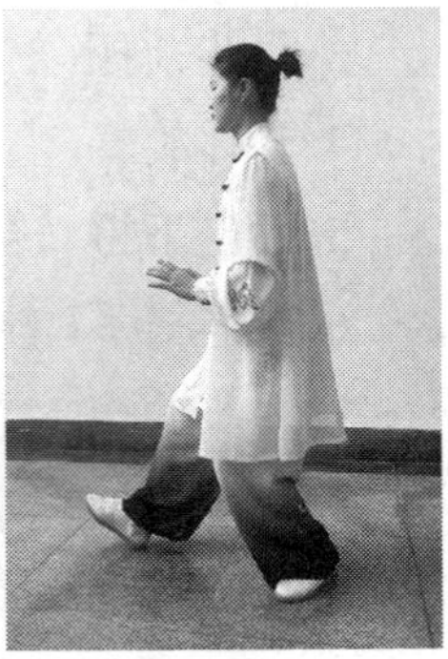

图 10-32　揽雀尾

第八动：十字手(图 10-33)

1. 坐腿扣脚转身摆分手

2. 坐腿落手叉抱右脚尖回扣

3. 收脚开立举抱(胸前)

图 10-33　十字手

收势(图 10-34)

1. 翻掌分手

2. 垂臂落手

3. 并步还原

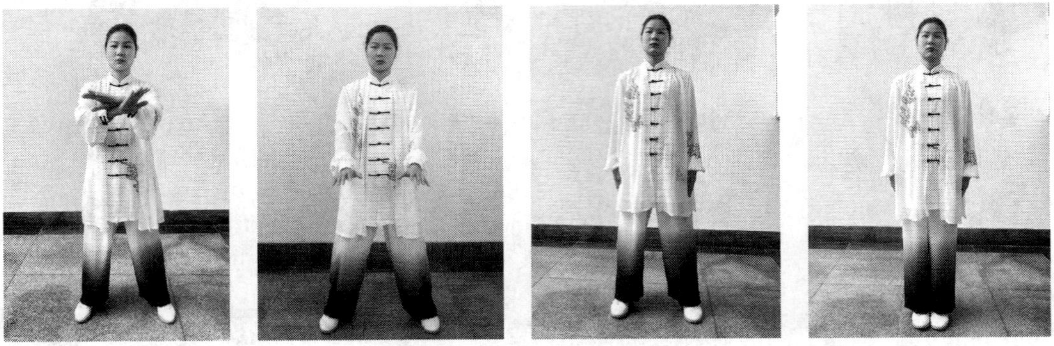

图 10-34　收势

(二)十六式太极拳

预备势(图 10-35)

两脚自然并拢,全身松静站立。下颌微收,百会上领。松肩坠肘,含胸拔背,松腰敛臀,目光平视。

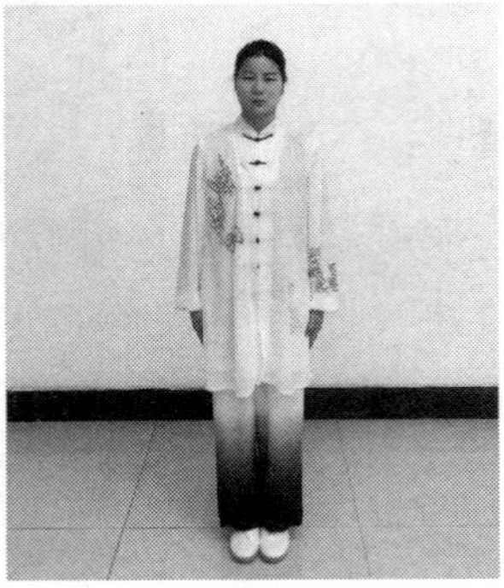

图 10-35　预备势

第一动:起势(图 10-36)

1. 左脚开立:重心移向右腿,左脚跟脚掌依次抬起,向左开半步(与肩同宽),脚掌脚跟依次下落,移重心于两腿之间。

2. 两臂前举:腕部带领,两臂逐渐内旋平举到与肩同高、同宽,肘略低于腕。

3. 屈膝按掌:松肩、坠肘、坐腕,同时松腰敛臀、屈膝落胯(膝盖正对脚尖),手按腹前,掌心向下,指尖向前。

图 10-36 起势

第二动:左右野马分鬃

左野马分鬃(图 10-37)

1. 抱手收脚:重心移到右腿,抱手收脚(右手心向下与肩同高,肘略低于腕,臂呈弧线,左手心向上在左腹前,上下相对),目视右手前方。

2. 转体上步:微左转腰,左脚向左前上步(斜步正脚),脚跟着地,两臂微内合。目视前方。

3. 弓步分手:继续左转腰成弓步分手。左手腕与肩同高,手指斜向前上方,手心向后上方,中指或食指指尖对准鼻尖。右手落到胯旁,手心向下,指尖向前。目视前方。

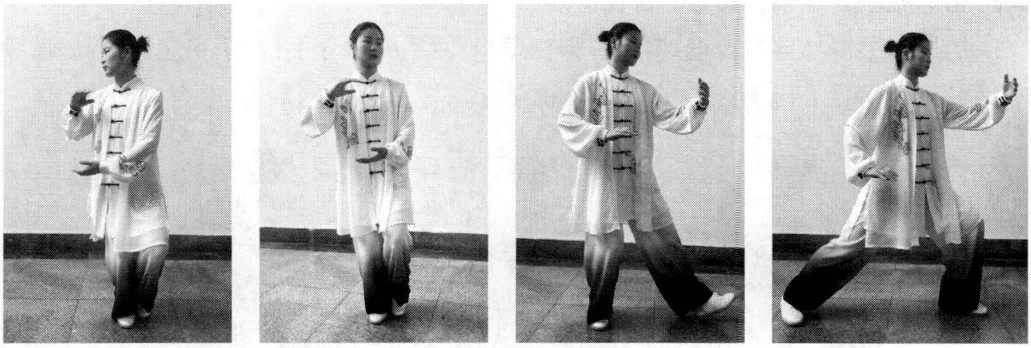

图 10-37 左野马分鬃

右野马分鬃(图 10-38)

1. 转腰撇脚:微左转腰重心向后移,左脚尖外撇 45°,左臂微内旋、右臂微外旋。

2. 抱球收脚:继续左转腰,重心前移,同时左臂内旋、右臂外旋,两手上、下相对抱手收脚。

3. 转体上步:同左野马分鬃,唯方向相反。

4. 弓步分手:同左野马分鬃,唯方向相反。

图 10-38　右野马分鬃

第三动:白鹤亮翅(图 10-39)

1. 转体抱手:微右转腰跟半步(脚前掌着地)抱手(右手心向下与肩同高,肘略低于腕,臂呈弧线,左手心向上在右腹前)。目视右手。

2. 坐腿合手:身体左转,左脚跟内扣落地成 45°,重心移到左腿,右手向下,左手向上画弧,右手在左肩前与左前臂相合。目视前方。

3. 虚步分手:身体向右转正,调整右脚变虚步,两手弧形分手,左手在左额头高度,手心向内,右手落胯旁手心向下,指尖向前。目视前方。

图 10-39　白鹤亮翅

第四动:左右搂膝拗步

右搂膝拗步(图 10-40)

1. 摆臂收脚:微左转腰,左手向前、向下、向后摆到腕与肩同高,手心斜向上,右手向上、向左摆到左胸前,右脚提收。眼看左手前方。

2. 上步收手:微右转腰,屈左臂收手,右脚斜前方上步(拗弓步两脚横向距离约 30 厘米)。目光平视前方。

3. 弓步搂推:继续右转腰变弓步,右手经膝前搂到大腿外侧,手心向下,指尖向前,左手向前推掌,腕与肩同高。目光向前平视。

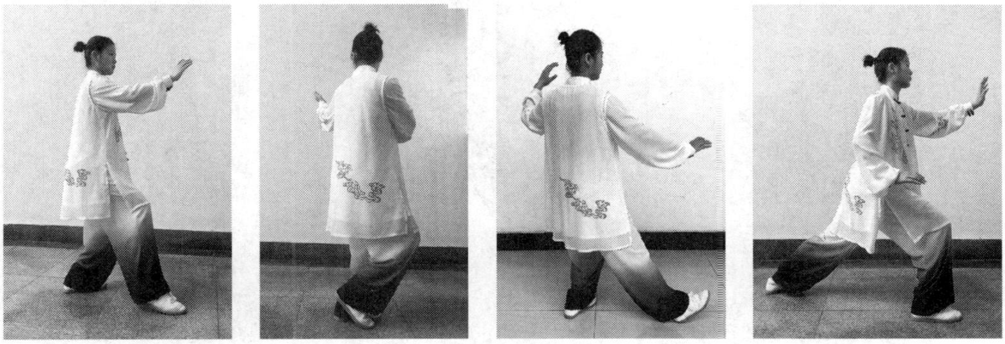

图 10-40　右搂膝拗步

左搂膝拗步(图 10-41)

1. 转腰翻手:重心后移,微右转腰右脚外撇,右手翻转手心斜向上。

2. 摆臂收脚:同右搂膝拗步,唯方向相反。

3. 上步收手:同右搂膝拗步,唯方向相反。

4. 弓步搂推:同右搂膝拗步,唯方向相反。

图 10-41　左搂膝拗步

第五动:搬拦锤(图 10-42)

1. 撇脚翻手:微左转腰重心后移,左脚尖外撇 45°;同时左手外旋翻手、右手内旋屈臂翻手。目视右手。

2. 抓拳收脚:继续左转腰前移重心收脚;同时右手抓拳收到左腹前,拳心向下,拳眼向内,左手绕弧翻手到左胸前,腕与肩同高,手心向下。目视左手。

3. 上步搬拳：微右转腰，右脚撇脚上步；右拳向前搬拳，拳心向后上。目视右拳前方。

4. 上步拦掌：继续右转腰左脚向左前上步拦掌（坐腕）；同时右拳先内旋翻手向右、向下后外旋弧形下落到腰间，拳心向上。目视左掌。

5. 弓步打捶：身体左转重心前移成弓步；同时右拳逐渐内旋打出，拳眼向上。左手回收到右小臂内侧，手心斜向右下方。目视前方。

图 10-42　搬拦锤

第六动：如封似闭（图 10-43）

1. 左手穿掌：左手翻转手心向下，顺右臂下穿出。

2. 后坐收掌：重心后移，两手翻转手心向上，随重心后移逐渐翻转手心收到胸前微下落坐腕，左手心斜向右下方，右手心斜向左下方。

3. 弓步推掌：重心前移成弓步，同时两手向前推掌。目视前方。

图 10-43　如封似闭

第七动:单鞭(图 10-44)

1. 转体摆臂:重心后移,身体右转,右脚尖外撇,左脚尖内扣 同时右手平摆到右斜前方,左手弧形向右下摆到右腹前,手心斜向上。目视右手。

2. 勾手收脚:继续右转腰,重心完全移到右腿,提左脚到右脚内侧;同时右手抓勾,左手摆到右胸前,转手心向内。目视右手。

3. 转体上步:身体微左转,左脚向左斜前上步,臂随腰转。目视左手。

4. 弓步推掌:继续左转腰变弓步,左手逐渐地翻手坐腕推掌(掌心向右斜前方)。目视左手。

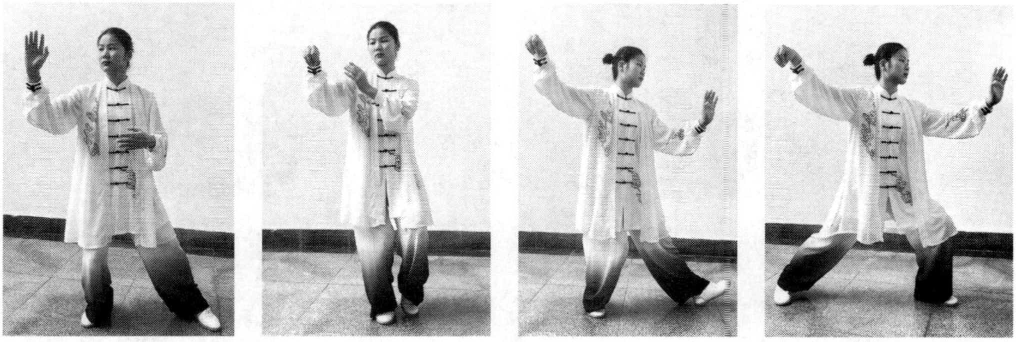

图 10-44 单鞭

第八动:手挥琵琶(图 10-45)

1. 跟步摆掌:微左转腰重心前移,右脚向前跟半步,同时右手摆到身前手心斜向上,左手收到胯旁,手心向下。目视前方。

2. 坐腿摆臂:身体微右转,右脚跟下落成 45°,重心后移;同时右手翻转手心斜向下屈收到胸前,左手摆到身前腕与肩同高,手心斜向下。目视前方。

3. 虚步合手:身体微左转,调整前脚变虚步,右手与左肘相合。目视前方。

图 10-45 手挥琵琶

第九动:左右倒卷肱

左倒卷肱(图 10-46)

1. 转体撤手:身体微右转,右手外旋下落经右腹前撤手摆臂,手心斜向上。左手松手微下落。目视左手。

2. 退步收手：身体左转，左脚退步，右手屈臂收手到肩上，手心斜向左前下方。左手旋臂下落。目视前方。

3. 坐腿推掌：身体继续左转，重心移到左腿成虚步；右脚以脚掌为轴转正；同时右手前推到胸前，右臂自然伸直，手心向左前下方，左手旋臂收到左腹前，逐渐转手心向上，手指斜向右前方。目视前方。

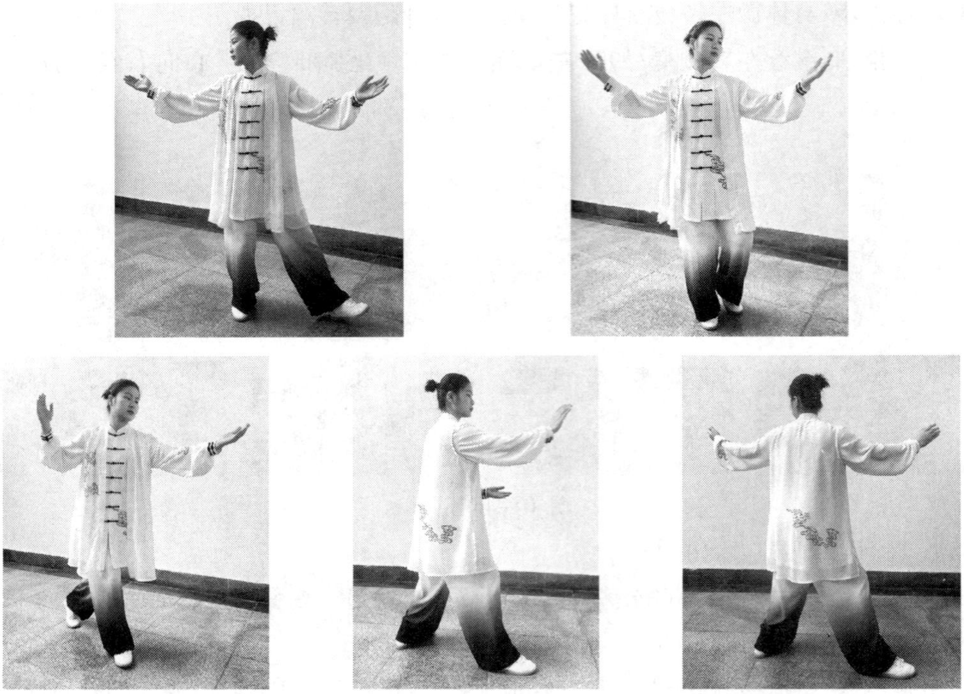

图 10-46　左倒卷肱

右倒卷肱(图 10-47)

1. 转体撤手：同左倒卷肱，唯方向相反。

2. 提膝屈肘：同左倒卷肱，唯方向相反。

3. 退步推掌：同左倒卷肱，唯方向相反。

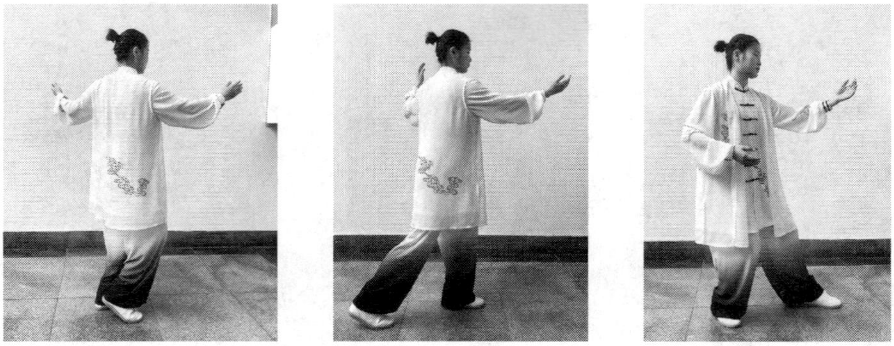

图 10-47　右倒卷肱

第十动：左右穿梭

左穿梭（图 10-48）

1. 转体扣脚：身体右转腰，左脚尖内扣；同时左臂外旋向下画弧，右臂内旋向上画弧。目随身转。

2. 转身撇脚：继续右转腰，重心移到左腿，右脚活步摆脚；同时两臂继续画弧。

3. 收脚抱球：继续右转腰，重心前移到右腿，左脚收到右脚内侧；同时两手继续画弧在右胸前抱手，右手腕与肩同高手心向下，左手在右腹前手心向上，两手上下相对。目视右手。

4. 上步分手：身体微左转，左脚向左前上步，脚尖斜向前；同时左手弧形向上到胸前，右手收到胸腹之间，手心向左下方。

5. 弓步推掌：重心前移成弓步；同时左手继续翻手撑架，右手向前推掌。目视右手方向。

图 10-48　左穿梭

右穿梭（图 10-49）

1. 重心后移：重心后移，身体右转扣左脚尖，同时两手向下画弧。

2. 抱球跟脚：身体左转向前移重心到左腿；两手在胸前合抱，收右脚在左脚内侧。

3. 迈步分手：同左穿梭，唯方向相反。

4. 弓步推掌：同左穿梭，唯方向相反。

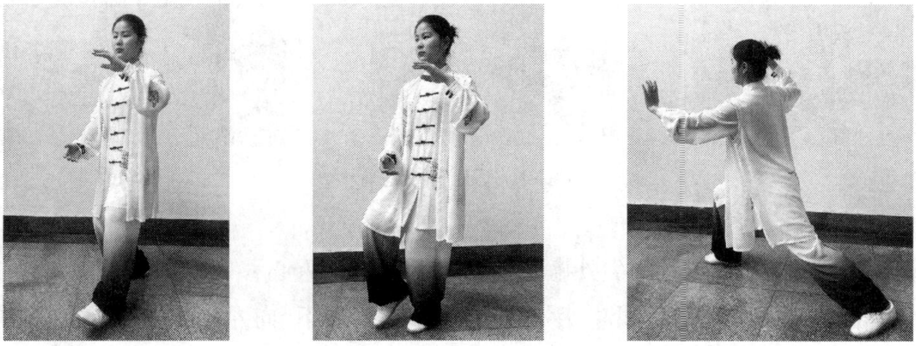

图 10-49　右穿梭

第十一动：海底针（图 10-50）

1. 跟步落手：重心前移跟半步，脚掌着地，两手下落，右手落到头前，左手落到腹前。

2. 坐腿提手：重心后移，身体左转，左脚跟内扣落地成 45°；左手弧形提腕收到肩上耳侧，手心向右，右手落到腹前，手心向下，指尖向左。

3. 虚步插掌：身体右转，略前倾，左手向前下插掌，右手经右膝前上搂到大腿外侧，手心向下，指尖向前。目视前下方。

图 10-50 海底针

第十二动：闪通臂（图 10-51）

1. 提手收脚：身体立腰提脚，右手在左肩前与左腕部相合，左手掌心向右，右手掌心向左。

2. 上步翻手：右脚向前上步，两手内旋翻手。

3. 弓步推掌：重心前移成右弓步，左手上撑，右手前推。目视前方。

图 10-51 闪通臂

第十三动：云手（图 10-52）

1. 转体云手：身体左转左脚尖外撇转正，右脚尖内扣，重心移向左腿；同时，左手向左、向下摆臂翻手，到左前方，腕与肩同高，手心向外下。右手向下、向左、向上摆臂到左胸前，手心向上。目视左手。

2. 云手收脚：身体右转，重心移到右腿，左脚收到左脚旁（相距 20 厘米），脚掌着地，两脚平行向前；同时右手向上、向右、向下逐渐地旋臂云转到右前方，翻转手心向外下方。左手向下、向右、向上云转到右胸前，逐渐地旋臂翻转手心斜向上。目视右手。

3. 云手开步：身体左转，重心移到左腿，右脚向右开步，脚掌着地。同时，左手向上、向左、向下逐渐的旋臂云转到左前方，翻转手心向外下；右手向下、向左、向上云转到左胸前，逐渐的旋臂翻转手心斜向上。目视左手。

4. 云手收脚：身体右转，重心移到右腿，左脚收到左脚旁（相距 20 厘米），脚掌着地，两脚平行向前；同时右手向上、向右、向下逐渐地旋臂云转到右前方，翻转手心向外下方。左手向下、向右、向上云转到右胸前，逐渐地旋臂翻转手心斜向上。目视右手。

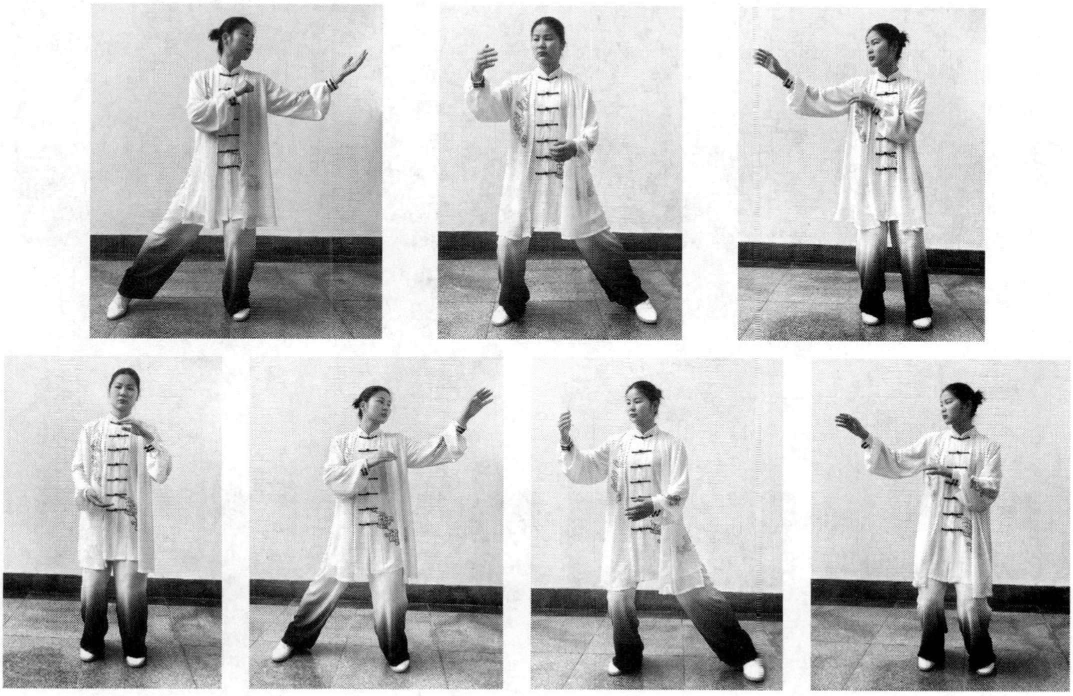

图 10-52　云手

第十四动：左右揽雀尾

右揽雀尾（图 10-53）

1. 抱手提脚：身体左转，重心移到左腿，右脚提起；两手上下翻转抱手（左手腕与肩同高，手心向下，右手在左腹前，手心向上，两手相对）。目视左手前方。

2. 转腰上步：身体微右转，右脚向右前上步，目视前方。

3. 弓步捧臂：重心前移成弓步，右臂屈臂捧到胸前，肘略低于腕，手心向内。左手落在胯旁，手心向下，指尖向前。目视前方。

4. 转体摆臂：身体微右转，两手摆臂翻手，右手掌心向前下．左手掌心向后上，在左肘内侧。

5. 转体后捋：身体左转，重心移到左腿，两手捋到腹前，距离不变，继续转腰摆到身后，左手摆到左后方与肩同高，手心向上，右手摆到胸前。目视左手。

6. 转体搭手：身体右转，左手在胸前搭在右腕部，右手掌心向内，左手掌心向前。目视前方。

7. 弓腿前挤:重心前移成弓步,两手向前挤出。目视前方。

8. 后坐收手:重心后移,两手穿手打开,与肩同宽,手心向下,后移重心收到胸前,左手掌心向右前下,右手掌心向左前下。

9. 弓步按掌:重心前移,两手随弓步向前推按。掌心斜向前。

图 10-53　右揽雀尾

左揽雀尾(图 10-54)

1. 转体扣脚:重心移向左腿,身体左转扣右脚,两手摆臂。

2. 抱手提脚:身体继续左转,重心移到右腿,左脚提起;两臂翻手合抱提脚(右手腕与肩同高,手心向下,左手在右腹前,手心向上)。

左揽雀尾的其余分解动作与右揽雀尾相同,唯方向相反。

图 10-54　左揽雀尾

第十五动：十字手(图 10-55)

1. 转体扣脚：身体右转，重心移到右腿，左脚尖内扣转正，两臂分展。目视右手。

2. 撇脚分手：身体继续右转，右脚尖外撇，两臂分展到腕与肩同高，手心向外，目视右手。

3. 收脚落手：身体向左转正，右脚尖提收、下落到左脚旁，脚掌着地，两脚与肩同宽；两手下落到腹前,手心向内上方。

4. 十字合抱:右脚跟下落,重心移到两腿之间后上提;两手在胸前合抱,腕部交叉,两臂捧圆,手心向内。目光平视。

图 10-55　十字手

第十六动:收势(图 10-56)

1. 分手打开:两臂内旋打开,掌心向下,平行向前与肩同宽。

2. 两臂下落:松肩、坠肘、坐腕下落到胯旁,手心向内,指尖向下。

3. 收脚还原:重心移到右脚,左脚跟、脚掌依次抬起,收到右脚内侧,脚掌、脚跟依次下落,移重心到两腿之间。

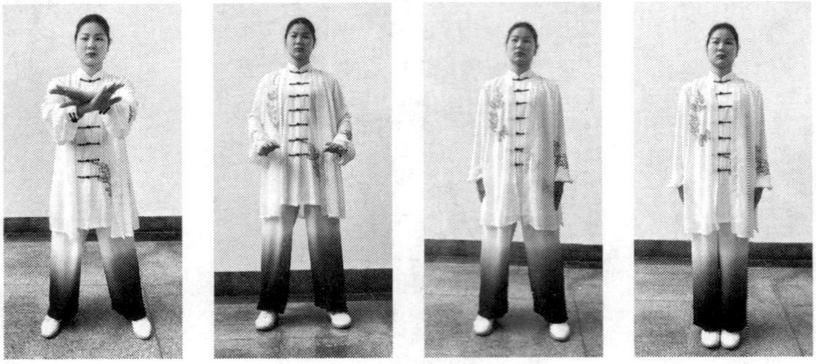

图 10-56　收势

(三)二十四式太极拳

预备势(图 10-57)

并脚直立,两臂下垂,手指微屈,虚领顶劲,下颌微收,舌抵上颌,双眼平视,全身放松。

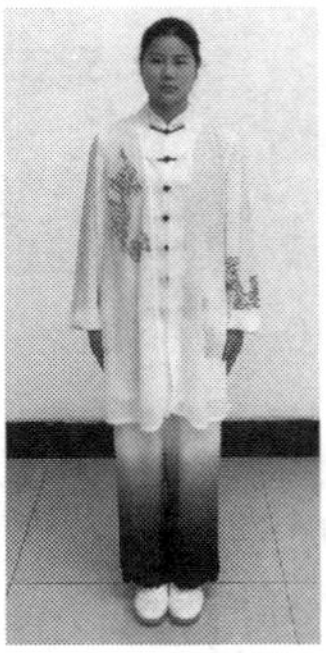

图 10-57　预备势

第一动:起势(图 10-58)

左脚开立,两臂前举,屈膝按掌。

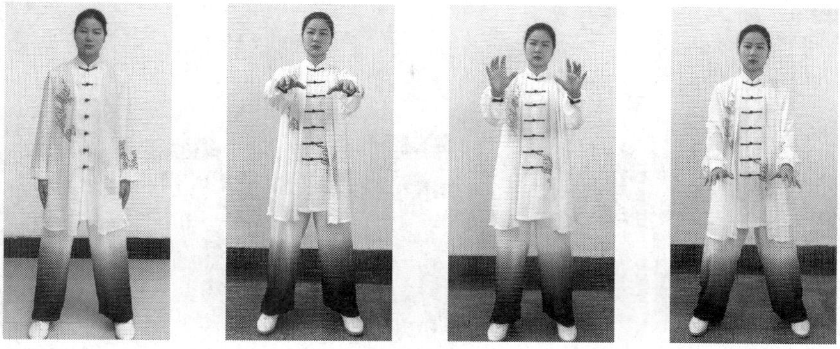

图 10-58　起势

第二动:左右野马分鬃(图 10-59)

1. 左野马分鬃:稍右转体,收脚抱球,转体上步,弓步分手。

2. 右野马分鬃:后坐撇脚,收脚抱球,转体上步,弓步分手。

3. 左野马分鬃:后坐撇脚,收脚抱球,转体上步,弓步分手。

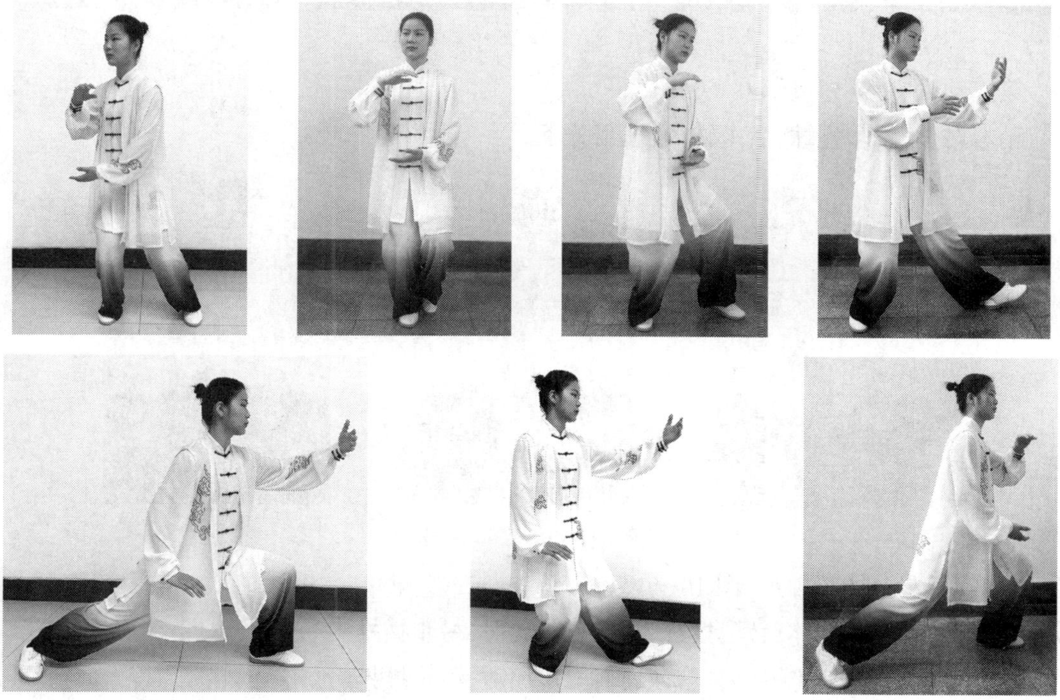

图 10-59　左右野马分鬃

第三动:白鹤亮翅(图 10-60)

稍右转体,跟步抱球,后坐转体,虚步分手。

图 10-60　白鹤亮翅

第四动:左右搂膝拗步(图 10-61)

1. 左搂膝拗步:转体摆臂,摆臂收脚,上步屈肘,弓步搂推。

2. 右搂膝拗步:后坐撇脚,摆臂收脚,上步屈肘,弓步搂推。

3. 左搂膝拗步:后坐撇脚,摆臂收脚,上步屈肘,弓步搂推。

图 10-61　左右搂膝拗步

第五动:手挥琵琶(图 10-62)

跟步展臂,后坐引手,虚步合手。

图 10-62　手挥琵琶

第六动:左右倒卷肱(图 10-63)

1. 右倒卷肱:稍右转体,撤手托球,退步卷肱,虚步推掌。

2. 左倒卷肱:稍左转体,撤手托球,退步卷肱,虚步推掌。

3. 右倒卷肱:稍右转体,撤手托球,退步卷肱,虚步推掌。

4. 左倒卷肱:稍左转体,撤手托球,退步卷肱,虚步推掌。

图 10-63　*左右倒卷肱*

第七动:左揽雀尾(图 10-64)

转体撤手,收脚抱球,转体上步,弓步掤臂,摆臂后捋,转体搭手,弓下前挤,转腕分手,后坐引手,弓步前按。

图 10-64　左揽雀尾

第八动：右揽雀尾(图 10-65)

后坐扣脚，收脚抱球，转体上步，弓步掤臂，摆臂后捋，转体搭手，弓步前挤，转腕分手，后坐引手，弓步前按。

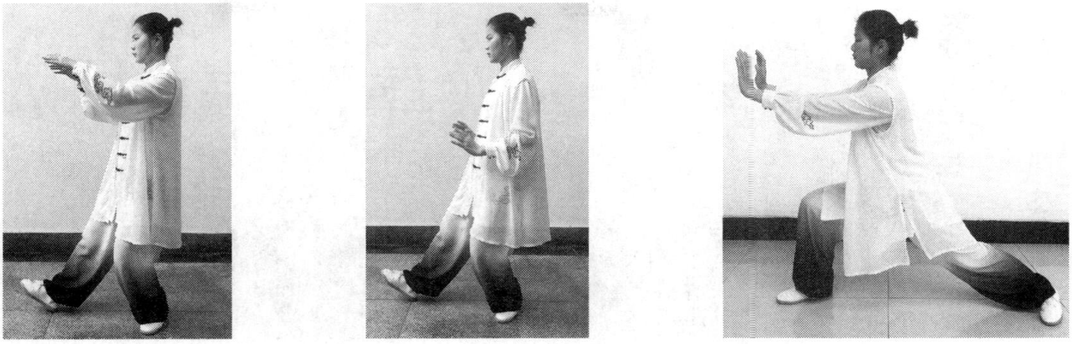

图 10-65　右揽雀尾

第九动:单鞭(图 10-66)

转体运臂,右脚内扣,上体右转,勾手收脚,转体上步,弓步推掌。

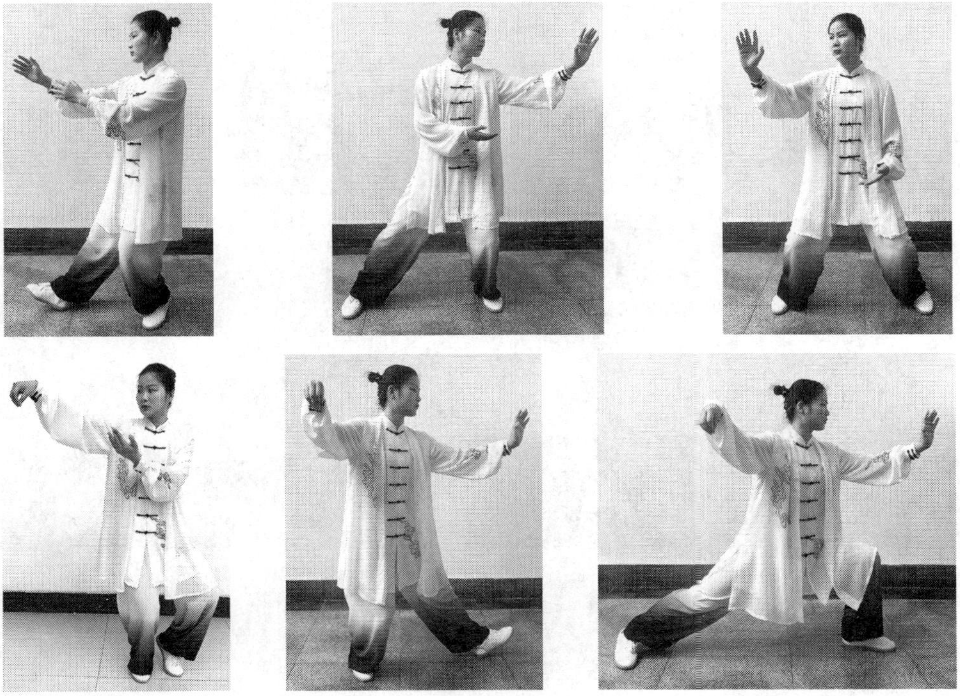

图 10-66　单鞭

第十动:云手(图 10-67)

后坐扣脚,转体松勾,并步云手,开步云手,并步云手,开步云手,开步云手,扣脚云手。

图 10-67　云手

第十一动：单鞭（图 10-68）

转体勾手，转体上步，弓步推掌。

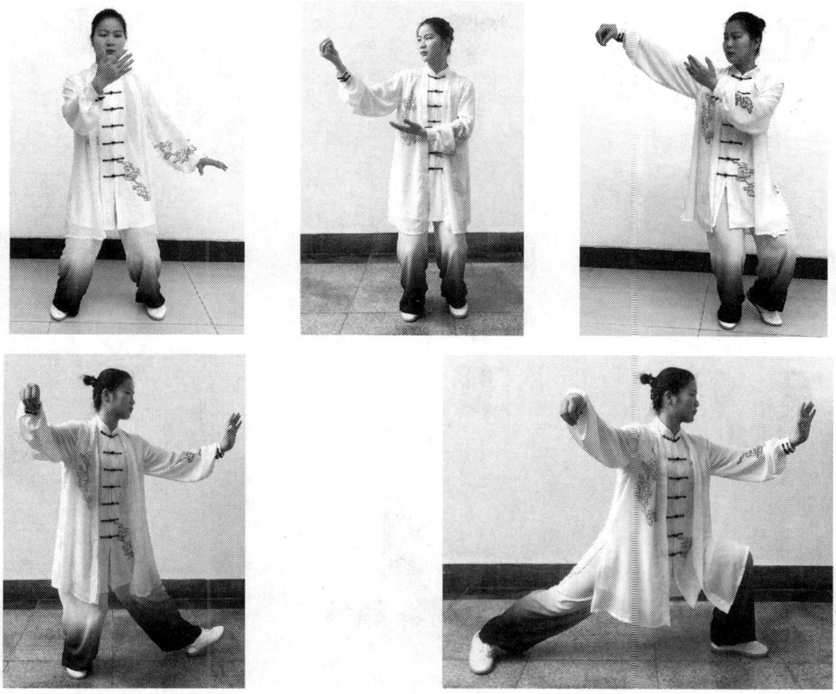

图 10-68　单鞭

第十二动:高探马(图 10-69)

跟步托球,后坐卷肱,虚步推掌。

图 10-69　高探马

第十三动:右蹬脚(图 10-70)

穿手上步,分手弓腿,收脚合抱,蹬脚分手。

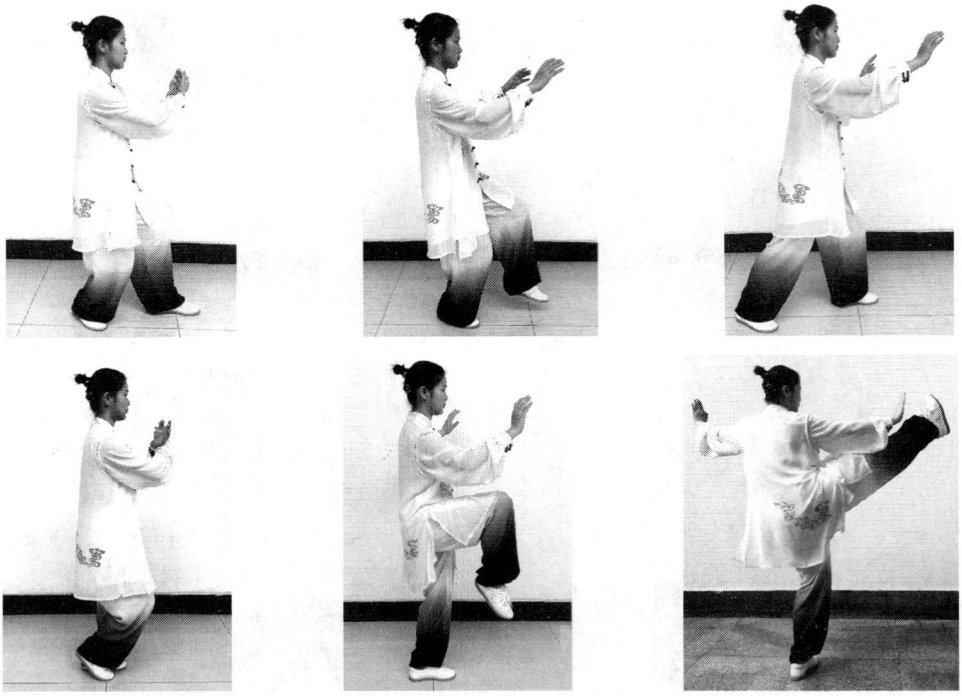

图 10-70　右蹬脚

第十四动:双峰贯耳(图 10-71)

屈膝并手,上步落手,弓步贯拳。

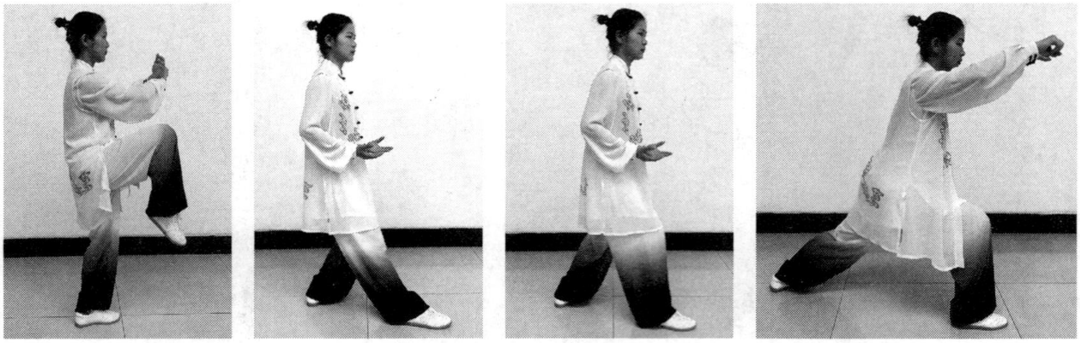

图 10-71　双峰贯耳

第十五动:转身左蹬脚(图 10-72)

后坐扣脚,转体分手,收脚合抱,蹬脚分手。

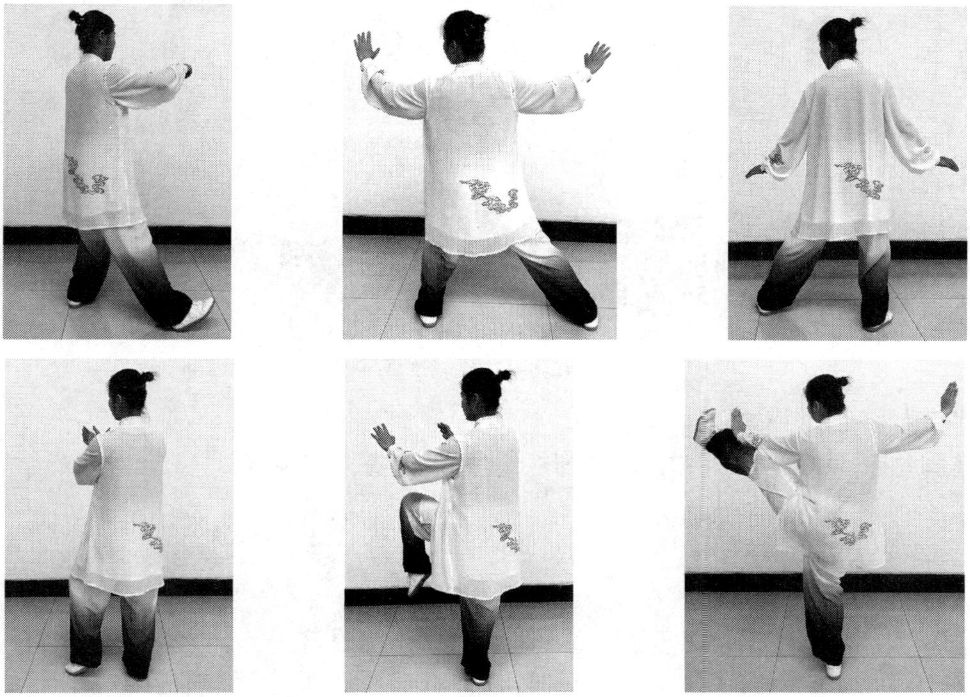

图 10-72　转身左蹬脚

第十六动:左下势独立(图 10-73)

收脚勾手,屈蹲撤步,仆步穿掌,弓腿起身,独立挑掌。

图 10-73　左下势独立

第十七动:右下势独立(图 10-74)

落脚勾手,碾脚转体,屈蹲撤步,仆步穿掌,弓腿起身,独立挑掌。

图 10-74　右下势独立

第十八动:左右穿梭(图 10-75)

1. 右穿梭:落脚抱球,转体上步,弓步架推。

2. 左穿梭:后坐撇脚,收脚抱球,转体上步,弓步架推。

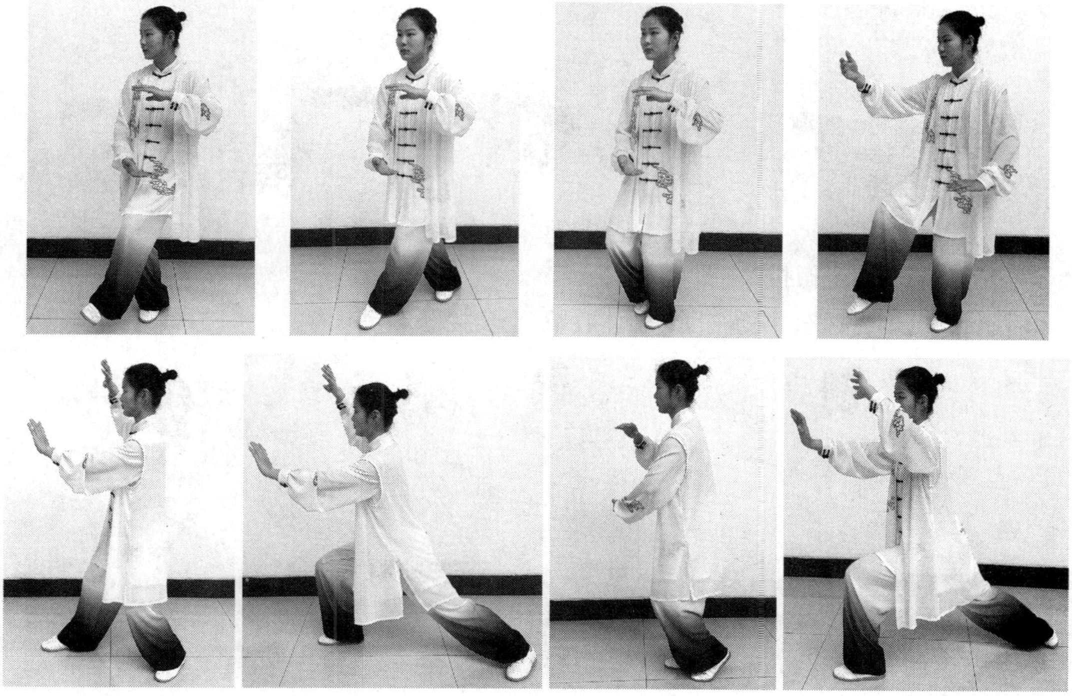

图 10-75　左右穿梭

第十九动:海底针(图 10-76)

跟步提手,虚步插掌。

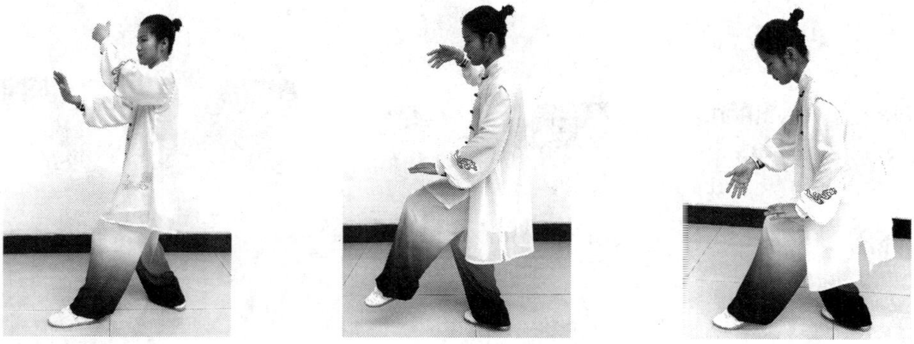

图 10-76　海底针

第二十动:闪通臂(图 10-77)

提手提脚,弓步推掌。

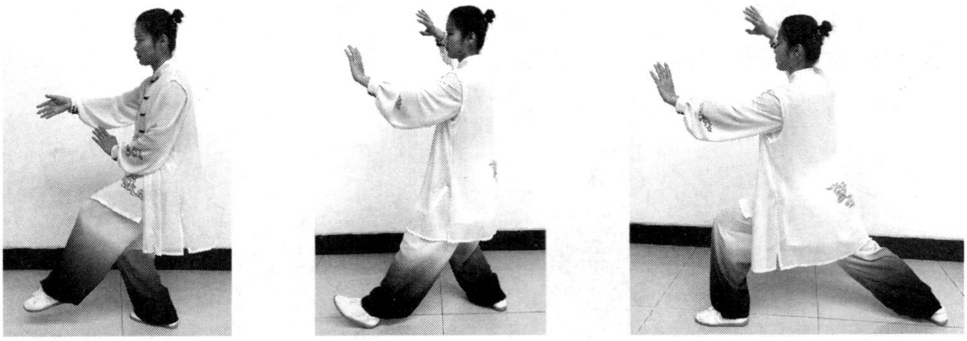

图 10-77　闪通臂

第二十一动:转身搬拦锤(图 10-78)

后坐扣脚,坐腿握拳,摆步搬拳,转体收拳,上步拦。

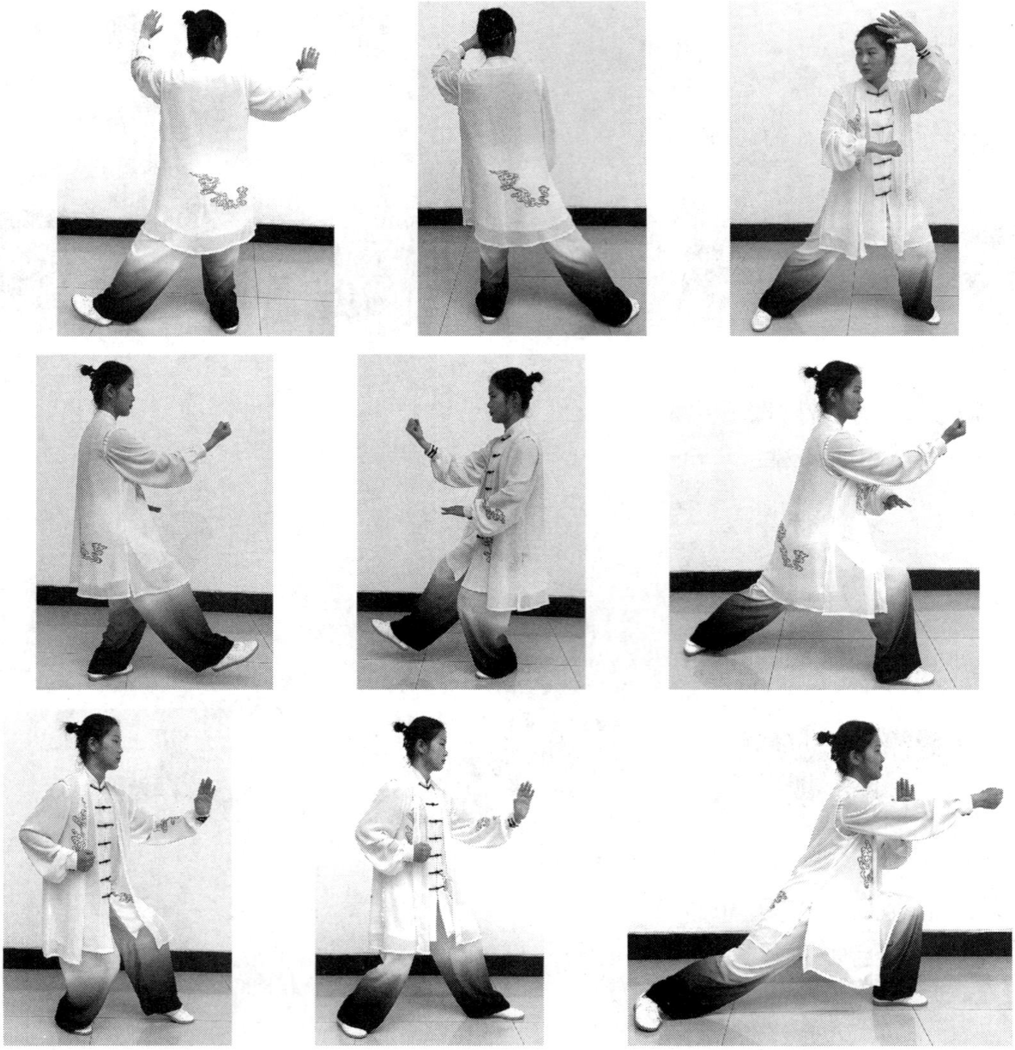

图 10-78　转身搬拦锤

第二十二动:如封似闭(图 10-79)

穿掌翻手,后坐收掌,弓步按掌。

图 10-79　如封似闭

第二十三动:十字手(图 10-80)

转体扣脚,弓步分手,坐腿扣脚,收脚合抱。

图 10-80　十字手

第二十四动：收势（图 10-81）

翻掌前撑，分手下落，收脚还原。

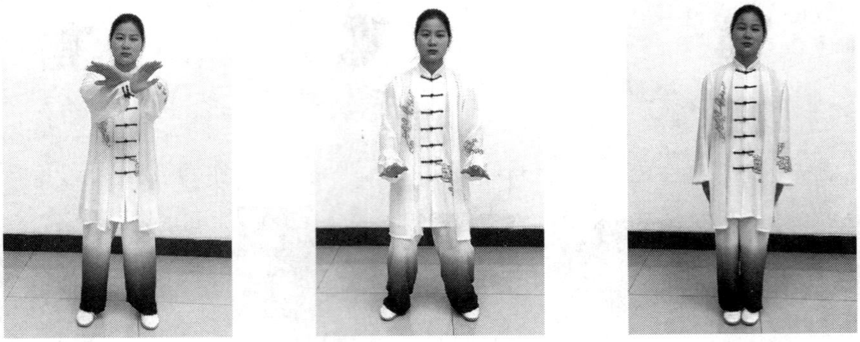

图 10-81　收势

第五节　武术竞赛基本规则

一、武术竞赛的组织

武术竞赛组织工作包括制定竞赛规程、成立竞赛组织机构、落实各竞赛事宜、组织裁判队伍等。

（一）制定竞赛规程

竞赛规程是整个竞赛工作的依据，是竞赛组织者和参加者的指导性文件。它是在竞赛前由主办单位依据竞赛的目的和任务而制定的。规程的内容要周全、文字精练，语言明确，并提前发至各有关单位及人员，便于理解和执行。

竞赛规程一般包括以下内容：竞赛的名称，主办、承办单位，日期和地点，参加单位和办法，竞赛性质和办法，项目，报名和报到，录取名次和奖励办法，裁判员和仲裁委员会的组成。

（二）组织机构

组委会：主任委员 1 人，副主任委员若干人，委员若干人。

组委会下设秘书处、竞赛处、仲裁委员会，分工负责竞赛各方面事宜。

（三）组织裁判队伍

1. 裁判员一般由主办单位确定

通常设总裁判长一人，副总裁判长 1—3 人；每组裁判设裁判长 1 人，裁判员 5—7 人（含副裁判长、计分员、计时员）；编排记录长一人，编排记录员 2—3 人；检录长 1 人，检录员 2—3 人，报告员 1—2 人。

2. 裁判员应具备的条件

（1）思想作风正派，有良好的职业道德。

（2）熟悉武术规则并掌握裁判法。

(3)掌握一定的武术技术与基本理论。

(4)身体健康、精力充沛。

(5)能严肃、认真、公正、准确地做好裁判工作。

二、武术竞赛的裁判实施

武术竞赛中的裁判工作主要由总裁判长、裁判长、裁判员来具体实施的。要做到各负其责,分工合作。完成各自具体任务和工作。

三、无难度评判的规定项目和自选项目

(一)评分方法

(1)裁判队伍由评判动作质量的裁判员 3 名(A 组)和评判演练水平的裁判员 3 名(B 组)及裁判长组成。

(2)各项目比赛满分为 10 分。其中动作质量的分值为 5 分,演练水平的分值为 5 分。

(3)A 组裁判员根据运动员现场完成动作时出现的错误进行扣分。

(4)B 组裁判员和裁判长根据运动员整套的现场演练评定等级分数,并对套路中的编排错误进行扣分。

(二)评分标准

1. 动作质量

运动员现场完成套路时,动作规格与要求不符,每出现一次扣 0. 10 分,其他错误每出现一次扣 0. 10—0. 30 分。

2. 演练水平

演练水平的评分包括演练水平等级的评分和套路编排的扣分。

(1)演练水平等级的评分。演练水平的总体要求是劲力充足,用力顺达,力点准确,手眼身法步配合协调(器械项目还需身械协调),节奏分明,风格突出,内容充实,编排合理,动作与音乐和谐一致。

演练水平等级的评分标准:按劲力、协调、节奏、风格、配乐的评分标准分为 3 档 9 级。其中,4. 21—5. 00 分为好,3. 01—4. 20 分为一般,1. 51—3. 00 分为不好。

(2)套路编排的扣分。运动员完成套路时,每增加或缺少一个规定的动作内容扣 0. 20 分。结构、布局、音乐与要求不符者,根据不同程度错误扣 0. 1—0. 5 分。

四、裁判员的示分

(1)A 组裁判员所示分数可到小数点后一位数。

(2)B 组裁判员和 C 组裁判员所示分数可到小数点后两位数。

五、无难度评判的规定项目与自选项目应得分数的确定

动作质量应得分和演练水平应得分之和,即为运动员的应得分数。

1. 动作质量应得分

A 组 3 名裁判员对运动员现场演练时出现的动作规格错误以及其他错误,按照自选项目动作规格及其他错误内容扣分标准的要求进行扣分,2 名以上裁判员对运动员同一个动作错误和其他错误扣分的累计之和,即为运动员的应扣分;用动作质量的分值减去应扣分,即为运动员的动作质量应得分。

2. 演练水平应得分

B 组 3 名裁判员和裁判长根据运动员整套的现场演练评定等级分数,取中间两个分数的平均值为演练水平的等级分。

B 组 3 名裁判员和裁判长共 4 人中,至少 2 人对运动员演练套路时的编排错误确认一致(每个错误的扣分均须同时确认)即为有效,经确认的编排错误的扣分之和为编排错误的扣分。

B 组 3 名裁判员和裁判长示出的运动员演练水平等级分的平均值,减去编排错误的扣分,即为运动员的演练水平应得分。

六、无难度评判的规定项目与自选项目最后得分的确定

裁判长从运动员的应得分中减去“裁判长的扣分”,即为运动员的最后得分。

七、裁判长的加分与扣分

(1)裁判长执行对套路时间不足或超出规定的扣分。

①完成集体项目、太极拳、太极剑套路,不足或超出规定时间在 5 秒以内者(含 5 秒),扣 0.10 分;在 5 秒以上至 10 秒以内者(含 10 秒),扣 0.20 分,依此类推。

②长拳、南拳、剑术、刀术、枪术、棍术、南刀、南棍、对练套路不足规定时间在 2 秒以内者(含 2 秒),扣 0.10 分;在 2 秒以上至 4 秒以内者(含 4 秒),扣 0.20 分,依此类推。

(2)如裁判员在评分中出现明显不合理的现象或明显错误时,在示出运动员的最后得分前,裁判长经总裁判组同意后,可作适当调整。

(3)运动员由于客观原因造成比赛套路中断者,经裁判长允许,可重做一次,安排在该组最后一名上场,不予扣分。

八、竞赛性质

(1)竞赛类型分为个人赛、团体赛、个人及团体赛。

(2)套路竞赛运动员年龄的分组:

①成年组:18 周岁(含)以上;

②青少年组:12 周岁至 17 周岁;

③儿童组:不满 12 周岁。

(3)套路运动按练习形式分为单练、对练和集体演练,按成绩分为甲、乙组。

(4)武术竞赛项目。

①长拳、太极拳、南拳、剑术、刀术、枪术、棍术、其他拳术、其他器械、对练项目(徒手对练、器械对练、徒手与器械对练)、集体项目(集体拳术、集体单器械、集体双器械、集体软器械)。

②其他拳术又可分为四类:形意、八卦、八极;通臂、劈挂、翻子;地躺、象形拳;查拳、花拳、炮拳、红拳、华拳、少林拳等。

③其他器械又可分为三类:单器械、双器械、软器械。

(5)武术竞赛时裁判员服装。

①裁判员应着赛会规定的统一服装,佩戴统一的裁判标志

②武术竞赛运动员服装:

a. 比赛时,必须穿规定的服装。

b. 服装上不得有多余的附带物。

c. 鞋子为武术鞋或运动鞋。

(6)竞赛场地:个人项目的场地长 14 米、宽 8 米,四周内沿应标明 5 厘米的边线,其周围至少有 2 米宽的安全区,在场地的两长边中间各作一条长 30 厘米、宽 5 厘米的中线标记;集体项目的场地长 16 米、宽 14 米,其四周内沿应标明 5 厘米宽的白色边线,周围至少有 1 米宽的安全区。场地上空从地面量起,至少有 8 米的无障碍空间。两个比赛场地之间的距离在 6 米以上。

第六节 武术教学的考核

一、基础班(1)

项目技能考核由 24 式太极拳第 1—4 组(即 1—11 个动作)动作组合(40 分)和五步拳(60 分)组成。

1. 24 式太极拳第 1—4 组(即 1—11 个动作)动作组合(40 分)

(1)方法:学生每 2 人一组演示动作组合。

(2)评分标准:

评分标准	分值
套路熟练,动作规格,方法清楚,节奏分明	36—40 分
套路较熟练,动作尚规格,方法尚清楚,遗忘 1 次	30—35 分
套路遗忘 3 次以内,但能够完成	24—29 分
套路遗忘 3 次以上,但能够完成	0—23 分

2. 五步拳(60 分)

(1)方法:学生每 2 人一组演示套路动作。

(2)评分标准:

评分标准	分值
姿态优美,发力协调,无遗忘	54—60 分
姿势较正确,发力较协调,无遗忘	48—53 分
发力协调,线路基本明晰,基本无遗忘	42—47 分
发力基本协调,线路模糊,偶有遗忘	37—41 分
发力不协调,线路不明晰,多次遗忘	0—36 分

二、基础班(2)

项目技能考核由 24 式太极拳第 5—8 组(即 12—24 个动作)动作组合(40 分)和太极拳基础桩法(60 分)组成。

1. 24 式太极拳第 5—8 组(即 12—24 个动作)动作组合(40 分)

(1)方法:学生每 2 人一组演示动作组合。

(2)评分标准:

评分标准	分值
套路熟练,动作规格,方法清楚,节奏分明	36—40 分
套路较熟练,动作尚规格,方法尚清楚,遗忘 1 次	30—35 分
套路遗忘 3 次以内,但能够完成	24—29 分
套路遗忘 3 次以上,但能够完成	0—23 分

2. 太极拳基础桩法(60 分)

(1)方法:学生每 2 人一组演示桩法技术。

(2)评分标准:

评分标准	分值
姿态优美,发力协调,无遗忘	54—60 分
姿势较正确,发力较协调,无遗忘	48—53 分
发力协调,线路基本明晰,基本无遗忘	42—47 分
发力基本协调,线路模糊,偶有遗忘	37—41 分
发力不协调,线路不明晰,多次遗忘	0—36 分

三、提高班(1)

项目技能考核由 24 式太极拳(40 分)和 8 式太极拳(60 分)组成。

1. 24 式太极拳(40 分)

(1)方法:学生每 2 人一组演示完整套路。

(2)评分标准:

评分标准	分值
套路熟练,动作规格,方法清楚,节奏分明	36—40 分
套路较熟练,动作尚规格,方法尚清楚,遗忘 1 次	30—35 分
套路遗忘 3 次以内,但能够完成,	24—29 分
套路遗忘 3 次以上,但能够完成,	0—23 分

2. 8 式太极拳(60 分)

(1)方法:学生每 2 人一组演示完整套路。

(2)评分标准:

评分标准	分值
姿态优美,发力协调,无遗忘	54—60 分
姿势较正确,发力较协调,无遗忘	48—53 分
发力协调,线路基本明晰,基本无遗忘	42—47 分
发力基本协调,线路模糊,偶有遗忘	37—41 分
发力不协调,线路不明晰,多次遗忘	0—36 分

四、提高班(2)

项目技能考核由两部分:24 式太极拳(40 分)和 16 式太极拳(60 分)组成。

1. 24 式太极拳(40 分)

(1)方法:学生每 2 人一组演示完整套路。

(2)评分标准:

分评标准	分值
套路熟练,动作规格,方法清楚,节奏分明	36—40 分
套路较熟练,动作尚规格,方法尚清楚,遗忘 1 次	30—35 分
套路遗忘 3 次以内,但能够完成	24—29 分
套路遗忘 3 次以上,但能够完成	0—23 分

2. 16 式太极拳(60 分)

(1)方法:学生每 2 人一组演示完整套路。

(2)评分标准:

评分标准	分值
姿态优美,发力协调,无遗忘	54—60 分
姿势较正确,发力较协调,无遗忘	48—53 分
发力协调,线路基本明晰,基本无遗忘	42—47 分
发力基本协调,线路模糊,偶有遗忘	37—41 分
发力不协调,线路不明晰,多次遗忘	0—36 分

第十一章　健美操

健美操动作丰富、变化多，其动作表现具有“健、力、美”的特征，包含较高的艺术性，不仅健身效果好，而且极具观赏性。同时所需的场地器材简单，练习形式多样，适合各年龄层次人群的特点，使人们在轻松、欢快的气氛中达到锻炼身体的目的，深受广大人民群众的喜爱。

第一节　健美操基本知识

一、健美操的起源与发展

健美操是在音乐伴奏下，以身体练习为基本手段、以有氧运动为基础，以达到增进健康、塑造形体和娱乐为目的的一项体育运动。按照从事健美操的目的、任务，健美操可分为健身性健美操和竞技性健美操两大类。

健身性健美操起源于 1968 年，最早是美国太空总署为太空人所设计的体能训练内容。医学博士库珀设计了一些动作并逐渐加上音乐伴奏和特定服装，形成了具有独特体系的运动，并很快风靡世界。

健美操作为一项独立的体育运动项目是在 20 世纪 70 年代末，其明显的标志就是《简·方达健美操》的出现。作为现代健美操运动的发起人之一，简·方达根据自己的亲身体会和实践编写了《简·方达健美操》一书并录制了录像带，自 1981 年首次在美国出版以来，一直畅销不衰，并被译成 20 多种文字，在世界 30 多个国家销售。它通常采用徒手或轻器械进行练习，是在氧供应充足的情况下，以人体有氧系统提供能量的一种运动形式。其运动特征是持续一定时间的中低强度的全身性运动，主要锻炼练习者的心肺功能，是发展有氧耐力素质的基础。健美操运动对人体健康具有良好的促进作用，尤其对控制体重、减肥、改善体型体态、提高协调性和韵律感具有良好的效果。

二、国际上重大健美操比赛

我国健美操发展简况

竞技健美操的首次国际比赛是由国际健美操联合会（IAF）在 1983 年举办的第一届国际健美操比赛，有近百名运动员参加。另外，比较著名的比赛还有由国际健美操冠军联合会（ANAC）举办的世界健美操冠军赛。国际体联（FIG）从 1995 年开始，每年举办国际体联（FIG）健美操世界锦标赛。随着规则的修订,从 2000 年起,每逢双数年举办一次世界锦标赛。除此以外,各个健美操国际组织还单独或联合举办各种世界健美操巡回赛和大奖赛。

第二节 健美操基本动作

健美操基本动作主要由基本步法和上肢动作两部分组成,其中基本步法是动作组合的最小单位。

一、基本步法

根据动作完成形式的不同,可以将基本步法分为五类:交替类、迈步类、点地类、抬腿类、和双腿类。

1. 交替类步法

两脚始终做依次交替落地的动作。

(1)踏步(March)(图 11-1)

一般描述:两腿原地依次抬起、落地。

技术要点:在下落时,踝、膝、髋关节依次有弹性地缓冲。

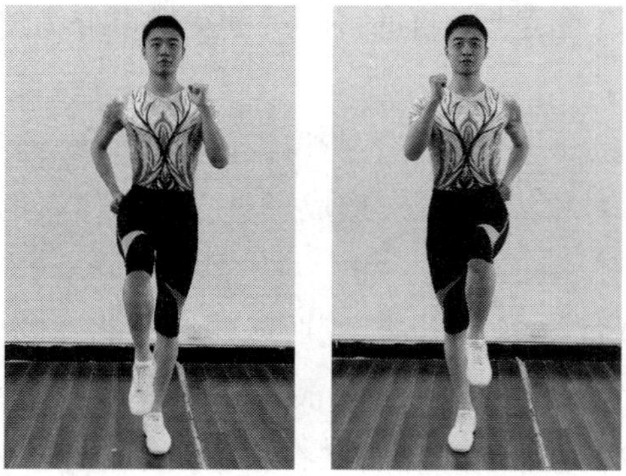

图 11-1 踏步

图 11-2 走步

(2)走步(Walk)(图 11-2)

一般描述:1-4 拍向前走 4 步或 1-4 拍向后退 4 步,5-8 拍方向相反。

技术要点:向前走时,脚跟先落地,过渡到全脚掌;向后走时则相反。在落地时,膝、踝关节有弹性地缓冲。

(3)一字步(Easywalk)(图 11-3)

一般描述:1-2 拍右脚向前 1 步,左脚并于右脚;3-4 拍依次还原;5-8 拍重复。

技术要点:向前迈步时,先脚跟着地,过渡到全脚掌;前后均要有并腿过程;每一拍动作膝关节始终有弹性地缓冲。

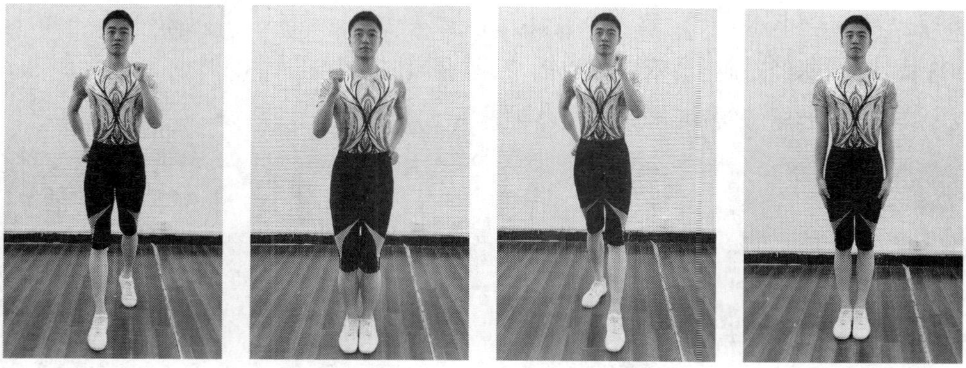

图 11-3　一字步

(4)V 字步(Vstep)(图 11-4)

一般描述:1 拍右脚向右前侧方迈一步,2 拍左脚向左前侧方迈一步,成两脚开立,屈膝,3-4 拍依次退回原位,5-8 拍重复。

技术要点:两腿膝、踝关节始终保持弹动状态,分开后成分腿半蹲,重心在两脚之间。

图 11-4　V 字步

(5)漫步(Mambo)(图 11-5)

一般描述:1-2 拍右脚向前迈出,屈膝,重心随之前移,左脚稍抬起,然后原地落下;3-4 拍右脚向后撤一步,重心后移,左脚稍抬起,然后原地落下;5-8 拍重复。

技术要点:两脚始终保持交替落地,身体重心随动作前后移动,但始终在两脚之间。

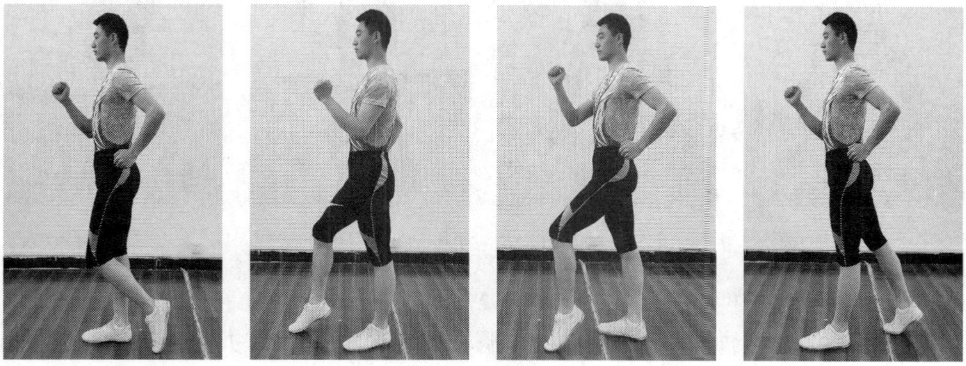

图 11-5　漫步

(6)跑步(Jog)(图 11-6)

一般描述:两腿经过腾空,依次落地缓冲,两臂屈肘摆臂。

技术要点:落地屈膝缓冲,脚跟尽量落地。

图 11-6 跑步

图 11-7 并步

2. 迈步类步法

一条腿先迈出一步,重心移到这条腿上,另一腿用脚跟、脚尖点地或吸腿、屈腿、踢腿等,然后向另一个方向迈步。

(1)并步(Steptouch)(图 11-7)

一般描述:1-2 拍右脚向右迈出,左脚并拢屈膝点地;3-4 拍反方向;5-8 拍重复。

技术要点:两膝始终保持弹动,动作幅度和力度可随风格而定。

(2)迈步点地(Steptap)(图 11-8)

一般描述:1-2 拍右脚向右侧迈一步,两腿经屈膝移重心,左脚向前、侧或后用脚尖或脚跟点地;3-4 拍反方向;5-8 拍重复。

技术要点:两膝同时有弹性地屈伸,重心移动轨迹呈弧形;上体不要扭转。

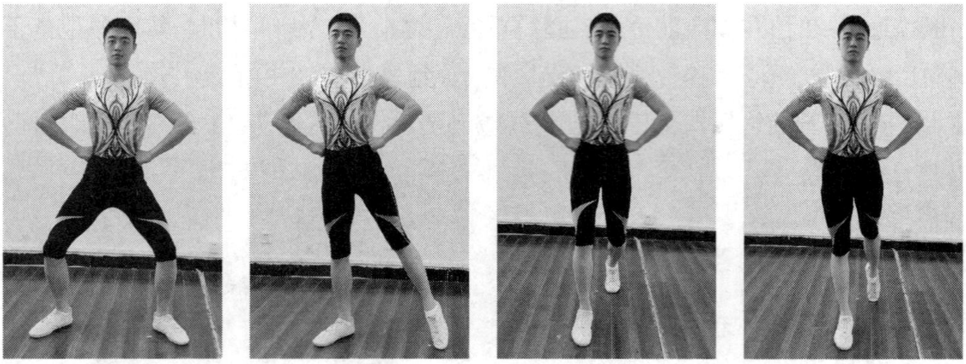

图 11-8 迈步点地

(2)迈步吸腿(Stepknee)(图 11-9)

一般描述:1-2 拍右脚向右迈出 1 步,左腿屈膝抬起;3-4 拍反方向;5-8 拍重复。

技术要点:经过屈膝半蹲,抬膝时支撑腿稍屈膝。

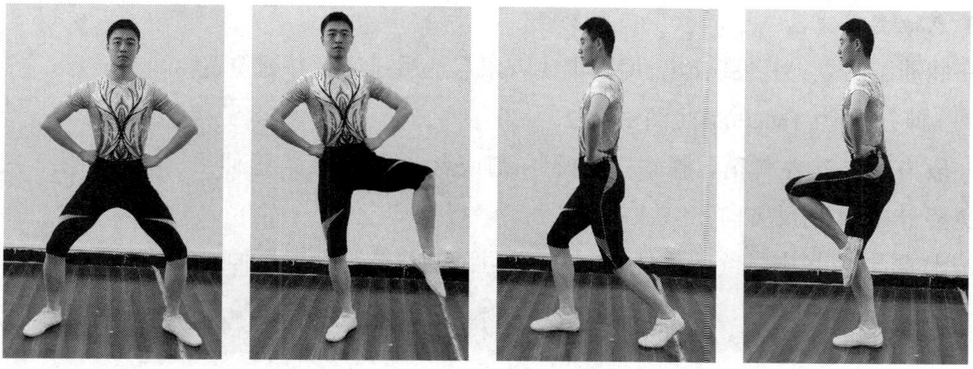

图 11-9　迈步吸腿

(4)迈步后屈腿(Stepcurl)(图 11-10)

一般描述:1-2 拍右脚向右侧迈出一步,左腿后屈;3-4 拍反方向;5-8 拍重复。

技术要点:经过屈膝半蹲,支撑腿稍屈膝,后屈腿的脚跟靠近臀部。

图 11-10　迈步后屈腿

(5)侧交叉步(Grapevine)(图 11-11)

一般描述:1-4 拍右脚向右侧迈 1 步,左脚在右脚后交叉,右脚再向右侧迈 1 步,左脚并拢,屈膝点地;5-8 拍反方向。

技术要点:第 1 步脚跟先落地,身体重心快速随着脚步而移动,保持膝、踝关节的弹动。

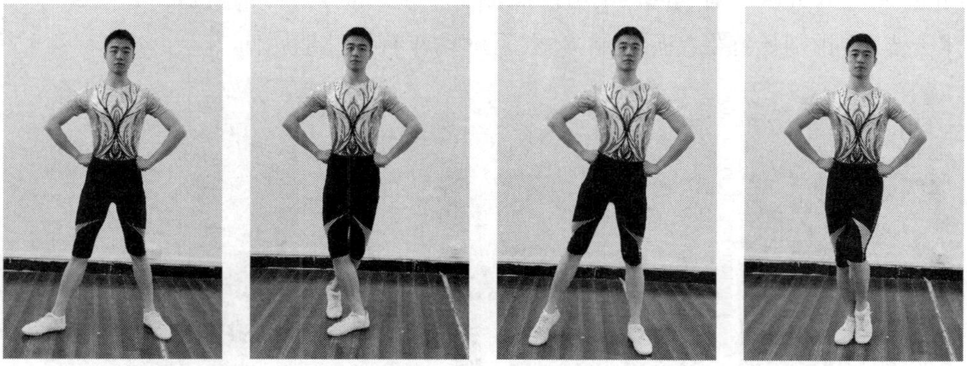

图 11-11　侧交叉步

3. 点地类步法

一腿屈膝站立，另一腿伸出，用脚尖或脚跟点地后还原到并腿位置。

（1）脚尖点地（Touchtap）（图 11-12）

一般描述：1 拍左腿稍屈膝站立，右腿向前或者向侧、向后点地伸出，脚尖点地；2 拍还原到并腿姿势；3-4 拍反方向；5-8 拍重复。

技术要点：支撑腿始终保持屈膝站立，并且随动作有弹性地屈伸。

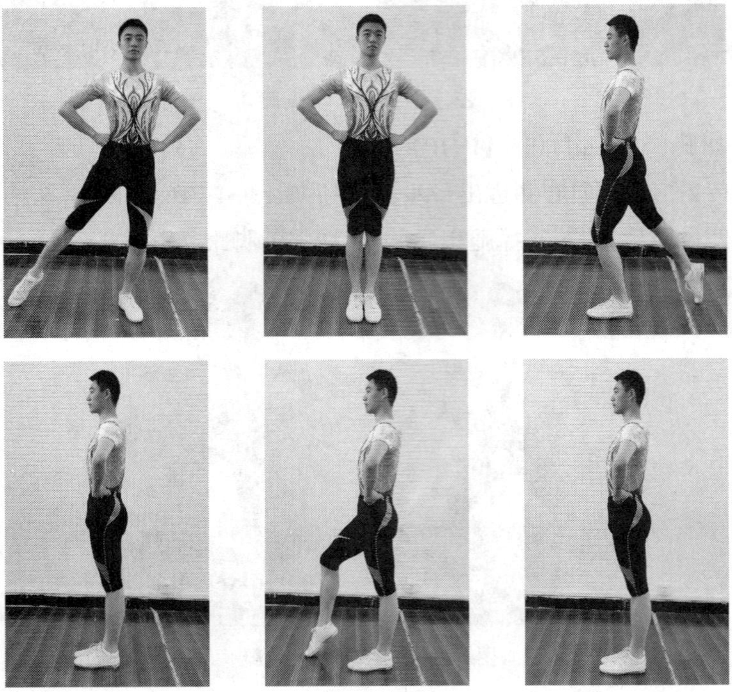

图 11-12　脚尖点地

（2）脚跟点地（Heeltap）（图 11-13）

一般描述：1 拍左腿稍屈膝站立，右腿伸出，脚跟点地；2 拍还原到并腿姿势；3-4 拍反方向；5-8 拍重复。只可做向前和向侧的脚跟点地。

技术要点：支撑腿始终保持屈膝站立，并且随动作有弹性地屈伸。

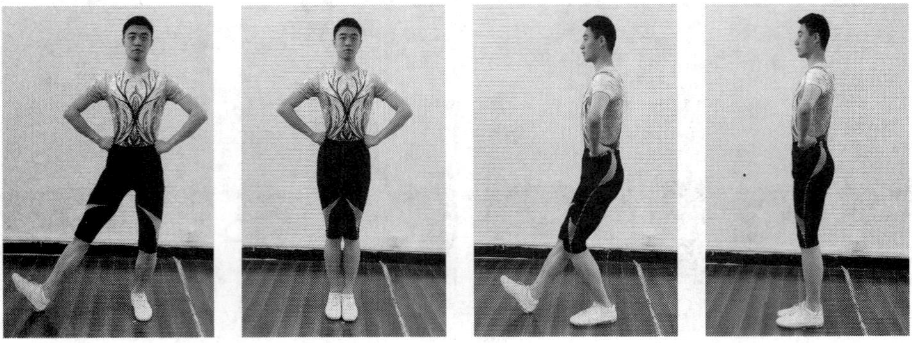

图 11-13　脚跟点地

4. 抬腿类步法

一腿站立,另一腿抬起。

(1)吸腿(Kneelift)(图 11-14)

一般描述:一腿屈膝抬起,落下还原。

技术要点:支撑腿保持屈膝弹动,大腿上抬超过水平,上体保持正直。

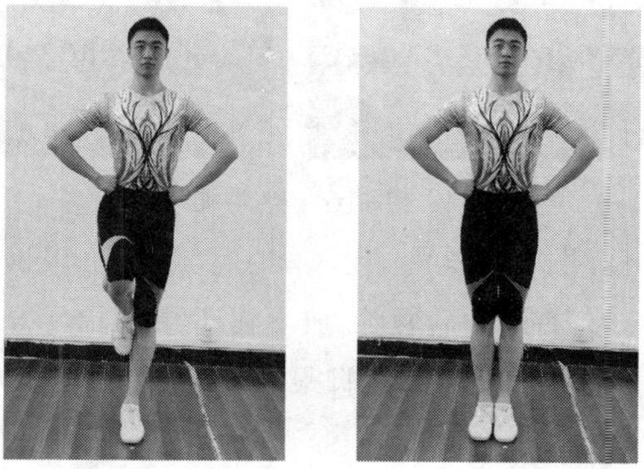

图 11-14　吸腿

(2)踢腿(图 11-15)

一般描述:一腿稍屈膝站立,另一腿抬起向前或向侧,然后还原。

技术要点:抬起腿不需很高,但要有控制;保持上体正直。

图 11-15　踢腿

(3)弹踢腿(Flick)(图 11-16)

一般描述:1-2 拍左腿跳起,右腿先向后屈,然后向前下方弹踢并还原;3-4 拍反方向;5-8 拍重复。

技术要点:腿弹出时要有控制,保持上体正直。

图 11-16　弹踢腿

(4)后屈腿跳(Legcurl)(图 11-17)

一般描述:1 拍左腿跳起,右腿向后屈膝,放下腿还原;2 拍反方向;3-8 拍重复。

技术要点:支撑腿保持弹性,两膝并拢,脚跟靠近臀部。

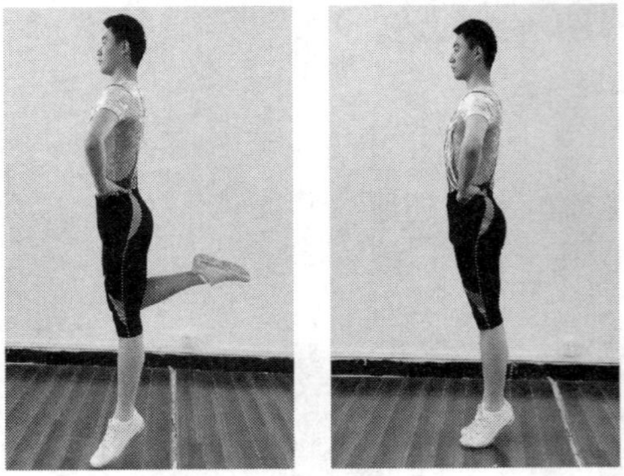

图 11-17　后屈腿跳

图 11-18　并腿跳

5. 双腿类步法

双腿站立,身体重心在两腿之间。

(1)并腿跳(Jump)(图 11-18)

一般描述:两腿并拢跳起。

技术要点:落地缓冲有控制。

(2)分腿跳(Squatjump)(图 11-19)

一般描述:分腿站立屈膝半蹲,向上跳起,分腿落地屈膝缓冲。

技术要点:屈膝半蹲时,大、小腿夹角不要小于 90°,空中注意身体的控制。

图 11-19　分腿跳

(3)开合跳(Jumping jack)(图 11-20)

一般描述:1 拍并腿跳起,分腿落地;2 拍再分腿起,并腿落地;3-8 拍重复。

技术要点:分腿屈膝蹲时,两脚自然外开,膝关节沿脚尖方向屈,膝关节夹角不小于 90°,脚跟落地。

图 11-20　开合跳

(4)半蹲(Squat)(图 11-21)

一般描述:1 拍两腿有控制地屈,2 拍伸,3-8 拍重复。可分为并腿半蹲和分腿半蹲。

技术要点:分腿半蹲时,两腿左右分开稍大于肩(或与肩同宽),脚尖稍外开,屈膝时关节角度不得小于 90°,膝关节对准脚尖方向,臀部向后 45°方向下蹲,上体保持直立。

图 11-21　半蹲

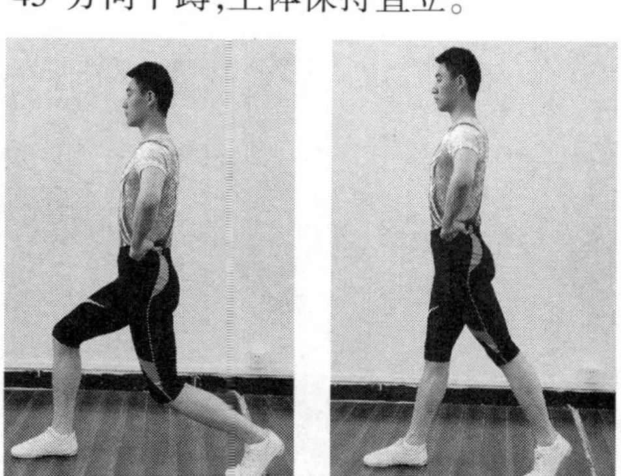

图 11-22　弓步

(5)弓步(Lunge)(图 11-22)

一般描述:1 拍右腿向前迈步分开,两脚平行站立、蹲下;2 拍还原;3-4 拍反方向;5-8 拍同 1-4 拍。

技术要点:半蹲时后腿膝关节向下,大腿垂直于地面,重心始终在两脚之间。

(6)提踵(Calfraise)(图 11-23)

一般描述:两腿脚跟抬起,落下脚跟稍屈膝。

技术要点:两腿夹紧,重心上提时,收紧腹部;落下时屈膝缓冲。

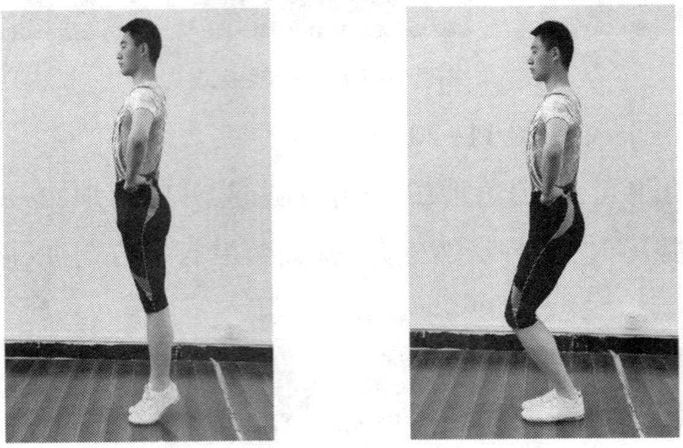

图 11-23 提踵

二、上肢动作

在完成基本步法时加入不同的手臂动作会使动作变得丰富多彩,还可提高动作的强度和难度。例如,手臂在肩以上的动作强度就大于手臂在肩以下的动作强度;手臂动作变化多的一组动作就难于手臂动作变化少的动作组合。另外,健美操的手臂动作除了自然摆动和一些舞蹈动作,主要是模仿上肢力量练习的一些动作。这样做既美观又能使练习更加有效。下面介绍几种常用的手型和手臂动作。

1. 常用手型

(1)拳(图 11-24)

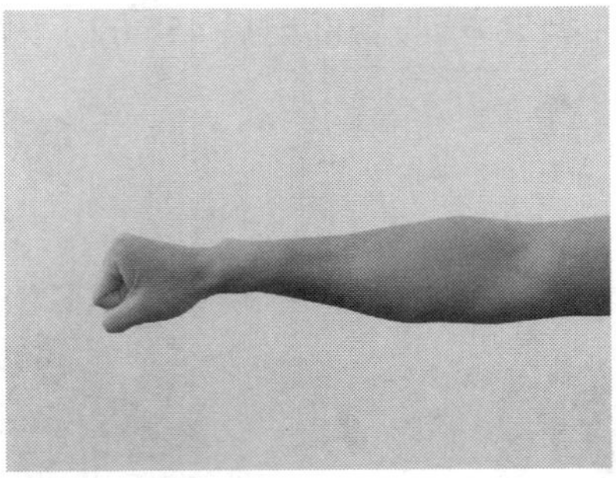

图 11-24 拳

(2)掌(图 11-25)

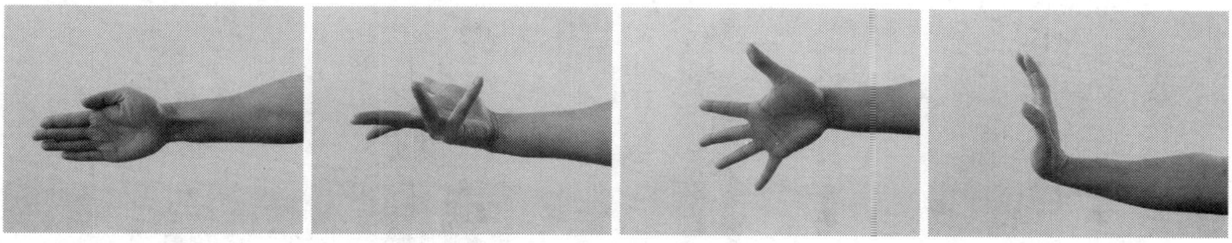

图 11-25　并掌、开掌、花掌、立掌

2. 上肢动作

(1)举。臂伸直向某方向抬起。

(2)屈臂摆动。屈肘在体侧自然摆动(图 11-26)。

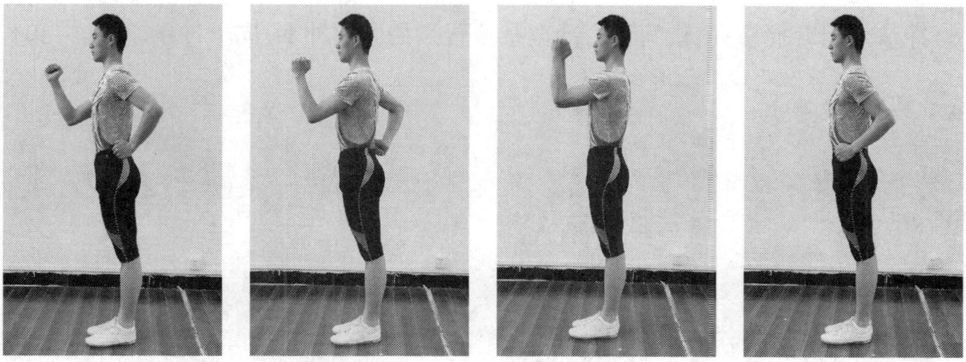

图 11-26　屈臂摆动

(3)屈臂提拉。臂由下举提至胸前平屈(图 11-27)。

(4)直臂提拉。臂由下举提至前平举或侧平举(图 11-28)。

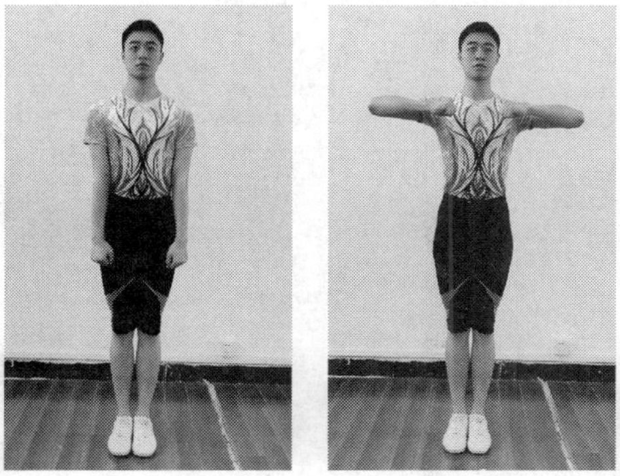

图 11-27　屈臂提拉

图 11-28　直臂向前提拉、向侧提拉

(5)推。立掌,臂由肩部向前推(图 11-29)。

图 11-29　前推、上推

(6)冲拳。屈臂握拳,由腰间猛力冲至某位置。如向前冲拳、向上冲拳(图 11-30)。

图 11-30　向前冲拳、向上冲拳

(7)交叉。两臂重叠成 X 形(图 11-31)。

图 11-31　胸前交叉

第三节 全国健美操大众锻炼标准

《全国健美操大众锻炼标准》是国家体育总局为进一步贯彻落实《全民健身计划纲要》，推动健美操在全国的进一步推广和普及，充分发挥健美操在全民健身运动中的作用，针对我国大众健身具体情况而设计的单项体育锻炼标准。通过练习，促锻炼者的体能水平逐渐得到提高，同时增加对健身知识的了解和认识，提高锻炼兴趣，从而达到健身、健心的目的。它一共分为四个层次六个级别：一级为入门，二、三级为初级，四、五级为中级，六级为高级。

一、一级测试套路

预备姿势：站立（图 11-32）。

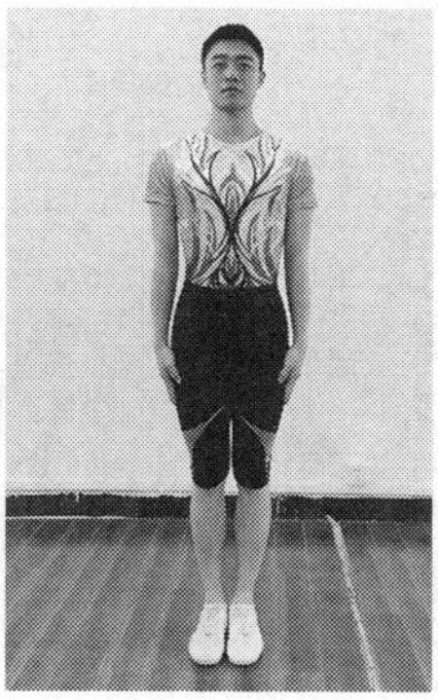

图 11-32 预备姿势

组合一（8×8）

①1-8 拍：右脚开始一字步 2 次，1-2 拍双臂胸前屈，3-4 拍后摆，5 拍胸前屈，6 拍上举，7 拍胸前屈，8 拍放于体侧。如图 11-33。

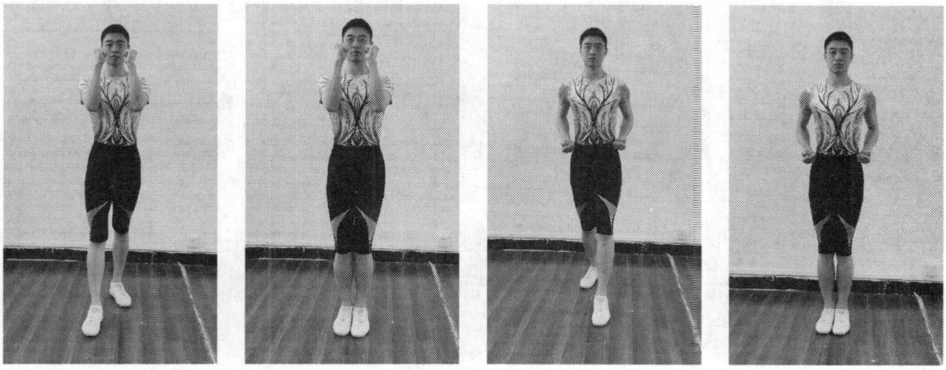

图 11-33 ①1-8 拍

②1-4 拍:右脚向前走 3 步吸腿。同时 1-3 拍双肩经前举后摆至肩侧屈,4 拍击掌。

5-8 拍:左脚向后走 3 步吸腿。手臂动作同上。如图 11-34。

图 11-34 ②1-8 拍

③1-4 拍:右脚侧并步 2 次。1 拍右臂肩侧屈,2 拍还原,3 拍左臂肩侧屈,4 拍还原。

5-8 拍:右脚向侧连续并步 2 次。5 拍双臂胸前平屈,6 拍还原,7-8 拍同 5-6 拍动作。如图 11-35。

图 11-35　③1-8 拍

④1-4 拍:左脚十字步。手臂自然摆动。

5-8 拍:左脚开始踏步 4 次。5 拍击掌,6 拍还原,7-8 拍同 5-6 拍动作。如图 11-36。

图 11-36　④1-8 拍

第⑤—⑧个八拍与第①—④个八拍动作相同,但方向相反。

组合二(8×8)

①1-8 拍:右脚开始前点地 4 次。1 拍双臂屈臂右摆,2 拍还原,3 拍左摆,4 拍还原,5 拍右臂摆至侧上举、左臂胸前平屈,6 拍还原,7-8 拍同 5-6 拍动作,但方向相反。如图 11-37。

图 11-37　①1-8 拍

②1-4 拍:右脚向右弧形走 270°。手臂自然摆动。

5-8 拍:并腿半蹲两次。5 拍双臂前举,6 拍右臂胸前平屈(上体右转),7 拍双臂前举,8 拍放于体侧。如图 11-38。

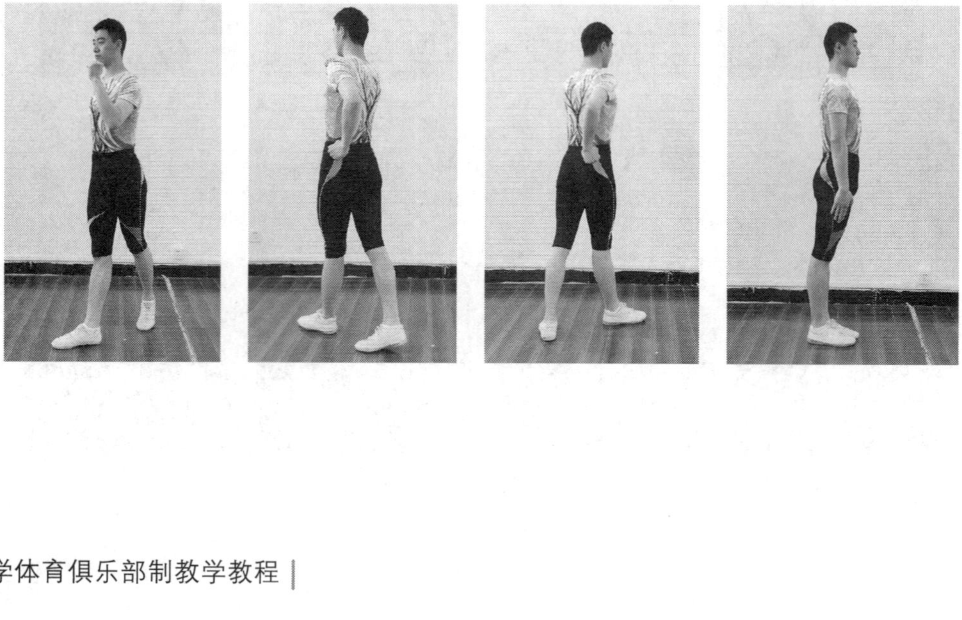

图 11-38　②1-4 拍

③1-4 拍:左脚上步吸腿后向右转体 90°。1 拍双臂前举,2 拍屈臂后拉,3 拍前举,4 拍还原。

5-8 拍:右脚上步吸腿。手臂动作同 1-4 拍动作。如图 11-39。

图 11-39　③1-8 拍

④1-8 拍:左脚开始向侧迈步后屈腿 4 次。手臂屈肘前后摆动。(图 11-40)

图 11-40　④1-8 拍

第⑤—⑧个八拍与第①—④个八拍动作相同,但方向相反。

组合三(8×8)

①1-4 拍:右脚向右交叉步。1-3 拍双臂经侧至上举,4 拍胸前平屈。

5-8 拍:左脚向侧迈步成分腿半蹲。5-6 拍双臂前举,7-8 拍放于体侧。如图 11-41。

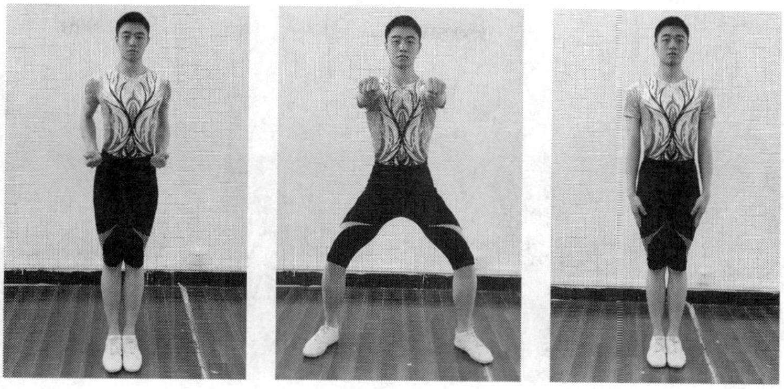

图 11-41 ①1-8 拍

②1-4 拍:右脚开始侧点地 2 次。1 拍右臂左前举、左臂屈肘于腰间,2 拍双臂屈肘于腰间,3-4 拍同 1-2 拍动作,但方向相反。

5-8 拍:右脚连续 2 次侧点地。5-8 拍同 1-2 拍动作,重复 2 次。如图 11-42。

图 11-42 ②1-4 拍

③1-8 拍:左腿开始向前走 3 步接吸腿 3 次。1 拍双臂肩侧屈外展,2 拍胸前交叉,3 拍同 1 拍动作,4 拍击掌,5 拍肩侧屈外展,6 拍腿下击掌,7-8 拍同 3-4 拍动作。如图 11-43。

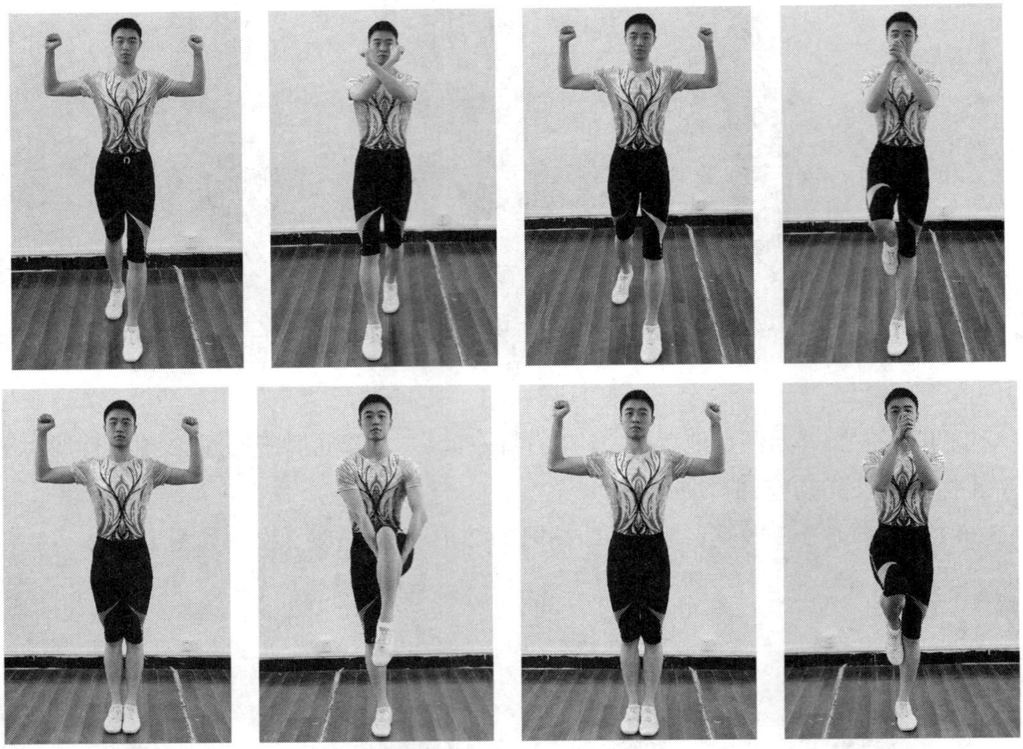

图 11-43　③1-8 拍

④1-8 拍:右腿开始向后走 3 步接吸腿 3 次。手臂动作同上。如图 11-44。

图 11-44　④1-8 拍

第⑤—⑧个八拍与第①—④个八拍动作相同,但方向相反。

组合四(8×8)

①1-4 拍:右腿开始 V 字步。1 拍右臂侧上举,2 拍双臂侧上举,3-4 拍击掌 2 次。

5-8 拍:右腿开始 A 字步。5 拍右臂侧下举,6 拍双臂侧下举,7-8 拍击掌 2 次。如图 11-45。

图 11-45 ①1-8 拍

②1-4 拍:右脚开始弹踢腿跳 2 次。1 拍双臂前举,2 拍下摆,3-4 拍同 1-2 拍动作。

5-8 拍:右脚连续弹踢 2 次。5 拍双臂前举,6 拍胸前平屈,7 拍同 5 拍动作,8 拍还原体侧。如图 11-46。

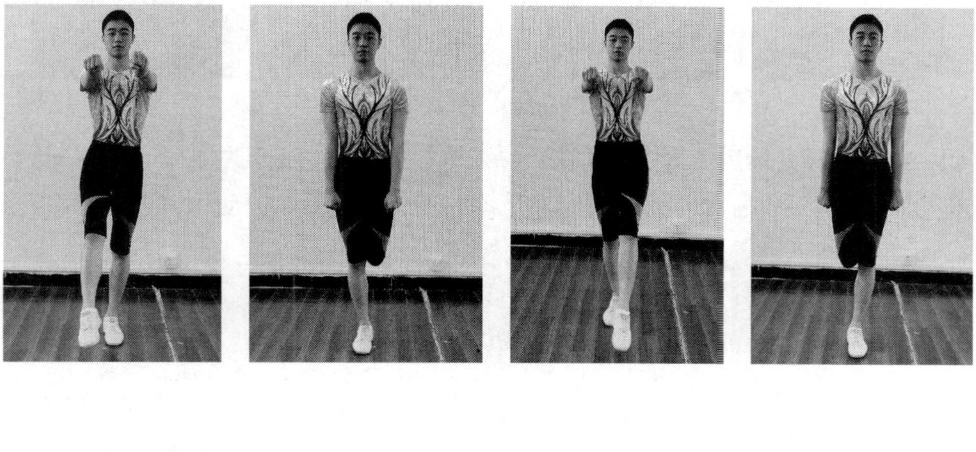

图 11-46　②1-8 拍

③1-8 拍：左腿漫步 2 次。双臂自然摆动。如图 11-47。

图 11-47　③1-8 拍

④1-8 拍：左脚开始迈步后点地 4 次。1-2 拍右臂经肩侧屈至左下举，3-4 拍同 1-2 拍动作，但方向相反；5-6 拍右臂经侧举至左下举，7-8 拍同 5-6 拍动作，但方向相反。如图 11-48。

图 11-48 ④1-8 拍

第⑤—⑧个八拍与第①—④个八拍动作相同,但方向相反。

结束姿势:右脚向右侧出一步成开立,同时右臂侧举,掌心向前。如图 11-49。

图 11-49 结束姿势

二、二级测试套路

预备姿势:站立

组合一(8×8)

①1-4 拍:右脚十字步。1 拍右臂侧举,2 拍左臂侧举,3 拍双臂上举,4 拍下举。

5-8 拍:向后走 4 步。屈臂自然摆动。

②1-8 拍:动作同第一个八拍,但向前走 4 步。

③1-6 拍:右脚开始 6 拍漫步。1-2 拍右手前举,3 拍双手叉腰,4-5 拍左手前举。

7-8 拍:右脚向后 1/2 后漫步。双臂侧后下举。

④1-2 拍:右脚向右并步跳。同时屈左臂自然摆动。

3-8 拍:左脚向右前方做前、侧、后 6 拍漫步。3-4 拍前平举弹动 2 次,5-6 拍侧平举,7-8 拍后斜下举。

第⑤—⑧个八拍与第①—④个八拍动作相同,但方向相反。

组合二(8×8)

①1-2 拍:右脚向右侧滑步,右臂侧上举,左臂侧平举。

3-4 拍:1/2 后漫步,双臂屈臂后摆。

5-6 拍:左脚向左前方作并步,击掌 3 次。

7-8 拍:右脚向右后方作并步,双手叉腰。

②1-2 拍:左脚向左后方作并步,击掌 3 次。

3-4 拍:右脚向右前方作并步,双手叉腰。

5-6 拍:左脚向左侧滑步,左臂侧上举,右臂侧平举。

7-8 拍:1/2 后漫步,双臂屈臂后摆。

③1-4 拍:右转 90°,右脚上步吸腿 2 次。双臂向前、向后下冲拳 2 次。

5-8 拍:左脚 V 字步左转 90°,双臂由右向左水平摆动。

④1-4 拍:左腿吸腿(侧点地)2 次,1 拍双臂胸前平屈,2 拍左臂上举,3 拍同 1 拍动作,4 拍还原。

5-8 拍:同 1-4 拍动作,但方向相反。

第⑤—⑧个八拍与第①—④个八拍动作相同,但方向相反。

组合三(8×8)

①1-4 拍:右脚侧并步跳,4 拍时右转 90°。双臂上举、下拉。

5-8 拍:左脚侧交叉步。双臂屈臂前后摆动,8 拍时,上体向左扭转 90°,朝正前方,双臂侧下举。

②1-4 拍:向右侧并步跳,4 拍时左转 90°。双臂上举、下拉。

5-8 拍:左脚开始侧并步 2 次。5-6 拍右臂前下举,7-8 拍左臂前下举。

③1-4 拍:左脚向前一字步。1 拍双臂肩上屈,2 拍双臂下举,3-4 拍双臂肩前屈。

5-8 拍:左、右依次分并腿。5-6 拍双臂上举掌心朝前,7-8 拍双手放膝上。

④1-4 拍:左脚向后一字步。1-2 拍手握拳侧下举,3-4 拍胸前交叉。

5-8 拍:左、右依次分并腿 2 次。双臂经胸前交叉侧上举 1 次,侧下举 1 次。

第⑤—⑧个八拍与第①—④个八拍动作相同,但方向相反。

组合四(8×8)

①1-8 拍:右脚开始小马跳 4 次,向侧向前成梯形。1-2 拍右臂体侧向内绕环,3-4 拍换左臂,5-8 拍同 1-4 拍动作。

②1-4 拍:右脚开始弧形跑 4 步,右转 270°。屈臂自然摆动。

5-8 拍:开合跳 1 次。5-6 拍双手放腿上,7 拍击掌,8 拍放于体侧。

③1-4 拍:右脚向右前上步后屈腿。1 拍双臂胸前交叉,2 拍右臂侧举、左臂上举,3 拍同 1 拍动作,4 拍双手叉腰。

5-8 拍:右转 90°,左脚向前上步后屈腿。手臂动作同 1-4 拍,但方向相反。

④1-4 拍:右、左侧点地各 1 次。1 拍右手左前下举,2 拍双手叉腰,3-4 拍同 1-2 拍动作,但方向相反。

5-8 拍:右脚上步向前转脚跟,还原。5 拍双臂胸前平屈,6 拍前推,7 拍同 5 拍动作,8 拍放于体侧。

第⑤—⑧个八拍与第①—④个八拍动作相同,但方向相反。

三、三级测试套路

预备姿势:站立

组合一(8×8)

①1-4 拍:右脚向侧迈步后屈腿 2 次,第 2 拍时右转 90°。1-2 拍右臂摆至侧上举,左臂摆至胸前平屈,3-4 拍同 1-2 拍动作,但方向相反。

5-8 拍:向右迈步后屈腿 2 次,第 6 拍时右转 180°。双手叉腰。

②1-2 拍:1/2V 字步。1 拍右臂侧上举,2 拍左臂侧上举。

3-8 拍:6 拍漫步,第 8 拍时左转 90°。手臂随脚步动作自然前后摆动。

③1-4 拍:右脚开始交叉步,第 4 拍时右转 90°。1 拍双臂前举,2 拍胸前平屈,3 拍同 1 拍动作,4 拍击掌。

5-8 拍:左脚开始交叉步。手臂动作同 1-4 拍动作。动作路线为 L 型。

④1-4 拍:右脚侧并步跳,1/2 后漫步。1-2 拍双臂侧上举,3-4 拍右臂摆至体后,左臂摆至体前。

5-8 拍:左转 90°,左脚开始小马跳 2 次。5-6 拍右臂上举,7-8 拍左臂上举。

第⑤—⑧个八拍与第①—④个八拍动作相同,但方向相反。

组合二(8×8)

①1-4 拍:右脚向右前上步吸腿 2 次,双臂自然摆动。

5-6 拍:左脚向后交换步,双臂随下肢动作自然摆动。

7-8 拍:右脚上步吸腿。双臂自然摆动。

②1-4 拍:左脚向右侧交叉步。双臂随步伐向反方向臂屈伸。

5-8 拍:右转 45°,左脚作漫步。5-6 拍双臂肩侧屈外展,7-8 拍经体前交叉摆至侧下举。

③1-4 拍:左脚十字步,同时左转 90°。双臂自然摆动。

5-8 拍:左脚向侧并步跳 2 次。双臂自然摆动。

④1-8 拍:左脚漫步 2 次,右转 90°。双臂自然摆动。

第⑤—⑧个八拍与第①—④个八拍动作相同，但方向相反。

组合三(8×8)

①1-6 拍：右脚作侧点地 3 次。1-2 拍右臂向下臂屈伸，3-4 拍左臂向下臂屈伸，5-6 拍同 1-2 拍动作。

7-8 拍：左脚开始向前走 2 步。击掌 2 次。

②1-4 拍：左脚吸腿跳 2 次。1 拍侧上举，2 拍双臂胸前平屈，3 拍同 1 拍动作，4 拍叉腰。

5-8 拍：吸右腿跳，向后落地，转体 180°，吸右腿。双手叉腰。

③1-4 拍：左脚向前走 3 步吸腿跳，同时向左转体 180°。1-3 拍叉腰，4 拍击掌。

5-8 拍：右脚向前走 3 步吸腿。5-6 拍手臂同时经前向下摆，7-8 拍经肩侧屈外展至体前击掌。

④1-8 拍：左脚开始侧并步 4 次，呈 L 型。双臂作屈臂提拉 4 次。

第⑤—⑧个八拍与第①—④个八拍动作相同，但方向相反。

组合四(8×8)

①1-4 拍：右腿上步吸腿。双臂作向前冲拳、后拉 2 次。

5-8 拍：左脚向前走 3 步吸腿。手臂同时经前向下摆，第 8 拍时击掌。

②1 拍：右脚向侧迈步，双臂侧上举。

2-3 拍：左脚向右前 1/2 前漫步，手臂随脚步动作自然摆动。

4 拍：左脚向侧迈步，双臂侧上举。

5-8 拍：右脚向左前方作漫步。双臂自然摆动。

③1-6 拍：右脚上步吸腿 3 次。1 拍肩侧屈外展，2 拍击掌，3-6 拍同 1-2 拍动作。

7-8 拍：左脚前 1/2 漫步。双臂自然摆动。

④1-8 拍：左转 90°向左作侧交叉步转体 180°接侧交叉步。1-4 拍双臂作外展、内收、外展、击掌，5-8 拍同 1-4 拍动作。

第⑤—⑧个八拍与第①—④个八拍动作相同，但方向相反。

第四节　大众健美操比赛基本规则

大众健美操比赛可分为规定动作比赛和自选动作比赛。每场比赛，各参赛队按照赛前抽签的顺序，在比赛场地侧面的候场区候场，被叫到后在 20 秒内上场进行展示，完成展示后下场，在候分区等待裁判组的评分。按照得分从高到低的顺序评定名次。

一、比赛场地与设备

赛台高 80—100 厘米，比赛场地为 12 米×12 米的地板或地毯，后面有背景遮挡。裁判席设在场地的正前方。

二、比赛服装

着健身服或运动式休闲服和运动鞋(旅游鞋式,不可穿球鞋、体操鞋等),服装上可有亮片等装饰物,女运动员可化淡妆,比赛时运动员不得佩戴首饰。

三、裁判组组成

裁判组由1名裁判长、5—7名裁判员、1名统计长、2—3名记录员、1名计时员(自选动作比赛)、1—2名放音员、2—3名检录员、1名宣告员组成,也可依据比赛规模大小适当增减裁判员人数。

四、评分方法

(1)成套动作满分为10分制,裁判员评分精确到0.1分。

(2)裁判员评分去掉1个最高分和1个最低分,中间3个分数平均分即为总分,再减去裁判长减分即为最终得分。

五、裁判长减分

裁判长对比赛的过程进行组织和监控,并对下列情况进行减分,每项均减0.2分:

(1)被叫到后20秒内未出场。

(2)参赛人数不符合规定。

(3)成套时间不足或超过。

(4)着装不符合规定。

(5)比赛时掉物或装束散落。

六、评分因素

(1)规定动作评分(10分)

①表演和团队精神(4分)

★表现力与热情:动作要展示内心的激情,体现一种健康和向上的情绪。

★队形:队形变化清晰、流畅,体现集体配合意识。

★一致性:集体动作整齐,每个人在完成动作的时间、空间、能力和表现力上一致。

②动作完成(6分)

★动作的正确性:身体姿态舒展、动作技术正确、动作范围适当。

★动作的熟练性:动作熟练无漏做动作。

★身体的协调性:全身协调运动,动作轻松、有弹性,动作清晰、无多余动作。

★连接动作的流畅性:动作连接自然流畅,转换及方向变化要干净,无多余动作。

★动作与音乐:动作要充分表现音乐的情绪,和音乐节奏配合要准确。

(2)自选动作评分(10 分)

①动作设计(3 分)

★主题健康、充满活力。

★风格突出、富有创意。

★动作类型丰富,动作转换自然流畅。

★安全性。

★音乐的选择与动作风格相一致并配合协调,录音质量高且清晰。

★充分利用场地空间。

★服饰选择美观协调。

②动作完成(4 分)

★动作完成轻松、准确、流畅。

★动作完成能体现所选择主题的风格和特点。

★动作与音乐必须协调一致,包括风格、结构、动效等方面。

★基本姿态和技术正确,动作优美。

③表演和团队精神(3 分)

★表现力和热情:动作要展示内心激情,表现一种健康、向上情绪。

★队形:队形改变清楚、流畅,体现集体配合意识。

★一致性:集体动作整齐,每个人在完成动作时间、空间、能力和表现力上一致。

第五节　健美操教学的考核

一、基础班(1)

考核内容:全国健美操大众锻炼标准规定套路一级(100 分)。

(1)方法:4 人一组,以团体形式进行;

(2)评分标准:

评分标准	分值
熟练完成套路,与音乐配合准确,动作规范、无错漏,有表现力	90—100 分
独立完成动作,动作规范、无错漏,基本能与音乐配合	80—89 分
基本能独立完成动作,动作较规范、无错漏,基本能与音乐配合	70—79 分
基本独立完成动作,动作不规范、有一两处错漏,基本能与音乐配合	60—69 分
不能独立完成动作,动作不规范、有多处错漏,不能与音乐配合	0—59 分

二、基础班(2)

项目技能考核由二级规定动作完整展示(40 分)和二级规定动作团队表演(60 分)

组成。

1. 二级规定动作完整展示(40 分)

(1)方法:4 人一组,跟随音乐完成整套动作的展示;

(2)评分标准:

评分标准	分值
熟练完成套路,与音乐配合准确,动作规范、无错漏,有表现力	36—40 分
独立完成动作,动作规范、无错漏,基本能与音乐配合	32—35 分
基本能独立完成动作,动作较规范、无错漏,基本能与音乐配合	28—31 分
基本独立完成动作,动作不规范、有一两处错漏,基本能与音乐配合	24—27 分
不能独立完成动作,动作不规范、有多处错漏,不能与音乐配合	0—23 分

2. 二级规定动作团队表演(60 分)

(1)方法:6 至 8 人一组,以团体形式进行完整套路表演;

(2)要求:在不改变动作的基础上,自编符合健美操队形变化要求的表演队形,队形变化不少于 8 个,不包括开头和结尾的造型。

(3)评分标准:

评分标准	分值
熟练完成套路,动作规范、一致性好,与音乐配合准确,队形变化合理、新颖、迅速,12 个以上队形,有表现力,没有错误	54—60 分
动作较规范、一致性好,与音乐配合准确,队形变化合理、迅速,11 个以上队形。只有一到两处小错误	48—53 分
动作较规范、基本一致,能够与音乐相配合,队形变化基本合理,10 个以上队形,两到三处小错误	42—47 分
动作基本一致,8 个以上队形变化。有三处以上小错误或一处大错误	36—41 分
动作不一致,队形少于 8 个,有多处错漏,不能与音乐配合	0—35 分

三、提高班(1)

项目技能考核由三级规定动作完整展示(40 分)和三级规定动作团队表演(60 分)组成。

1. 三级规定动作完整展示(40 分)

(1)方法:4 人一组,跟随音乐完成整套动作的展示;

(2)评分标准:

评分标准	分值
熟练完成套路,与音乐配合准确,动作规范、无错漏,有表现力	36—40 分
独立完成动作,动作规范、无错漏,基本能与音乐配合	32—35 分
基本能独立完成动作,动作较规范、无错漏,基本能与音乐配合	28—31 分
基本独立完成动作,动作不规范、有一两处错漏,基本能与音乐配合	24—27 分
不能独立完成动作,动作不规范、有多处错漏,不能与音乐配合	0—23 分

2. 三级规定动作团队表演(60 分)

(1)方法:6 至 8 人一组,以团队形式进行完整套路表演;

(2)要求:在不改变动作的基础上,自编符合健美操队形变化要求的表演队形,队形变化不少于 8 个,不包括开头和结尾的造型。

(3)评分标准:

评分标准	分值
熟练完成套路,动作规范、一致性好,与音乐配合准确,队形变化合理、新颖、迅速,12 个以上队形,有表现力,没有错误	54—60 分
动作较规范、一致性好,与音乐配合准确,队形变化合理、迅速,11 个以上队形。只有一到两处小错误	48—53 分
动作较规范、基本一致,能够与音乐相配合,队形变化基本合理,10 个以上队形,两到三处小错误	42—47 分
动作基本一致,8 个以上队形变化。有三处以上小错误或一处大错误	36—41 分
动作不一致,队形少于 8 个,有多处错漏,不能与音乐配合	0—35 分

四、提高班(2)

项目技能考核由四级规定动作完整展示(40 分)和四级规定动作团队表演(60 分)组成。

1. 四级规定动作完整展示(40 分)

(1)方法:4 人一组,跟随音乐完成整套动作的展示;

(2)评分标准:

评分标准	分值
熟练完成套路,与音乐配合准确,动作规范、无错漏,有表现力	36—40 分
独立完成动作,动作规范、无错漏,基本能与音乐配合	32—35 分
基本能独立完成动作,动作较规范、无错漏,基本能与音乐配合	28—31 分
基本独立完成动作,动作不规范、有一两处错漏,基本能与音乐配合	24—27 分
不能独立完成动作,动作不规范、有多处错漏,不能与音乐配合	0—23 分

2. 四级规定动作团队表演(60 分)

(1)方法:6 至 8 人一组,以团队形式进行完整套路表演,教师评分;

(2)要求:在不改变动作的基础上,自编符合健美操队形变化要求的表演队形,队形变化不少于 8 个,不包括开头和结尾的造型。

(3)评分标准：

评分标准	分值
熟练完成套路，动作规范、一致性好，与音乐配合准确，队形变化合理、新颖、迅速，12个以上队形，有表现力，没有错误	54—60 分
动作较规范、一致性好，与音乐配合准确，队形变化合理、迅速，11 个以上队形。只有一到两处小错误	48—53 分
动作较规范、基本一致，能够与音乐相配合，队形变化基本合理，10 个以上队形，两到三处小错误	42—47 分
动作基本一致，8 个以上队形变化。有三处以上小错误或一处大错误	36—41 分
动作不一致，队形少于 8 个，有多处错漏，不能与音乐配合	0—35 分

第十二章　体育舞蹈

第一节　体育舞蹈基本知识

一、体育舞蹈的起源与发展

体育舞蹈原名“社交舞”，又称“国际标准舞”，英文为“Ballroom Dancing”，起源于欧洲贵族在宫廷举行的交谊舞会。法国革命后，Ballroom Dancing 流传民间至今。第二次世界大战后，美国人将该舞蹈传播到世界各地，并形成跳舞热潮，至今不衰。

它发展于 1924 年，欧美舞蹈界人士在广泛研究传统宫廷舞、交谊舞及拉美国家的各式舞的基础上，对其进行了改造，于 1925 年分化为华尔兹、探戈、狐步、快步等四种舞，总称摩登舞。1950 年，英国主办了首届世界性舞蹈大赛“黑池舞蹈节”，并把规范后的舞蹈命名为国际标准交谊舞，之后每年的 5 月底，在英国的“黑池”举办一届世界性的舞蹈大赛。随着这种舞蹈在全世界的不断推广，其自身也得到了发展。

1960 年，非洲和拉美一些国家的民间舞被规范加工后又增加了拉丁舞的比赛，进而形成了现今国际公认的摩登舞、拉丁舞两大项群十种舞蹈。国际上有两个知名的国际体育舞蹈组织：国际体育舞蹈联合会和世界舞蹈及体育舞蹈理事会。其中，国际体育舞蹈联合会于 1935 年在布拉格成立，世界舞蹈及体育舞蹈理事会于 1950 年在爱丁堡成立。目前，体育舞蹈已成为体育运动项目之一，并于 2000 年成为悉尼奥运会表演项目。

体育舞蹈于 20 世纪 30 年代传入我国，在 80 年代发展较快，我国爱好者先后与日本、美国、英国等国家的舞者进行了交流。1991 年 5 月，中国体育舞蹈运动协会成立。从 1998 年开始，体育舞蹈被列入文化部“荷花奖”的评奖单项。

国务院发布实施的《全民健身计划纲要》，将体育舞蹈列为推广项目之一。在“终身体育”和“健康第一”的思想指引下，体育舞蹈作为形体美与音乐美的结合，符合大学生对美的追求和陶冶情操、锻炼身体的身心发展需求，已走入大学体育课堂，成为大学体育教育和业余活动的一道靓丽风景线。

二、体育舞蹈舞种简介

体育舞蹈是以男女为伴的一种步行式双人舞的竞赛项目，按照体育舞蹈的风格和技术结构可分为两大类:摩登舞、拉丁舞;按照竞赛项目可分为三大类:摩登舞、拉丁舞、团体舞(队列舞)。摩登舞包括维也纳华尔兹、华尔兹、探戈、狐步舞和快步舞,拉丁舞包括恰恰恰、桑巴、伦巴、斗牛舞和牛仔舞。这10个舞种均有各自独特的舞曲、舞步及风格。

(一)摩登舞(Modern)

摩登舞又称"标准舞",体育舞蹈项群之一。特点是由贴身握抱的姿势开始,沿着舞程线逆时针方向绕场行进。步法规范严谨,上体和胯部保持相对稳定挺拔,在音乐中完成各种前进、后退、横向、旋转、造型等舞步动作,端庄典雅。曲调大多抒情优美,旋律感强。服饰雍容华贵,男士一般着燕尾服,女士着过膝长裙。

1. 维也纳华尔兹(Viennese Waltz)

维也纳华尔兹用Vw表示,也称"快三步"。舞曲旋律流畅华丽,节奏轻松明快,为3/4拍节奏,每分钟56—60小节,每小节三拍,第一拍为重拍,第四拍为次重拍,基本步法是六拍走六步,两小节为一循环,一小节为一次起伏。基本动作是左右快速旋转步,完成反身、倾斜、摆荡、升降等技术。舞步平稳轻快,翩跹回旋,热烈奔放,舞姿高雅庄重。该项目源于奥地利的一种被称为"圆舞"的农民舞蹈。约翰·施特劳斯为维也纳华尔兹谱写了许多著名的圆舞曲。

2. 华尔兹(Waltz)

华尔兹用W表示,也称"慢三步"。舞曲旋律优美抒情,节奏为3/4的中慢板,每分钟28—30小节,每小节三拍为一组舞步,每拍一步,第一拍为重拍,三步一起伏循环。通过膝、踝、足底、跟掌趾的动作,结合身体的升降、倾斜、摆荡,带动舞步移动,使舞步起伏连绵,舞姿华丽典雅,是维也纳华尔兹(快三步)的变化舞种。19世纪中叶,维也纳华尔兹传到美国,由于当时美国崇尚舒缓、优美的舞蹈和音乐,于是将快节奏的维也纳华尔兹逐渐改变成悠扬而缓慢、有抒情性旋律的慢华尔兹舞曲,舞蹈也改变成连贯滑动的慢速步型,发展成今天的华尔兹。

3. 探戈(Tango)

探戈用T表示。2/4拍节奏,每分钟30—34小节,每小节二拍,第一拍为重拍。舞步有快步和慢步,快步(Quick)占半拍,用Q表示;慢步(Slow)占一拍,用S表示。基本节奏是慢、慢、快、快、慢(S、S、Q、Q、S),舞曲节奏带有停顿并强调切分音;舞步顿挫有力,潇洒豪放;身体无起伏、无升降、无旋转;表情严肃,有左顾右盼的头部闪动动作。该舞种源于阿根廷民间,20世纪传入欧洲上层社会,后流行于世界各国。

4. 狐步舞(Foxtrot)

狐步舞也称"福克斯",用F表示。舞曲抒情流畅,节奏为4/4拍,每分钟28—30小节,每小节四拍,第一拍为重拍,第三拍为次重拍,基本步法是四拍走三步,每四拍为一循环。分快、慢步,第一步为慢步(S),占二拍;第二、三步为快步(Q),各占一拍。基本节奏为慢、快、快(S、Q、Q)。以足踝、足底、掌趾的动作,完成升降起伏,注重反身、肩引导和倾斜技术,舞步流畅平滑，步幅宽大，舞态优雅，从容飘逸，似行云流水。狐步舞20世纪起源于欧美，后流行于全球，据传该舞种系模仿狐狸走路创作而成。

5. 快步舞(Quick step)

快步舞用Q表示。舞曲明亮欢快，舞步轻快灵活，跳跃感强，是体育舞蹈中一种轻快欢乐的舞蹈。节奏为4/4拍，每分钟50—52小节。每小节四拍，第一拍为重拍，第三拍为次重拍。舞步分快步和慢步，快步用Q表示，时值为一拍；慢步用S表示，时值为二拍。基本节奏是慢、慢、快、快、慢(S、S、Q、Q、S)。舞步组合有跳步、荡腿、滑步等动作，起源于美国，20世纪流行于欧美和全球。

(二)拉丁舞(Latin)

拉丁舞是体育舞蹈项群之一。特点是舞伴之间既可贴身亦可分离。各自在固定范围内辐射式地变换方向角度，展现舞姿，步法灵活多变，各舞种通过对胯部及身体摆动不同的技术要求，完成各种舞步，表现各种风格。舞姿妖媚潇洒、婀娜多姿，风格生动活泼热情奔放，曲调缠绵浪漫、活泼热烈、节奏感强。着装浪漫洒脱，男士着上短下长的紧身或宽松装，女士着紧身短裙，显露女性的曲线美。

1. 恰恰恰(Cha cha cha)

恰恰恰用C表示。节奏为4/4拍，每分钟30—32小节。每小节四拍，强拍落在第一拍，四拍走五步，包括两个慢步和三个快步，第一步踏在第二拍，时间值占一拍，第二步占一拍。三、四两步各占半拍，第五步占一拍，踏在舞曲的第一拍上。舞曲热情奔放，舞步花哨利落，步频较快，风格诙谐风趣。该舞种源于非洲，后传入拉丁美洲，在古巴得到发展。

2. 桑巴舞(Samba)

桑巴舞用S表示。舞曲欢快热烈，节奏为2/4拍或4/4拍，每分钟52—54小节。强拍落在每小节的第二拍或第四拍，每小节完成一个基本舞步。舞步在全脚掌踏地和半脚掌垫步之间交替完成，通过膝盖上下屈伸弹动，使全身前后摇摆，并沿着舞程线绕场行进，属“游走型”舞蹈。桑巴舞的特点是流动性、动律感强，步法摇曳紧凑，风格热烈奔放。桑巴舞源于巴西，是巴西一年一度狂欢节的舞蹈。

3. 伦巴舞(Rumba)

伦巴舞用R表示。节奏为4/4拍，每分钟27—29小节，每小节四拍。乐曲旋律的特点是强拍落在每小节的第四拍，舞步从第四拍起跳，由一个慢步和两个快步组成。四拍走三步，慢步占二拍(第四拍和下一小节的第一拍)，快步各占一拍(第二拍和第三拍)，胯部摆动三次。胯部动作是由控制重心的脚向另一脚移动而形成向两侧作“∞”型摆动，具有舒展优美、婀娜多姿、柔媚抒情的风格。伦巴舞的产生与西班牙和非洲的舞蹈有密切关系，后在古巴得到发展。

4. 斗牛舞(Paso Doble)

斗牛舞用P表示。音乐为旋律高昂雄壮、鲜明有力的西班牙进行曲，节奏为2/4拍，每分钟 60—62 小节,一拍一步,八拍一循环。特点是舞步流动性强,沿着舞程线绕场行进,是“游走型”舞蹈。舞姿挺拔,无胯部动作及过分膝盖屈伸,用踝关节和脚掌平踏地面完成舞步。斗牛舞动静鲜明,力度感强,发力迅速,收步敏捷顿挫。该舞种源于法国,盛行于西班牙,据西班牙斗牛场面创作而成,男为斗牛士,气宇轩昂,刚劲威猛,女为红色斗篷,英姿飒爽,柔美多变。

5. 牛仔舞(Jive)

牛仔舞用 J 表示。旋律欢快、强烈、跳跃,节奏为 4/4 拍,每分钟 42—44 小节,六拍跳八步,由基本舞步踏步、并合步,结合跳跃、旋转等动作组合而成。要求脚掌踏地,腰和胯部作钟摆式摆动。特点是舞步敏捷、跳跃,舞姿轻松、热情、欢快。该舞种源于美国,原是美国西部牛仔跳的踢踏舞,20 世纪 50 年代爵士乐的流行加速和完善了这种舞蹈,但风格上还保持美国西部牛仔刚健、浪漫、豪爽的气派。

第二节 体育舞蹈基本理论、技术与技巧

体育舞蹈是一项集动作美、服装美、音乐美、形体美于一身,具有健身、竞技、表演、培养气质及文化修养作用的运动。它具有规范性、表演观赏性、体育性、艺术性和技巧性等特点。

一、体育舞蹈基本理论

1. 体育舞蹈常用名词及其含义

(1)舞程向:在舞池中,为避免互相碰撞而严格规定舞者必须按逆时针方向行进,这个行进方向即为舞程向。

(2)舞程线:沿舞程向方向行进的路线。

(3)舞姿:泛指舞者跳舞的姿态。

(4)合对位舞姿:泛指男女面对面双手扶握的身体位置。

(5)侧行位舞姿:男士的右侧身体与女士的左侧身体贴靠,身体的另一侧略向外展开呈“V”字形地站或行进的身体位置。

(6)外侧位舞姿:在摩登舞中,男女舞伴的一方向另一方的右外侧(常见)或左外侧(较少见)前进所形成的身体位置。

(7)并肩位舞姿:拉丁舞中,男女面对同一方向肩臂相并的身体位置。以男士为基准,男士左肩与女士右肩相并叫“左并肩位”,男士右肩与女士左肩相并叫“右并肩位”。

(8)影子位舞姿:男女舞伴面向同一方向重叠而立、形影相随的身体位置。以女士居前较常见。

(9)反身动作:一侧脚前进或后退时,异侧肩和胯后让或前送,使身体与舞步形成反向配合的身体动作。

(10)反身动作位置:在身体不转动的情况下,一脚在身前或身后形成交叉,以保证两人

身体维持相靠姿态的身体位置叫反身动作位置。常用于外侧舞伴姿态、侧行位置姿态的舞步中。

(11)升降动作(起与伏):在跳舞时身体的上升与下降。升降动作是在膝、踝、趾关节的屈和伸动作的转换中完成的。

(12)摆荡动作:舞者在身体上升作斜向或横向移动时,像钟摆似的把身体摆动起来。

(13)倾斜动作:从形体上讲,是指肩的平衡线向左向右的倾斜,它与地面的水平线成三角斜线。

(14)节奏:以一定规律反复出现、赋予音乐以性格的具有特色的节拍。

(15)速度:音乐速度,即每分钟内所演奏的小节总数。

(16)组合:两个或两个以上的舞步型的结合。

(17)套路:由若干个组合而串编成套的完整的舞步型。

2. 体育舞蹈常用技术动作术语名称及其含义

(1)准线:双脚的位置或双脚方向与房间的关系。

(2)平衡:舞蹈中身体重心的准确分配。

(3)基本舞步:构成一种特定舞蹈的基调舞步型。

(4)擦步:当动力脚从一个开位向另一个开位移动时,必须先与主力脚靠拢,而重心不变的舞步。

(5)滑步:在第二步双脚并拢的三步组成的舞步。

(6)脚跟转:向后迈出的脚的脚跟转。在动作过程中并上的脚必须与主力脚平行,旋转结束时身体重心移动至并上的那只脚。

(7)脚跟轴转:不变重心的单一脚跟旋转。

(8)踌躇步:前进暂时受阻的舞步型或舞步型部分,重心停留于一脚超过一拍。

(9)逗留步:身体运动或旋转受阻时的部分舞步型,双脚几乎静止不动。

(10)开式转:第三步不是并靠而是超越第二步的旋转。

(11)轴转:一脚脚掌旋转,另一脚处于或前或后的反身动作位置。

(12)锁步:两脚前后交叉的舞步。

3. 体育舞蹈运动场地、器材与服装要求

(1)场地:体育舞蹈的比赛场地是长 23 米、宽 15 米的长方形,一般采用塑料地板拼接而成,应不反光,防滑,平整,四周有界线。

(2)器材:主要器材有灯光、音响设备(包括音乐)、举分牌、评分夹、评分文具等。

(3)服装要求:摩登舞要求男士穿黑色燕尾服和专用舞蹈皮鞋,女士穿华丽富贵的鸵鸟毛大摆过膝露踝长裙和相应的软底高跟鞋。拉丁舞要求男士穿紧身衣裤,女士穿浪漫、裸露、自由、随意的短裙装。男女选手服装必须协调,男女舞鞋应与服装颜色一致。

4. 体育舞蹈的裁判评判要素

体育舞蹈是一项竞技运动项目,因此其训练、比赛必须在一定的规则指导下进行。世界比赛的专业裁判由英国皇家舞蹈教师协会考核审定,裁判组通常是裁判长1名,裁判员若干名,上场裁判必须是单数。国际大赛和全国比赛一般设裁判员7—11名。评判要素:

(1)基本技术(包括足部动作、姿态、平衡稳定、移动四个方面)。

(2)音乐表现力(包括节奏、风格的理解和表现)。

(3)舞蹈风格(包括细微区分各种不同舞种之间的风格、韵味上的差别和个人风格的展现)。

(4)动作编排:动作流畅新颖,运用自如;体现舞种的基本风韵并有一定的技术难度;动作与音乐密切配合,发挥音乐效果;编排合理,充分利用场地。

(5)临场表现(包括赛场上的应变能力和良好的竞技状态,专注、自信,能自我控制临场发挥)。

(6)赛场效果(主要指选手的风度、气质、仪表及其总体形象)。

二、体育舞蹈基本技术与技巧

(一)体育舞蹈基本技术

1. 控制技术

在体育舞蹈中,每个运动员都需要对肌肉进行控制,对肢体进行拉伸,进而将每个舞蹈动作做到位。每套舞蹈动作的完成都需要运动员合理协调身体的各个部位,如颈部、肩部、四肢等,只有这些部位都能灵活运动,才能保持身体的平衡。因此,要达到审美要求与技术要求的统一,就要严格掌握身体的控制技术。

2. 弹动技术

在体育舞蹈训练中,肌肉发力的动作要和关节缓冲的动作共同完成。这两个动作同时完成不仅能够展现出体育舞蹈运动员优美的舞姿,将整场舞蹈带入高潮,还能很好地保护关节和肌肉。

3. 抛物状和螺旋状的运动技术

华尔兹与维也纳华尔兹舞步的运动形状是抛物状和螺旋状,在做抛物状的运动时,脚的动作要迅速,其他部位也要配合;在完成螺旋状的运动时,确保动作到位且美观,不仅需要躯体有效控制肌肉的力量,还要求身体灵活掌握反身技术,运用地面与人体间的作用力与反作用力把力量传递给腰部,再由腰部强烈地推进而实现。这种运动技术要求体育舞蹈运动员有很强的肌肉力量。

4. 扭摆技术

在体育舞蹈中,有些特殊的舞步,需要髋部和腰部在多维空间做上下、前后、左右的摆动动作。因此,体育舞蹈需要运动员对肌肉力量进行训练,要能够准确掌握肌肉的力度,特别是髋、腰部的肌肉力量。

5. 律动技术

在体育舞蹈中,律动技术要求运动员通过控制不同部位的肌肉将舞蹈作品的灵魂展现出来,也可以利用上臂的惯性力量带动小臂进行摇摆,利用身体的协调性,展现出优美的舞步。

(二)体育舞蹈基本技巧

体育舞蹈的技巧既是舞蹈动作的技术基础,又是衡量舞者技术水平的重要标准。掌握以下几种技巧,并能在不同速度不同舞种中自如地运用,舞步就会规范流畅,舞蹈就会生动活泼。

1. 反身动作(Contrary Body Movement)

反身动作亦称“相对的身体动作”,指的是以相对的髋和肩朝动作腿运动方向转动,这一动作被用于所有旋转的舞步,是衔接舞步间协调流动的重要因素。如果在跳舞时不使用反身动作,那么无论是倾斜、旋转还是肩部引导都将出现生硬的突发性改变,进而失去平衡。

体育舞蹈中有四种旋转方式,即前进中的左、右旋转和后退中的左、右旋转,反身动作在这些旋转中的步法如下所述:

(1)前进右转。右脚向前迈步,同时身体左侧的髋与肩向前转动。

(2)前进左转。左脚向前迈步,同时身体右侧的髋与肩向前转动。

(3)后退右转。左脚向后退步,同时身体右侧的髋与肩向后转动。

(4)后退左转。右脚向后退步,同时身体左侧的髋与肩向后转动。

需要注意的是,反身动作应以腰轴的旋转为发力要领,肩部的扭转不超过1/8,在向前转时主要以肩带动,在向后转时主要以髋带动。另外,反身动作只体现在左、右转身步的第一步,并且不改变迈步的方向。因为,体育舞蹈的旋转只允许身体出舞步线,脚必须笔直地向前移动。

2. 摆动动作(Swing)

体育舞蹈中身体的各种摆动动作既能产生某些外观效果,如身体向左或右的倾斜以及某些舞步中身体的曲线动作或波状动作等,又能在旋转过程中起到防止舞者旋转过度或失去平衡的实际效用。在运步过程中,要求舞者的身体和脚步像秋千一样,有从下向上或从上向下荡起的感觉,而不是单纯地迈步行走;在旋转过程中,摆动动作则参与“相对的身体动作”之中,当相对的身体动作以右脚起步,摆动就会向右,反之则向左。摆动的目的是使身体向旋转中心侧转,使身体与身体运动方向构成对抗的小倾角,这样能帮助舞者保持平衡。

构成摆动动作的三点要素:

(1)踝关节与脚趾关节的协调配合;

(2)膝关节柔和地缓冲;

(3)身体在空间位置的移动是主导,脚掌的推力是腰部推动的辅助性配合。

一旦学会准确、适当的摆动动作,最明显的表现是舞者步幅会随之增大,舞步会显得轻盈、飘逸,舞蹈会更具有吸引力。

3. 升降动作(Up and Down)

升降动作是指人体在舞动过程中的起伏,包括脚部的动作和身体的上升两个部分。在运步过程中，随着两腿的分开，身体重心会因步幅大小而产生不同程度的下降，脚着地时用脚跟（全脚）着地为降下，用脚掌（脚尖）着地为升起。身体上升是指由两腿肌肉的收紧和躯干的伸展而引起的上升，即不用脚的上升。

正确的升降方法：上升运动时，先把身体重心移到脚前掌，然后在身体上挺过程中逐步收紧两腿肌肉，伸直膝关节（切忌绷直），脚跟提起，使上升运动达到一定高度；下降运动时，则先放松膝关节，再降脚跟。

4. 倾斜动作（Body Sway）

倾斜是指舞者身体主体部分的倾斜。倾斜动作具有装饰和维持平衡的作用，它不是故意做出来的，而是舞者在向旁迈步时由于运用了升降动作、摆动动作以及重心的转移而形成的。在舞蹈中，舞者若作左、右大步横移就会产生领斜，这是因为腰髋连同脚步横移时，脚的动作要快于躯干的动作，髋以上部位为保持重心平衡而逐渐跟上去，如此就形成了一个自然的倾斜动作。比如华尔兹的拍足换步，第二步脚的横移就有倾斜。当舞者作左换右向右横步时，倾斜就在左，反之则在右。在旋转过程中，合理地使用倾斜动作可促进身体的流动来对抗离心力。比如华尔兹的右转，前进右转时倾斜在右（后退在左）。这一特征可使人体纵轴向圆心方向偏移，将人体纳入涡状运动轨迹，以对抗离心力带来的阻碍。

另外，在某些造型性动作中，为了更好地展现人体曲线的美，有些舞者还运用了重倾斜、抛倾斜动作，即偏离纵轴较大度数的倾斜动作。需要注意的是，所有的倾斜都不是肩部动作或腰部动作的弯曲性改变，也不是人为地抬高或降低某一侧肩部，而是整个人体的倾斜。

5. 拧身动作和 P. P. 舞姿（Contra and Promenade Position）

P. P. 舞姿是指男士的右侧身体与女士左侧身体贴靠，两人身体另一侧打开形成“V”字形姿态。拧身动作则是指做 P. P. 舞姿时，身体的上部不动，男士的右髋后拧，使右髋略向后打开，而右手扶抱女士的感觉好像向左领带到自己的前面，所形成的一种拧身感觉。

要想做出优美、舒适的 P. P. 舞姿，就必须知道保持男士的右腰髋部与女士的左腰髋部轻轻相贴的重要性，这就像两个联动的轴，男士任何轻微的拧、转动作都要带动女士一起动，以保持舞伴间的相互协调。另外，在 P. P. 舞姿中，男女舞伴的视线要通过相握的手向前看，通常情况下女士把头转向右侧，刚好面对侧行方向；有些女士愿把头置于常位或更靠左，这在探戈中比较常见。

需要注意的是，在做 P. P. 舞姿时，脚和头应尽量保持原来闭式舞姿的样子，男士左侧、女士右侧微微打开是靠男士的右腰向后做拧身动作而产生的，切忌主动将上体向外打开。

第三节　两种常见体育舞蹈的基本姿势及舞步

舞蹈的技术对于舞者来说至关重要，如果没有好的基本技术就无从谈及舞蹈的技巧。体育舞蹈的舞步是由动作连接而成的，而动作连接是靠一定的基本技术来完成的。

一、体育舞蹈的基本姿势要求

就舞蹈本身来说，身体垂直被视为最重要的一部分。因为只有身体垂直，重心才能到达地面。虽然很多人站立时可以做到身体垂直，但一旦身体移动，如果没有调节好，当两足交替、重心过渡的时候，身体就不能够保持垂直，就变得扭曲，重心就不能到位，以致影响正常的活动。

在实际应用中，虽然大家都懂得把身体拉直伸展，但往往会因为过了头，形成不良的效果。例如，当腰部用力过多时，从外表看起来身体虽然直了，但腰部僵硬，使动作转动不灵活。所以，很多微小差异，会形成不同的姿态缺陷，或多或少影响技术的正常发挥；当跳到高级别套路时，这些问题就会显露出来。

基本姿势的正确性对舞蹈至关重要，脊柱要保持垂直，同时腰胯放松，丹田控制呼吸。要取得良好的姿势和内在力量，我们需要做到：

(1)站立时，悬顶拔背，气沉丹田。这样，可使背肌往上伸展，脊柱保持中正不偏。同时可以增加颈部到腰腹的长度，更重要的是使身体保持舞蹈的"直腰"。

(2)耳根竖起，能起到振奋精神的作用。同时，要自我感觉颈的长度拉长耳朵和肩膀的距离。

(3)两肩松垂，两肘微微向下松沉，使身体重心不随着移动而提升。跳摩登舞时，握持不要夹得太紧，也不能太松软；架型要稳固，有弹性，但不能僵硬。

(4)保持收小腹，利用丹田控制呼吸，胸部挺拔而自然。

(5)运动时可以通过绵长的呼吸使身体变轻，减少上身对腿部的压力。

(6)头部的转动要带动整个脊柱转动，而不是头颈单独转动。

(7)上半身要向上伸拔，下半身则要往下松沉，使脊柱像吊着的铁链一样，既松垂笔直又灵活。这样，从中腰起，上下就有一种对拉的抗衡力，犹如禾苗的生长，根往下生，茎往上长；身体拉长，增加身体上下的抗衡力，抗衡力越大，就越能增加弹性和爆发力，越能增加动作的速率。

二、伦巴舞动作要领及舞蹈组合

(一)伦巴舞的动作要领

伦巴舞节奏为 4/4 拍，第四拍为强拍，音乐速度为每分钟 27—31 小节。伦巴舞是走三步的舞蹈，第一步是第二拍，接着第三拍原地移重心，第二步是第四拍，第三步是第一拍，脚步配合躯干、上身和手的运动，勾画出一幅完美的图画。

1. 伦巴舞基本握抱与手臂姿态

(1)垂直地站立，两脚分开站好(图 12-1(1)、图 12-1(2))。面对舞伴，距离约 15 厘米，挺胸、直立、沉肩(图 12-1(3))。

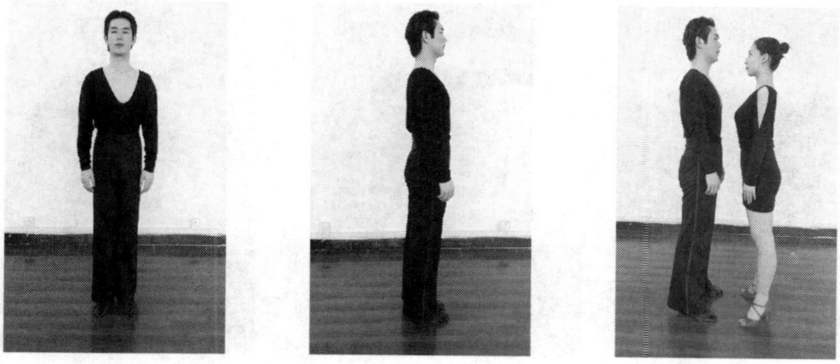

(1)　　　　(2)　　　　(3)

图 12-1

(2)男士右手放在女士左肩胛骨的部位(图 12-2(1)),女士左手臂顺着男士右手臂的弧度轻轻地放到男士的肩部(图 12-2(2))。男士的左手上举大约到眼睛的高度,女士的右手与男士左手轻轻互握(图 12-2(3))。

(1)　　　　(2)　　　　(3)

图 12-2

(3)手臂的使用。拉丁舞有很多舞者需要独自舞蹈的舞步,要求舞者的手臂要有“离开”身体的感觉,通过身体的韵律带动手臂向四周伸展和舞动。手臂在使用时应保持自然不生硬的状态。在大多数情况下,很多步型需要一手与舞伴接触,而没有握持的手臂需要保持永不停顿的状态,如图 12-3 所示。手臂的移动必须灵巧且富有节奏感,并与身体的运动配合。

图 12-3

2. 胯部的运动(Hip Movements)

每一个舞步开始移动时都需轻微弯曲膝盖,并在到达位置前瞬间伸直膝盖。当身体重心到达支撑腿时,胯部自然地移动到该支撑腿并由此支撑腿接受身体的重量(在使用基本移动步和前进移动步时使用)。胯部运动的技术有如下 4 种:

(1)安置式(Setting)。在伸直站立的腿正上方把身体的重量放下来,此时开始胯部运动(在身体重心移动开始时使用的技术),如图 12-4 所示。

图 12-4

(2)横向式(Lateral)。指胯部向左或向右并伴随很轻微转动的横向运动。如图 12-5 所示。

图 12-5

(3)转动式(Rotational)。绕着舞者垂直的脊椎进行胯部的转动(不同难度的舞步都会使用),如图 12-6 所示。

图 12-6

(4)扭转式(Twisting)。扭转式是一种仅用胯部的旋转来转动的动作。例如女士的扭臀步,如图 12-7 所示。

图 12-7

无论如何使用胯部,舞者始终都要保持一种自然、挺拔的身体姿势。

3. 基本步(Basic movement)

预备:闭式舞姿。

第 1 步:(男)左脚向前进一小步,重心移到左脚上,左脚脚掌着地,右脚脚尖着地。(女)右脚向后退一小步,重心移到右脚上,右脚脚掌着地,左脚脚尖着地。如图 12-8 所示。

图 12-8

第 2 步:(男)两脚原地不动,重心移到右脚上,右脚脚掌着地,左脚脚尖着地。(女)两脚原地不动,重心移到左脚上,左脚脚掌着地,右脚脚尖着地。如图 12-9 所示。

图 12-9

图 12-10

第 3 步:(男)左脚向左侧移半步,重心同时移到左脚上,左脚脚掌着地,右脚脚尖着地。(女)右脚向右侧移半步,重心同时移到右脚上,右脚脚掌着地,左脚脚尖着地。如图 12-10 所示。

第 4 步:(男)右脚向后退一小步,重心移到右脚上,右脚脚掌着地,左脚脚尖着地。(女)左脚向前进一小步,重心移到左脚上,左脚脚掌着地,右脚脚尖着地。如图 12-11 所示。

图 12-11

第 5 步:(男)两脚原地不动,重心移到左脚上,左脚脚掌着地,右脚脚尖着地。(女)两脚原地不动,重心移到右脚上,右脚脚掌着地,左脚脚尖着地。如图 12-12 所示。

图 12-12

图 12-13

第 6 步:(男)右脚向右侧移半步,重心同时移到右脚上,右脚脚掌着地,左脚脚尖着地。(女)左脚向左侧移半步,重心同时移到左脚上,左脚脚掌着地,右脚脚尖着地。如图 12-13 所示。

4. 纽约步(New York)

预备:闭式,男女两手平握。

第 1 步:(男)以右脚为轴右转 90°,左脚向正前方进一步,重心移到左脚上,左脚脚掌着地,右脚脚尖着地。(女)以左脚为轴左转 90°,右脚向正前方进一步,重心移到右脚上,右脚脚掌着地,左脚脚尖着地。如图 12-14 所示。

图 12-14

第 2 步:(男)原地将重心移到右脚上,右脚脚掌着地,左脚脚尖着地。(女)原地将重心移到左脚上,左脚脚掌着地,右脚脚尖着地。如图 12-15 所示。

图 12-15

第 3 步：(男)以右脚为轴左转 90°，左脚向右脚并步后继续向左移动，重心移到左脚上，左脚脚掌着地，右脚脚尖着地。(女)以左脚为轴右转 90°，右脚向左脚并步后继续向右移动，重心移到右脚上，右脚脚掌着地，左脚脚尖着地。如图 12-16 所示。

图 12-16

反方向动作相同，方向相反。

5. 库卡洛恰斯步(Cucarachas)

第 1 步：左脚向左侧一步，重心移到左脚上，左脚脚掌着地，右脚脚尖着地。如图 12-17 所示。

图 12-17

第 2 步：原地将重心移到右脚上，右脚脚掌着地，左脚脚尖着地。如图 12-18 所示。

图 12-18

第 3 步：原地收左脚，同时换重心在右脚，右脚脚掌着地，左脚脚尖着地。如图 12-19 所示。

图 12-19

反方向动作相同,方向相反。

6. 手接手(Hand to hand)

预备:闭式,男女两手平握。

第 1 步:(男)左脚向后退半步,同时身体向左旋转 90°,重心在左脚,右脚脚尖着地。(女)右脚向后退半步,同时身体向右旋转 90°,重心在右脚,左脚脚尖着地。如图 12-20 所示。

图 12-20

第 2 步:(男)重心移到右脚上。(女)重心移到左脚上。如图 12-21 所示。

图 12-21

图 12-22

第 3 步:(男)身体向右旋转 90°,重心在左脚,右脚脚尖着地。(女)身体向左旋转 90°,重心在右脚,左脚脚尖着地。如图 12-22 所示。

反方向动作相同,只是方向相反。

7. 定点转(Spot turn)

预备:男女面对而立,以向左定点转为例。

第 1 步：(男)右脚向左前方交叉，同时身体向左旋转 270°，重心在右脚。(女)左脚向右前方交叉，同时身体向右旋转 270°，重心在左脚。如图 12–23 所示。

图 12–23

第 2 步：(男)原地将重心移到左脚上。(女)原地将重心移到右脚上。如图 12–24 所示。

图 12–24

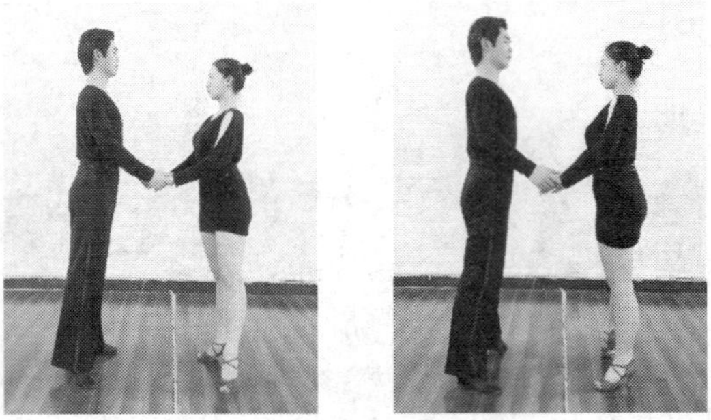

图 12–25

第 3 步：(男)身体向左旋转 90°，右脚向侧一步，并在原地将重心移到右脚。(女)身体向右旋转 90°，左脚向侧一步，并在原地将重心移到左脚。如图 12–25 所示。

向右定点转与向左定点转动作相同，只是方向相反。

(二)伦巴舞舞蹈组合

1. 伦巴单人铜牌组合

原地换重心、时间步、原地换重心、时间步、基本动作、基本动作、基本动作 1/4 转、库克拉恰。

2. 伦巴双人铜牌组合

扇形步、阿丽曼娜、纽约步、臀下左转、臀下右转、手接手、向旁走步、古巴摇滚、向右定点转、肩对肩、向左定点转。

三、华尔兹动作要领及舞蹈组合

(一)华尔兹的动作要领

华尔兹节奏为 3/4 拍，为强、弱、弱，舞步步幅为大、中、小。每步占一拍，一个小循环跳三步。第一步落在强的一拍上；迈第一步时，左脚后跟柔和地先着地，步幅大重心低；第二步、第三步，重心逐渐升高，前脚掌着地。华尔兹的基本步型如下：

1. 架型(Hold)

架型又称“握抱”，是标准舞的标志性姿势，是男士与女士通过身体、手以及手臂的相互接触、握抱所形成的姿势。华尔兹架型目前有两种比较有效和流行，一种是男士左手大拇指与女士右手大拇指并排互握(图 12-26)，另一种是男士左手与女士右手轻柔互握(图 12-27)。

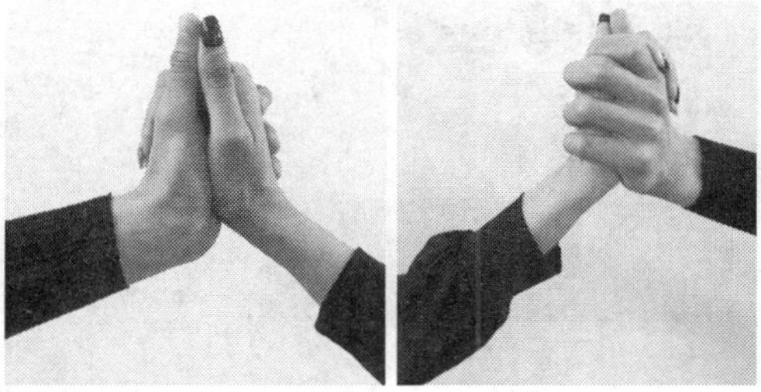

图 12-26

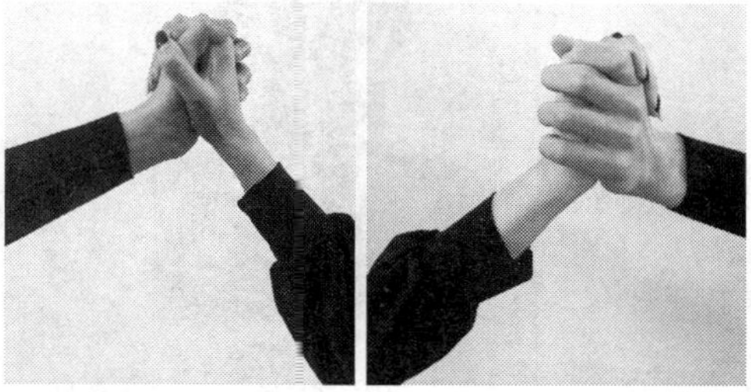

图 12-27

华尔兹的架型有如下五个接触点：

(1)身体。男士与女士的身体通过各自的胯部右前方部位，甚至直到横膈膜右前方部位进行略有压力的接触，即“贴胯”(图 12-28)。

图 12-28

图 12-29

图 12-30

图 12-31

(2)手指。男士左手与女士右手互握(图 12-29)。

(3)手腕。男士右手腕托着女士左腋下部位(图 12-30)。

(4)手掌。男士右手掌五指并拢轻抱女士的左肩胛骨部位(图 12-31)。

(5)手臂。女士左手臂轻放在男士右手臂上方，手掌放置在男士右手上臂中间稍靠近手肘的位置，如图 12-30、图 12-31 所示。

此时，男女双方肩部线条保持平行的状态。

值得注意的是，假如男士和女士只是把身体的重量维持在各自支撑脚的中部时(即身体重量不在脚前掌)，将会使架型出现互相拉扯以及身体中心部位接触“离胯”的现象，这样不利于男女双方之间的引带和跟随，也不利于舞者在舞蹈运动中身体的展示。

因此要求男女双方在膝盖微微弯曲的状态下，各自将身体重量稍前移至支撑脚的脚掌上，但脚跟不离地，使男女双方身体中心部位接触点相互形成轻微的压力(图 12-32)，利于男士在做前进、后退、旋转、侧行和造型等动作时进行引带，给女士更清晰的引带信号。

男士左手掌心向着身体的正前方（图 12-33），男士用手掌、手指握着女士右手，男士左手食指、中指、无名指和尾指全部朝斜下方轻轻地扣住女士右手腕，男女双方的大拇指保持平行并排的状态，手心紧贴。

图 12-32

图 12-33

男士右手腕要轻微朝上托着女士左腋下部位，右手掌温柔地轻抱女士左肩胛骨。女士左手臂轻放在男士右手臂上方时，手掌要略靠男士右上臂的内侧，以左手中指手心轻压男士右上臂，左手五指优雅自然地伸展向外，在适当时呈现外推的功能。

这样可使男士更灵活地感受女士身体重量和引带女士运动或造型，女士也拥有更好的男士架型支撑以维持头部、身体上半部分在运动或造型时更好的开扬空间。注意要点：

（1）男士两个手肘点向左右两侧伸展，左上臂向左前方伸展，手腕高度原则上与鼻子高度平行（可根据女士身高略作调整）（图 12-34）；男士右上臂也是略斜向下的（可根据女士身高对斜度进行适当调整）。

图 12-34

（2）女士右手臂朝右前上方轻送和推，右手肘轻微上提形成弧线，与男士左手臂形成轻微抱圆姿势（图 12-35）；左手肘在上胸部位顺着男士正确的引带略向右转时固定在向左外侧状态。

（3）男士、女士都不能把手臂往后翻，形成背肩的毛病（图 12-36）。

（4）男士、女士都要在使肩、手腕、肘关节松弛的同时，肌肉处于不松不紧的状态下把手的劲力略向舞伴的方向送出。

图 12-35

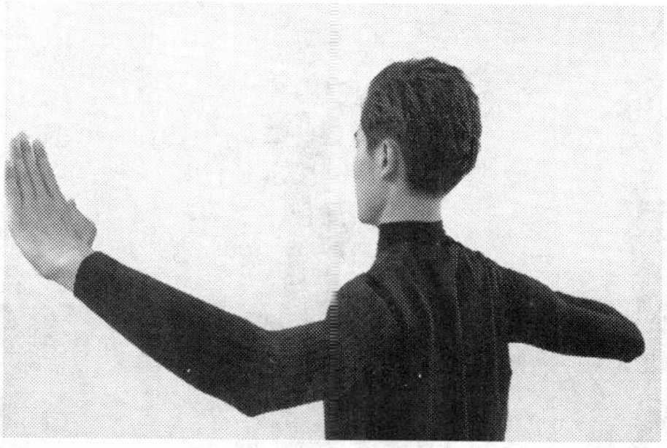
图 12-36

闭式舞姿。男女舞伴两足并拢，腰背挺直，相对平行而立；女士偏向男士右侧约三分之一，双方各自的右脚尖要对准对方的双脚中线；头部要自然正直、略向左转，视线穿过对方的右肩上方向远方看，肩部始终处于放松状态，然后男女舞伴两臂均向侧平举准备做握抱动作（图 12-37）。

图 12-37

2. 前进（Forward）

华尔兹在前进（或后退）一步后，在绝大多数情况下，紧接的舞步将不会继续平移。因此，完成前进（或后退）的第一步，就面对开始或立即上升转动、摆动和倾斜等状况。这种利用身体重量移动的方式，称为“重量移动”（Weight Moving）。我们通过以下的步骤做前进第一步的动作，例如先站立左脚重心，准备移动右脚。

（1）首先以垂直重心的方式站立，双脚并拢（图 12-38（1）），重心保持在脚前掌；前进第一步时，先通过左腿的膝盖弯曲，使身体的重量后移至左脚脚跟，此时骨盆有轻微的折叠（图 12-38（2））。

（2）让身体重量按“左脚跟→左脚丫的中间→脚掌”的方向进行移动。此时，左腿膝盖继续逐渐向前弯曲（西方舞蹈界称之为“膝盖滚动”），右脚缓缓地跟着身体的重量前移并开始离开原位向前滑动。

请注意：为了保持身体重量的平滑移动，建议右脚全脚平伏在地板上进行滑动（图 12-38（3））。

（3）当身体重量离开左脚时，右脚要迅速跟随身体的前移而用弹小腿的方式摆荡至前方，脚跟着地，膝盖稍伸直。此时，身体重量刚好在两脚之间（图 12-38（4））。

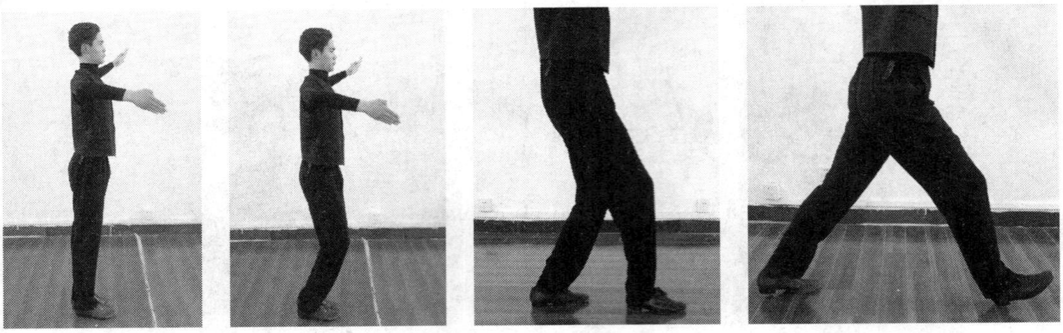

(1)　(2)　(3)　(4)

图 12-38

请注意:在右脚到达位置前,右脚的脚法是“脚尖脚掌→全脚→脚跟”的过程,如图 12-39 所示。

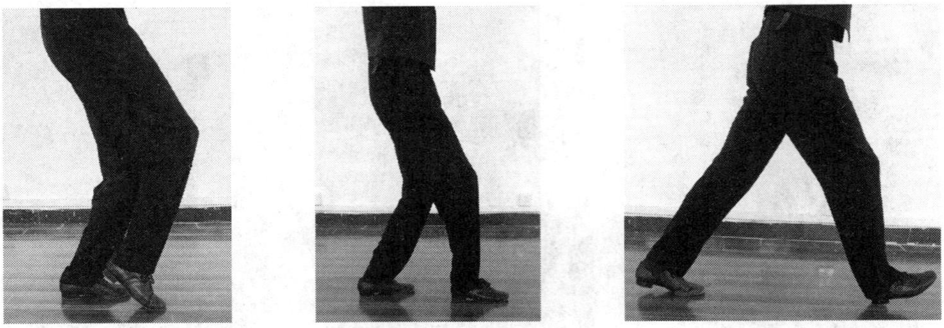

图 12-39

(4)继续使用左脚踝的推力、右脚跟的拉力、右大腿后方的推力以及尾椎骨(胯部)往前的推力等动力共同完成身体重量后半段的前移,以及准备第二步的上升动作,如图 12-40 所示。

图 12-40

(5)完成第一步的重心前移后,左脚要及时收回到身体的正下方,经过支撑腿旁时继续第二步的升高与向前的摆荡动作,如图 12-41 所示。

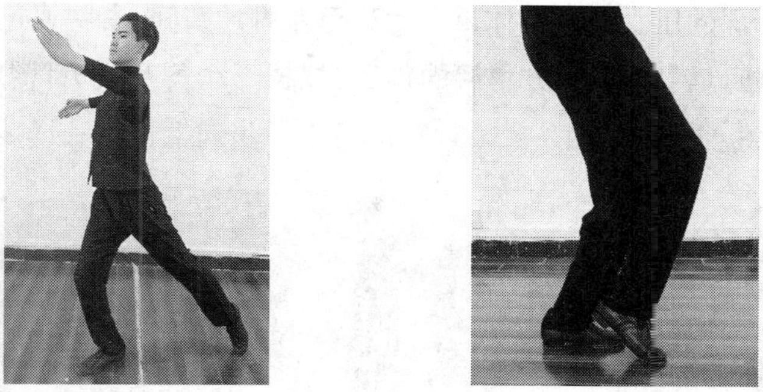

图 12-41

3. 后退(Backward)

正如前文所描述的前进动作,后退也是通过身体的重量移动来带动腿的后退。而与正常的重量移动不同的是,有些舞步的后退称为“腿后退”(Leg Backward)。在身体重量后退前先把腿后退至相应的位置(图 12-42(1)),然后才是身体重量的后退(或结束在向旁的位置)(如图 12-42(2)、图 12-42(3)所示的重倾斜造型)。图 12-42(4)这类技术较多地应用在造型动作的预备动作里。

(1)　(2)　(3)　(4)

图 12-42

在使用正常的重量移动方式后退时,谨记后退者的身体前胯(或身体接触舞伴的部位)在身体重量后移时依然往前保持与舞伴的身体接触,而不是离开舞伴的身体。

我们通过以下步骤进行后退动作练习,例如先站立右脚重心,准备移动左脚:

(1)以垂直重心的方式站立,双脚并拢,重心保持在右脚前掌(图 12-43(1);后退第一步时,先通过右脚的膝盖弯曲和胯关节轻微折叠,使身体重量开始后移(图 12-43(2))。

(2)让身体重量向右脚跟方向继续移动,此时右腿膝盖继续逐渐向前弯曲,左脚顺着身体的重量后移离开原位并向后滑动。

请注意:为了保持身体重量的平滑移动,建议在重心还在右脚时,左脚全脚平伏在地板上进行滑动(图 12-43(3))。

(3)在身体重量离开右脚的瞬间,左脚要迅速后移至相对应的位置,脚尖着地,膝盖伸直。此时,身体重量刚好在两脚之间(图 12-43(4))。

请注意:在左脚到达位置前,左脚的脚法应该是“全脚→脚掌→脚尖”。

(4)在使用左脚踝的压力完成身体重心后移至左脚的瞬间，右腿要迅速释放并收回至身体的正下方(右腿收回至身体正下方稍后的位置，根据下个舞步的升降摆荡来决定)。并且右胯开始上提(图 12-43(5)、图 12-43(6))，准备下一步向上提升和摆荡动作。

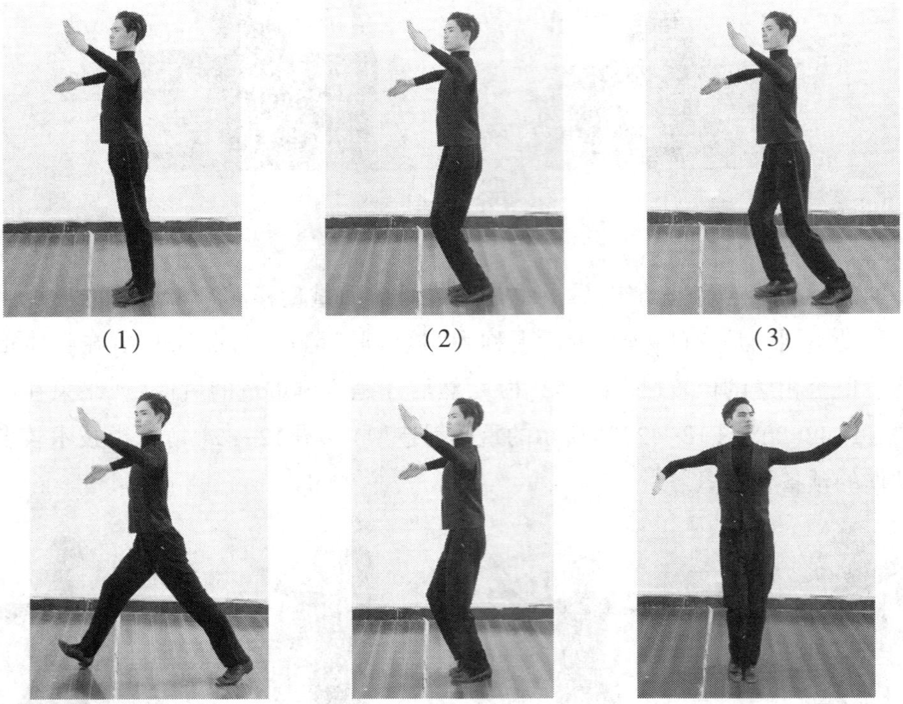

(1) (2) (3)

(4) (5) (6)

图 12-43

4. 进、退方步

预备：正步闭式舞姿。

第一步：(男)左脚向前进一大步，重心移到左脚上。(女)右脚向后退一大步，重心移到右脚上。如图 12-44 所示。

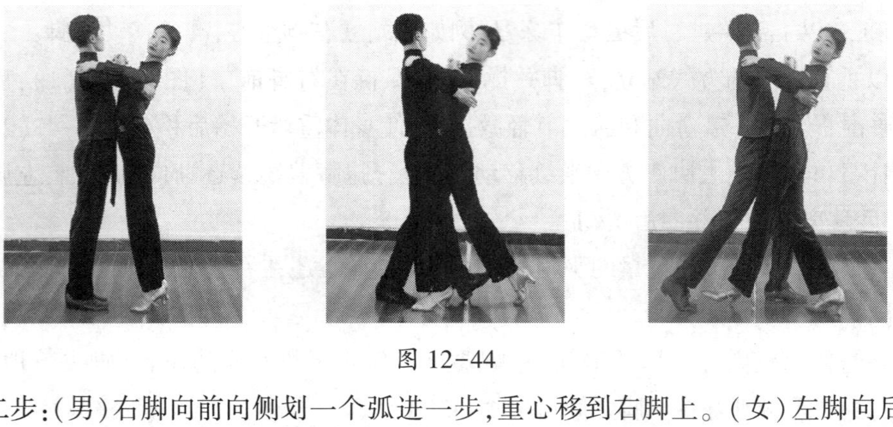

图 12-44

第二步：(男)右脚向前向侧划一个弧进一步，重心移到右脚上。(女)左脚向后向侧划一弧退一步，重心移到左脚上。如图 12-45 所示。

图 12-45

第三步：(男)左脚向右脚靠拢，重心移到左脚上。(女)右脚向左脚靠拢，重心左移形成正步。如图 12-46 所示。

第四步：(男)右脚向后退一大步，重心移到右脚上。(女)左脚向前进一大步，重心移到左脚上。如图 12-47 所示。

图 12-46

图 12-47

第五步：(男)左脚向左侧一步，重心移到左脚上。(女)右脚向右侧一步，重心移到右脚上。如图 12-48 所示。

图 12-48

图 12-49

第六步：(男)右脚向左脚靠拢，形成正步闭式舞姿，重心移到右脚上。(女)左脚向右脚靠拢，并形成正步，闭式舞姿，重心移到左脚上。如图 12-49 所示。1-3 拍成“前进换步”，4-6 拍成“后退换步”，合起来成“方步”。

5. 左转体 90°跳法

预备：正步闭式舞姿。

第一步：(男)左脚向前进一大步，重心移到左脚上。(女)右脚向后退一大步，重心移到右脚上。如图 12-50 所示。

图 12-50

第二步：(男)右脚向前进一步，同时以左脚前脚掌为轴向左转 90°，重心移到右脚上。(女)左脚向后退一步，同时以右脚前脚掌为轴左转体 90°，重心移到左脚上。如图 12-51 所示。

图 12-51

图 12-52

第三步：(男)左脚向右脚侧靠拢成并步，重心移到左脚上。(女)右脚向左脚侧靠拢成正步，重心移到右脚上。男伴在第二步转体 90°，同时，右手与左手配合暗示女伴左转体，并控制其转体的角度。如图 12-52 所示。

(二)华尔兹舞蹈组合

1. 华尔兹单人铜牌组合

左脚前进步带跟掌滚动摆荡、后退步带跟推摆荡、左脚前进并换步、右脚前进并换步、左脚后退并换步、右脚后退并换步、左脚前进 1/4 周左转、右脚后退 1/4 周左转、左脚后退 1/4 右转、右脚前进 1/4 右转、向右摆荡、向左摆荡、向右摆荡、在右脚上左转。

2. 华尔兹双人铜牌组合

左足并换步、右转步、右足并换步、左转步、叉形步、侧行并步、右转步、减弱右旋转、左转步、纺织步、侧行并步、犹豫步左转 123、左侧转、外侧换步、侧行并步、犹豫步。

第四节　体育舞蹈教学的考核

一、基础班(1)

项目技能考核由华尔兹单人铜牌组合(40分)、准则与技巧(50分)组成。

1. 华尔兹单人铜牌组合(40分)

(1)方法:在规定时间内,跟随音乐保持握持姿势完成规定组合。

(2)评分标准:

评分标准	分值
体态端正,握持准确,运步动作平稳优雅,节奏分明	36—40分
体态端正,握持较准确,运步动作较平稳,节奏分明	30—35分
体态基本端正,握持基本准确,运步动作欠平稳,节奏欠分明,勉强能够完成	24—29分
整体美感差,完成困难	0—23分

2. 准则与技巧(60分)

(1)方法:在规定时间内,跟随音乐保持握持姿势完成规定动作。

(2)评分标准:

评分标准	分值
技巧准确,音乐合拍,方向准确,表现力强	54—60分
技巧较准确,音乐合拍,方向准确,表现力一般	45—53分
技巧基本准确,音乐勉强合拍,方向较模糊,表现力弱	36—44分
技巧不明,音乐不合拍,方向模糊,表现力差	0—35分

二、基础班(2)

项目技能考核由套路考核(40分)与体育舞蹈教学比赛(60分)组成。

1. 套路考核(40分)

(1)方法:2队一组,从不同方向开始听音乐按要求完成华尔兹规定套路。

(2)评分标准：

评分标准	分值
套路完成度高，步伐准确，音乐合拍，方向准确，姿势优美，身体摆荡及重心升降明显，表现力强	36—40分
套路完成度较高，步伐准确，音乐合拍，方向准确，姿势美，身体摆荡及重心升降较明显，表现力一般	30—35分
套路完成度一般，步伐准确，音乐勉强合拍，方向较模糊，姿势欠佳，身体摆荡及重心升降较小，表现力弱	24—29分
套路完成度差，步伐不准确，音乐不合拍，方向模糊，姿势不佳，无身体摆荡及重心升降，表现力差	0—23分

2. 体育舞蹈教学比赛(60分)

(1)方法：8队以上为一组，在篮球场地上进行华尔兹比赛。

(2)评分标准：

评分标准	分值
套路完成度高，步伐切换自如准确，临场应变能力强，服饰及舞蹈姿势优美，表现力强	54—60分
套路完成度较高，步伐切换准确，临场应变能力较强，服饰及舞蹈姿势美，表现力一般	45—53分
套路完成度一般，步伐死板，舞蹈姿势一般，临场应变力及表现力弱	36—44分
套路完成度差，步伐死板，舞蹈姿势差，临场应变力及表现力差	0—35分

三、提高班(1)

项目技能考核由伦巴单人铜牌组合(40分)与准则与技巧(60分)组成。

1. 伦巴单人铜牌组合(40分)

(1)方法：在规定时间内，跟随音乐保持握持姿势完成规定组合。

(2)评分标准：

评分标准	分值
体态端正，握持准确，运步动作平稳优雅，节奏分明	36—40分
体态端正，握持较准确，运步动作较平稳，节奏分明	30—35分
体态基本端正，握持基本准确，运步动作欠平稳，节奏欠分明，勉强能够完成	24—29分
整体美感差，完成困难	0—23分

2. 准则与技巧(60 分)

(1)方法:在规定时间内,跟随音乐保持握持姿势完成动作。

(2)评分标准:

评分标准	分值
身体线条美,技巧准确,音乐合拍,方向准确,表现力强	54—60 分
身体线条美,技巧较准确,音乐合拍,方向准确,表现力一般	45—53 分
身体线条松塌,技巧基本准确,音乐勉强合拍,方向较模糊,表现力弱	36—44 分
身体线条松塌,技巧不明,音乐不合拍,方向模糊,表现力差	0—35 分

四、提高班(2)

项目技能考核由套路考核(40 分)与体育舞蹈教学比赛(60 分)组成。

1. 套路考核(40 分)

(1)方法:2 队一组,从不同方向开始听音乐按要求完成伦巴规定套路。

(2)评分标准:

评分标准	分值
套路完成度高,步伐准确,音乐合拍,方向准确,姿势优美,身体核心稳定,胯部拧转动作明显,表现力强	36—40 分
套路完成度较高,步伐准确,音乐合拍,方向准确,姿势美,身体核心较稳定,胯部拧转动作较明显,表现力一般	30—35 分
套路完成度一般,步伐准确,音乐勉强合拍,方向较模糊,姿势欠佳,身体核心不稳,有胯部拧转动作,表现力弱	24—29 分
套路完成度差,步伐不准确,音乐不合拍,方向模糊,姿势不佳,身体核心松软,无胯部拧转动作,表现力差	0—23 分

2. 体育舞蹈教学比赛(60 分)

(1)方法:8 队以上为一组,在篮球场地上进行伦巴及华尔兹比赛。

(2)评分标准:

评分标准	分值
套路完成度高,步伐切换自如准确,临场应变能力强,服饰及舞蹈姿势优美,表现力强	54—60 分
套路完成度较高,步伐切换准确,临场应变能力较强,服饰及舞蹈姿势美,表现力一般	45—53 分
套路完成度一般,步伐死板,舞蹈姿势一般,临场应变力及表现力弱	36—44 分
套路完成度差,步伐死板,舞蹈姿势差,临场应变力及表现力差	0—35 分

第十三章　啦啦操运动

啦啦操是一项深受广大群众喜爱的、普及性极强,集体操、舞蹈、音乐、健身、娱乐于一体的体育项目,也是一项集体项目。

第一节　啦啦操运动基本知识

一、啦啦操运动的起源与发展

啦啦操(原名 Cheer leading)来源于早期部落社会的仪式。其中 cheer,有振奋精神、提振士气的意思。为激励外出打仗或打猎的战士们,人们通常会举行一种仪式,仪式中有族人欢呼、手舞足蹈的表演来鼓励战士,希望战士能凯旋。

1884 年常春藤普林斯顿大学毕业生托马斯 · 皮布尔斯来到明尼苏达,他与学生们一起为在美国明尼苏达大学的美式足球比赛喝彩加油。当热情有组织的喝彩声环绕整个校园时,就正式开启了啦啦操这项运动。

在 20 世纪 30 年代,美国的大多数啦啦队队长主要由男性运动员担任。然而,1941 年美国开始加入第二次世界大战,许多男性离开美国去服役。因此啦啦队就转变为多由女性运动员组成,这一现象也保持至今。

为了争取在全球范围发展啦啦操运动,2004 年 4 月 26 日,国际啦啦操联盟(International Cheer Union,简称:ICU)正式成立,并在美国奥兰多举办了第一次会议,全美 13 个联盟参加。ICU 的目标是向全球推动舞蹈啦啦操和技巧啦啦操运动;帮助全美啦啦操联盟发展;提升人们对啦啦操的认识,从而鼓励运动员参与到“啦啦操世界”中以及其他全球赛事中;为各国队伍举行 ICU 世界锦标赛。2019 年,ICU 正式向国际奥林匹克委员会提出申请,争取使啦啦操成为 2028 年美国洛杉矶奥运会比赛项目。

二、国内外啦啦操运动重大赛事

(一)世界啦啦操锦标赛

第一届世界啦啦操锦标赛于 2001 年 11 月在日本东京举行,有芬兰、德国、日本、挪威、斯洛文尼亚、瑞典、英国和中国台湾参加。自 2006 年以后每年举办世界啦啦操锦标赛。

（二）世界大学生啦啦操锦标赛

第一届世界大学生啦啦操锦标赛于2018年在波兰中部城市罗兹举行。有中国、日本、韩国、美国、澳大利亚等13个国家参加，每年举办一次。

（三）全国啦啦操锦标赛

第一届全国啦啦操锦标赛于2014年5月在江苏溧阳市举行，每年举办一次。

（四）全国啦啦操联赛分站赛、总决赛

2010年起，逐步在各省市举办全国啦啦操联赛分站赛、总决赛。

三、我国啦啦操运动的发展简况

啦啦操运动的表演形式通过美国NBA传入我国。1998年全国大学生篮球联赛（CUBA）首次出现了由各高校学生表演的充满活力和洋溢着青春气息的啦啦操，给观众留下了深刻的印象。2001年，中国大学生健美操艺术体操协会（以下简称“两操协会”）在广州首次举办了“统一冰红茶”迎九运首届中国大学生动感啦啦队比赛。2004年，两操协会组织编排了4个成套动作，首次系统地进行了啦啦操的相关理论和技术的培训，正式推出中国学生啦啦操专业评判员等级资格制度。从2010年起，全国啦啦操联赛制建立，截至2022年，全国已有30多个赛区，近10万人参加了比赛，赛事体系的建立极大地推动了我国啦啦操项目的普及和发展。

2011年起，国家体育总局体操运动管理中心和全国啦啦操委员会开始全面负责啦啦操。2014年10月，教育部体卫艺司在江苏省江阴市召开足球啦啦操工作会议，提出了“一校一球一操”发展模式，即“每一所开展校园足球的学校，除了要有足球队，还要组建一支啦啦操队”。2016年2月，《啦啦操运动员技术等级标准》正式获得国家体育总局体操运动管理中心批准，开启了中国啦啦操运动员认证工作。

2021年啦啦操成为第十四届全国运动会群众体育比赛项目，同时也成为2023年中华人民共和国第一届学生（青年）运动会比赛项目，中国啦啦操发展开启了新篇章。

第二节　花球啦啦操运动的基本技术

普通院校啦啦操课程主要以花球啦啦操为主。基本技术一般包括花球手位、移动步伐等。

花球啦啦操是由运动员手持花球完成的一项运动，花球是啦啦操这项运动所持有的最具代表性的运动器械，全程要求使用花球。

一、花球啦啦操基本手位

啦啦操是一项鼓舞人心的运动，最常见的也是最主要的基本动作就是手持花球的 36 个基本手位，主要根据运动员的动作形态来命名。花球啦啦操主要体现为肢体动作，通过短暂加速和定位制动来表现啦啦操特有的力度感，动作完成干净利落，重心稳定、移动平稳、身体控制精准。

"V"字形源于单词 victory，寓意胜利；

"H"字形源于单词 hero，寓意英雄；

"T"字形源于单词 team，寓意团队；

"W"字形源于单词 win，寓意赢得；

"A"字形源于单词 active，寓意积极的；

"L"字形源于单词 light，寓意光明；

"M"字形源于单词 majesty，寓意雄伟的；

"R"字形源于单词 running，寓意奔跑；

"K"字形源于单词 kind，寓意友好的。

熟记秘诀

啦啦操36手位
五个位置：H、X、冲拳
三个位置：M、弓箭
两个位置：A、V、T、L、K
一个位置：R、W、O、加油、斜线

表 13-1　花球啦啦操 36 基本手位

序号	中文名称	英文名称	图片示范		技术详解
			正面	侧面	
1	下 A	Low Clap			双臂体前斜下举，双手握拳，拳心相对并拢，大拳眼向前
2	上 A	High Clap			双臂上举，双手握拳，拳心相对并拢，小拳眼向前

续表

序号	中文名称	英文名称	图片示范		技术详解
			正面	侧面	
3	上 V	High V			双臂斜上举，双臂夹角为 60°-90°，拳心向外，大拳眼向前
4	下 V	Low V			双臂斜上举，双臂夹角为 60°-90°，拳心向外，大拳眼向前
5	加油	Clap			双臂胸前上屈，双手击掌。拳心相对，小拳眼向前，拳位于锁骨下方
6	大 T	T			双臂侧平举，拳心向下，大拳眼向前
7	短 T	Half T or Broken T			双臂胸前平屈，拳心向下，小拳眼向前
8	W	Muscle Man			双臂肩侧上屈，前臂与上臂夹角成 90°，拳心相对，小拳眼向前

续表

序号	中文名称	英文名称	图片示范		技术详解
			正面	侧面	
9	上 L	L			一臂上举贴近头部，拳心向内，小拳眼向前，另一臂侧平举，拳心向下，大拳眼向前
10	下 L	Low L			一臂下举，拳心向内，大拳眼向前，另一臂侧平举，拳心向下，大拳眼向前
11	斜线	Diagonal			单臂侧上举 30°，拳心向外，大拳眼向前，另一侧手臂侧下举 30°，拳心向内，大拳眼向前，成一条斜线
12	K	K			一臂体前斜上举，另一臂体前斜下举，双臂成 90°夹角，斜上举的手大拳眼向前，斜下举的手小拳眼向前，双手手背向上，拳心向下
13	侧 K	Side K			一臂侧上举，大拳眼向前，另一臂手臂体前斜下举，拳心向下，小拳眼向前，双手手背向上，拳心向下
14	弓箭	Bow and Arrow			一臂体侧平屈，前臂和上臂夹角为 30°，小举眼向前，另一臂侧平举，拳心向下，大拳眼向前

续表

序号	中文名称	英文名称	图片示范		技术详解
			正面	侧面	
15	小弓箭	Daggers Arrow			一臂体侧上屈,前臂和上臂夹角为 30°,小拳眼向前,另一臂侧平举,拳心向下,大拳眼向前
16	短剑	Half Punch			一臂胸前上屈,垂直于地面,小拳眼向前,另一侧手臂叉腰,拳心向下
17	侧上冲拳	Half/Broken High V			一臂斜上举(同上 V),另一侧手臂叉腰,拳心向下
18	侧下冲拳	Half/Broken Low V			一臂斜下举(同下 V),另一侧手臂叉腰,拳心向下
19	斜上冲拳	Up Punch Cross			臂体前斜上举,拳心向下,小拳眼向前,另一侧手臂叉腰,拳心向下
20	斜下冲拳	Low Punch Cross			一臂体前斜下拳,小拳眼向前,另一侧手臂叉腰,拳心向下

续表

序号	中文名称	英文名称	图片示范		技术详解
			正面	侧面	
21	高冲拳	Punch			一臂体前上举,拳心向内,小拳眼向前,另一侧手臂叉腰,拳心向下,一臂体前斜下举
22	R	R			一臂体前斜下举小拳眼向前,另一侧手臂肩上后屈,拳心向内贴于头后部
23	上 M	Tiny Muscle Man			双臂肩侧上屈,双拳轻触肩部,拳心向下,小拳眼向前
24	下 M	Hand On Hipa or Attention			双臂叉腰,拳心向下,小拳眼向前
25	屈臂 X	Cross			双臂胸前斜上屈,前臂交叉,小拳眼向前
26	上 X	High X			双臂体前斜上举,前臂交叉,小拳眼向前

续表

序号	中文名称	英文名称	图片示范		技术详解
			正面	侧面	
27	前 X	Front X			双臂前平举，前臂交叉，拳心向下
28	下 X	Low X			双臂体前斜下举，前路交叉，拳心向内
29	X	Back Crossor X			双臂肩上后屈，拳心向内贴于头后
30	上 H	Touch Down			双臂体前上举，拳心相对，小拳眼向前
31	小 H	Low Touch Down			一臂体前上举，另一臂胸前上举，肘关节垂直于地面，双拳拳心向内，小拳眼向前
32	屈臂 H	Daggers			双臂胸前上屈. 肘关节垂直于地面，拳心相对。小拳眼向前

续表

序号	中文名称	英文名称	图片示范		技术详解
			正面	侧面	
33	持烛式/前H	Candeticks			双臂前平举，拳心相对，大拳眼向上
	提桶式/前H	Buckets			双臂前平举，拳心向下，大拳眼相对
34	后M/起式位	Karate			双臂体侧后屈，双拳小拳眼向内，轻触腰侧，肘关节朝后，拳心向上
35	O	Cheerio			双拳头上举，双拳拳面并，屈肘关节，在头上形成“O”形，小拳眼向前
36	下H	Low Touch Down			双臂体前下举，拳心相对，大拳眼向前

二、花球啦啦操基本步伐

花球啦啦操没有固定的基本步伐，其常用的基本步伐如下：

(一)原地类下肢动作

马步蹲、并步下蹲、锁步、开立站、并脚站、侧迈步。

(二)行动类下肢动作

侧向滑步、向后转身撤步走、走步、小碎步。

(三)下肢动作技术特点

花球啦啦操的脚步动作与健美操的步伐造型相似,但做法截然不同。健美操的步伐讲究弹动,即步伐有弹性,大多数动作的重心要求上提,而花球啦啦操要求身体重心下沉,所有的步伐刚劲有力。啦啦操脚步动作的关键是:膝盖的状态大多数是微屈的,身体重心始终要下沉。

第三节　花球啦啦操套路组合节选

一、校园啦啦操花球示范套路

表 13-2　校园啦啦操花球示范套路

拍节	动作示范		备注
	准备姿态		
			预备姿势: 1. 并立 2. 下 H 手位
	第一节		
1＊8			1. 1-2 拍左脚开始踏步 2. 上 V 手位
			1. 3-4 拍原地踏步 2. 加油手位

续表

拍节	动作示范		备注
1 * 8			1. 5-6 拍保持踏步 2. 下 V 手位
			1. 7-8 拍跳成开立 2. 加油手位
2 * 8			1. 1-2 拍保持开立半蹲 2. 双手握球置于膝关节处
			1. 3-4 拍保持开立 2. 上 A 手位
			1. 5-6 拍开立半蹲 2. 向左侧大弓箭手位、头左侧歪
			1. 7-8 拍回归并立 2. 下 H 手位

拍节	动作示范		备注
3 * 8			1. 1-2 拍右脚开始踏步 2. 上 V 手位
			1. 3-4 拍保持踏步 2. 加油手位
			1. 5-6 拍保持踏步 2. 下 V 手位
			1. 7-8 拍跳成开立 2. 加油手位
4 * 8			1. 1-2 拍开立半蹲 2. 双手握球置于膝关节处
			1. 3-4 拍开立 2. 上 A 手位

续表

拍节	动作示范		备注
4 * 8			1. 5-6 拍半蹲 2. 向右大弓箭手位,头向右侧歪
			1. 7-8 拍还原并立 2. 下 H 手位
第二节			
1 * 8			1. 左脚开始踏步 2. 双手 W
			1. 3-4 拍保持踏步 2. 屈臂 X 手位
			1. 左脚开始踏步 2. 双手 W
			1. 7-8 拍还原并立 2. 下 H 手位

续表

拍节	动作示范		备注
2 * 8			1. 1-2 拍左脚向左迈一步 2. 向左 K 手位
			1. 3-4 拍开立 2. 斜线手位
			1. 5-6 拍开立 2. 加油手位
			1. 7-8 拍腿收回并立 2. 下 H 手位
3 * 8			1. 1-2 拍右脚开始踏步 2. W 手位
			1. 3-4 拍左脚踏步 2. 屈臂 X 手位

续表

拍节	动作示范		备注
			1. 5-6 拍保持踏步 2. W 手位
3 * 8			1. 7-8 拍还原并立 2. 下 H 手位
			1. 1-2 拍右脚向右迈一步成开立 2. 侧 K 手位
			1. 3-4 拍开立 2. 斜线手位
4 * 8			1. 5-6 拍开立 2. 加油手位
			1. 7-8 拍腿收回并立 2. 下 H 手位

续表

拍节	动作示范		备注
第三节			
1＊8			1. 1-4 拍左脚开始踏步向左转 360° 2. 加油手位(拍打花球)
			1. 5-6 拍左脚向前迈成左弓步 2. 大 T 手位
			1. 7-8 拍腿收回并立 2. 下 H 手位
2＊8			1. 1-2 拍跳成开立 2. 屈臂 X 手位
			1. 3-4 拍保持开立 2. 上 V 手位

续表

拍节	动作示范		备注
2＊8			1. 5-6 拍保持开立 2. 上 V 成右手叉腰、左手侧下冲拳
			1. 7-8 拍还原并立 2. 下 H 手位
3＊8			1. 1-4 拍向右转 360° 2. 加油手位(拍打花球)
			1. 5-6 拍右脚向前迈成右弓步 2. 大 T 手位
			1. 7-8 拍腿收回并立 2. 下 H 手位

续表

<table>
<tr><th>拍节</th><th colspan="2">动作示范</th><th>备注</th></tr>
<tr><td rowspan="4">4 * 8</td><td></td><td></td><td>1. 1-2 拍跳成开立
2. 屈臂 X 手位</td></tr>
<tr><td></td><td></td><td>1. 3-4 拍保持开立
2. 上 V 手位</td></tr>
<tr><td></td><td></td><td>1. 5-6 拍保持开立
2. 上 V 成左手叉腰、右手侧下冲拳</td></tr>
<tr><td></td><td></td><td>1. 7-8 拍并立
2. 下 H 手位</td></tr>
<tr><td colspan="4">第四节</td></tr>
<tr><td rowspan="2">1 * 8</td><td></td><td></td><td>1. 1-2 拍吸左腿
2. 下 M 手位
3. 3-4 拍同 1-2 拍,动作方向相反</td></tr>
<tr><td></td><td></td><td>1. 5-6 拍吸左腿
2. 上 V 手位
3. 7-8 拍同 5-6 拍,动作方向相反</td></tr>
</table>

续表

拍节	动作示范		备注
2＊8			1. 1-2 拍开立半蹲 2. 向左小弓箭手位
			1. 3-4 拍还原并立 2. 上 H 手位
			1. 5-6 拍开立半蹲 2. 向右小弓箭手位
			1. 7-8 拍还原并立 2. 下 H 手位
3＊8			1. 1-2 拍吸右腿 2. 下 M 手位 3. 3-4 拍同 1-2 拍，动作方向相反
			1. 5-6 拍吸右腿 2. 上 V 手位 3. 7-8 拍同 5-6 拍，动作方向相反

续表

拍节	动作示范		备注
4 * 8			1. 1-2 拍开立半蹲 2. 向右小弓箭手位
			1. 3-4 拍还原并立 2. 上 H 手位
			1. 5-6 拍开立半蹲 2. 向左小弓箭手位
			1. 7-8 拍还原并立 2. 下 H 手位
过渡部分 1			
			1. 开立 2. 下 X 手位
			1. 开立 2. 下 V 手位

续表

拍节	动作示范		备注
			1. 开立 2. 侧平举
			1. 开立 2. 大 T 手位
			1. 开立 2. 侧上
			1. 开立 2. 上 V 手位
过渡部分 2			
			1. 1－4 拍上体前倾，左脚踏步 2. 加油手位

续表

拍节	动作示范		备注
	第五节		
1*8			1. 1－4 拍左脚踏步向左转 180° 2. 上 L 手位
			1. 5-6 拍左腿向左迈一步成开立 2. 左手上 V/2、右手臂 X/2
			1. 7-8 拍保持开立 2. 右手上 V/2、左手臂 X/2
2*8			1. 1-2 拍左腿弓步屈膝 2. R 手位
			1. 3-4 拍双腿跳成并立 2. 上 V 手位并抖动花球
			1. 5-6 拍右腿弓步屈膝 2. R 手位

续表

拍节	动作示范		备注
2＊8			1. 7-8 拍双腿跳成并立 2. 上 V 手位并抖动花球
3＊8			1. 1-4 拍左脚踏步，向左转 180° 2. 上 L 手位
			1. 5-6 拍保持开立 2. 右手上 V/2、左手臂 X/2
			1. 7-8 拍左腿向左迈一步成开立 2. 左手上 V/2、右手臂 X/2
4＊8			1. 1-2 拍右腿弓步屈膝 2. R 手位
			1. 3-4 拍双腿跳成并立 2. 上 V 手位并抖动花球

续表

<table>
<tr><th>拍节</th><th colspan="2">动作示范</th><th>备注</th></tr>
<tr><td rowspan="2">4＊8</td><td></td><td></td><td>1. 5-6 拍左腿弓步屈膝
2. R 手位</td></tr>
<tr><td></td><td></td><td>1. 7-8 拍双腿跳成并立
2. 上 V 手位并抖动花球</td></tr>
<tr><td colspan="4">第六节</td></tr>
<tr><td rowspan="4">1＊8</td><td></td><td></td><td>1. 1 拍左脚向左迈一步
2. 大 T 手位</td></tr>
<tr><td></td><td></td><td>1. 2 拍右脚在左脚前交叉
2. 保持大 T 手位</td></tr>
<tr><td></td><td></td><td>1. 3-4 拍左脚向左迈一步成开立
2. 左手高冲拳手位</td></tr>
<tr><td></td><td></td><td>1. 5-6 拍右弓步
2. 左手叉腰，左手臂斜下冲拳</td></tr>
</table>

续表

拍节	动作示范		备注
1＊8			1. 7-8 拍还原并立 2. 加油手位
2＊8			1. 1-2 拍屈膝左弓步 2. 左侧下冲拳
			1. 3-4 拍屈膝左弓步 2. 左侧上冲拳
			1. 5-6 拍屈膝右弓步 2. 右侧下冲拳
			1. 7-8 拍屈膝右弓步 2. 右侧上冲拳

拍节	动作示范		备注
3 * 8			1. 1 拍右脚向左迈一步 2. 大 T 手位
			1. 2 拍左脚在右脚前交叉 2. 保持大 T 手位
			1. 3-4 拍右脚向左迈一步成开立 2. 左手高冲拳手位
			1. 5-6 拍右弓步 2. 左手叉腰，右手臂斜下冲拳
			1. 7-8 拍还原并立 2. 加油手位

续表

拍节	动作示范		备注
4＊8			1. 1-2 拍屈膝右弓步 2. 右侧下冲拳
			1. 3-4 拍屈膝右弓步 2. 右侧上冲拳
			1. 5-6 拍屈膝左弓步 2. 左侧下冲拳
			1. 7-8 拍屈膝左弓步 2. 左侧上冲拳
第七节			
1＊8			1. 1 拍左脚向左一步成开立 2. 左方向斜线手位

续表

拍节	动作示范		备注
1*8			1. 2 拍保持开立 2. 右方向斜线手位
			1. 3-4 拍保持开立 2. 加油手位
			1. 5-8 拍左脚踏步 2. 向前 A 手位
2*8			1. 1-2 拍左脚开始踏步 2. O 手位
			1. 3-4 拍左脚保持踏步 2. 下 O 手位
			1. 5-6 拍左脚向左迈一步成开立 2. 左侧大弓箭

续表

拍节	动作示范		备注
2＊8			1. 7-8 拍还原并立 2. 下 H 手位
3＊8			1. 1 拍右脚向右一步成开立 2. 右方向斜线手位
			1. 2 拍保持开立 2. 左方向斜线手位
			1. 3-4 拍保持开立 2. 加油手位
			1. 5-8 拍右脚踏步 2. 向前 A 手位

续表

拍节	动作示范		备注
4＊8			1. 1-2 拍右脚开始踏步 2. O 手位
			1. 3-4 拍右脚保持踏步 2. 下 O 手位
			1. 5-6 拍左脚向左迈一步成开立 2. 左侧大弓箭
			1. 7-8 拍还原并立 2. 下 H 手位
第八节			
1＊8			1. 1-2 拍左腿弓步上前 2. 手前 A 手位
			1. 3-4 拍并立 2. 上 V 手位

拍节	动作示范		备注
1＊8			1. 5-6 拍屈膝半蹲 2. 加油手位
			1. 7-8 拍成开立 2. 下 V 手位
2＊8			1. 1-4 拍开立左转 90° 2. 屈臂 X 并抖动四次
			1. 5-6 拍右侧弓步 2. 左手臂斜下冲拳
			1. 7-8 还原并立 2. 下 H 手位
3＊8			1. 1-2 拍右腿弓步上前 2. 手前 A

续表

拍节	动作示范		备注
			1. 3-4 拍并立 2. 上 V 手位
3＊8			1. 5-6 拍屈膝半蹲 2. 加油手位
			1. 7-8 拍成开立 2. 下 V 手位
			1. 1-4 拍开立右转 90° 2. 屈臂 X 并抖动四次
4＊8			1. 5-6 拍右侧弓步 2. 左手臂斜下冲拳
			1. 7-8 拍还原并立 2. 下 H 手位

续表

拍节	动作示范		备注
第九节			
1＊8			1. 1-2 拍左腿向前上步 2. 大 T 手位
			1. 3-4 拍弓步半蹲 2. 短 T 手位
			1. 5-6 拍吸右腿 2. 上 H 手位
			1. 7-8 拍右脚侧点地 2. 双手握球置于左胯处
2＊8			1. 1-2 拍开立半蹲 2. W 手位
			1. 3-4 拍跳成并立 2. 右臂屈臂在上、左臂屈臂在下,胸前平屈

续表

拍节	动作示范		备注
2*8			1. 5-6 拍右脚小马跳 2. 下 M 手位
			1. 7-8 拍左脚小马跳 2. 下 M 手位
3*8			1. 1-2 拍右腿向前上步 2. 大 T 手位
			1. 3-4 拍弓步半蹲 2. 短 T 手位
			1. 5-6 拍吸左腿 2. 上 H 手位
			1. 7-8 拍左脚侧点地 2. 双手握球置于右胯处

续表

拍节	动作示范		备注
4*8			1.1-2 拍开立半蹲 2.W 手位
			1.3-4 拍跳成并立 2.右臂屈臂在上、左臂屈臂在下,胸前平屈
			1.5-6 拍右脚小马跳 2.下 M 手位
			1.7-8 拍左脚小马跳 2.下 M 手位

二、校园啦啦操规定动作——规定花球 1 级

表 13-3　校园啦啦操规定动作——规定花球 1 级

(参考 2020 版全国啦啦操规定动作——规定花球 1 级)

拍节	动作示范	备注
	第一节	
1*8	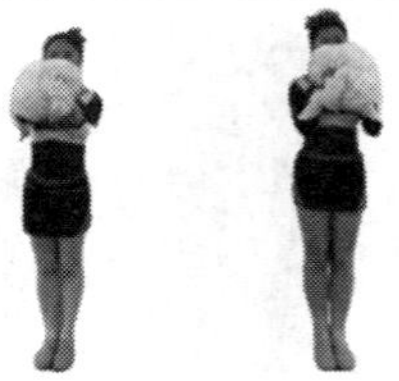 1-8	准备姿态(双脚并拢,加油手位)

续表

拍节	动作示范		备注
2＊8	 1-2	 3-4	1-2 拍：双脚同时跳开，与肩同宽，手臂上 V 3-4 拍：动作同上
	 5-6	 7	5-6 拍：收回准备姿态 7 拍：右侧身向前，右臂打开为大 T 的一半，左臂自然下垂
	 8		8 拍：收左脚，手位加油位
3＊8	 1	 2	1 拍：右脚向前迈一步，手位手心相对向前发力打直，注意与身体对抗 2 拍：左脚向前与右脚并拢，手位收回加油位
	 3-4	 5	3-4 拍：双脚跳开右侧对前，左手小拳眼朝前叉腰，右手提桶式
	 6-7	 5	5-6 拍：向前（一点）侧滚翻

<table>
<tr><th>拍节</th><th colspan="2">动作示范</th><th>备注</th></tr>
<tr><td>3＊8</td><td colspan="2">
8</td><td>7-8 拍:收回准备姿态</td></tr>
<tr><td rowspan="5">4＊8</td><td>
1</td><td>
2</td><td>1-4 拍:左脚开始向后(五点)走,手位 1-2 拍为上 H</td></tr>
<tr><td>
3</td><td>
哒</td><td>3-4 拍:右手不动,左臂向内绕一圈</td></tr>
<tr><td>
4</td><td>
5</td><td>5-8 拍:为两个层次
第一个层次:5 拍右腿跪地,手位下 V
第二个层次:5 拍手位上 V</td></tr>
<tr><td>
6</td><td>
7</td><td rowspan="2">第一个层次:6 拍手位加油位。7-8 拍为七嗒八,7 拍左手在上斜线,嗒拍加油位,8 拍右手在上斜线
第二个层次:6 拍加油位,7 拍右手在上斜线,嗒拍加油位,8 拍左手在上斜线</td></tr>
<tr><td>
哒</td><td>
8</td></tr>
</table>

续表

拍节	动作示范		备注
第二节			
1＊8	 1	 2	1-4 拍:前 4 拍向后转身迈右脚开始走,手位经过加油位到上 V,2 拍手臂向内划到下 X
	 3	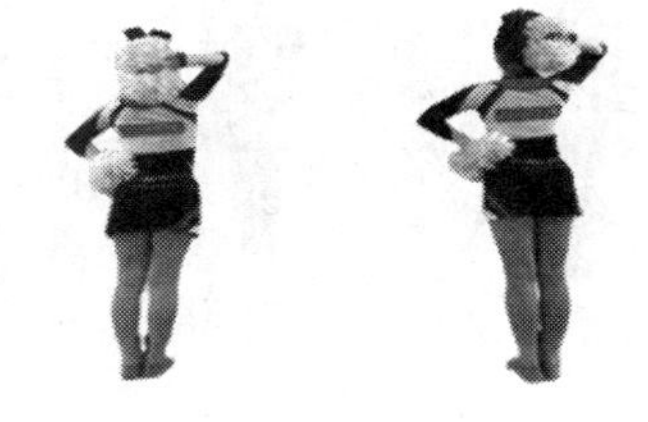 4	3 拍为侧上冲拳,4 拍收右手为 X 的一半
	 5-6	 7-8	5-8 拍:后 4 拍上右脚,手臂为两个层次 第一个层次:5-6 拍上 H,7-8 拍大 T 第二个层次:5-6 拍大 T,7-8 拍上 H
2＊8	 1-2	 3	1-2 拍:收回朝前(一点),双脚并拢,手位手臂自然下垂
	 4	 哒	3-6 拍:为两个层次 第一个层次:3 拍左脚在前右腿跪地,左手 X 一半,右手上 V 一半,4 拍双臂向内划一圈第二个层次:上右脚立转 360°,手位大臂夹紧身体,小臂与大臂成 90°夹角

续表

拍节	动作示范		备注
2*8	 5	 6	5 拍：手位 X 6 拍：双脚打开，膝盖弯曲，手位下 V
	 7-8		7-8 拍：没有层次收回双脚，并拢手臂夹紧身体
3*8	 1	 2	1-4 拍：左脚开始向前走 4 拍，重心下压身体微微向前曲，手位 1 拍左手下 V 一半，右手手心贴于肚脐位置，2 拍相反
	 3	 4	3 拍：加油位 4 拍：下 V
	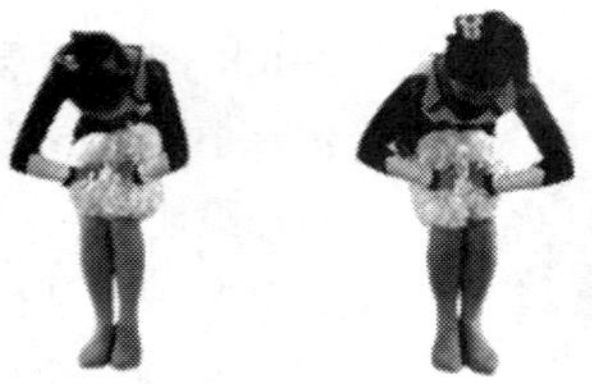 5-6	 7-8	5 拍：双脚并拢，微曲身体前压，眼睛看地，双手拳心贴于大腿位置 6 拍：不动 7-8 拍：为层次，7 拍双脚同时跳开与肩同宽，手位从右划半圈至上 X，8 拍同上

续表

拍节	动作示范		备注
4＊8	 哒	 1	1 拍:向左侧迈一步,手位两圈相对,手心贴于左腰间
	 2	 3-4	2 拍:右脚靠左脚,手位不动 3-4 拍:向右侧迈一步,手位右臂上 H 一半,左臂大 T 一半
	 5	 6	5-6 拍:左脚开始踏步,手位屈臂 X
	 7	 8	7 拍:左脚大踢腿,手位右臂上 H 一半,左臂大 T 一半 8 拍:双脚并拢,手臂夹紧身体,大拳眼朝前

续表

拍节	动作示范		备注
第三节			
1*8	 哒	 1	1-4 拍:右脚向右跨一步,膝盖弯曲身体前曲,4 拍收回双脚并拢,手位从 1 拍大 T 打开向下划,收胸低头到 4 拍加油位
	 2	 3	
	 4	 5-6	5-6 拍:左脚开始小碎步,膝盖微曲
	 7-8		7-8 拍:身体前倾,目视地面,手臂弯曲搓花球
2*8	 1	 2	1-2 拍:1 拍不动,2 拍双脚跳开,与肩同宽,手位下 V

拍节	动作示范		备注
3＊8	 1	 2	1 拍：跪右腿，手位大 T。踏右脚，手位大 T 2 拍：左腿跪地，脚背贴地，臀部坐于脚上，手位屈臂 H。踏左脚收回，与右脚并拢，手位曲臂 H
	 3	 4	3-4 拍：手位手臂从右往左向这下方划一圈注意与身体对抗，4 拍收回。双脚同时跳开与肩同宽，手位与第一个层次相同
	 5	 6	5-6 拍：5 拍提桶式，嗒拍短 T，6 拍提桶式。脚不动，手位 5 拍上 H，嗒拍曲臂 H，6 拍上 H
	 7	 8	7 拍：手位上 V。膝盖朝脚尖放心弯曲，身体前倾，目视斜下方，花球放于大腿，小拳眼朝脚尖方向，大臂与小臂成 90° 8 拍：身体前趴，眼睛目视地面，花球贴于地面，大臂与小臂成 90° 夹角。双脚收回并拢，手位上 V

续表

拍节	动作示范		备注
4*8	 1	 2	1-3 拍：手位屈臂 X，身体分别向左后右倾斜
	 3	 4	4 拍：手位屈臂 X，身体直立
	 5	 哒	5-8 拍：上下两个层次，5 嗒 6 下面保持不动，7 嗒 8 上面保持不动 5 拍：向左侧 K 嗒拍：加油位
	 6	 7	6 拍：向右侧 K 7 拍：向左侧 K
	 哒	 8	嗒拍：加油位 8 拍：向右侧 K

续表

拍节	动作示范		备注
5＊8	 1	 2	1 拍:左脚踏步,身体前倾,手臂自然下垂,大拳眼朝前 2 拍:右脚靠左脚
	 3-4	 5-6	3-6 拍:依次踢腿
	 7	 8	7-8 拍:两个层次,7(8)拍,双脚同时跳开,手位上 V
6＊8	 1-2	 3-4	1-2 拍:双脚不动,手位短 T 3-4 拍:双脚不动,手位上 V
	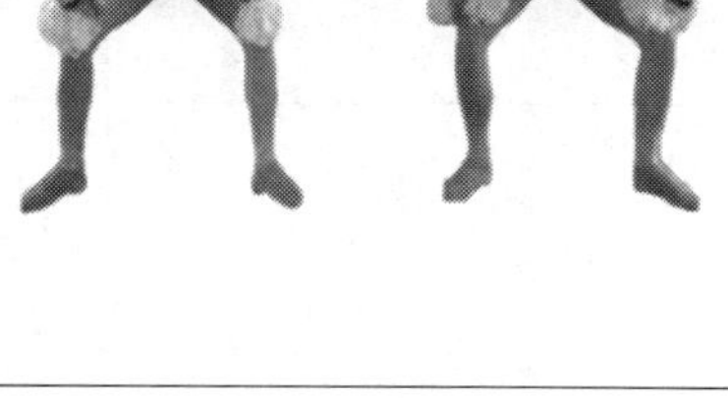 5-8		5-8 拍:膝盖朝脚尖方向弯曲,身体前倾,目视斜下方,花球放于大腿,小拳眼朝脚尖方向,大臂与小臂成 90°

拍节	动作示范		备注
第四节			
1＊8	 1	 2	1-4 拍:左脚开始向后退三步,第四步并拢,手位为 1 拍 R,2 拍大 T
	 3	 4	3 拍:向内划一圈 4 拍:上 A
	 5	 6	5-6 拍:双脚同时跳开与肩同宽,手位右手在上斜线和左手在上斜线
	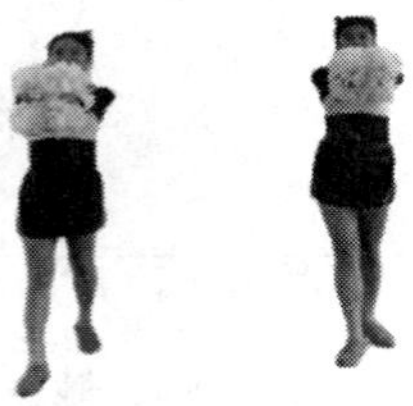 7	 8	7 拍:退左脚,手位前 A 8 拍:双脚并拢,手位加油位

续表

拍节	动作示范		备注
2 * 8	 1	 2	1-4 拍:两个层次 第一个层次:屈体分腿跳
	 3	 4	1-4 拍: 第二个层次:右腿跪地,目视地面,手臂自然下垂
	 5	 6	5-6 拍:双脚同时跳开与肩同宽,手位 5 拍上 V,6 拍上 A
	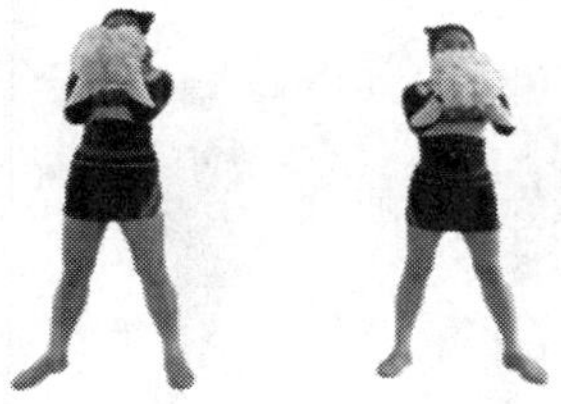 7-8		7-8 拍:加油位

续表

拍节	动作示范		备注
3*8	 1	 2	1-3 拍:身体前倾,双手绕花球
	 3	 4	4 拍:双脚并拢,手位加油位
	 5	 6	5-7 拍:两个层次 第一个层次:前滚翻 第二个层次:以左腿为中心,身体逆时针转一圈,手位左臂 X 一半,右臂上 V 一半
	 7	 8	8 拍:双脚并拢,手位加油位

续表

拍节	动作示范		备注
4*8	 1、3	 2、4	1-4 拍:左脚开始踏步,手位上 H
	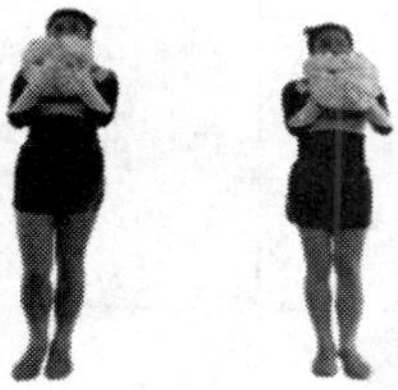 5	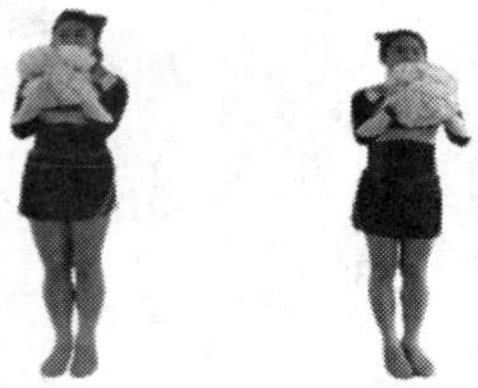 6	5-6 拍:踏步,手位加油位,拍两次花球
	 7	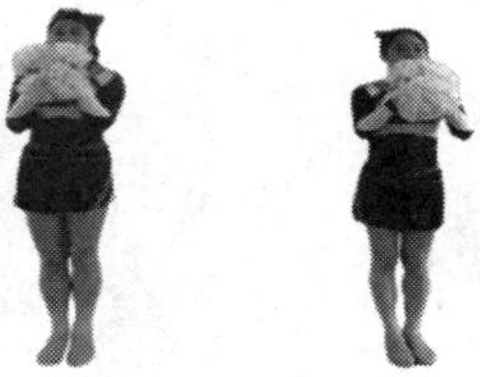 哒	7-8 拍:两个层次 第一个层次:7 拍上 V,嗒拍加油位,8 拍下 V
	 8		7-8 拍: 第二个层次:7 拍下 V,嗒拍加油位,8 拍上 V

续表

拍节	动作示范		备注
第五节			
1＊8	 1	 2	1 拍：左脚向 7 点迈一步，手位前 A 2 拍：面向 7 点，双脚并拢，双腿并拢，身体前倾，手位加油位
	 3	 4	3 拍：后踢腿手位大 T 4 拍：双脚并拢，双腿并拢，身体前倾，手位加油位
	 5	 6	动作同上
	 7	 8	动作同上
2＊8	 1、3	 2、4	1-4 拍：右脚开始向右前方踏步，手位 K
	 5-6	 7-8	5-6 拍：面向 1 点，双脚并拢，手位上 V 7-8 拍：双脚同时跳开与肩同宽，手位下 V

续表

拍节	动作示范		备注
3＊8	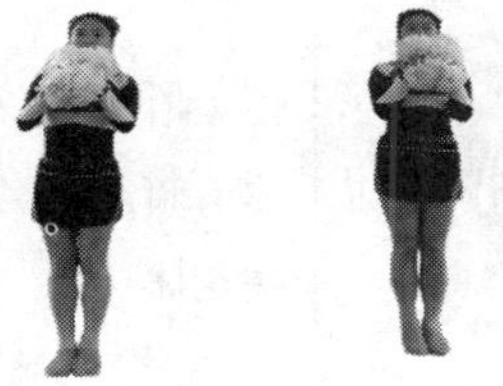 哒	 1	1 拍:双脚开立,手位下 V
	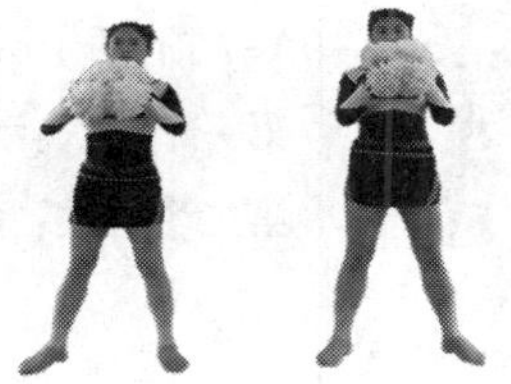 2	 3	2 拍:双脚开立,手位加油位
	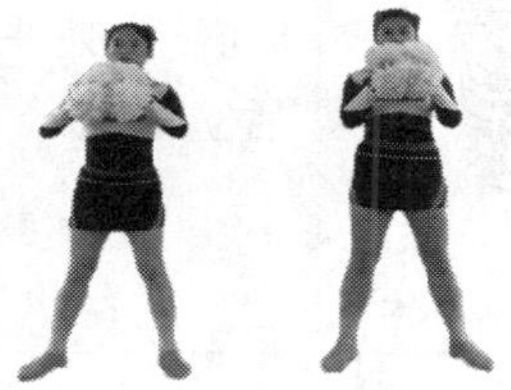 哒	 4	3-4 拍:为 3 嗒 4,双脚开立 3 拍:手位下 V 嗒拍:手位加油位 4 拍:手位下 V
	 5	 6	5-8 拍:两个层次,动作相同,方向相反 5 拍:开立,右手在上斜线 6 拍:向左转,重心在左脚,斜下 A
	 7	 8	7-8 拍:双脚并拢,手位前 A

拍节	动作示范		备注
4 * 8	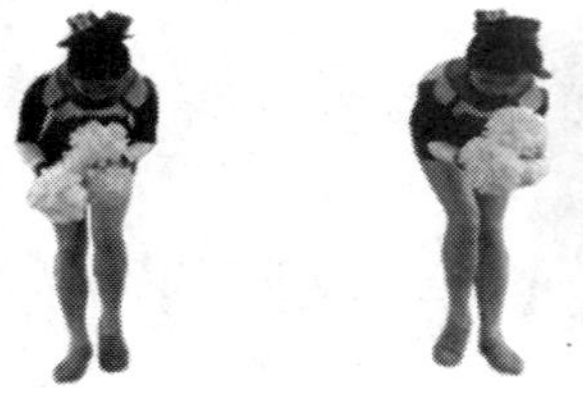 1、3	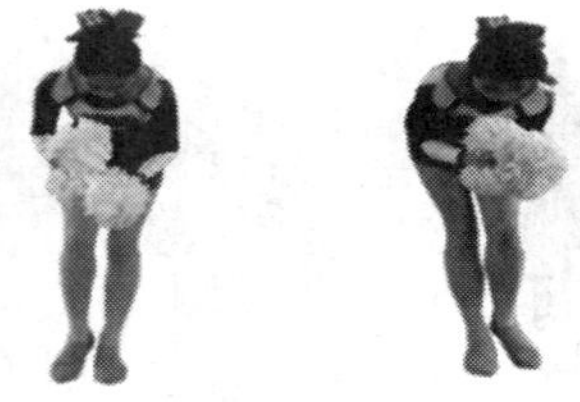 2、4	1-4 拍:左脚开始踏步,身体前倾,目视斜下方,双手搓花球
	 5	 6	5-7 拍:两个层次 第一个层次:动作同上 第二个层次:立转
	 7	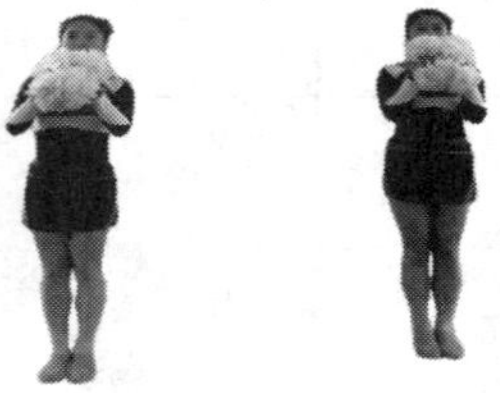 8	8 拍:双脚并拢,手位加油位
第六节			
1 * 8	 1-4	 1 哒-4 哒	1-4 拍:双手叉腰,身体向前倾,右腿抬起与前胸靠近
	 5-8	 5 哒-8 哒	5-8 拍:右腿抬起,同时右手呈下 V,左臂屈向小腹,大拳眼朝上放于腹前

续表

拍节	动作示范		备注
2 * 8	 1-2	 3-4	1-2 拍:左腿向前迈,右手交叉放于胸前 3-4 拍:右腿抬起于侧边,右手扶住右小腿,左手呈 T
	 5-6	 7	5-7 拍:不动 8 拍:跳回站立姿态,双手做手位 O
	 8		
3 * 8	 1	 2	1-2 拍:左脚向左侧迈,身体向左转,双手做手位侧 K
	 3	 4	3 拍:身体回正,左手为 O,右手做 T 4 拍:两手转回左侧伸直

续表

拍节	动作示范		备注
3＊8	 5	 6	5-6 拍:保持向左转姿势,走三步回正
	 7	 8	7 拍:保持向左转姿势,走三步回正 8 拍:放下双手垂于两侧
4＊8	 1	 2	1 拍:左脚向前迈,双手朝前 2 拍:右腿与左腿并立,双手收回胸前做加油手位
	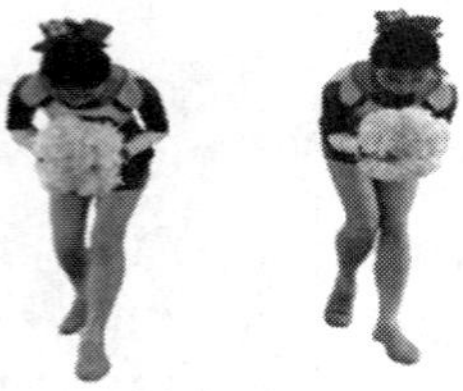 3	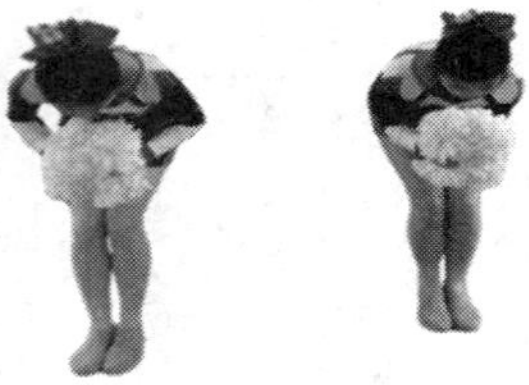 哒	3 拍:左右腿后退回原位,身体弯曲,双手放于腹前相互搓球
	 4	 5-6	4 拍:双腿跳开,手位呈下 V 5 拍:右腿向左侧迈,右臂抬起,右手放于胸前,左手做下 V
	 7-8		7-8 拍:右腿向左侧迈,右臂抬起,右手放于胸前,左手做下 V

续表

拍节	动作示范		备注
第七节			
1*8	 1、3	 2、4	1-4 拍：右脚开始，左右脚交替踏步，右手在头顶，左手放在右胯
	 5-8		5-8 拍：右腿向右迈，左膝弯曲，身体向前倾，左手叉腰，右手呈下 V
2*8	 1、5	 1 哒、5 哒	1、5 拍：双手做手位小 T+小碎步 2 拍，左脚向右抬起呈 90°，双手垂直于两侧
	 2、6	 3、7	2、3、6、7 拍：双手做手位小T+小碎步 3 拍，右脚向左抬起呈 90°，双手垂直于两侧
	 3 哒、7 哒	 4、8	4、8 拍：右脚向左抬起呈 90°，双手垂直于两侧

续表

拍节	动作示范		备注
3＊8	 1	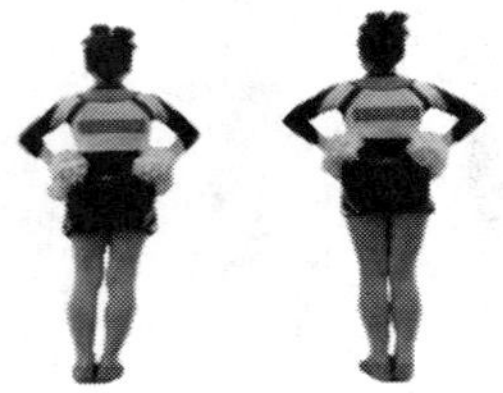 2	1-2 拍:双手叉腰向右旋转三面
	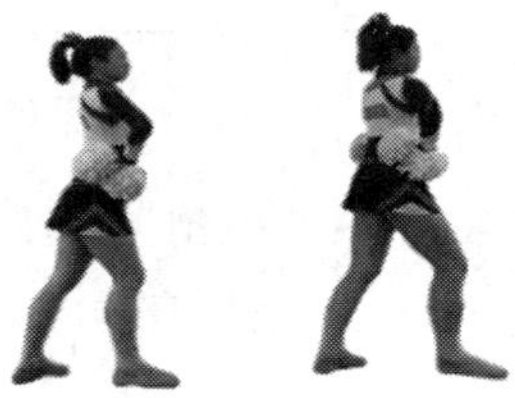 3	 4	3-4 拍:双手叉腰向右旋转三面,4 拍转回正面,双手呈加油手位
	 5	 6	5-6 拍:原地踏步,同时右手贴在耳朵上,举左手平行于地面呈 90°
	 7	 8	7-8 拍:原地踏步,同时右手弯曲放于腹部,左手做下 V
4＊8	 1	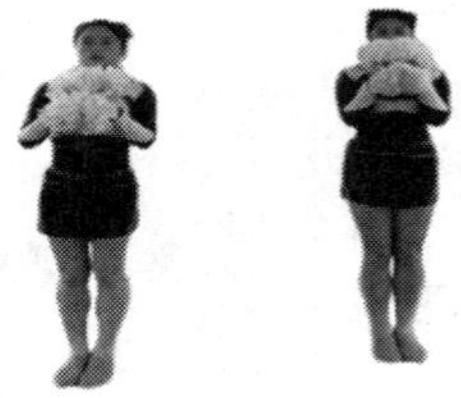 2	1 拍:由加油手位变成大 T 2 拍:做加油手位

续表

拍节	动作示范		备注
	 3	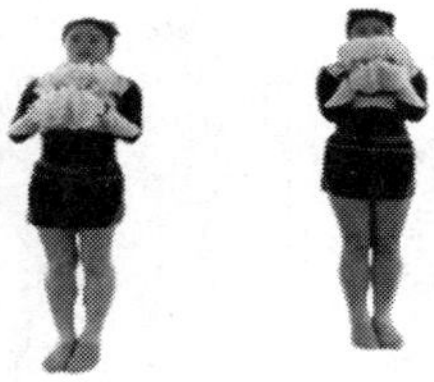 4	3 拍:做上 H 4 拍:回归加油手位
4 * 8	 5	 6	5 拍:左脚向前迈一步,同时双手举过头顶,手腕交叉 6 拍:双手叉腰,右腿做正踢腿并迅速回正
	 7	 8	7 拍:左脚向前迈一步,同时双手举过头顶,手腕交叉 8 拍:双手叉腰,右腿做正踢腿并迅速回正
第八节			
	 1-2	 3	1-2 拍:向左转并弯曲双腿,同时身体靠近腿部 3 拍:做 C 跳
1 * 8	 4	 5-6	4 拍:做 C 跳 5-6 拍:右腿微屈,右脚点地,双手呈上 V
	 7	 8	7-8 拍:转动两次花球

拍节	动作示范		备注
2*8	 1-2	 3-4	右腿向右迈左手叉腰，右手做大 T，保持 4 拍
	 5-6	 7-8	5-6 拍不动，7-8 拍右腿回，双腿屈膝，身体弯下，双手垂直放下
3*8	 1、3	 2、4	踏步，同时膝盖微弯曲，双手做 K
	 5	 6	5 拍：做反向弓箭手位+踏步 6 拍：手位变为上 H
	 7	 8	7 拍：做弓箭手位 8 拍：双手垂直放下并停止踏步

续表

拍节	动作示范		备注
4＊8	 1、3	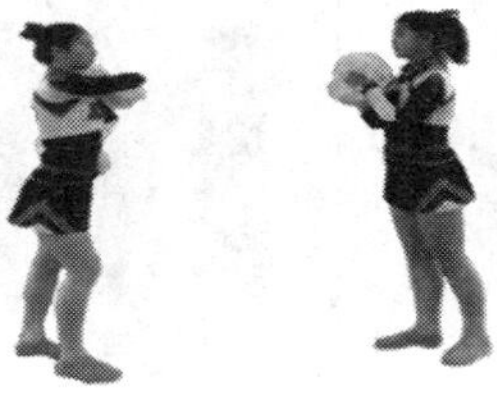 2、4	1 拍:双手呈加油手位并向右旋转 90° 2-4 拍:原地踏三步
	 5	 6	双人配合动作 5 拍:手扶搭档肩膀 6 拍:左腿向后踢
	 7、8		7-8 拍成站立姿态
	第九节		
1＊8	 1	 2	1-4 拍:原地踏步,同时右手在后脑勺,左手做上 V
	 3	 4	原地踏步,同时右手在后脑勺,左手做上 V
	 5、7	 6、8	5 拍:右腿向前迈一步,左腿跪于地面,双手呈加油手位 6 拍:双手做下 V 7 拍:回加油手位 8 拍:回下 V

拍节	动作示范		备注
2＊8	 1	 2	1-4 拍：四人配合托举动作，右腿向右迈，右脚点地，左手垂直放地面，右手向左伸直。右腿向右迈，右脚点地，左手垂直放地面，右手向左伸直
	 3	 4	
	 5	 6	5-6 拍：右腿回，双手垂直于地面，身体靠右腿
	 7	 8	7-8 拍：呈站立姿态
3＊8	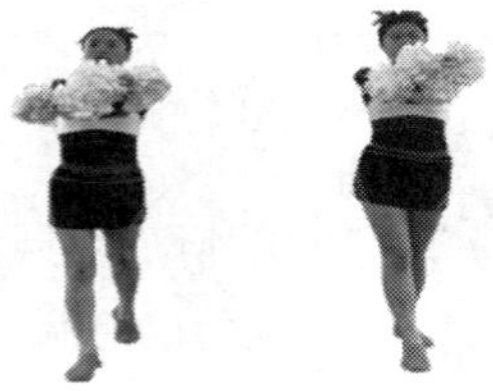 1、3	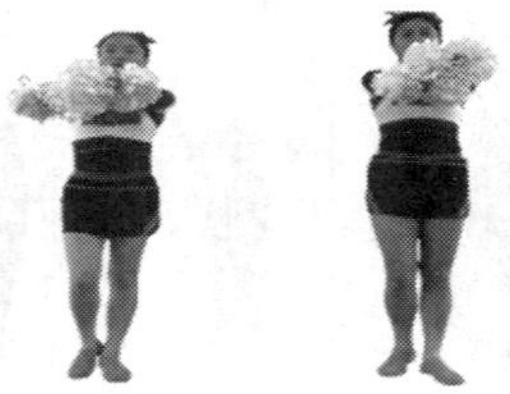 2、4	1-4 拍：原地踏步，同时双手呈前 X 手位
	 5-6	 7-8	5-6 拍：双腿弯曲，身体向后倒，右手触地，左手伸直呈直线 7-8 拍：全身趴在腿上，双手撑于地面

续表

拍节	动作示范		备注
4*8	 1	 2	1-2 拍:双腿跪于地面,身体直立,双手呈加油手位
	 3	 4	3 拍:迈右膝,双手做下 V 手位 4 拍:双手回加油手位
	 5、6	 7	5-6 拍:左手叉腰,右手做下 V 手位 7 拍:点头回正
	 8		左手叉腰,右手做下 V 手位,点头回正
结束			

第四节　花球啦啦操的竞赛规则

一、花球啦啦操裁判组成

花球啦啦操裁判组由 1 名裁判长、1-2 名违例检查裁判员、9 名评分裁判员组成，同时还有 1 名记录员、若干名检录员、1 名宣告员和 1 名放音员。裁判组可以根据赛事规模适当增减人数。参赛队的得分要去掉一个最高分，去掉一个最低分，7 位裁判员分数之和再减去裁判长的扣分即为最后得分。

二、花球啦啦操评分表

花球啦啦操评分表

队伍名称：__________　裁判员编号：_____　组别：______　日期：_____年_____月_____日

评分项		评分标准	分值
技术完成	风格完成	花球（街舞）动作技术完成的质量，如定位、控制、准确性、力度及节奏性	10 分
	动作技术完成	动作的力度、强度、定位、控制、姿态及投入性	10 分
	技术技巧动作完成	以正确的定位、身体姿态、控制、延展、平衡、力度展现技术技巧动作的能力	10 分
团体完成	动作与音乐的同步性	队员动作与音乐的同步性	10 分
	动作一致性	队员动作整齐划一、清晰、干净且精准	10 分
	空间性	在成套和过渡动作中，每个队员的定点及间距准确	10 分
编排	音乐性	动作配合音乐的重拍、旋律、节奏、结构、歌词及风格等呈现出创新、独特且原创的效果	10 分
	舞台展现、视觉效果	多变的队形和流畅的过渡动作；通过小组及双人配合、地板动作、托举、层次及对比动作等展现强烈的视觉效果	10 分
	难度动作的复杂性	动作的难度包括动作的节奏性、重心变化、方向变化、连报性及持续性、复杂性等；动作的难度以正确的技术完成为评判标准	10 分
总体效果		互动性、感染力、观众号召力及适宜性	10 分
		通过真挚的表现力和观众号召力，展现出成套活力充沛的能力；以年龄适宜的音乐、服饰及编排增强表演效果	

得分_________（总分 100 分）

第五节　花球啦啦操教学考核

一、基础班(1)

项目技能考核由两部分组成:花球啦啦操基本手位(40分)、花球啦啦操示范套路第一部分(60分)。

1. 花球啦啦操基本手位(40分)

(1)方法:考试者以4人一组进行,教师评分;

(2)评分标准:

评分标准		分值
优秀	正确掌握花球发力、制动技术,与音乐配合准确,动作规范、无错漏,有表现力	90-100分
良好	较好掌握花球发力、制动技术,基本能与音乐配合	80-89分
中等	花球发力、制动技术掌握一般,动作较规范、无错漏,基本能与音乐配合	70-79分
及格	没有花球发力、制动技术,动作不规范、有一二处错漏,基本能与音乐配合	60-69分
不及格	花球发力、制动技术错误,动作不规范、有多处错漏,不能与音乐配合	60分以下

2. 花球啦啦操示范套路第一部分(60分)

(1)方法:考试者以4人一组进行,教师评分;

(2)评分标准:

评分标准		分值
优秀	熟练完成套路,与音乐配合准确,动作规范、无错漏,有表现力	90-100分
良好	独立完成动作,动作规范、无错漏,基本能与音乐配合	80-89分
中等	基本能独立完成动作,动作较规范、无错漏,基本能与音乐配合	70-79分
及格	基本独立完成动作,动作不规范、有一二处错漏,基本能与音乐配合	60-69分
不及格	不能独立完成动作,动作不规范、有多处错漏,不能与音乐配合	60分以下

二、基础班(2)

项目技能考核由两部分组成:花球啦啦操基本手位(40分)、花球啦啦操示范套路第二部分(60分)。

1. 花球啦啦操基本手位(40分)

(1)方法:考试者以4人一组进行,教师评分;

(2)评分标准:

评分标准		分值
优秀	正确掌握花球发力、制动技术,与音乐配合准确,动作规范、无错漏,有表现力	90-100 分
良好	较好掌握花球发力、制动技术,基本能与音乐配合	80-89 分
中等	花球发力、制动技术掌握一般,动作较规范、无错漏,基本能与音乐配合	70-79 分
及格	没有花球发力、制动技术,动作不规范、有一二处错漏,基本能与音乐配合	60-69 分
不及格	花球发力、制动技术错误,动作不规范、有多处错漏,不能与音乐配合	60 分以下

2. 花球啦啦操示范套路第二部分(60 分)

(1)方法:考试者以 4 人一组进行,教师评分;

(2)评分标准:

评分标准		分值
优秀	熟练完成套路,与音乐配合准确,动作规范、无错漏,有表现力	90-100 分
良好	独立完成动作,动作规范、无错漏,基本能与音乐配合	80-89 分
中等	基本能独立完成动作,动作较规范、无错漏,基本能与音乐配合	70-79 分
及格	基本独立完成动作,动作不规范、有一二处错漏,基本能与音乐配合	60-69 分
不及格	不能独立完成动作,动作不规范、有多处错漏,不能与音乐配合	60 分以下

三、提高班(1)

项目技能考核由两部分组成:花球啦啦操基本手位加移动步伐(40 分)、花球啦啦操 1 级套路第一部分(60 分)。

1. 花球啦啦操基本手位加移动步伐(40 分)

(1)方法:考试者以 4 人一组进行,教师评分;

(2)评分标准:

评分标准		分值
优秀	正确掌握花球发力技术,与音乐配合准确,动作规范、无错漏,有表现力,移动步伐自然流畅	90-100 分
良好	较好掌握花球发力技术,基本能与音乐配合,移动步伐流畅	80-89 分
中等	花球技术掌握一般,动作较规范、无错漏,基本能与音乐配合,移动步伐流畅性一般	70-79 分
及格	花球技术不标准,动作不规范、有一二处错漏,基本能与音乐配合,移动步伐不清晰	60-69 分
不及格	街舞技术错误,动作不规范、有多处错漏,不能与音乐配合,移动步伐不流畅有停顿	60 分以下

2. 花球啦啦操 1 级套路第一部分(60 分)

(1)方法:考试者以 4 人一组进行,教师评分;

(2)评分标准:

评分标准		分值
优秀	熟练完成套路,与音乐配合准确,动作规范、无错漏,有表现力	90-100 分
良好	独立完成动作,动作规范、无错漏,基本能与音乐配合	80-89 分
中等	基本能独立完成动作,动作较规范、无错漏,基本能与音乐配合	70-79 分
及格	基本独立完成动作,动作不规范、有一二处错漏,基本能与音乐配合	60-69 分
不及格	不能独立完成动作,动作不规范、有多处错漏,不能与音乐配合	60 分以下

四、提高班(2)

项目技能考核由两部分组成:花球啦啦操基本手位加移动步伐(40 分)、花球啦啦操 1 级套路第二部分(60 分)。

1. 花球啦啦操基本手位加移动步伐(40 分)

(1)方法:考试者以 4 人一组进行,教师评分;

(2)评分标准:

评分标准		分值
优秀	正确掌握花球发力技术,与音乐配合准确,动作规范、无错漏,有表现力,移动步伐自然流畅	90-100 分
良好	较好掌握花球发力技术,基本能与音乐配合,移动步伐流畅	80-89 分
中等	花球技术掌握一般,动作较规范、无错漏,基本能与音乐配合,移动步伐流畅性一般	70-79 分
及格	花球技术不标准,动作不规范、有一二处错漏,基本能与音乐配合,移动步伐不清晰	60-69 分
不及格	街舞技术错误,动作不规范、有多处错漏,不能与音乐配合 移动步伐不流畅有停顿	60 分以下

2. 花球啦啦操 1 级套路第二部分(60 分)。

(1)方法:考试者以 4 人一组进行,教师评分;

(2)评分标准：

评分标准		分值
优秀	熟练完成套路，与音乐配合准确，动作规范、无错漏，有表现力	90-100 分
良好	独立完成动作，动作规范、无错漏，基本能与音乐配合	80-89 分
中等	基本能独立完成动作，动作较规范、无错漏，基本能与音乐配合	70-79 分
及格	基本独立完成动作，动作不规范、有一二处错漏，基本能与音乐配合	60-69 分
不及格	不能独立完成动作，动作不规范、有多处错漏，不能与音乐配合	60 分以下

参考文献

[1]王家宏主编.球类运动——篮球[M].北京:高等教育出版社,2009.

[2]全国体育院校教材委员会审定.篮球运动高级教程[M].北京:人民体育出版社,2000.

[3]中国篮球协会审定.篮球规则[M].北京:光明日报出版社,2006.

[4]邓飞,王朝晖主编.篮球[M].北京:高等教育出版社,2003.

[5]徐雄杰,朱信龙编著.国际体育舞蹈教程[M].合肥:中国科学技术大学出版社,2007.

[6]谢叶寿主编.当代大学健康体育教程[M].合肥:安徽大学出版社,2020.

[7]温亮富,孙荣.标准舞和拉丁舞技术考级教材[M].广州:广州出版社,2014.

[8]刘青主编.网球运动教程[M].北京:人民体育出版社,2012.

DK女子健身笔记

体适能完全手册

DK女子健身笔记

体适能完全手册

〔英〕凯莉·汤普森（Kelly Thompson） 编著
王亚洲 主译

王亚洲 蔡佳萌 席林慧 王永杰 陈颖莹 胡利民 译

河南科学技术出版社
·郑州·

Original Title: The Fitness Book

A WORLD OF IDEAS:SEE ALL THERE IS TD KNOW
www.dk.com

备案号：预著许可备字-2019-A-0082

图书在版编目（CIP）数据

DK女子健身笔记：体适能完全手册/（英）凯莉·汤普森（Kelly Thompson）编著；王亚洲主译.—郑州：河南科学技术出版社，2020.2

ISBN 978-7-5349-9692-4

Ⅰ.①D… Ⅱ.①凯… ②王… Ⅲ.①女性-健身运动-手册 Ⅳ.①G883-62

中国版本图书馆CIP数据核字（2019）第209058号

出版发行：河南科学技术出版社
地址：郑州市郑东新区祥盛街27号 邮编：450016
电话：（0371）65788685 65788629
网址：www.hnstp.cn
策划编辑：李 林
责任编辑：杨 莉
责任校对：崔春娟
封面设计：张 伟
责任印制：朱 飞
印 刷：鸿博昊天科技有限公司
经 销：全国新华书店
开 本：889 mm×1194 mm 1/16 印张：20.75 字数：412千字
版 次：2020年2月第1版 2020年2月第1次印刷
定 价：118.00元

如发现印、装质量问题，影响阅读，请与出版社联系并调换。

序 6

1 健身基础知识 8
人体探秘 27
入门 41

2 有氧运动 52
散步 59
跑步 67
骑行 75
游泳 83
健美操和舞蹈 91

3 塑形 98
抗阻运动 103
肩膀和上背部 108
胸部 112
手臂 116
腹肌 122
腰部 128
腰背部 132
臀肌和股四头肌 136
腘绳肌 142
大腿内侧和外侧 144
小腿 148
全身 150

拉伸运动 155
头部和颈部 160
肩部 164

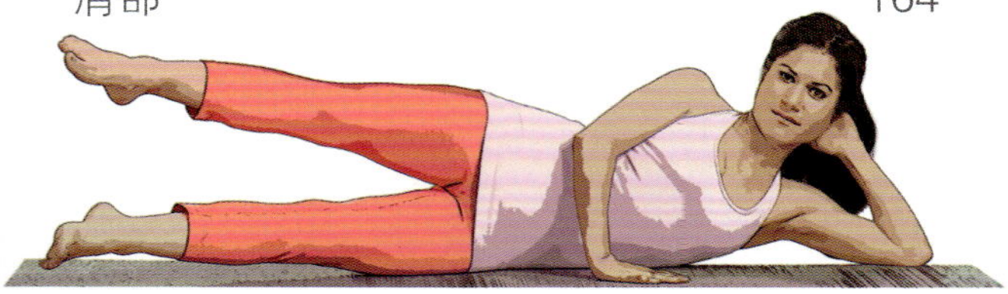

目录

背部 168
胸部 174
胳膊和手 178
腰部和臀部 182
大腿 186
小腿 190
全身 192

普拉提 195
锻炼上身 204
活动脊柱 206
核心腹肌 208
骨盆稳定性 214
核心臀肌 216

瑜伽 221
呼吸与放松 226
拜日式 228
上身力量和塑形练习 232
脊柱灵活性 236
深度臀部放松 240
下身力量锻炼与塑形 244

4 锻炼 248
常规热身运动 252
常规舒缓拉伸 254
常规放松运动 256
有氧运动 259
散步 260
跑步 262
骑行 264
游泳 266
健美操和舞蹈 268
塑形锻炼 271
全身高能锻炼 272
核心普拉提 274
全身瑜伽 276
小黑裙锻炼 278
准新娘锻炼 280
紧身裤锻炼 282
比基尼锻炼 284
美背锻炼 286
美胸锻炼 288
美臂锻炼 290
完美腹肌锻炼 292
美臀锻炼 294
性感美腿锻炼 296
苹果形身材锻炼 298
梨形身材锻炼 300
尺形身材锻炼 302
沙漏形身材锻炼 304
和谐生活锻炼 306
产后锻炼 308
年轻十岁锻炼 310
速效锻炼 313
晨起唤醒锻炼 314
电脑前锻炼 316
午间锻炼 318
提神锻炼 320
减压锻炼 322
柔韧性锻炼 324
“随时随地”锻炼 326

索引 328
作者与顾问简介 330
致谢 331

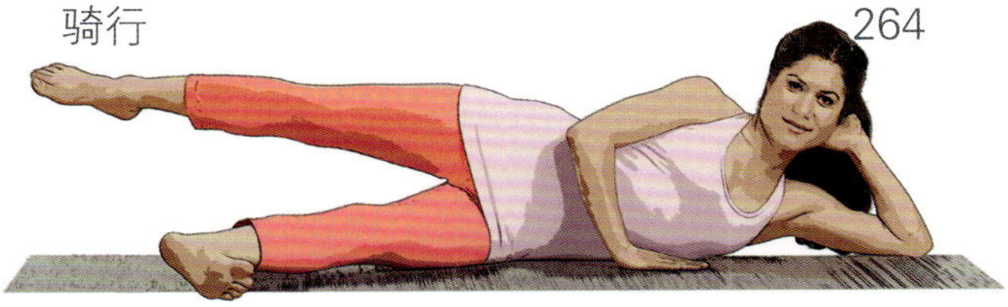

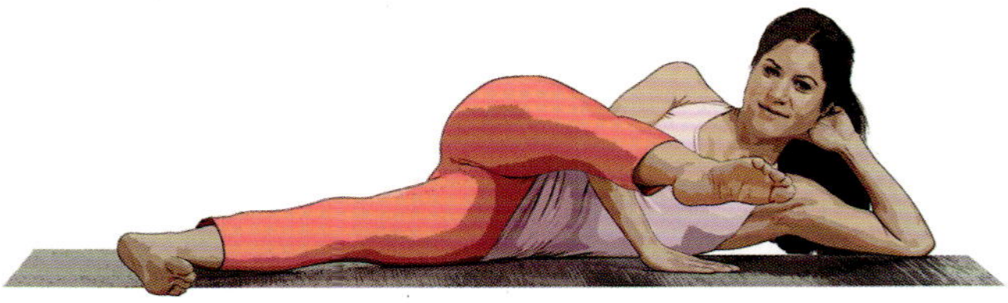

序

作为一个拥有15年经验的私人健身教练，我已经意识到了女性在健康、健身、减肥和塑身等方面所面临的诸多关键问题。女性常说没有时间去锻炼，不知道从哪里开始锻炼，找不到喜欢的运动或者从正在进行的锻炼中得不到想要的结果。作为一名私人教练，我的职责是帮助她们。然而，并不是每个人都会与专家进行一对一课程的练习，这就是出版本书的原因。参与本书设计的还有著名普拉提及瑜伽运动专家艾莉莎·威瑟斯、格雷姆·斯通斯。

本书与其他健身书的不同之处在于它提供了广泛的选择。每个人都需要全面的健身，因此我们把锻炼分为两大类：有氧运动与塑形运动。有氧运动包括散步、跑步、骑行、游泳、健美操和舞蹈，有益于心脏健康并可帮助塑身；塑形运动则包括抗阻运动、拉伸运动、普拉提和瑜伽。

提供这么多运动的目的是让选择最大化，让你找到至少一种真正喜欢的运动。这不仅会让你更有动力，而且会给你更多的选择，以便使你保持对运动的新鲜感。具体到每一项运动，我们会先概述一下该运动的益处，然后再详细解释如何做到这一点，就像在个人培训中所进行的一样。

为了尽可能让你感受到运动的简单易行，我们还为你提供了大量的定制运动。这些运动的时长从10分钟到1小时不等。这样一来，无论时间多么紧迫，你都可以找到适合自己的运动项目。我们提供了基于3种不同强度的有氧运动，包括低强度、中等强度和高强度的运动等级，这样的设计可满足不同健康状况的训练者的需求。此外，我们还设计了近30种塑形和速效锻炼方式，这些运动主要针对身体的关键部位，有助于解决一些困扰女性的常见问题。例如，有关服装问题的，如小黑裙锻炼、紧身裤锻炼；或有关体形问题的，如完美腹肌锻炼、性感美腿锻炼；或目标导向的，如年轻十岁锻炼；或时间导向的，如午间锻炼等。通过每周3~5次有氧运动和3次塑形运动，再加上健康的饮食和充足的休息，你会在3~4周后感觉到健康状况有所改善。

希望这本健身笔记能为你提供所需的知识、足够的鼓励及实用的指导，更希望能让你过上更健康的生活并达到理想的身体状态，使你的身心更加健康。好好享用吧！

露西·温德姆

健身基础知识

1

如何使用本书

本书很多内容针对室内锻炼而设计，可帮助你掌控自己的健康并达到理想的身体状态。本书讲述了各种运动的基本原理，使你能够从中选择出最喜欢的运动，进而助你达成目标。

发现锻炼要点

首先，请认真阅读第一章内容，因为它会让你对什么是运动以及如何锻炼加深理解。它还会为你提供有关运动的专业知识，根据你的品味和生活方式，针对适合你的运动方式给出更好的建议，同时也为你塑造体形及把握锻炼强度提供参考。当然，最重要的是助你实现所期望的目标。

探索你的运动项目

实质性的章节是健身基础知识之后的有氧运动和塑形运动两章。这两章构成了本书的大部分内容；健身基础知识这一章主要涉及锻炼前期的基本要点。有氧运动和塑形运动两章教你掌握如何安全有效地进行各种各样的运动，了解究竟哪种方法最实用。该部分可作为你的健身自修手册，以便更好地进行接下来的锻炼。

有氧运动一章包括五种可供选择的关键运动，这些运动可以消耗热量并可提高有氧适能。主要包括散步、跑步、骑行、游泳、健美操及舞蹈。每一节都提供了关于训练的益处、所需装备、技术要点和动作的相关信息，并一步一步地指导你进行特定的练习，帮助你改善运动方面的表现。因此，深入了解并好好享受吧。

解剖图突出显示身体前后相关部位使用的肌肉。

塑形练习的特点是具有广泛的阻力，如普拉提和瑜伽，针对不同的身体部位有不同的练习。因此，你可以专注于特定部位的练习。

“塑形”一章包含了四种用以增强身体锻炼的方式——抗阻运动、拉伸、普拉提和瑜伽。每一节都阐明了该项运动的主要好处及规则，以便你能够确定哪一项锻炼形式对你最为合适。每一页的分步讲解有助于提高你对该项练习的理解，提升你的运动表现。

使用你的运动方案

锻炼部分包含了四类75种经过特殊设计的锻炼方式，涉及有氧运动和塑形的练习，为你提供多种形式的健身方案，可根据需要进行组合搭配。

不管你是为了减肥，还是为了锻炼手臂、增加自信或增强体能，抑或以上因素都有，你都会在这里找到一种方法实现目标。四类锻炼包括：

- 常规运动——热身、舒缓及放松。
- 有氧运动——散步、跑步、骑行、游泳、健美操或舞蹈，这五种锻炼形式可在三种锻炼强度下进行。
- 塑形——结合抗阻运动、拉伸运动、普拉提和瑜伽的20多种锻炼。
- 速效锻炼——当你有一些额外的时间或需要迅速振奋精神时，通过七种锻炼方式就可以完成。

关于每次锻炼需要的时间、如何最有效地组合各种锻炼、新的锻炼计划需要多长时间才能适应，以及如何达到理想身材的问题，请参见本书其余章节。

“答疑解惑”章节就关键问题提供实用的建议，让你充分利用练习时间。

锻炼包括真正让心脏运转起来的有氧运动，帮你养成习惯并增强体力的运动，可以在空闲时间进行的速效锻炼、热身和舒缓的拉伸运动。

什么是运动？

简单地说，运动包括所有温和或剧烈的体力活动。不同类型的运动会以不同的方式挑战身体，使人保持最佳的身体状态。谁不想要很好的精神和体魄呢？因此，继续阅读吧，你将会发现最适合你的运动类型，并开启塑造完美体形的运动之旅。

达到最佳健康状态的途径

过去，人们出于生存的本能去耕种土地并用双手劳动时，不需要额外的锻炼来保持他们的体能和健康。但是，在当今这个便利的科技时代，人们坐着的时间越来越多。无论是乘坐汽车、火车，还是在电脑前久坐，抑或是久坐在沙发上看电视，这都非常不利于身体健康。听起来很熟悉吧，如果你也是这样的话，继续读下去，这本书将有针对性地引导你走出这一困境，逐渐走进有益于身体健康的良性生活方式。

我需要做什么？

为了拥有健康且体能均衡的身体，把三种不同类型的运动结合起来是很重要的：

- 有氧运动——有利于心脏健康。
- 力量和耐力锻炼——有利于提高肌肉效率。
- 柔韧性锻炼——有益于关节和肌肉。

然而，这并不意味着你需要连续几个小时在健身房锻炼或者在跑步机上出汗。相反，这本书为你提供了各种各样的锻炼方式，涵盖以上三种基本类型，你可以在大约10分钟内完成。如果你不是运动型的人，可以选择从轻柔的散步、恢复活力的游泳、滋养的拉伸运动、舒适的瑜伽到充满活力的单车、极具挑战的跑步、活力十足的舞步、抗阻运动或普拉提等运动。毕竟，经常锻炼的主要目的是尽可能地保持生活所需的健康水平，而不是成为一名职业运动员。

如果你想提高某项运动的水平，这当然是一个很好的激励自己锻炼的理由。想要拥有精力充沛的体魄、在暑假前锻炼身体或者想对自己的紧身牛仔裤更有信心，这些也都是进行锻炼的不错理由。

我有什么选择？

在下面的几页中，你会发现一系列最受欢迎和最有效的运动方式——有氧运动方面有散步、跑步、骑行、游泳、健美操和舞蹈，力量和柔韧性锻

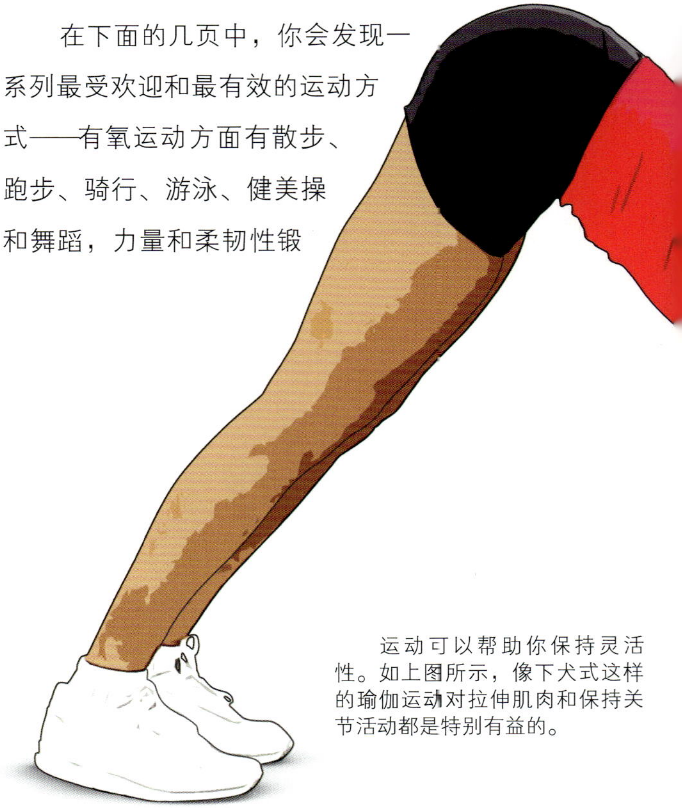

运动可以帮助你保持灵活性。如上图所示，像下犬式这样的瑜伽运动对拉伸肌肉和保持关节活动都是特别有益的。

炼方面有抗阻运动、拉伸运动、普拉提和瑜伽。还有很多其他的运动，如球类运动、武术、水上运动或其他吸引你的运动，你都可以选择。

关键是找出最喜欢的，因为这样才最有可能给你带来想要的锻炼结果，比如腹部更平坦、手臂更纤细、精力更旺盛。通过遵循一些简单的方式，将锻炼融入日常生活也很关键。例如，步行或骑车而不是开车，走步梯而不是坐电梯；做些家务，如打扫卫生、做园艺或手工；甚至只是坐在办公椅上都可以通过注意动作和姿势（p.32）进行锻炼。

越是意识到自己对良好健康的渴望，就越会自主地做出更多健康的选择——无论是在锻炼方面还是营养方面（p.48~51 。此外，当你开始看到积极的效果时，你也会有动力继续你的新生活方式。

在抗阻运动中，肌肉会对抗受到的作用力，如哑铃的重力。这种运动可增强肌肉力量，塑造体形。

健康的一天

- 晨起时进行轻柔的拉伸运动（p.314~315）
- 早餐吃谷物和水果
- 上班骑车、走楼梯
- 午餐吃自制的汤或沙拉
- 午间休息时，进行简短的步行和拉伸运动（p.316~p.317）
- 用坚果、水果、水和茶作为零食和饮料
- 下班走楼梯而不是乘坐电梯，骑行回家
- 晚餐吃米饭、新鲜蔬菜和鱼
- 塑形训练，如“小黑裙锻炼”（p.278~p.279）或晚间家务劳动
- 在晚上睡觉前的放松时间，洗个热水澡，也可以读书

为什么要锻炼?

虽然我们都知道锻炼对我们有益，但还是需要不断地提醒自己锻炼在很多方面都有助于改善我们自身。当你想到锻炼有那么多好处时，你就会不理解为什么有的人不能把锻炼融入生活中。

锻炼的益处

有规律的运动会增强心肺功能，使自身的关节和肌肉通过大量的运动来更好地工作，这不仅可提高身体系统的运行效率，也可使你感到更有活力。因此，它不仅能改善你的身体健康，还能改善你的心理和情绪健康，最终会全面提高你的生活质量。

恢复平衡

当下的生活节奏很快，对我们的要求太多，于是我们常常把自己置于过度的压力之下去完成所有的事情。这种压力会导致身体一直处于高度戒备状态，可使交感神经系统受到刺激，肾上腺素和其他激素水平不断飙升。所谓“战斗或逃跑”的反应，是为紧急行动的需要做准备的。这种反应的表现包括心搏加快、呼吸加快、消化速度减慢等，如果持续很长一段时间，就会导致精疲力竭。

在这种情况下，经常锻炼可以帮助你重新平衡身体系统。剧烈的锻炼，如具有挑战性的跑步或全身高能锻炼（p.272~273），将为可能导致“战斗或逃跑”反应的那些因素提供一个出口。因此，最好的应对措施就是日常锻炼。另一方面，不那么剧烈的运动，如温和的散步或放松的瑜伽，会有助于关掉“战斗或逃跑”反应的“开关”，从而使身体恢复到平静和健康的状态。

选择喜欢的运动可确保你从锻炼中收获最多。如果无从选择，舞蹈是一个很好的选项。

有益于大脑

有规律的锻炼可以增强大脑机能并改善身体状况。因为锻炼可让心脏更有力地跳动以促进血液循环，使血液更多地流向大脑、肌肉和身体的其他组织。本书中的许多练习所需要的意识也有助于保持头脑的敏锐度和新鲜感。从技术上讲，做这样的练习会增加身体的感知能力——肌腱和肌肉中的特殊受体连接着身体和大脑，这使你更清楚自己的身体位置。

进入“快乐的状态”

研究表明，运动会释放体内的内啡肽和“快乐荷尔蒙”，从而带来健康和活力的感觉。相应的，这可能会让你更想锻炼，让你进入一个积极运动的循环。

生活习惯和生理机能方面的益处

定期锻炼有助于：
- 增加独处或与朋友在一起的时间
- 体形变得更好
- 控制体重
- 增强体能
- 变得更强壮
- 增强耐力
- 提高灵活性
- 改善协调性
- 增强机动性
- 增强平衡感
- 改善姿势
- 缓解疲劳
- 降低压力水平
- 增强注意力
- 更加自信
- 提升精神
- 改善身体形象、增强自信心
- 延缓衰老
- 保持长时间睡眠

身体健康方面的益处

经常锻炼有助于：
- 使心脏更有效地工作，重新平衡神经系统
- 增强肌肉力量
- 加强血液循环
- 稳定关节
- 增强骨骼
- 促进新陈代谢
- 增加肺活量
- 减少身体脂肪
- 经常锻炼也有助于降低患慢性病的风险，如高血压、骨质疏松症、背痛、关节痛、冠心病、中风、某些癌症、2型糖尿病

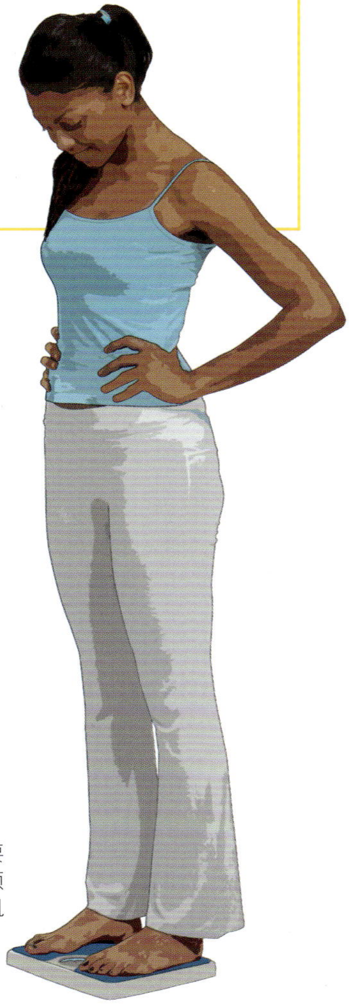

为了变得更健康和更强壮，需要在锻炼的时候挑战自己。用重量和额外的阻力来帮助你最大限度地锻炼肌肉。

锻炼原则

一个完整的锻炼计划应包括可以强化心血管能力或减肥效果的有氧运动，可以提升耐力和增强肌肉力量的抗阻运动，可以最大限度地提高身体机动性和柔韧性的拉伸运动。在开始锻炼之前，了解一些安全有效的锻炼应遵循的基本原则很重要。

运动间隔时长

你需要做的运动量和程度取决于你的年龄、总体健康状况、当前的健身水平、你的活动首选项及想要达到的目标。如果你已经有一段时间没有运动了，也不必担心，因为本书中的每一项锻炼，无论是有氧运动、塑形，还是速效锻炼，都提供了三种强度（低强度、中等强度和高强度），你可以从中任选一种。如果你的目标是变得更健康、更苗条，通常最好的做法是：

每周至少3~5次有氧运动。

每周在不进行有氧运动的日子，进行三次塑形运动。

在任何空余时段做一些速效锻炼（力量和柔韧性锻炼）。此外，锻炼要有持续性，每周五次20分钟的锻炼比一周1~2小时的全身高能锻炼而不进行其他运动更有效果。

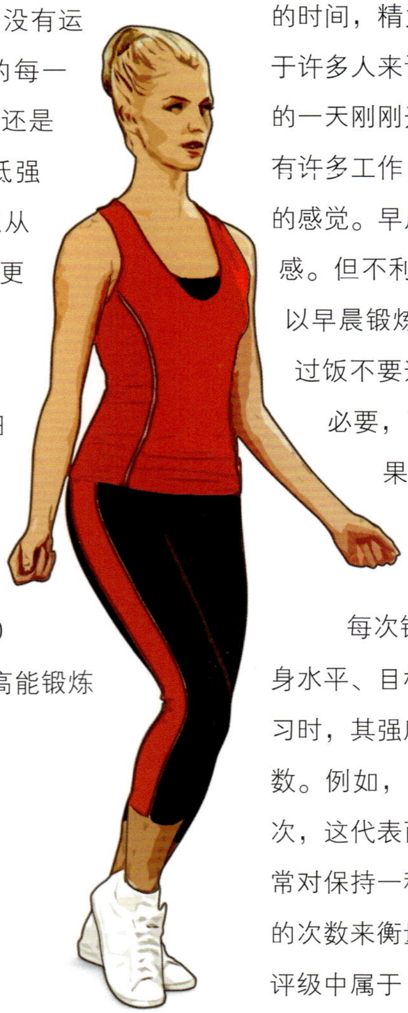

在做任何涉及跳跃的运动如跳绳(可以用绳子也可以不用绳子)之前，最好先做低强度热身运动。

何时锻炼?

在什么时候锻炼并没有硬性的要求：在任何合适的时间，精力充沛的情况下都可以进行锻炼。然而，对于许多人来说，早晨可能是锻炼身体的好时机，此时新的一天刚刚开始，还没有消耗太多的精力。假设一天中有许多工作，就可能会有“我太忙了，没有时间锻炼”的感觉。早晨的锻炼也为一天剩下的时间提供一种成就感。但不利的一面是，早晨锻炼可能会引起脱水，所以早晨锻炼之前记得多喝水或新鲜果汁。此外，刚吃过饭不要进行运动，2小时之后方可开始锻炼。如有必要，可在锻炼前20~30分钟吃点健康的小吃或水果，如香蕉。

运动量

每次锻炼的强度完全取决于个人情况：目前的健身水平、目标及对塑造体形的认真程度。当涉及抗阻练习时，其强度取决于你在休息前所做规定动作的重复次数。例如，你可以深蹲10次，休息一次，然后再做10次，这代表两组。瑜伽、拉伸运动和普拉提的动作，通常对保持一种姿势的时间有一定要求，这可以通过呼吸的次数来衡量，一次呼吸包含吸气和呼气。如果在健身评级中属于“不适合”或“低于平均水平”，你可能需

对于许多人来说，减肥是开始锻炼的关键动机。虽然经常锻炼有助于控制体重，但吃什么也很重要。

要从低强度的锻炼开始进行。当你觉得身体较好，有较多的时间时，可以着手进行更具挑战性的运动。

热身及舒缓拉伸（冷身）

在进行任何一种锻炼之前都需要做一些热身运动，这是至关重要的一个环节。热身运动可为接下来的锻炼提供必要的准备。热身不仅可以放松关节和肌肉，提高神经冲动进入肌肉的速度(从而加强控制和协调)，还可逐渐提高心率和体温。此外，热身会减少受伤概率，提高锻炼的整体有效性，这无疑也是十分重要的。在任何锻炼后都需要进行舒缓的拉伸运动（p.254~255），使身体恢复到运动前的状态。舒缓拉伸不仅可使心率和体温恢复正常，清除乳酸(剧烈运动的副产品)，而且因为运动后的肌肉是温暖和柔软的，所以舒缓拉伸还可增加身体的灵活性。这也是为什么舒缓拉伸往往比热身运动更为重要。

应用“过载”原理

想要使身体变得更健康、更强壮，就必须挑战自己。如果你不这样做，就不会看到结果。所以，当我们在本书中说要“尽量舒适”或“尽可能久地保持”这一类的建议时，我们指的是在没有任何不适或疼痛的状态下的最大挑战点。这个“临界点”是指你觉得身体不能再做了的状态，此时是最有效的力量训练的阶段。因此，敦促自己“多做一点”。在这一方面，如果你有可能做一些更具有代表性的动作或姿势并保持几秒的话，身体会得到最大限度的锻炼，正如本书所介绍的强度测试所建议的那样。这种“过载”原则的原理是，任何生理结构，无论是肌肉、骨骼、心脏还是肺部，处于比平时更大的负荷下之时，都可以改善其功能。虽然说挑战自己的身体会有诸多益处，但如果感到不适或疼痛，就不要继续了。

为了更强健，有必要挑战身体。可以经常锻炼至最大挑战点，即感觉强度不能再增加了。但是注意，如果有不适或疼痛应立即停止锻炼。

选择适合自身体质的锻炼

无论你做什么形式的运动，一定要适合自己的身体状况，不要管周围其他人在做什么。以下是一些经验之谈：

- 绝不强迫活动或坚持某种姿势。
- 如果呼吸沉重或感觉过热，放慢速度。
- 如果真的感到不舒服，停止锻炼。

对于太具有挑战性的塑形练习，可降低强度。例如，减少组数或缩短保持规定姿势的时间；如果是使用哑铃的锻炼，可以试一试不用哑铃；或在适当的情况下改变姿势，使动作不那么极端，如在前弯时稍微弯曲膝盖。

运动时要注意安全，不要为了更大的动作而牺牲技术要求。在该图所示的动作中，背部需要保持直立，脖子要挺直，腹部内收；前腿膝盖与脚跟在一条直线上。

相反，如果一项运动感觉不够有挑战性，可做更多的组数，或延长该姿势的保持时间；增加负重或加大重物的尺寸（p.106）；也可在适当的情况下改变你的位置，增加动作的难度，如加大深蹲动作的幅度。如果你不确定如何调整特定运动的程度以适应你的需要，最好咨询健身专家。

调整你的锻炼计划

众所周知，人们乐于坚持同样的健身习惯，在他们的舒适区域内周而复始。然而，这种方式并不能达到最好的效果。所以要给你的锻炼计划增加多样性，而这不仅是为了防止你感到无聊而放弃，更是为了确保你能以不同的锻炼方式挑战自己。如果锻炼计划中缺少多样性，你的身体会习惯于进行重复的锻炼，而这样你的锻炼效果就会停滞不前。这被称为“高原”现象。调整锻炼计划也可减少受伤的概率。

认识休息的价值

每天晚上都要有充足的睡眠，让身体有时间从日常忙碌中恢复。因此试着去了解多长时间的睡眠才是自己的最佳选择。少于这个量会导致注意力减退，反应变慢，感觉迟钝，无法应对日常生活。同时，充足的睡眠会让人感到精力充沛，为任何事情做好准备。此外，你也必须留出休息日，在塑形运动之前，给身体一定的时间来恢复，并为进一步的锻炼做好准备。

安全运动

总是

- √ 在开始任何锻炼前热身。
- √ 保持脊柱的自然状态，在整个运动过程中，脖子后部应该是挺直的，背部自然弯曲，骨盆也应该稍微收起来。
- √ 把肚脐拉向脊椎，使腹部肌肉紧绷。这将给下背部以足够撑起“核心”部位的力量（p.199），防止胃部膨胀，并保持良好的姿势。
- √ 在每次运动中都要慢慢地控制动作，无论是开始还是恢复初始状态。这不仅能最大限度地确保安全，而且还能提高每次练习的有效性。
- √ 保持呼吸是毋庸置疑的。但有时会因太过执着于掌握技术要领，以至于不自觉地屏住了呼吸。
- √ 在用力的过程中呼气，在动作返回时吸气——在每项塑形运动的步骤中都有说明。
- √ 按照自己的节奏并根据挑战程度的需要来进行锻炼，自己在过程中要感到舒适且活动自如。
- √ 多喝水（p.51）。
- √ 身体对称的部位进行相同次数的重复练习。
- √ 如果有任何不适，如头晕或呼吸困难，停止锻炼。
- √ 完成锻炼后例行做舒缓拉伸运动（p.254~255）。

从不

- × 饱腹时运动。
- × 忽略服药状况或健康状况。
- × 锻炼到不适或疼痛的程度。
- × 锻炼时耸起肩膀，致使胸部塌陷，造成不良的体态。
- × 弓背。这样会造成不健康的压迫和紧张。
- × 运动时腹部鼓胀。
- × 膝盖向前弯曲的程度超越脚尖，或在腿伸直时“并拢”膝盖。这两种动作都会对膝盖施加不适当的压力。
- × 为了做更多的动作、更快的频率或更长的时间而牺牲好的技术。这不仅会降低动作的有效性，也会增加受伤的概率。
- × 在一次课时做得太多。这样就不得不推迟下一次课时。尝试采取谨慎和温和的方法去锻炼。
- × 盲目与别人比较。每个人的需求和能力都不一样，所以试图以别人的速度去锻炼对你来说也许是有害的。
- × 低估充分休息的重要性——身体需要时间恢复和调整，所以休息和锻炼一样重要。

*注：如果你对本书中某一项练习的适用性有任何疑问，请务必先咨询医生，然后再试用。

身体是如何运行的?

在开始锻炼计划之前，了解身体是如何运行的，以及它将如何从你即将开始的体育运动中受益，这是很有用的。在身体的许多令人难以置信的系统中，最直接受定期运动影响的是骨骼、肌肉、心血管、呼吸、神经和内分泌系统。

骨骼系统

人体由令人惊叹的206块骨组成，它能让你保持直立，保护你的器官，使你正常移动(骨是所有运动的杠杆)，并可以储存必需的矿物质。除颈部的舌骨不与其他骨相连形成关节，其他骨都以关节形式相连接。

有些关节，如颅骨组成的关节，是不动的，由纤维组织连接。其他的，如脊柱中的椎骨，是由软骨垫连接的，只能进行部分活动。然而，我们身体中的大多数关节都是复杂的、可自由活动的关节，称为滑膜关节。

滑膜关节腔内有具润滑作用的滑膜液，有助于缓冲高冲击力运动的冲击。此外，组成滑膜关节的骨末端有光滑的软骨用以提供缓冲，减轻关节的不适感。此外，连接骨骼的韧带可使整个关节保持稳定。所有这些结构都为运动提供保障，但提供力量的是骨骼肌（右图）。当肌肉收缩时，它会拉起肌腱，把肌肉和骨骼连接起来，往想要的方向移动。

肌肉系统

我们知道肌肉能产生运动，但它们究竟是如何做到的呢？答案是它们通过交替收缩(缩短)和放松(延长)产生运动。

神经走行于肌肉纤维，它可将信息传递至大脑。血

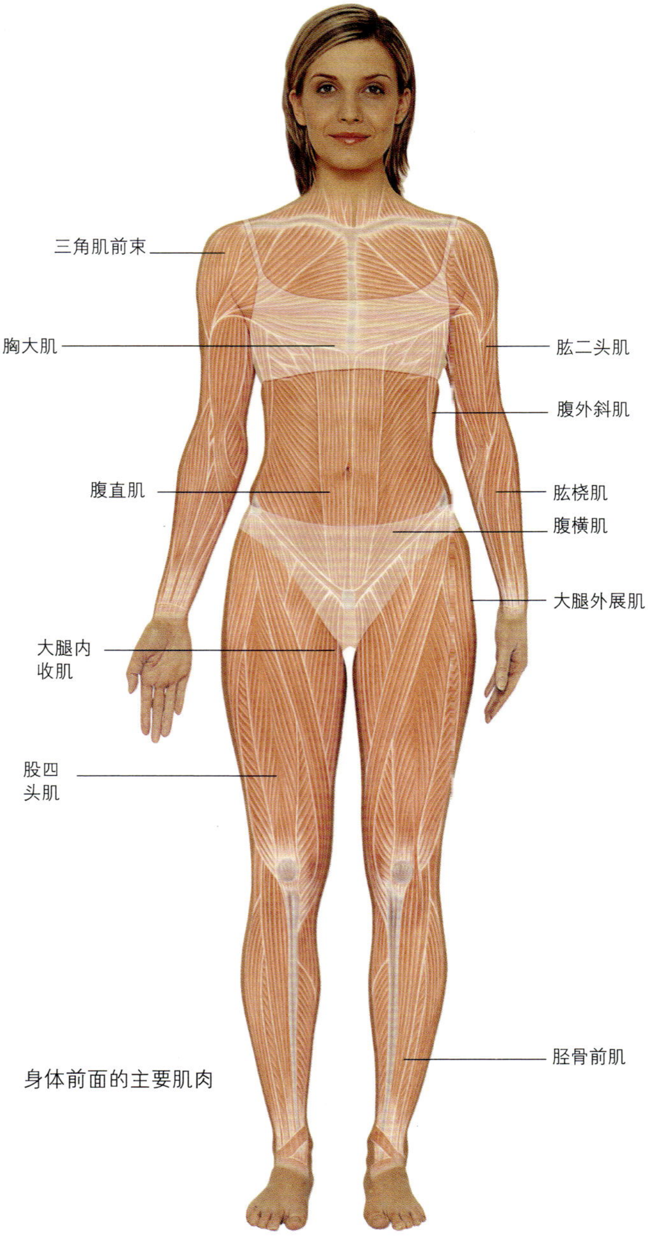

身体前面的主要肌肉

身体移动的方式是奇妙的——我们可以跑、跳、投掷，以及进行复杂的组合运动。所有这些运动都是由骨、肌肉、肌腱、韧带和神经共同协调完成的。

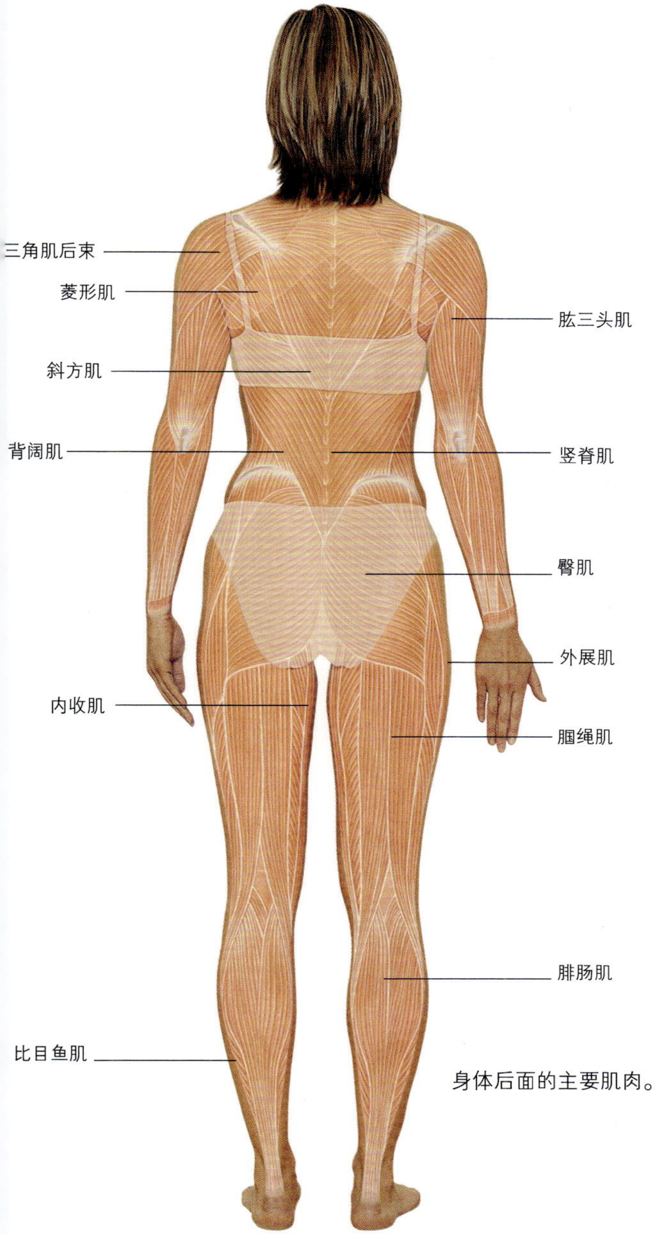

身体后面的主要肌肉。

管可向肌肉输送氧气，并收集肌肉产生的二氧化碳。

人体有三种类型的肌肉：

- 心肌—心脏。
- 平滑肌—在内脏器官的壁上，如肠。
- 骨骼肌—附着于骨骼。

心肌可向周身泵血，决定心血管的健康程度（p.35）；平滑肌在体内输送必备物质；骨骼肌负责维持身体姿势，保持直立，稳定关节和骨骼，支撑身体移动。每一次身体外部运动，无论多么小，都是骨骼肌作用的结果。

虽然心肌和平滑肌是自动的，不受意识控制。骨骼肌是一种受意识控制的肌肉，这意味着你可以选择何时及如何使用它。人体有600多块骨骼肌，所以在每次锻炼的时候都去思考如何使用它们有点困难。然而，有一些关键的肌肉在锻炼时特别有用。通过本书中的锻炼，有规律地使用骨骼肌，你会逐渐发现它不仅支撑的时间和力量有所增加，并且它在恢复到正常状态之前伸展的程度（柔韧性）也会有所增强。

心血管系统

心血管指的是心脏和所有的血管。心脏平均每天跳动10万次。每隔一分钟，它就会泵出身体的所有血液——约5升，并通过动脉、静脉和毛细血管系统来提供器官、肌肉和神经所需的氧气，并带走二氧化碳和其他代谢废物。

因此，保持心脏健康和强壮十分重要。但如何才能做到这一点呢？心脏壁由一种特殊的肌肉——心肌组成，这在身体的肌肉里是独一无二的。这种肌肉非常强大，可以为心脏起到重要的双重泵的作用——交替收缩和放松，将富含氧气的血液挤压到动脉和身体周围，同时将血液泵入肺部以获取更多的氧气。心脏有自己的起搏器，它产生通过心脏的电脉冲，刺激收缩。

就像其他任何肌肉一样，心脏需要经常受到挑战，才能达到最佳状态。只有通过体育锻炼——或者更具体地说是有氧运动才可以。

呼吸系统

呼吸系统的主要功能是：

- 为血液提供身体必需的气体——氧气。
- 从血液中去除废气——二氧化碳。

那么它到底是怎么工作的呢？呼吸运动从吸气开始，通过上呼吸道吸入的氧气会向下传送到肺部，进而扩散到血液中。之后，氧气通过血液循环被运送到心脏，并由心脏泵出，随血液循环到达身体各处，用作燃料。同时，作为身体活动的副产品——二氧化碳，经由血液循环输送到心脏，在心脏被泵入肺部，并通过嘴呼出。

因此，如果想在一生中保持健康和活力，深呼吸很有必要。良好的呼吸在大多数形式的运动中也能改善肌肉表现，因为它为肌肉提供了更多的氧气，这是肌肉有更好表现所必需的。

神经系统

中枢神经系统由脑和脊髓组成，许多神经从脊髓延伸到身体的其他部分（外周神经系统）。神经递质是由神经细胞（或神经元）合成，并可传导神经信息的化学物质，如5-羟色胺。在中枢神经系统和身体的其他部位，包括肌肉之间传递所有重要的信息。自主神经系统也称内脏神经系统，可分为：

- **交感神经系统：“兴奋与冲动”**

交感神经系统通过增加血压、心率和呼吸频率来为紧急情况做准备，并将血液送至肌肉，为运动做准备。它占主导地位时，身体是十分积极和活跃的。

- **副交感神经系统：“休息和消化”**

副交感神经系统可使血压、心率和呼吸频率保持在较低的水平，从而恢复能量，专注于身体许多重要的基本功能，如消化。当休息或从事放松的活动时，它占据主导地位。

在大多数运动中，好的呼吸可以提供肌肉努力工作所需的氧气，因此可以提高运动员的运动表现。

随着时间的推移，对一个系统的过度刺激会导致身体不平衡。然而，经常锻炼有助于恢复平衡。剧烈的运动，如骑行或跑步，有助于恢复交感神经系统；温和的运动，如缓慢的散步和游泳，以及滋养瑜伽等锻炼可以促进副交感神经系统的放松反应。

内分泌系统

内分泌系统的主要功能是保持身体内部平衡（稳态）。它通过体内各种器官和组织释放的激素来实现，这些激素有助于调节情绪、能量、生育能力、新陈代谢（影响体重控制）及生长发育等。

然而，激素水平可能会因为各种原因而失去平衡，如在压力和焦虑加剧或遭遇“例假”抑或正在经历更年期之时。幸运的是，研究表明有规律的运动可以帮助平衡激素。例如，体育活动可以激励释放更多的内啡肽，从而减少紧张和焦虑，并有助于促进积极的心态。运动还可以帮助平衡雌激素和睾酮的水平，并促进生长激素的分泌。这一功能对40岁以上的人尤其有用，因为随着年龄的增长，这些激素的水平会自然下降。

最重要的脊柱

脊柱是由一系列骨组成的，这些骨被称为椎骨。椎骨由提供缓冲的椎间盘和韧带连接起来。脊柱有许多重要功能：

- 支撑身体，保持直立。
- 支撑上身运动。
- 起到减震的作用。
- 保护脊髓。

脊柱的四个主要部分让它略微呈现出“S”形曲线，从侧面看：颈部稍微向前弯曲，胸部稍微向后弯曲，腰部稍向前，骶骨和尾骨稍向后突出。不论是在锻炼时还是平时都要保持自然曲线，因为这样能使脊柱能够接收和处理身体活动时的压力。维持这一曲线就是我们所说的保持良好姿势。

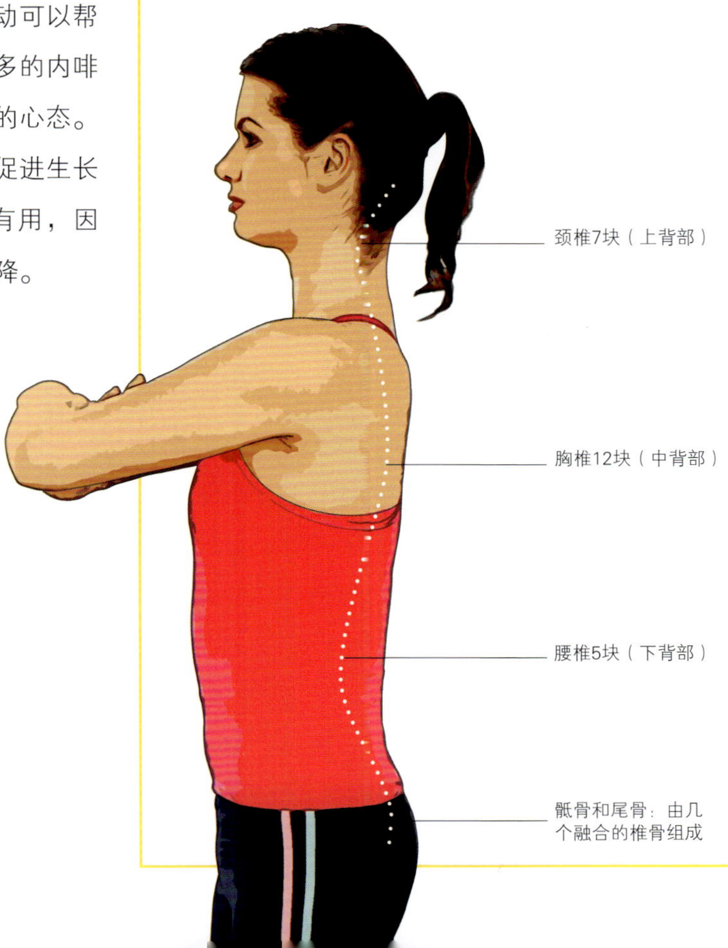

身体是如何移动的

身体所有的运动都涉及骨骼和肌肉的相互作用：骨与骨靠关节连接，肌肉的收缩会牵引骨骼。为了使本书介绍的锻炼效果最好，了解不同类型的运动是很有用的，这样你就可以知道哪些运动对于哪部分身体是最有效果的，以及是如何产生这种效果的。

运动面

身体可以在三个层面进行运动：

- 矢状面：前后运动。
- 冠状面：左右运动。
- 水平面：旋转运动。

我们日常的大部分活动，包括走路、上下楼梯、静坐与站立，往往只会在矢状面（向前和向后）运动。这意味着，对许多人来说身体前部和后部的肌肉经常处于工作状态，而负责左右运动和旋转运动的肌肉常被忽略。

与之类似，许多传统的练习，如深蹲、弓步、俯卧撑，都是在矢状面移动。虽然这些都是基础和经典的锻炼动作，但不能实现三个层面上的完整的身体协调锻炼。把自己的身体想象成一个俄罗斯套娃：从一定的尺寸开始，通过从各个角度对肌肉和关节进行塑形练习，你就可以逐渐削减外层，成为下一层的套娃。但是，如果总是做矢状面上的运动，就会错过锻炼两侧肌肉的机会。另一个很好的类比是，一个只在矢状面工作的身体就像一件礼物，整齐地包裹了两面，但是另外两面上却杂乱无章。

运动类型多样化

在本书所提供的锻炼类型中进行合理选择来确保均衡锻炼是一种很好的方式。当涉及有氧运动，如散步、跑步和骑行等时，要明白这些运动都是在矢状面进行的，游泳、健美操和舞蹈可以使身体在三个层面都得到很好的锻炼，当然这也取决于所选择的泳姿和舞蹈动作。因此，你可能需要不时地改变锻炼项目，以确保从各个角度塑造自己的身体。例如，你可以进行3~4周的散步、跑步或骑行锻炼，然后在接下来的3~4周内进行游泳、健美操或舞蹈锻炼，你也可以尽可能地变换泳姿。

无论是全身的还是身体某个部位的塑形和速效锻炼（p.270~327）都包括广泛的运动，所以你需要做的就是选择那些对你最有吸引力的。例如，紧身裤锻炼（p.282~283）可以在三个运动层面上锻炼下肢：

把自己的身体想象成俄罗斯套娃：你现在是最外层的套娃，通过针对肌肉和关节的塑形锻炼，逐渐削减外层，成为下一层的套娃。

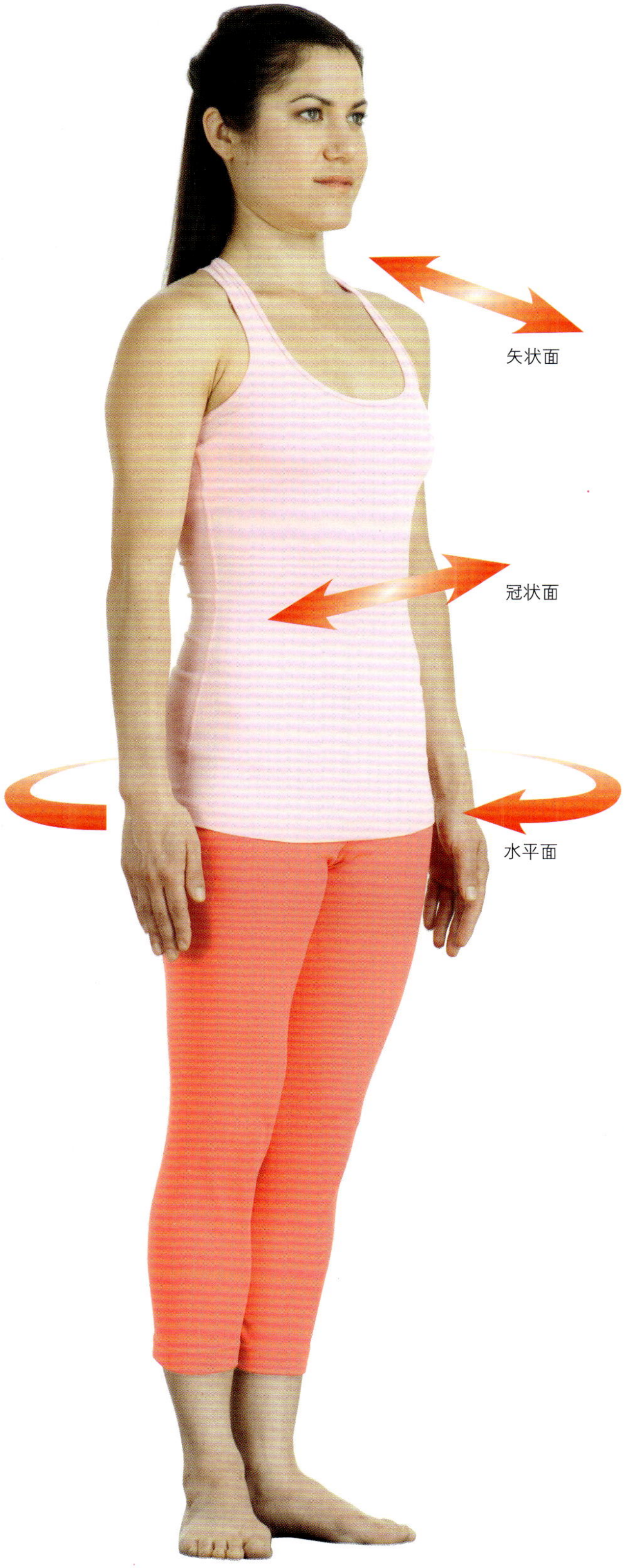

- 矢状面：弓步踢腿——向前踢腿和向后弓步。
- 冠状面：侧蹲踢腿——向一侧踢腿。
- 水平面：侧卧画圈——一条腿旋转一周。

运动类型

上面所描述的三个层面的运动可以进一步细分为几种主要的运动类型，根据肌肉和关节相对于身体中心线移动的方向进行命名——无论是站、坐，还是躺。

本书中的练习将会让你做所有这些类型的运动组合，因此身体可得到一个健康、平衡的锻炼。其中主要的运动类型有：

矢状面

- 屈曲：前屈运动。
- 伸展：向后运动。

冠状面

- 内收：从外侧向中心(向内)的横向运动。
- 外展：从中心向外侧的横向运动。
- 侧弯：上半身和颈部向一侧弯曲。

水平面

- 向内旋转：从外侧向中心（向内）扭转运动。
- 向外旋转：从中心向外侧的扭转运动。

人体探秘

你所做的任何运动都要符合自身不断变化的健身和生活方式的需要，这一点很重要。否则，很难通过一个安全、有效、愉快的方式来达到想要的结果，比如增加有氧运动能力，拥有纤细的腰部和更结实的手臂与腹肌。下面的内容可以为你选择最适合自己的练习提供参考：

- 了解自己的体形
- 实事求是地评估自己的体重
- 根据自身年龄确定健身需求
- 更加注意自己的姿势
- 认识到充分深呼吸的重要性
- 确定目前有氧适能的标准
- 评估自己的力量和柔韧性
- 考虑哪种类型的运动最适合自己

评估你的身体

在制订一个有效的锻炼计划之前，要对自身的需求有一个很好的了解。定期测量自己的体重、腰围和臀围，确定体形标准，有助于制订健身计划。

自我称重

如果你的目标之一是减肥，你的体重变化可能是一个有用的参照点。然而，重要的是要记住体重减少并不一定等同于腰围或臀部较小。你需要针对特定的身体部位做特定的运动。同时要记住，肌肉比脂肪更重，所以即使你的体重没有下降，身体内部也可能会发生积极的变化。最好在早饭之前先称一下自己的体重。许多人更喜欢赤身裸体或只穿内衣称重，以获得尽可能低的体重数值。

控制体重指数

体重指数(BMI)是根据身高来衡量是否达到健康体重的大致标准。

使用以下公式来确定自己的BMI：

BMI=体重（千克）/［身高（米）的平方］

例如：61kg÷（1.62m x 1.62m）= 23.24

BMI的意义：

- BMI＜18.5：低体重。可能是过度锻炼或饮食不均衡，可去咨询医生。
- 18.5≤BMI≤24.9：健康应当保持在这一范围

苹果形身材

这种体形大部分的脂肪储存在身体的中部。因此，这种体形的人主要应进行大量脂肪燃烧的有氧运动，以及针对腹部、腰部和胸部进行重点锻炼。

建议的锻炼：

- 比基尼锻炼（p.284~285）
- 美背锻炼（p.286~287）
- 完美腹肌锻炼（p.292~293）
- 苹果形身材锻炼（p.298~299）

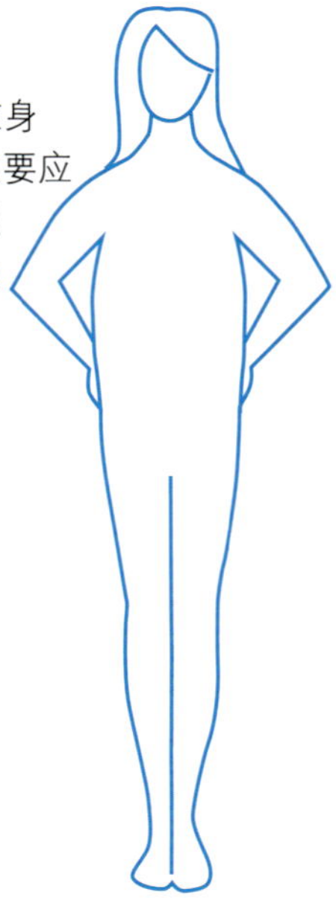

梨形身材

这种体形大部分脂肪都储存在髋部、大腿和臀部。因此，要进行大量脂肪燃烧的有氧运动与特定的下肢锻炼。

建议的锻炼：

- 紧身裤锻炼（p.282~283）
- 美臀锻炼（p.294~295）
- 性感美腿锻炼（p.296~297）
- 梨形身材锻炼（p.300~301）

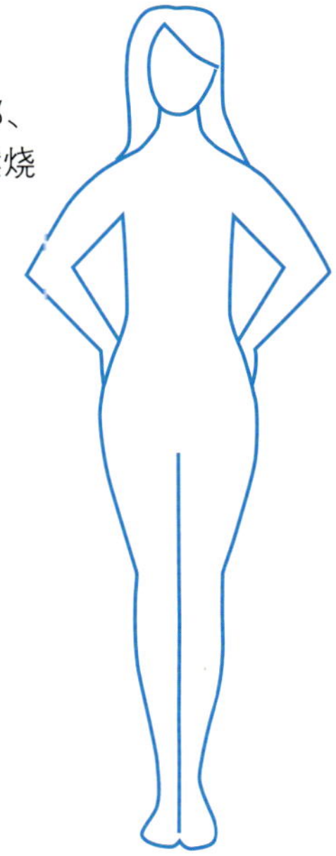

内以使体形和感觉达到最好。

• BMI≥25：超重。超重有增加某些健康问题的风险，所以需要努力减肥。超重也可能是因为骨骼的密集或骨架很大，或自身肌肉特别发达（肌肉比脂肪重）。如果你曾经稍微“超重”，也没有必要恐慌。可以把它看作是自己锻炼的动力，从而让自己的锻炼更有目的性与针对性。

测量腰部和臀部

健康是否可能面临更大的风险，这取决于脂肪最为集中的地方。例如，较多的身体中部脂肪（大部分器官都在这里）比大腿周围脂肪更容易导致心血管疾病和糖尿病。因此，重要的是评估身体脂肪分布。在对自身的腰部与臀部测量时，记得不要收缩腹部，也不要把尺子拉得太紧。

计算腰臀比：

• 测量腰部最窄的部位，通常正好在肚脐上方，如71厘米。

• 测量臀部最宽的部分，如96.5厘米。

• 将腰围除以臀部最宽部分的测量结果即为腰臀比，如71÷96.5≈0.74。

分析结果：

• 腰臀比小于0.85是较为健康的状态，因此，应努力保持腰臀比小于0.85。如果身体中部的脂肪过多，那么饮食要清淡。此外，增加有氧运动的次数，把塑形练习集中在身体的中部。

确认你的体形

了解自己的身体比例和大致体形有助于选择对自己最有益的锻炼。P.28~29下面是四种最常见的身体类型。看看你最适合哪一种或哪种组合。

尺形身材

这种体形的人都很苗条，体形直上直下。因此，该种体形的人应着重塑造身体曲线，专注于腹部和腰部的瘦身运动，增强力量，进行全身锻炼。

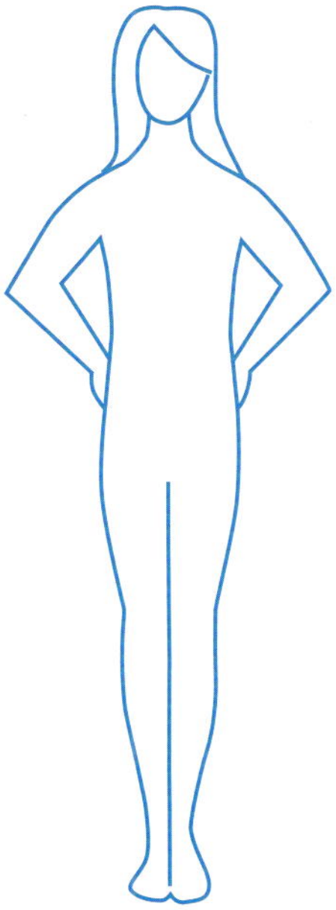

建议的锻炼：

• 全身高能锻炼（p.272~273）
• 美胸锻炼（p.288~289）
• 完美腹肌锻炼（p.292~293）
• 尺形身材锻炼（p.302~303）

沙漏形身材

这种体形的人有很好的腰部比例，腰部的收紧造就了美妙的曲线。为了维持这种状态，需要进行有规律的均衡锻炼。

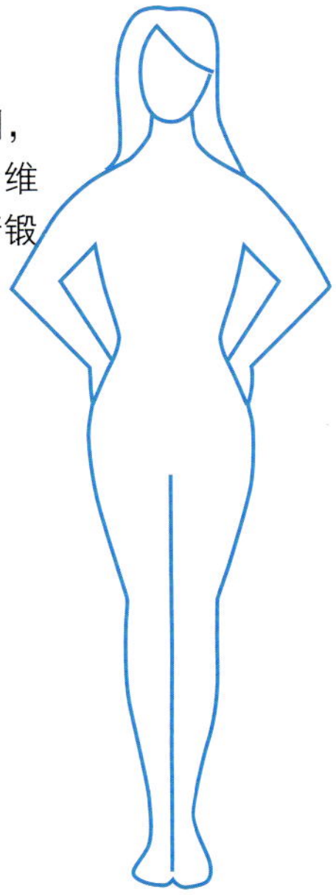

建议的锻炼：

• 小黑裙锻炼（p.278~279）
• 核心普拉提（p.274~275）
• 全身瑜伽（p.276~277）
• 沙漏形身材锻炼（p.304~305）

终身锻炼

每个人都会衰老，随之而来的是大量的生理变化。了解随着年龄增长身体会有什么变化、可能会发生什么变化以及为什么会发生，可以采取行动来减少或延缓这些变化，让自己看起来更年轻、更健康。毕竟，无论年龄大小，适当的运动都可以促进健康。

对待衰老的态度

有两种方法来衡量自身年龄：

- 根据出生日期。
- 根据身体健康状况以及日常生活能力。

我们无法改变前者。但研究表明，经常锻炼可以使后者的衰老延缓12年。定期、适度的运动也会降低许多疾病的风险p.15。选择适合自身当前健康状况（p.39）和年龄（p.31）的活动，可以延缓时间在身体上留下的痕迹。

年轻时开始锻炼会使你更容易在一生中保持最佳的健康。

有氧运动能力

35岁左右的女性有氧运动能力会逐渐减弱，到60岁时连同有氧运动能力都会下降一半。因此，随着年龄的增长，将足够的有氧运动纳入日常生活很重要。

肌肉质量和强度

30岁以后，女性每10年就会失去6%~9%的肌肉。因此，为了保持身体健康，抗阻运动在这个阶段变得尤为重要，无论是爬楼梯还是举重物。

骨量和强度

骨密度(BMD)在大约30岁时开始下降，这意味着身体丢失的骨头比制造出来的更多。矿物质的含量也同样会减少，如钙。因此，随着年龄的增长，抗阻运动（p.102~153）变得尤为重要，以避免骨质疏松症（骨质流失导致的骨头脆性增加）的发生。

组织弹性

弹性蛋白的逐渐丧失意味着高度冲击的活动会使关节超出正常的活动范围，像壁球运动对很多老年人来说是不建议进行的。然而，拉伸运动（p.154~193）、普拉提（p.194~219）或瑜伽（p.220~247）都有助于最大限度地减少柔韧性的丧失。

信心与平衡

与衰老有关的许多生理变化均可导致人们对运动

对抗年龄带来的身体变化以及保持青春和健康需要选择适合自己目前健康状况和年龄的运动。

丧失信心，进而导致失去平衡。为了避免这一点，要保持良好的姿势（p.32），因为好的姿势会促进平衡。同样重要的是，通过抗阻运动来维持自身力量，从而为其他运动打下坚实的基础。

随着年龄的增长，坚持喜欢的运动是很棒的。尽管你可能需要调整你的运动强度，这取决于你个人的健康和健身需求。

合理看待人生的每个阶段

任何年龄段的锻炼都能使身心恢复活力。但是，不管处于哪个年龄阶段，都要在当下阶段考虑关键需求。

20多岁：现在是为一生的健康打下基础的时候，所以要确定你喜欢什么，不同类型的运动对你有什么好处。

30多岁：确保你在这一阶段里进行足够的有氧运动，因为这一时期改变体重开始变得更加困难，尤其是在腹部。随着年龄的增长，患心脏病的风险也在增加。

40~60岁：坚持有氧运动和抗阻运动，以保持高水平的新陈代谢。也可以考虑增加抗阻运动，在这一阶段的负重练习可以帮助减缓骨质流失。定期适度锻炼也能帮助改善更年期症状，如睡眠障碍。

60岁以后：坚持所进行的任何锻炼都很好，但是对于一些人来说，最好的做法是避免诸如跑步之类的高冲击运动，因为可能会损害骨骼，使其更为僵硬和脆弱。温和的运动，如游泳，有助于保持运动能力；瑜伽有助于保持柔韧性，对于身体会更有益。研究表明，这个年龄段每周适度锻炼一小时的女性也不太容易患关节炎。

注意：孕妇应咨询医生，妊娠期间和产后如何保持自己的健身习惯。

评估身体姿势

保持良好姿势是安全有效地锻炼必不可少的条件，同时也是日常生活的一个基本方面，因为它能促进身体的平衡和健康，给你一种舒适和自由的感觉，让你看起来更年轻、更自信。

脊柱生理弯曲的重要性

脊柱的生理弯曲略呈“S”形，保持良好、中立的脊柱“S”形生理弯曲可减轻脊柱、髋部和膝盖的压力，并可防止腰背部疼痛，确保关节能够在最佳状态下保持功能正常，同时也能缓冲身体重力。人会因年龄增长或受其他因素影响有一定程度的弯腰驼背，因此，每天早上出门前应抽出时间在镜子前检查一下自己的姿势，如有必要，对自己的姿势进行调整以鼓励自己——这是很好的习惯。经常坚持的话，这种自我评估将有助于养成良好的姿势习惯。但这也并非易事，从刚开始有意识地努力直到成为习惯是一个很漫长的过程。

保持良好的脊柱生理弯曲不仅在站立时很重要，在坐着和躺下时也同样重要。

笔直站立

想象头顶有一根线，不断地向上拉你。这种想象有助于产生整个身体被拉伸的感觉。

良好姿势
保持颈部伸直，下巴既不内缩也不突出，肩胛骨自然放松并自然扩张胸部。此外，脊柱自然弯曲，腹肌收紧，身体既不向前倾也不向后倾。

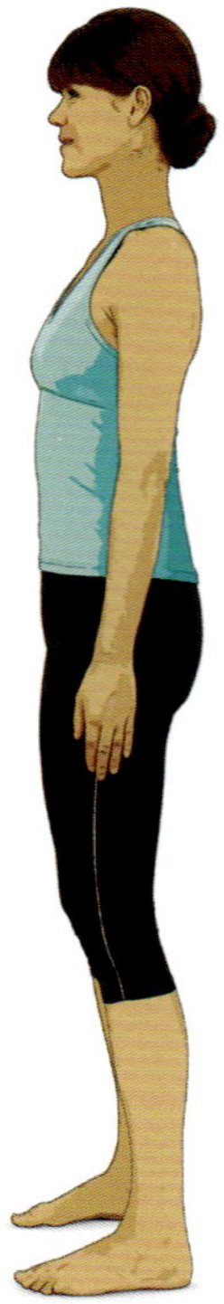

不良站姿
颈部与头部向前倾，肩部向后倾，胸部与脊柱弯曲过度，尤其是腰背部，腹部鼓胀，骨盆向后倾。

提示：立即改善懒散姿势的一个好方法就是想象有冰块掉下来贴在你的背部。如果这真的发生了，它会很快让你站得笔直！

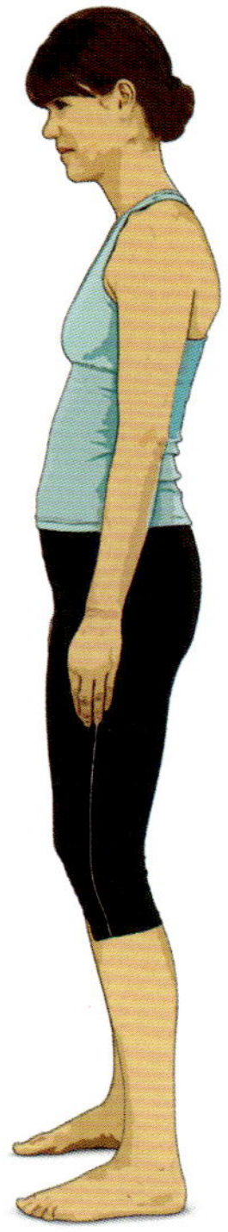

评估呼吸系统

呼吸是我们无时无刻不在进行的活动，停止呼吸几分钟即会造成死亡。吸气会提供身体所需的基本燃料——氧气，呼气会排出身体产生的废物（特别是二氧化碳）。既然呼吸这么重要，那么为什么我们对呼吸的关注很少呢?

深呼吸的重要性

几千年来，精神科学研究者和瑜伽练习者不仅意识到呼吸对于身体的好处，而且意识到其对于精神上的好处。在现代社会，大多数人的呼吸并不怎么好。大多数人习惯于“浅呼吸”，即将短促的呼吸带入胸部顶部，而不是缓慢而深入地吸入腹部。如果你在坐火车或公共汽车时仔细观察周围的人，会发现大多数人的吸气可能太浅了，以至于你几乎看不到他们的腹部或胸部在动。一定程度上讲，他们只是处于一种“半呼吸”的状态，这实在是不值得提倡的。缓慢而深入的呼吸不仅可以使人最大限度地摄取氧气和排出废物，提高身体机能，还有助于:

- 提高体能水平和耐力。
- 缓解紧张。
- 增强注意力。
- 减轻压力和焦虑。
- 促进平衡感。
- 改善整体情绪。
- 增强整体素质。

你的呼吸怎么样呢?

不时地评估自己的呼吸方式是很有必要的，可以以此检验自己的呼吸方式是否良好。你可以按照下面的步骤来感受真正的深呼吸，将其与你通常的呼吸方式进行比较，以确定你需要做哪些调整。我们应该最大限度地利用自己的呼吸 毕竟呼吸是我们能有意识控制的少数自主功能之一。在日常活动和运动中充分呼吸是很重要的，因为体育运动进一步增加了身体对氧气的需求。

1 身体保持直立，把手放在胸下肋骨的任一处。同时，手指伸直。

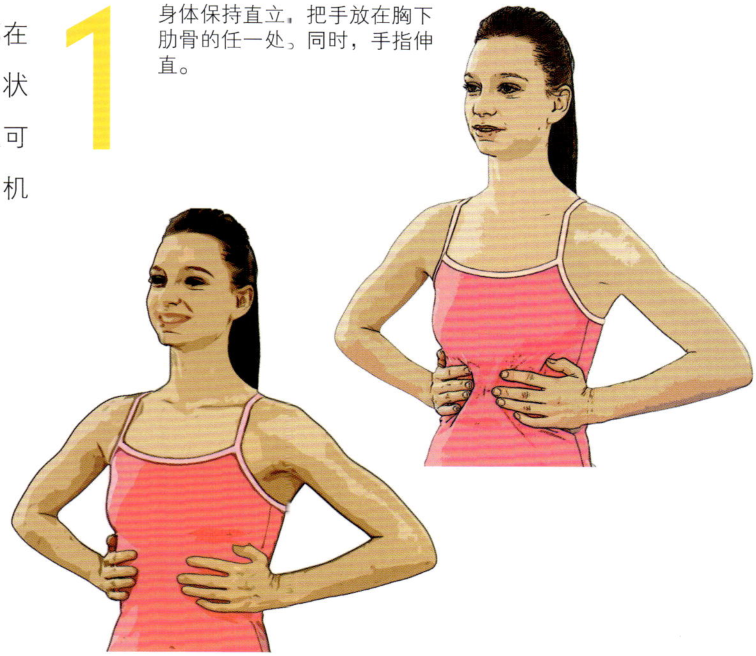

2 通过鼻子慢慢深呼吸，同时感觉到胃部逐渐膨胀，你的手在肋骨上被轻轻顶起来。当你觉得不能吸入更多的空气时，慢慢地通过你的嘴呼气，感觉肋骨在降低，腹部也在放松，直到你觉得自己把空气都赶出去。多次重复该动作。

健康状况如何？

在开始一个锻炼计划之前，你需要确定自己目前的健康状况。这将使你对自己想要达到的目标和何时可以达到目标保持一个较为现实的态度，同时可以根据自己的健康状况选择适合自己的锻炼方式。

健康状况测试

以下各页的测试涵盖了健康的三个主要方面：心血管、力量和灵活性。现在只需关注在每个测试中的表现，然后我们将在后面一起评估测试结果（p.39）。要明白，虽然非常健康和健康之间的区别似乎并不大，但二者绝非是同义词。以下的评估只是健康状况指标，而不是健康指标。唯一有资格对后者进行评估的是医生。因此，如果你在这方面有任何顾虑，一定要咨询医生。

你是何种“健康性格”？

不同的性格往往适合不同类型的锻炼。因此，有必要评估自己最喜欢哪种类型的健身方式，因为这可以帮助自己决定最喜欢哪种形式的运动。首选强度是以0~10为标准衡量的，其中10是最具挑战性的(另见p.57)。

性格类型	首选运动类型	优选场地	主要目的	首选强度水平	适宜活动
轻松平和型	低冲击力、恢复活力等锻炼可能是此类人的首选	室内	整体健康	4~5	温和的散步或游泳、放松瑜伽
热情积极型	低强度和高强度相结合，可能伴有社会交际活动	室内与户外	消耗更多的能量，更高水平的有氧适能，更强壮的身体	5~7	中等强度的骑行或有氧运动、普拉提等
说干就干型	高速、高能量、高冲击，可能存在竞争元素	主要是户外，适应任何地形与天气	挑战体能，释放压力，超强度健身	7~8	跑步、爬山（可徒步、骑行）、举重

测试你的有氧适能

有氧适能可以通过测量静息心率或运动后心率减慢的速度即心率恢复时间来检测。

心率恢复时间测试

- 第一步：确定你的静息心率(见右侧)。
- 第二步：上、下楼梯3分钟。
- 第三步：静坐30秒。检查脉搏，确定自己此时的心率。

结果意味着什么?

测试到第三步时，心率越低，心率恢复时间越短，有氧适能越高。

这个测试应该多久进行一次?

在3~4周的规律有氧运动后进行一次测试（p.258~269），以检查自己是否需要更多的有氧运动。

你可以通过把示指和中指放在手腕或颈部的一侧来感受脉搏，选择一个最适合自己的就可以，然后用表给自己计时。

确定你的静息心率

静息心率（RHR）是指一个人在休息时每分钟心跳的次数。因此，在任何时候检查自己的有氧适能，测量静息心率都是一种有用的方法。在进行心率恢复时间测试时，RHR被用作基准线。

如何测量心率?

一只手掌心向上，另一只手的示指和中指置于前者手腕上，即所谓的桡动脉处。如果你感觉不到任何搏动，请用力按压或移动手指，直到触及自己的脉搏。用手表或手机计时15秒，然后将结果乘4即可得出自己的心率。此外，在脖子的一侧，下颌骨下面，可触及颈动脉的搏动。

何时检查RHR?

如果单独测量RHR，最好的时间是早上醒来时，因为这通常是身体最放松的时候。当自己已经休息了至少10分钟又没有压力时也是不错的时机。此外，最好不要喝任何含咖啡因的饮料或其他兴奋剂，因为它们可加快心率。

结果意味着什么?

一般来说，RHR越低，心脏功能越好。不过，RHR随着年龄、总体健康和体重的不同而不同，因此有氧适能心率对于每个人而言都是不一样的。尽管如此，在开始新的健身方式之前了解自己的RHR，可以将其作为基准来查看自己的健身进展情况。如果通过定期训练，心率变慢了，这可能意味着你正在变得更健康。如果没有改变，你需要提高你的锻炼水平。

我应该多久测试一次?

根据自身情况经常监控自己的RHR。尽管每次锻炼都很重要，但不要期待每次锻炼都会带来很大的改善，一般大约4周才会出现明显的效果。

测试自己的力量

保持身体足够强壮以应对日常生活需求很重要。下面的练习是针对身体三个重要部位——上肢、核心区域和下肢的力量测试。具体而言，看一看能重复多少组训练，一直到感觉不能再坚持，也就是到达“自感用力度”（p.56~57）8~9的区域。然后，自己再去尝试做更多组，挑战自己的“临界点”（p.17）。

结果意味着什么?

你能做的组数越多，所对应的身体部位就越强壮。

这个测试应该多久进行一次?

在3~4周的规律塑形训练之后进行三次测试，看看自己是否变得更强壮和更健康。

上肢力量测试

1 双腿、双手放在垫子上。双手位于头部正下方，双手分开比肩宽。稍微向后移动膝盖，眼睛向下看，这样脖子、背和大腿将会大致形成一条直线。吸气准备。

2 呼气时，弯曲手臂，把身体降至地板上，同时双肘向两边移动。如此在舒适的位置坚持几秒。吸气，把身体向上推，直到手臂伸直。尽可能多做几组，直至“临界点”。一旦你可以相对轻松地完成25~30次这种跪式俯卧撑，可以尝试做全俯卧撑。

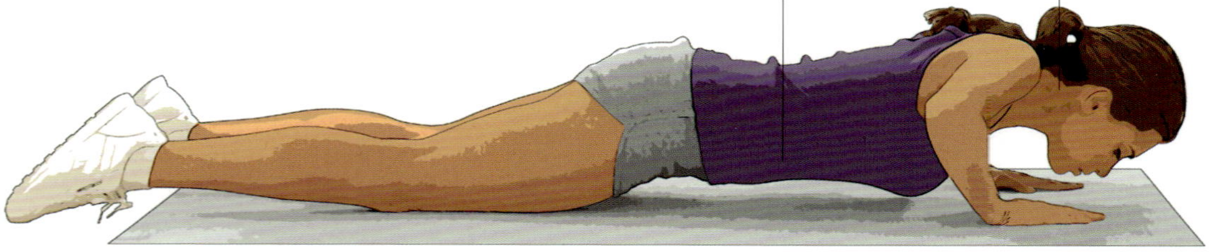

核心部位力量测试

1 身体仰卧，膝盖弯曲指向天空。双脚自然分开与髋同宽，平放在地板上。双手放在头下，把肚脐向内收以拉紧腹肌。吸气准备。

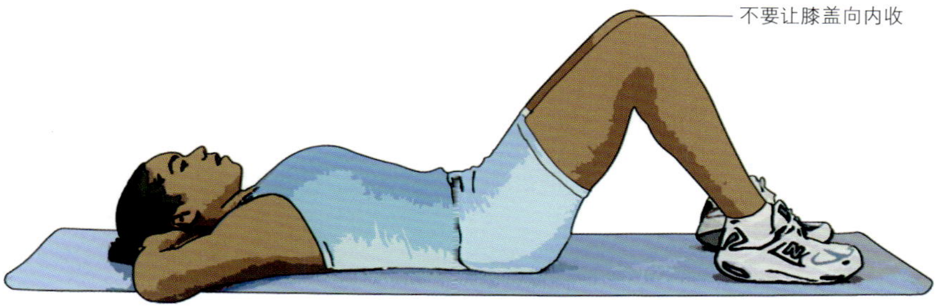

2 呼气时，把头和肩膀从地板向上慢慢抬起至尽量舒适的位置，确保腹肌用力。坚持几秒。吸气，慢慢回到起始位置。尽可能多做几组，直到到达“临界点”。
一旦你可以相对轻松地完成60~70次，可以尝试将手臂在头顶伸直，而不是放于头下。

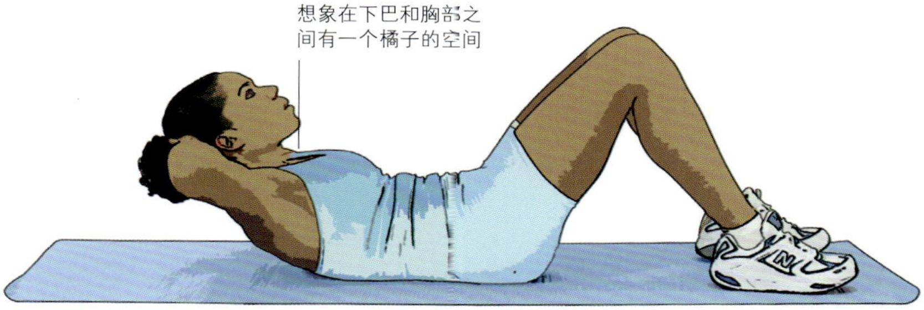

下肢力量测试

1 背靠墙壁，双脚平行分开与髋同宽，同时双臂自然放松下垂。轻轻从墙角移动双脚，直至在不移动双脚的情况下使双腿弯曲呈直角。做吸气准备

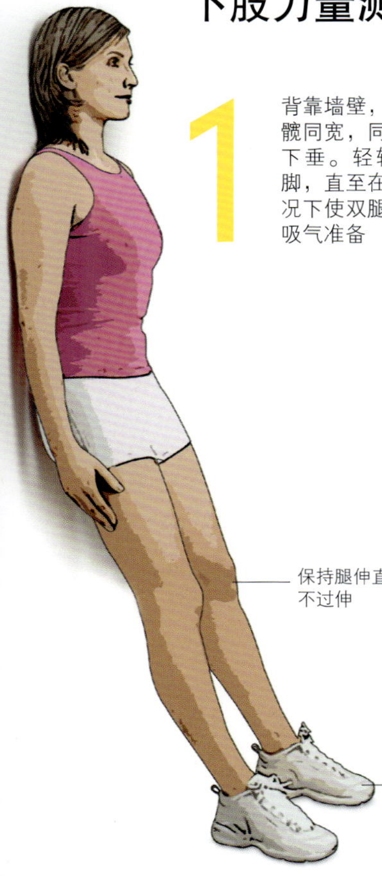

2 呼气时，慢慢弯曲膝盖，背部贴着墙下滑至坐位（尽管没有椅子），此时膝盖呈直角。同时，在肩高的位置伸出手臂。坚持几秒，然后吸气，回到站立状态。尽你所能去做，直到达到“临界点”。一旦你可以相对容易地做40~50组靠墙深蹲，尝试在每次站起时不要完全伸直双腿。

柔韧性测试

僵硬的肌肉不仅影响你的外形和感觉，而且最终也会限制你的运动范围，从而降低你的生活质量。下面的坐姿柔韧性测试可评估你当前的柔韧性（主要是腘绳肌和背部柔韧性），以便让你知道你是否应该特别关注自己的柔韧性。

结果意味着什么？

向前推进越远，柔韧性越强(详见下图)。

应该多久测试一次？

在3~4周的规律塑形训练后进行一次测试以评估自己的进步，因为所有的锻炼都包括了拉伸的元素。如果想取得较快的进步，3~4周做一次柔韧性锻炼（p.324~325）。

坐姿灵活性测试

1 坐在地板上，将双腿向前伸直，双脚分开比髋稍宽。一只手放在另一只手上，吸气，双臂在两腿之间向前伸展。

2 呼气，把双手伸到尽可能远的地方。同时下巴贴在胸部，坚持几秒。注意指尖能达到多远——膝盖、小腿、脚踝、脚趾或更远。重复3次。最大限度向前伸展，以评估你的柔韧性。

测试结果意味着什么？

现在可以对各项健康状况测试的结果进行评估，这其中包含有氧适能、力量、柔韧性等。首先在相关表格（下页）里找到你每次测试的结果，看看自己处于什么水平，是健康、高于平均值、平均值、低于平均值，还是不健康。基于此计算出自己的得分。

在知道每一个类别的得分后，将分数相加。然后在最后一个表格中找到自己所对应的整体健康状况。这会给你选择适合自身强度的健身运动提供指导。

“健康”或者“高于平均值”的分数意味着你整体的健康状况很好，因此可以选择保持当前的运动状态，或者从本书p.248~327选择“中等强度”到“高强度”的一些运动加强练习。

“平均值”意味着你整体的健康状况还不错，但若能加以提高将会使你更加受益。因此，在4~6周的时间内进行“中等强度”的锻炼以将整体健康状况提升至“健康”水准。如果某一种类型的健康状况拖累了你的整体分数，那就进行针对性练习。

不要因自己属于“低于平均值”或者“不健康”而沮丧。将其作为动力的话，你将震惊于自己整体健身水平提升的速度。从为期4~6周的“低强度”运动开始，重点关注自己得分不佳的项目。

健康状况测试结果

下表给出了有氧适能、力量和柔韧性健康测试的评分标准。

有氧适能测试（p.35）

基于静息心率的健康状况	静息心率（次/分）
健康（5分）	低于 65
高于平均值（4分）	65~74
平均值（3分）	75~79
低于平均值（2分）	80~84
不健康（1分）	85或更高
基于心率恢复时间的健康状况	**上、下楼3分钟并休息30秒后的心率（次/分）**
健康（5分）	低于80
高于平均值（4分）	80~109
平均值（3分）	110~119
低于平均值（2分）	120~139
不健康（1分）	140及以上

柔韧性（上页）

基于坐姿柔韧性的健康状况	坐位体前屈
健康（5分）	超过脚趾
高于平均值（4分）	脚趾
平均值（3分）	脚踝
低于平均值（2分）	小腿
不健康（1分）	膝盖

力量测试（p.36~37）

上肢力量测试	“临界点”俯卧撑（次）
健康（5分）	超过 20
高于平均值（4分）	16~20
平均值（3分）	11~15
低于平均值（2分）	6~10
不健康（1分）	0~5
核心部位力量测试	**“临界点”仰卧起坐（次）**
健康（5分）	超过50
高于平均值（4分）	41~50
平均值（3分）	31~40
低于平均值（2分）	16~30
不健康	0~15
下肢力量测试	**“临界点”靠墙深蹲（次）**
健康（5分）	超过45
高于平均值（4分）	31~45
平均值（3分）	21~30
低于平均值（2分）	11~20
不健康（1分）	0~10

整体评分	各项总分
健康（5分）	25~30
高于平均值（4分）	19~24
平均值（3分）	13~18
低于平均值（2分）	7~12
不健康（1分）	6

入门

就像生活中的许多事情一样，健身最困难的是不知从哪里开始。我们可以明显感觉到有限的时间里要面对众多选择的压力。接下来本书将为你坚持定期锻炼提供以下参考并鼓励你实现目标：

- 为锻炼找到一个积极的动力
- 明确自己在何时想要什么
- 确定实现目标的锻炼方式
- 保证具体锻炼的时间
- 带着信念和决心开始锻炼
- 保持积极的心态
- 定期评估进展情况，并根据需要修改计划
- 和健康饮食结合起来

让运动对你有益

我们中的大多数人都会体验到在运动之后更放松和更有活力的感觉。然而，开始往往是很难的。关键是让自己的锻炼尽可能简单和愉快，这样当该锻炼时，你无须思考就可动起来。下面是一些帮助你做到这一点的方法。

与运动交朋友

在一长串的待办事项清单上，很容易把锻炼看作是另类，这可能会让我们在开始之前就已经感到乏味和疲惫。如果你有这种感觉，那么首先是要改变这种态度，去看到锻炼带来的积极的、充满活力的影响。如果你选择定期锻炼，你就会得到最大的收获。毕竟，这取决于你是否有意愿变得更好，而事实上，你正在读这本书就已经表明你是这样做的！

选择你喜欢的活动

好的方面是，当谈到如何健身时我们往往有大量的选择。但当试图制订健身计划时，又会让人感到有些难以入手。从哪里开始？哪些活动有助于减肥？哪些运动针对身体哪些部位？而这些问题正是本书的内容，所以要深入到广泛的选择中去发现适合自己的锻炼。然后，更为重要的是花时间来选择一个组合运动锻炼。这会在吸引你的同时，带来你想要的结果。因为进行自己最喜欢的运动会更容易坚持下去。

选择锻炼地点

本书中的许多练习在任何地方都可以完成，但是为了拥有简单的、有规律的日常生活，最好事先确定你喜欢且能够执行健身计划的地点。

对于散步、跑步和骑行（p.260~265）等运动，最好事先规划好路线，以便明确距离和地形对于强度的需求。这可以在短时间内完成。

- 对于游泳（p.266~267），想想去哪里进行，是在家附近的游泳池还是去更好的游泳池？如果有条件，可以去安全的湖泊或大海游泳，那么需要事先了解多长时间才能到达那里，以及它的安全程度。要明白不同水域的条件会有所不同。
- 对于健美操、舞蹈和塑形锻炼（p.268~p.311），在家里准备一块有足够空间和隐私，可以自由移动的地方便足够了。如果有伙伴同样感兴趣而房间温度又适宜的话，那再好不过了。
- 对于速效锻炼（p.312~327），当你有时间进行时，要尽可能利用可用的空间。

把外部世界拒之门外

重视锻炼时间很重要。这样做的目的是为锻炼分配特定时间，这样在锻炼的时候就不会感到匆忙或分心。此外，关掉手机和电脑，这样可以完全专注于自己的锻炼。无论是身体上还是心理上，只有当你付出100%，你才能收获100%。

锻炼需要的装备

本书的设计目的之一是使你选择的任何练习所需的设备都是最少的。然而，对于几乎所有的锻炼方式，你都需要一些装备，所以，如果你还没有这些装备，最好一开始就投入一些时间和金钱，把它们准备好，好让你随时都可以开始锻炼。

减震功能较好的运动鞋

这样可以减轻跑步等高强度运动对关节的压力，可以充分支撑脚踝。在锻炼之前，请先把它们买回家。

宽松或有弹性的运动服

有很多时髦的运动服，选择最适合你且让你觉得最自信的一款。

优质袜子

选择最舒适的袜子。要贴合双脚，这样当你移动时，袜子不会在脚下起皱，从而避免脚部水疱。

适合自身尺寸和体形的运动文胸

好的运动文胸可以防止运动时的不适，也有助于减少胸下垂。许多商店都会提供个性化的服务。

音乐设备

运动时听喜欢的旋律是一个很好的动力。可使用便携式设备，如音乐播放器或手机。

一对哑铃

某些运动需要抗阻训练，以增加锻炼强度。如果没有哑铃，可以用两小瓶水代替。

瑜伽或普拉提垫

做自由体操时，它会保护你的脊柱。这种垫子在网上和大多数好的体育商店都可以买到。如果没有，也可以用一条厚毛巾被代替。

水

整个运动过程中，随时都要喝水，这样有助于防止脱水。

其他装备

- 垫子或卷起来的毛巾　以提供额外的支撑。
- 运动球（也称为瑞士球）——网上和大多数优质体育商店有卖。
- 阻力带（也称为Dyna绑带）——网上和大多数优质体育商店有卖。
- 网球、足球或其他中小型球。
- 坚实的椅子，为某些腿部和脚部的运动做准备。
- 记事本或笔记簿，记录你的目标和进展。

制订计划

计划是由目前通往目标的桥梁，而设定目标往往是实现计划的最佳途径。一些自我管理方面的专家通常建议设定SMART目标，这意味着你的目标需要具体、可量化、有行动导向、可行、有时间性。

明确（Specific）

知道什么时候想要什么

当你知道自己为什么要这样做的时候，执行起来就更容易了。因此，写下主要健身目标是什么，什么时候去实现它。例如，我想在六周后的海滩度假中看起来状态最好。

可量化（Measurable）

把最终目标分解为可量化的小计划

一旦你确定了主要目标，考虑一下实现它需要哪些小步骤，以及如何量化这些步骤。例如，为了让假期更充实，需要做到：

- 减肥。
- 拥有纤细的腰部。
- 强健大腿、臀部、手臂和腹肌。

要做到这一点，我需要：

- 评估和改善自己的饮食习惯。
- 每周坚持做3~5次有氧运动（p.258~269）。
- 做适当的塑形运动。

为了跟踪进展情况，可设置每周一次的“打卡”，其中包括：

- 记录体重，量一下腰围。
- 通过穿着一套特别的衣服观察自己的身体，最好是比基尼。

有行动导向（Action-oriented）

制订健身时间表

不要落入“一有时间就锻炼”的陷阱，因为设有具体的时间设定，当新的一周开始的时候，锻炼往往无法实现！相反，如果提前做好具体的时间计划，你就可能实现健身计划的每一个小目标。此外，可以把计划写在日记里，就像在重要会议上所做的那样。选择与你的日常生活相适应的时间，以从练习中得到最大的收获。

例子:

周一下午5：30	全身高能锻炼
周二上午7：30	适度跑步
周三上午7：30	适度散步
周三下午5：30	比基尼锻炼
周四上午7：30	适度慢跑
周五下午5：30	性感美腿锻炼
周六下午3：00	动感单车

可行性（Realistic）

确保计划是可行的

如果你想成功实现自己设定的目标，你必须任何时候都清楚什么样的锻炼更适合自己的健康性格（p.34）、生活方式和健康状况。否则，你只会让自己失望。

例如：

- 如果你穿XXL码衣服，就不要自欺欺人地说你会设定实现目标的时间非常重要。只有有了明确的时间，才能真正地朝向这一时间推进计划，才能有效评估每一周期的进展。

在六周内减至M码。

- 如果你早起困难，那就没有办法强迫自己进行晨练。
- 如果你有一个要求很高的工作，只有15分钟的午餐休息时间。那么不要试图说服自己每天坚持午间锻炼。

有时间性（Timed）

确定实现目标的时间至关重要。在进行锻炼的过程中，你可以不断地按照规定日期完成锻炼，并在每个阶段评估自己的进展。

例如，如果你想在六周后度假时看起来状态最好，那么你需要在下周开始进行为期六周的健身。你有几天的时间来制订计划并开始着手。

今天

- 把所有的健身备忘录都添加到日记里，每完成一次锻炼就将其标记为粉红色，以激励自己继续完成锻炼计划。同时，收集锻炼所需要的装备。

明天

- 写下第一次“打卡”的结果，并和其他结果进行比较。
- 在接下来的六周里，在每个星期天的同一时间在日记里加上“打卡”时间。

后天

- 开始健身计划！

不管任何时候，只要意识到自己没有坚持锻炼计划，就应反思一下是什么因素——是自己变得懒惰或懈怠了？还是目标一开始就不现实？如果是前者，那就给自己一个新的承诺；如果是后者，那就尝试换一个更具可行性的目标。可实现的目标将会给自己更多的激励，因此充分享受锻炼吧！

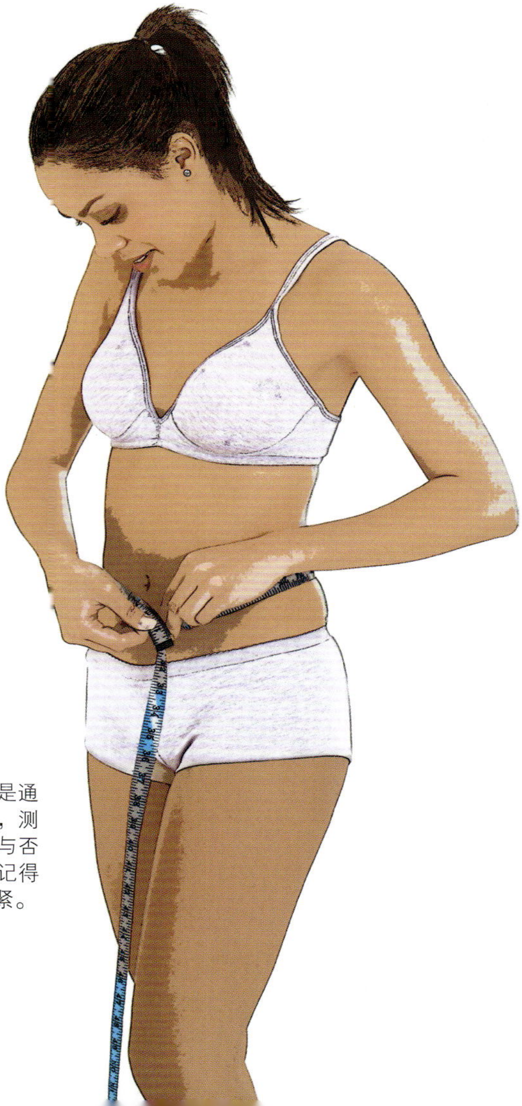

如果你的目标是通过锻炼使腹部平坦，测量腰围是评估进步与否的好方法。测量时记得不要把尺子拉得太紧。

保持动力

不管何种锻炼，时间一久精力和热情都有可能逐渐减弱，甚至想要完全放弃。因此，你应该懂得一些技巧，以使自己坚定地走在健身的轨道上。

关注积极的事物

提醒自己最喜欢的锻炼所带来的积极影响，即使只有一两个，也可以尝试着列出一张清单。例如，“它给我自由时间”“它让我在新鲜空气中释放自我”“它让我感觉压力更小”“它使我对自己更有信心”等。用这些想法激励自己前进。

发挥美好的想象

牢记自己的总体目标，并想象自己已经实现了这个目标。可以想象一下自己在哪里、穿着什么、实现目标时的感觉——满意、自信、美丽和强壮……让自己沉浸在这种感觉中，用它来推动自己前进，走出当下的困顿。

记日记

每天不仅要记录自己在当天的锻炼中做了什么，还要写下锻炼时和锻炼后的感受。花点时间找出自己感觉最好时在做什么。如果哪一天自己的热情减弱，就可以用彼时的方法激励自己。此外，记录健身进度也能提醒自己做了多少锻炼，否则有时自己的锻炼量很容易被低估。

和朋友一起锻炼可以激励自己，因为你会鼓励对方继续前进，这同时也是激励自己！

想象自己在实现锻炼目标时的感受——满意、自信、美丽和强壮，让自己沉浸在这种感觉中，以此推动自己向前。

招募锻炼伙伴

和朋友、邻居或有共同兴趣的同事一起锻炼，这样当你的健身计划受到困扰时可以得到他人的激励。当然你也可以和自己喜欢的人一起锻炼，你不会轻易错失那样的约会，因为你不想让那个人失望。

出去到处转转

有时把运动带到广阔的户外可以给你的锻炼带来有效的帮助，无论是花园还是公园。因为在外面呼吸的新鲜空气能给你更多的自由感、运动感和能量感。

报名参加慈善活动

致力于目标更崇高的事业可以给你带来额外的注意力，有时你需要靠这些来挑战自己。从朋友和家人那里获得赞助无疑可以增强你的决心，因为你会觉得你对赞助者和你所选择的慈善机构都有责任尽你所能去做到最好。如果比赛中有竞争因素，那可能会进一步激励自己，尤其是说干就干型的人。

创建一个新的播放列表

如果你喜欢音乐，音乐的旋律配合简单动作有时会给你额外的鼓励，会激励你继续进行锻炼。虽然为了确保你的锻炼安全，保持专注很重要，但鼓舞人心的音乐可以给头脑的刺激并不会对安全产生影响。此外，音乐也会使大脑释放化学物质多巴胺，从而提升你的情绪。

使你的运动衣柜恢复活力

有时，如果你缺乏热情的话，你可以为自己买一件喜欢的健身用品。任何你期待穿着或使用的物品，无论是五颜六色的上衣还是漂亮的水杯，只要可以帮助你从沙发上下来就好！

奖励自己

当你在日常锻炼中发现自己正在取得进步时，一定要给予自己应有的认可。举个例子，如果你在接下来的两周内持续锻炼，你就会认可自己并可以给自己些许奖励，如放松的按摩，或者为即将到来的假期买一件新衣服。因为保持期待会让你感觉很好！

保持兴奋

一旦达到了最初的健身目标，无论是穿上了新牛仔裤，还是对今年夏天在海滩上的身材充满了信心，继续保持动力是很重要的，这样你才能进一步改善体形，增加能量。否则，你就会回到原点。此外，你需要重新评估自己的健身需求，创建一个新的、可持续的计划，让自己感到兴奋。可以考虑新的锻炼方式，如参加当地的课程或加入当地的俱乐部等以继续锻炼。

健康饮食的基本要素

食物是驱动身体的燃料。因此，对于努力工作的身体来说，健康的饮食很重要，它能使你保持最佳的工作状态和体形。忘了那些时尚饮食和“奇迹”减肥计划吧，相反，你应该把时间和精力放在均衡且种类合适的食物上面。

身体需要什么？

你需要以卡路里结合特定营养的方式为身体提供能量以保持身体健康，这主要包括：

- 碳水化合物：快速能量来源。
- 脂肪：长效能量来源。
- 蛋白质：更新和修复人体组织。
- 纤维：提高肠道效率。
- 维生素：各类维生素能提升身体的各种功能。
- 矿物质：如钙、铁、镁、钾和锌，能协助各种细胞活动，帮助调节新陈代谢。

由于这些成分存在于不同的食物中，所以饮食必须多样化。

应避免吃哪种食物？

虽然在当今忙碌的生活方式中，最简单的方法就是有什么吃什么，但从更长期的健康和预防疾病的角度来考虑，避免以下食物对身体会有帮助：加工食品、快餐以及富含盐、糖或饱和脂肪酸的食物。

并不是说绝对不能吃比萨饼、咖喱、巧克力等，只是不要养成经常吃这种食物的习惯。

计算热量

无论多健康的食物，如果吃得太多对健康而言都是有损害的。评估身体所需消耗热量的常见方法是计算卡路里。男性平均每天需要消耗2 500千卡热量，而女性平均每天需要消耗2 000千卡热量。

大多数商店销售的食物都列有热量含量，这意味着可以很容易地跟踪自己大约摄入的热量。当然，上述建议量只是大概标准，因为每个人都需要调整自己的饮食量以满足生活方式的需求。保持体重的关键是消耗（通过有氧运动）摄入的热量，而减肥的关键是消耗的热量高于摄入的热量。

食物分量

如果不想计算卡路里，你可以通过关注更多食物的分量来监控自己的进食量。以下是对于中等运动量、中等身材的人在每餐中特定食物种类的理想分量的指南（尽量不要一餐同时摄入鱼和肉）：

- 蔬菜——尽量满足自己的需求。
- 鱼——支票簿大小的一块。
- 瘦肉——扑克牌大小的一块。
- 面、米饭、燕麦、谷物或土豆——拳头大小的一把。

• 奶酪或其他乳制品——小火柴盒大小的一块。

如果你想减少分量但又发现其很困难时，可以做以下尝试：

• 每次准备饭菜时记住分量，避免一开始就准备过多。

• 用一个比平常小一点的盘子，这样放在面前的盘子就不会显得很空。

• 细嚼慢咽，这样有充分的时间给大脑发出吃饱的信号。

提前规划

为了确保饮食多样化和均衡化，并尽量减少不健康饮食的机会，提前计划是件好事。每周或每两周固定一天来设计自己的菜单，然后在此基础上制订购物清单，每周菜单应该包括以下食物：

• 一天至少有5份水果和蔬菜，其中含糖量高的水果最多2~3片。

注：“一份”为下列任何一种：

中等大小的水果或蔬菜；

3大匙做熟的蔬菜；

1150毫升水果或蔬菜汁。

• 适量的土豆、全谷类食品（面包、大米和面等）。
• 适量的豆类：如蚕豆、鹰嘴豆、豆角、菜豆、小扁豆、豌豆和大豆。
• 适量的乳制品，如半脱脂牛奶、低脂奶酪、低脂酸奶和土鸡蛋。
• 适量的家禽、鱼类和贝类，如去皮的火鸡和鸡肉（皮中含有很多脂肪），包括一两份油性鱼类，如鲭鱼、沙丁鱼，鲑鱼、鲱鱼、新鲜金枪鱼和鳞鱼。
• 适量的坚果（作为零食吃），如南瓜子、芝麻、葵花子、亚麻籽、杏仁、腰果、榛子、花生、山核桃、松仁、开心果和核桃。
• 适量的油类，用于烹饪和制作调料，如橄榄油、菜籽油和亚麻籽油。
• 少量的红肉，如猪肉或牛排，都是很健康的。因为在烹调之前，多余的脂肪已经被去除了。

香蕉是全能食品，可以提供能量、粗纤维、磷、维生素B_6、维生素C、维生素A

坚果是高蛋白零食，但是脂肪含量高，所以需要限制进食量

鱼含有蛋白质和多种维生素，富含欧米伽3

鸡蛋是营养而快捷的食物，含有维生素D和A，以及一定量的B族维生素

什么时候吃？

每个人进餐的最佳时间有所不同，但是总的来说，最好是均匀地一天吃三顿饭，或者5~6顿少量的饭。这将为你提供一个稳定的能源供应以支撑一整天。

要尽量吃早餐，因为这是一天当中的第一顿饭。如果不吃早餐，你非常有可能会在上午吃零食。健康的早餐可以包括：

- 一碗全麦谷类粥，配上大豆、酸奶、草莓、蓝莓和少量的坚果。
- 一片全麦吐司和一个煮熟的鸡蛋。
- 一杯自制的果汁或冰沙。

如果你很匆忙的话，适量的葡萄柚、苹果或橘子等也是一个简便的解决方案。

如果可能的话，吃一顿丰盛的午餐和一顿清淡的晚餐。如果中午有约好的事情，边走边吃三明治似乎是不错的选择，但如果你能抽出时间坐下来哪怕15分钟专注于午餐的话，对身体的影响真的会有很大的不同。因为你的身体会有时间消化食物，然后再把注意力转移到其他活动上。

一顿健康的早餐对你一天的生活是很重要的，所以一定要留出足够的时间来做这件事。全麦谷类食品加低脂牛奶是方便快捷的一种方式。

不要太晚吃晚饭，因为睡前没有足够的时间让身体消耗掉任何热量，这意味着脂肪可能更容易储存，而且也会对睡眠产生负面影响。

可以吃零食吗？

长期大量吃零食会破坏健身和减肥计划，所以尽量少吃零食。如果你在两餐之间有吃零食的冲动，问问自己是否真的饿了，或者说对食物的渴望可能更多地来自于你的感觉，如无聊或压力。如果是后者，试着找出如何在不吃东西的情况下让自己感觉更好。例如，在工作间隙来一杯茶或一次短暂的散步，休息一下，这样也会有所助益。但是如果你真的饿了，可以选择“讨巧的小吃”，如一点水果或一把坚果，而不是吃甜食，如巧克力、饼干或蛋糕。香蕉可以使人快速获得能量，而且纤维含量高；多汁的橘子富含维生素和矿物质，也可以提升能量；坚果含有丰富的矿物质和“健康”脂肪。

其他可选择的零食：

- 芹菜和胡萝卜条。
- 低脂干酪。
- 用切碎的西红柿和橄榄油为辅料做的燕麦蛋糕。

但一定要尽量少吃零食！避免受虚假宣传的影响，如通常被归类为“健康小吃”的谷物棒，而实际上比一块巧克力含有的热量还要多。

女性在生理期锻炼的时候，可能会觉得有必要多吃点零食，因为生理期会消耗很多热量。此时重要的是确保在主餐中摄入足够的碳水化合物以提供所需的能量。

保持饮水

水约占健康身体重量的2/3，我们需要它来帮助身体发挥其所有最基本的功能。然而，我们一直在流失水分——主要是通过汗液和尿液排出。因此，为了保持健康，要及时补充我们失去的水。

在温度适当的天气，每天喝6~8杯水或其他健康液体（见下文），但是当天气炎热及身体更活跃的时候，你可能需要更多水，所以，一定要补充身体所需的水。应尽量避免在口渴难耐时才饮水，因为那时你的身体已经先于感觉经历了这样的折磨。最好随身携带饮用水。

如果还需要更多能量的话，可以选择多吃些富含碳水化合物的零食，如在锻炼前一两个小时，来一块全麦百吉饼配上低脂花生酱和香蕉，可以给你提供能量。

我能喝什么?

水是最好的液体，但我们饮用的分量往往是不够的。《欧洲运动科学杂志》（*European Journal of Sport Science*）的研究表明，尽管大多数运动员在锻炼时喝足够的水来保持水分，但他们仍然经常在第二天早上发现自己脱水了。这就证明了在锻炼前后以及每天都喝足够多的水的重要性。

水以外的液体，要尽量避免：

- 碳酸饮料，由于其含糖量高，会使血糖水平偏离平衡，过多饮用会导致体重增高。
- 咖啡因类饮料，如咖啡和可乐，会过度刺激身体。
- 酒，高卡路里，如果摄入过量也会对健康造成潜在的危害。

应选择新鲜果汁和茶来代替饮料。当购买果汁时，要确保没有加糖，因为果汁本来就含有很高的糖分。

哪怕只有15分钟，如果你能坐下来专注于午餐而不是匆匆进食，对身体的影响也会大有不同。

有氧运动

2

什么是有氧运动?

有氧运动是一个人们都很熟悉的词，但它真正的含义是什么？简单地说，有氧运动就是使心血管系统捉襟见肘的运动，即心跳加快并持续一段时间的运动。.

有氧运动的好处

很多运动都属于有氧运动，如跳跃、骑行、摇呼啦圈、打网球、踢足球、田径等运动。本书所讲述的有氧运动主要有散步、跑步、骑行、游泳、健美操和舞蹈。这些形式适合个人进行训练，并且几乎可以在任何地方进行，还可选择适合自己的运动强度，最终达到最佳的健身效果。关键是要选择并坚持对自己最有吸引力的运动。

这些运动不仅能促进心脏健康，还能增强身体的有氧适能，同时能帮助你燃烧热量、控制体重。此外，这些运动还有助于缓解压力、消除焦虑和抑郁、增加能量水平、稳定情绪、促进血液循环和改善肤色，使你在身心方面更年轻，并可降低患高血压、高胆固醇和心脏病的风险。

强度和频率

2011年美国运动医学会发布的指南推荐一周五天每天进行30分钟中等到剧烈强度的有氧运动（微汗），或者每周三天进行剧烈的有氧运动。如果需要，这些锻炼可以在一天中分成2~3组，每组10分钟，只要它们是在日常活动之外完成的就可以。然而，对于普通成年人来说，这种锻炼更多的是为了保持健康和预防疾病，而不是为了健身。

为了减肥和提高身体素质，每周进行5次30~60分钟中等强度的体育锻炼是很有必要的。

高冲击力运动

高冲击力运动是指从地面上跳跃起来的任何动作，无论是用一只脚还是两只脚。这种依靠下肢肌腱来推动身体向上的运动称为增强式运动，包括跑步、健美

健美操和舞蹈动作在音乐中的即时表演是一种有趣且有效的有氧运动，受到许多女性的青睐。

有氧运动不仅有益于心脏健康、增强有氧适能，还可燃烧脂肪、消耗热量，从而有助于控制体重。

操或舞蹈中的任何跳跃动作。高冲击力运动对于下肢力量的加强及快速进入强有氧区是十分有效的。和一般的想法相反，一定程度的高强度工作对骨骼有好处，这有助于预防或延缓骨质疏松等疾病的发生。如果你是说干就干型的性格，那么高冲击力的锻炼或许适合你。

低冲击力运动

低冲击力运动包括散步、游泳、骑行、没有跳跃动作的舞蹈及健美操。此外抗阻运动、拉伸运动、普拉提和瑜伽也属于低冲击力运动。这些形式的运动对心率的影响小于高冲击力运动，因此，它更适合“轻松平和型”和“热情积极型”性格的人群。虽然低冲击力运动时心脏的工作强度不是很大，但其仍然是有效的锻炼形式，并减少了受伤风险。这一类型的运动适合老年人、妊娠期和产后女性、超重、刚开始锻炼的人及伤后康复期的人群。

有氧运动前后

在此前的内容中，你已经了解锻炼前热身可以为接下来的运动做好准备。因此，在进行接下来推荐的任何形式的有氧运动之前，请留出时间进行常规热身运动（p.252~253）。

在有氧运动结束时做一次常规舒缓拉伸（p.254~255）运动，以使心率和体温逐渐降到正常，并排出体内积蓄的肾上腺素和乳酸。这将防止头晕和运动后肌肉疼痛，所以在每一次有氧运动结束后一定要留出时间进行常规的舒缓拉伸。

骑行是一种在一定程度上适合你的运动，而且由于它是一种低冲击力的运动形式，所以它对关节的冲击很小。

怎样选择锻炼强度?

有氧运动是关于心脏的锻炼，所以采用一些方法来了解这个重要器官的工作强度是很重要的。不需要使用专门的设备来做这件事，只需要聆听和监控你拥有的最好的“设备”，即你的身体。观察你说话的方式、你的感觉、你的心跳速度，这些都会给你提供所需要的反馈。

确定你的锻炼强度

适宜的锻炼强度不仅取决于你的健康性格和健康状况，也取决于你的情绪、体能水平、可用时间和当前目标等因素，明确这一点很重要。

说话测试

有一种方法可以评估你在有氧运动中的锻炼程度，即所谓的“说话测试”。当你在持续运动时，试着大声说话。

做一下“说话测试”。如果你能在锻炼时轻松地与他人说话，说明你现在没有足够用力去锻炼。

- 如果说话很容易，需要加大锻炼强度。
- 如果说话稍微费力，说明锻炼较为“温和”且氧气充足，你应该能够在这个程度锻炼相当长的一段时间。如果你极端超重，或者几个月甚至几年没有做任何运动，即使是5分钟也会让你感觉时间很长，这种温和的节奏是锻炼的良好起点。
- 如果你可以说话，但又不能充分交谈，你应该适度调整，做一些有氧运动。对于大多数人来讲，在这个程度每周至少来一次10~40分钟的锻炼是很好的。
- 如果你根本说不出话，说明你处于高强度的锻炼之中，即无氧状态，这种强度你只能维持很短的时间，这是短跑运动的状态。如果你相对健康，你可能只有在持续用力下才能到达这种剧烈的程度。如果你不是很健壮，可能很快就会到达这种强度。以温和的强度开始健身才会有所助益。

自感用力度

另一种评估锻炼强度的方法是判断自感用力度（RPE），常用自感疲劳程度量表（Borg scale）进行评定。它根据你在做运动时的感觉，使用一个数字范围来评估你所做的任何运动的强度。自感疲劳程度量表最初的标准为0~14分，这里使用其简化标准，即0~10

分，其中0分是完全不运动，10分是最大量运动。这个量表的优点是能体现个体差异性。

自感疲劳程度量表（0~10分）

- 0~3：锻炼感觉很容易。这个“温和”的区域适合开始新锻炼、非常不健康、超重或受伤恢复后进行锻炼的人。
- 4~7：锻炼时需要适度地努力，使自己发热、出汗、呼吸变重。对于大多数人来说，这是在做有氧运动时合适的区域（p.258~269）。
  4：有效地调动整个身体。
  5~6：燃脂增肌。
  7：进一步挑战自己的身体系统。
- 8~9：运动需要集中精力和努力。这是职业健身人员和运动员倾向于选择的锻炼区域，但我们也可以时不时地探索一下。
- 10：此时的运动需要你尽最大的努力，你需要尽可能迅速且努力地做该项锻炼。这是职业运动员在比赛时所处的区域。

心率训练区

另一种评估你是否在适当强度下锻炼的方法是基于你锻炼时的心率：

第一步：用220减去你的年龄来确定你的最大心率(MHR)。例如，如果你今年32岁，那么你的MHR是220–32=188。

第二步：在锻炼时，在手腕或颈部，测量自己的脉搏15秒，然后乘以4计算出心率（p.35）。也可以使用心率监测器测心率。

第三步：当你锻炼的时候，用心率除以最大心率，乘100%，计算出最大心率百分比。例如：（140÷188）x100%≈74.5%。

有氧运动和舞蹈包括跳跃动作。这种高冲击力运动的确可以提高运动强度。

第四步：熟悉心率训练区，看看自己处于四个RPE范围中的哪一个。如果你想减肥和提高体质，这本书中的大部分锻炼对应的最大心率百分比都应该为60%~85%：

- 最大心率的60%~65%：自感疲劳程度量表4~5分。
- 最大心率的65%~80%：自感疲劳程度量表5~7分。
- 最大心率的80%~85%：自感疲劳程度量表7~8分。
- 最大心率的85%以上：自感疲劳程度量表8~10分。

散步

散步是适应繁忙生活方式的最简单的锻炼形式之一，它可以作为一种出行方式，同时也是维持或增强有氧适能的一种途径。下面将为你介绍不同类型和不同强度的散步。不论采取何种方式，散步都将:

- 通过促进心脏运动来强健心血管系统
- 帮助燃烧热量，控制体重
- 增强腿部肌肉，因为散步是主要涉及下肢肌肉的活动
- 保持关节活动度，但不通过高强度的动作使其紧张
- 给自己时间来平衡身心
- 给生活创造一种健康的前进感
- 激励自己出去呼吸新鲜空气
- 帮你养成用散步代替驾车的习惯

散步的基础知识

不管你是在公园里散步，还是每天步行上下班，或者在乡村长途远足，散步都是一种很好的、自然的增强健康的方式。虽然一般来说，这是一种低冲击力的运动形式，但你仍然可以通过速度来改变强度，从而使心脏加速跳动，燃烧脂肪。

向前迈进

散步除了对身体有好处之外，它还被认为是一种“在移动中冥想”的形式，因为花时间散步可以帮助你头脑清醒。一步步向前走也是生活不断前进的一个象征，可以增加你的动力。

选择合适的服饰

散步的好处之一是不需要在装备上花很多钱。但是，穿着舒适也是很重要的，因为你可能需要为各种天气做好准备。以下是一些原则：

- 选择轻质的运动专用材料制成的衣物，有助于透气、排汗。
- 短裤或裤子选择有弹性的材料以保证舒适，便于活动。
- 选择平锁边缝的衣服以避免摩擦。

评估步态

购买一双新的运动鞋之前，需要了解你的走路方式或步态。最好是由专业人员在专门的运动鞋店帮你评估，但是更常用的评估方法是胎面试验（tread test）。需要观察现穿的运动鞋的鞋底上磨损最严重的部位：

- 如果鞋底的内侧磨损明显，说明你是扁平足，或者足部外翻。
- 如果鞋底两侧出现均衡的磨损，证明你步态平衡，因为落脚时脚后跟的外侧先着地，再逐渐向内落脚以缓解冲击力。
- 如果鞋底外侧磨损明显，说明足部内翻。

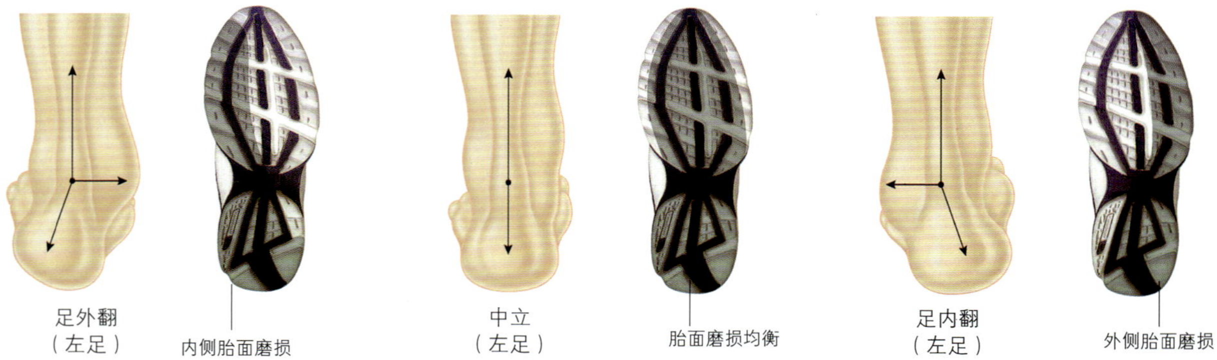

灵活性是关键

在提供足够支持和保护的同时，运动鞋必须足够灵活，迈步时可以顺应脚的弯曲度。

•要想穿上一双完美的鞋子，最好去一家专门的商店，在那里他们会精确地测量你的脚部，让你在跑步机上行走，分析你的步态。对于扁平足，鞋子要有高弓和坚实的中底，而那些内翻足则要加强鞋子前脚掌部位的缓冲作用。

- 尽量选择有磨损层的衣裤。
- 在凉爽潮湿的天气里穿防风防水夹克。
- 在较暗的天气和晚上穿能见度高的衣服。
- 穿合身的袜子和运动鞋。
- 在炎热的天气，戴帽子和太阳镜；同时也采取紫外线防护措施。
- 考虑带上一个可以装得下钥匙、手机、应急资金和其他必需品的便携包。
- 带上便携水杯，用来补充水分。

选择合适的鞋

运动鞋应当舒适，可以让整个脚运动自如，并在一定程度上起到减震的作用。一双好的运动鞋应当：

- 轻盈和灵活——允许足部进行全方位的活动。
- 带脚跟缓冲——支撑脚后跟使其平稳落地。
- 低跟——避免累脚。
- 充分支撑——以确保平衡的步态。
- 带足弓缓冲——在运动中增加舒适度。
- 宽度适当——给脚趾展开的空间。

在开始散步之前，要确保装束得当——除了穿着正确的服饰外，还应随身携带一瓶水以防脱水。

快步走

快步走比正常散步强度高，因此会燃烧更多的热量。它与正常散步不一样的是腿部和手臂的动作更明显和更有目的性，这可以使你的速度从平均5千米/时提高到8千米/时。需要一定的技巧才能确保动作正确，快步走通常会给你带来意外的健身效果。

技巧提示

以下是如何在快步走中充分利用自身力量的一些小窍门：

头部、肩膀和胸部：抬起头，把肩膀往后拉并确保胸部保持挺直状态，以促进整个身体的平衡。

腹肌：将肚脐向脊柱方向收，这样才能中气十足，安全而有力。

臀部：保持骨盆和臀部尽可能放松，这样就可以自由地迈开腿大步前进。

双臂与手部：手臂弯曲90°左右到腰部水平，并伴随脚步的前进从肩膀“拉动”它们，使其保持90°弯曲。迈左腿的同时右臂向前，左臂向后。

双手：双手呈放松的握杯状。当手臂摆动时，它们应该是弧形运动的，即从腰部移动到肩膀的高度。

沿直线快步走

想象一条线延伸在你的面前，像沿着一根钢索一样沿着这条线走。也就是说，当你快步走时，把一只脚直接放在另一只脚的前面。

双脚：脚跟先着地，再到脚趾着地。动感十足地迈开下一步，带着一种冲劲儿。

第一步：前脚脚跟先着地。腰部和前臂平行于地板。身体保持直立。

注意事项

- 不要让你的肩膀倾斜、胸部塌陷或肚子鼓胀。
- 走路时不要向下看。
- 不要大步迈进，让脚步保持在舒适的运动范围内。
- 不要让手臂越过胸部中线，或向两侧摆动。
- 臀部保持水平，不要扭动。
- 摆动手臂时，不要让手高于肩部。
- 当手臂向前的时候，不要让另一只手垂在腰部以下。

第二步：后脚脚跟从地板上抬起的同时前脚脚趾逐渐落地。向前移动一只弯曲的手臂，另一只向后移动。左腿与右臂方向一致，反之亦然。

第三步：当后脚脚跟从地板上完全抬起时，把身体的重量完全转移到前脚上，后脚脚掌着地准备迈步。迈步时双臂应该处于最高位置。保持腹肌收紧以维持平衡的姿势。

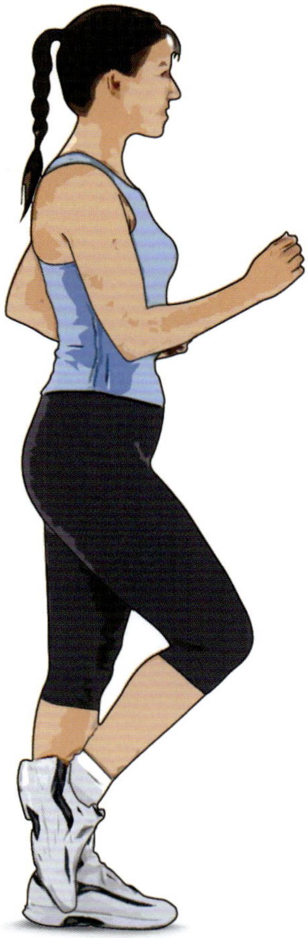

第四步：抬起后面的脚，放在另一只脚旁边，同时脚趾点地，然后脚跟着地向前走，像第一步一样。注意，活动腿是弯曲的，而支撑腿是直的。同时，开始改变手臂的位置，前臂向后移动，后臂向前移动。

从散步中得到最大收获

为了从散步中得到最大的收获，最好事先计划好路线并在脑海中有特定的目标，无论是关于速度的还是关于距离的，抑或两者兼而有之的。另一种提高散步体验的方法是定期在锻炼之间做一些特定的散步练习。

选择路线

应当事先确定何时出发，计划好时长及路线，这样就可以确保此次散步既满足时间需求也满足健身需求。这也会让你在路上时更为轻松并更有目的性，而不用担心迷路或没有及时处理其他事务。

如果你住在城里，你可能会考虑当地的公园与河边的小路，抑或当地历史遗址的游览路线。如果你住在乡下或海边，可以去海滩、树林或其他专用的公共步行道，特别是在有自然美景的地区。当沿途可以观光有趣的风景时，散步时间似乎总是要快得多。

无论你选择什么样的路线，最好确保可以经过一些山路以增加锻炼强度。还可以选择其他你想走的地面。例如，表面坚硬的混凝土，其有利于确保稳定性，但对关节的健康程度有苛刻的要求；不平整的草地或鹅卵石路面意味着你必须更加注意平衡；而柔软的路面，如沙地，可增加锻炼的难度。

最后，一定要考虑安全因素：如果独自一人散步，一定要选择人口稠密的路线。你也可以和朋友一起散步，或者参加当地的快步走团体。

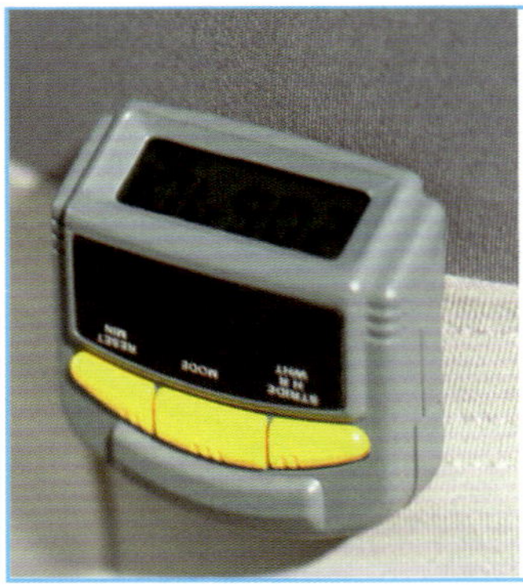

计步

把计步器放在腰间或系在腰带上，这样计步器就能感觉到你的动作，并计算你所行走的步数。

使用计步器

计步器是一种方便的小工具，它可以计算步数、距离、速度，甚至消耗的热量。因此，计步器是一个强大的工具，无论选择何种散步形式，它都有助于保持积极性。在日常活动中使用计步器也是很有用的。以下是一些建议：

- 每天3 000步=健身的良好起点。
- 每天6 000步=可以控制肥胖和相关疾病。
- 每天10 000步=有助于减肥和保持心脏健康。

10 000步并不像看起来那么难以达到，如走楼梯代替乘坐电梯，步行去商场代替开车去商场，时不时地绕着街区走一圈等。这些看似很小的改变都会悄悄增加你的步数。

股四头肌和踝关节伸展

在这个练习中，弯曲腿向后抬起可拉伸大腿前部；抬起的脚后跟可加强脚踝和小腿力量，拉伸小腿前部。

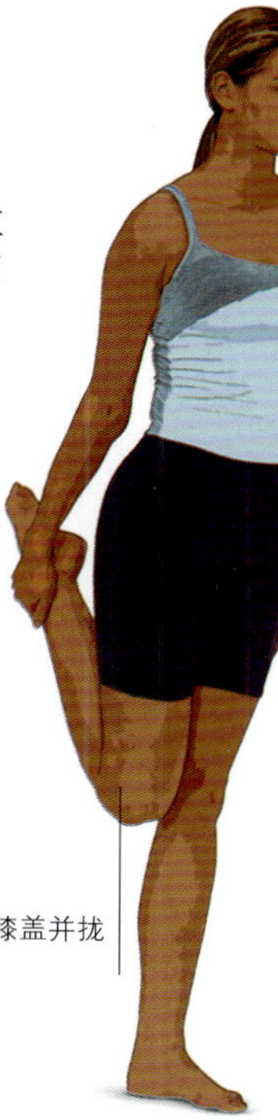

1 身体保持直立，双脚自然分开与髋同宽，吸气准备。呼气，把右脚从地板上抬起，用右手抓住脚踝，然后把它拉到臀部，直到感觉到右腿前部得到良好伸展。支撑腿保持轻微弯曲，骨盆保持轻微的倾斜。坚持10秒。

2 吸气，收腹，使腹肌保持最大的稳定性。呼气，踮起脚尖，让另一只脚尽可能靠近臀部。保持5秒。如果需要的话，把手放在墙上保持平衡。吸气，慢慢地把脚后跟放回地板。步骤一和步骤二总共重复10次。

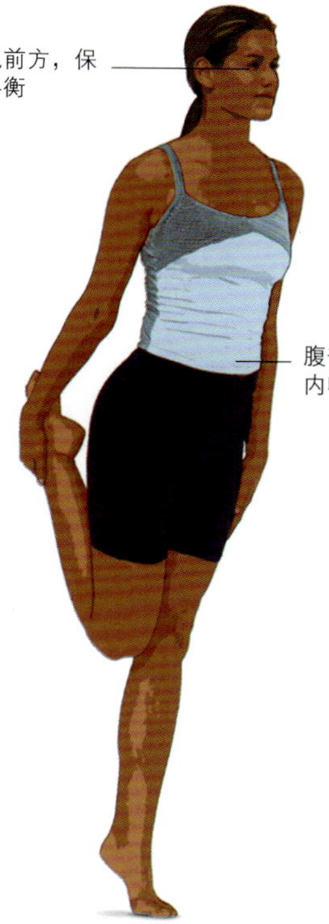

步行者弓步

股四头肌是大腿前部的大肌肉，其作用是行走时伸展膝盖。这个练习将伸展和强健股四头肌，同时给你的步伐以更强的力量。

1 身体直立，双脚自然分开与髋同宽，双手叉腰。一条腿向前迈一大步，保持臀部和脚面朝前，两只脚跟都在地板上。这样做的时候，要向前看。

2 呼气，弯曲后腿膝盖，将体重放于这条腿和脚上，脚后跟用力踩地板。保持前腿完全伸直，同时眼睛向下看前腿的脚趾，保持10秒。吸气，回到起始状态。多次重复该动作。

跑步

经常慢跑或快跑是保持健康的最好方法之一。每年有很多人参加马拉松赛，不管是为了慈善事业，还是为了身体健康或者纯粹的享受，越来越多的人用脚丈量街道(或跑步机)。下面将让你深入了解如何从跑步中获得最佳收益。无论你用什么方法跑步，都可以：

- 通过跑步促进心脏健康
- 燃烧热量帮助减肥
- 帮助减缓随着年龄增长而出现的肌肉和骨密度的丧失
- 提供“移动冥想”的形式，帮助放松思想
- 减轻压力，逃离烦恼
- 提振情绪，因为它会增加内啡肽的含量
- 有机会认识新的志同道合之人
- 呼吸新鲜空气，有利于身体恢复活力

跑步的基础知识

作为有氧运动之王，跑步是最有效的减肥方法，比起其他形式的有氧运动，它更容易使你在单位时间内消耗更多的热量。像任何形式的锻炼一样，它也有不同的强度——从慢跑到激烈的冲刺，从短跑到长跑，选择何种强度取决于你的需求。

准备

跑步的美妙之处在于它的简单性：你只需要准备一双性能良好的跑鞋和一些基本的保护自己的装备即可。以下是关于跑步基本装备的一些建议：

选择合适的服饰

选衣服的基本原则和散步一样（p.60~61）。夏天，你需要短裤、背心或T恤、遮阳帽、跑步时专用的便于固定的太阳镜。冬天，你需要全身的保暖衣、防风防水的轻型夹克、一顶帽子和一副轻便的手套。你也可以穿压缩袜、紧身裤和上衣，它们专为促进血液流动而设计，从而有助于跑步后的恢复。其他可选装备包括：

- 背包式的水瓶或其他供水装置。
- 小腰包，用来携带钥匙、钱和其他小必需品。
- 便携式音乐播放器。

选择合适的鞋

在跑步之前，入手一双好的运动鞋是很重要的。可以去运动商店采购，向店员说明自己的需求，多试几个款式。受过训练的员工很可能会分析你的步态，即跑步时脚的移动方式，这可以看出你的脚尖是朝内还是朝外，或者朝向正前方，每一种方式都会产生一种特定的锻炼要求。是在路上跑还是越野跑，是脚跟先落地还是脚趾先落地，这将影响鞋子的选择。要参考店员给你的建议，试试他们推荐的鞋子。

不要穿为其他运动而设计的鞋子跑步，因为这些鞋子不会提供跑步的重复动作所需要的缓冲、支撑和稳定。毕竟，每跑一步，脚都要承受身体重力几倍的冲击力。制造商不断更新先进的减震材料，因此你可能会花更多的钱去买新的运动鞋。下页图中的鞋子中底是由EVA（乙烯-乙酸乙烯酯）等物质制成的，这些物质形成了一层微小的气泡，提供了必要的缓冲。它能承担

根据天气穿合适的衣服，并随身带瓶水。

如果你热衷于跑步，那么一双好的运动鞋是最重要的投资。

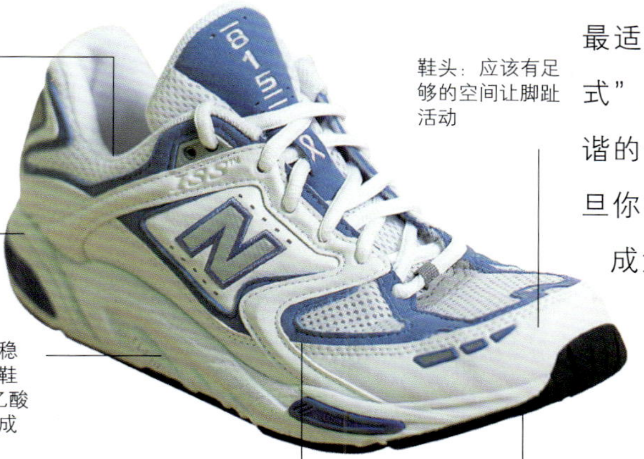

脚上沉重的压力并分散压力，弹性较强。

最后，值得一提的是如手套一样设计简约而轻便的鞋子。这种鞋子设计原则有两点，其一是让脚部感受到地面，其二是双脚可以尽可能地自由移动，便于用力。这种鞋子大部分都设计有精密的防刺穿鞋底。

有效呼吸

无论跑步的强度如何，你都需要掌握跑步时如何良好呼吸（p.33）。大多数初学者在这方面有些困惑。但不要担心，步态越好，呼吸就会变得越容易、越自然。

优秀的跑步者倾向于采用两步–两步的呼吸模式，即两步一吸，两步一呼。比这个节奏更快的呼吸模式可能是无效的，因为这会增加呼吸肌的工作量。你需要在第一次跑步时去尝试不同的呼吸模式，看哪一种模式最适合自己。刚开始你可以尝试一种“四步–四步模式”，即四步一吸，四步一呼。这些是呼吸与运动和谐的一个基础模式，然后根据你的需要调整节奏。一旦你找到了适合自己的模式，就不断进行练习，直到成为习惯。这应该只需要几周的时间。

运动文胸

对女性来说，运动文胸是所有高强度运动的必要装备。其提供的支撑不仅使跑步更舒适，而且有助于防止潜在的背痛和乳房下垂。普通文胸可以减缓35%左右的乳房运动，但是好的运动文胸可以达到接近60%的效果。有些运动文胸是典型的文胸形状，而有些则更像背心；有些有过肩式的肩带，而另一些则有跨栏背心（racer–back）的风格。最好进行专业测量，以确保选择正确的尺寸。

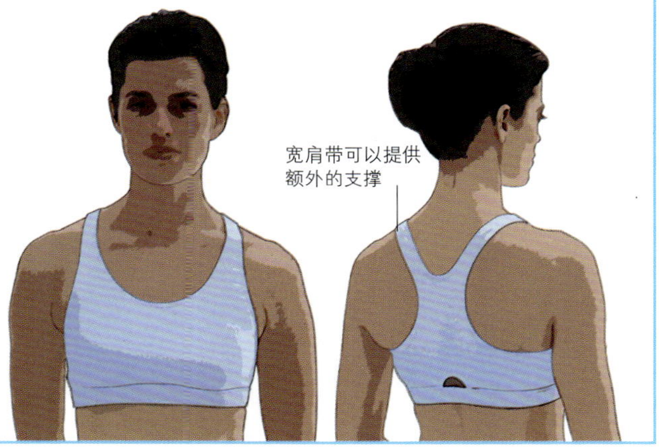

如何跑好

没有完美的跑步风格。我们观看跑步比赛会发现没有两名运动员以同样的方式跑步。无论快跑还是慢跑，都没有所谓正确的方法。下面的练习可提高你对跑步方式的认识，并使你能够微调自己的跑步风格，从而提高跑步效率和能力。

技术提示

你的身体类型和尺码决定了你的步幅，而你的步幅和频率的乘积决定了你跑得有多快。但是无论你的身体类型、步幅和频率如何，下面的建议均可帮你从跑步中获得最大的好处，并可降低受伤的概率。

上身：挺起胸部，肩部向后向下沉。头部面向前方，保持挺直，尽量使腹部朝脊柱方向收紧，以激活腹肌。

脚掌着地　前脚脚掌先着地，然后过渡到脚跟，脚跟蹬地，向前跑。稍微向前倾斜上半身，身体重心或多或少地位于着地的脚掌。

脚跟着地　前脚脚跟先着地，然后过渡到脚掌，脚掌蹬地，向前跑。保持上半身直立或轻微向后倾斜，保持重心位于落地的脚跟。

调整步幅以适应不同的步调

阔步前进

如果你高而瘦，加大步幅是提高速度的好方法，但不要过度伸展自己

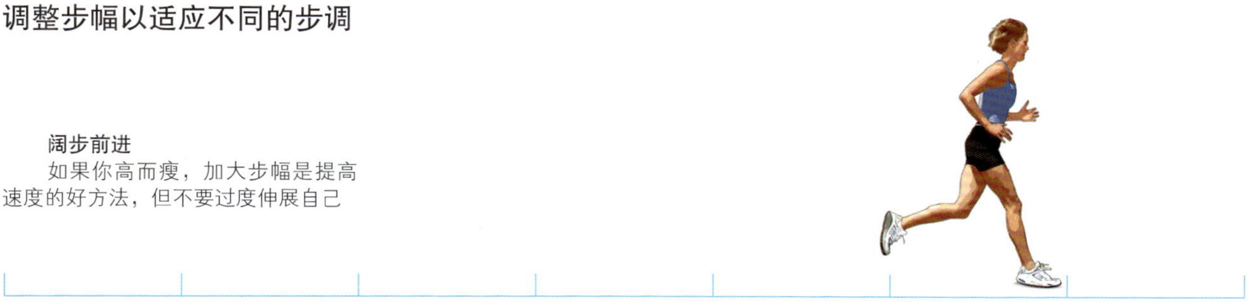

短步幅前进

如果你身材矮小，但身体强壮，最好按正常步幅加快频率的方法来提高速度

腿部：用核心腹肌驱动双腿，想象当你向前移动时有绳子在拉动膝盖。

手臂：手臂弯曲成90°，跑步时手臂保持放松状态是跑步自然姿势的一个组成部分。同时，前腿相反一侧的手臂应该总是朝前的。

手部：想象两只手的拇指和示指之间握着一块炸薯片，但不要捏碎，这样你的双手就会轻轻握着而不是握紧。

足部：一些跑步者是脚跟先着地，他们按照竞走的方式，前脚的脚跟先着地，然后过渡到脚掌，以脚掌蹬地向前跑。另一些跑步者是脚掌先着地，然后过渡到脚跟，以脚跟蹬地向前跑。选择一种你感觉自然的方式就好。

注意事项

- 不要让肩膀倾斜、胸部塌陷，或者让腹部鼓胀。
- 跑步时不要向下看，应该向前看，即朝你要跑的方向看。
- 不要想得太多：过于注重技法，很可能会导致急促的机械动作，进而拖慢速度，甚至使你更容易受伤。简单地了解主要的技法，然后试着放松地使用这些技法。
- 牢记呼吸的重要性：每跑几步深呼吸一次，这样动作就能与呼吸协调一致。
- 不要使身体紧张：特别应该放松脸部、下巴、肩膀、手臂和拳头，因为这些区域往往在跑步时稍不留意就会自动收紧。
- 步幅不要过大：让步伐保持在舒适的运动范围内，以避免产生任何不必要的压力。

从跑步中得到最大收获

为了从跑步中得到最大的收获，最好按照你的目标去调整自己跑步的路线、地形以及速度，无论你的目标是保持健康、减肥，还是完成自己设定的项目。此外，定期在休闲时间做一些关于跑步的专项练习也是很有帮助的，这便于使跑步所用的关键肌肉做好足够准备（p.73）。

选择路线

正如散步一样，跑步也需要制订计划。跑步路线必须符合你的时间和健身需求。有许多地形可供选择：平地、丘陵、混凝土人行道、砾石小径、草地小径、田径跑道或可靠的跑步机。和我们所知的大多数事情一样，多样性往往是成功的关键。

如果你渴望进一步地锻炼自己的心脏和肌肉，并且想要增强力量的话，一定要在你的健身计划中增加一些小山上的跑步项目。当你上山跑时，腘绳肌和臀肌（大腿和臀后部）会得到很好的锻炼；当你下山跑时，股四头肌（大腿前部）会得到很好的锻炼。

田径训练也很有用，而且这也不是精英运动员的专属项目。大多数田径跑道只需少量的费用就可以使用。事实上，田径跑道的表面是专门设计用来减缓冲击的，这使得它们对于短时的间歇训练（如短跑、快速爆发锻炼）特别有用。

改变节奏

无论水平如何，你都会从跑步的节奏中获益。例如，如果你想每周跑三次，可每次进行一次不同的锻炼（p.262~263），可以进行一次间歇训练，一次稳定节奏的训练，一次越野跑步。如果你在为马拉松做准备，可以跑几段很长的距离（最长1英里，约1.6千米），中间短暂休息；如果你正在准备5千米以下的项目，最好安排多次间隔的短距离跑步；如果你想增强有氧适能并燃烧脂肪，那么一天中稳定的长时间跑步较为有用。当然，短时跑步也是有效果的。

室内跑

天气不好时，跑步机是很好的选择。它不受室外条件的影响，且可智能反馈，使你的锻炼更容易量化。然而，缺乏外部刺激有时会让人觉得单调乏味，所以比起跑步机，有人可能更喜欢户外跑。

提踵

这项练习可强健小腿肌肉，特别是小腿上部的腓肠肌。腓肠肌可在跑步的时候提供推动力，在双脚着地时起缓冲作用。

1 身体保持直立，双脚自然平行分开与髋同宽。将手放在面前与臀部高度相当的椅子上作为支撑。吸气，一只脚从地板上抬起，把脚趾绕在另一只脚踝的后面。

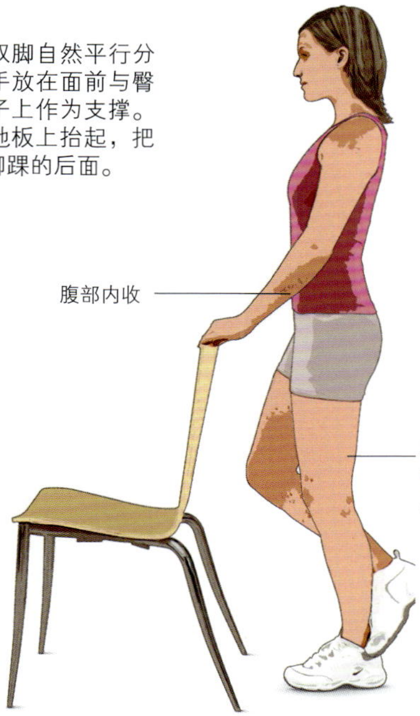

2 呼气，抬起支撑腿的脚跟，另一只脚的脚趾像之前一样绕在支撑腿的脚踝后面。吸气，缓缓把支撑腿的脚跟落回地板。重复10次。

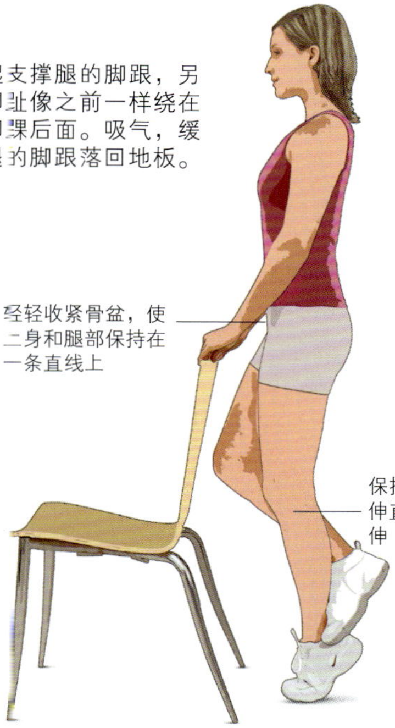

抬膝反向弓步

这项练习主要锻炼大腿肌肉，包括臀肌、股四头肌和腘绳肌。也就是说，这项练习可以使参与跑步的髋屈肌、原动肌得到锻炼。

1 站立，双脚分开与髋同宽。吸气准备。呼气，一只脚向后迈步，形成一个直角弓步。双脚朝前，后脚脚跟抬起，骨盆微微收紧，上半身保持完全直立。吸气准备。

2 呼气，伸直前腿，后腿弓步向前，将膝盖提升到臀部高度。然后将抬起的腿自然回复到上一步的弓步姿势，动作要流畅，不要中途停留。重复10次，然后另一侧重复同样的动作。

骑行

骑行是一项低冲击力但可以高刺激肾上腺素分泌的运动，这项运动可以带你穿越城镇和乡村。骑行不仅对社会和环境有好处，而且如果把它作为代步手段，还不必花费额外的时间进行有氧运动。下面将告诉你如何从骑行中获得最佳收益。无论用什么方法骑车，定期骑行都可：

- 增强心脏健康
- 燃烧热量，有助于控制体重
- 强健大腿肌肉，促进新陈代谢
- 提供全方位的协调，因为骑行会充分调动整个身体
- 对骨骼施加的压力很小，因为自行车可以支撑你的体重
- 提高反应能力，因为你需要在骑车时保持高度警觉
- 带你到户外呼吸新鲜空气和体验“旅行”的感觉
- 如果你用骑行代替了一些交通工具，那么对环境也有帮助

骑行的基础知识

骑行不仅对心脏有益，还能帮助减肥。同时，相比跑步，骑行对于关节来讲会更温和。与所有形式的有氧运动一样，根据时间和地形，你可以选择是悠闲还是剧烈的骑车节奏，以最适合自己的强度完成骑行。

入门

骑行除了能强壮腿部和塑造臀部形态外，还可以增强背部、腹部、手臂、肩膀和胸部的肌肉，使你更加挺拔。此外，你需要选择合适的地形去骑行，当然还有头盔等关键的装备。下面给出一些指导。

选什么类型的自行车?

自行车依据骑行所经过的地形选择。无论选择哪种自行车，都要确保自行车的基本框架适合自己，如确保车座舒适（男女车座设计不同）。任何好的自行车店的售货员都可以帮你很好地解决这个问题。

室内健身单车

另外，你也可以选择室内健身单车。在天气不好或想换个运动方式时，室内健身单车为骑行提供了一种替代方案。带有涡轮装置的室内健身单车可以更好地还原户外自行车的体验感。它包括一个支架（可以固定单车）和一个可以踩踏的阻力装置，还有计算距离和速度的读数设备，此外还有附加的模拟山丘地形的系统。但无论哪种类型，基本功能包括监测距离、速度、时间、温度及运动的阻力强度；还有可能包括心率监测和预先模拟训练等功能。购买室内健身单车与购买户外自行车时一样，也需要考虑舒适度、尺寸和稳定性等因素。

公路自行车或赛车都是纤细和轻巧的，轮胎薄，车把向下，这是为光滑的地面和较快的速度而设计的。骑行时，你必须长时间地伸出手臂来握住车把，所以你需要具有很好的灵活性。

越野或山地自行车有坚固的框架和宽而厚的轮胎以适应崎岖不平的地形。较高的车把意味着骑行时不需要太弯腰。骑车时，车座高度调至8~10厘米。

混合动力自行车是赛车和山地自行车的混合。与山地自行车类似，其有较为平坦的车把。然而，它们有比山地车更薄的轮胎，骑行时的姿势会更直立一些。适合上下班时拥挤的道路。

选择合适的服饰

先决定穿紧身的还是宽松的衣服。如果选择紧身的，确保它是可拉伸和透气的；如果是宽松的，确保它不会缠入车轮辐条。对于冬季骑行，无论是在路上还是其他户外，最好穿几层薄薄的保暖内衣。手和脚应该用保暖手套和袜子来御寒。无论哪个季节，你都需要在紧身衣或短裤里垫上垫子来防止臀部疼痛。在夏季，衣服要非常透气。在有刺眼阳光的天气戴上太阳镜，不仅是为了遮蔽阳光，也是为了保护眼睛免受昆虫和灰尘的侵害。

专业骑行鞋将使你的骑行更加舒适，可根据自行车的踏板类型及喜欢的骑行方式选购。可向自行车店的客服人员征求意见。

时尚骑行头盔是按空气动力学设计的，有通风孔让你保持清爽，也有可调节的绑带和内部软垫让你感到舒适。很多头盔都有可移动的面罩，可以在有烈日和下雨的天气保护眼睛。

对于骑行而言，头盔是必需的。因为它可以在事故中挽救你的生命——即使是短途骑行也一定要戴头盔。一定要确保购买最佳尺寸的头盔。

基本设备

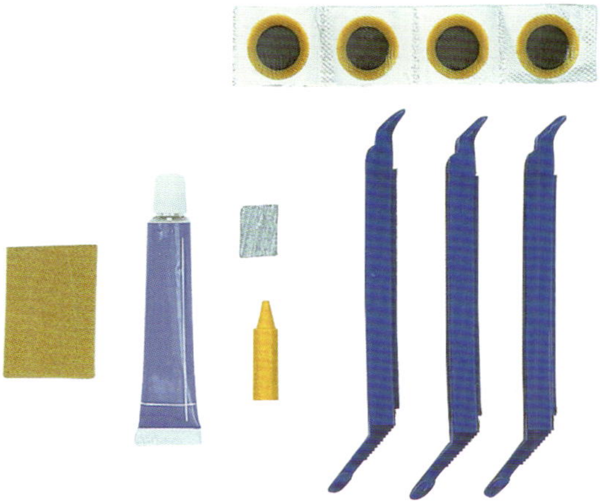

补胎工具箱

内胎

车灯

微型气筒

通用扳手

尾灯

如何更好地骑行

为了更好地骑行，你需要良好的平衡感以及强烈的自信心。此外，一些基本的力学知识也需要掌握，如骑车姿势，如何有效地使用踏板、换挡、转弯、刹车。如果你还不熟悉这些基本知识，就继续读下去吧。

高效使用踏板

高效使用自行车的踏板需要技巧和练习。首先，让踏板处于稍微向前的位置，因为如果踏板是向后和向上的，就很难向下踩。当踏板开始向下移动时，轻轻地踩下去，使腿向前和向下移动。当踏板到达六点钟方位时，开始把它拉回起始位置。骑行时脚的角度做一些微调，以确保在整个骑行的过程中力量转移到踏板上。

换挡

根据所在地形和坡度换挡，让你的速度（节奏）和力量保持相对稳定。需要记住的是无论是速度变化

骑行姿势

安全和舒适的骑行姿势至关重要，因为其可使你更容易控制自行车并可增强骑行力量。

调整车座高度，确保脚掌踩到踏板上时，腿是直的，骨盆处于中立位（绝对不倾斜）。

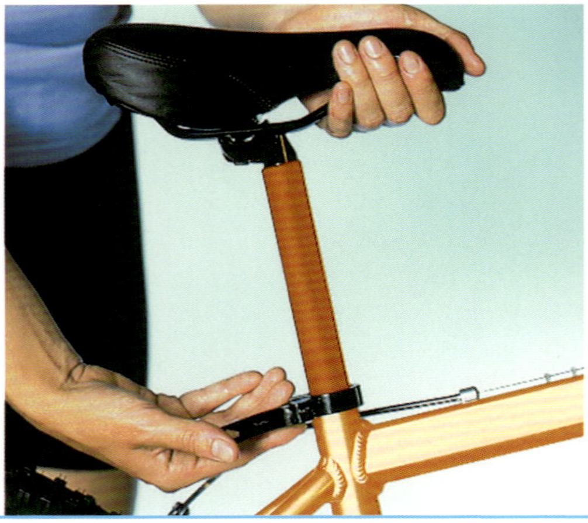

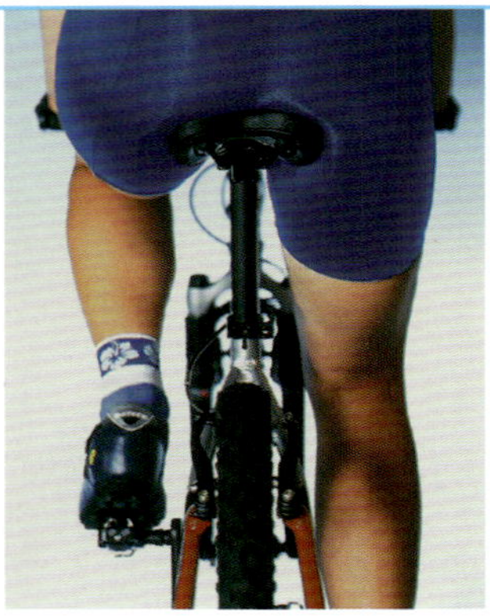

车座调到合适的高度，拧紧下面的螺栓以确保安全。然后，骑上自行车沿直线试行。让朋友站在你的正后方检查你的臀部有没有在你踩踏板时左右摇动。如果有，那么证明车座太高了，你需要进一步调整它。

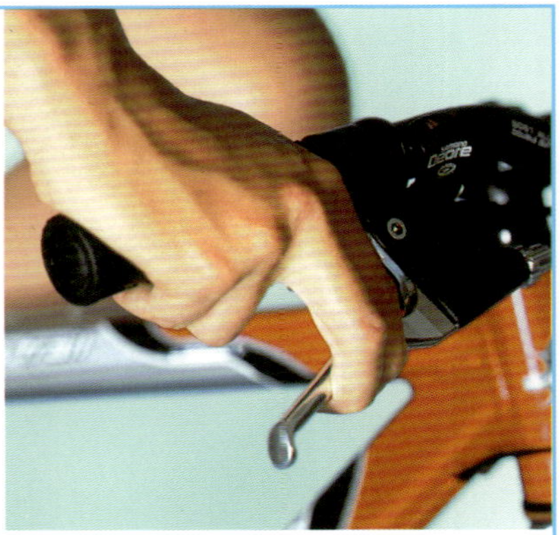

车座调整至满意的高度后，确保手臂位置舒适，手臂伸直，确保用两个手指很容易地操作车闸。如果有需要的话，可以按照说明书或让自行车卖家帮忙调整。

上坡时，身体重心向后落在车座上，并选择一个可以让你快速踩踏板的低速挡。选择低速挡，使你可以快速踩踏。手放在刹车杆上部靠近中心处。此时，你的心率已经上升了。

继续沿斜坡向上，身体向前倾斜，与斜坡几乎是平行的。用力向下踩踏板以推动自己前进。握住刹车杆的顶部，稍微张开手臂，使手肘向外。这样做可打开胸腔，让呼吸更顺畅，为肌肉增加氧气。

将要到达山顶时，臀部离开车座，将所有的体重放在脚上，用力踩着踏板推动自己前进，以完成最后一段爬坡。身体仍然向前倾斜，但不像前一阶段那么低。

还是坡度变化，在准备改变骑行的强度之前（而不是改变强度的同时）换挡，上坡用低速挡，下坡用高速挡。

转弯

要想成功地骑行转弯，需要记住的是在转弯时不要踩踏板，记得把踏板放在最高处，这样踏板就不会剐蹭地面了。

刹车

制动杆通常在车把上，包括一个前制动器和一个后制动器。在标准的双制动自行车上有几种有效制动的技术，最常用的是“75–25”技巧，即大约75%的停车来自于前制动器和25%的停车来自于后制动器。然而，有一些技巧，如在光滑的或不平坦的道路上，抑或长而陡峭的下坡路上骑时，需要更多的后制动力。最好的方式是在自己的自行车上做几次测试，以适应刹车所需的手力和时间，然后再进行正式的骑行，尤其是当你准备在车流中骑行时。

注意事项

- 不要在草地或沙地上用力地踩踏板。相反，如果很难踩踏，应换一个更低的挡位。
- 不要等到地形或坡度变化时才换挡，一定要预判并提前换挡。
- 转弯时，不要让踏板下降到最底部，避免剐到地面。
- 努力骑行时，不要驼背或让胸部塌陷。相反，应挺起并舒展胸部来充分呼吸。
- 别忘了喝水。不过，在骑车上、下坡时，最好不要尝试从车篮里拿水，以免失去平衡。

从骑行中得到最大收获

为了从骑行中得到最大的收获，最重要的是确定什么对自己最有吸引力，何种地形、多长时间、何种速度与坡度等对自己来说是最可行的。下面是一系列可供参考的建议，也可以帮助你在骑行运动间隔中进行锻炼，为接下来骑行时关键肌肉的使用做好准备。

规划路线

与散步和跑步一样，提前选择最想骑行的地方以及哪条路线最适合自己的时间和健身需求很重要。在路上骑行对速度和心情都有好处，会给人一种满足感。沿自行车道骑行是一种很好的放松方式，而山地骑行往往更多的是一种冒险的感觉。

要安全地在拥挤的建筑区骑车，你需要非常有能力和自信心。你需要调低挡缓慢地骑行一段时间，并牢记安全第一。你还需要格外警惕其他行路者在做什么，以及这会对你的骑行产生怎样的影响。此外，平衡和控制是关键，这样你就可以在必要的时候转过身去看一下，而不会摇晃或偏离航向。当你想转入一条小街时，举起你的手臂来示意路人。

如果你觉得那样太难，你更喜欢寻找定制的循环路线，而且很幸运地在你居住的区域内有这样的路线的话，那么你可以充分享受骑行的乐趣。

山地骑行可带给你完全不同的挑战，如崎岖的土路、砾石、树根、突然变陡的山坡。在你转向一个不同的地形或坡度之前，一定要改变速度，小心不要在拐角处转向太快。

在赛道上有目的地骑行是另一种体验，也是练习快速骑行的好地方。转弯时以最快的速度在低速挡行进，冲刺时臀部离开车座并以最快的速度踩踏板。这种类型的骑行方式可以自娱自乐，也可以帮助增强力量和耐力。

单车训练课程

还有一种骑行方式是加入社团或室内单车课程。在这些课程中，老师将通过敦促你加快踩踏板，调整阻力，以及让你从车座上站起来锻炼的方式指导你加强练习。课程很有激励性，通常伴随着大量的音乐，有时还使用“迪斯科”灯和投影设备，以刺激你的感官，让肾上腺素加速流动。骑行是极好的高强度运动，会让你出汗，心跳加速，并消耗体内大量热量。

天使之翼

这项运动可同时强健上身和下身，以帮助你在骑行时姿态稳定并增强你踩踏板的力量。此外，它还可增加脊柱的灵活性，这对于上坡骑行而言是极为关键的。

1 平躺，将手臂放在你头顶上方的地板上。吸气，让气体充满肺部和腹部。呼气，放松所有的肌肉。像这样呼吸几次。吸气时所有的肌肉都放松；呼气时，向远处延展手指和脚趾，使自己的身体有一种拉伸感。

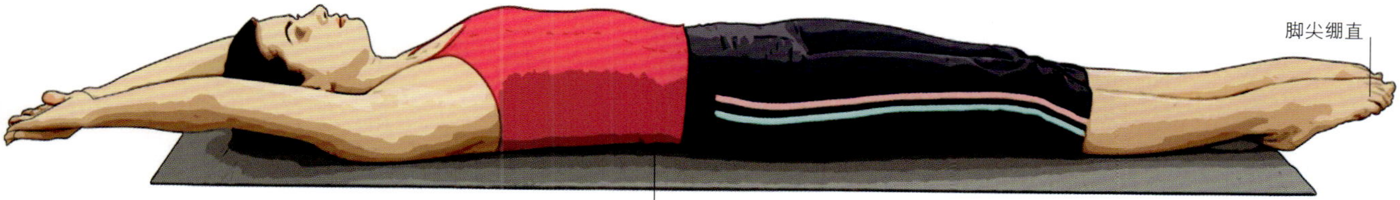

2 吸气，把手臂从头顶移至身体两侧，形成天使之翼的形状。同时，抬起腿，弯曲膝盖呈直角。呼气，头和肩膀离开地板，目光放在膝盖之间，手臂稍微抬离地板。

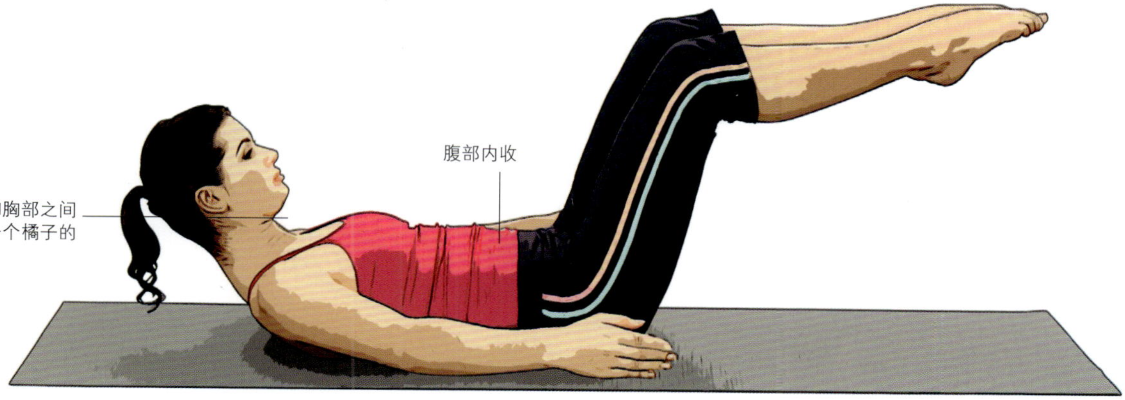

3 吸气，把脚拉回臀部。呼气，手向前伸，抓住脚跟，把身体蜷缩成尽可能小的球状。屏住呼吸。然后展开身体，吸气，把腿和手臂再伸长放到地板上。重复所有步骤8次。最后一次重复时，先将身体更紧地蜷缩在一起，然后再在地板上展开身体。

游泳

游泳是一种非常轻松且无负重的燃烧脂肪的方法，它适合各个年龄段和各种身材的人。如果想要更健康、更瘦、更好的体形的话，游泳是非常不错的选择。下面将指导你如何从游泳中得到最大的收获，无论你是进行一次温和的20分钟蛙泳和仰泳锻炼，还是剧烈的1小时的蝶泳，它都会：

- 在避免骨骼或关节损伤的条件下增强有氧适能
- 帮助减肥，消耗大量热量
- 最大限度地锻炼身体的灵活性和柔韧性
- 水温和的阻力可使整个身体更加强健
- 增强核心力量
- 有助于有节奏地深呼吸
- 在身体和头脑中创造一种流动和轻盈的感觉
- 有利于放松

游泳的基础知识

游泳是一项很棒的运动，它的好处在于：使人放松，同时也能强健心血管，增强柔韧性及核心力量。此外，还可以重新平衡神经系统且不给骨骼和关节带来不必要的压力。如同其他形式的锻炼一样，你可以采取最适合自己的强度来进行。如果你不时地适当改变泳姿，那么你几乎可以锻炼你身体中的每一块肌肉。

入门

游泳对于装备的要求很低，但确实需要一个游泳的地方。当开始接触游泳时，泳池是最好的选择，因为泳池的条件相对有保证。而当你变得更加自信时，你可能会想要探索开放水域，但请时刻牢记安全第一。

选择合适的服饰

选择你喜欢且适合自己的泳衣。合适的泳衣会让你胸部得到足够的支撑以使你在游泳时感到舒适和自信。因此，你需要在种类繁多的泳衣中选出适合自己的一款。这里有一些关于款式的指导：

- 高颈——如果胸部较平的话
- V领——如果你对胸部有自信，并且想引起注意的话。
- 肩带——能给人宽肩窄腰的印象。
- 跨栏背心——有利于肩部和手臂尽情活动。
- 裹身式的泳衣——突出苗条的腰部。
- 泳装中段带有褶子——很好地隐藏腰腹部多余的脂肪。
- 裁剪线较高的泳装——适合拥有健美双腿或想要长腿效果的人。
- 裁剪线较低的泳装（更像短裤）——可增加腿部覆盖范围。
- 半身泳装——特别好的是，你可以根据需要购买不同的上身和下身的泳装再搭配。以防万一，选择坦基尼背心上衣（而非比基尼上衣）和紧身短裤（而非普通短裤）作为装扮。

游泳时把头浸入水中意味着你需要学会有效呼吸

任选装备

护目镜：戴护目镜可以防止泳池中化学物质对眼睛的刺激。测试护目镜是否合适时，不仅要看皮带的松紧是否合适，还应试戴一下。护目镜的吸力应该适当，不要太紧。如果你戴眼镜，可以买非处方护目镜或处方护目镜。

泳帽：戴泳帽可以让头发远离眼睛，使你更接近流线型，因此游起来会稍微快一点。乳胶和硅胶是最常

任选装备

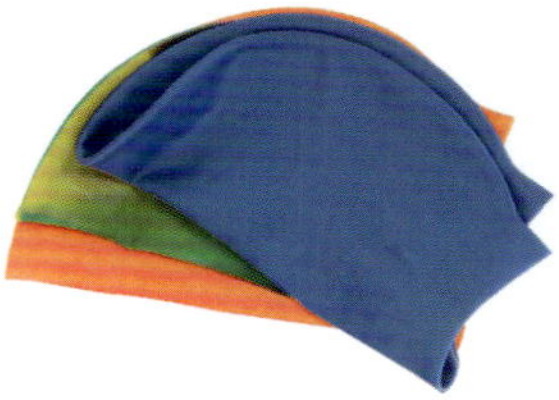

泳帽

泳镜

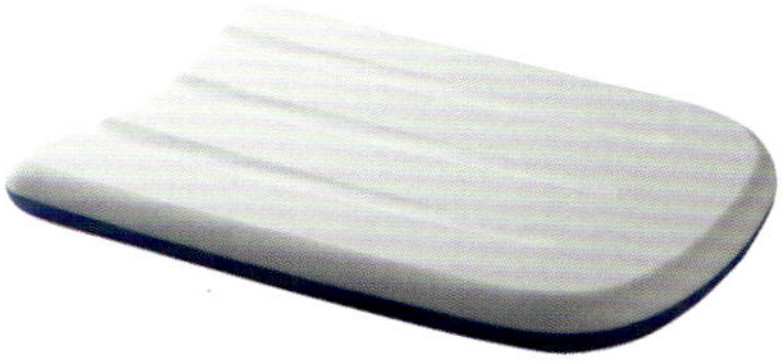

踢水板

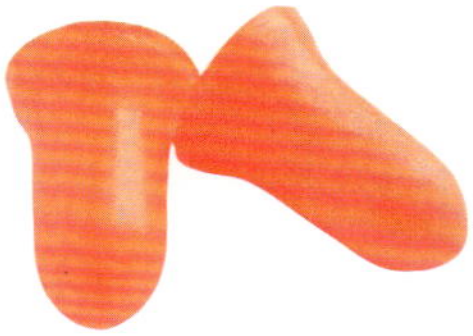

耳塞

鼻夹

夹腿板

见的泳帽材质。如果你有一头长发，你可能会更喜欢莱卡帽，尽管你的头发会变湿。

耳塞：可以防止耳朵进水或感染，这是经常游泳的人很容易发生的事情。

鼻夹：如果你觉得很难阻止水进入鼻子，可以试试使用鼻夹。

游泳器材：夹腿板和踢水板对于游泳前的热身很有作用。在大腿之间有一个夹腿板可以帮助你集中注意力在上半身，而抓着踢水板可以帮助双腿运动。握在手中的桨可以增加阻力并增强手臂的力量，同时也让你避免仅靠双臂划动。

计时器：圈数计时器是用来计时的好工具，可以计算速度和游过的距离。

音乐播放器：将防水播放器夹在你的护目镜带或肩带下面是一个很棒的方式，有时它可以消除游泳带来的无聊。

高效呼吸

呼吸是我们日常生活中很少主动意识到的事情，但是一旦浸入水中去游泳的话，我们就需要对有效呼吸有很强的认识。

对于大多数刚接触游泳的人来说，最大的恐惧是他们在水下时会吸气而导致水进入鼻子。克服这种恐惧的方法是在家里把脸浸在一盆水里使自己适应。一开始，你可能只能把脸浸在里面然后直接出来，但慢慢地当你能在水里呼气、抬起头吸气的时候，你就可以把脸保持在水里更长的时间。

一旦你可以浸在水里达到一定时间，那么就在水池里试试。第一次游泳时，根据吸气的需要来决定什么时候从水里出来，进而确定划水的速度和节奏。然而，学习好呼吸技巧的最好的方法是将每一次划水都当作一次锻炼机会。

如何游好

正式锻炼时，泳姿的多样化可帮助你保持兴趣和动力，也可最大限度地强健肌肉，并使你通过改变锻炼强度而改善自己的协调性。不同泳姿需要不同的技巧和知识。下面为你介绍。

蛙泳

手臂和双腿的对称是蛙泳的关键。双腿摆在身后同时绷直脚尖，然后以臀部为中心双腿画半圆并准备再把它们向后伸。同时，手臂在水下伸直，然后将双手分别在两侧肩膀前面画一个半圆，并准备再次向前伸展。

- 完成一个完整的循环时，从水里抬起头吸气。
- 肩膀和臀部保持平直。

自由泳

在自由泳中，强有力的交替的手臂运动是推动身体向前的主要力量。肘部弯曲时，将一只手臂伸过头顶，手伸进头部前面的水里，水花溅得越少越好。手尽量向前伸展，然后把它推到大腿部位。接下来用同样的方式抬起你的另一只手臂，重新开始该动作。与此同时，上下踢腿。

- 想象一下，从一个狭窄的通道游过去，不会接触到两边的物体。
- 头部灵活转动，一侧贴在水面上，交替在两侧水面进行呼吸。

蛙泳 伸展向前时，蛙泳会锻炼胸肌和肱三头肌，向后时，会锻炼背部和肱二头肌；肩膀始终都在运动。此外，你的腹肌努力使你保持水平，同时你的腿部肌肉也得到了有效的锻炼。

自由泳 对你的腹肌和臀肌都很好，因为二者必须非常努力地运动才能让你保持水平，并以直线、流线型的方式运动。此外，因为需要不断扭动着去呼吸，因此也有益于腰部。

注意事项

- 不要害怕把头放在水下。
- 腿部不要放松，否则身体会开始下沉。
- 不要让背部下垂，否则有损脊柱的形态。
- 不要让头完全从水里抬起，否则臀部会下降，会破坏整体形态。
- 踢腿之时切勿绷直。
- 不要让呼吸打断腿和手臂的动作，而是随着呼吸的节奏移动。
- 在海里游泳时要避免白浪，这会浪费你的精力，而且可能会很危险。

仰泳

仰泳要求身体尽可能地仰卧在水面上。开始时挥动一只手臂直至肩膀上方，另一只手臂靠在身体一侧。然后在水下稍微弯曲前者肘部，将手臂朝向脚尖方向伸直。接下来把它从水里拉出来回到原来的位置，然后重复该动作。左臂应该在右臂入水的同时从水里出来。当你移动手臂的时候，记得腿。

- 保持胸部和骨盆抬起，同时腹肌在水中保持水平。
- 交替踢腿的时候，两条腿要保持靠拢。

蝶泳

像“美人鱼尾巴”运动那样两条腿一起踢水，同时手臂在水中画大幅度的圆。开始时双臂伸直，稍微位于大腿后面，然后向后画圆，向上出水，然后在肩膀前面入水，回到起点位置。除了下巴向前推使嘴巴从水里出来吸气时，其他时候头部一直保持在水里。在蝶泳中，手臂紧贴大腿时是最好的状态。

- 双手入水时，向下踢腿；双手出水时向上踢腿。
- 当手臂越过水面时，把头低下。

仰泳 使你全身伸展，当手臂在你身后时对你的上半身很好，你的肩膀、手臂、胸部和背部都能得到锻炼。腿部的摆动可以拉伸髋屈肌，对于燃烧热量有很大的帮助。

蝶泳 对大多数人来说，蝶泳是最具挑战性的游泳项目，也是真正考验耐力和燃烧热量的运动。当你每次从水里出来时，胸部、肩膀和手臂上的所有肌肉都在发挥作用，同时它对脊柱的柔韧性也很有益。

从游泳中得到最大收获

为了从游泳中得到最大的收获，你需要考虑所有的泳姿。当然，你可以在游泳池里做一些简单的动作，不过是否有去开放水域尝试一下的机会呢？想要改善划水动作，还是要多尝试。做一些专项游泳练习也很有好处（p.89）。

去哪里游泳？

全国有成千上万的室内和室外游泳池。游泳池的水是静止的且条件相对有保证，这可能使人感到更加舒适。泳池也很容易使你保持在一条直线上游泳，并通过计算距离来量化你的进步。大部分游泳池是“短程”（25米）的，但也有一些是奥运规格（50米）的。公共泳池的缺点在于氯的含量，如果你不使用除氯洗发水又经常在这种泳池里游泳的话，头发会非常干燥。这些化学物质是消毒水的必备物，因此在泳池游泳可以戴上泳帽以减轻损害。

从全国各地举办的游泳活动及赛事来看，开放水域游泳越来越受欢迎。然而开放水域需要考虑的问题有很多，如温度和水的波动程度等，当然最为重要的还是安全系数。如果水温低于14℃，穿上潜水服可以让游泳更舒服。为了确保安全，最好在有人游泳的地方游泳。要留意海滩上救生圈的位置。千万不要在没有通知任何人的情况下一个人在海里游泳。在波涛汹涌的水中游泳和在游泳池里游泳是很不一样的,所以你需要采取一些不同的技术。最值得留意的一点是，你可以把头抬高一点，这样你就可以看到你要去的地方。

在游泳池里游泳时，如果周围没有太多的人，很容易使用想要的泳姿。所以如果可能的话，可以选择人少而安静的时间安排游泳。

混合锻炼

为了从游泳中得到最好的锻炼，不仅需要改变游泳动作，还需要改变速度。

人们通常在游泳池里计算着距离游来游去，在耐力锻炼中增加冲刺可使身体更健康，而且会有更多的收获。一味地增加游泳距离，很容易疲劳，而且容易带来不良习惯。因此，每周至少进行1~2次较短暂的游泳锻炼。另外，尝试在速度和技术上下功夫，可以保持新鲜感和动力。尝试4~10组10~20秒的游泳冲刺，组间休息40~60秒。该项练习能增强身体的力量，并且会像其他任何间歇性锻炼一样提高你的健康水平。

全身锻炼

这种动力性运动可强健腹肌和背部肌肉，有助于在水中保持漂浮状态。手臂和腿的训练可提高在水中的前进能力。

俯卧（趴在垫子上），手臂在头部两侧稍微弯曲，双腿在身后伸直并分开，距离略微比臀宽。吸气准备。呼气，头部、肩膀、手臂和腿离开地板。保持躯干静止，同时快速交替踢腿并交替着上、下活动手臂，就像在游泳池里拍水一样。做30次，同时保持有节奏的呼吸。最后放松。

扭身蹬车

这项练习的目标是锻炼背部、腹部、腰部和臀部肌肉，这有助于在踢脚和伸臂的自由泳中锻炼身体的旋转力。

身体向上平躺，膝盖弯曲，腿离开地板。吸气，头部抬起、肩膀离开地板。呼气，把单膝伸向胸部，对侧的肩、肘朝向该膝扭转，另一条腿在地板上方伸展。吸气，回到中间，另一侧重复该动作。每侧重复4~8次，共8~16次。

仰卧持重摆臂

这项练习通过强健肩膀、手臂、背部和胸部肌肉，提高推进能力，对蛙泳和蝶泳有帮助。

1 仰卧，膝盖弯曲90°，双肱自然分开平放于地面，脸部朝向正上方；吸气，把手臂伸到头顶上，每只手都握有一定重量 手掌朝内。

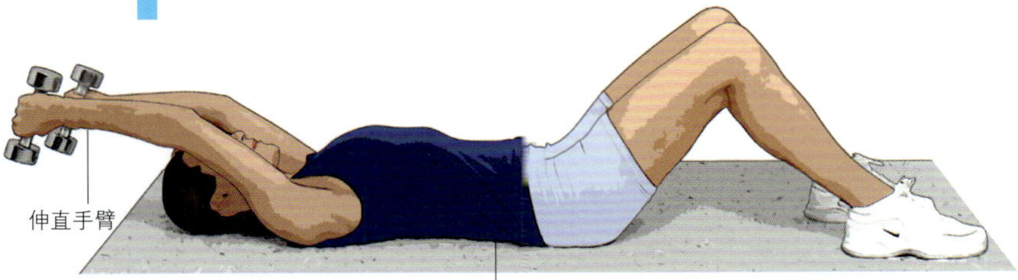

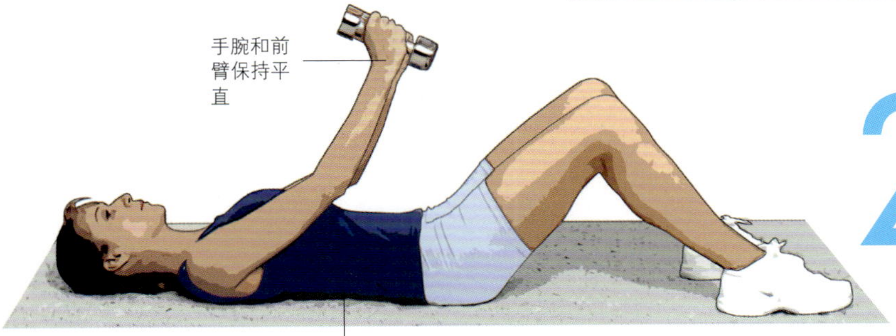

2 呼气，举起手臂，越过胸部，直到腰部以上，双臂仍然保持同肩宽。坚持5秒，然后吸气。接着慢慢地降低手臂，回到头顶前方。保持运动平稳和流畅。重复10次。

健美操和舞蹈

健美操和舞蹈不仅是很好的锻炼方式，还有一定的观赏性。它的美妙之处在于当你专注于其中时感觉不到是在锻炼。心理学家已经证明，锻炼时的音乐有助于分散有氧运动时对体力付出的关注，从而更有效地发挥锻炼的作用。下面将告诉你如何从健美操和舞蹈中获得最佳收益：

- 有利于心血管健康
- 燃烧多余的脂肪
- 整体塑形
- 拉伸和强健肌肉，增强柔韧性和耐力
- 提升脊柱、臀部和其他关节的柔韧性
- 改善姿势
- 提高协调性和节奏感
- 增强体能，改善整体感觉

健美操和舞蹈的基础知识

如果听音乐能使你更有节奏感，那么健美操和舞蹈可能是适合你保持好身材的方法。身体跟着音乐运动会刺激心脏跳动并可使全身的肌肉运转起来。就舞蹈而言，动作不需要太难，这意味着你既可以在家也可以在专项课堂中进行锻炼。

入门

根据你最喜欢的音乐和运动类型，以及你想要的锻炼效果选择健美操或舞蹈类型。无论你选择哪种风格，只要认真锻炼，健身效果都会很棒。对许多人来说，健美操或舞蹈的美妙之处在于当你专注于其中时，你通常不会意识到锻炼的辛苦。

选择合适的服饰

和所有的有氧运动一样，最好穿透气舒适的衣服，这样身体就可以在舒适的温度下自由而轻松地运动。有弹性又合身的衣服对于基础舞蹈课程特别有用，这样身体姿势就可以清晰地呈现在镜子里。

健美操或舞蹈的类型不同衣服款式的要求也会有所不同——每种类型都有它自己的风格和要求。对鞋的要求也不同：健美操，无论是常规操还是有氧踏板操，最好穿室内鞋或多功能训练鞋，它们能给脚踝提供良好的支撑。而对于许多舞蹈，如芭蕾舞、爵士舞、踢踏舞、拉丁舞等，专业鞋是必要的。芭蕾舞或爵士舞初学者可以选择赤脚学习；拉丁舞初学者可以选择皮革底的鞋，这种鞋在做动作时一直很贴脚而且很舒适。虽然运动文胸对于做健美操而言是很有必要的，但对许多其他形式的舞蹈来讲，普通文胸可能更适合，当然，还要考虑这些运动的强度。

风格各异

健美操和舞蹈可供选择的类型是多种多样的。通常休闲中心或健身房都有相关课程。

- 标准健美操：一种精心设计的有氧运动，其目的是在一次训练中利用低冲击力和高冲击力的运动

在每一个舞蹈动作中，正确的姿势是很重要的。在课堂上，老师会帮助你摆出正确的姿势，但在家里，你必须学会自我矫正与引导。

对身体的力量和柔韧性等进行整体锻炼。

- 有氧踏板操：一种在一定高度的平台进行上下移动的有氧运动，这种运动下半身的锻炼强度较大，同时也可锻炼心脏。
- 水上健美操：一种更温和的有氧运动形式，在游泳池里进行，水可提供阻力。
- 大多数这样的课程及衍生课程，如舞蹈健美操等，都倾向于以4、8、16或32组的方式进行编排，以与音乐节奏保持一致。最近有一种特别流行的舞蹈健美操——尊巴（Zumba），属于令人振奋的拉丁风格。它使用四种基本的拉丁节奏——梅伦格、萨尔萨、昆比亚和雷吉盾作为基础。尊巴充满了能量和乐趣，并已在过去几年的健身行业掀起了热潮。

当然，除了这些健身舞蹈之外，还有许多其他形式的纯舞蹈可供选择，如芭蕾舞、交际舞（华尔兹、探戈、快步、狐步舞等）、印度健身舞、迪斯科、弗拉明戈舞、爵士舞、拉丁舞（恰恰、牛仔舞、伦巴、萨尔萨舞等）、钢管舞、摇摆舞、踢踏舞等。

现在，很多健身中心和俱乐部都提供这些舞蹈课程。练习舞蹈既可塑形和健身，也是学习了一项新技能。此外，在此过程中你也可能会遇到新的志同道合的朋友。总之，无论是音乐、运动风格还是健身效果，总有令你满意的地方。

街舞比其他许多形式的舞蹈有着更多的受众，因为它最初就在俱乐部和街道上的年轻人中流行。

爵士舞涉及许多花哨的东西。

萨尔萨舞是起源于古巴的舞蹈，它包含柔软、性感的臀部运动，许多拉丁舞也是如此。

如何做好动作

不同的健美操和舞蹈需要不同的技巧，这正是它们彼此存在差别的原因。不过，也存在一些适用于几乎所有风格的基本原则，如基本步法、把握音乐节奏、正确的姿势、良好的呼吸和运动的流畅感等。

学习关键动作

虽然专业舞者的动作流畅得看起来几乎没有主次动作可寻，但每一种风格的舞蹈都有自己的一套关键动作作为基础。例如，芭蕾舞有屈膝（向后伸腿下蹲），旋转（单腿旋转）；健美操有并步、提膝和脚跟点地；恰恰舞有举起一只手臂向前移动的动作；古巴碎步舞是一只脚反复后移，臀部扭动并后退。

当你越来越熟悉所学舞蹈的各种关键动作时，无论是在课堂上，还是在书本、DVD或互联网上学习的，你都会逐渐更容易、更流畅地跳出来。如果愿意的话，还可以在家学习最喜欢的动作。

值得一提的是，一些教师设计的舞蹈动作可以与任何音乐配合，只要音乐的节奏适当。然而，也有一些教师编排的舞蹈动作只适用于特定音乐，这样每首乐曲都有固定搭配动作组合。有的动作甚至可以和独唱或合唱的歌词意境相配合。这两种情况中，前者对于舞蹈的编排要求比较低，教师可以按自己喜欢的顺序，根据喜欢的音乐进行编排；后者很有趣，可以利用音乐节奏中的一些变化作为某些舞蹈动作的触发点。最开始，音乐作为记忆的触发点，在一定程度上很难记住什么动作应在什么时候做。但是，经过定期的练习，它很快就会变成第二天性，任何好的编舞都应该使一个动作到另一个动作可以很自然地切换。只有当你真正对日常训练中的所有动作感到舒服的时候，你才能拥有一种能量和动力感，同时最大限度地获得满足和锻炼效果。在有舞伴的舞蹈中，一般由男性来引导女性。但是，只有当女性很熟悉男性的指令或引导足够有效时，女性才可能成功配合。

数拍子

健美操和舞蹈的呈现效果与音乐是密不可分的。因此，了解音乐的节奏是非常重要的。大多数健美操锻炼的基础是8拍的音乐，你可以试着听几首最喜欢的曲调，看看你是否能听出这些音乐节拍。健美操老师在设计舞步时倾向于包括4、8、16或32的节拍。

不同形式的舞蹈搭配不同类型

即使没有人在看，也要把你做的每一个舞步当作一种表演。这意味着以最好的方式展示自己美妙的姿态。

让整个身体参与你的每一个动作，从你的脚趾和手指的尖端到你的头顶，这样每个动作看起来都是有型且有针对性的。

的音乐节奏。因此，对于每个人而言，你都需要在一开始就建立起节奏感。例如，华尔兹以3（1–2–3）的节拍移动，而恰恰舞既遵循节拍又能在节拍之间调整舞步，因此被称为“无拍”。如果你掌握了节奏，在跳舞之前，练习数拍子是很有用的。

一旦你在动作与节奏间如鱼得水了，接下来重要的就是预测每一个动作的节拍以便及时契合。这在一开始会有些难度，但当你对节奏和舞蹈风格的关键动作更加熟悉时，就会很容易了。

良好的姿势和呼吸

无论何种形式的健美操和舞蹈，良好的姿势总是必不可少的。在舞蹈课程中，良好的姿势可改善身体的平衡感和控制感，使你看起来更自信和优雅。因此，无论什么样的动作，都要保持颈部的伸展并打开胸部，除非另有说明。同时，要努力确保身体两侧的平衡，并尽可能地深呼吸和均匀呼吸，因为和谐的呼吸可使动作更轻松，更有流动感和观赏性。

为了使任何形式的健美操或舞蹈动作看起来流畅、轻松和优雅，同时也带给你最好的锻炼，谨记即使动作主要是针对身体的特定区域，也要在每一次运动中注意身体的整体协调性。此外，你的核心肌肉在任何时候都要参与运动。动作应该使你看起来放松但不是松懈。

注意事项

- 如果在规定的动作上有困难，不要不知所措。先做好下肢动作，然后再加上手臂和手的动作。
- 不要拱起背部使腹部塌陷。
- 不要并拢膝盖，因为这会导致过度伸展，对关节也会造成伤害。
- 不要让膝盖弯曲超过脚趾，否则会给膝盖带来不必要的压力。
- 跳跃动作时不要落地太重，试着用脚趾着陆，然后整只脚慢慢落地。
- 别忘了呼吸——在忙于练习正确的动作和顺序时，很容易忘记保持均匀的呼吸。所以要注意尽量保持流畅的深呼吸。

从健美操和舞蹈中得到最大收获

要想从健美操和舞蹈中得到最大收获，最重要的是要考虑哪些方式最适合自己的喜好和需求，是参加课程还是在家练习，选择舞伴还是独舞，舞蹈是简单些还是复杂些？在确定适合自己的舞蹈编排后，正确的练习将有助于提高臀部运动和旋转的能力。

选择跳舞的地方

想要参加课程时，可以询问朋友、留意传单或上网看看能找到哪些类型。无论是在当地的休闲中心、健身房、舞蹈工作室还是其他场所，选择适合自己时间的课程很重要。然后可以体验一下，看看他们是否可以带给你想要的东西。

参加课程的好处是，舞蹈老师可以连续给你面对面的指导，这意味着你可以看到面前真实的动作展示。因此，你可以更容易地体验，并有更多机会和专业人士交流。此外，当周围的人都在做同样的事情时，你也会更有动力和活力，并会更努力。

不过，如果你更喜欢在家里跳健美操或跳舞，你可以练习本书中的基础动作，以及任何你喜欢的APP或互联网上的健美操练习。你也可以先通过参加课程从基础阶段开始练习，然后自己在家里进行补充练习。

改变强度

不同的课程会针对不同的强度水平，当然这需要你在自己的水平范围内进行练习，避免改变强度给自己造成身体的不适或痛苦。增加强度的主要方法是增加运动范围（如更深的弯曲和更长的拉伸）、增加着重锻炼的身体部位的动作（如增加手臂和腿的运动）、提高速度（如每分钟120~140拍的音乐是温和的，而每分钟160拍的音乐难度较大）等。当然，如果要降低强度，你可以在需要的时候做相反的事情。

在腿部运动时增加手臂运动可增加锻炼的强度。

萨尔萨摆动

这种萨尔萨动作的臀部移动幅度很大，因此通过这项练习可以学会将下身与上身分开运动。它也会强健你的臀部和大腿。

1 双脚自然分开，与髋同宽。右脚向前迈一小步，左脚跟从地板上抬起。两条腿保持轻微弯曲，臀部向右摆动。

2 右脚拉回向后走，保持支撑腿弯曲，让右髋关节回到中间位置，然后再向右侧摆动。右腿重复这两个步骤8次，左腿同样重复8次。

扭动与旋转

这是个全身都参与移动的动作，对大幅度的舞蹈动作有帮助。它也能给腰部一个很好的锻炼。

1 双脚稍稍分开，把手臂举到肩膀高度同时保持弯曲。双臂基本保持水平，同时手掌朝下放在胸前。此时，转动脚和膝盖，臀部向左边扭动，使自己的上半身向右旋转。把右臂伸向一边，大约与肩同高。

2 现在旋转或跳跃，把下身向右扭动。同时，把上身向左扭动，右臂弯曲放在胸前，左臂伸直，然后把头转向左边。旋转或跳回至步骤1的位置，然后进行步骤2。重复8次。

塑形

3

塑形基础知识

简单地说，“塑形”就是为了让身形更好而进行锻炼——就像雕刻家在他的原材料上凿刻，直到其成为一件杰出的作品。所以想要知道如何成为健身塑形达人，那么就请阅读本章。

塑形的益处

不可否认，塑形练习对锻炼特定的身体部位来说很有效果，加上之前相关的动态练习，可以让身材更好。但是，塑形练习绝不只是改变身体外观，它还可以：

- 增强肌肉，让你更健康。
- 有益身心健康，提升耐力和恒心。
- 提高灵活性和柔韧性。
- 加速新陈代谢，强健肌肉意味着更多热量的燃烧，因此可以控制体重。
- 增强体能。
- 增加自信。

虽然你开始塑形计划的目的只是改善身材，但所有上述好处都将成为你坚持塑形练习的动力！每周应该至少做三次10~30分钟的塑形练习（中间可以有休息日），四周内即可见效。然而，塑形练习并不能替代健康饮食（p.48~51）或规律的有氧运动（p.52~97）。为达到最佳健身效果，这三者之间的平衡很必要。

选择塑形工具

正如优秀的雕塑家清楚怎样运用正确的工具去创作想象的雕像，你也必须理解这些练习以便得到想要的结果。

动态拉伸，如拉伸手臂的这种侧蹬，可以塑造体形，并可使你更强壮和苗条。

下面的内容将有助于你了解这一点。以下是因塑形效果明显而被选出的四种不同的运动方式——抗阻运动、拉伸运动、普拉提和瑜伽，具体的指导见下文。这些运动分别具有下面几点好处：

- 抗阻运动（p.102~153）：提升力量和耐力，并可使骨骼肌变得更瘦，从而达到塑形的效果。其中有些练习可能需要器械，如哑铃或健身球，用来提供阻力并增加难度。
- 拉伸运动（p.154~193）：可以拉长肌肉、增强灵活性，这不仅可以提高身体灵活性，强身健体，还可以减少在其他形式的锻炼中受伤的概率。
- 普拉提（p.194~219）：可以增强力量和灵活性，尤其适用于增强核心力量（主要是腹肌），其目的是改善身体姿势和运动能力。
- 瑜伽（p.220~247）：不仅可以强壮身体，增加柔韧性，还能改善精神状态。它也会提升某些身体机能，如稳定性、轻盈度、注意力和平衡力。

使用哑铃进行抗阻练习可以使肌肉更强壮、更健美，特别适合针对身体的特定部位锻炼。

在休闲时间阅读一下本书的相关内容，以便在塑形锻炼和速效锻炼（p.270~327）中感觉舒适并且明白这些锻炼的原理。对于每种类型的练习，首先要学习原则和技巧，然后才是依据书中提供的详细步骤进行练习。这些练习根据目标部位和肌肉群，由上到下进行锻炼。

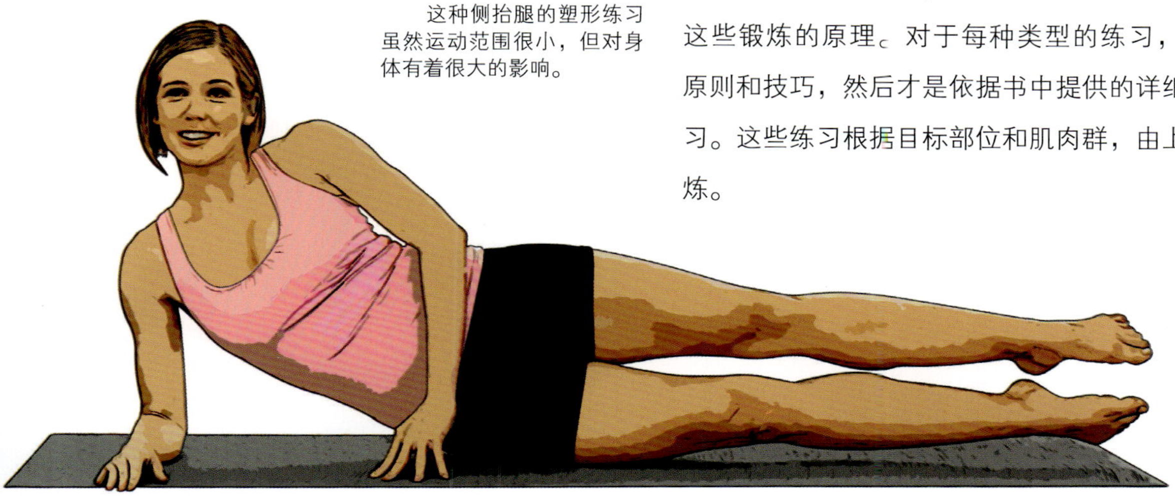

这种侧抬腿的塑形练习虽然运动范围很小，但对身体有着很大的影响。

抗阻运动

抗阻运动是让肌肉抵抗外力的运动——这种外力可以是自己的体重，也可以是健身器械，如哑铃或健身球。以这种方式锻炼将重新塑造肌肉轮廓，增加力量，并让身材全面地变好。别担心——这会让你更强壮而不是长胖，继续阅读你将会学到各种易于实现的练习，这些练习将：

- 强健、塑造身体，让你看起来很好，你自己也感觉很好
- 增强自信和自尊
- 增加日常活动的力量和耐力
- 提高新陈代谢率，控制体重
- 提高平衡和协调能力
- 通过保持最佳肌肉力量以减缓衰老
- 强化骨骼以减少晚年骨质疏松症的概率
- 减少运动时肌肉损伤的风险

进行抗阻运动的原因和方法

抗阻运动称力量训练——无论是自己的体重、哑铃、健身球、阻力带还是其他健身器械，在塑形时都是秘密武器。经常进行抗阻运动，会让你更强壮、更健康，同时也可让你拥有更健美的身体。

抗阻运动的原理

用某种形式的阻力锻炼肌肉，使其达到最大容量，在此过程中你的肌纤维细胞会产生无害的微小的“眼泪”——这是一个被称为“分解代谢”的过程。令人惊讶的是，这种肌肉组织随后在48小时内可自行修复，这种再生长过程被称为“合成代谢”，合成代谢可使肌肉比以前更强壮。因此，经常进行抗阻运动（不超过隔日）可以获得很多好处。

增加力量和耐力

骨骼肌由两种不同类型的纤维组成：可以快速爆发力量的快肌纤维——决定一次动作可以承受的力量；延长耐力的慢肌纤维——决定肌肉可承受的运动时间。

由于抗阻运动有助于这两种类型肌纤维的分解和重塑，因此有效的抗阻锻炼可增加力量和耐力，增强进行各种日常活动的能力，如举起重物、搬运杂货、割草、和孩子玩耍。

30岁以后抗阻运动变得更加重要，因为此时人体的肌肉量已经开始下降。

增强肌肉张力

变得更强壮并不意味着变得体形硕大。通过适度的抗阻运动来锻炼肌肉，形成所谓的“瘦”肌肉块——更坚实、更有力的肌肉组织。

只有通过健康的饮食和适量的有氧运动来消耗体内多余的脂肪后，才能看到出现的腹肌线条，匀称的手臂和腿，所以应及时开始有氧运动和塑形锻炼以便第一时间练成梦寐以求的身材。

虽然这种小型弓步的姿势和肱二头肌弯曲本身就有锻炼效果，而使用哑铃增加阻力，可给身体带来更多挑战。

提高新陈代谢率

有效的抗阻运动已被证明在锻炼后及在锻炼过程中可以燃烧热量，因此可以帮助减轻体重。甚至在睡觉时热量也会燃烧。较瘦的身体比稍胖的身体在休息时燃烧更多的热量，原因是精瘦强健的肌肉中的肌纤维比松弛、运动少的肌肉中的肌纤维更加活跃。

增强骨骼强度

在增加肌肉质量的同时，抗阻运动还可以增强骨质，这对于支撑骨骼系统至关重要。随着年龄的增长，这一点尤为重要，因为骨量在30岁后开始自然下降，最终可导致骨出现问题，如骨质疏松症。

抗阻运动的重要提示

- 根据你特别想要锻炼和加强的身体区域来选择最适合你的练习。
- 目标是每周进行3次塑形锻炼（p.270~311）。无论选择哪种锻炼方式，都会包含后面几页中的练习。
- 在抗阻运动期间休息一天，给身体提供了自我修复所需的时间。在这些重要的休息时段，而不是在锻炼期间，肌肉会变得更强壮。
- 有控制地缓慢移动。这不仅可以防止受伤，而且还会使锻炼效果更明显。
- 根据自己的水平进行锻炼。切勿将自己逼到痛苦或不适的地步，也不要为了做更多的重复动作而不顾技巧或增加更多重量。
- 最大限度地挑战自己。当运用超负荷原则时，才会看到结果（p.17）。所以，如果你在一定数量或一定重量上开始感到轻松，那么请提高一个水平。
- 用呼吸来增强锻炼：呼气时尽最大努力做主要动作，吸气时做回复动作。
- 尊重身体不断变化的需求。有时你会感觉没有那么强壮，这很自然，所以当这种情况发生时不要气馁。只需调整你的锻炼水平，如减少锻炼时间或减少阻力。

注意：在随后的抗阻运动中，不会给出关于练习次数和组数的建议，只有关于如何正确地进行每项练习的指导。然后在塑形锻炼和速效锻炼（p.270~327）中对每种抗阻练习进行分级别的指导，按强度级别分为低强度、中等强度和高强度（p.251）。

用自己的体重作为阻力，可以在某些锻炼中增加足够的难度，如仰卧后撑（triceps dip）。

基础器械

了解如何使用主要的阻力器械，以便从随后章节的练习中获得最大收益，这一点非常重要。哑铃、健身球、阻力带或自己的体重都可以用作阻力，每种器械都有自己的注意事项。如果你有或曾经有骨骼或关节问题，请先咨询医生是否可以进行抗阻运动。

体重

俯卧撑、仰卧起坐、仰卧后撑和弓步都是使用体重作为阻力的练习。这类练习的优点是几乎可以在任何地方完成，并且根据需要能够改变阻力大小，只需通过改变身体位置或减小运动范围（取决于运动方式）就可实现。当你想要增加难度时，可以在许多练习中使用阻力器械。

拿起哑铃，弯曲膝盖并将后脚跟从地板上抬起，保持背部平直和腹肌收紧。

哑铃

哑铃是增加运动阻力非常有效的工具，但可能难度不是很大。你可以每只手使用一个哑铃，让身体识别和解决力量不平衡的问题。

从非常轻的重量开始锻炼，看看感受。当你可以轻松应对时，可以提升重量级别——即使只是在某些练习开始时：

很轻=0.5千克。

轻=1千克。

正常=2千克。

较重＞2千克。

要用哑铃安全地进行锻炼，在每只手中使用相同的重量以保持平衡很重要。保持手腕伸直，避免紧握双手，只要牢牢地抓住它们就可以。

如果使用哑铃时感觉到手腕拉紧，可以试试隐形负重绑手——一种带有内置重量的弹性腕带。

健身球

健身球也称为瑞士球或稳定球，这款辅助工具可使你在运动时真正地运用肌肉，以便在其不稳定的表面上安全平衡。因此，使用健身球会比在地板上或者使用固定的支撑物（如长椅）进行锻炼效果更好。使用原则：

- 选择合适的尺码——坐在健身球上，双脚平放在地板上，髋、膝呈直角。
- 充满气——坚硬，只有一点弹性。
- 只在平坦的地面上使用。
- 远离热源：如散热器、强烈的阳光。

当拿起健身球时，将膝盖弯曲成一个向前的弓步，后脚跟离地。

阻力带

阻力带的弹性在运动过程中提供了安全、持续的阻力。它可以用来增加平时练习中很难锻炼到的部位的阻力（如下图）。它还可以降低练习速度，增加主要动作及回到初始动作的阻力。你也可以将阻力带环绕在脚或手上，让你达到比平时更加极端的拉伸位置，从而更加有效地锻炼肌肉（p.158）。阻力带有不同的厚度和颜色：阻力带越厚，拉伸需要的力量越大。因此，最好从薄的带子开始，逐步过渡到较厚的带子。

调整手持阻力带末端部位的远近，可以调节紧张感，控制锻炼强度。

肩膀和上背部

日常活动，如在电脑前工作、开车或携带沉重的行李时，肩膀和上背部的肌肉常常需要承受相当大的压力，结果就是肩膀和上背部肌肉很容易变得僵硬，以及造成姿势不良。抗阻运动不仅可增加活动能力、改善体态，而且有助于塑造好看、强壮而精致的肩线，相信你一定会很开心。

肩部伸展

这项练习包括手臂的前移和后移，身体弯曲和手臂旋转。因此，是很好的上身锻炼方式。

1 双脚分开站立，双臂分别放在两侧，双手握住哑铃。将肚脐向脊椎方向内收，弯曲膝盖，向前弯曲身体至45°~90°，保持背部完全平直。然后肘部向上和向后移动，将哑铃举到胸部高度，掌心相对。吸气准备。

2 呼气，以缓慢柔和的动作向前伸展一只手臂，向后伸展一只手臂，转动手臂，使手臂完全伸展时，前掌掌心向下，后掌手心向上。保持几秒钟，然后吸气，把手臂收回。反向重复。完成后，慢慢站立。

锻炼的是哪个部位？

从头的后部到脊柱中部是巨大的斜方肌，它有助于支撑脊柱和所有的手臂动作。肩膀正面和背面的三角肌也能协助所有的手臂运动，在斜方肌下的菱形肌也有该功能，并将肩胛骨连接到脊柱。

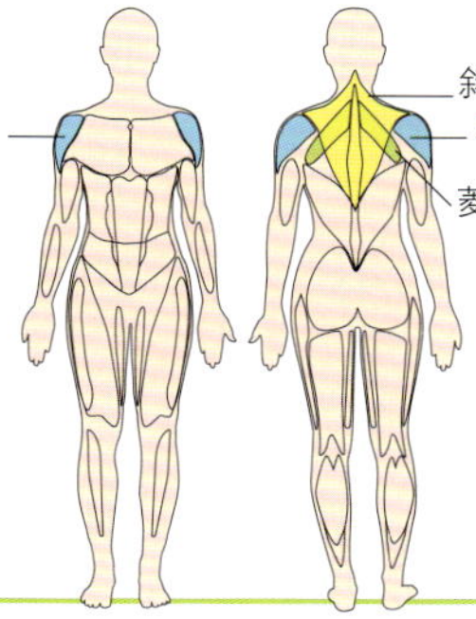

哑铃前平举

这是针对三角肌的前部肌束的锻炼。它可使肩膀强壮，上臂内部纤细匀称，为无袖衣的夏季做好准备。

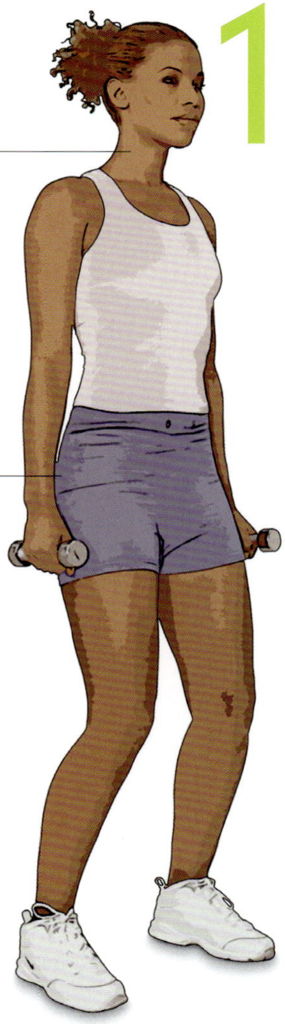

1 双脚分开站立，双臂分别放在身体两侧，双手分别握住哑铃。想象有一条线从头顶向上拉着你，注意你的姿势。将肚脐内收，腹肌收紧并稍微弯曲膝盖。吸气准备。

2 呼气，慢慢地抬起手臂，使其远离身体，直到与肩平齐。保持身体的其他部位不变，保持手臂平直但不过伸。坚持几秒，慢慢地将双手放回身体两侧。吸气再次准备。

侧卧外旋

这项练习通过锻炼三角肌和菱形肌来锻炼肩膀。此外，还可强健肩袖肌肉群，保护肩关节免受伤害。

1 把一只手臂弯曲在头下，垂直侧躺，位于上方的手握持哑铃。膝盖向前弯曲45° 。在腰上放一块折叠的毛巾，将肘放在毛巾上。弯曲前臂，直至与地面平行，掌心朝下，吸气准备。

2 呼气，慢慢将上面的手臂抬高90°，保持上臂在毛巾上，掌心向前。保持几秒，放下手臂时吸气。完成了一侧的练习之后转到另一侧并重复。

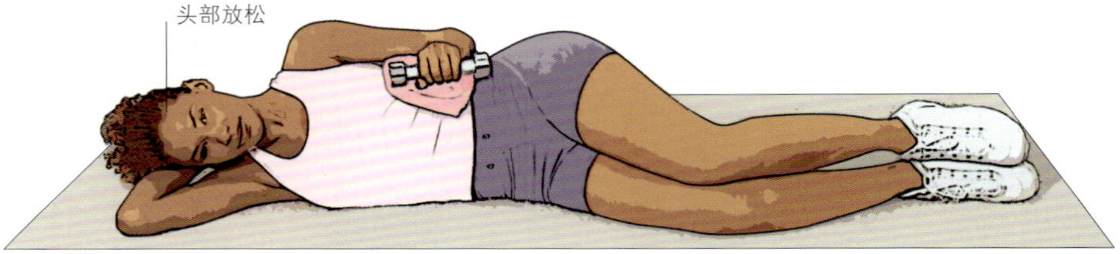

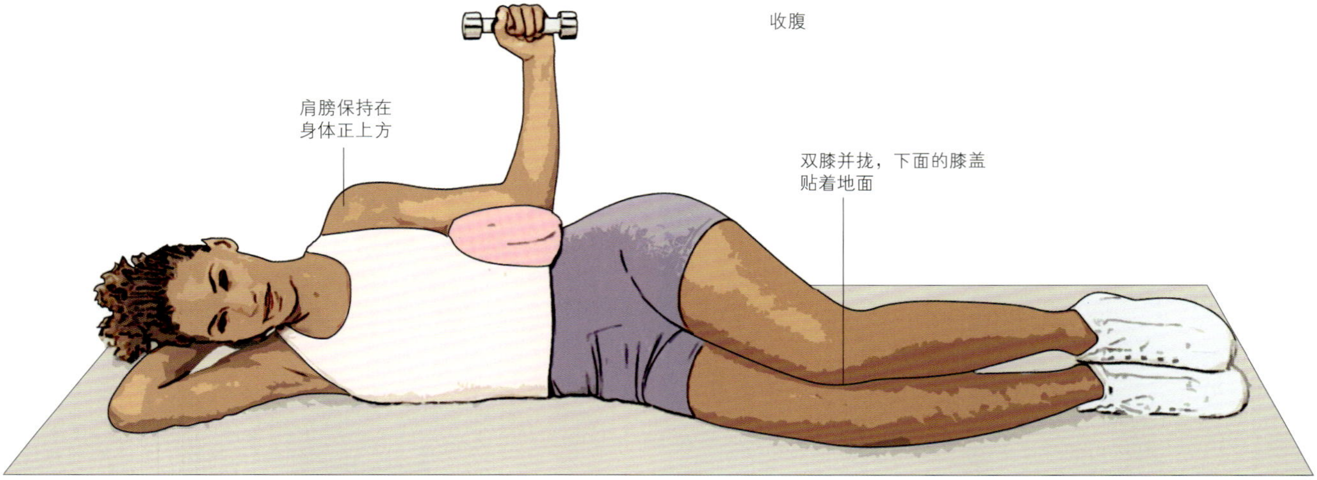

俯卧两头起

这是一项非常棒的全后背力量训练，它也附带为臀肌提供了很好的锻炼。这项练习对提高全身的耐力也很有用。

1 趴在垫子上，双脚分开与髋同宽，额头和脚背贴地，抬起双臂放在头前，双臂弯曲，掌心朝下，手指指向前方。感觉所有的肌肉都沉入地板。吸气准备。

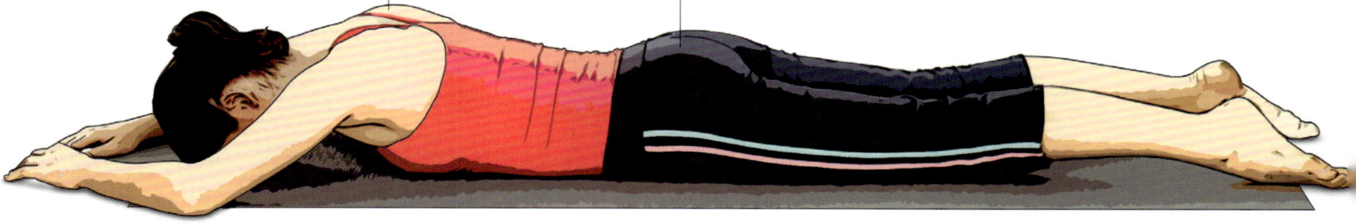

球上反飞

这项练习会加强菱形肌和经常被忽略的三角肌后部肌束，所以它不仅能调节你的肩膀，还能改善你的体态。

1 跪在地板上，健身球在身体正前方，上身向前弯曲贴在健身球上。将手臂垂直放在球的两侧，掌心向内，两只手都握住哑铃。从尾椎到头部底部成一条直线。吸气准备。

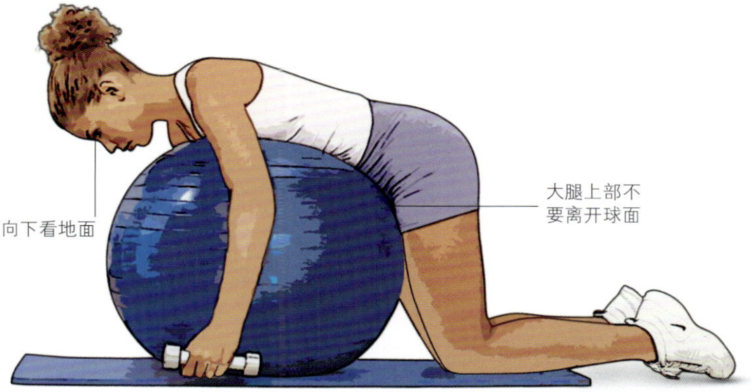

2 呼气，将哑铃向两侧提起，直到它们位于肩膀的高度。保持手臂稍微弯曲并抬高头部和胸部（离开球面）。保持几秒，放下双臂时吸气，重复所需次数。然后离开球并慢慢回复到站立状态。

---

2 呼气，缓慢抬起头、肩、臂、胸、小腿和大腿。双腿拉伸，并带动尾骨的拉伸，眼睛向下看。保持几秒，吸气，身体回到初始位置。

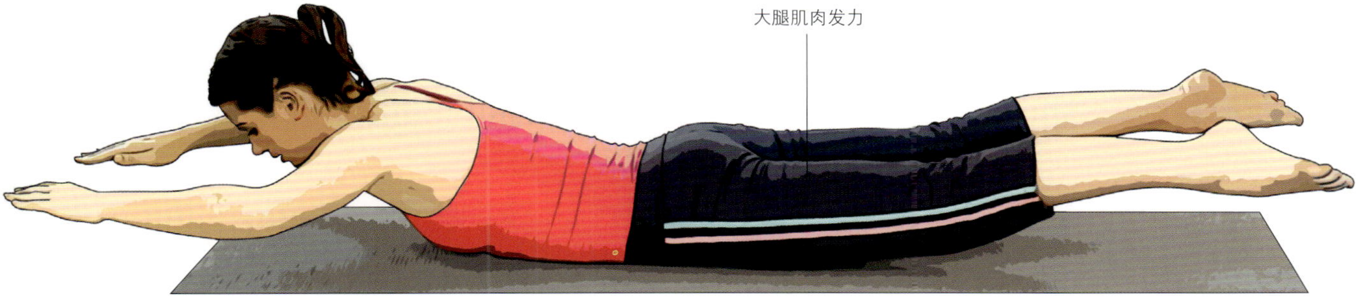

胸部

每天的伏案工作或开车容易造成胸部肌肉短缩，变得虚弱。下面的练习可以强健这些肌肉，改善体态，并可“提升”胸部健美度，因为该部分的锻炼可起到收紧提拉肌肉的作用！

简易俯卧撑

俯卧撑，也称为伏地挺身，是强健胸部及上臂后部肌肉的最有效的方法之一。

1 双手伸直，双膝跪地，双手分开略宽于肩，指尖向前。稍稍移动膝盖，将小腿从地板上抬起，使身体重心转移到膝盖上。向下看，让颈部、背部和大腿形成一条直线。吸气准备。

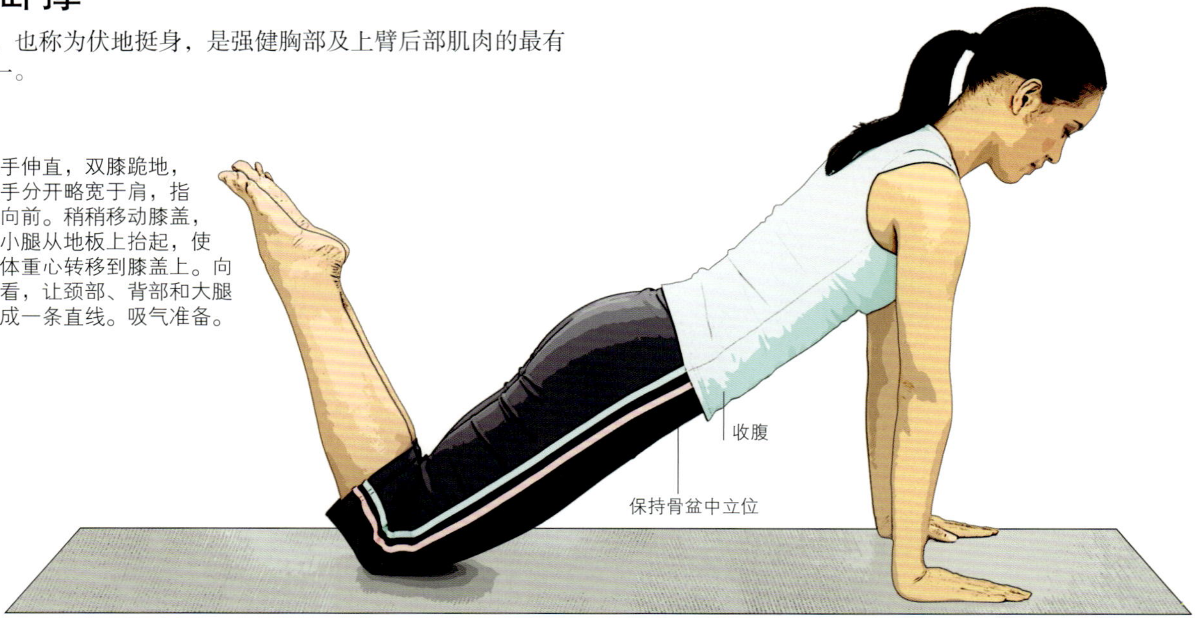

2 呼气，弯曲双臂将身体向地面移动，肘部向外侧弯，双手平放在地板上。保持几秒，如果有余力可以坚持更长的时间。吸气，手臂伸直但不要过伸。

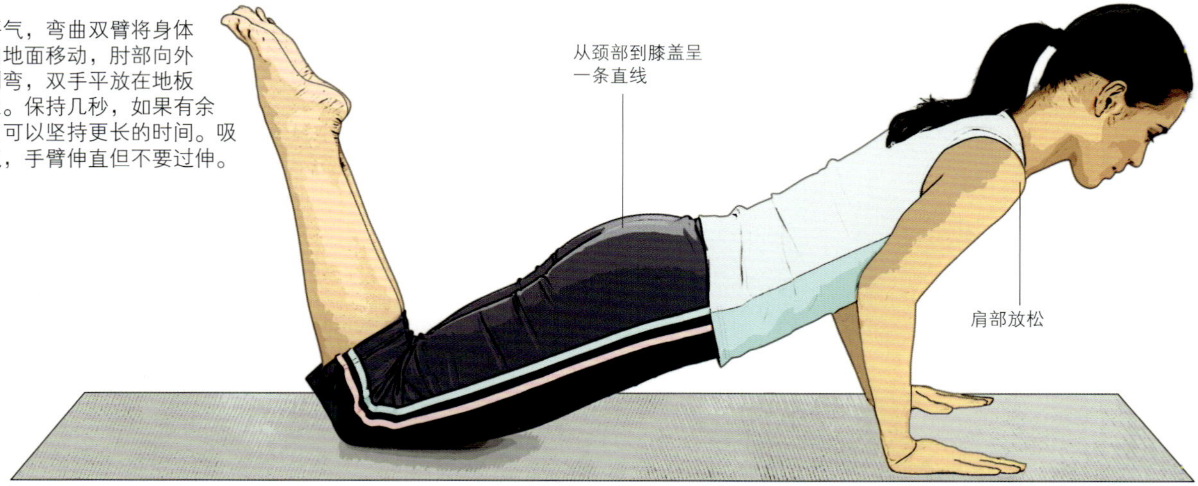

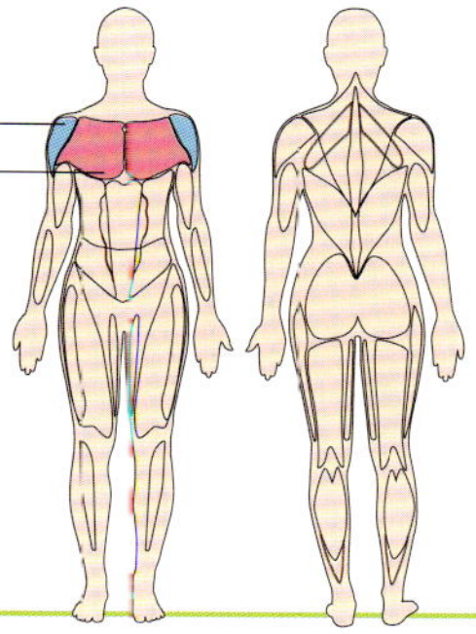

锻炼的是哪个部位?

胸大肌通常称为“胸肌”，是胸部的主要肌肉，负责支撑、保护上胸部，同时也勾勒出上胸部清晰的轮廓；胸大肌也是呼吸时的辅助肌肉。三角肌前部肌束位于肩部前面，有使肩部弯曲和旋转的功能。

俯卧撑

在身体完全伸展的情况下练习俯卧撑，尤其是身体贴向地面时可以增强腹部核心力量。只有在完全熟悉简易俯卧撑的情况下，才能尝试此操作。

1 胳膊伸直但并不过伸，双膝跪在地上，双手分开略宽于肩，指尖向前。向后伸展双腿，使体重均匀分布于手臂和腿部。头的后部到脚后跟呈一条直线。吸气准备。

2 呼气时，慢慢弯曲双臂，降低身体。胳膊肘向外伸出身体两侧，尽量舒适地贴近地面。保持几秒。吸气，慢慢地抬高身体。重复几次后慢慢落回地板上。

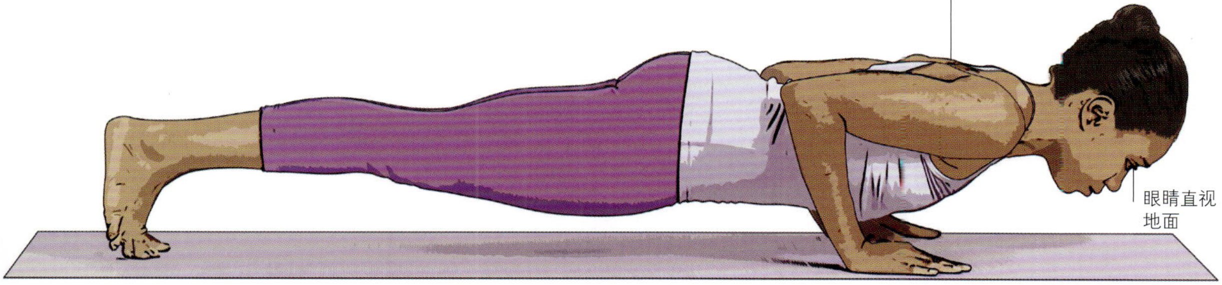

仰卧胸部推举

这项练习可锻炼胸部、肩膀前部和上臂后部。因此可以防止蝴蝶袖，也可以紧实胸部。

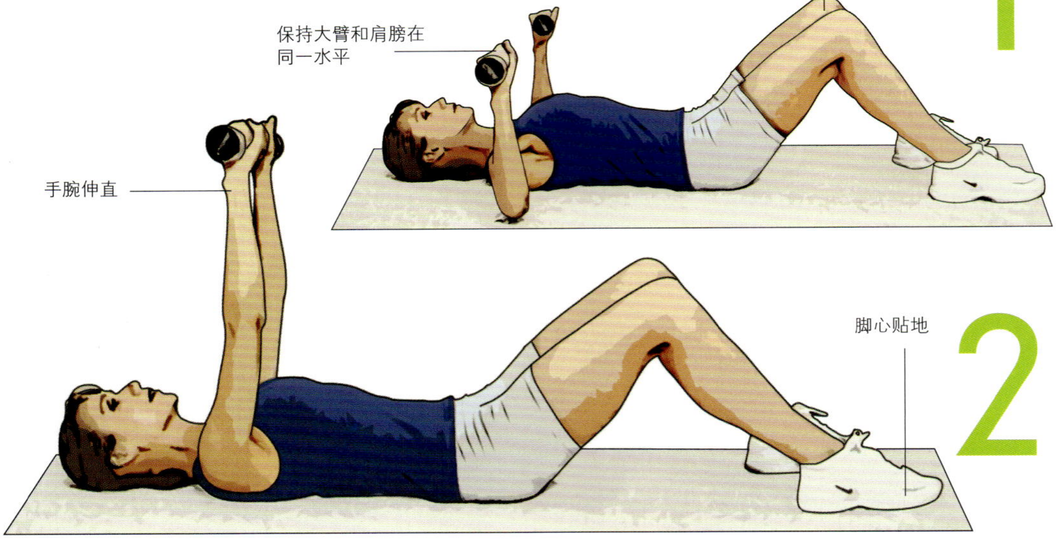

1 平躺，膝盖弯曲，脚心贴地，双腿分开与髋同宽。双臂伸展，上臂和肩部形成一条直线。双手紧握哑铃。上臂保持在地板上不动，竖起前臂与地面垂直，掌心向前。吸气准备。

2 呼气，慢慢地举起哑铃，伸直手臂但不能过伸。在举起时稍微将哑铃靠向中心。保持几秒。吸气，慢慢收回。

哑铃扩胸

这项练习可以锻炼胸肌（胸部主要肌肉），减少腋窝部位皮肤松弛。

1 平躺，膝盖弯曲，双脚分开，双手持哑铃。保持腰部和地板之间的间隙。双臂平放地板上，与肩平齐，然后屈肘，小臂微微抬起，手心向上。吸气准备。

2 呼气，抬起手臂，缓缓向中间靠近。手臂伸直但不能过伸，掌心相对。保持几秒。吸气，慢慢收回。

跪立扩胸

这项练习可以预防含胸，扩张胸部，改善体态，还可以增强肩部和手臂的力量。

1 双膝跪地，双膝分开与髋同宽，收紧臀部，使膝盖和上半身形成一条直线。双手持哑铃。吸气，将手臂抬高45°，掌心向内。吸气准备。

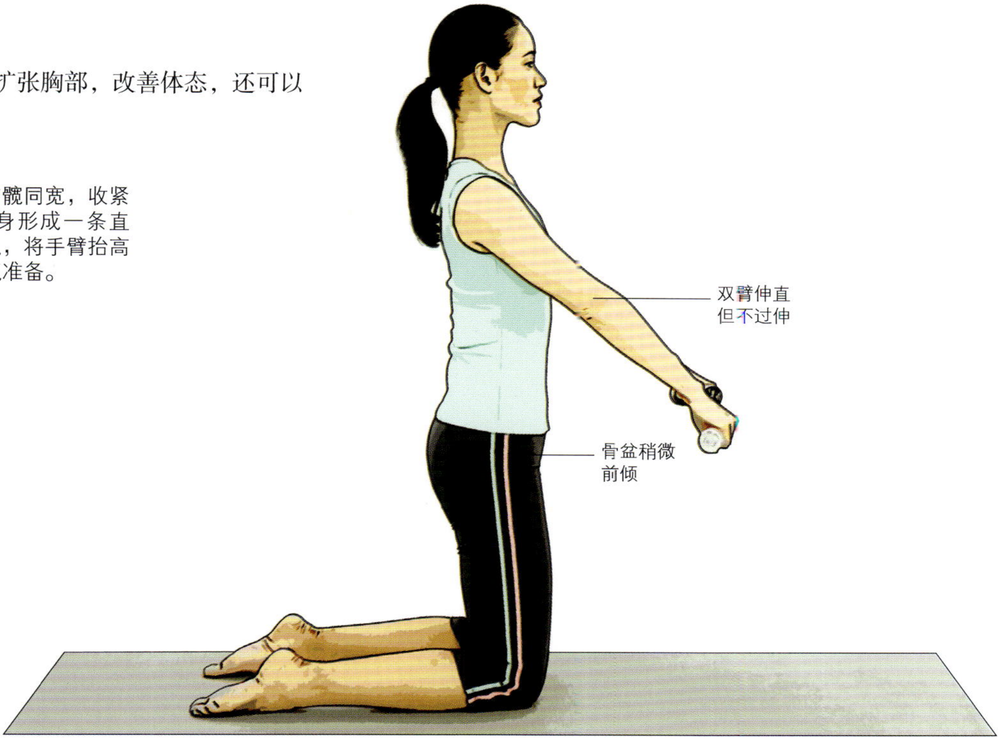

2 肩胛骨向后向下。呼气，有控制地缓慢向后移动手臂，让手臂尽可能远离身体，同时保持身体其余部分完全稳定。保持几秒。吸气，然后再次向前。重复所需次数，然后放松双臂。

手臂

有时候只专注于锻炼臀部会忽略对手臂的锻炼。但是纤瘦、健壮的胳膊也会对外观和自我感觉产生很大影响——无论穿不穿无袖衣服！本节练习会让你拥有你喜爱的美丽双臂，并让你自信地穿出无袖衣服。

肱二头肌弯举

这是针对二头肌的练习，可以练出更加健美的手臂，使其更有力。

1 双脚分开与髋同宽，膝盖稍稍弯曲，手臂轻放于身体两侧，双手握哑铃，掌心向前。收腹，想象一根线从头顶向上拉，使颈部修长。吸气准备。

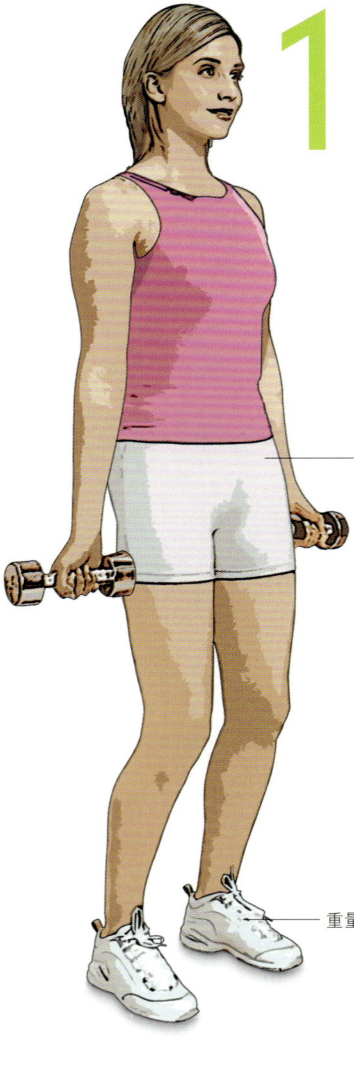

2 呼气，缓慢地将哑铃抬向肩膀方向，同时将肘部夹紧身体。确保只通过肘关节移动，其他身体部位保持不动。保持几秒，缓慢放下手臂。

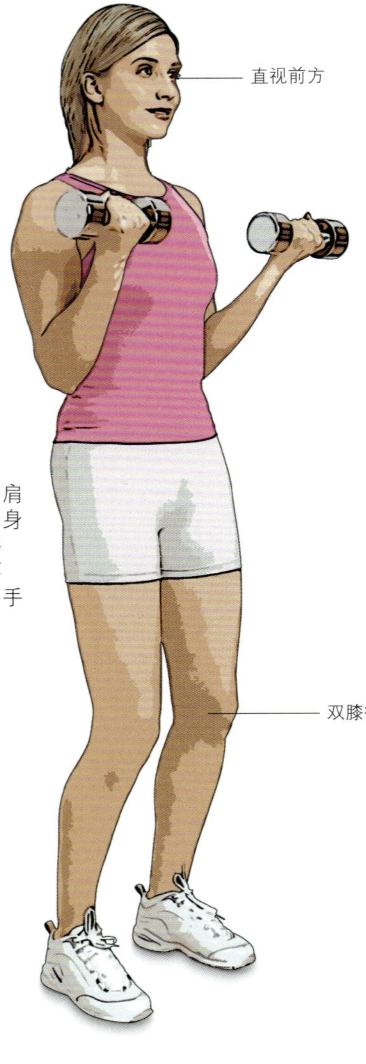

锻炼的是哪个部位?

肱二头肌位于上臂前侧，主要负责弯曲手臂，如拿包或与人握手时用到的就是肱二头肌。肱三头肌位于手臂后侧，负责伸展手臂。因此，保持这两块肌肉强壮非常重要。

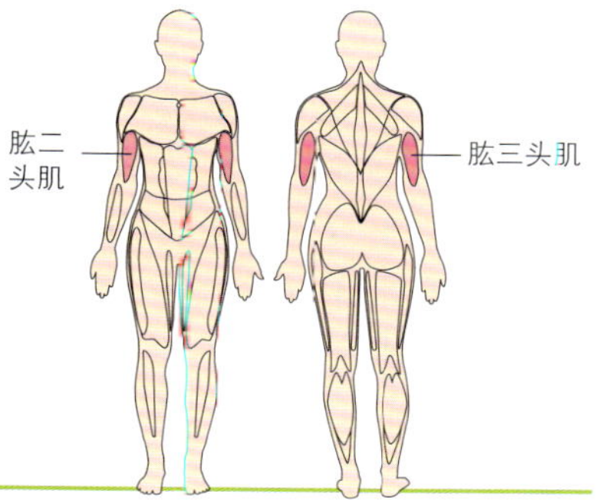

坐姿单臂弯曲

每次只练一只手臂，这项练习可以帮助你发现双臂肱二头肌之间的力量差异。一旦知道哪只手臂较弱，就从它开始，也从它结束。

1 坐在椅子的边缘，双脚平放在地板上，分开略宽于髋部，单手握哑铃。身体从腰部以上向前倾45°，并将负重臂伸向双腿之间的地面，使肘部抵住同侧膝盖内侧。将另一只手放在同侧大腿上以获得支撑。吸气准备。

2 呼气，弯曲手臂，手握哑铃举向肩膀方向，当手臂与地面平行时停止。保持几秒。吸气，缓慢伸展手臂。完成一侧练习之后换另一侧手臂进行练习。

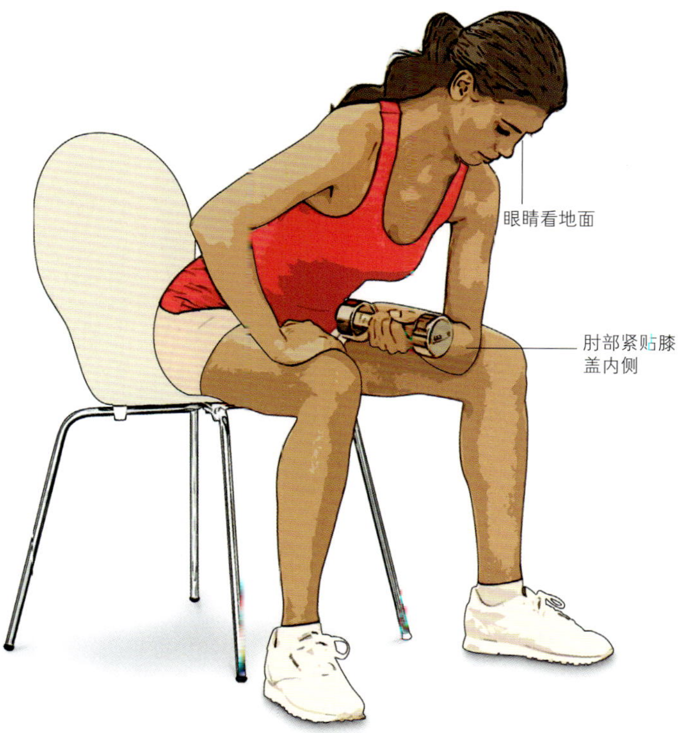

肱三头肌提拉

在该练习中，手臂向内转动不仅锻炼了手臂后侧（肱三头肌），还增强了肩膀前部力量。

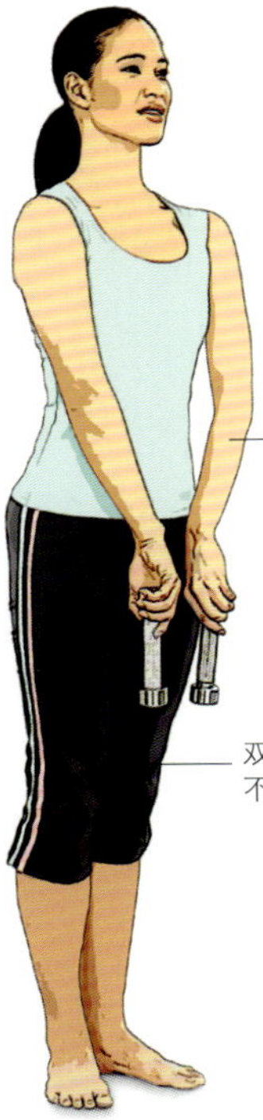

1 站姿，双臂放松放于身体两侧，双手握哑铃，掌心向后。眼睛平视前方，收腹使腹肌发力。吸气，掌心朝外，双手放在髋前。

2 呼气，将哑铃直接提升到胸部中央，肘部抬高，并使指关节彼此相对。提起哑铃时，保持哑铃贴近身体。保持几秒。吸气，缓慢放下手臂。重复几次后双臂回至身体两侧。

肱三头肌上举

这是一项单独锻炼肱三头肌的练习，所以对于紧实手臂和腋窝前部特别有效。可以完全消除这些部位的松弛。

1 站直，双臂放于身体两侧，双手握哑铃。吸气，将哑铃移至头后，掌心向前，手肘向外，与耳朵保持在同一水平线上。

2 呼气，伸直手臂将哑铃直接抬高超过头顶。此时手臂伸直但不过伸，掌心向前，保持几秒。吸气收回。重复几次之后，双臂收回身体两侧。

双手冲拳

这项练习对上肢训练至关重要，可以锻炼手臂（肱三头肌）、胸部（胸肌）和肩膀前部。

1 站立，双脚平行，分开略宽于臀。收腹以使腹部发力，稍微屈膝。吸气，用双手轻轻握拳，抬至肩高，肘部向两侧弯曲。

2 呼气，慢慢将双手做出拳运动，双臂仍保持与肩同高。保持几秒。吸气，慢慢地回正。重复几次之后，双臂收回身体两侧。

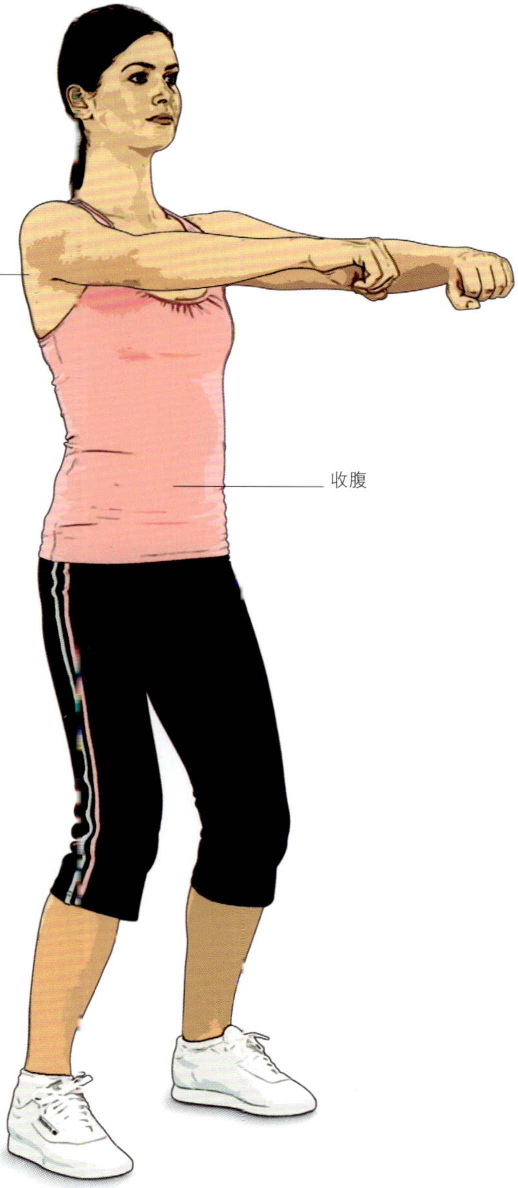

仰卧后撑

这项练习是用手臂支撑自己的重量，以坐姿上下移动。通过锻炼肱三头肌，增强上臂力量，修饰上臂轮廓。

1

坐在稳定的椅子或长凳边缘，双手分开与肩同宽，手指向前指向椅子或长凳边缘，小腿垂直地面。抬起臀部，用双臂支撑自己，并将臀部从椅子或长凳上滑下。向前迈一小步使大腿和小腿之间超过90°。吸气准备。

2

呼气，将手臂向后弯曲90°，放低臀部，背部挺直。保持几秒，越低越好。伸直手臂，抬起身体时吸气。始终保持双膝、双脚平行。进入坐姿。

侧卧压举肱三头肌

这项具有挑战性的练习使用自己的体重作为侧卧位的阻力，先让一只手臂的后部进行这项神奇的锻炼，然后是另一只手臂的后部。

1

侧卧，将膝盖向前弯曲45°，小腿向后弯曲。将下方的手放在对侧的腰上，上方的手放在下方手的肘部，指尖朝向头部。吸气准备。

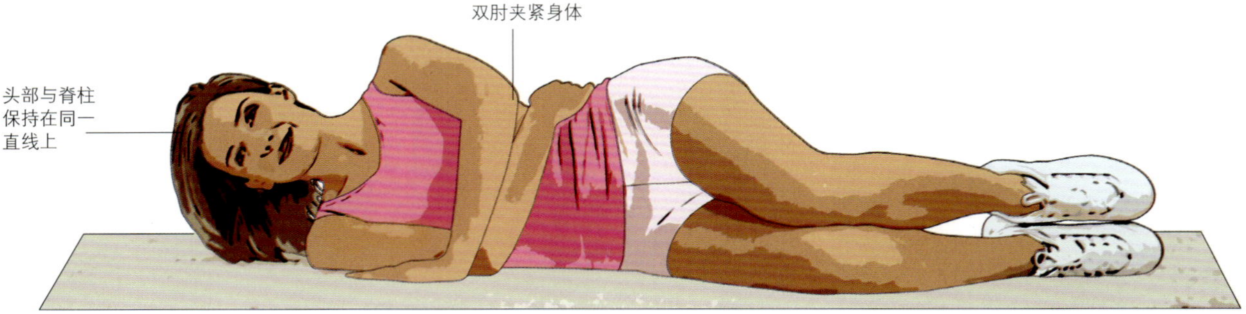

肱三头肌后举

练习手臂很有效的方式之一就是这种典型的肱三头肌锻炼。对许多女性来说锻炼手臂很是问题。这项练习将为你带来梦寐以求的手臂。

1 双脚分开与髋同宽，双臂置于身体两侧，手握哑铃，掌心向内。吸气，弯曲膝盖，腰部向前倾斜45°，保持背部平直，向后推双肘直到大臂与地面平行。

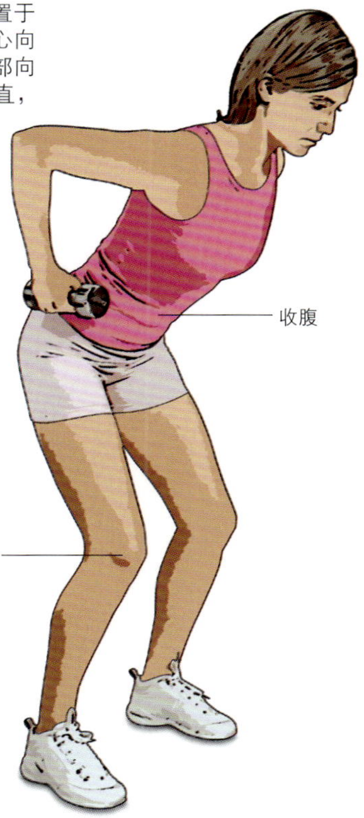

2 呼气，向后伸直手臂，使手臂和肩膀在同一高度，掌心仍然向内。保持几秒。吸气，收回手臂到上个动作。在整个练习中收紧腹肌以保护腰部。

2 呼气，用上臂支撑将身体抬起。只要没有不适，尽可能久地保持这个姿势。吸气，慢慢地将身体放回地板。完成一侧练习之后重复另一侧，随后进入放松的躺姿或坐姿。

腹肌

对许多女性来说，尤其是苹果形身材的女性，腰部周围的赘肉会使肚子变成一个真正的“问题区域”。虽然健康的饮食和有氧运动可以摆脱任何不必要的松弛，但接下来的练习会使腰部更加强壮，保持平坦的小腹。强壮的腹肌也会大大改善体态。

仰卧卷腹

这个仰卧起坐的基础动作是让腹肌保持良好状态的经典练习。循序渐进，不要强迫身体达到想要的状态。

1 平躺，膝盖弯曲，指向上方。双脚平放在地板上，分开与臀同宽。将双手放在头下，肘关节朝向外侧，收腹以启动腹肌力量。吸气准备。

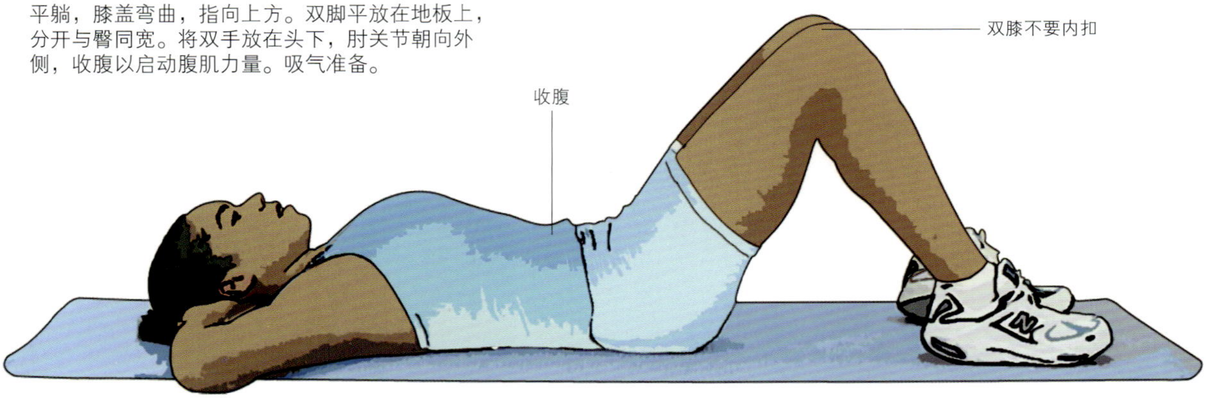

2 呼气，只要没有不适，尽可能高地用腹部力量抬起头部，肩膀离开地面。保持肘关节朝外，以确保没有用手臂的力量勉强自己。保持几秒。吸气，再慢慢落回地板。

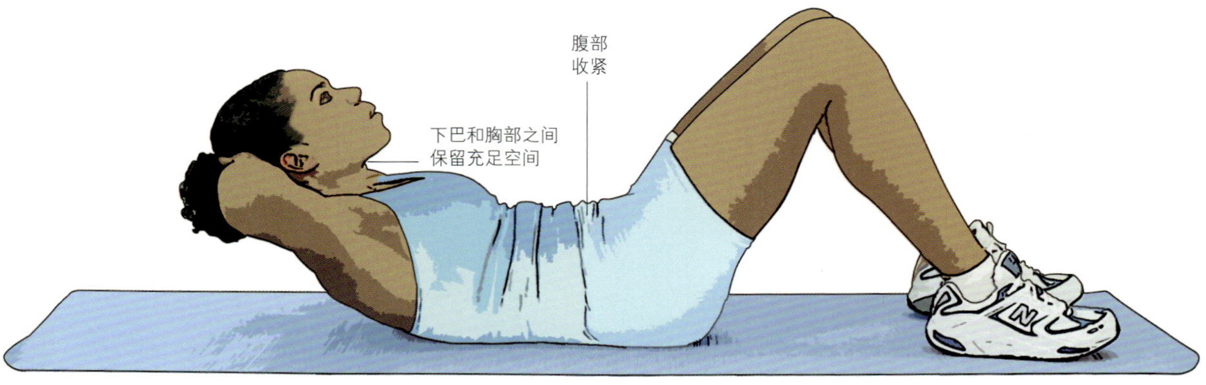

锻炼的是哪个部位？

腹直肌是沿着腹部中心延伸的两条肌肉带，当状态良好时通常有六块。这些肌肉能够使人向前和向后倾斜，并在平衡和保持一定姿势时发挥重要作用。腹横肌水平环绕在下腹部，提供核心力量并支撑腰部。

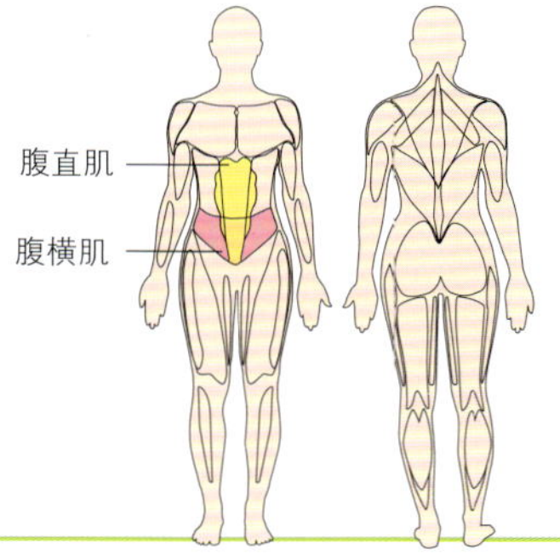

健身球拉伸卷腹

除了可加强腹肌，这项具有挑战性的练习也能很好地改善体态：打开胸部，充分延展脊柱。

1 舒适地坐在健身球上。双脚慢慢地小心地向前，并向后倾斜身体，直到平躺在球上，保持大腿与地面平行，双脚分开与髋同宽。吸气，张开双臂，放松头部。

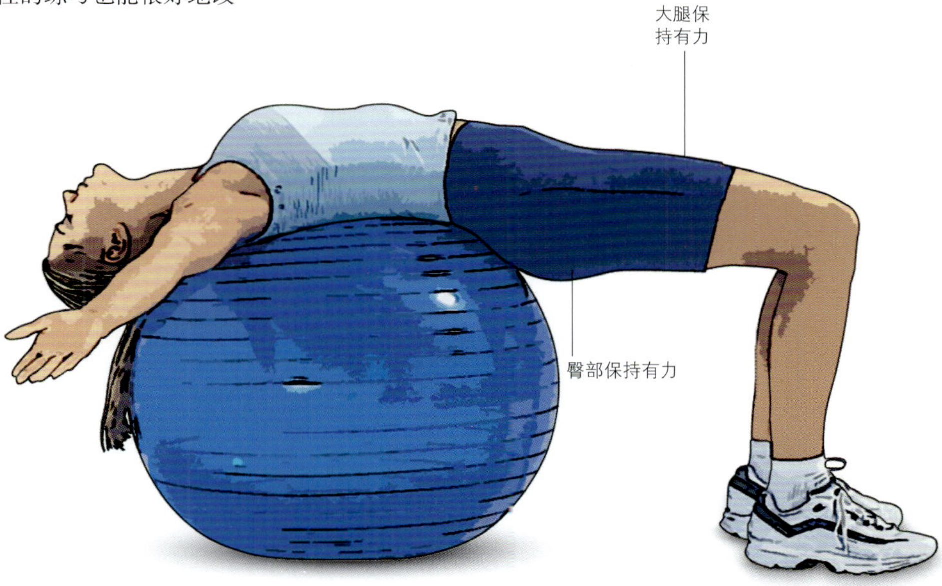

2 双手放在头后，肚脐紧紧向脊柱方向收以收紧腹肌。呼气，缓慢地抬起肩膀至尽量舒适的位置。保持几秒。吸气，慢慢放下。完成后，慢慢站立。

交替蹬腿

这项练习可加强腹部和腰部肌肉力量，增强髋关节活动能力，并可锻炼背部。保持伸展的腿越低，难度就越大。

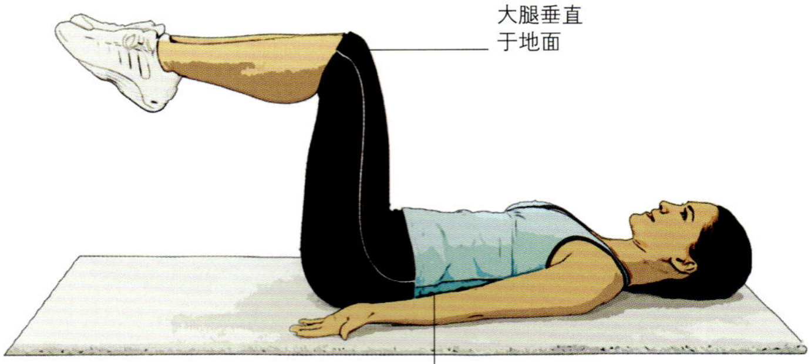

1 平躺，膝盖弯曲，双脚平放在地板上，地板和腰之间保持一个小缝隙。吸气，先将一侧膝盖向胸部抬起，然后抬起另一侧，大腿与地面成90° 且小腿与地面平行——这是“90-90”体式。

2 呼气，将一只膝盖靠向胸部；伸直另一条腿，尽可能地靠近地面。在没有不适的情况下尽可能久地保持这个姿势。吸气，回到“90-90”体式。进行另一侧的练习。

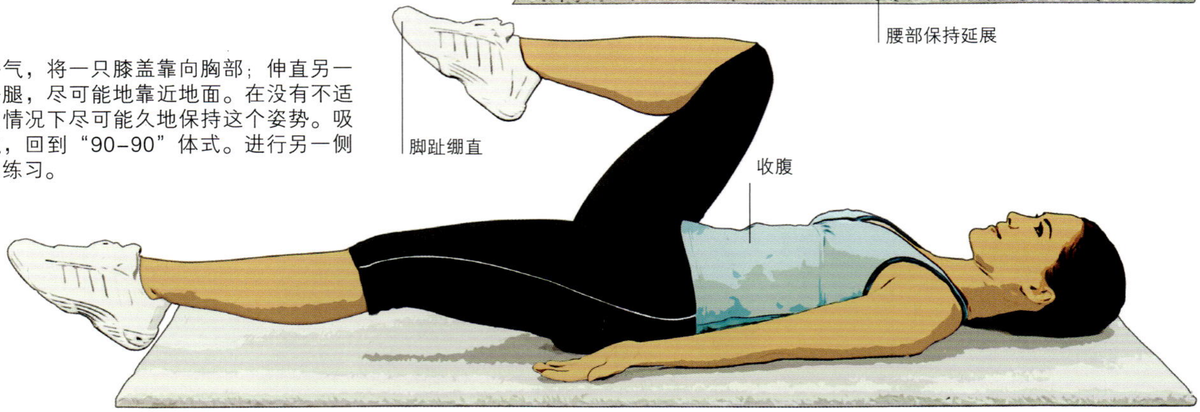

滚球

这个腹肌练习有一定难度，因此只有腹肌足够强壮，并且完全有信心使用健身球练习时才能进行。

1 朝向健身球跪立，和健身球保持足够距离使手臂弯曲90° 时手掌正好贴在健身球表面，两手间距与肩同宽。肚脐内收使腹肌发力，眼睛看向前方地面，颈部放松。吸气准备。

双腿下降

这项具有一定难度的降低腿部的运动可以锻炼深层腹肌。通过夹紧双腿和臀部，臀部和大腿也可以得到很好的锻炼。

1 平躺，膝盖弯曲。双脚平放在地板上与髋同宽，双臂放松。肚脐内收使腹肌发力。吸气，慢慢向上伸展双腿，使其垂直于地面。

2 呼气，在没有不适的情况下，慢慢地放下双腿。不要让腹部发抖或背部拱起。在下降过程中，保持双腿夹紧、伸直。保持几秒。吸气，抬起双腿再次垂直于地面。

---

2 呼气，慢慢向前滚动健身球直到前臂可以放在上面，身体从膝盖到颈部保持在一条直线上，保持平衡，体重应均匀分布在手臂和双腿之间。保持几秒。呼气，回到起始位置。

前臂平板支撑

这项具有难度的练习要求身体从头到脚保持在一条直线上，就像木板一样，此练习也因此得名。此练习可以使腹肌得到高强度的锻炼。

1 跪在地上。前臂放在地板上，双手相握放在头部下方，使上臂或多或少垂直于地面，且两肘部成45° 。保持后背平直。收腹使腹肌发力。吸气准备。

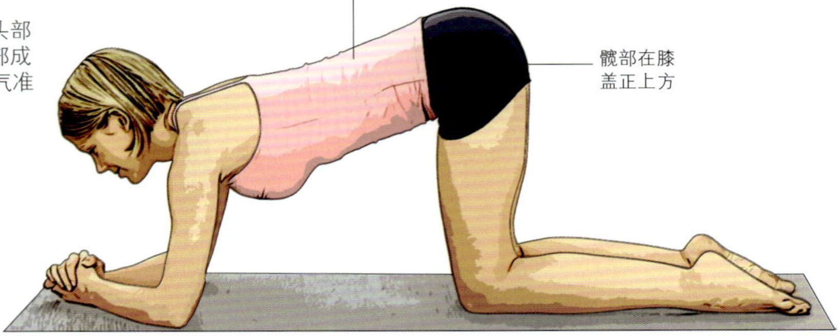

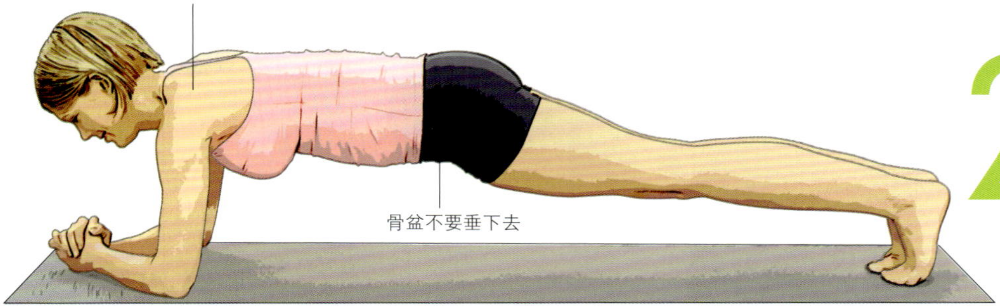

2 呼气，双腿交替后退，直到双腿伸直，且体重均匀地分布在前臂和脚趾之间。继续使用腹肌力量，使身体保持在这个直线上，尽可能地坚持。吸气，恢复跪姿。

平板支撑抬腿

这种高强度的腹部运动以平板支撑练习为基础，因此只有在对平板支撑完全有信心后才可以尝试。

1 跪在地上，屈肘以前臂着地，双手在头部下方轻轻握拳。吸气，腹肌发力，双腿慢慢向后移动使身体呈一条直线，且身体与地面平行。

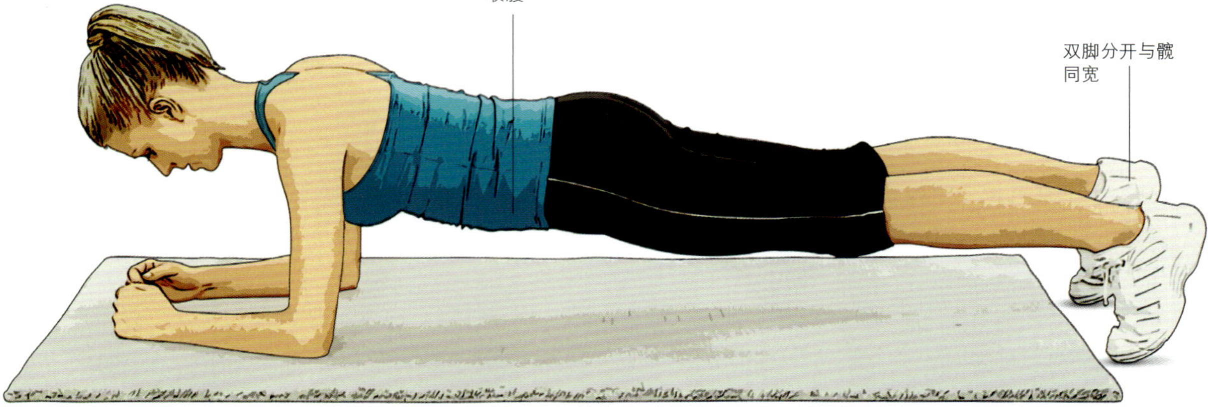

仰卧腿部旋转

这项艰难的练习可以同时锻炼腹部所有肌肉——腹斜肌（p.129）及核心腹肌。因此，它非常适合用于塑造腰腹的曲线。

1 平躺，膝盖弯曲，双腿平放在地板上，双脚分开与髋同宽，双臂放于身体两侧，掌心向下。不要弓背。收腹使腹肌发力。吸气，双腿伸直到90°。

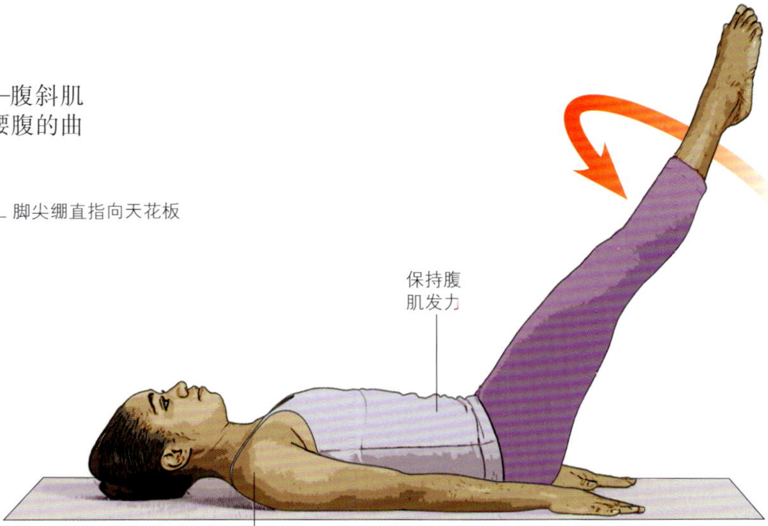

2 呼气，用双腿画圆，把双腿先移到一边，然后向下移（但是并不放下）。吸气，继续画圆圈，将双腿移动到另一边并返回。保持双腿伸直，膝盖并拢，并收腹使腹肌发力。然后由另一侧开始画圆。

---

2 呼气，抬起一条腿，注意不要扭动臀部。保持双腿完全伸直，也不要移动上半身。保持几秒。吸气，放下抬起的腿。另一条腿重复本步骤。

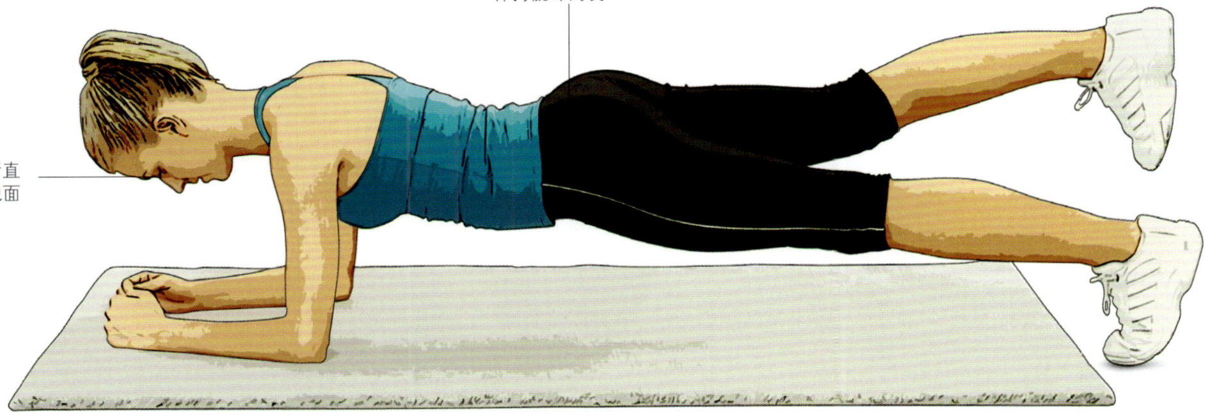

腰部

日常活动，如坐和站，会较多地使用腹部核心肌肉（腹直肌和腹横肌，请参阅p.123）。腹部两侧的肌肉为腹斜肌，平时用得比较少。下面的练习将专门针对腹斜肌，可塑造纤细且没有赘肉的腰。

侧向卷腹

这种扭转的卷腹需要将上身抬起，同时进行扭转，因此可以很好地锻炼腰部和腹部。

1 平躺，膝盖弯曲指向天花板，双脚平放在地板上，双腿分开与髋同宽，双手放在头后，肘部向外。肚脐内收使腹肌发力，吸气准备。呼气时，将头部和肩膀从地板上抬起。

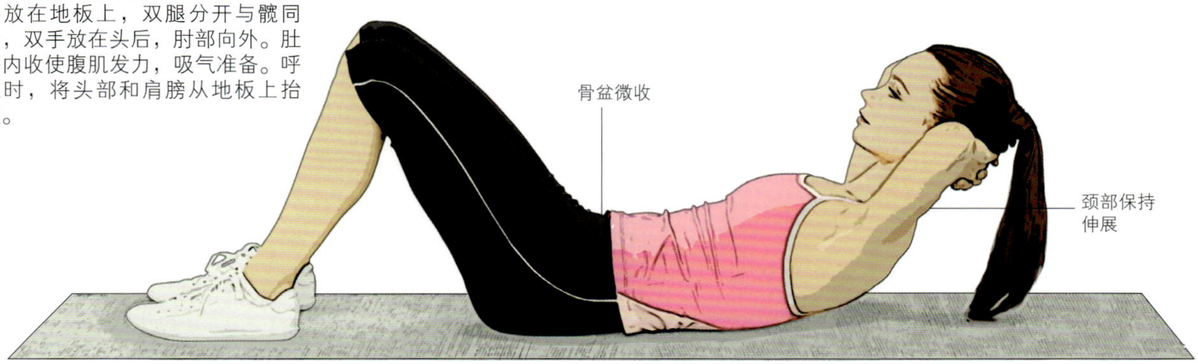

2 呼气时，扭动上半身，将一侧肩膀朝另一侧膝盖移动。双肘之间的宽度不变，保持几秒，回复时吸气。呼气，在相反的方向重复刚才的动作。重复几次之后，头部和肩膀落回地板，放松。

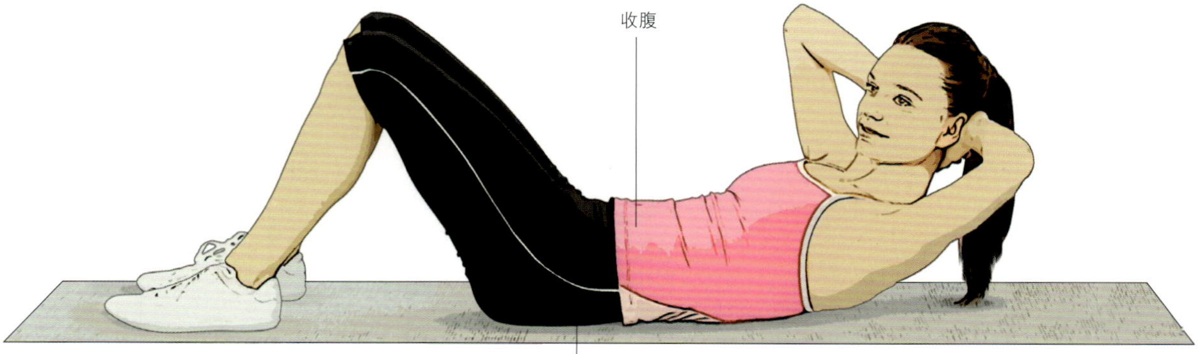

锻炼的是哪个部位?

腹斜肌沿腰部向下延伸，负责身体的扭动，并在一定程度上负责向侧面弯曲。像所有腹部肌肉一样，而腹斜肌也是呼吸运动的辅助肌。腹外斜肌位于表层，腹内斜肌位于其下方。

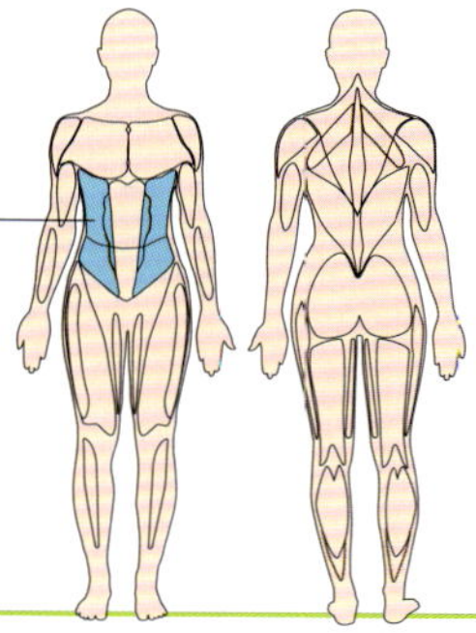

交替拉伸双腿

这项练习包括抬起和扭动上半身，同时交替伸展双腿。该练习有助于塑造双腿曲线，并可加强腹部和腰部肌肉。

1 平躺，膝盖弯曲，双脚平放在地板上。将肚脐内收使腹肌发力。吸气，将头部和肩膀从地板上抬起。同时，抬起双腿，使大腿与地面成90°，小腿平行于地面。

2 呼气，一条腿与地面成45° 伸展，另一条腿的膝盖朝向胸部弯曲，头部和肩膀从地面抬起，扭动上身，面向弯曲的膝盖。保持几秒后吸气，收回。同样方法进行另一侧练习。

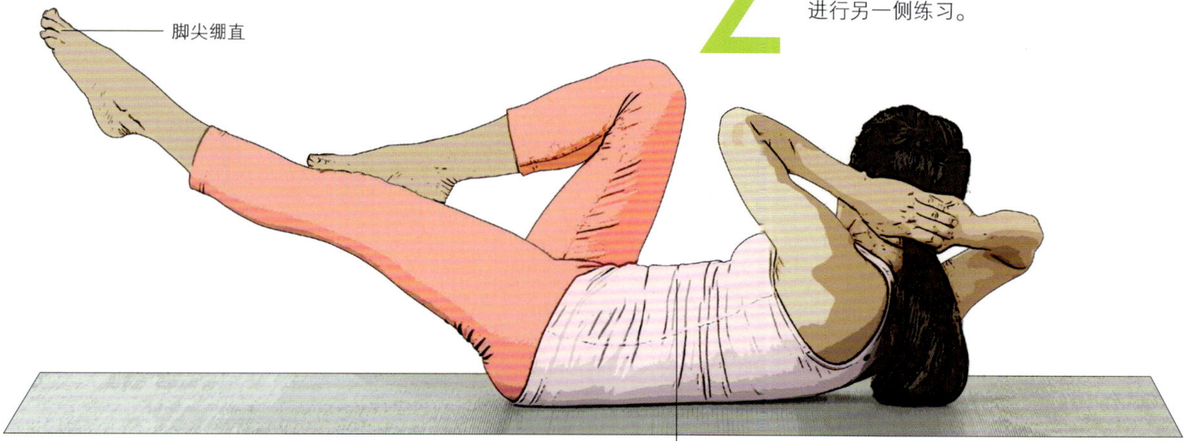

坐立扭转拉伸

这是一项强度较高的腰部锻炼，可增强腹斜肌力量。同时还能打开胸部肌肉，帮助改善体态并缓解僵硬。

1 坐在地板上，向前伸腿，双腿分开比髋略宽。手握一条阻力带或毛巾，手臂举到头顶上，使带子绷紧。吸气，以腰部为轴将身体扭转到一边，想象脊椎呈螺旋状旋转。

2 呼气，肚脐内收使腹肌发力，并进一步向后拉阻力带，这样就可以将身体向斜后方拉伸，保持几秒。吸气，回到步骤1的坐姿。另一侧重复同样的动作。

仰卧负重转体

该练习包括将上半身旋转到一侧，将下半身旋转到另一侧，可很好地锻炼腹斜肌，从而塑造腰部曲线。

1 平躺，膝盖弯曲并指向天花板，双脚平放在地板上。双臂放在身体两侧，放松，一手持哑铃。吸气，将双臂伸直到胸前，并用双手握哑铃。

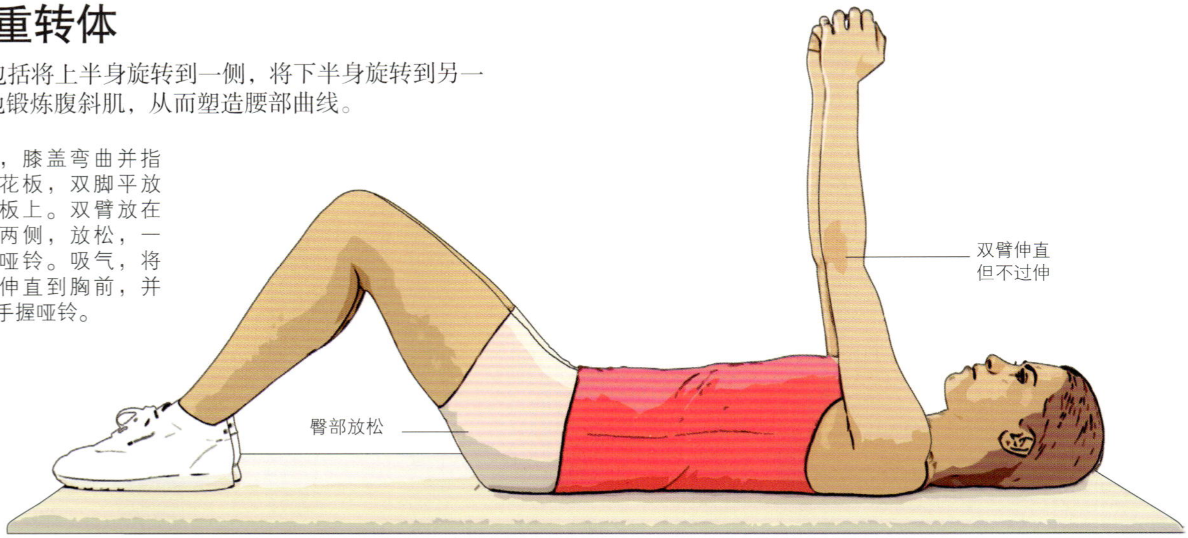

腰部扭转前屈

这个练习中，同时扭转和向前弯曲意味着当你锻炼时，还可以使腿部和背部得到充分拉伸。

1 坐在地板上，双腿伸直，双腿之间略宽于臀部的宽度，并且双脚弯曲。吸气时，伸出双臂与肩膀同高，手心朝下。使腹肌发力，尽可能将上半身扭动到一侧，保持下半身不动。

2 呼气时，将前臂伸向相对一侧的脚，向前弯曲上半身，后臂伸直，头部放松。保持几秒钟后回复坐姿。再重复另一边的练习。

---

2 呼气，慢慢地将膝盖和脚倒向一侧，同时将上身扭到另一侧，并将哑铃靠向肩膀。此时需要一条胳膊越过胸部伸展，另一条胳膊弯曲。保持几秒。吸气，回到起始位置。另一侧重复同样的练习。

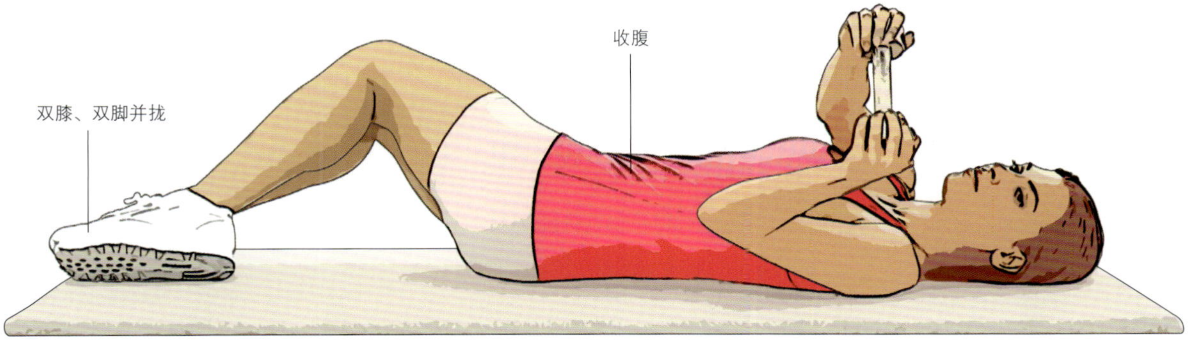

腰背部

日常生活中，腰背部往往会承受很大压力，所以保持腰背部肌肉的健康十分重要。下面的练习不仅会保持其强壮，而且还会让你穿比基尼和露背连衣裙时看起来很瘦，而且很有型。另外，这些练习还可改善体态，让你更加自信。

背部伸展

该练习可打开胸部，增强背部力量，缓解任何一种腰背部的僵硬。而且也不需要将上身抬得很高。

1 趴在地板上，双脚分开比髋略宽，放松所有肌肉。双手放在下巴下，双肘向外。吸气准备。

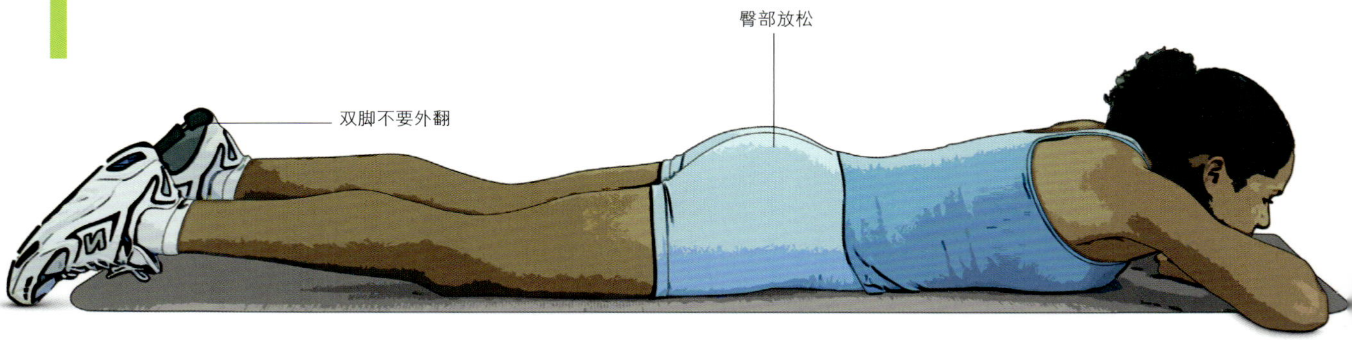

2 呼气，缓缓抬起头部、上胸部，弯曲手臂，尽可能舒适地离开地板。全身都有拉伸的感觉。保持几秒。吸气，身体落回地板。

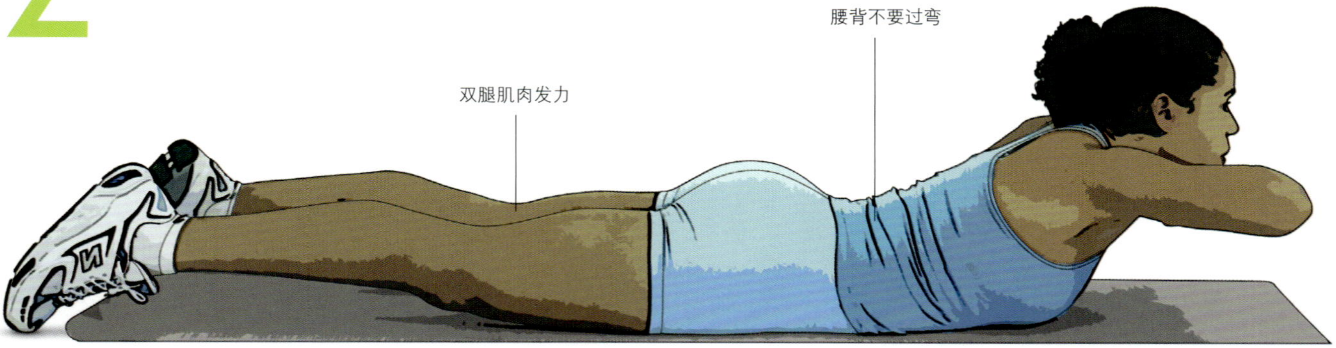

锻炼的是哪个部位？

背阔肌是位于人体背部两侧的大而平坦的三角肌。它们负责推动、拉动和旋转肩膀和手臂，也是辅助呼吸肌。竖脊肌由上至下分布于脊柱的两侧，支撑脊柱并使其有效移动。两组肌肉都有助于保护脊柱。

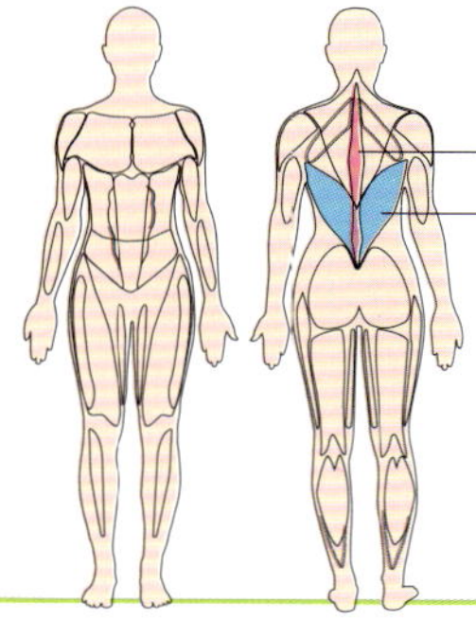

足跟轻叩拉伸

该练习可强健整个背部。上身抬高可以锻炼背部肌肉，脚跟相叩并抬腿可很好地锻炼臀肌。

1 双手放在前额下面，掌心向下，手肘弯向两侧。转一下腿使脚跟并拢，脚趾分开。吸气准备。呼气，将头部、肩膀和腿从地板上抬起，并保持面部朝下。

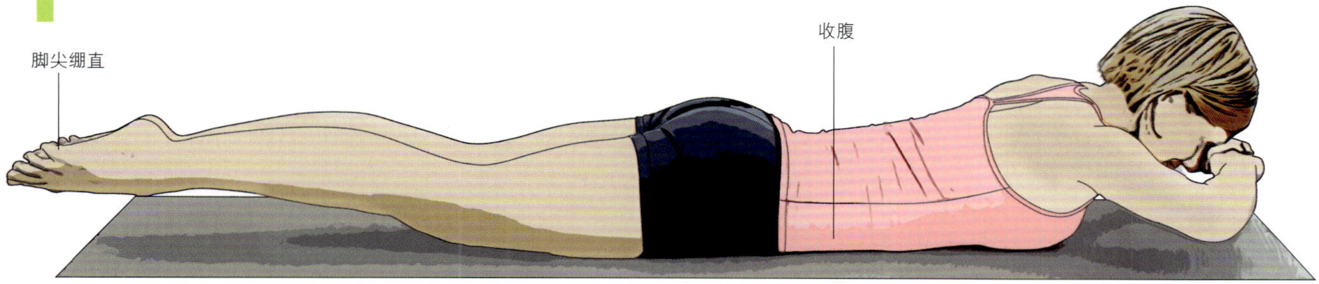

2 保持头部、肩膀和腿离开地面，双腿缓缓向两侧打开，再并拢，脚背发力绷直，骨盆微收。在整个练习过程中眼睛直视地面。保持几秒。吸气，回落到地板上。

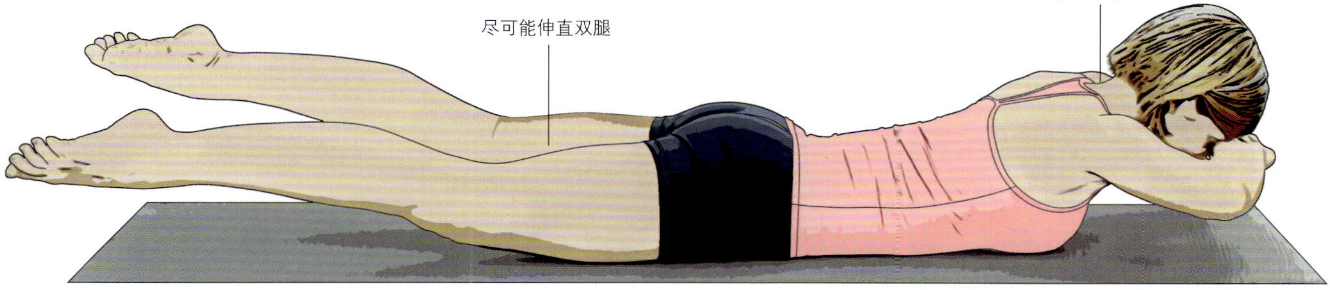

站立单腿屈膝

这项练习可以锻炼腹肌和背部肌肉。单腿站立时，它们从前、后两个方向来支撑，身体保持平衡。

1 双脚平行分开，与髋同宽，脚尖指向前方。保持双臂放松，放于身体两侧。肚脐内收使腹肌发力。想象有条线从头顶向上拉。吸气准备。

2 呼气，慢慢地从地板上抬起一只脚，朝向胸部弯曲膝盖，脚尖向下。 双手紧抓膝盖将其向内压，肘部向两侧伸出，保持几秒。吸气，慢慢将脚放到地板上。再进行另一侧练习。

跪姿背部拉伸

该练习是一个很好的逆向背部弯曲姿势（与p.132~133相比），通过锻炼身体的背部和两侧来加强延展性和柔韧性。

1 跪在地板上，双手持球，膝盖分开比髋稍宽，臀部放在脚跟之间。呼气，从腰部向前弯曲，将胸部靠向膝盖，头部靠向地板，伸出手臂，球在正前方。

单臂划船

这项练习可锻炼背部，加强腋下和上背部的肌肉。

1 站直，双脚分开与髋同宽，站在椅子背面，一只手放在椅背上面获得支撑。放松另一只手臂，手持哑铃。保持哑铃在肩膀下方。吸气，外侧腿向后退一大步，使腿处于准备跳跃的状态，保持后腿伸直，前腿弯曲，膝盖不要超过脚趾。

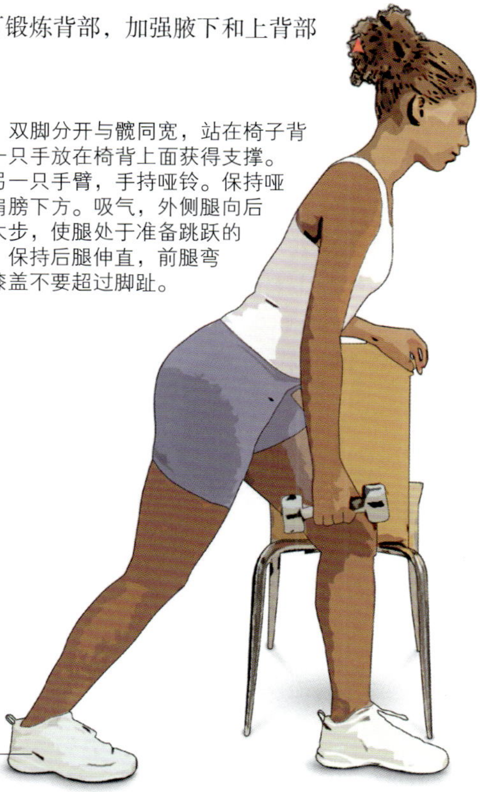

2 呼气，使腹肌发力并将肘部弯曲到身后约90°，手掌靠近身体，掌心向内。将哑铃提至腰部高度。保持几秒。吸气，然后再次降低哑铃。完成一侧的练习之后练习另一侧。重复几次之后恢复站姿。

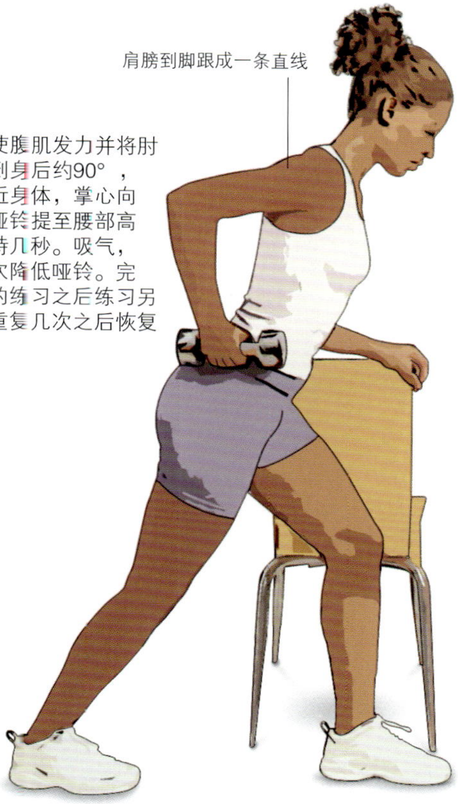

2 呼气，把球移向一边，手臂伸展，头部向下，背部平直。保持几秒。吸气，回复至中间位置。在另一侧重复以上步骤。练习几次之后，缓缓恢复坐姿。

臀肌和股四头肌

谁不想要臀部有形、大腿有力呢？形状良好的臀肌和大腿（股四头肌）不仅使你看起来健美，而且，作为人体两大肌肉组合，它们还可以帮助控制体重，因为这两块肌肉越活跃、越健康，其燃烧的热量越多。下面的练习可以帮你实现这一愿望。

深蹲

这种蹲式运动是促进下半身力量和耐力的经典方式，并且可以帮你练出梦寐以求的、坚实的臀部和大腿。

1 站姿，双脚分开与髋同宽，脚尖指向前方，双臂放松。肚脐内收使腹肌发力，并想象有一条线将你从头顶向上拉。吸气准备。

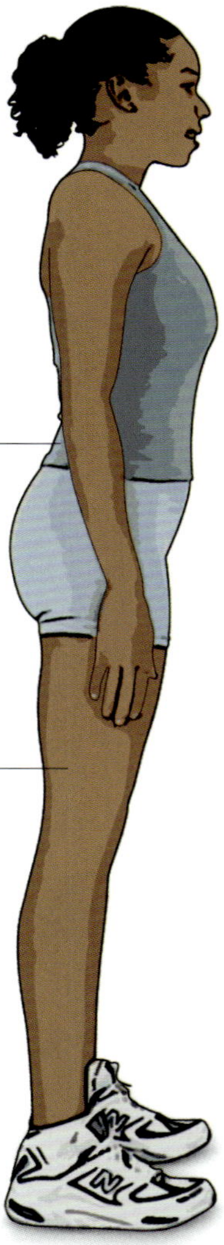

2 呼气，将上半身向前倾斜45°，双臂向前伸出，与地面并行，掌心向下，屈膝至蹲姿，臀部向下向后。保持几秒。吸气，回到站姿。

锻炼的是哪个部位?

臀肌是身体最大、最强的肌肉之一。总的来说，臀大肌、臀中肌和臀小肌使臀部呈圆形，也让大腿能够向后拉伸。股四头肌在大腿前侧延展，并负责腿部的伸展。

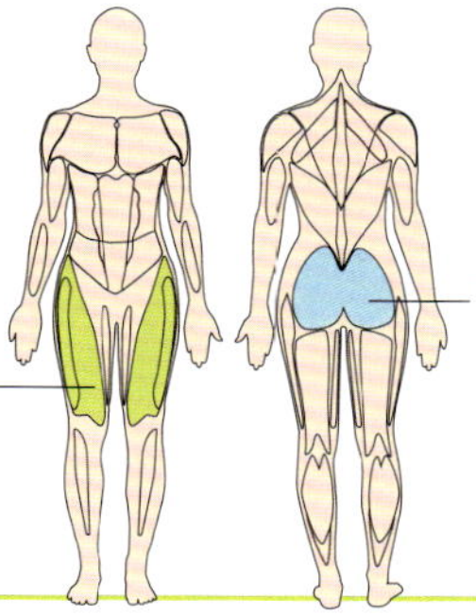

负重靠墙下蹲

这种直立和蹲下的练习可以塑造大腿前部。墙壁有助于形成比其他方式更深的蹲姿，并在向后推动时提供支撑。

1 靠墙站立，双脚平行分开，与髋同宽，双臂放松，手持哑铃，掌心向内。向前轻轻迈一小步，以便在不移动脚的情况下膝盖可以弯曲至90°。吸气准备。

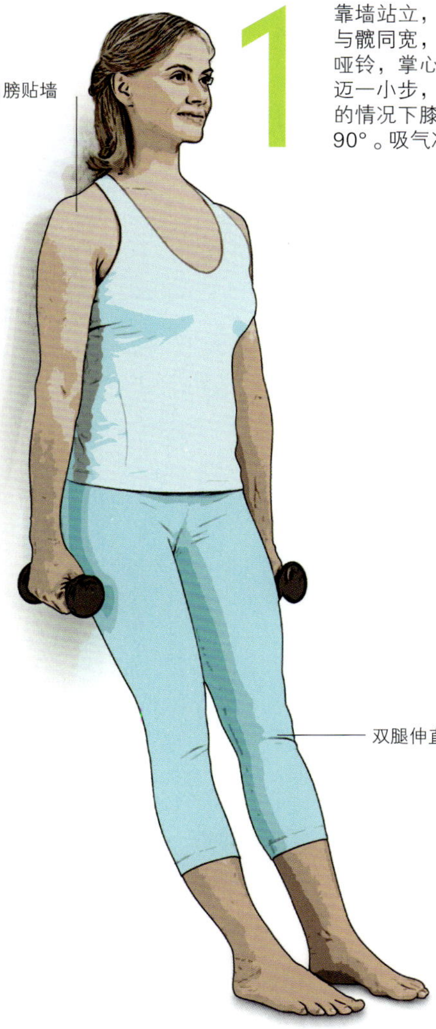

2 呼气，使腹肌发力，慢慢地将膝盖弯曲到90°，并将背部沿墙壁下滑，直到处于坐姿。同时，将哑铃提高到肩膀高度，手臂伸直，掌心向下。保持几秒。吸气，回到站姿。

弓步屈膝

该项练习同时进行弓步和跨步动作，可以一次完成双腿的练习，为大腿提供最好的锻炼。

1 站立，双脚分开与髋同宽，脚趾指向前方。收腹使腹肌发力，想象有条线从头顶向上拉。手臂向两侧伸出，与肩膀保持在同一水平线上，掌心朝下。吸气准备。

2 呼气，将一只脚放在另一只脚的斜后面，弯曲双腿，后脚脚跟离地，使膝盖弯曲。保持几秒。吸气，回到站姿。再进行另一侧的练习。

侧蹲踢腿

大腿前部的肌肉可在这项练习的深蹲和腿部伸展动作中得到充分锻炼。

1 站立，双脚分开与髋同宽，双臂放松。吸气，弯曲膝盖，臀部向后、向下，呈深蹲式，朝向胸部屈臂。双手在下巴下方微微握拳，指关节向上和向前，肘部向下。吸气准备。

2 呼气，将一只脚从地板上抬起并将其伸到侧面。在此过程中另一条腿伸直，然后将抬起的腿远离身体。保持几秒。吸气，恢复深蹲。重复另一条腿的练习。完成后恢复站姿。

向后抬腿

在这个练习中，腿向后伸展不仅可以锻炼臀肌，而且可以锻炼腿后部的腘绳肌（p.143），加强、塑造臀部和大腿后部的力量和曲线。

1 站立，双脚分开与髋同宽，双臂放在身体两侧，手持哑铃，掌心向内。吸气，一只脚向后蹬。此时前腿弯曲，后腿伸直，后脚的脚跟从地板上抬起，使上半身从腰部向前倾斜45°。吸气准备。

2 呼气，再次向前倾斜，将后面的腿从地面抬起，保持直立。支撑腿保持弯曲。几秒之后轻轻放低抬起的腿，但不要放下。重复几次之后恢复站立。

跪姿后仰

这种向后倾斜是全面加强练习，尤其提供了一个特别好的臀肌锻炼方式，还有助于伸展大腿前面的肌肉——股四头肌。

1 跪坐在地板上，双膝分开与髋同宽，每只手都握有一个哑铃。把臀部从脚跟上抬起来，让身体从肩膀到膝盖之间形成一条直线。吸气，将手臂向前抬起45° 角，掌心向下。

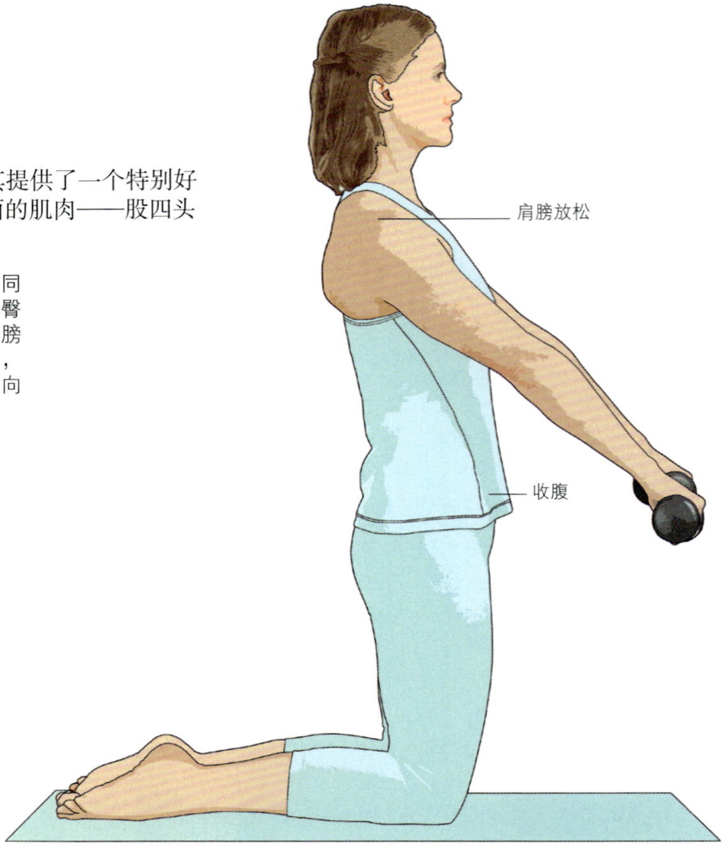

2 呼气，慢慢地向后倾斜身体，保持背部平直。同时举起手臂，让哑铃与肩同高。保持几秒后吸气，然后将手臂放回至45° ，并将身体置于直立位置。完成后，放松双臂。

持重弓步

这种深入的练习可以同时增强所有的腿部肌肉，同时也可以测试平衡。

1 站立，双脚平行分开，与髋同宽。双手放于身体两侧，手持哑铃，掌心向内。肚脐内收使腹肌发力。吸气，一只脚后退一大步，前腿微屈，后脚脚跟从地板上抬离。保持身体直立。

2 呼气，慢慢地将前腿弯曲到90°。降低后腿膝盖但不接触地板。保持几秒后吸气，伸直双腿恢复站立。完成一侧的练习之后，进行另一侧的练习。

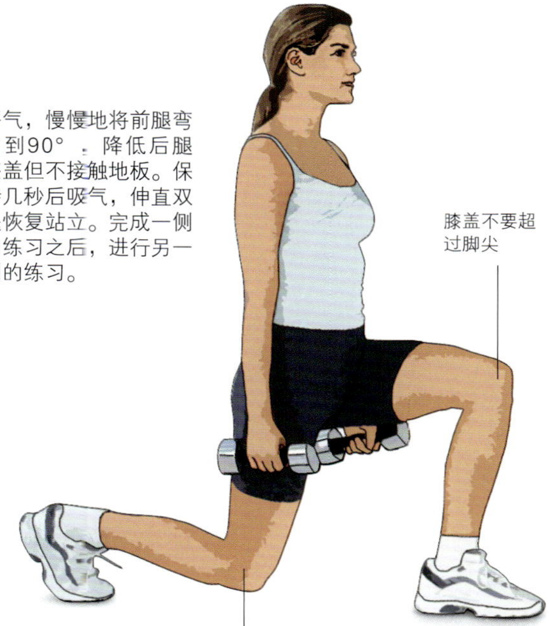

弓步踢腿

这种弓步练习可以使臀肌和股四头肌通过锻炼达到最佳状态。

1 站立，双脚分开与髋同宽，双手叉腰。收腹使腹肌发力。吸气，一条腿向前抬至与髋同高，脚跟向前推，弯曲支撑腿。在此过程中，小心不要让身体向后倾斜。

2 呼气，慢慢向身后摆动伸展的腿。将伸展腿的脚趾平放在地板上，弯曲双腿进入加强型弓步。保持几秒后吸气，前踢或站立。完成后，进行另一侧的练习。

腘绳肌

腘绳肌是大腿后侧的肌肉，在日常生活中可能变得僵硬，特别是久坐之后，因为腘绳肌在这个体式中没有发力。下面的练习不仅可以提高灵活性，降低腿部和背部受伤的概率，还可以塑造腿形。

腘绳肌卷曲

这款经典的下身运动包括腿部全方位的弯曲和伸展，为大腿后侧提供了充分锻炼。

1 跪在地面上，膝盖位于臀部正下方，双手在肩膀下方。先把一只手的前臂平着支撑在地板上，然后是另一只，两手拇指放在一起，指尖向前，双肘向外。吸气，一条腿向后伸出并高于臀部。

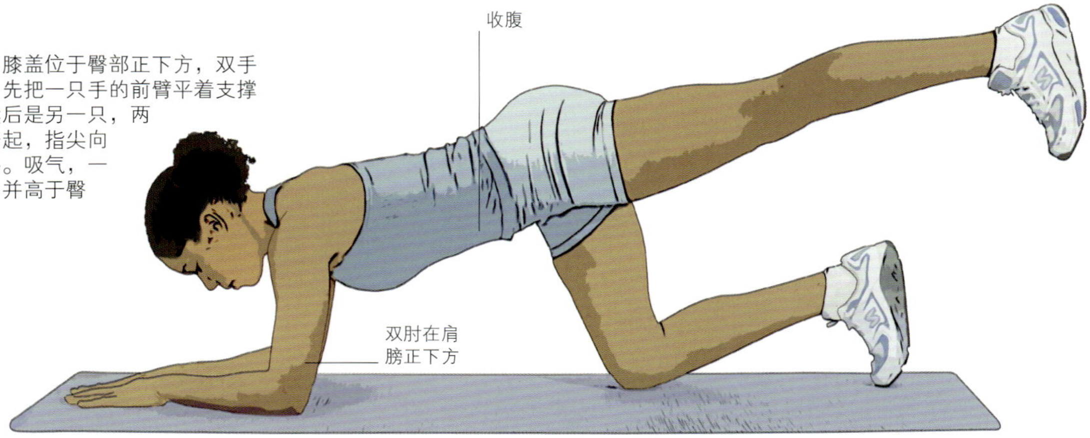

2 呼气，慢慢地将伸展腿弯向臀部，直到小腿与大腿垂直，脚跟蹬出。保持几秒后吸气，再次伸直腿。完成了一条腿的练习之后进行另一条腿的练习。

锻炼的是哪个部位?

腘绳肌是从臀部根部到膝盖后部的肌肉，负责向后移动腿（髋关节伸展）及脚跟移向臀部（膝关节弯曲），还可在身体前屈时向前弯曲臀部，从而减少背部的压力。保持腘绳肌强壮会提高整个下肢的灵活性。

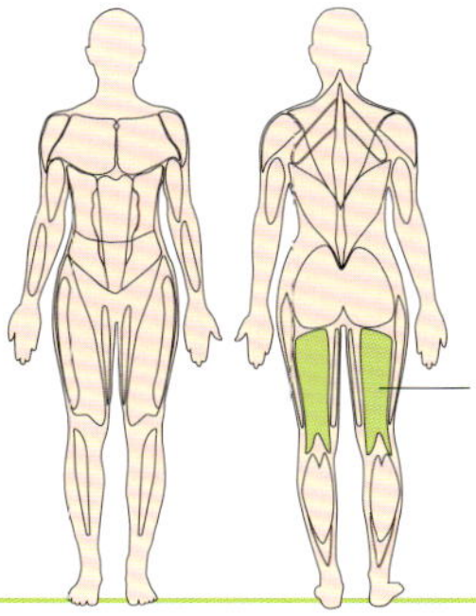

短桥式

这项具有挑战性的背部弯曲练习有助于整个身体前部的拉伸，并为整个身体背部及大腿后侧提供了良好的锻炼方式。

1 平躺，腿和脚并拢，双臂放松，掌心向下。脚跟用力蹬，这样双脚稍微弯曲，肩膀和手臂紧贴地板。眼睛平视，颈部延展。吸气准备。

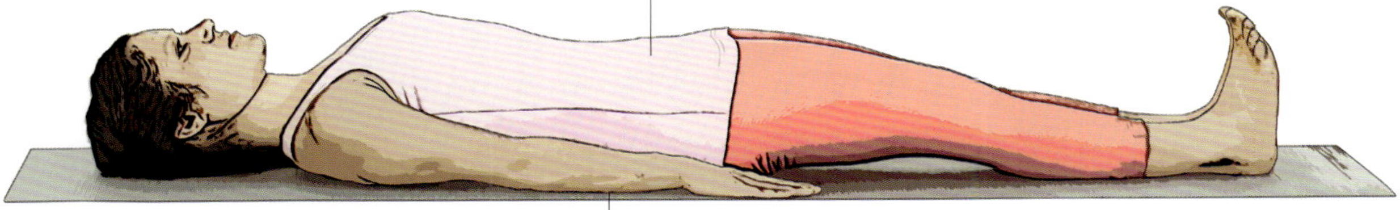

2 呼气，腹肌和大腿后部发力，将臀部抬起，同时将肩膀和手臂紧贴地板。体重均匀地分布在头部、肩膀、手臂、手和脚之间。保持几秒后吸气，身体在地板上放松。

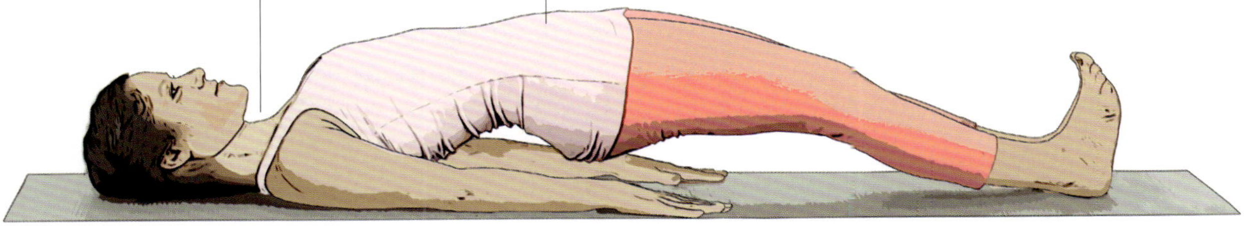

大腿内侧和外侧

虽然散步和爬楼梯等日常活动会锻炼到大腿前后部肌肉（股四头肌和腘绳肌，详见p.137和p.143），但大腿两侧的肌肉——内收肌和外展肌，通常会被忽略，因为它们只在腿部侧向运动时启动。下面的练习改善内收肌和外展肌并可对其进行强化、塑造。

屈膝

这种以芭蕾为基础的练习本质上是锻炼腿和脚部的方式：在运动过程中，膝盖向外可以使大腿内侧部分力量增强。

1 站立，双脚分开略宽于肩，脚尖向外。想象有条线从头顶向上拉。肚脐内收使腹肌发力。吸气，双臂举到两侧，与肩同高，手掌向前弯曲。

2 呼气，膝盖弯曲，使小腿垂直地面，双臂抱胸，手腕在胸前。始终保持背部挺直。保持几秒后吸气，恢复站立，双臂伸出。完成练习后，双臂放回身体两侧。

锻炼的是哪个部位？

内收肌是大腿内侧的肌肉——从腹股沟延展到膝盖，负责向内移动双腿。外展肌是大腿外侧的肌肉，可以把腿向外移动。保持这些肌肉健康平衡是保持腿部最大活动范围的基础。

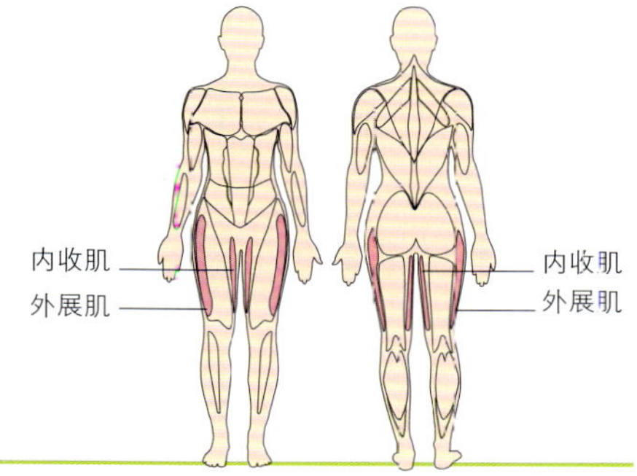

起蹲球

这项练习比屈膝难度更大，因为健身球增加了额外的阻力。可以充分利用健身球挤压大腿内侧和臀部。

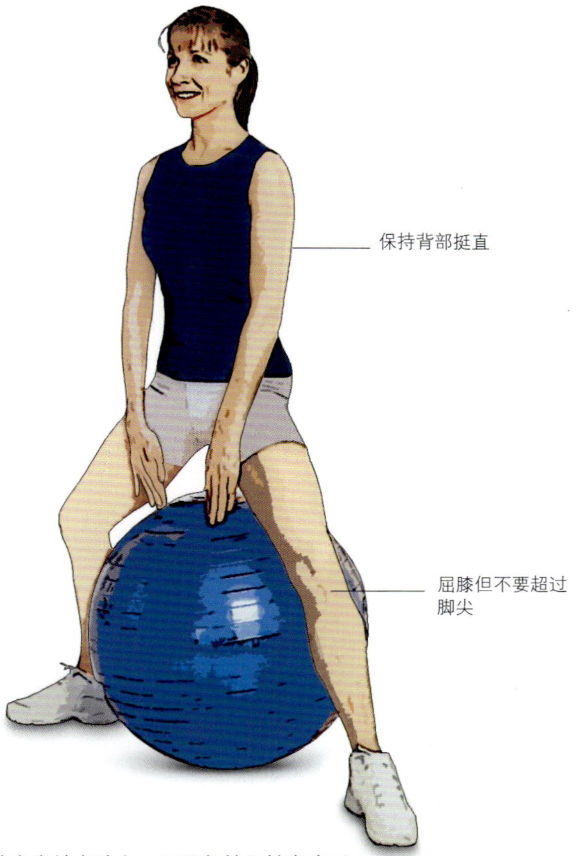

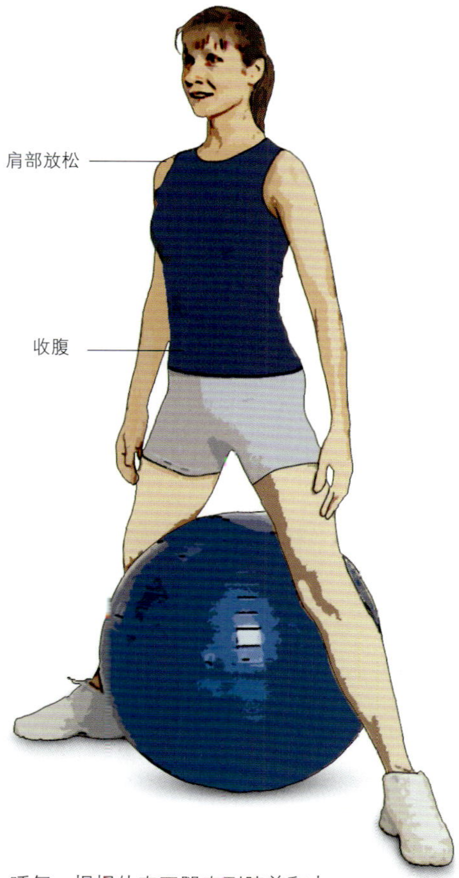

1 跨坐在健身球上，双腿保持足够宽度以便将膝盖压在球上。脚尖向外45°，两侧手臂放松。吸气，将膝盖弯曲到上页屈膝的位置，膝盖和脚尖都向外。指尖可以触球以获得支撑。

2 呼气，慢慢伸直双腿直到膝盖和大腿内侧紧贴健身球。想象有条线从头顶向上拉。完成后，放松腿部肌肉并离开球。

侧卧抬举小腿

内收肌是大腿内侧的肌肉，特别难以单独练习，但这种举腿练习将真正锻炼到内收肌。

1 侧躺，弯曲下臂，把头靠在手上。将另一只手放在胸前的地板上以获得支撑。吸气，将上方腿的脚放到下方腿大腿前面的地板上。

2 呼气，将下方腿的小腿从地板上抬起，身体的其余部分保持不动。坚持几秒后吸气，恢复步骤1的体式。完成一侧的练习后进行另一侧的练习。

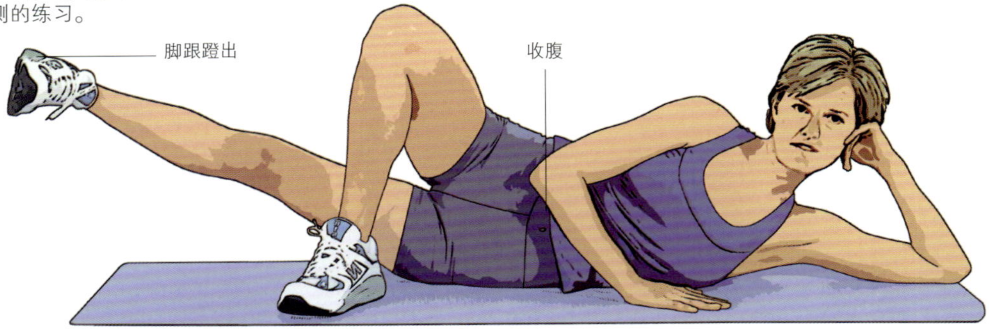

侧卧画圈

该练习是一个称为“隆德让画圈 ”的芭蕾舞步的侧面动作，就是“腿部旋转”的意思。画圈运动可使下肢得到锻炼。

1 侧卧，肘部朝向外侧，下肘放在地板上，头靠在双手上。将上方的肘部指向天花板。确保臀部、膝盖和脚平行叠放。吸气，双腿向前45° ，保持双腿伸直，并将上方的腿抬高至与髋同高。

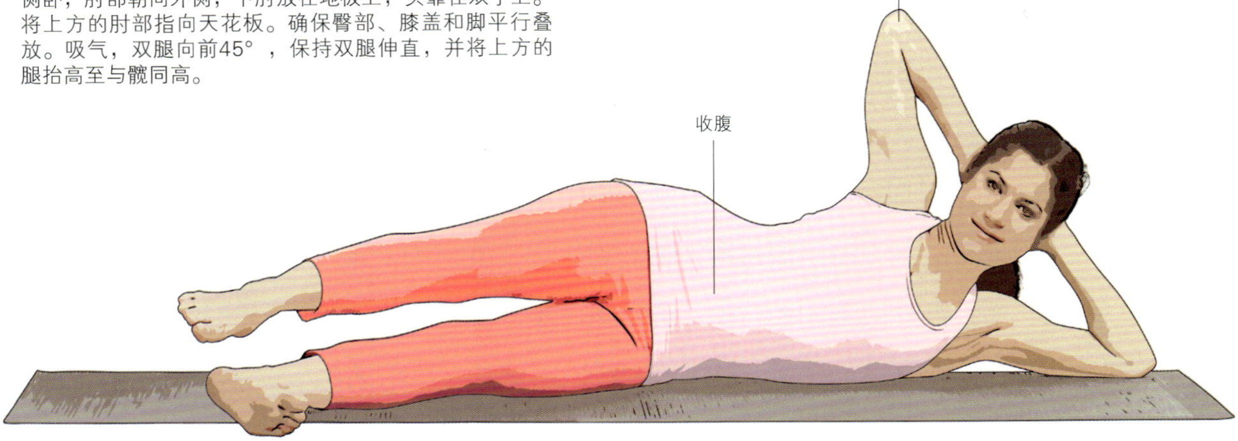

侧卧抬举大腿

这项练习需要腿部尽量外展，是一种专门针对大腿外侧肌肉的运动。开始练习大腿吧！

1 侧卧，弯曲下臂，把头靠在手上。另一只手放在胸前的地板上以获得支撑。收腹使腹肌发力。确保两侧的臀部、膝盖和脚平行叠放。

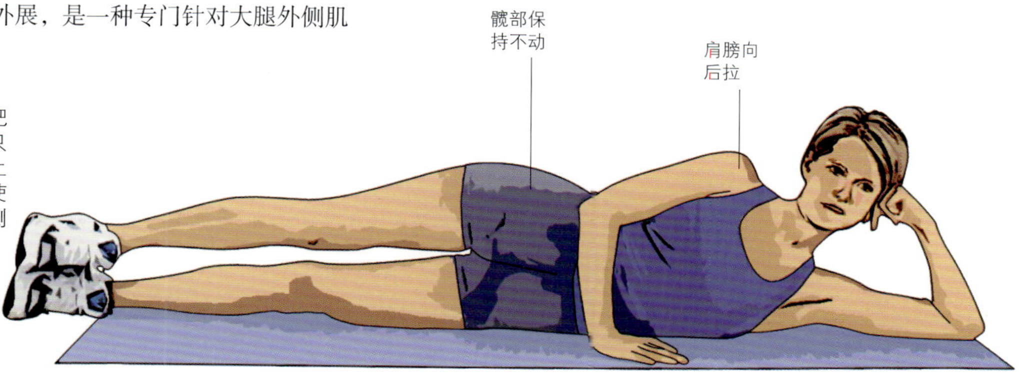

2 呼气，尽可能高地缓缓抬起上方的腿，脚跟蹬出。保持几秒后吸气，再次降低。完成一侧练习之后进行另一侧的练习。

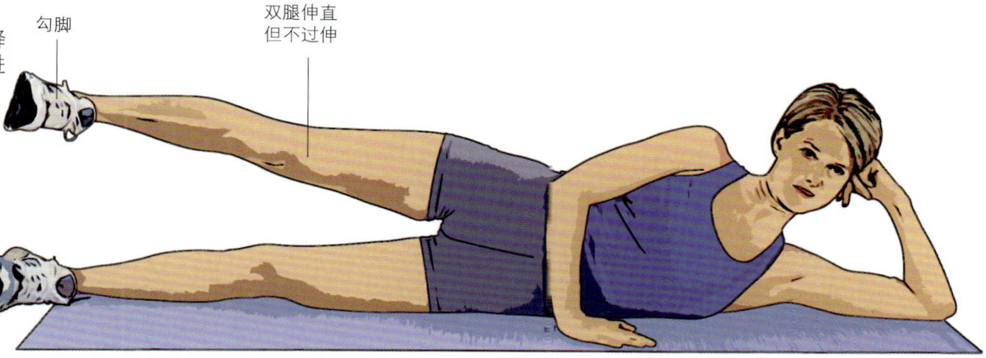

2 呼气，向前和向上用腿画大圆，至脚趾朝向天花板的位置，然后以弧形向后和向下扫动，恢复步骤1的体式。完成一侧练习之后进行另一侧练习。

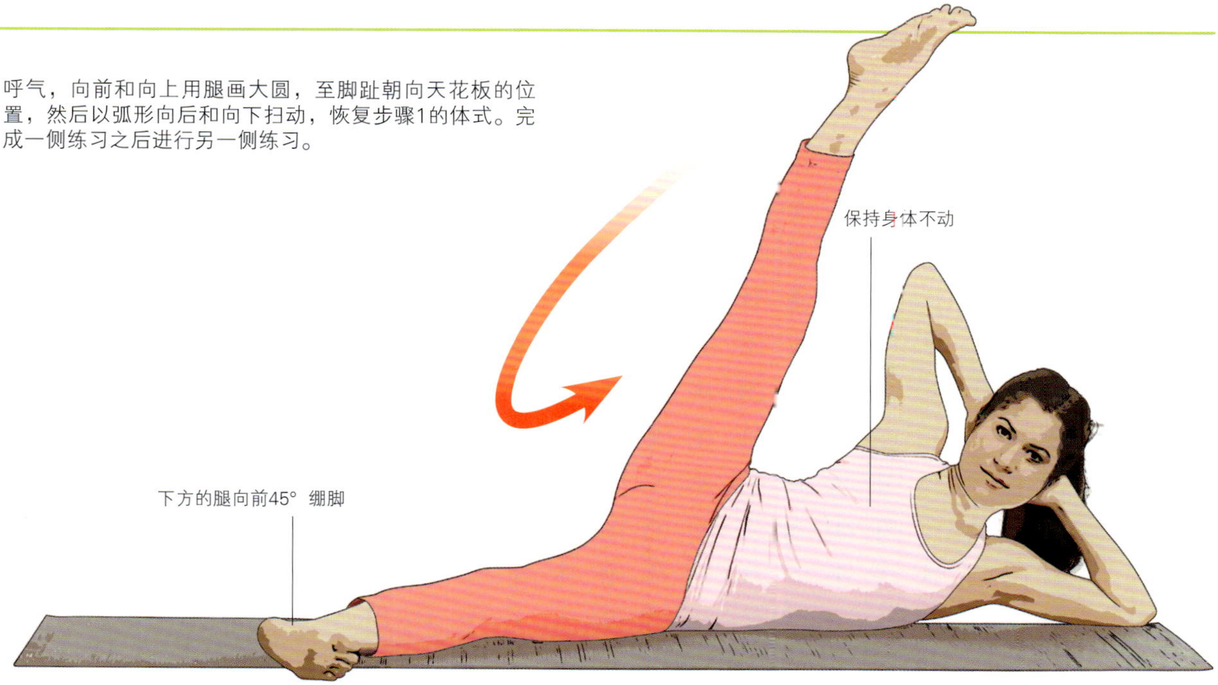

小腿

小腿前部和后部的肌肉在散步和跑步等活动中起着重要作用，同时也是促进下肢平衡和双腿姿势的关键因素，因此可影响整体体态。下面的练习有助于保持小腿强壮、匀称和健康，并有助于保持最佳状态。

推墙提踵

这项锻炼可增加小腿力量、双脚的灵活性和平衡感。一旦熟练掌握用墙做支撑的练习，可以进行不用支撑的练习。

1

双脚平行面墙而立，双脚分开同髋宽，手掌放在墙上，高度在腰部和胸部之间。确保靠近墙壁，手臂弯曲。想象有条线从头顶向上拉，吸气准备。

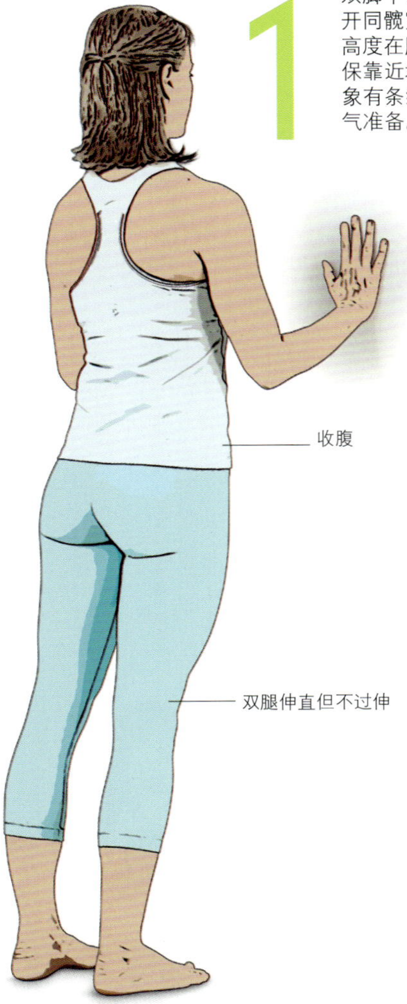

2

呼气，慢慢地抬起脚跟，脚趾发力，双手扶墙。不要向内或向外移动双脚。保持几秒后吸气，双脚踩实地板。

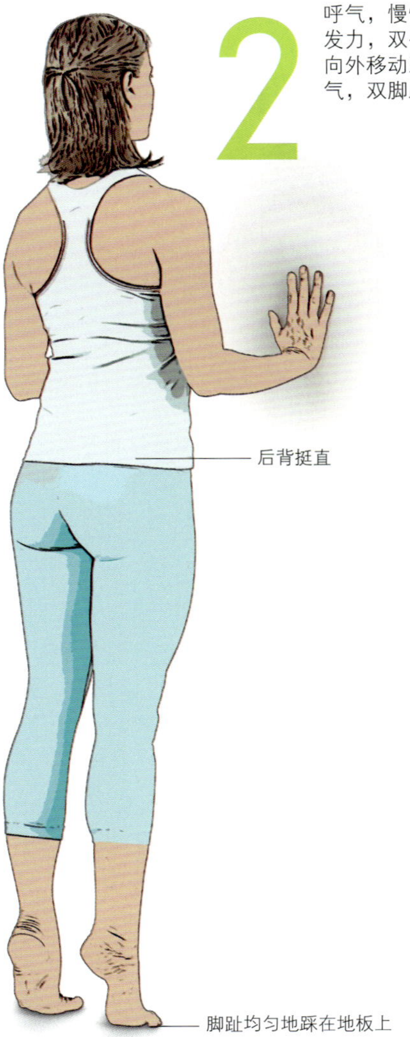

锻炼的是哪个部位？

腓肠肌是小腿的主要肌肉，从膝盖后部到脚跟，塑造出小腿形状。比目鱼肌是腓肠肌下方的小块肌肉。腓肠肌和比目鱼肌一起能够将脚跟从地板上抬起。胫骨前肌位于腿的前部，沿着胫骨伸展。胫骨前肌能够将脚的前部抬离地面。

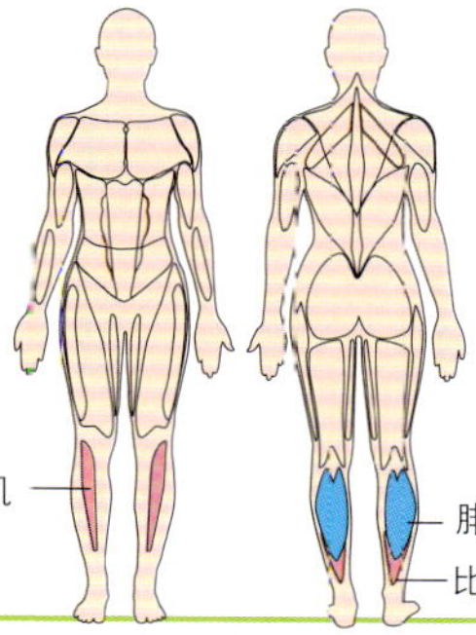

趾踵步

该项练习使用摇摆动作增强小腿、脚踝的力量，而这些部位每天都会承受很大的压力。

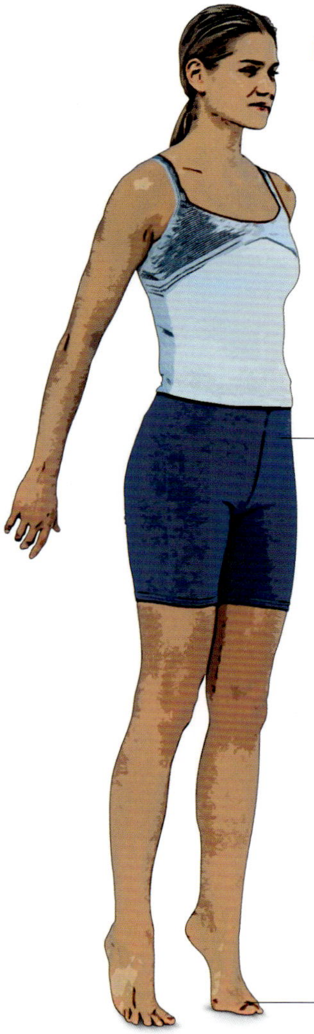

1 站姿。双脚平行分开，与髋同宽，双手放松。双腿保持平直但不过伸。吸气，慢慢地将脚后跟从地面向上尽可能地抬高，这样体重就会落在脚趾上。稍微将手臂放在身后以保持平衡。

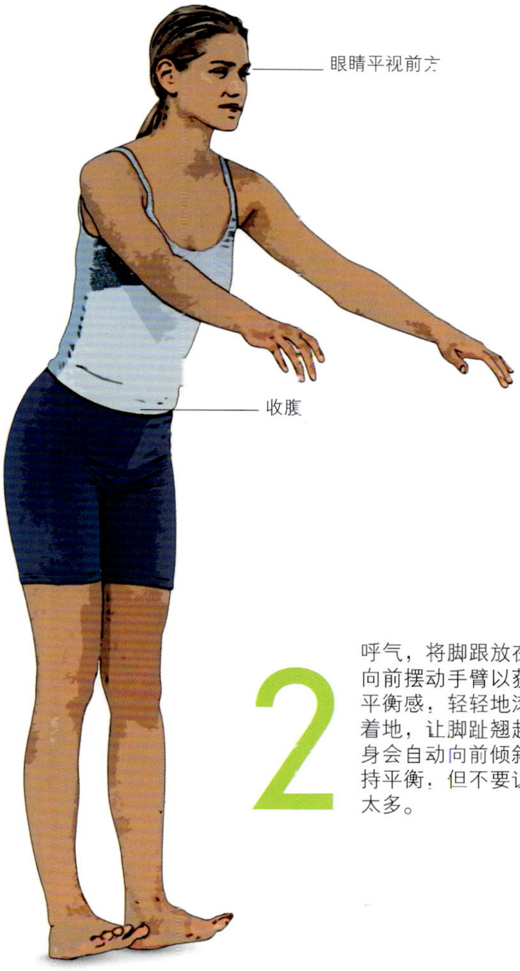

2 呼气，将脚跟放在地板上，向前摆动手臂以获取动力和平衡感，轻轻地滚动到脚跟着地，让脚趾翘起来。上半身会自动向前倾斜一点来保持平衡，但不要让臀部后翘太多。

全身

尽管单独针对特定肌肉的运动非常有用，但如果需要的话还可以了解一些能够立即燃烧全身能量的运动。除了可以一次对多个区域进行锻炼外，这些复合练习比单独练习可以燃烧更多热量，并可提高协调性、平衡性，增强体力、耐力及改善体态。

弯臂出拳

腿部和脚部同时弯曲，手臂伸展、弯曲和旋转，以及腰部旋转使得这项运动成为理想的塑形练习。

1 双脚前后分开站立，膝盖微屈，双手在下巴下方握拳，肘部向下。吸气准备。呼气，一只手臂在肩膀高度水平出拳，掌心朝下。同时，将上半身向同向扭转，并将后腿的脚跟抬离地面。然后收拳到腰间准备下一步，拳头仍然握紧但掌心向上。

2 呼气，将手臂从腰部向胸部或肩部高度捶打，保持肘部弯曲，肘尖朝下。保持另一只手臂如此。吸气，放下手臂。完成一侧的练习之后进行另一侧的练习。

锻炼的是哪个部位?

本节中的练习可以同时锻炼多组肌肉，尤其是很多有潜在问题的区域。这涉及身体不同部位在不同运动层面上的同步动态练习（p.24~25）以达到塑形效果最大化。大多数练习可同时锻炼上半身和下半身。

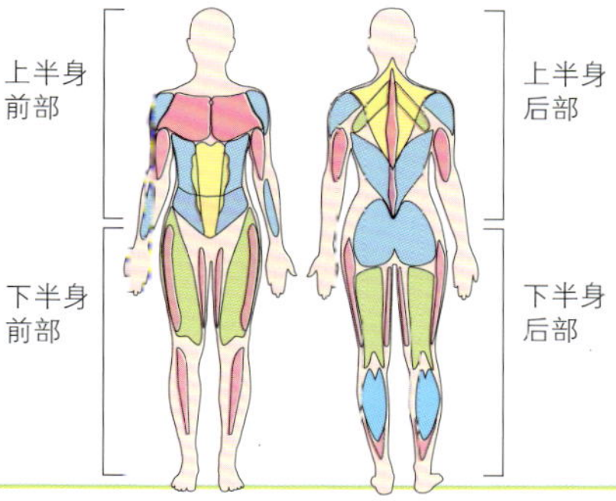

倒立抬腿

该练习是一个很棒的全身力量训练，可以靠着重力保持腹肌发力，用手臂和双腿来支撑，并且将双腿向后伸展以锻炼臀部。

1 四肢伏地，膝盖在臀部正下方，双手位于肩膀正下方。吸气，脚趾收紧，膝盖从地板上抬起，并伸直双腿和手臂，使身体呈倒“V”形。将一只脚的脚跟从地板上抬起，脚尖点地。

2 呼气，慢慢抬起后方的腿，保持身体的其余部分不动，绷脚。保持几秒后吸气，回到倒“V”形。另一条腿重复同样的练习。完成后，回到四肢伏地，慢慢站起来。

屈膝侧平举

本项练习中，弯曲腿部，同时双臂在两侧抬高，可使上半身和下半身都得到锻炼。

1 站立，双脚分开略宽于肩宽，脚尖向外斜向转动45°左右，双臂放松，双手持哑铃，掌心向内。想象有条线从头顶向上拉。收腹以启动腹肌力量。吸气准备。

2 呼气，将膝盖弯到深度屈膝位置。同时，慢慢地将哑铃抬高到身体两侧，与肩膀在同一直线上，掌心向前。保持几秒后吸气，回复站立。

弓步扭腰

这种手臂沿斜上方45° 伸展和加强的弓步，不仅给腿和手臂一个很好的锻炼，而且能锻炼背部和腰部。

1 站立，双脚分开，在臀部高度手持哑铃。呼气，向前迈步，将哑铃举到头顶，并将身体和手臂向左、向后扭转，保持臀部不动，眼睛平视前方。保持几秒，吸气。

2 双手回落腰间，呼气，双腿弯成深弓步，后腿的脚跟从地板上抬起。然后将身体向右扭转，并将哑铃降低至前脚的小脚趾处。保持几秒后吸气，伸直双腿恢复直立。两个步骤完成之后再进行另一侧的练习。

侧身抬腿

这项练习有手臂和腿部的侧向抬举，可锻炼肩膀和大腿。在练习过程中阻止身体侧向倾斜，也有利于锻炼核心部位的力量。

1 双脚分开且平行站立，双臂放松，双手持哑铃。想象有条线从头顶向上拉。收腹使腹肌发力。吸气准备。

2 呼气，一条腿伸直并向外抬起，支撑腿保持直立。同时，将手臂向两侧伸直，直到与肩同高，双臂伸直但不过伸。保持几秒。吸气，放下胳膊和腿，恢复站立。完成一侧的练习之后进行另一侧的练习。

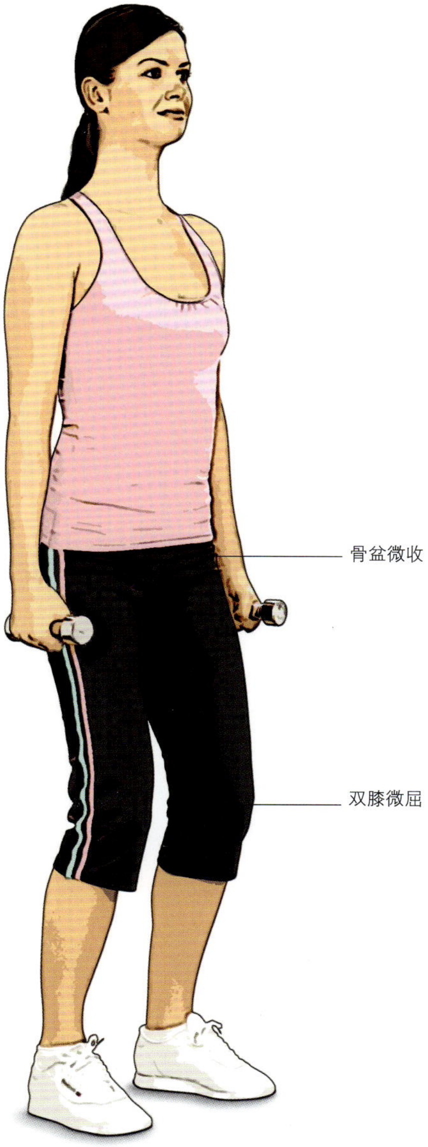

拉伸运动

定期进行拉伸拉长肌肉，使其保持健康柔韧，从而抵消日常活动的磨损对其造成的紧张感和疼痛感。有些人认为，只有身材健美、身体灵活的人才能享受拉伸，并从中获益，但事实并非如此。不管你是不是运动型，接下来的锻炼都将会：

- 放松你的身体并使其充满活力
- 缓解因工作导致的肌肉紧张
- 使身体保持最佳灵活性的同时，确保最大的脂肪燃烧量
- 增加柔韧性，使日常活动更轻松
- 解决任何肌肉失衡问题，恢复均衡健康
- 改善姿势，防止因老化可能导致的耸肩
- 使身体运动流畅，提升优雅感
- 减少因肌肉紧张而受伤的机会

进行拉伸的原因

人们专注于塑造良好形体时，往往会更多关注有氧运动和抗阻运动，而忽视拉伸运动。然而，拉伸运动在塑造形体并使其保持最佳工作状态方面起着重要作用。它不仅有助于保持身体的灵活性，还可以让你保持良好的生理弯曲，并拥有强壮、优雅、均衡的姿势。

最大限度地扩大你的安全运动范围

柔韧性是指肌肉运动带来的关节处的可运动范围。拉伸运动可扩大肌肉运动范围，使你可以更容易地进行各种动作。无论是向高处取物、弯腰拾取东西，还是盘腿而坐，都将不在话下。除了增加柔韧性，拉伸运动还有助于稳固身体关节。这些关节会为骨骼提供更坚固的基础，从而减少在其他运动过程中受伤的风险。随着年龄的增长，你的肌肉周围结缔组织会开始失去弹性，而这些组织是身体柔韧性的保证。因此，拉伸也变得越来越重要。

保持年轻优雅的姿态

拉伸的本质即伸展肌肉，由此抵抗重力的自然影响。因此，拉伸可以使你看起来更高、更瘦、更优雅——想想芭蕾舞者的优雅和平静。信不信由你，它还可以帮助预防或消除某些特定区域的皱纹，如颈部皱纹。因此，拉伸让你感觉和看起来更年轻。

平衡你的身心

日常活动中，我们往往会习惯于一些活动或姿势（p.24~25），尤其是坐着和站立。这意味着，并不是我们所有的肌肉都会被经常使用到，有些肌肉可能变得紧而僵，而有些肌肉则会变得松弛和虚弱。拉伸可以帮助你纠正这种不平衡：当你拉伸一块肌肉时，其相对的肌肉会自动收缩。

例如，拉伸腘绳肌（位于大腿后部），股四头肌（位于大腿前部）就会收缩。其他几组相对应的肌肉包括：

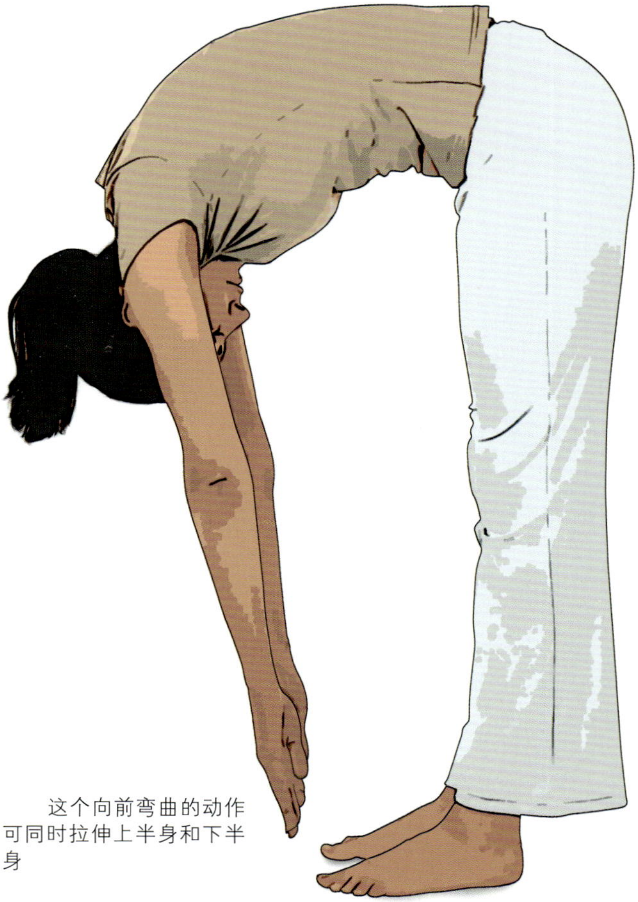

这个向前弯曲的动作可同时拉伸上半身和下半身

• 上背部肌肉/胸部。

• 腰背肌肉/腹肌。

• 肱二头肌/肱三头肌。

重要的一点是，你需要拉伸相对应的肌肉直到感觉他们平衡为止。利用长而缓的拉伸运动来平衡身体也会使心态更加平稳，感觉更放松。

每个人都需要拉伸吗?

由于骨和关节的基因结构不同，有些人天生就比其他人柔韧性更强。但无论你的柔韧性如何，总会有进步的空间。因为拉伸运动可以在不同强度下完成，几乎适合所有人。这并不是说你要超强度运动或变得超级柔软，这些动作只是为了让你在日常活动时更轻松，并且更加持久地保持你身体的柔韧性和灵活性。如果一个体位看起来强度太大，具有挑战性，那么你只需完成你所能完成的部分。重要的是你能拉伸的程度，而不是拉伸的强度。所以，不要为了追求你所认为的拉伸强度而牺牲良好的体形和身体的一致性。

肌肉紧张的影响

无论哪部分肌肉紧张，都会限制你的运动范围。下面是主要部分肌肉紧张的一些具体影响。后文的拉伸有助于避免这些问题，提高整体健康水平。

颈部紧张：下巴突出，紧张性头痛。

肩部紧张：限制手臂动作，驼背，缩脖子。

腰背部紧张：胃胀，压制椎骨和神经，可造成坐骨神经痛。

胸部紧张：胸部塌陷，驼背，可能造成肩酸臂痛。

手臂紧张：手臂僵硬或疼痛，可能造成重复性劳损。

腰部和前髋紧张：做扭转动作困难，下身僵硬，可出现膝盖问题。

腘绳肌紧张：给腰部造成压力。

股四头肌紧张：屈膝困难。

大腿内部紧张：盘腿坐困难。

小腿紧张：可导致跟腱受伤。

像这样的侧边拉伸可打开身体的一侧，而双腿打开的姿势可以拉伸大腿内侧

如何拉伸？

拉伸是塑造体形、增强平衡性和柔韧性的简单方法。重要的是，任何时候都要选择符合自己需求的拉伸——这取决于身体哪部分存在紧张、僵硬或不平衡的感觉。同时，了解拉伸的基本原理也很重要，便于你选择安全、有效的练习。

拉伸的类型

弹力拉伸：即采取一定的体位，利用反弹力使身体拉伸。这种拉伸如果没有专家指导会不太安全。

动力拉伸：即在关节的可移动范围内连续移动关节，如肩部旋转和肘部旋转（p.164）。

静力拉伸或主动拉伸：采用某个体位并保持一段时间，使身体放松，如小腿弓步（p.190）及本节中的许多其他练习。

被动拉伸：采取一种体位，然后通过施加某种形式的阻力，来扩大关节的可运动范围，以此促成身体的拉伸。阻力可来自外部物体，如毛巾、台阶或阻力带（p.107），也可是由另一个人或你自己身体的另一部分施加的压力，如肱三头肌过顶（p.180），在此练习中你可以用一只手帮助另一只手沿背部下拉。

等长练习：是一种静力拉伸。采用某种体式，利用某种形式的阻力来增强拉伸，通过在被拉伸的肌肉中产生张力来完成，如双手墙角按压（p.174），使用墙壁作为阻力。

我应该拉伸到什么程度？

无论做哪种拉伸，安全、舒适才是至关重要的，即拉伸的目标肌肉有健康的紧张感，没有任何疼痛感。如果感到任何不适，请稍微松展拉伸的体位。静力拉伸的动作最好保持至少8秒，保持整个身体协调一致；我们建议大家在接下来的练习中保持10秒，以确保肌纤维有足够的时间适应身体的延展。但是，如果需要，可以保持更长时间。通过常规练习，你可能很快就会在同一时间内实现身体更大范围的运动。

使用阻力带有助于完成做某些较难的动作，特别是腿部拉伸。

拉伸的重要提示

- 针对身体最紧张、僵硬或不平衡的部位，选择相应的拉伸动作。
- 以身体的均衡运动为目标。你可能会发现你身体的一侧比另一侧更灵活，所以你可以根据需要调整每侧练习的频率和强度。
- 自觉调整。你的身体可能会在某些日子与平常相比不太灵活，要接受并尊重这一点。切勿超越身体本能所能承受的训练强度。如果你需要减小强度，请缩小关节的运动范围；同样，如果你感觉强度不够，请尝试在下次呼气时扩大运动范围。
- 以缓慢、可控的方式运动。避免任何不连续、不稳定的运动，因为这可能会损坏你的关节。
- 平稳地保持每一次拉伸。这会使你的身心变得宁静，并有益于神经系统（p.22）和肌肉。
- 记得呼吸！随时准备吸气，在呼气时进入状态并加深强度。毕竟，你的肌肉需要氧气才能运作。
- 将拉伸视为放松的机会。在长时间的锻炼或漫长的一天结束时做一些伸展运动是一种令人愉悦并且健康的放松方式。

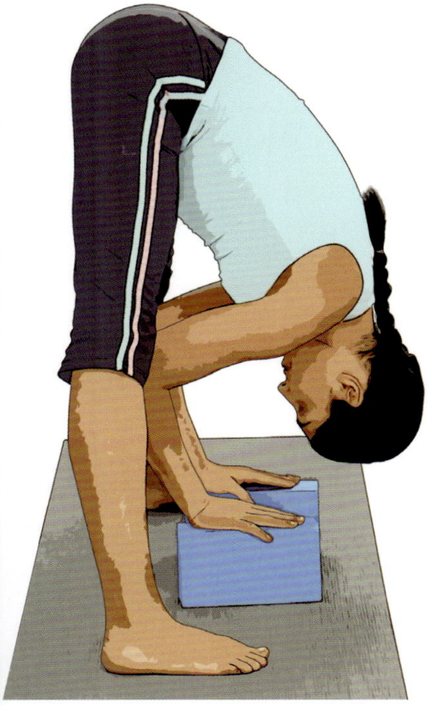

使用瑜伽砖可以帮助你完成较难的动作，特别是向前弯曲时

在这个体式中，最大限度向上拉伸手臂

靠在稳定的物体表面，如墙壁，有助于平衡姿势。但在其他练习中，这可以增加拉伸强度。

头部和颈部

颈部肌肉因需要支撑头部的重量而承受着巨大的压力。因此，它们很容易变得僵硬和酸痛。接下来的颈部练习可缓解该部位的紧张，并有助于恢复颈部和头部的健康运动。同时，眼部练习可全方位锻炼眼部肌肉，保持眼睛的清爽和活力。

眼部练习

这些简单的眼部运动既可放松眼肌又可增强眼部健康，它们可缓解眼部因日常压力而产生的疲劳。

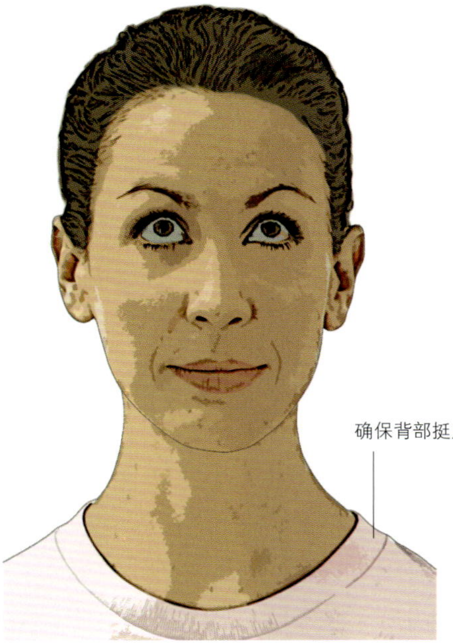

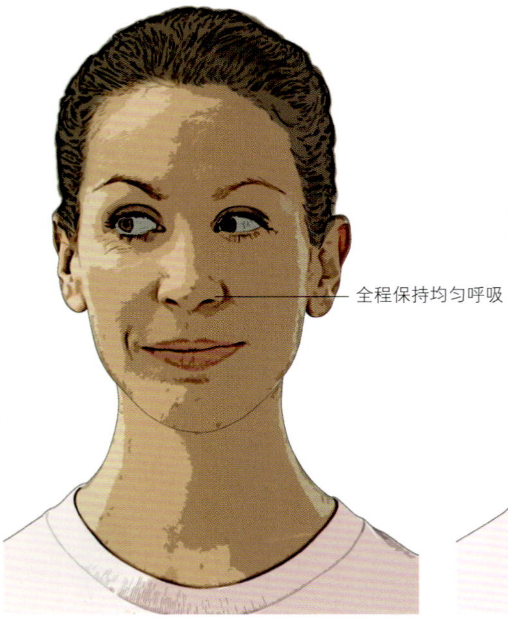

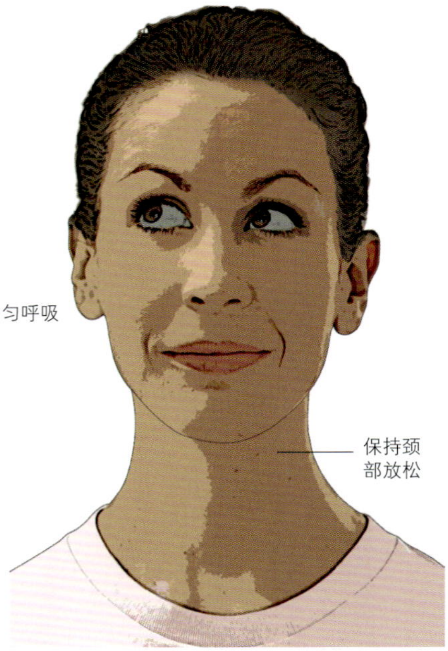

1 垂直向上转动眼球并保持5秒，不要移动颈部或头部。然后慢慢转动眼球向下，保持5秒，最后回到中心。连续做5组后闭上眼睛休息约30秒，使其放松。

2 将眼球尽可能向一侧滚动，并保持5秒，不要移动颈部或头部。然后慢慢地将眼球转向另一侧并保持5秒，最后回到中心。连续做5组后闭上眼睛休息约30秒，使其放松。

3 向右上方转动眼球，保持5秒。然后将眼球转向左下方，保持5秒，最后返回中心。沿另一个对角线（左上—右下）重复以上动作。连续做5组后闭上眼睛休息约30秒，使其放松。

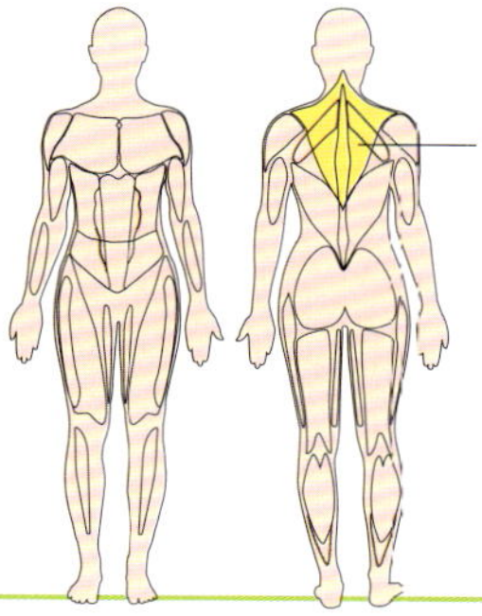

锻炼的是哪个部位？

两块三角形斜方肌（每侧一块）覆盖上背部、肩部和颈部，在背部形成一个巨大的斜方形，参与所有头部运动。胸锁乳突肌位于颈部的两侧，负责将头部从一侧转到另一侧。

转头

这项简单的练习让头部左右摇摆，可使脖子得到应有的拉伸，并增强其可移动性。这项练习可以随时随地轻松完成。

舒服地坐着或站立。想象着有一条线拉着你的头顶向上。吸气准备。在缓缓向另一侧转头的时候呼气，下巴随着头部一起转动，保持5秒，头回到中间时吸气。在另一侧重复此动作。

拉伸和向下卷动

首先，这项练习涉及扩胸运动，伸展脖子前部；其次，可伸展脖子后部和上背部。

1 舒服地坐着。想象着有一条线拉着你的头顶向上，收腹，使腹肌发力。吸气，弯曲手臂，轻轻地将双手紧贴在头后面，肘部伸向两侧。

2 吸气，打开并抬起胸部，稍微向后倾斜头部，然后向上看。现在你的肘部应该稍微向后推，背部稍向前拱。确保腹肌参与以提供核心支持。保持10秒。

3 吸气，下巴慢慢向颈部微收，双肘朝向前方，尽可能舒服地把头向下收，眼睛看向胸部。保持10秒。将身体挺直时吸气。

颈侧弯曲

此练习是将颈部和肩部上方先向一侧拉伸，再向另一侧拉伸，帮助减轻这些部位的肌肉紧张。

1 舒服地坐着。想象着有一条线拉着你的头顶向上，收腹，使腹肌发力。抬起一只手臂放在头上并弯曲，将手掌放在头部的另一侧。吸气准备。

2 呼气，使用放在头上的手缓解头部，使头部尽可能舒适地往弯曲手臂的肩膀上靠。头部现在应该朝肘部倾斜，眼睛向斜下看。保持10秒，然后吸气准备。

3 呼气时，轻轻将脸转向斜上方，远离你抬起的手臂。朝着相同方向转动眼球，保持10秒。吸气，将手臂放回身体一侧，并将头部回至中央。另一边重复以上三个步骤。

肩部

由于我们每天伏案工作，使用电脑和手机，易耸肩弓背，我们的肩膀会因此变得肿胀和僵硬。接下来的拉伸有助于缓解这一部位的肌肉紧张。这些训练还将会增大上身的运动范围，并有助于防止任何肩部受伤——特别是在进行网球或高尔夫等运动时。

肩部旋转

这个简单的旋转可以锻炼肩部肌肉，活动肩关节，强健这些部位，消除僵硬感。这项练习也可以坐下来完成。

站立，双臂在身体两侧放松。想象着有一条线拉着你的头顶向上。吸气准备。向后转动肩膀时呼气。连续做8次，然后将肩膀向前旋转8次。

肘部旋转

这项旋转练习使用弯曲的手臂作为杠杆可以为肩部提供比肩部旋转更深程度的拉伸，同时也可锻炼肱三头肌。

肘部向前，吸气准备。向后旋转胳膊肘时呼气。连续做8次，然后将手肘向前旋转8次。

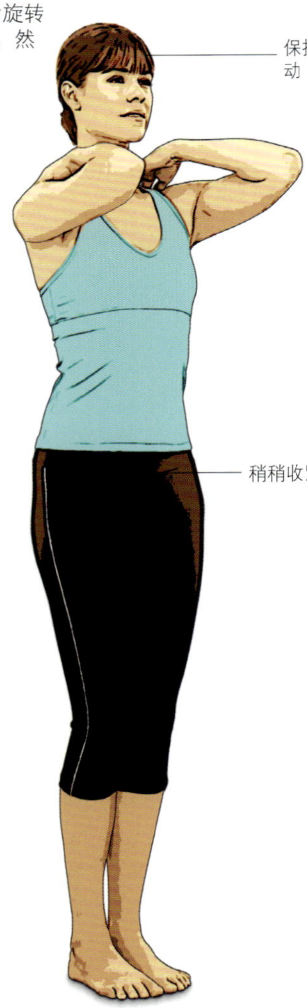

锻炼的是什么部位？

正面和背面的三角肌是肩膀上的主要肌肉，负责肩关节的整体活动（p.109）。肩袖肌肉群（未显示）由肩膀上的四块肌肉组成，有助于稳定关节，尤其是当它单独活动时，如在网球比赛中投球或发球时。

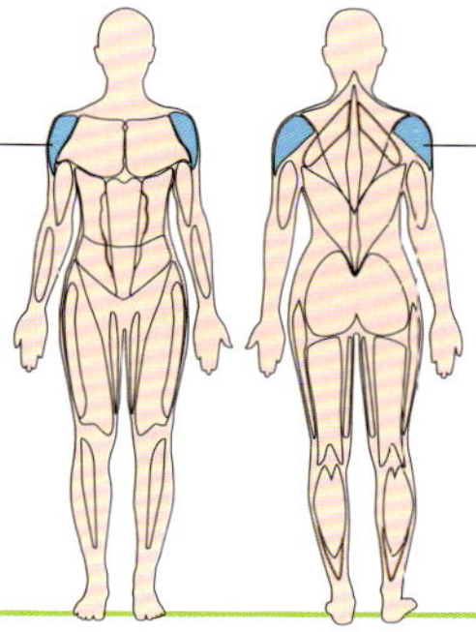

手臂交叉

这项练习为肩膀和上臂提供了很强的拉伸。为了充分拉伸，在运动中保持肩膀向下很重要。

1 站立，双脚分开比髋稍宽。收腹，使腹肌发力。吸气，将手臂水平上移，然后双臂弯曲，与胸部同高。用右手托住左肘，然后将左手放在右肘上放松。

2 呼气，用右手轻轻地将左臂向右侧拉伸，直到左臂差不多伸直，并且感觉到肩膀和上臂被拉伸为止。保持10秒，然后在返回中间时吸气。另一侧重复同样的动作。

直臂后抬

这项练习可锻炼核心腹肌，并为肩膀和手臂提供有力的拉伸。

1 站立，双脚平行分开与髋同宽。将双手放在背后握住，手臂伸直放松，手掌向内。想象一下，有一条线将你从头顶向上拉。收腹，使腹肌发力。吸气，将紧握的双手向上抬起，远离身体。

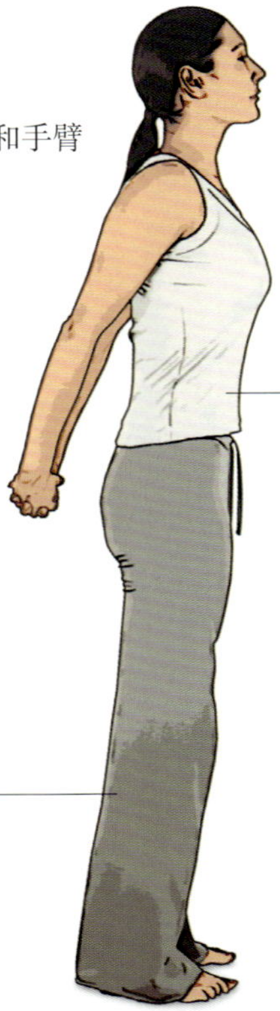

2 呼气，将紧握的双手继续向上，将上半身稍微向前弯，并将下巴向胸部收。保持10秒，然后吸气时放下手臂，将头返回中心。

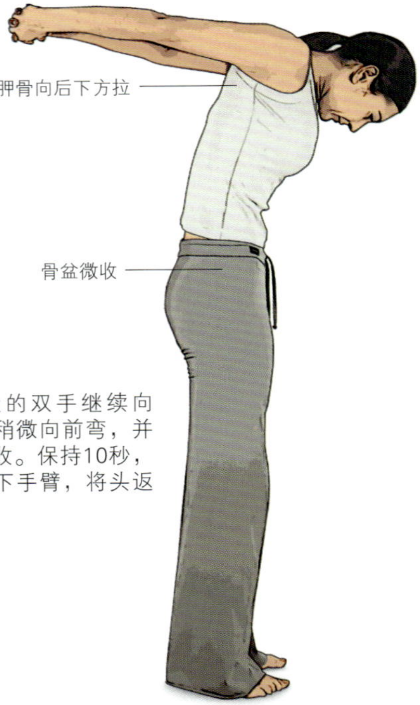

下压转腰

这项练习先伸展肩膀前部，上臂前部和胸前部；然后，伸展你的肩膀后部、上臂后部和脖子后面。

1 站立在与髋部高度一致的水平台面前，双脚分开与髋同宽。将双手放在台面上，指尖向内。吸气准备。呼气，将肘部向两侧弯曲，以降低上身。同时，保持腹肌发力。保持10秒，然后吸气准备。

2 呼气，扭动上身，斜着向下按压一侧肩膀。保持肘部打开，朝扭转的方向看。保持10秒，随着身体回到中间时吸气。然后呼气，另一侧重复。最后慢慢起身站立。

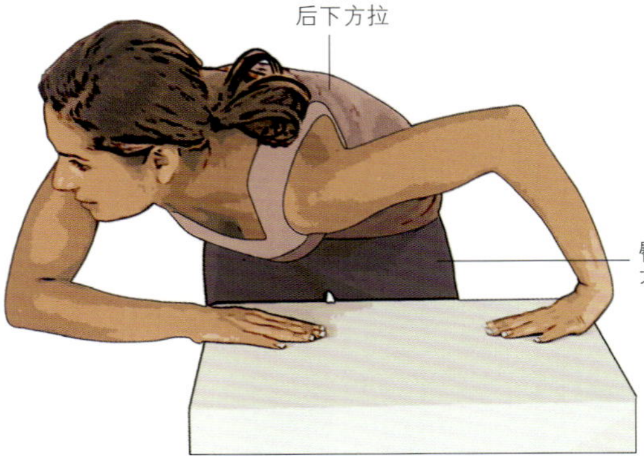

侧身弯曲

这种侧向弯曲可使身体的一侧，尤其是肩部，有一个有益的伸展，同时也可让上半身另一侧的肌肉得到锻炼。

1 站立，双脚平行分开与髋同宽。想象一下，有一条线将你从头顶向上拉。收腹，使腹肌发力。吸气，将手臂抬过头顶，右手扣住左手腕。

2 呼气，将上半身向右弯曲，保持下半身完全静止，并控制身体，不要向前或向后倾斜。现在你的左臂应该是直的，右臂稍微弯曲。保持10秒，然后回到中间时吸气。另一边重复。

背部

背部的肌肉和身体前部的肌肉一起支撑身体的坐、立动作，同时保护脊柱。因此，长时间保持一个姿势，背部会感到疲倦和紧张。接下来的伸展有助于减轻背部的紧张，为该区域重新注入活力，同时也可大大增强身体的力量、平衡感和灵活性。

双臂抱腿

这项练习可以伸展整个背部，特别是延展你的腰部——这个区域在日常生活中经常会被挤压。

1 仰卧在地板上，膝盖弯曲并指向天花板，双脚平放在地板上与髋同宽。收腹，使腹肌发力。吸气，将弯曲的双腿靠向胸部，双手放在大腿的后面。

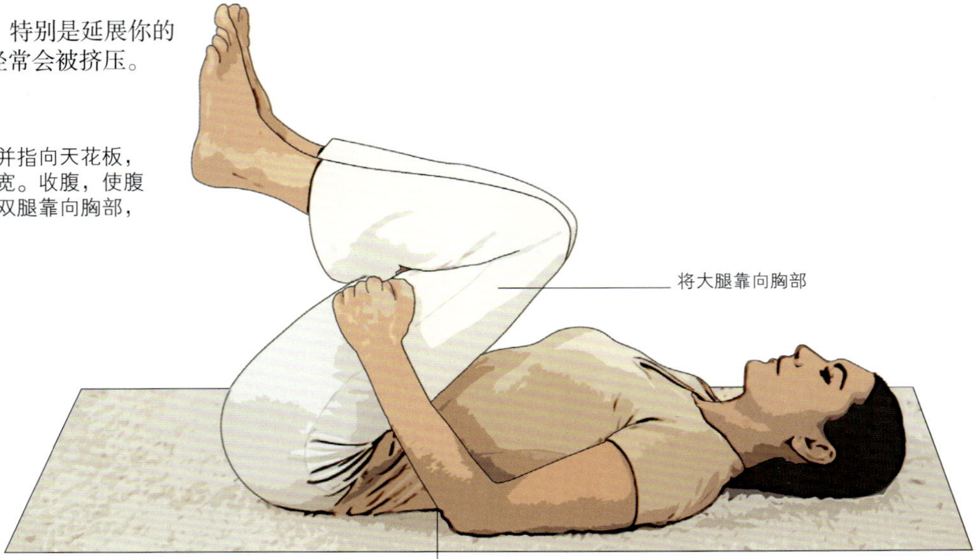

2 呼气，将下巴向胸部收起，抬起头部和肩膀，使之离开地面。同时，抱住小腿，并将弯曲的腿尽量靠向胸部，让自己蜷曲成像球一样的姿势。保持10秒，然后将身体在地板上舒展开并吸气。

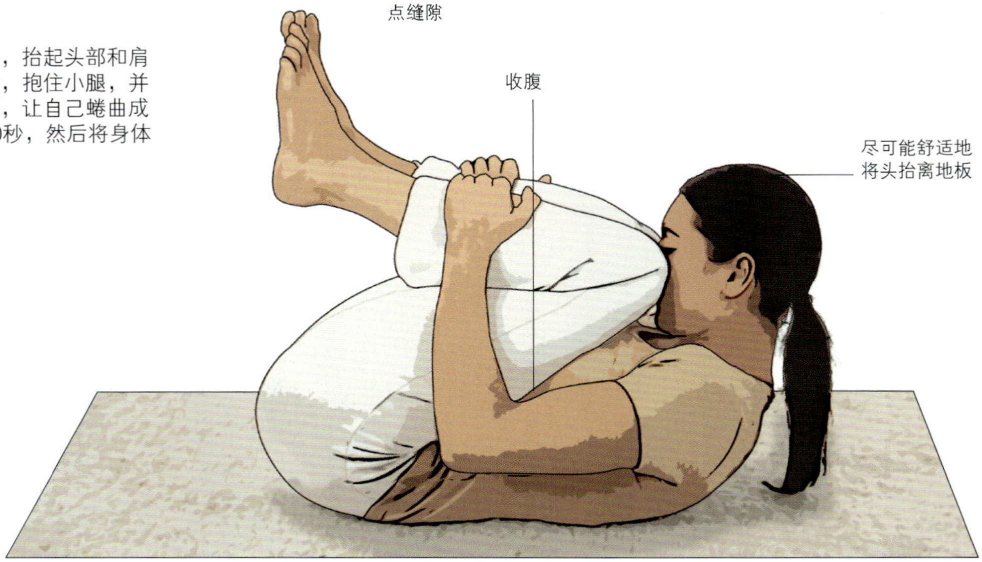

锻炼的是什么部位?

斜方肌在上中背部形成一个巨大的斜方形。背阔肌位于中后背两侧，竖脊肌是沿着脊柱两侧走行的肌肉。所有这些肌肉支持和保护着脊柱，确保背部和手臂的运动。

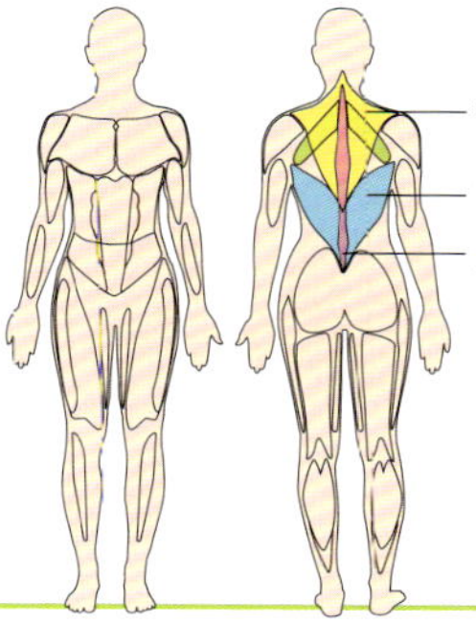

侧卧伸臂转体

这种躺卧的旋转，以上半身和手臂拉伸为主，为身体的两侧及背部中间带来了极佳的锻炼效果，对扩胸也非常有益。

1 侧身躺在地上，臀部、膝盖和脚垂直放置。在前方伸直手臂 一只手臂放在另一只手臂上，手掌相握，并将大腿弯曲至大约90°，将小腿稍微向后放。吸气准备。

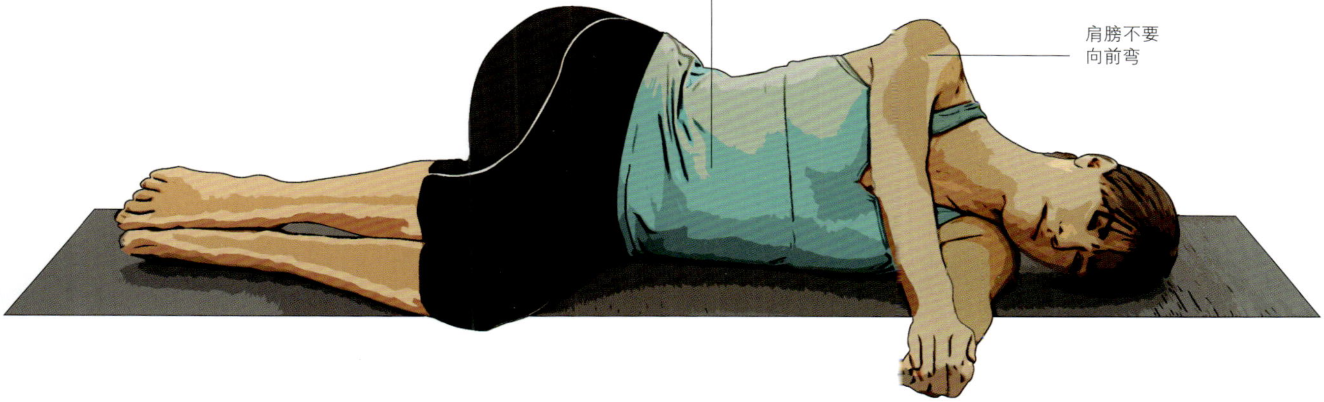

2 呼气，慢慢地将上面的手臂在胸部上方画一个大半圆，然后将它放到另一侧的地板上。做这个动作的时候，转动肩膀和上身，但保持下半身不动。保持10秒，在返回到开始位置时吸气。然后转到另一边，重复同样的步骤。

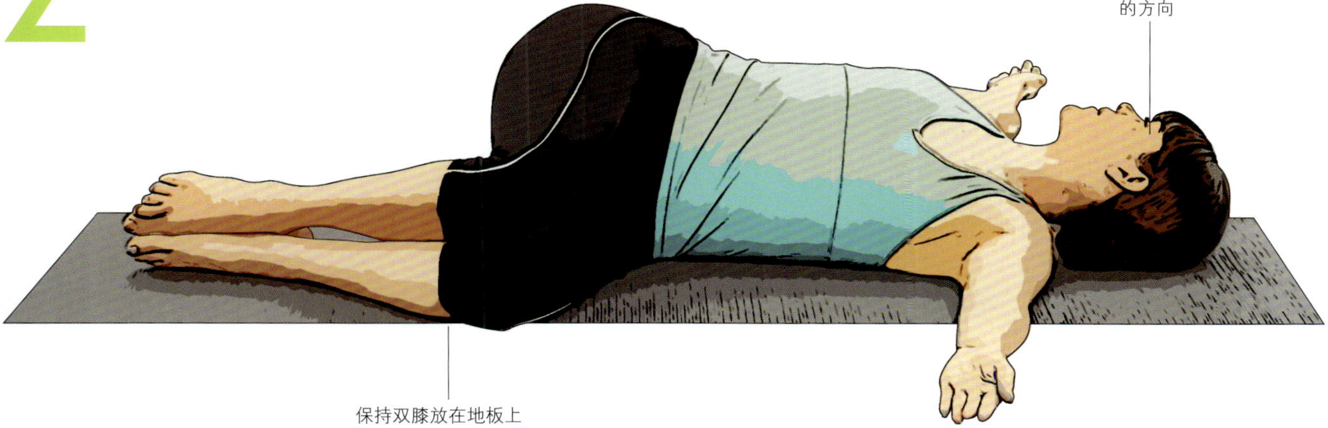

猫式伸展

这个动作为整个背部提供了极佳的伸展，尤其可以减轻背部菱形肌的紧张感。

1 双膝、双手放于地面，膝盖位于臀部正下方，双手位于肩膀下方。将小腿分开并平行放在地板上，与髋同宽。吸气，将肚脐向脊柱方向收紧，使腹肌发力，背部凸起，向内弯曲，尾骨和下巴向内收，保持10秒。

2 呼气，舒展尾骨和头部，让背部再次平坦。继续抬起尾骨和头部，以轻轻地凹下背部，眼睛向斜上方看，腹肌发力。保持10秒，然后吸气，背部再次恢复平坦。完成以上所有步骤之后，慢慢返回到坐姿或站姿。

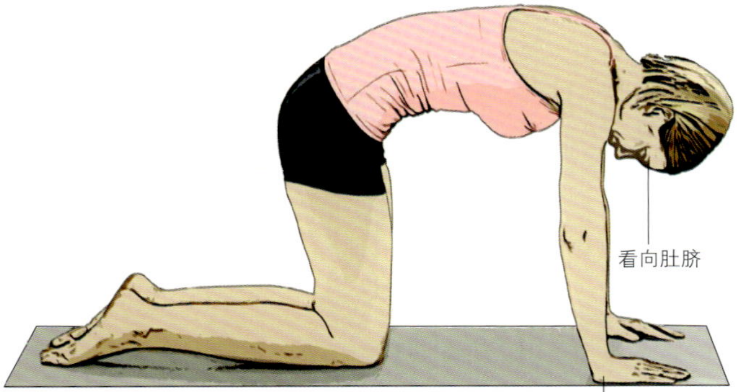

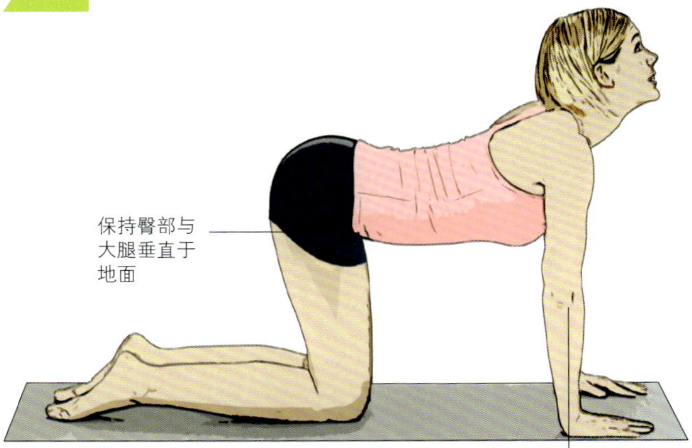

全方位扭转

这个漂亮的动作先将脊柱向一侧弯曲，再向另一侧弯曲。因此，它可以伸展两侧背部，并可增强脊柱活动能力。

1 双手、双膝撑在地板上，双膝位于臀下，双手位于肩膀下。收腹，使腹肌发力。吸气准备。呼气，将臀部扭到一侧，转动头部和肩膀向同侧臀部看。保持10秒，然后吸气结束。

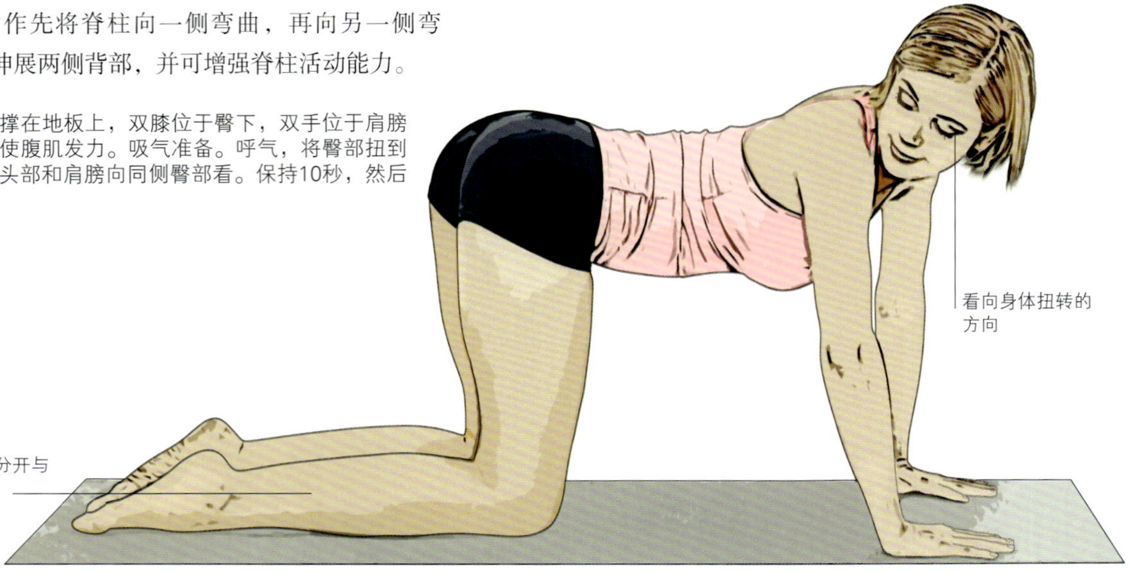

深蹲扭体

这个下蹲和扭转的练习除了可以很好地伸展背部中上部之外，也为大腿和腰部提供了很好的锻炼。

1 站立，双脚分开比肩稍宽，向外转45°。手臂在身体两侧放松。想象一下，有一条线将你从头顶向上拉。吸气，将腿弯曲成下蹲姿势，保持膝盖与脚趾方向一致。将双手放在大腿上休息。

2 呼气，身体稍微向前倾斜，将头部和上身转向左侧，将右肩推向左膝，保持手臂伸直但不过伸。腹肌持续发力，下半身保持不动。保持10秒，回到中间时吸气，然后另一侧重复同样的动作。完成以上所有步骤之后，慢慢回归到站立姿势。

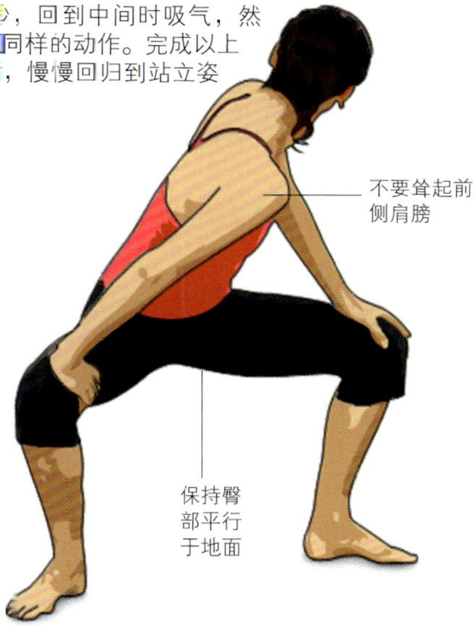

2 呼气，将臀部向另一侧扭动，再次转动头部和肩膀向后看，确保背部不会凹陷。保持10秒，然后回到中心时吸气。当你完成了以上所有的步骤之后，慢慢回复到坐姿或站姿。

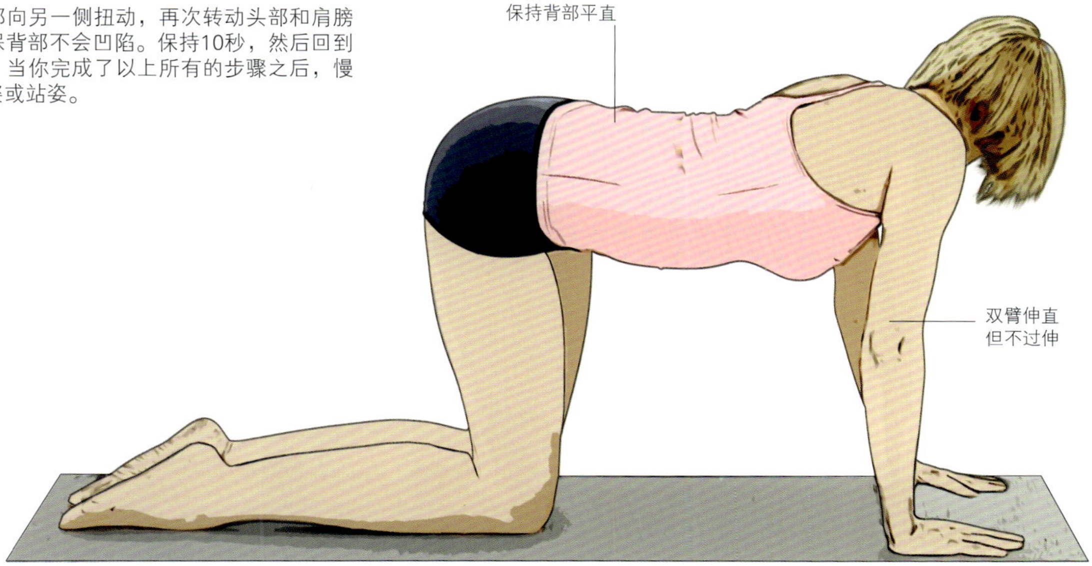

跪姿上身前倾

平时上背部很难被拉伸到，会经常感觉僵硬。但是这项练习可伸展整个背部，尤其是上背部。

1 跪在地板上，双膝分开略宽于臀部，臀部放在脚跟之间。如果需要，将毛巾放在膝盖下方以获得舒适感。吸气，将脚趾踩到地板上并将脚跟从地板上抬起。呼气，双手抓住脚跟，下巴收到胸前，身体向前倾，头部向地面弯曲。

2 继续从这个位置向前倾，目的是尽可能地将头顶放在地板上。继续用手轻轻拉动。保持腹肌发力，确保不要过度地向身体方向低头。保持10秒，然后在回到起始位置时吸气。

俯卧后仰

本练习是眼镜蛇式的变式（p.232）。将手放在你的前方，而不是在腰部，可以充分拉伸背部。

1 趴在地板上，双腿分开与髋同宽，脚趾紧贴地板，头部朝下。手掌向下伸展双臂。吸气，尽可能延伸指尖和脚尖，使整个身体获得最大的拉伸感。

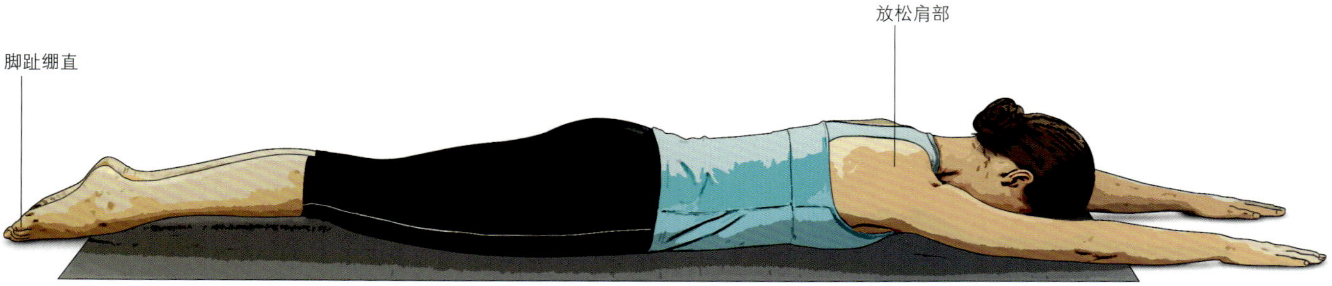

仰卧膝上提

这种躺着的膝盖上提运动可拉伸并放松腰背部和臀部，可有效缓解背部的疲倦或僵硬感。

1 平躺，膝盖弯曲并指向天空，双脚分开，平放在地板上，与髋同宽，双臂在身体两侧放松。直视上方。确保肩膀放松下沉，远离耳朵。吸气准备。

2 呼气，从地板上抬起一条腿，将这条腿向胸部弯曲，并用两只手紧紧扣在大腿后面，使它靠近身体。保持10秒，然后在将脚放回地板时吸气。另一条腿重复此动作。

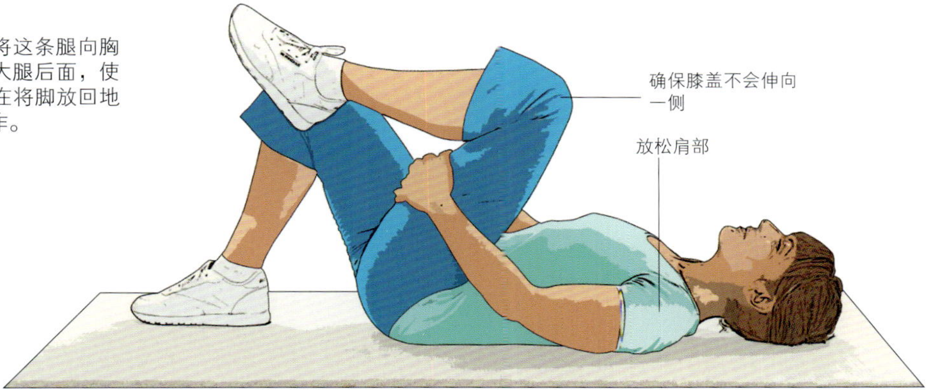

2 呼气，手臂稍微向肩膀拉，双手按在地面上寻求支撑。尽可能舒适地缓缓抬起头部和上半身，使其离开地板。当做这个动作的时候，保持双腿和腹肌发力。保持10秒，然后在回到起始位置时吸气。

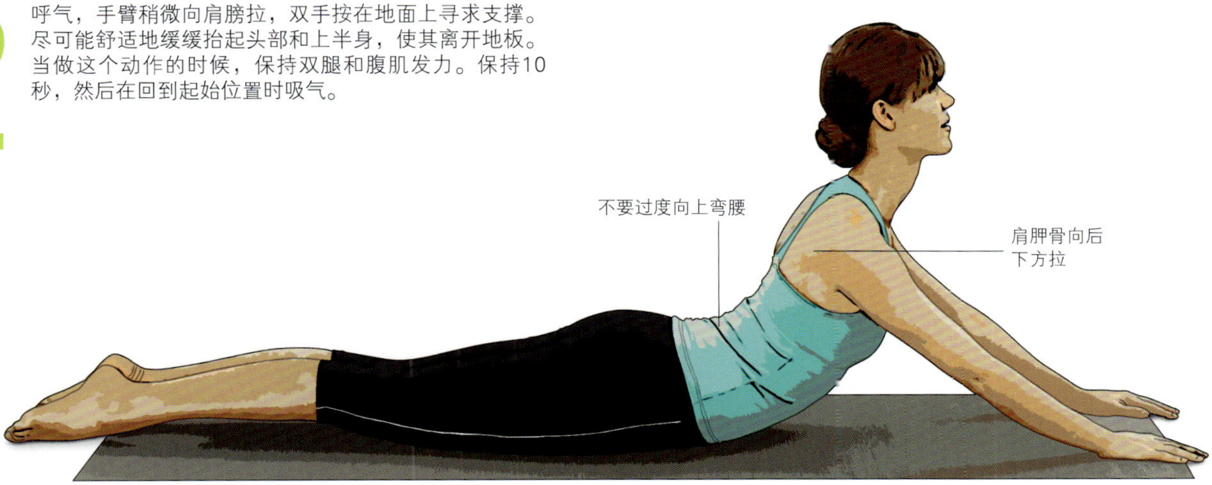

胸部

像长时间伏案工作、在水槽或炊具前做家务等日常活动可导致耸肩驼背，反过来也会引起胸部的肌肉紧张、变短。接下来的拉伸可拉长、舒展此区域的肌肉，既纠正姿势，也有助于消除上胸部的皱纹。

直臂后抬

这项双臂上抬的动作可放松胸部两侧——如果你因整天坐在桌前而耸肩驼背的话，这样做非常有效。

站立，双脚平行分开，与髋同宽。吸气，将双手交叉放在腰背后，手臂伸直，肩胛骨向后下方拉，掌心向内。呼气，尽可能缓慢地在背后抬起手臂。持续10秒，然后吸气，双臂再次下降。

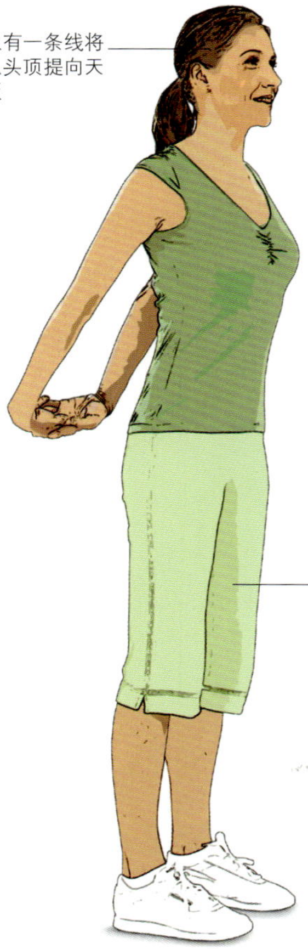

双手墙角按压

这种站立式的俯卧撑练习，需要使用墙壁作为手臂的阻力，为整个胸部提供一个深度的，释放性的伸展。

站立并面向房间的角落。吸气，将双臂向两侧伸出并弯曲至90°，保持手臂与肩膀同高并与地面平行，掌心向前。呼气，将左、右手各放在两边的墙上，向角落倾斜身体，使身体的重量向角落按压。保持10秒，然后回到站立姿势。

锻炼的是什么部位?

胸肌由胸大肌（覆盖胸廓两侧前部的大扇形肌肉）及位于胸大肌两侧下方的较小、较薄的胸小肌组成。这些肌肉负责将手臂移过胸部（内收作用），以及向前移动肩部，并旋转肩膀。

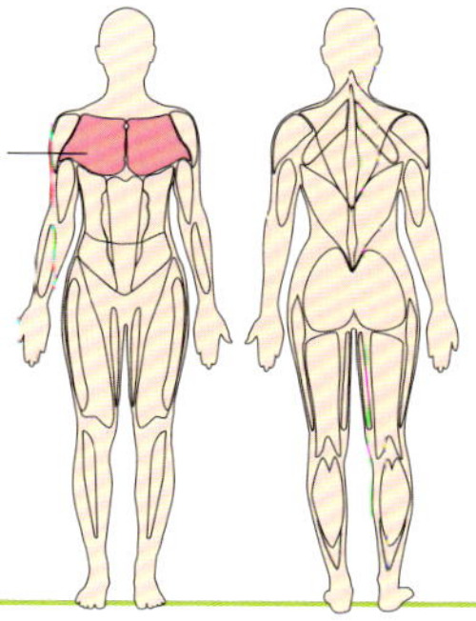

双臂反向拉伸

这种简单的手臂伸展为两侧胸部和腋窝都提供了拉伸，并且延伸至肩膀——这些部位通常不易被拉伸到且容易出现肌肉紧张。

1 站立，双脚平行分开，与髋同宽，双臂在身体两侧，放松。想象有一条线将你从头顶向上拉。收腹使腹肌发力。吸气，将一只手向上伸直。

2 呼气，身体轻轻向举起的手臂的对侧倾斜。然后轻轻地将放松的手臂拉向地面，举起的手臂尽可能向上伸展。保持10秒，当双臂回到身体两侧并放松时吸气。另一侧重复此动作。

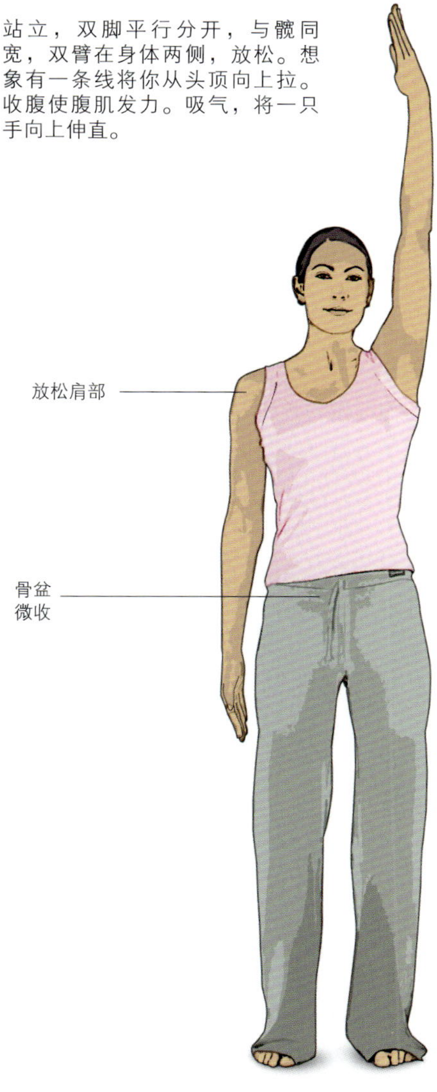

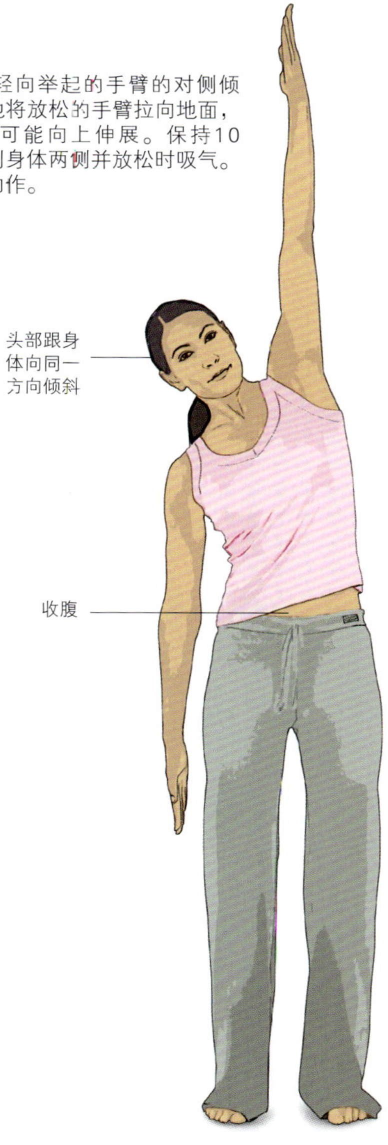

单臂按压

这项练习可以拉伸肩膀、上臂和胸部两侧的肌肉，并刺激走行于手臂控制特定动作的神经。

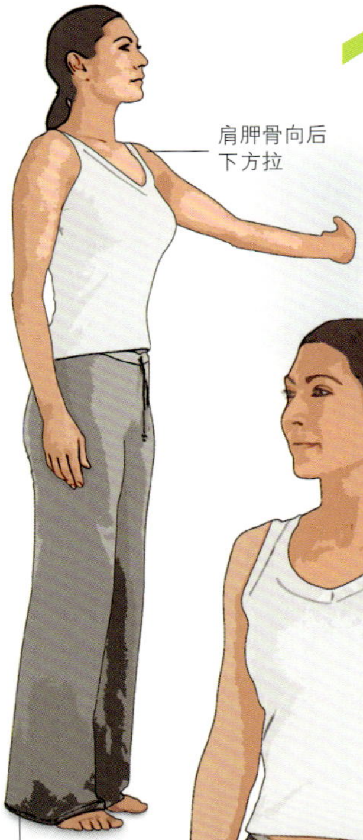

1 双脚分开站立，与髋同宽，斜立于墙壁前，身体与墙壁成45°夹角。收腹，使腹肌发力。吸气，把靠近墙壁的手掌放在墙壁上，高度在肩膀和腰部之间，手臂和指尖朝外。

2 呼气，将手稳稳地按在墙上，然后扭转身体，慢慢地将脚远离墙壁，直到整个身体背朝墙壁。伸出的手臂现在应该或多或少在身后伸直。保持10秒，然后在手臂回到身体一侧放松时吸气。另一侧重复此动作。

肘部后推

这个练习会给你一种将腋窝和胸部真正打开的感觉。这也是防止上胸部形成皱纹的好方法。

1 站立，双臂放在身体两侧。想象有一条线将你从头顶向上拉，放松肩膀。吸气，将双手伸到头后相扣，肘部向两侧伸出。

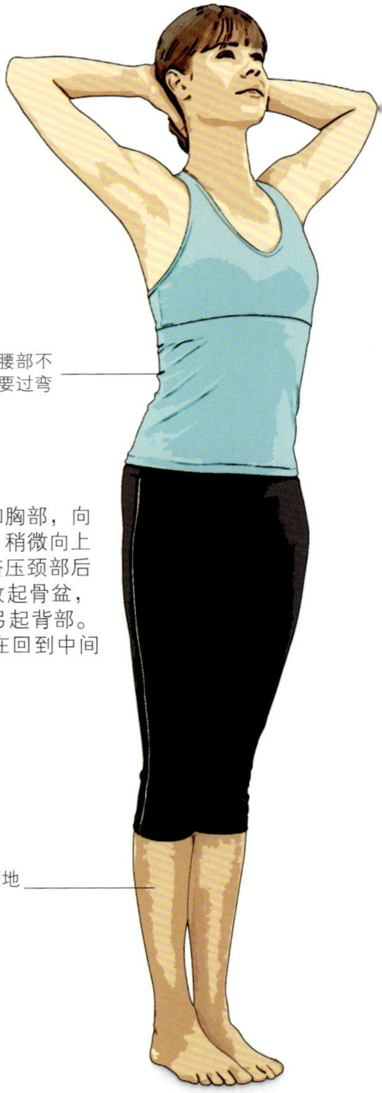

2 呼气，挺起腰部和胸部，向后轻轻推动肘部，稍微向上抬起下巴，但不挤压颈部后方。同时，稍微收起骨盆，以确保不会过度弓起背部。保持10秒，然后在回到中间时吸气。

坐姿扭转

在这项练习中，坐姿扭动和手臂伸展的结合会为腰部减压，并伸展胸部和手臂的区域。

1 坐在椅子的边缘或其他平坦的台面上，双脚平放在地板上，分开与髋同宽。吸气，向前倾斜上半身，用左手抓住右小腿下部。呼气，左肩向下推，右肩向上向后推，向右扭动身体。保持10秒，以吸气结束。

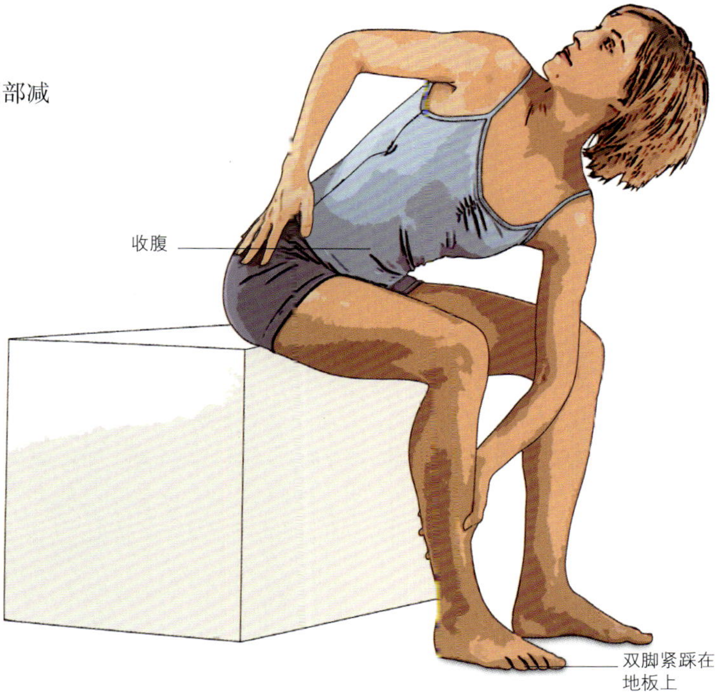

2 呼气，举起右臂，并向空中伸直。继续向后推动右肩，并将左手肘靠在左膝内侧，以方便身体右侧的拉伸。保持10秒，然后在回到中间时吸气。另一侧重复此动作，然后恢复坐姿。

胳膊和手

在日常生活中，我们会使用胳膊和手部肌肉进行大部分的活动，如刷牙和在电脑上打字等。这使它们承受了很大的压力。因此，使它们尽可能保持强大和灵活至关重要。下面的练习将抵消日常的损耗，让你的胳膊和双手随时准备好更加有效地迎接日常需求。

手腕按压

这种手腕运动可给手臂后部的肌肉适当的拉伸，同时还可以使过度劳累的手腕和手指恢复灵活。

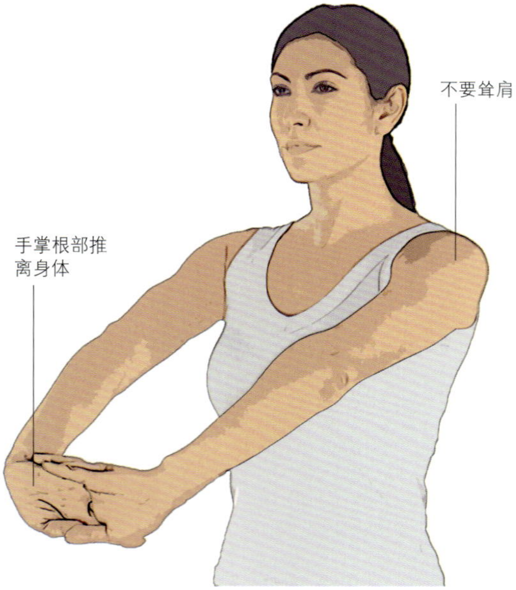

舒适地坐着或站立。吸气，将双手在前方交叉扣住。呼气，翻转手掌，将双手的手掌向前推离身体。伸直手臂，高度位于腰部和胸部之间，双手向前推，远离身体。保持10秒，然后在身体两侧放松双臂。

双臂伸展压掌

除了伸展腕关节、手臂外，这项练习还可以拉伸腰部的两侧，从臀部到肋骨。

站立，双脚平行分开，与髋同宽。吸气，双手向上伸直，手指指向两侧，掌心向上。呼气，直接向上推动双手的根部，指尖向下朝向地面。保持10秒，然后放松手臂并将它们放回身体两侧。

锻炼的是什么部位?

上臂前面的肱二头肌的作用是弯曲手臂，如弯曲手臂抬起或推动物体。上臂背面的肱三头肌的作用是伸展手臂。肱桡肌是前臂肌肉，可以让你打开并合上双手，并在肘部弯曲手臂。

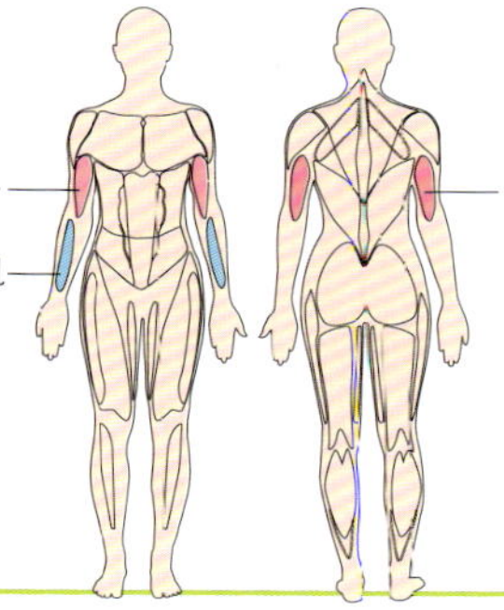

前臂伸展和弯曲

这项练习需要一个水平的台面作为阻力，可以拉伸前臂前、后的肌肉，也有助于保持手腕的灵活性。

1 站在稳定的水平台面前，将双手放在上面。吸气，将双手转向另一面，指尖朝向自己。呼气，轻轻地将体重向前推到手腕上。保持10秒。

2 吸气，双手向上微抬，掌心向下，指尖斜向朝着身体。呼气，将体重轻轻地向前推到手掌上，然后身体稍微拉回来以增加伸展。保持10秒，然后吸气，将手臂在身体两侧放松。

肱三头肌过顶

这项经典的手臂练习可以拉伸上臂背面的肌肉（肱三头肌），这块肌肉通常得不到应有的关注，但如果想拥有最佳形态，应特别关注它们。

舒适地坐着或站立。吸气，伸出一只手臂指向天空，然后弯曲手臂并将这只手伸到背部中间。呼气，用另一只手轻轻地向后和向下推动这只手臂的肘部。保持10秒，然后放松手臂。另一只手臂重复此动作。

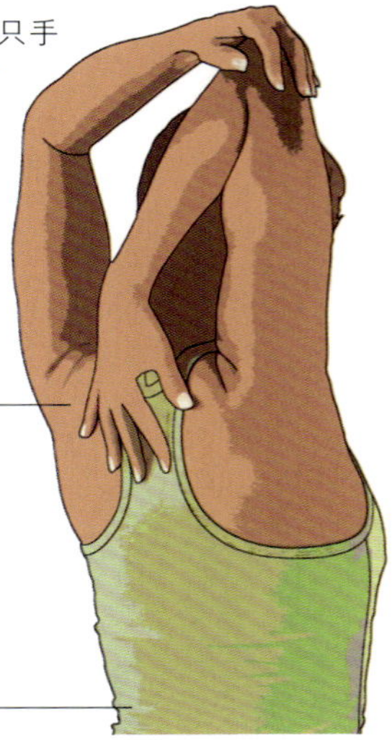

背后扣手式

这项练习中采用的手臂姿势，在瑜伽中被称为“牛面式”，它可以让手臂背面有极佳的舒展效果，同时可以舒展胸部。

舒适地坐着或站立。吸气，将一只手伸到空中，然后弯曲，并将该手伸到背部中间。呼气，将另一只手放在腰后面，伸出手向上，掌心向外。如果可以的话，将双手合在一起，并保持上方的手肘向后推。坚持10秒。吸气并放松双臂。另一侧重复此动作。

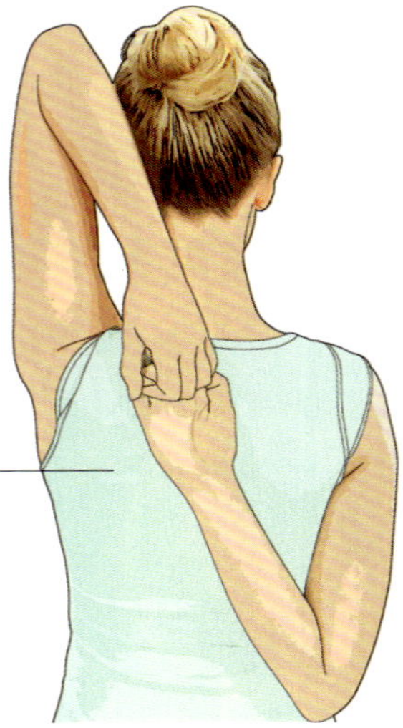

手部鱼动

这种流动的手臂运动可以从肩膀拉伸到手腕、双手及指尖，增强整个手臂和手部的活动能力。

舒适地坐着或站立，吸气时，将肘部抬高至胸部高度，双手在前面相合。呼气，双手在水平方向移动画数字“8”：首先向一边的下方移动，再向上，之后沿对角线回到中心，再向下移动到另一侧，再向上，然后返回中心。连续做8次。

双手后合

这项练习可以拉伸前臂并保持手腕灵活——如果你的日常生活涉及重复性的手部活动，如打字，那么这项练习将会特别有用。

舒适地坐着或站立。吸气，将手臂弯曲至后背中后部。呼气，将双手手掌合拢，使肩膀向后向下拉。如果手掌不能合拢，就尽量去碰触。保持10秒，然后在身体两侧放松双臂。

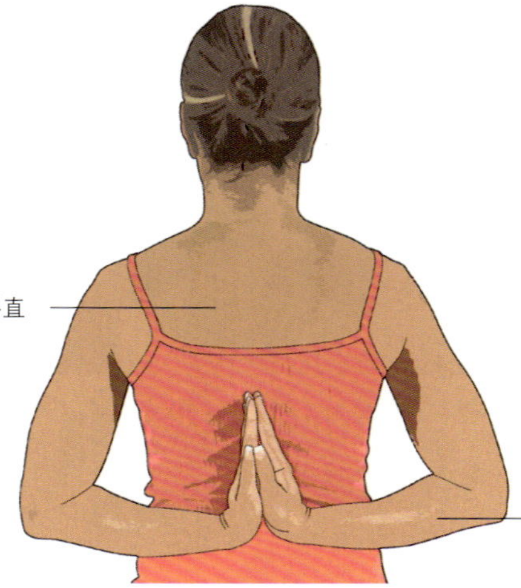

手部旋转

当手臂或双手感到僵硬或疲倦时，这项练习将非常合适。这些动作会大大增强手腕和手指的灵活性，并可拉伸手臂。

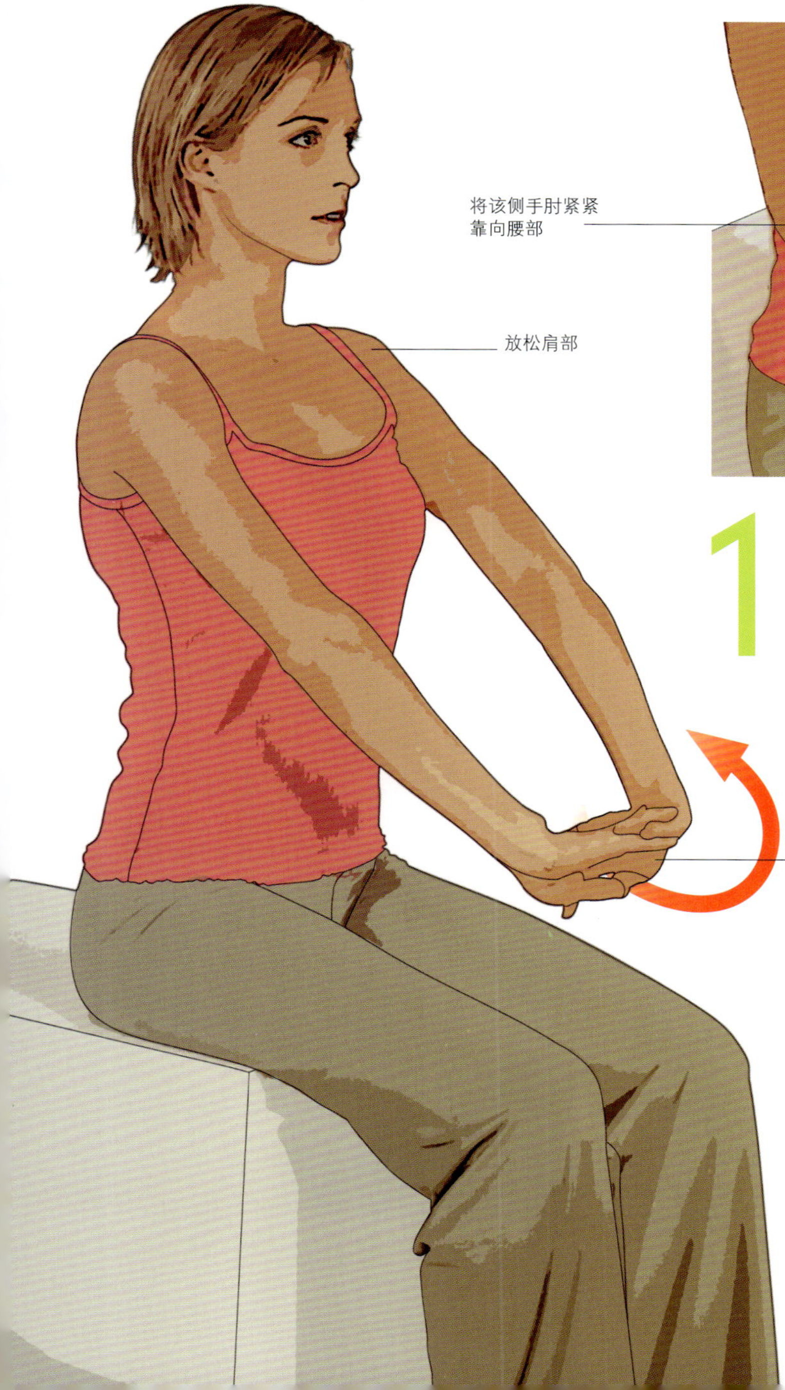

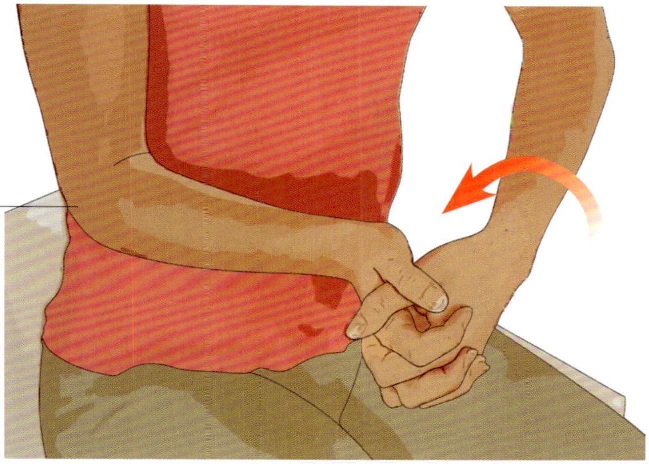

1 舒服地坐着或站着做这个动作。吸气，将右肘弯起放在你的一侧，松弛地将双手手指在腰部高度交叉相扣。呼气，用左手将右腕转动一圈——在同一个方向上转动10次，然后在另一个方向转动10次。另一只手臂重复以上动作。

2 为了让双手和手臂再次伸展，将双手手指在面前交叉相扣，手臂伸直但不过伸，掌心向外。吸气准备。呼气，用双手做一个大的旋转动作：首先向上到胸部水平，然后掌心朝着自己，接着弯曲手臂，回到臀部高度，最后掌心再次向外。连续做这个旋转动作8次。

腰部和臀部

腹部和腰部肌肉对于保持身体姿势的平衡非常重要，臀部肌肉更是日常基本活动，如坐和行走的关键。以下练习可保持这些区域的紧实度，以确保肌肉能够尽其所能完成任务，以便塑造体形并增加身体的灵活性。

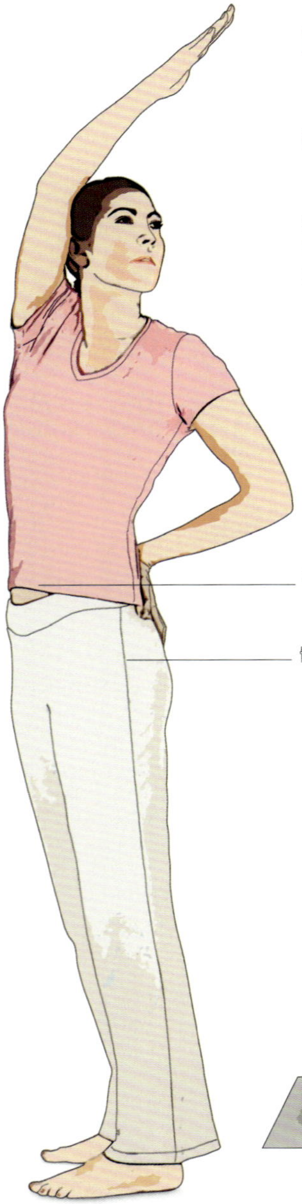

站立扭腰

手臂伸展和上身旋转的同步运动可以舒展身体的两侧，从臀部到腋下，拉伸并加强腰部区域，改善体态。

站立，双脚平行分开与髋同宽。吸气，左手放在腰背侧，指尖向下。呼气，将身体扭向左侧，并将右臂向上抬起，朝向身体扭动的方向看。保持10秒，然后在回到前面时吸气。另一侧重复以上动作。

仰卧扭腰

这种扭转运动可拉伸身体的整个中间部分，一次一面，并且通过拉伸扭腿的臀部真正拉伸此区域。

平躺在地面上。吸气，弯曲右腿，使膝盖指向天花板。呼气，用左手把抬起的膝盖拉过身体，朝向左侧的地板，保持右脚在左膝盖后面。同时，将右臂伸开放在地板上，与肩同高，转动头部看向右手。保持10秒，然后在返回中间时吸气。另一侧重复以上动作。

锻炼的是什么部位？

腹斜肌是身体两侧的肌肉，可以产生扭腰和向一侧弯曲的动作。腹直肌和腹横肌是中枢腹肌，可提供核心支持。而髋屈肌（未显示）是一组让双腿向上、向下弯曲的肌肉。

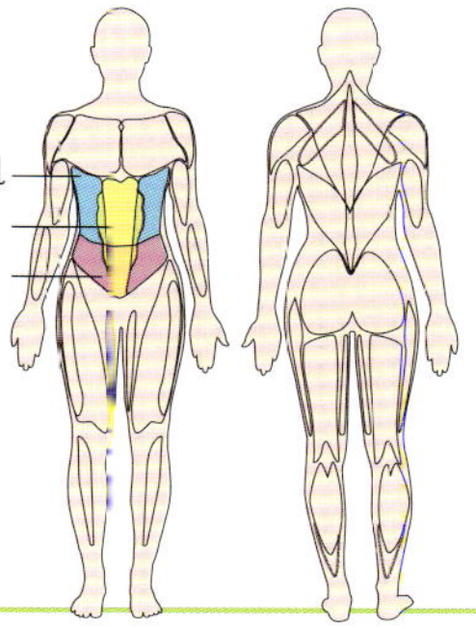

坐姿侧弯

此动作中的手臂伸展和侧向弯曲可缓解腰部和侧部的紧张感，同时，腿部姿势还可以拉伸臀部和大腿后侧。

坐姿，双腿在身体前向上弯曲。吸气，将双膝轻轻向右放倒，并将双脚向左移动，使左脚跟靠近左臀部，右脚靠近左膝。呼气，将右臂向上伸，并使它带动上半身向左倾斜。保持10秒，然后在回到中间时吸气。将双腿摆到另一侧，然后在相反的方向重复以上动作。

交叉步身体侧弯

这种站立式的双腿交叉的侧向伸展，可以为臀后部、双腿及其他身体一侧的区域提供极佳的拉伸效果。

站立，双手放于两侧臀部，将左腿交叉放在右腿前方，左腿弯曲，以使双脚平行，左脚跟抬起。吸气，抬起右臂指向天花板。呼气，右臂伸直，带动身体向左倾斜。保持10秒，然后吸气，放松到站立姿势。另一侧重复以上动作。

前髋伸展

这种伸展可锻炼髋屈肌，缓解髋前部的僵硬感。如果你是久坐族，可以尝试一下。

双脚平行分开，与髋同宽，双手放在髋部上。收腹，使腹肌发力。吸气，一只脚向前迈一步。呼气，将后脚的脚跟抬离地面，并将体重压在后脚的脚趾上，将髋部向前推。保持10秒，然后在身体恢复到中间位置时吸气。另一侧重复以上动作。

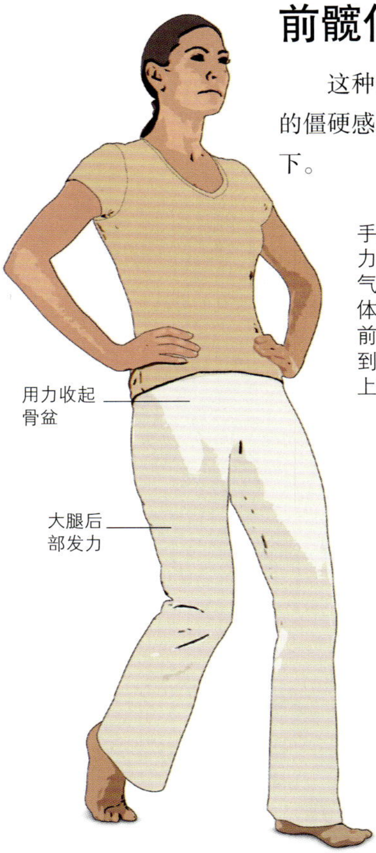

脚压膝盖

这种姿势给你抬起的腿的臀肌和髋肌一种强烈的拉伸感，可减轻由腿上部肌肉紧张引起的背部压力。

坐姿，双腿放前面，双手放身后，指尖向后。吸气，膝盖弯曲向上。呼气，将一只脚抬起放到另一条大腿上，将抬起腿的膝盖向外侧打开。保持10秒，将腿放下时吸气。另一侧重复以上动作。

仰卧脚压膝盖

这种姿势的脚压膝盖对身体原本的柔韧性要求较低，但仍会对臀肌和大腿产生剧烈的拉伸效果。这也是一种很受欢迎的放松背部的方式。

1 平躺，向上弯曲两个膝盖。吸气，将右脚抬起放到左大腿上，将右膝向外侧打开。然后将左手放在左大腿后面，右手放在右腿的膝盖上，将左腿从地板上抬起。

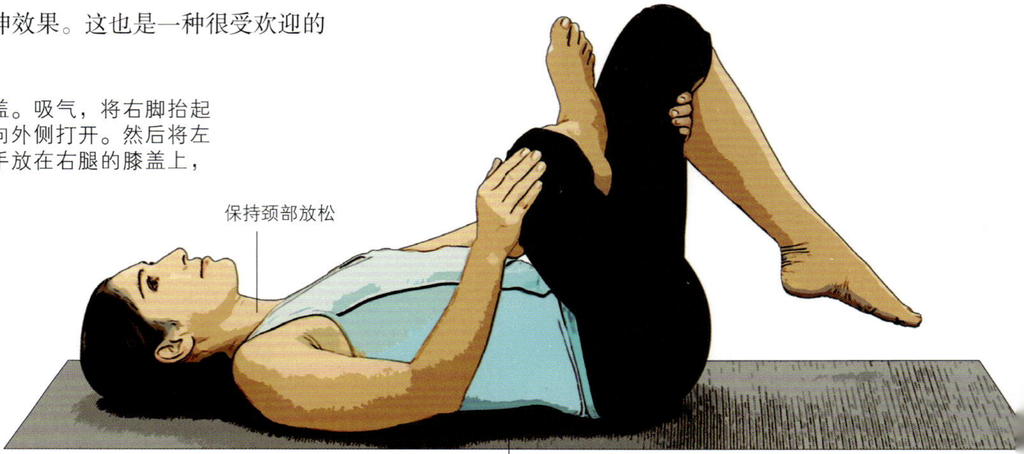

臀部摆动

这项练习中的腿部姿势为臀肌和大腿后部提供了绝佳的拉伸，同时摆动可缓解全身的紧张感。

1 平躺，弯曲双膝，使它们指向上方。吸气，将双腿抬向胸部，保持膝盖弯曲。将脚跟向上蹬，伸直双手分别抓住脚底（如果够不到可抓住小腿）。

2 呼气，轻轻地将整个身体转到一侧，一侧膝盖向地面下落，另一侧臀部抬离地面。另一侧重复同样的动作。收腹，全程保持腹肌发力。总共摆动10次。

2 收腹，腹肌发力。呼气，用左手将腿拉向胸部，头部要保持在地面上。同时，轻轻按住右膝盖，增加伸展度。保持10秒。放下双腿时吸气。另一侧重复上述步骤。

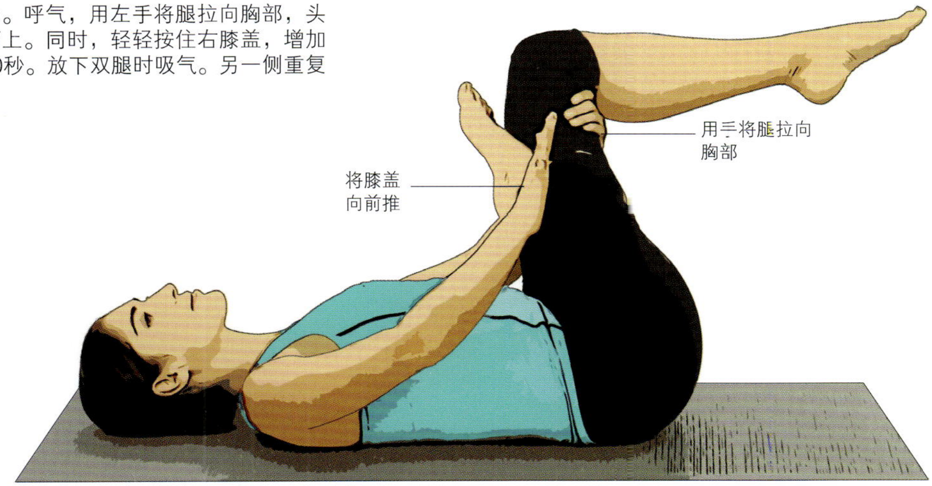

大腿

无论是站立、散步、跑步还是跳舞，大腿肌肉每天都在努力地工作。活动量不协调的话，会使某些部位的肌肉失去平衡，造成紧张感和不对称。接下来的练习有助于缓解此类问题，让双腿感觉强壮、平衡，再次充满活力。

股四头肌拉伸

这项经典的股四头肌练习可以伸展抬起的大腿，同时也可让支撑腿的肌肉得到有效锻炼。这也是一个很好的增强身体平衡性的动作。

站立，双脚平行分开与髋同宽。在身后抬起一只脚，用同侧手抓住它，然后将脚拉向臀部。保持两个膝盖并在一起，支撑腿保持伸直但不过伸。持续10秒，回到站立位置时吸气。另一侧重复以上动作。

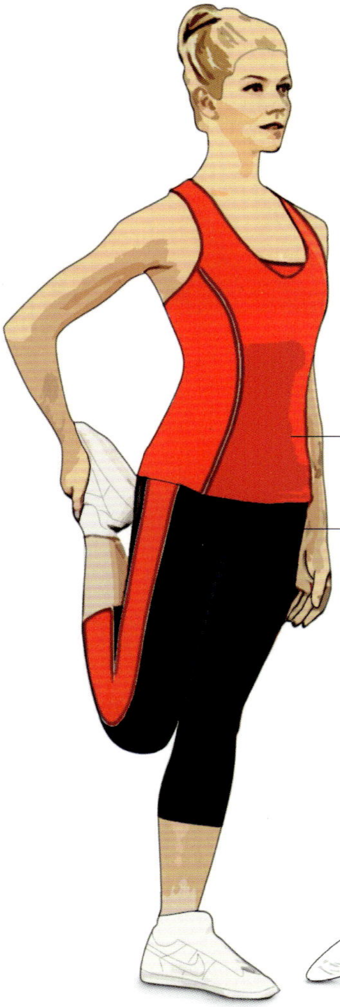

弓步蹲

这项弓步蹲的练习可拉伸后腿的股四头肌（大腿前部），并可塑造前腿的股四头肌。它也可锻炼髋屈肌，增强整体下肢活动能力。

站立，双脚平行分开与髋同宽。吸气，一只脚向前迈出一大步。呼气，慢慢将前腿弯曲到90°，让后腿的膝盖下降到地面。保持10秒，在伸直双腿并恢复直立时吸气。另一条腿重复以上动作。

锻炼的是什么部位?

臀肌是臀部的大块肌肉；股四头肌位于大腿前部；腘绳肌在大腿后面；内收肌在大腿内侧；外展肌在大腿外侧；髋屈肌（未显示）穿过大腿。这些肌肉共同作用，使双腿达到最大运动范围。

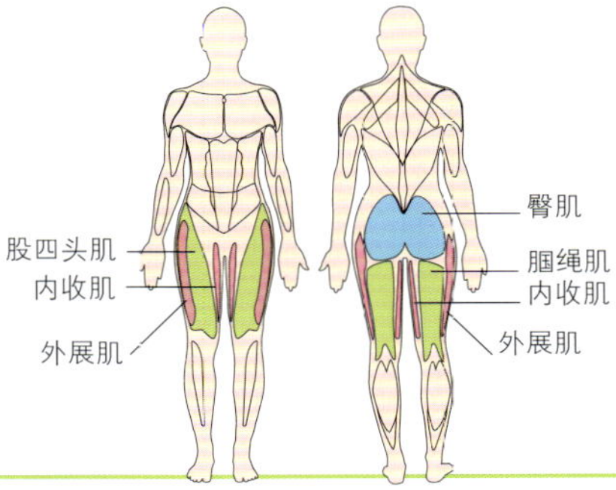

站立腘绳肌拉伸

如果感觉大腿后部肌肉紧张或松弛，这个经典的动作是拉伸它们的完美方式，尤其在静坐一整天后。

站立，双脚平行分开与髋同宽。吸气，弯曲一条腿，将另一只脚的脚跟放在前方，脚趾抬离地面。呼气，向前倾斜上半身，将双手放在弯曲的腿的大腿上，臀部向后翘。保持10秒，站立时吸气。另一侧重复以上动作。

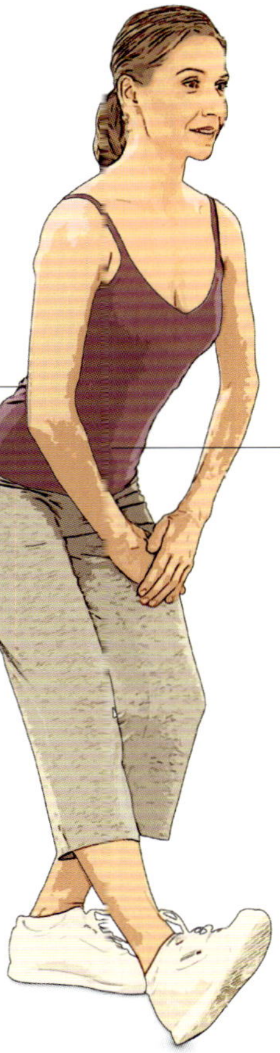

仰卧腘绳肌拉伸

只有在站立拉伸腘绳肌感觉舒适时，才能进行这种更强烈的腘绳肌和小腿的拉伸动作。

平躺，吸气，双腿平放在地板上。呼气，将一条腿抬离地面，用双手抓住它，轻轻将它拉向胸部。努力使这条腿和地板上的腿都保持伸直。保持10秒，将腿放下时吸气。另一侧腿重复以上动作。

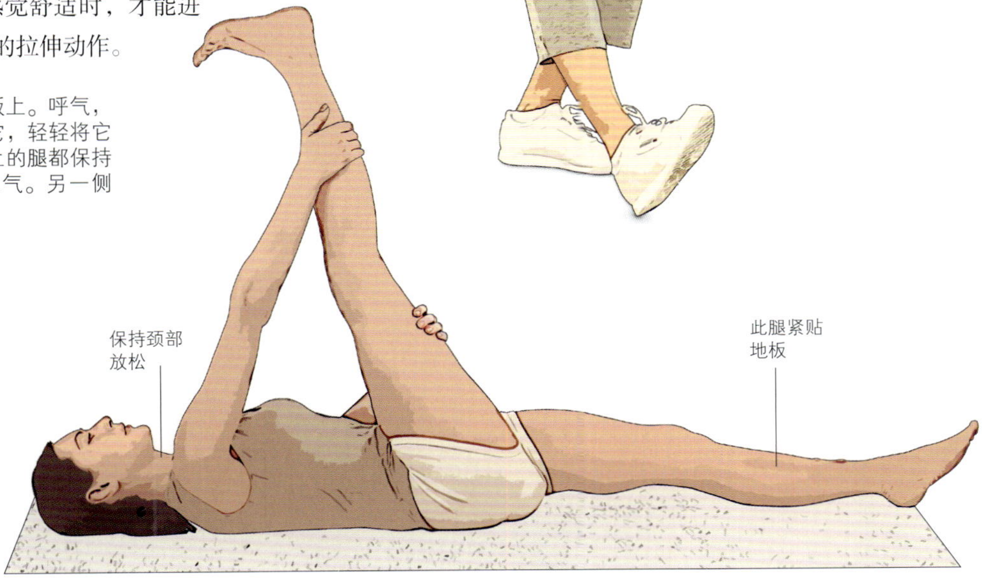

双腿盘坐前屈

这项练习可以拉伸臀部和大腿外侧。如果感觉过于强烈，可以坐在一本大书或瑜伽砖上以减缓拉伸。

1 舒适地坐着，在体前伸出双腿。吸气，弯曲一条腿，将脚放在另一侧的臀部下方；然后将另一条腿弯曲放到这条腿的上方，将脚放在对侧臀部旁。用双手握住双脚。

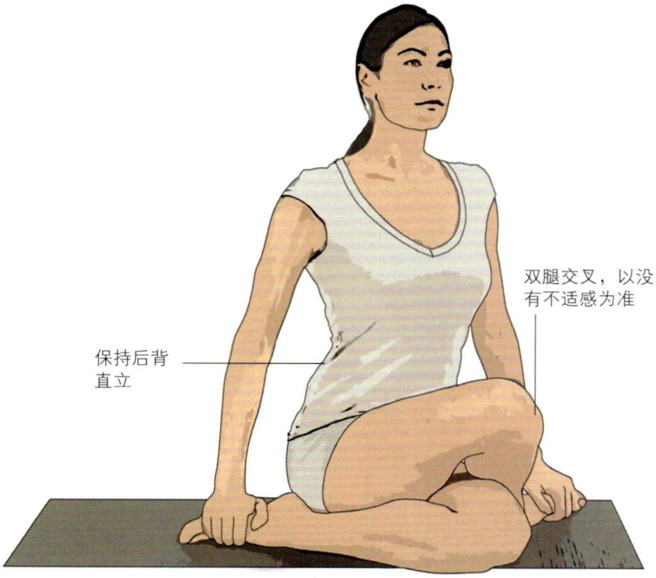

2 呼气，轻轻向上和向后拉脚，向前倾斜上半身，让背部稍微驼一点，头部向膝盖方向伸展并低头。在延长脖子和头部的同时，臀部下压。保持10秒，然后返回坐直状态并慢慢地伸出双腿。

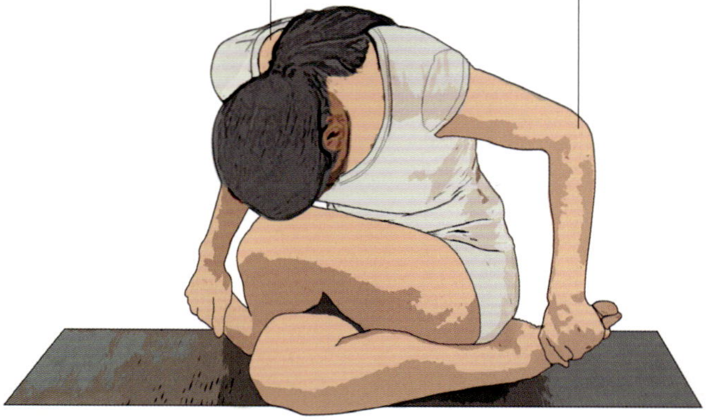

举腿翻身

这项练习为大腿提供了一个极佳的伸展。当身体转到侧面时，保持抬起的腿不动，这对拉伸抬起腿的大腿内侧尤其有用。

1 平躺。吸气，将右臂伸过头顶放在地板上。呼气，把左腿抬离地板，左手抓住左腿，并轻轻地将它拉向胸部，在可控制的范围内尽可能地伸直。保持10秒。

跨坐侧屈

这项练习可拉伸大腿内侧，增强下肢活动能力。手臂抬起可以打开胸部和手臂，侧弯可以打开腰部。

1 坐在地板上，双腿在面前伸直。收腹，使腹肌发力。吸气，将双腿分开成90° ，并将手臂在两侧打开至肩膀高度。呼气，头、手和脚向外延展。保持10秒，以吸气结束。

2 呼气，慢慢地将上半身向一侧倾斜，一只手撑在地板上，另一只手臂举过头顶。保持10秒，在回到中心时吸气。另一侧重复此步骤。

2 呼气，使腹肌强烈发力。身体慢慢滚到右侧，但不改变抬起腿的角度。因此，大腿前部现在应该朝向腰部而不是像脸一样朝向侧面。伸出来的手臂现在应该位于头下。保持10秒，在腿放下时吸气。另一侧重复同样的步骤。

小腿

小腿和脚上的肌肉为了让你保持直立和进行活动，每天都会承受很大的压力。因此它们容易变得紧张、僵硬或疼痛。接下来的练习可拉伸和加强这些区域的肌肉，减少紧张感，改善你的平衡感和体态，并减少小腿受伤的机会。

小腿弓步

这项经典练习可以舒展小腿肌肉，可为穿高跟鞋的小腿提供特别有效的缓解，可以紧致你的小腿肌肉和肌腱。

1 站立，双脚平行分开与髋同宽，想象一条线将你从头顶向上拉。把双手放在髋部，一只脚向前迈步，着地，双脚仍然脚尖朝前。吸气准备。

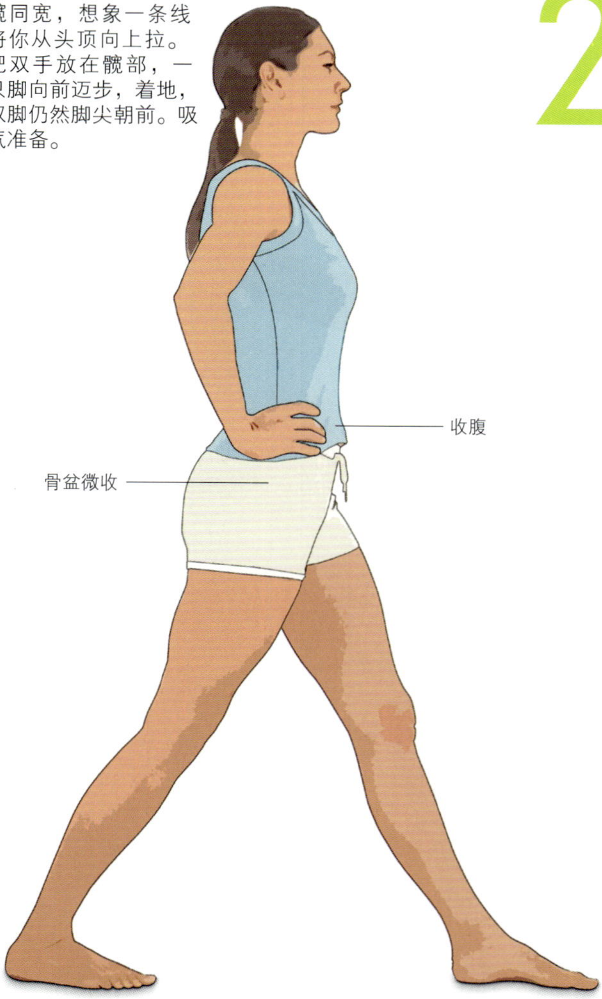

2 呼气，弯曲前腿，膝盖不要超出脚尖。轻轻地将身体重量向前移动到前腿，保持后腿伸直，后脚跟放在地板上。持续10秒，在回到中心时吸气。另一侧重复以上动作，然后回到站立姿势。

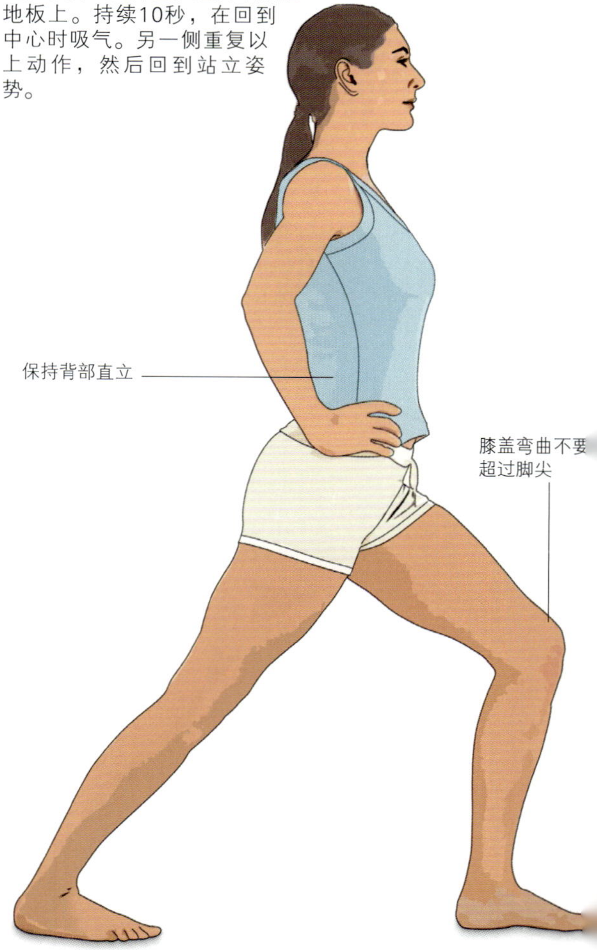

锻炼的是什么部位?

腓肠肌和比目鱼肌是小腿肌肉，负责小腿和脚部活动。小腿上部的腓肠肌较大，它决定了你的小腿是否丰满，而比目鱼肌则位于小腿的下半部。跟腱（未显示）是身体中最厚最强的肌腱，比目鱼肌和腓肠肌的腱合成跟腱，位于脚的后面。

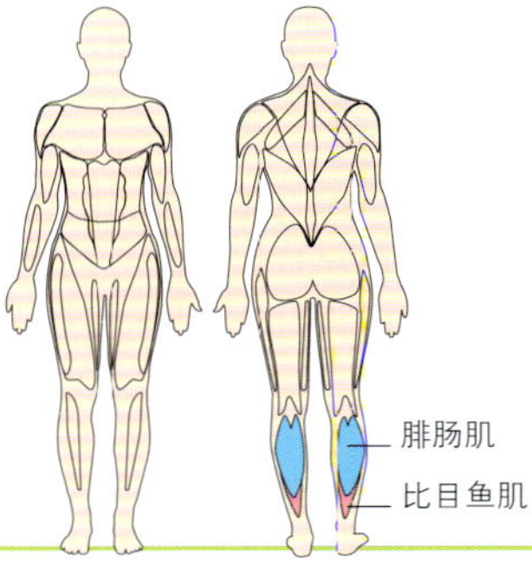

台阶落脚

这项练习可以拉伸小腿、跟腱和脚底。这对跟腱易受伤的跑步者特别有用。

1 站在台阶的边缘或任何其他略微凸起的稳定台面上，双脚平行分开与髋同宽。吸气，脚趾支撑身体慢慢向上抬起，确保脚不会向内或向外翻。如果无法保持平衡，请在身前抓住一个稳固的台面。保持10秒。

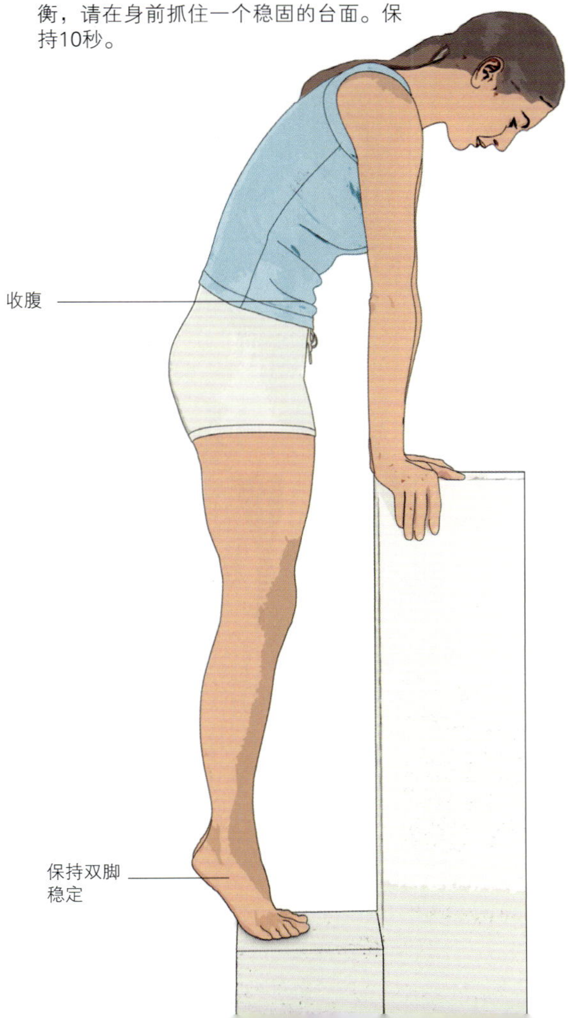

2 呼气，再次慢慢地下落脚跟。让后半部分脚悬在台阶前，脚趾保持平放在台阶上。像之前一样，如果不能保持平衡，抓住身前的稳固台面。保持10秒，在恢复站立时吸气。

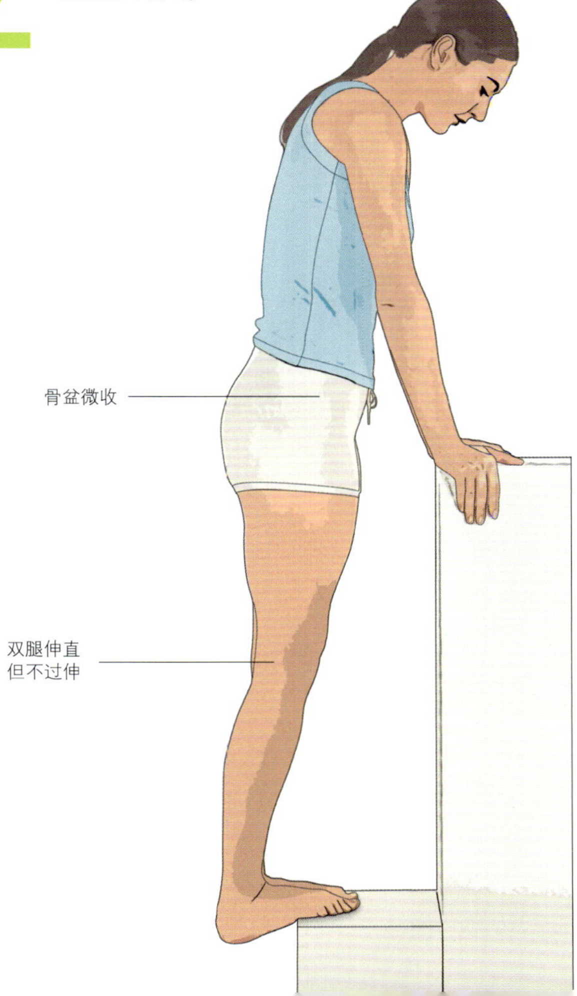

全身

到目前为止，大多数的拉伸动作都是针对某一个区域的肌肉。虽然这些运动对于打开和拉伸特定区域的肌肉非常有用，但了解一些全身拉伸的动作是非常有帮助的。这些复合练习不仅可以缓解身体的紧张感和僵硬感，还有助于改善协调力、平衡力，塑造身形和体态。

弓步双臂伸展

这项练习中的弓步会给小腿带来深度拉伸，同时，手臂和头部动作会首先放松上背部和颈部，接着还能伸展胸部和手臂的肌肉。

1 站立，双脚平行分开与髋同宽。吸气准备。呼气，一条腿向前迈步并弯曲，膝盖与脚跟在一条垂直线上。同时，在肩膀高度双臂在身体前方伸直，双手交握，头部前倾，指关节用力向前伸。保持10秒，在回到中心时吸气。

2 呼气，另一条腿向前迈，再次弯曲前腿，膝盖与脚跟在一条垂直线上。这一次，双手紧扣在背后，指关节向后，手臂平直但不过伸，尽可能抬高手臂。保持10秒，在回到中心时吸气。

锻炼的是什么部位?

本部分中的练习是为了拉伸尽可能多的肌肉而特别设计的。弓步可以锻炼下肢及核心肌肉和背部肌肉，这些肌肉在整个运动过程中提供平衡感并调整体态；抬起的胳膊拉伸并打开了上半身的肌肉；扭转的动作拉伸了身体的中间部分。

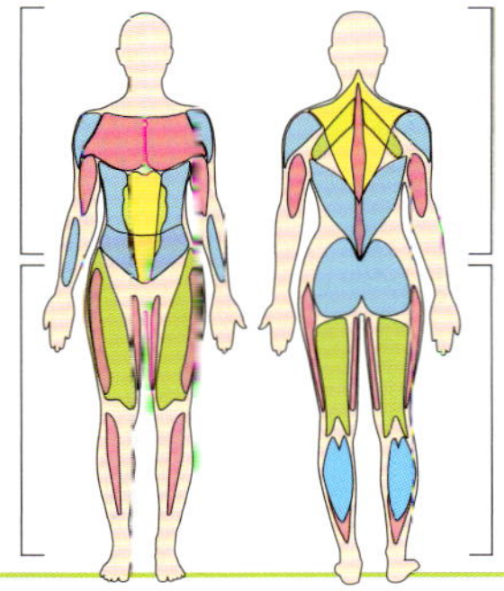

弓步扭转

这项练习中的弓步可以拉伸大腿肌肉，扭转可以拉伸腹斜肌（p.129），手臂抬起可以放松肩膀、胳膊和双手。

1 站立，双脚平行分开与髋同宽。吸气，一只脚向前迈出一大步。呼气，慢慢将前腿弯曲至90°。保持后腿伸直但不过伸，后脚跟抬离地面，双手放在前腿上以获得支撑。保持10秒。吸气准备。

2 呼气，在肩膀高度缓缓向前伸直双手，注意保持平衡。然后沿着弓起腿的方向扭动上身，并将指引的手臂水平摆动到身体的另一侧。现在手臂应该在肩高处展开。保持10秒，然后慢慢回复站立，双臂放在身体两侧。另一侧重复以上步骤。

普拉提

普拉提是一种舒缓、高效的健身方法，从内到外挑战整个身体，最早被其创编者约瑟夫·普拉提称为“控制术”，要求以全部的意识和专注力精准地完成每一个动作，以巧妙地控制肢体。通过练习普拉提，你会获得以下好处：

- 增强核心力量，使身体更有效地运动
- 增强脊柱及整个身体的灵活性
- 强健腹肌、臀肌和腿部肌肉
- 拥有优美的体形，使你看起来更高、更苗条
- 通过密切的身心结合运动提高身体意识
- 更加轻松、优雅地完成各类动作
- 提高协调能力
- 提高稳定性和平衡性

什么是普拉提?

普拉提结合了体操的精确性、舞蹈的优雅及瑜伽的呼吸法，通过力量与注意力的练习实现身心融合。它起源于20世纪初，但最近20余年才真正兴起，现在几乎所有健身房的时间表上都有普拉提课程。

普拉提的起源

普拉提是一系列专注于核心稳定性的练习，动作舒缓、刻意，意在保持良好的姿势，增强力量和柔韧性。它以德国人约瑟夫·普拉提的姓氏命名。约瑟夫出生于1883年，父亲是体操运动员，母亲是一位理疗师，两人都影响了他的运动疗法。普拉提自小体弱多病，导致他终其一生都在钻研强身健体的方法。

普拉提跟当时的很多健身运动员一样，他的激情和学习欲望促使他尝试各种不同的职业，在他83年的生命中，他做过马戏团演员、模特、体操运动员、拳击手、作家，还发明了绝妙的健身器材。在美国，他建立了一套自己的锻炼体系和制度，成立了自己的健身室，与舞者共享空间。尽管有很多客户是舞者，他也从不放松训练要求。他成了一位严厉的任务大师—— 一名完美主义者。

普拉提通常利用身体重量来增强力量。这项练习中，按压地面可锻炼手臂，克服重力抬腿可锻炼腿部，整个动作可令背部和腹部稳定。

普拉提如何增强力量

肌肉若要变得强壮，便需要与某种阻力抗衡。普拉提是一项基于垫子的运动，阻力来自人的体重。本书重点讲述这种类型的运动。不过，一些普拉提工作室也可能会用带有弹簧的特殊设备提供阻力。普拉提通过低强度抗阻训练而非外部重量来增强肌力。普拉提练习的关键在于三维性，每个动作都精心设计，从多个不同的方向训练特定的肌肉。在进行普拉提练习时，鼓励您同时进行一些运动，建立自己的节奏，让肌肉在移动中加强。普拉提能够用无压力的方式增加力量，其本质在于它重视发展稳定的核心力量（p.199）。

普拉提是否适合你?

普拉提是一种舒缓的锻炼形式，适合每一个人，无论是锻炼新手还是精英运动员都可从中受益无穷。其中，身心协调的动作可能会吸引“轻松平和型”的人（p.34），动态的动作可能会吸引“热情积极型”的人，而几周常规锻炼就可以建立起来的核心力量增强练习，可能会吸引“说干就干型”的人，这也有助于其他运动。

普拉提如何增加灵活性

灵活性是指关节运动的范围大小，很大程度上取决于周围肌肉伸展或拉长的能力。在普拉提运动中，动态拉伸可拉长肌肉，在这个过程不断将身体拉伸再恢复。在静态拉伸中，将肌肉拉伸到极限，然后保持。普拉提的常规训练中会包含一些静态练习，可缓和身心或用于运动后的舒缓拉伸。

这种练习比较有挑战性，需要很强的力量、控制力及平衡力。一开始你可能做不到，但通过一些常规的普拉提基础训练，你很快便可以练就预期的身体技能。

普拉提不依靠外部重量增强肌力，其通过低强度抗阻训练即可获得想要的效果。每一个普拉提动作都是从多个不同方向针对特定肌肉设计的。

普拉提原则

普拉提的基本原则使其成为一项独一无二的运动。它的原则没有固定数量——教练可以随便列举八九项。以下概念囊括了创编者约瑟夫·普拉提想要传达给练习者的主要信息，告诉练习者如何充分利用每次锻炼中的每个动作获得最大收益。

注意事项

当您跟着下面的页面或p.274~275进行普拉提练习时，遵守以下六项原则，你的身体就可以从不同的锻炼中以不同的方式受益。

控制

约瑟夫·普拉提最初称他的健身方法为“控制术”，控制无疑是普拉提的关键概念之一。动作的控制是指动作要缓慢、不急促，保持轻松的同时充分集中注意力。不注意控制，普拉提的效果便会大打折扣，自己也可能受伤。相反，注意控制的话，你可以在每次运动中观察正确的姿势，使每次的动作都安全、高效。

注意力

为了充分利用每次练习，你需要将100%的注意力集中到当前所做的事情上。每次普拉提运动、每一个方面都需全神贯注，避免你在纠正身体一个区域时身体另一个区域不配合。要时刻检查自己的身体，看看你正在做的练习对它产生了何种影响，适当调整自己的位置。如此一来，你便可以做自己的教练，对自己身体有更深入的了解，将自己最好的一面挖掘出来。

核心发力

普拉提最显著也是至关重要的一个特点便是核心部位发力。这需要你以身体“核心”（p.199）来驱动所有动作。运动之前，你需要调动身体中段的所有肌肉——腹部、背部、臀部和髋部肌肉。当进行中段运动时，确保你能感觉到它们在工作，腹肌要收紧——绝对不能在腹部鼓胀时去练习普拉提。

所有普拉提动作锻炼的都是整个身体，但是每个练习都应该用身体“核心”肌肉驱动。

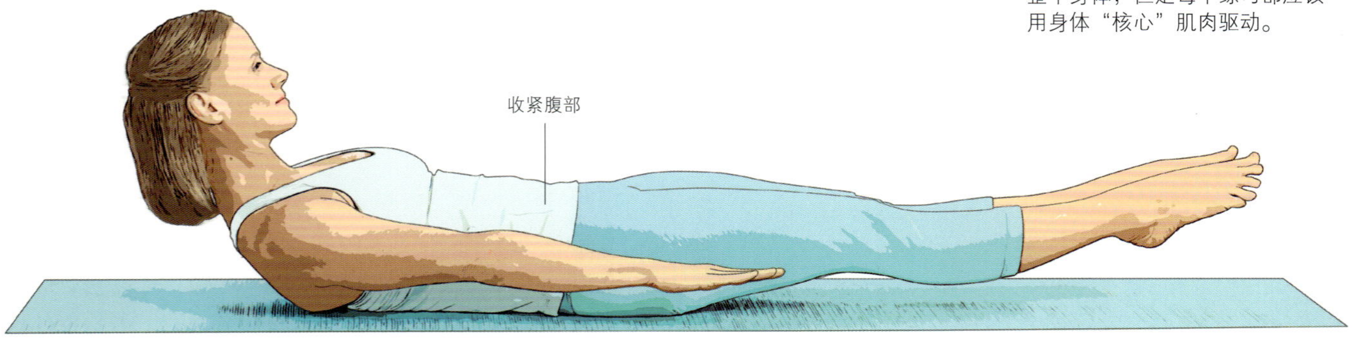

标准

约瑟夫·普拉提非常看重动作的标准性。锻炼时做到精确——关键在于身体的每个部分都在正确的时间处于正确的位置。你需要密切注意后续页面中的逐步指导，检查自己的身体状况，保证身体的各部位相互协调。此外，每次锻炼重复次数或保持时长应根据自身情况适当进行，毕竟没有完全相同的两个身体。后续页面上的指导说明仅供参考。如果运动出现不适或疼痛，请勿继续按照建议次数进行。

呼吸

良好的呼吸是所有运动的关键。普拉提呼吸法：缓慢而深入地呼吸，运动和呼吸协调一致，此时会有一种安逸和谐的感觉。当你正确、充分呼吸时，每次呼气都会排空肺部的污浊之气，每次吸气时都会涌进新鲜的氧气供肌肉使用。记住一个简单的普拉提呼吸规则：吸气准备运动，呼气执行运动。

流畅

普拉提的目的是尽可能流畅地完成一系列动作，就像一套精心设计的舞蹈动作。上一个动作应该无缝对接下一个动作，两者之间不要休息，也不要做任何不必要或急促的动作。建议贯穿整个过程。

认识身体的“核心”

身体的“核心”，也称为普拉提的动力室，由身体中段的肌肉组成，主要是腹部和背部肌肉，也包括臀部和髋部肌肉，因为我们经常需要整个中间部分。增强“核心”肌肉的力量十分必要，这为安全、有效和稳定地完成所有动作提供一个坚实的基础。强健稳定的核心不仅可以改善姿势，提高运动能力，还有助于预防背部疼痛，它使日常的功能性运动更容易，完成运动更高效，身体的其余部分所受压力更小。

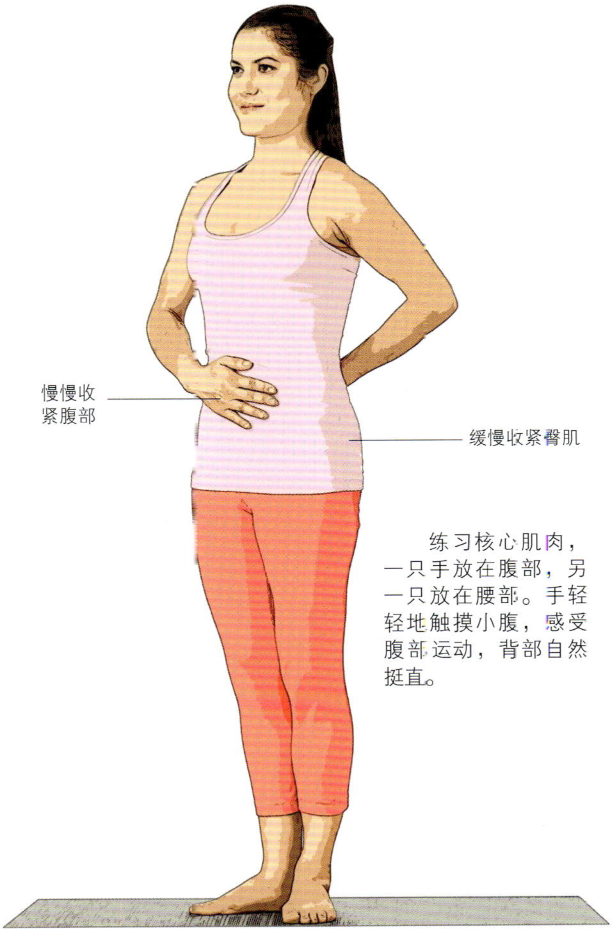

练习核心肌肉，一只手放在腹部，另一只放在腰部。手轻轻地触摸小腹，感受腹部运动，背部自然挺直。

身体姿势

普拉提多为垫上运动，因此规范好站立和平躺姿势是运动的开始。下面介绍如何做到这一点。利用核心肌肉使身体保持正确的姿势，锻炼时，着力点安全、稳定，其余的肌肉和关节受到的压力最小。

站立姿势

头部位于正中，不能左右偏斜。想象有一条线从头顶连接到天花板，向正上方拉着你，向上拉伸脊柱和颈部。不要抬起下巴，否则颈部会“嘎吱嘎吱”响。上下移动肩胛骨来放松肩膀，耸起双肩靠近耳朵，再回到原来位置。重复一两次，感受两个位置之间的差异。它也可以帮助你调整呼吸：抬起肩膀时吸气，放松时呼气。打开胸部也很重要，不要将胸部前推或后弓。一只手放在腹肌上，另一只放在腰背上，找到脊柱中立位：首先，将腹部向内收，此时，可以感觉到腹部收缩，脊柱

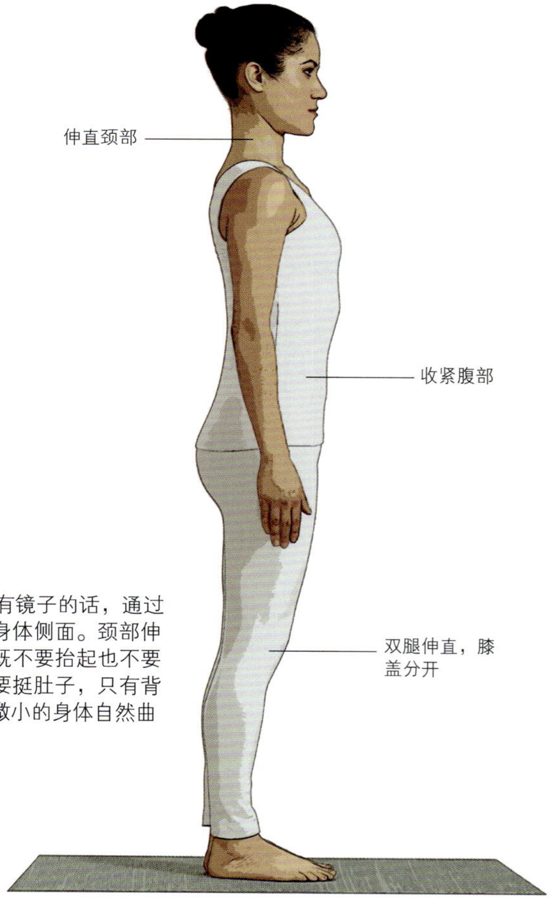

如果有镜子的话，通过镜子检查身体侧面。颈部伸直，下巴既不要抬起也不要内收，不要挺肚子，只有背部有一些微小的身体自然曲线。

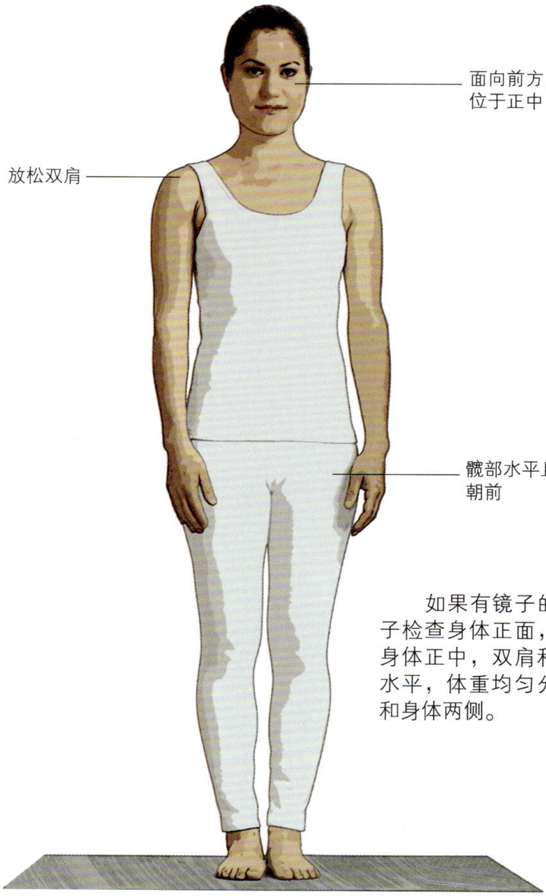

如果有镜子的话通过镜子检查身体正面，头部位于身体正中，双肩和髋部保持水平，体重均匀分散在双脚和身体两侧。

平躺练习时，一个重要的方面就是腰部和地面留有缝隙，以便保持脊柱的自然中立位。

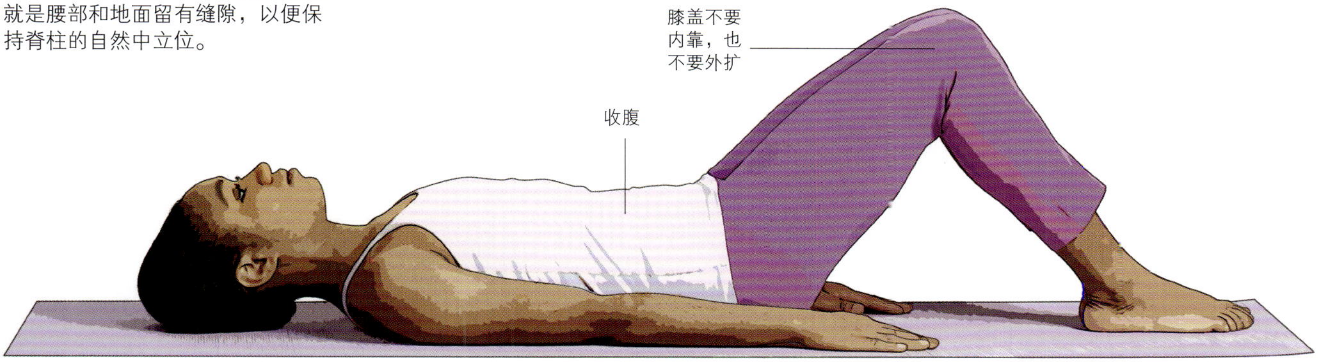

支撑感更强；第二，前后移动骨盆，找到两次运动的中间位置，保持在这里，这决定你其余脊柱的曲率；第三，想象自己的身体从肩膀到臀部都在一个箱子里——这可以确保肩膀和臀部朝向前方，且在同一个平面上。努力伸直双腿，但不要并拢膝盖。在某些情况下，双脚并拢，脚趾朝前。其他情况下，稍稍转动大腿，膝盖朝向正前方，脚趾朝向外侧（见下图）。将脚趾分开，稳定站立在地面上，抬起脚掌与地面形成一个小圆弧。

平躺姿势

要想从普拉提平躺练习中获益最大，必须了解中立位。平躺在地上，双臂放在身体两侧。吸气，弯曲双腿，膝盖向上，双脚分开与臀同宽，平放在地板上，朝向前方。呼气，身体下沉，放松头部、颈部和下巴，不要让颈椎发出声响，也不要收紧喉咙。轻轻地将肩膀往下压，进一步沉入地板。找到骨盆中立位。轻轻地上下移动骨盆：向上抬起骨盆时，背部平放在地面，骨盆下落，背部隆起，腰部和地板之间形成一个缝隙，“中立位”存在两个接触点之间。找到“中立位”以后，进行几次呼吸：吸气，胸腔扩张；呼气，利用腹肌推动肚脐靠近脊柱方向。每次锻炼都要重新检查身体各部位置，正确训练身体力量和稳定性。

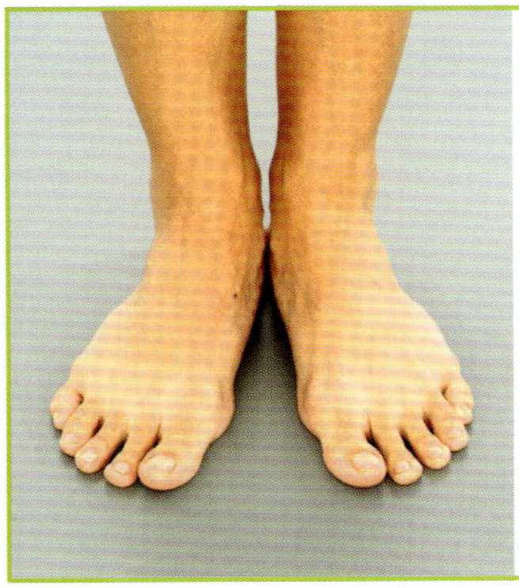

普拉提式站立

普拉提许多站立练习中，脚跟着地，脚趾离地。站立方法：双脚并拢，大腿稍微向外转动，先向外移动一只脚的脚趾，然后移动另一只。

基本动作

这些基本动作是很多普拉提练习的基础。你将学习如何掌控自己的身体，使用力量中心或核心（p.203）来驱动四肢运动，还可以了解复杂的脊柱和脊柱周围的深层肌肉。这些缓慢、简单的动作有助于身体顺位排列，更好地控制身体。

核心发力

核心发力指利用核心力量驱动四肢。下面的动作是很多普拉提训练的基础，能够增强这种核心力。

平躺在地板上，膝盖弯曲，双脚平放在地板上，面向上方。吸气准备。呼气，一只手臂向头后伸展，另一侧腿沿着地板伸直。移动四肢时，注意收腹，保持脊柱长直。吸气，手臂和腿复位。重复10次，每次两侧手臂、腿轮换进行。

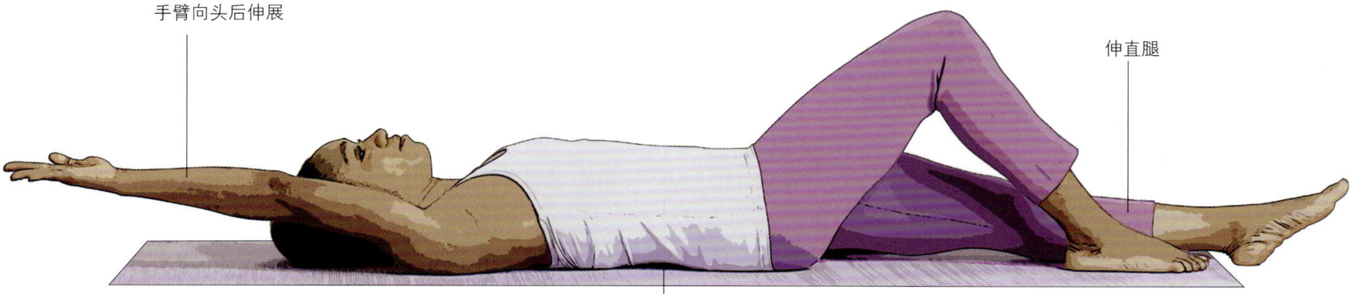

板凳式

精确是普拉提运动的核心。为使髋部和臀部顺位排列，保持水平，可将身体看作一个正方形，方形姿势有助于达到这一目的。

四肢着地，双手分开与肩同宽，双腿分开与髋同宽，躯干、双手与两膝一起构成了一个盒子的形状。想象一下有一条线连接头顶和尾骨，肌肉和体重要均匀分布在这条线的两侧，收紧腹部。保持这个姿势进行5次呼吸。

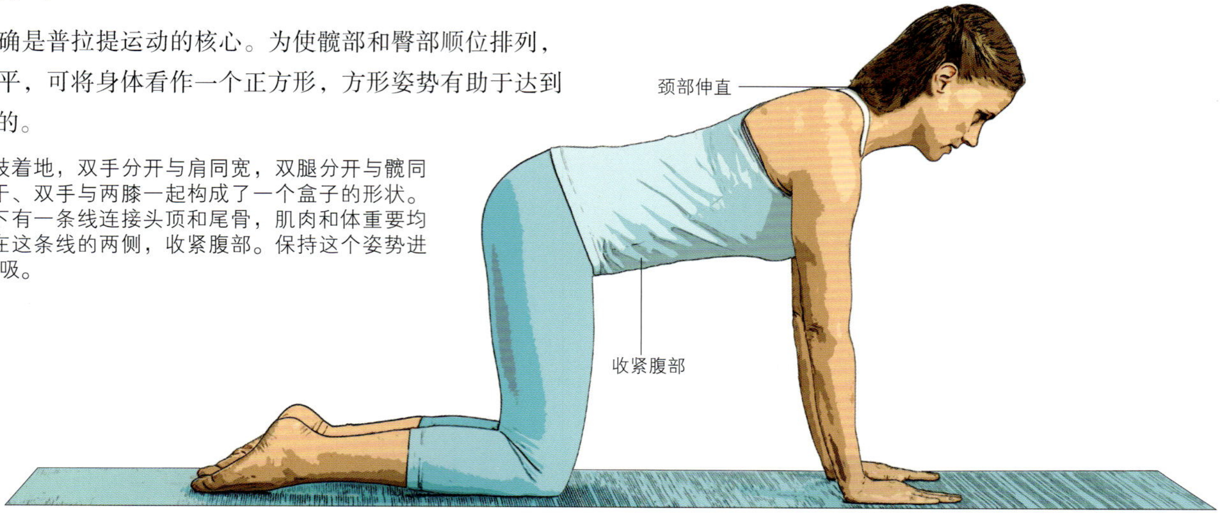

核心发力：核心原则

正确使用核心发力需要勤加练习，感受、激活你的腹肌、臀肌和盆底肌，这些肌肉组成核心肌肉。想象收腹，回位，将腹部保持在适当的位置，就像一条腰带，轻轻勒在腹部，不是很紧。

骨盆卷动

这个动作教你如何一节一节活动椎骨。这个方法称为椎骨逐节活动，许多普拉提练习都使用这个方法帮助放松紧绷的脊柱。

躺在地面上，膝盖弯曲，双腿分开，双脚朝前平放在地板上。头部和手臂放在地面上，延伸腰部，体会椎骨分开的感觉。抬起髋部时呼气，卷动骨盆离垫0~15厘米，肚脐向脊柱方向贴近。吸气，逐节降低椎骨。重复10次。

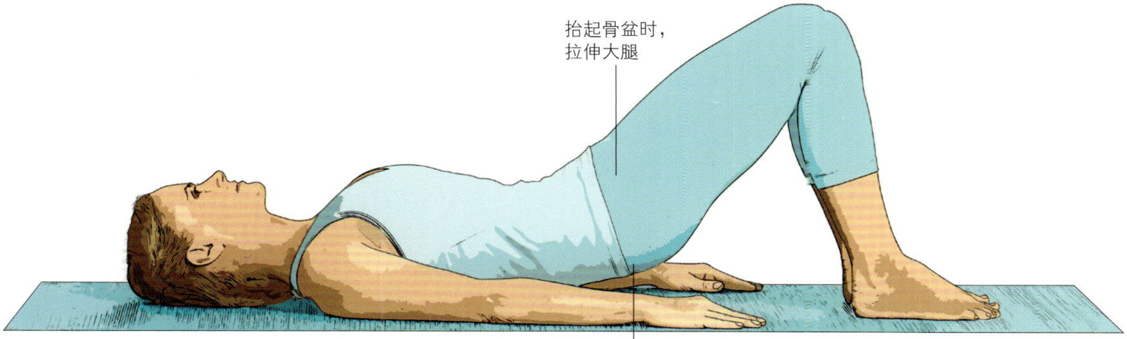

背部“C”形曲线

这是普拉提的一种基础练习，有控制地弯曲每节椎骨，可帮助改善脊柱灵活性。

坐在地面上，膝盖弯曲，双脚分开与髋同宽。将双手放在膝盖下面，向前卷曲背部成“C”形。深吸一口气，直抵核心部位。呼气，腹部进一步下凹，胸腔上移，伸展腰部两侧肌肉。呼吸3~5次，呼气，进一步下凹腹部。之后，放松，恢复正常坐姿。

锻炼上身

日常办公久坐、开车、提重物或扛重物都会引起上身肌肉紧张，且影响体态。下面这两项练习会锻炼、放松上身肌肉，使你一整天都昂首挺胸地走路，同时缓解紧张情绪。这两项练习要求精确和有控制地完成，保证身体骨骼正确排列，运动时身体是一个整体。

天鹅式初级

身体一整天都在工作，保持直立姿势，与重力相抗。这个练习可以释放压力，增强肌力，使你保持挺拔的体态。

1 俯卧垫面，脚趾抵地，收紧腹部，伸展躯干。手平放在肩膀下方的地面上，手指朝前，手肘弯曲靠近身体。颈部与脊柱成一条直线，脸朝下，吸气准备。

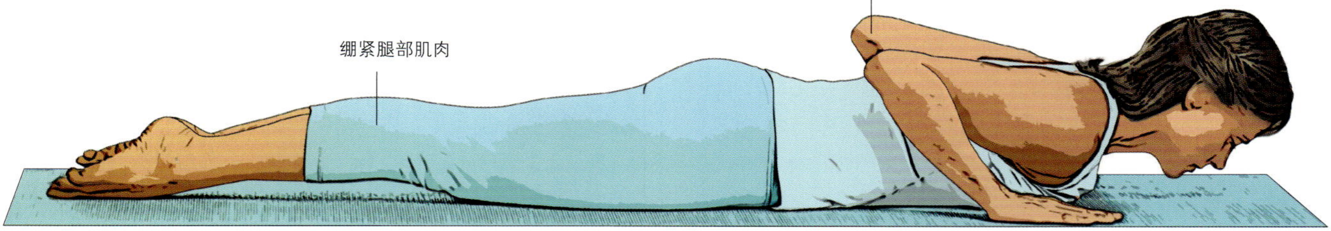

2 呼气，慢慢抬起头部和胸部，动作精准，面朝前方。保持这个姿势，进行5次呼吸，收紧腹部，挤压肩胛骨收缩背部。吸气，缓缓放下身体。重复10次。

注意控制，使动作更标准

普拉提练习中，要保持动作缓慢、受控制，且在一系列的动作中不失稳定性和准确性，需要通过重复练习将动作印在大脑，像舞者一样流畅自如。之后姿势定型便自然成为日常活动的一部分。

“T”式

当你在练习中呼吸时，将注意力集中于上身正在训练的肌肉，这样才能保证获益最大。

1 俯卧在垫子上，双腿并拢，吸气准备。呼气，打开双臂，像飞机翅膀一样伸展双臂，胸部离开地面稍微向上抬起。如需增加难度，可以手拿重物。头不要下垂，但眼睛要稍微向下看。吸气，准备下一个动作。

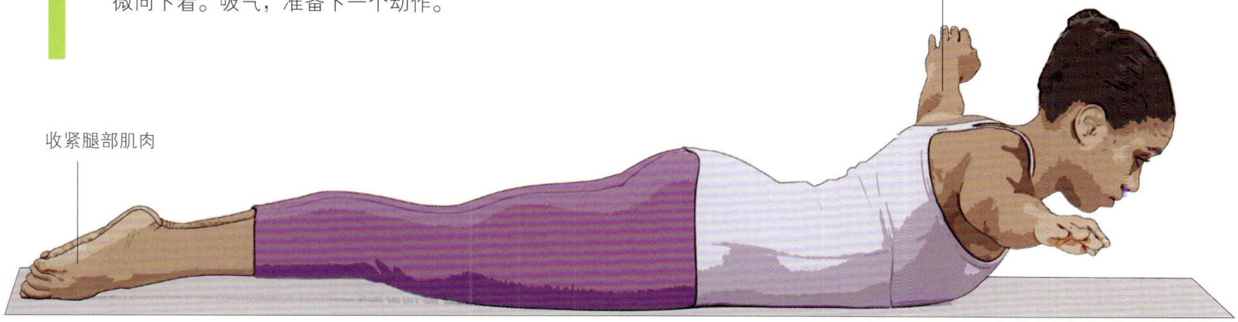

2 呼气，抬起胸部，头离开地面，眼睛注视前方。同时，手臂放在背后，伸直双臂，手指伸向后方，好像试图触摸脚跟一样。手臂不要高出肩膀。向内挤压肩胛骨，收缩上半身的肌肉。放松时吸气。重复10次。最后在垫子上放松休息。

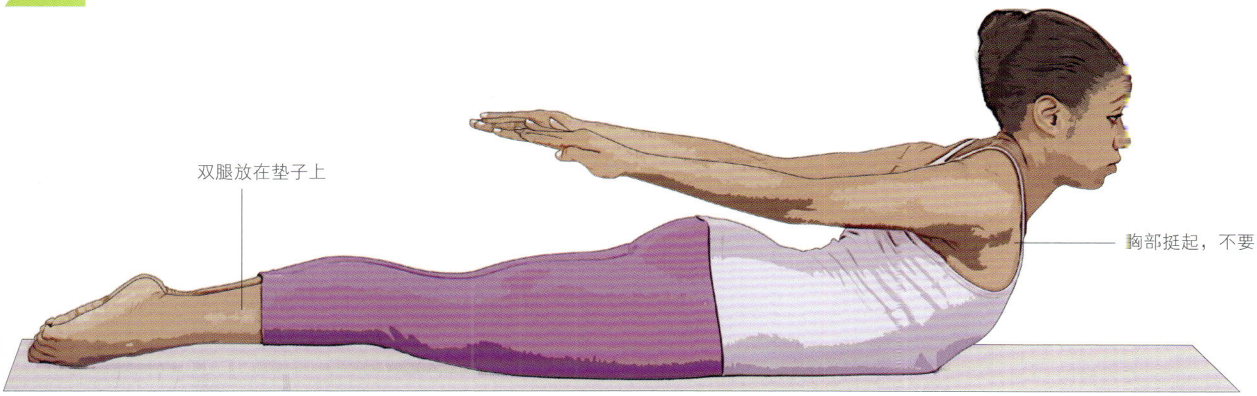

活动脊柱

脊柱的作用十分重要——保持身体直立，支撑四肢的日常活动。这些练习有助于活动脊柱，在每块椎骨之间创造空间，将它从老师口中的“僵硬棍子”变成一串“珍珠”，使你活动自如，站立时高挺而轻松，每天行动都很优雅。

向下卷动

这个练习可以帮助你了解脊柱活动机制。缓慢向前逐节蜷曲背部，然后再缓慢起身。

1 双脚微微分开站立，脚趾展开。收紧腹部，背部挺直，保持自然曲线。吸气准备。呼气，脖子向前弯曲，开始向下卷动。

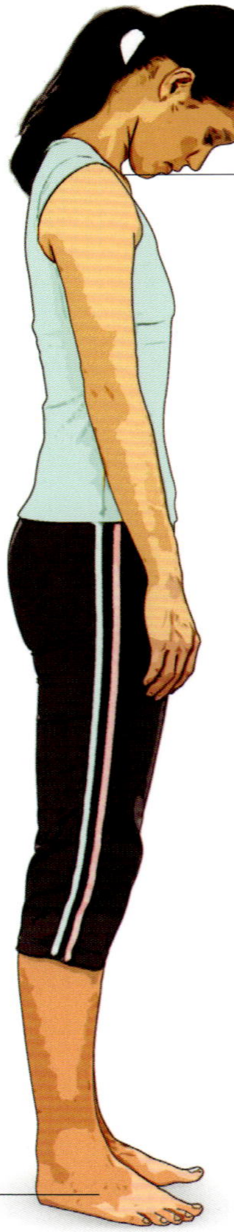

2 当你向前弯曲时，继续呼气，逐节弯曲椎骨，直到整个脊柱都向前蜷曲。手臂和头部自然下垂。吸气，保持最低的蜷曲姿势，然后呼气，逐节向上卷动，椎骨回到站立位置。重复这两个步骤3~5次。

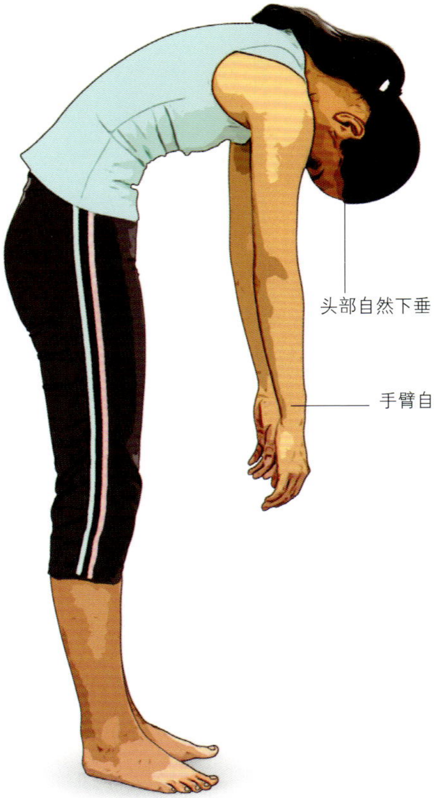

增强流畅度

通过受控制和有节奏的呼吸，将脊柱运动（由许多独立而又连贯的环节组成）做出流畅的效果。通过精确度练习，学习控制核心部位（p.198）。动作流畅一气呵成，加上控制有方，无论年龄大小，在日常生活中都将变得更加灵活。

脊柱扭转

脊柱扭转可以帮助你控制身体，专注于可以增强和延展脊柱的精确动作。学习如何使动作流畅。

1 挺直上身坐在垫子上，收紧腹部，延展脊柱，打开胸部。双手紧扣头部，肘部弯曲，双臂打开。伸直双腿，勾脚，收紧腿部肌肉。吸气准备。

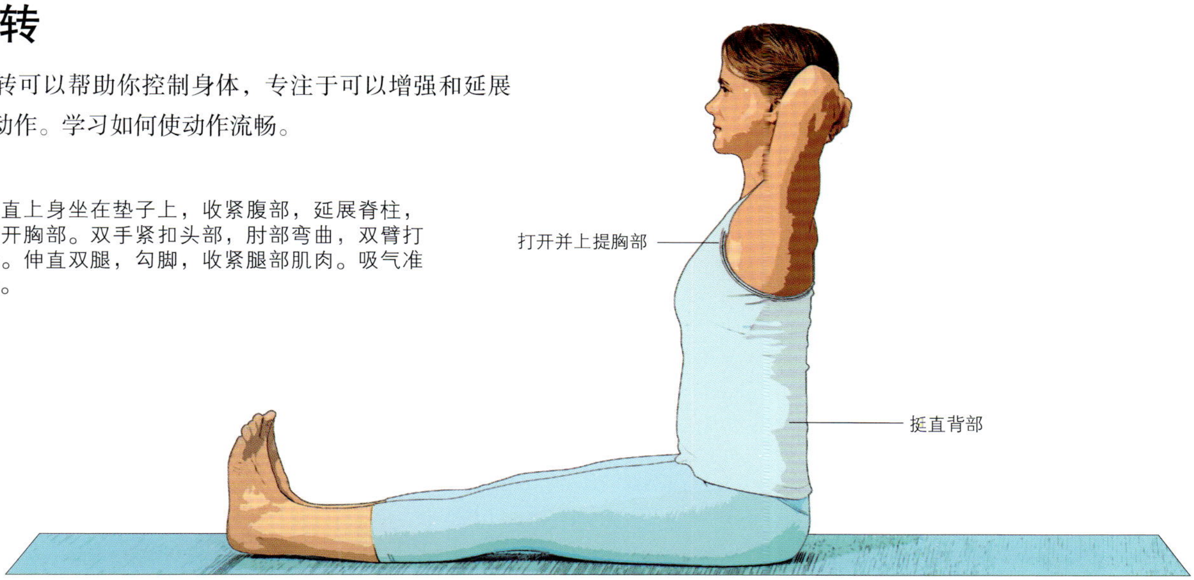

2 呼气，身体转向右侧，臀部、腿部、双脚保持不动。下半身保持稳固，收紧中间肌肉。动作要流畅，随着扭动加大幅度。吸气，回到中心位置，然后转向左侧。继续向两侧转动，当你掌握了节奏，每侧扭转做2拍。总共做10次脊柱扭转，每次都交换方向进行。

核心腹肌

普拉提以专注核心锻炼而著称（p.199），这些练习对于练就强壮的腹肌、臀肌和腰背肌肉非常有效，可以使小腹平坦，在进行其他锻炼时取得更加显著的效果。

百次拍击预备式

这个动作通过呼吸控制，可以唤醒深层腹肌。抬手臂时，心率会加快，核心腹肌受力强烈。

1 坐在垫子上，重量均匀分摊在坐骨上，弯曲双膝，双手放在膝盖后面。此时，保持脊柱中立位，身体骨骼处于顺位排列。吸气准备。

2 呼气，弯曲背部向地面靠近，下降到能承受的最低位置。腰部着地时收紧臀部。放松手臂，双掌心向下放在大腿两侧。上下移动手臂100次，5次一吸，5次一呼。训练结束后，握住双腿。呼气，恢复到最初姿势。

双腿紧绷，保持稳定

进行滚背和长躯席卷之前，先回顾背部“C”形曲线练习（p.203）的关键动作。这些练习的重点在于有效锻炼核心腹肌。如果锻炼效果好的话，肚脐不会鼓出，腹部没有隆起。

腹部支撑练习初级

这项练习有助于预防颈部疼痛，可增强腹肌力量。当颈部从地面逐节抬起时，注意把握精确度和控制度。

1 平躺在垫子上，紧挨头部和上背部下方放一条毛巾或者阻力带。双脚平放在垫子上，收紧腹部。双手握住阻力带越过头部朝前延伸。吸气准备。

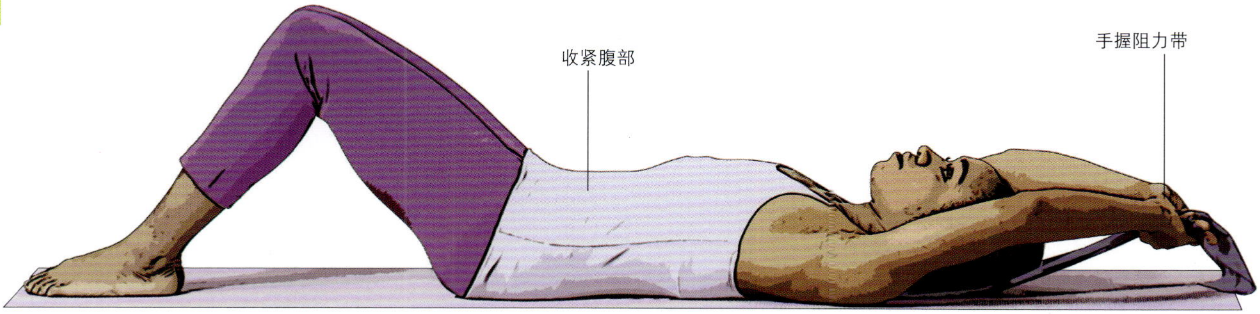

2 呼气，利用阻力带做支撑，抬起头部和肩膀。头部重量可以放在阻力带上，腹部发力，细细感受颈部离开地面的过程。在最高点停留几秒，吸气。返回初始位置时呼气，缓慢逐节放下脊柱。重复10次。

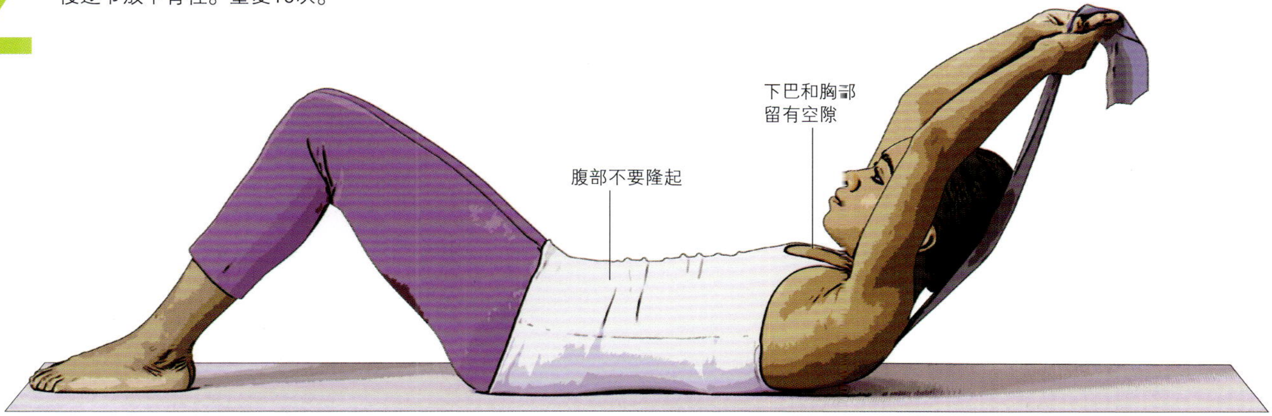

单腿屈伸

这个动作从核心开始，可以增强腹肌力量。在不紧绷颈部的前提下，流畅地从一条腿换到另一条腿。

1 平躺在垫子上，收紧腹部。吸气准备。呼气，抬起头部和肩膀，双手抱住一条腿拉向胸部。收紧臀肌，另一腿向斜上方伸展，脚趾指向斜上方。吸气，准备换腿。

2 换腿时呼气，头部和肩膀保持不动。想象有一条线纵向穿过身体中心，保持身体力线。吸气、呼气，换腿，控制好动作，加快速度。重复10次。每次双腿交替进行。

钟摆式

在这个练习中，把自己的身体想象成一个精准的老爷钟——身体所有部分一起努力精准地完成摆动（一边到另一边）的动作。

1 平躺在垫子上，抬起双腿与地面成90° 。腿部肌肉向上拉伸，双脚呈“V”形。想象有一条带子紧紧固定住身体，双臂向两侧伸展，掌心向下平放在地面上。吸气准备。

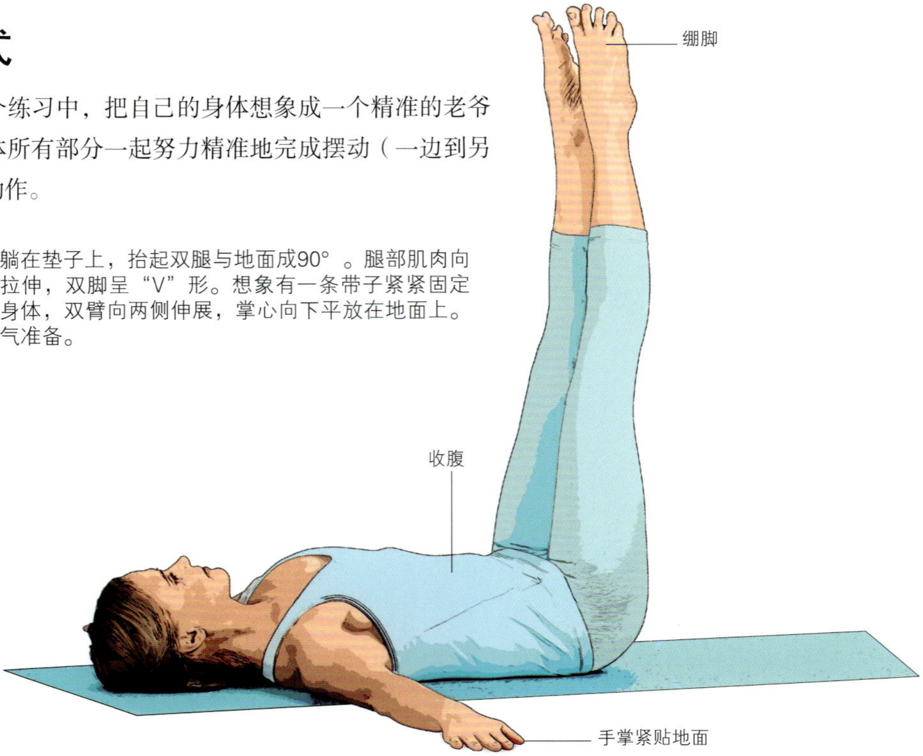

双腿屈伸

如果单腿屈伸没有使身体不适，可以进行双腿屈伸练习。想象有条直线纵向穿过身体中心，帮助保持身体各部分力线。

1 背部贴地，腹部朝着脊柱方向收缩。收缩双腿，膝盖贴近胸部，双手放在脚踝上方。头部和肩部离地。吸气准备。

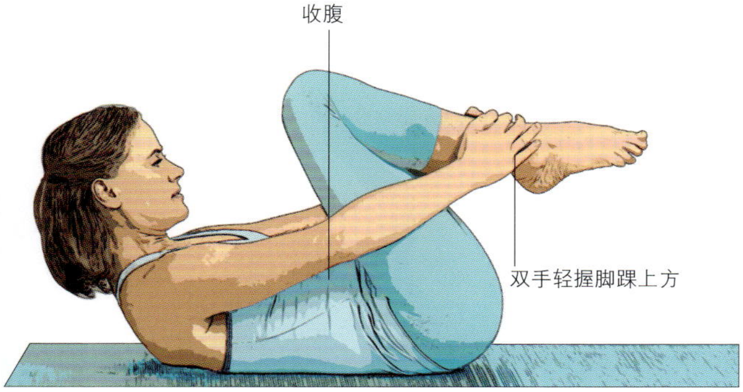

2 呼气，双手松开脚踝，伸直双臂，掌心向下。双腿朝斜上方伸展，脚趾指向斜上方。收紧腹部。吸气，卷起双腿回到初始位置。重复10次。

2 呼气，双腿同时朝身体一侧落下。利用身体核心控制动作，臀部另一侧不得离开地面。双臂紧紧贴住地面。吸气，双腿回到中心位置，保持直立。换方向重复上述动作。一共做10组，每组双腿交叉进行。动作结束，双腿放回地面休息放松。

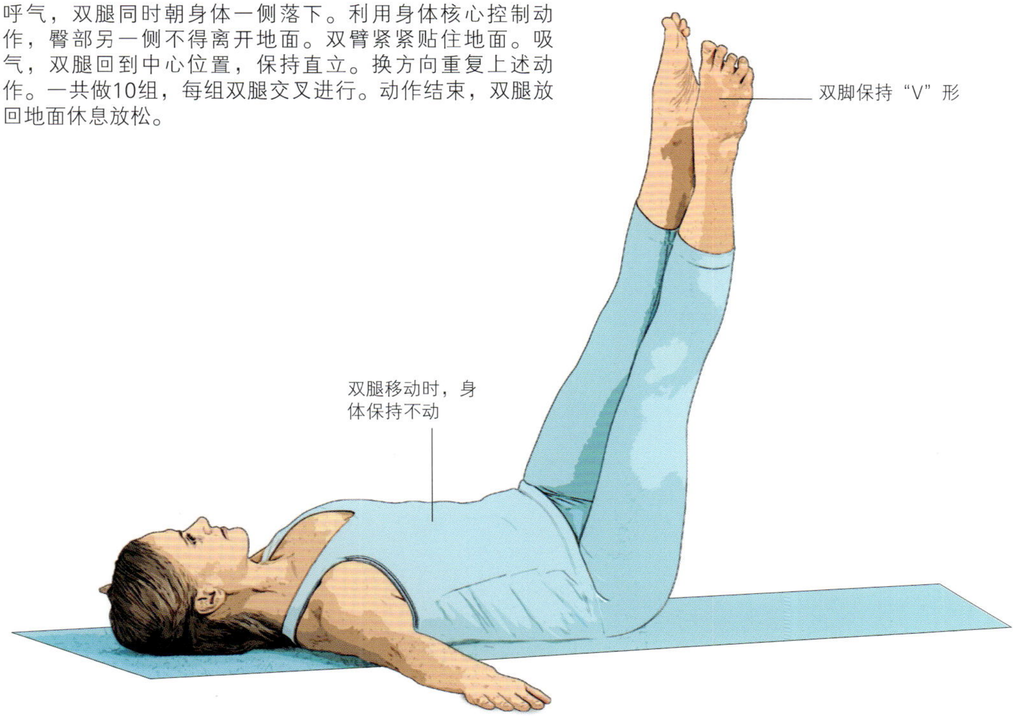

滚背

这个练习使用颈部或肩部发力，能够反映出核心腹肌的薄弱点。

1 坐在坐骨上，感受身体重量均匀分布在坐骨上。肚脐朝脊柱方向内收，保持小腹平坦。双手放在膝盖后面。可以如图所示勾脚，也可将双脚平放在垫子上。吸气准备。

2 呼气，卷背，缓慢贴近地面。沿着脊柱伸展身体时，保持腹部紧缩。做三次深呼吸，一次比一次程度深。

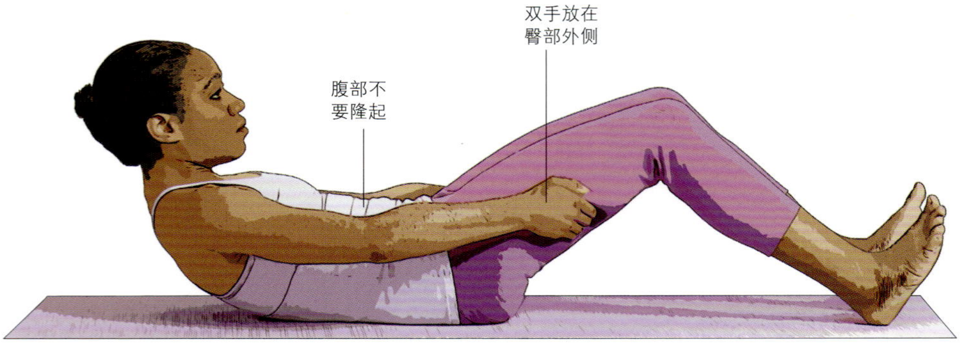

3 做完三次深呼吸后，向上卷起脊椎，低头，双肩下沉。集中注意力想象身体有一条中线。整个过程双腿保持平行。此时感受腹部在努力收紧。重复所有步骤3~5次。

长躯席卷

此练习对腹肌的训练强度很大，效果显著。要求动作流畅，控制有度，有节奏。

1 坐在垫子上，重量均匀分布，双腿向身体前方伸展。绷脚。收腹，双臂向前伸展，与肩膀保持同一高度。头部向下，保持在双臂之间。吸气准备。

2 呼气，身体缓缓向后落，举起双臂越过头顶。同时，双脚沿着垫面上滑，使双膝弯曲。腹部收紧，上身逐渐向后卷动，至与地面约成30° 角。保持此姿势几秒，然后深深吸气。

3 呼气，双臂下降到肩膀高度，缓缓卷起脊柱，头部放在双臂之间，同时双腿逐渐向前伸展回到初始位置。重复上述动作3~5次，最后恢复到坐姿。

骨盆稳定性

这些练习可以增强支撑、稳定骨盆和臀部的肌肉力量，同时也可以锻炼背部肌肉。这些动作难度不大，运动时目标明确，注意力集中，可起到巩固普拉提六项原则（p.198~199）的作用。强壮的骨盆带利用双腿驱动你向前，有助于进行其他有氧运动。

肩桥

这项练习同时锻炼身体的正面和背面，因为它不仅用到腹肌，还需要背部、臀部和双腿背面的强大力量。

1 平躺在垫子上，弯曲双膝，双膝、双脚分开与髋同宽，保持脊椎中立位（p.201），以避免腹部隆起。双臂伸直放在身体两侧，掌心贴地。吸气准备。

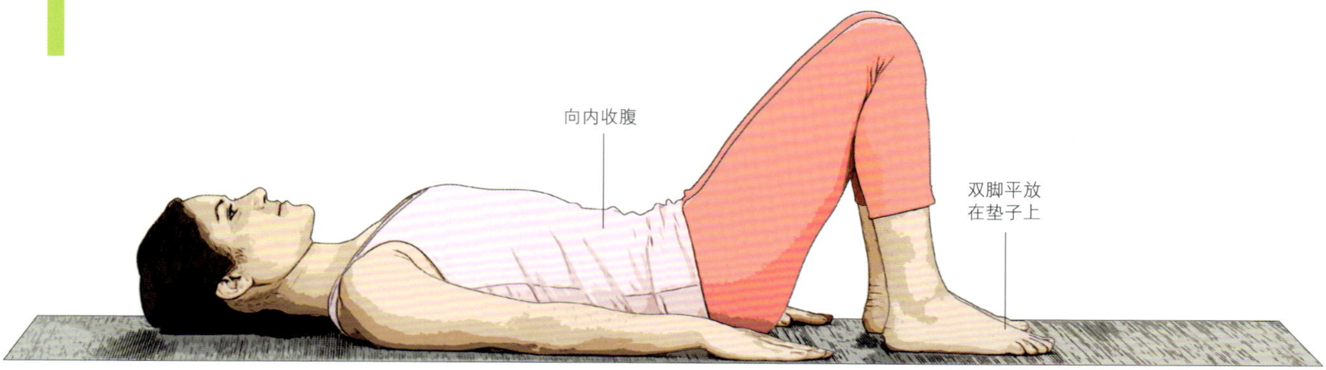

2 呼气，抬起臀部，身体从肩膀到膝盖成一条直线，身体重量均匀分布在双肩和双臂上。吸气，保持；呼气，身体下落。一共重复10次。

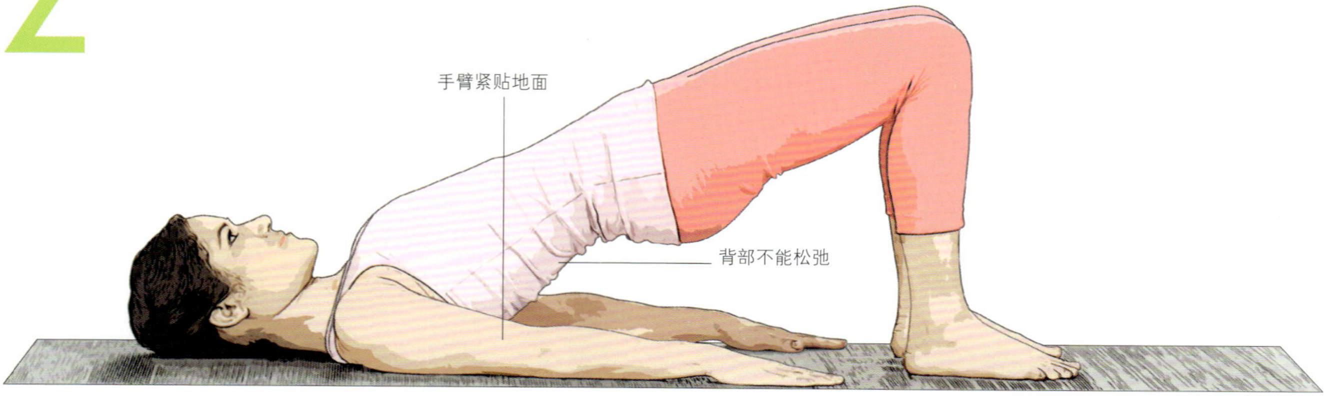

注重稳定性

想象身体（从头到脚）有一条中心铅垂线，有助于发现肌肉和骨骼分布的不平衡。对称的身体进行练习时精确度高。骨盆是稳定的核心，其他部位的不平衡经常从骨盆开始。

单腿画圈

固定住身体核心会让一个简单的动作发挥大作用。这个练习有助于从核心开始控制腿部运动。

1 平躺在地面上，一条腿膝盖弯曲，另一条腿朝着天花板向上伸直。双臂伸直放在身体两侧。开始运动之前，注意身体各部位力线，两髋水平放置，保持脊柱中立位。吸气准备。

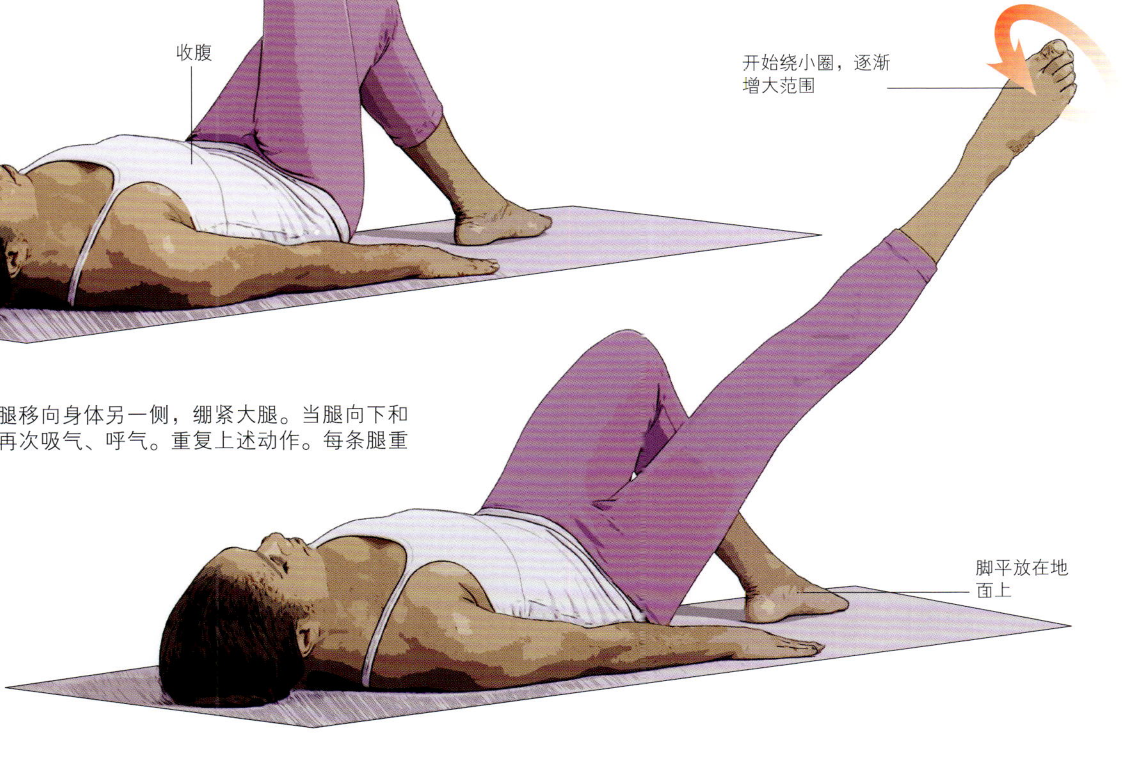

2 呼气，伸直的腿移向身体另一侧，绷紧大腿。当腿向下和向外画圆时，再次吸气、呼气。重复上述动作。每条腿重复做10次。

核心臀肌

提到“核心”时，我们经常会忘记身体后面，但是为了真正把握对称和精确的重要性，身体后面不容忽视。以下这些练习以不同的方式激活和加强整个身体的正面和背面的肌力，激发臀肌力量。

侧卧抬腿

这个动作的重点在精确度上，核心臀肌发力，增强侧面肌肉力量。我们对身体侧面的锻炼不多，因此这项练习可以塑造良好的腿形。

1 身体侧卧，一只手放在腹部前方的垫子上，另一只手手肘撑地，托住头部。双腿斜放垫子前方，脚跟互相接触，脚尖分开。吸气准备。

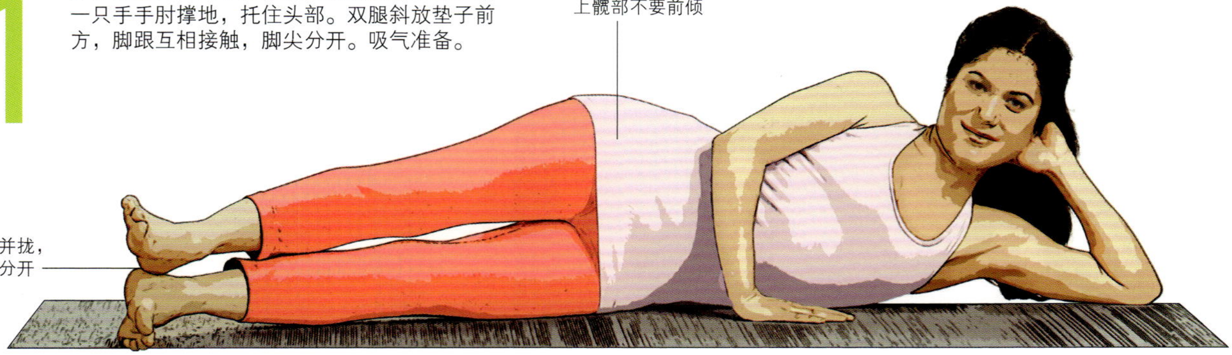

2 呼气，双腿缓慢抬离地面，离开地面时双腿贴紧。吸气，保持；呼气，轻轻放下双腿。身体适应这个动作以后，增加抬腿高度，加大身体训练力度。每侧身体重复10次。

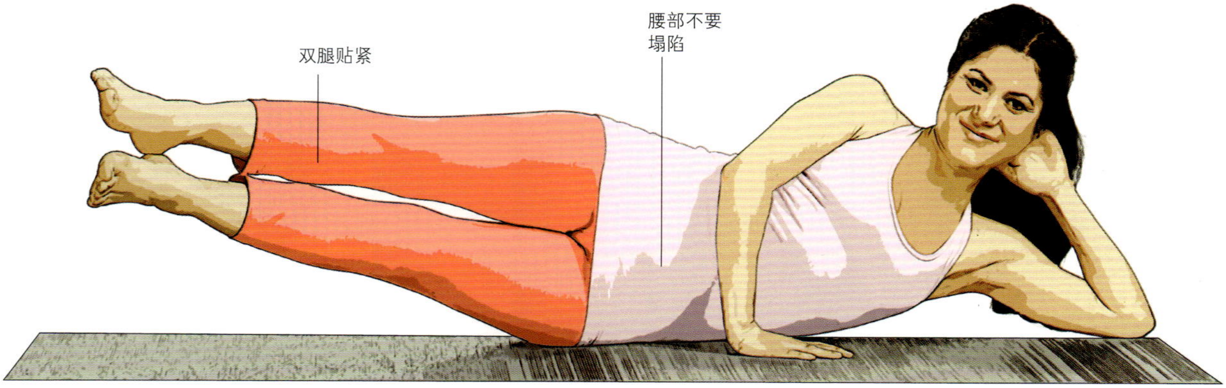

专注平衡

若感觉不到臀肌发力，可在移动之前用力聚拢坐骨，并在整个动作过程保持聚拢状态。你可以在日常生活中通过上楼梯或上坡时聚拢坐骨锻炼臀肌，正确的情况是使用臀肌上楼梯或爬坡，但通常它们并没有在发力！

卧撑腿部屈伸

这项练习会用到股四头肌和腹肌。

1 四肢着地，双腿呈跪姿，双手分开与肩同宽，双腿分开与髋同宽。想象有一条直线连接尾骨和头顶，以便脊柱保持坚实的自然曲线。吸气准备。

2 呼气，向身后伸展一条腿，微微抬头。腹肌持续用力不要歪斜，抬腿侧的髋部不要上提。重复10次，每次双腿交替进行后再恢复跪姿。

侧卧前踢

利用臀肌进行腿部动态运动对控制力要求更高，请务必从强壮的核心开始运动。动作要平稳。

1 身体侧卧，一只手放在腹部前方的垫子上，另一只手手肘撑地，托住头部。叠放髋部，双腿斜放于垫子前方，微抬起位于上方的腿，吸气准备。

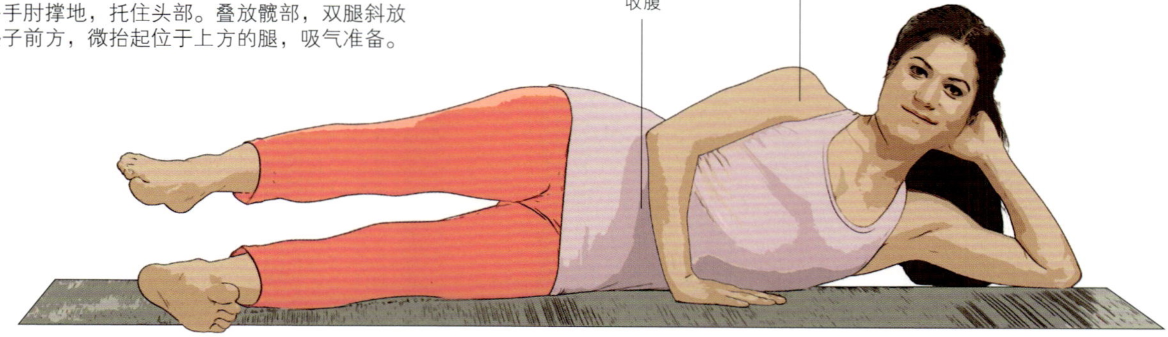

2 呼气，上方的腿尽可能向前移动，与髋部保持在同一水平面上。收紧腹部和臀部，利用核心发力，微向内侧转腿。保持背部姿势不变。 吸气准备。

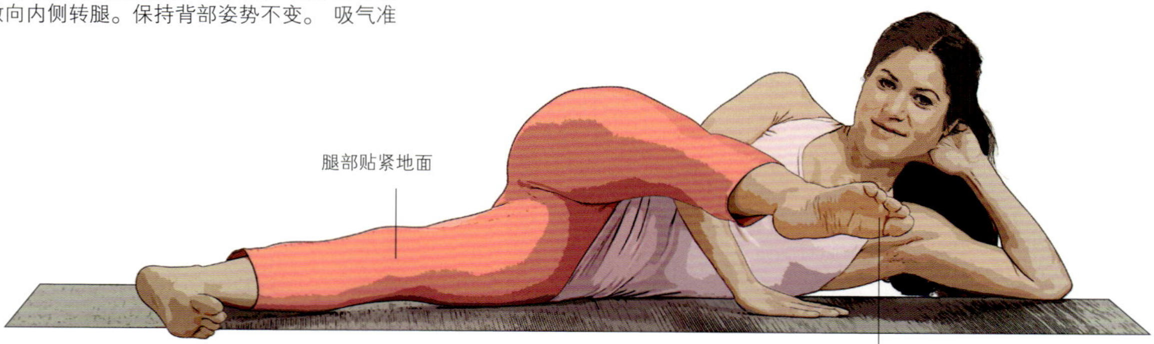

3 呼气，后踢腿，用力向后伸展，身体不要前倾或倚靠地面，髋部尽可能保持水平。吸气，回到中心。每侧身体重复10次。

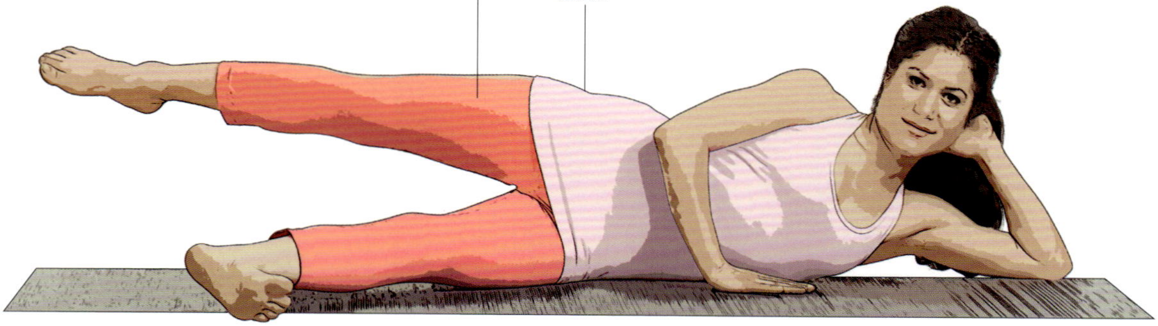

小腿侧踢

此项练习会增强臀部和腿部外侧肌力。 重点在于保持注意力——有效进行此项练习，需要你有强健的核心，良好的平衡力和协调力。

1 身体侧卧，一只手放在腹部前方的垫子上，另一只手手肘撑地，托住头部。叠放髋部，双腿斜放垫子前方，微抬起上方的腿，腹部内收。吸气准备。

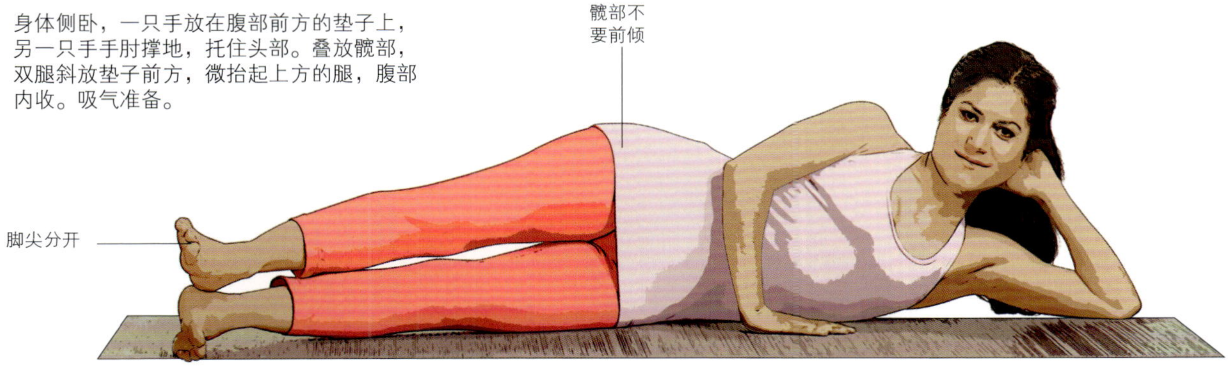

2 呼气，双腿抬离地面，保持抬起的角度并向前移动，双腿夹紧。脚尖张开。整个运动过程都在使用腹肌和臀肌保持身体平衡。

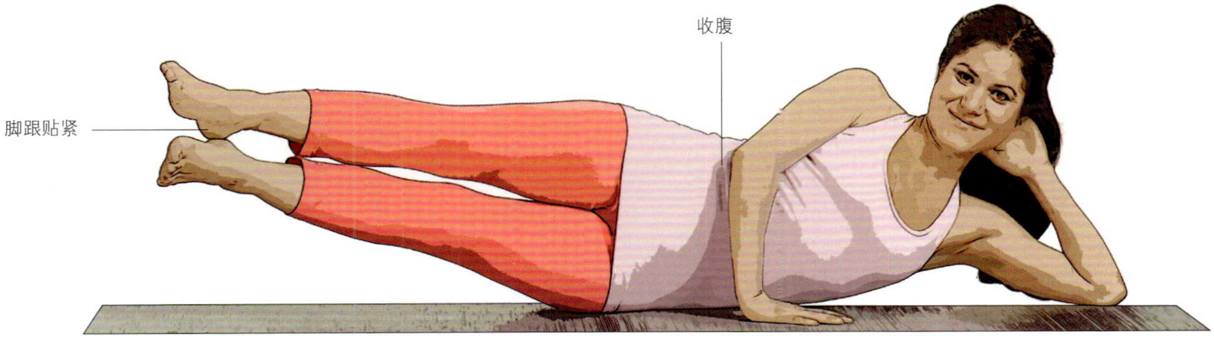

3 吸气，上方的腿保持不动，下方的腿落于地面上方但不接触地面。呼气，抬起下方的腿与上方的腿并拢。重复这个动作，可锻炼大腿内侧肌肉。上述所有动作重复10次。换身体另一侧进行同样的锻炼。

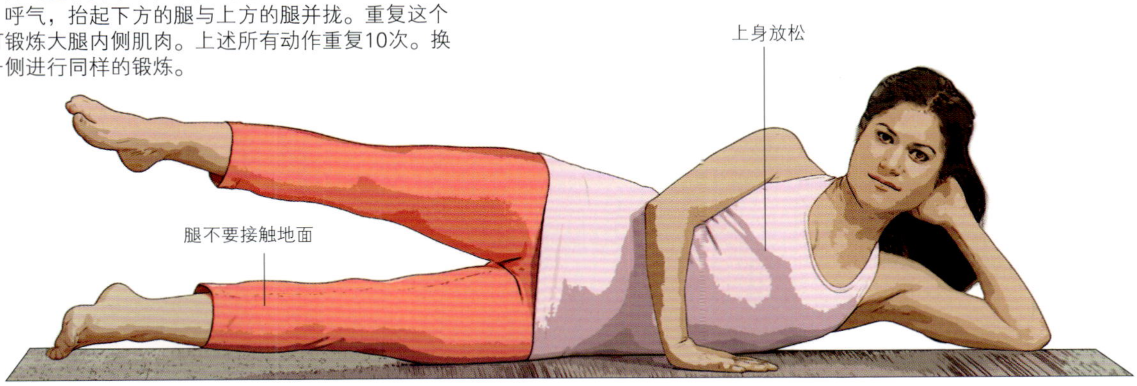

瑜伽

瑜伽是古印度一种修身养性的方法。瑜伽博大精深，研习瑜伽，身心都将获益无穷。瑜伽教程所推荐的姿势或体式提供了一种舒缓的健身方式，有助于培养注意力，清净内心，从内到外提高身体素质。瑜伽适用于任何人，练习瑜伽将会：

- 帮助身体实现最佳灵活性和优化力量
- 塑造纤细、健美的身体
- 增强身体协调性，改善体态
- 有助于加深呼吸
- 有利于排解压力，放松身体
- 恢复身体平衡，平静情绪
- 提高进行其他运动和日常活动的表现

什么是瑜伽?

瑜伽是印度一种古老的健身体系，约有5000年的历史。它有很多流派，每个流派的侧重点略有不同。但是，所有瑜伽的根本理念一致：良好的健康依赖于身体的整体状况，瑜伽精神在于努力实现身心合一。这是瑜伽与其他运动的区别。

瑜伽的历史

传统意义上，瑜伽练习有四条“路径”，它们的最终目标都是进入意识的更高层面，从而达到更加平衡、宁静的状态：

- 智慧瑜伽培养知识理念。
- 奉爱瑜伽提倡奉献和怜悯。
- 业力瑜伽要求清心寡欲，无私奉献。
- 王瑜伽（包括后来改良的哈达瑜伽）是广为人知且练习者最多的瑜伽修行方式。

注意，许多人认为瑜伽只是一些姿势或体式，实际上这只是瑜伽整个体系中的一部分。

公元前4至前2世纪，印度大师钵颠阇利（Patanjali）撰写了《瑜伽经》，其中包含ashtanga（阿斯汤加）瑜伽体系， 阿斯汤加意思是“八支”（见右侧）。

练习瑜伽需要将精力集中于身体内部，以清净内心。

西方瑜伽

19世纪后期瑜伽初入西方，直到20世纪60年代，才流行起来，当时的大师如斯瓦米·希瓦难陀(Swami Sivananda）的忠实学生斯瓦米·维希纽特瓦难达（Swami Vishnudevananda），以浅显易懂的语言阐述了瑜伽思想。他提出了瑜伽的五项原则：适当的运动，正确的呼吸，合理的饮食，正确的放松，乐观的心态和冥想（见p.223框内）。

瑜伽“八支”

印度大师钵颠阇利撰写了著名的《瑜伽经》，在书中提出了“八支”瑜伽，为丰富、健康的生活提供指导：

- **克制**（ Yama），指为改进外在行为所需遵守的行为规范，如非暴力、诚实、不偷盗。
- **守规**（ Niyama）， 指为改善内心环境应做到的行为规范，包括净心、内省。
- **坐姿/体式** （Asanas）：指可以培养自制力的身体姿势，为冥想奠定基础。
- **调息**（ Pranayama，**也作**Prana），指呼吸的延长与控制，掌控身体内部能量。
- **制感**（ Pratyahara），控制感觉，将注意力从外界收摄于心。
- **执持**（Dharana），专注。
- **禅定**（Dhyana），冥想。
- **入定** （Samadhi），体悟生命的最高智慧。

平衡体式，如树式，可促进身体和心灵的稳健。

瑜伽的五大原则

适当的运动：瑜伽体式，也作姿势，可以增强身体灵活性，保持脊柱强健、神经系统健康、身体年轻柔软，集中注意力，达到至善阶段（即入定，参见p.222方框）。

正确的呼吸：有节奏的呼吸（见p.226）不仅提供身体所需的能量，还可清除有害毒素，从而净化身体和精神。具体的呼吸练习称为调息（参见p.222方框），用处颇深。

合理的饮食：建议食用新鲜、健康、易消化的食物，为身体提供所需能量，使身体各项机能处于最优状态。专业瑜伽练习者一般都是素食主义者。

正确的放松：有规律地进行全面的身心放松，对恢复能量平衡非常重要。

乐观的心态和冥想：平衡、强健、放松的身体有助于提高心灵的纯净与安宁。冥想会帮助你认识到对你真正有价值的东西。

当前的瑜伽“类型”

瑜伽有许多不同的类型，下面是一些常见的种类：

- **哈他瑜伽** 通常会长时间保持某种姿势，最大限度伸展和放松身体，因此，适合“轻松平和型”的人练习（p.34）。注意，严格来说，身体瑜伽的各种形式都属于哈他瑜伽范畴——“哈”（ha）的意思是太阳，“他”(tha）的意思是月亮，“哈他”代表相辅相成的两个对立面的平衡。
- **艾扬格瑜伽** 注重身体的正确摆放，可以选择诸如瑜伽砖或肩带这样的工具协助。此类瑜伽适合“热情积极型”的人练习。
- **阿斯汤加流瑜伽** 也称力量瑜伽。要求各个姿势之间转换要随着呼吸的节奏进行。这种流动的动态瑜伽非常适合“说干就干型”的人练习。
- **比克拉姆瑜伽** 也称热瑜伽。须在35~40℃的室内进行，有26种姿势，主要是为了提高身体灵活性。这款瑜伽也适合“说干就干型”的人练习。
- **昆达利尼瑜伽** 侧重以练习唤醒身体内部的微妙能量。它向上穿过身体的能量中心即脉轮。适合“热情积极型”的人练习。
- **斯文南达瑜伽** 专注于瑜伽的五项原则（见上文），尤其注重12关键体式的练习，以长时间保持这些体式让身体部位得到最大限度的放松。适合“轻松平和型”的人练习。
- **吉瓦穆克提瑜伽** 含义是“生活中的释放”，将剧烈的运动与音乐，冥想和诵读完美地结合在一起，适合“热情积极型”的人练习。

瑜伽的原则

瑜伽的身体要素，称为姿势或体式，可作为日常健身的一部分，以增加身体力量，增强体质，提高灵活性和注意力。练习瑜伽之前，多了解一下瑜伽的益处，各种动作类型，何时做以及如何做这些动作，这一点很有用。因此，请继续阅读。

瑜伽有什么好处?

本书介绍的瑜伽练习可使全身的肌肉和关节得到锻炼，不仅可以提高身体整体的力量和灵活度，还可以为身体奠定基础，增强体质，重塑平衡，放松身心，使人精神焕发。每个体位中有意识地进行缓慢延展可以全方位恢复身体，使身体紧张的部位得到放松，从而产生一种轻盈感和拉伸感，同时可以起到改善体态的作用。有些身体部位可能看起来略显丰硕，但事实上，这只是肌肉堆积的结果，而不是饮食造成的，因此，你仍有机会拥有纤瘦的身材。

动作类型

任何瑜伽课程都包含一系列动作，以均衡、全面地进行身体锻炼，这一点很重要。 以下是瑜伽体式的主要动作：

- **前屈类：**站立前屈式（p.229）和站立分腿前屈式（见右图），可拉伸腘绳肌、脊柱，按摩内脏器官，尤其是消化器官。前屈类动作也有助于提高注意力，安定心神，让你体会交付身心的感觉。
- **后仰类：** 像眼镜蛇式这样的体式（p.232）既能强健脊柱，又能提高其灵活性。后仰类动作伸展身体前部，打开胸腔，鼓励深呼吸，让你重新焕发活力。
- **侧弯类：** 三角式（p.246）增加了脊柱的横向移动能力，同时打开身体两侧，在日常生活中身体两侧很容易紧绷。

前屈类动作可以拉伸整个背部，释放情绪，让你有身心放松的感觉。

专注的重要性

专注是所有瑜伽姿势的要求。阿斯汤加流瑜伽有个技巧，叫“drishti”（梵文，意为“焦点”），用于专注力的培养。这个技巧即：眼睛盯着某一点，注意力随之集中起来，思想也因而专注起来。将所有感官集中于某一特定点，感官和思想一旦沉浸于某处，做瑜伽动作时就不会受外界声音的干扰。

- **扭转类：**在诸如坐姿脊柱扭转（p.236）的姿势中，扭转运动脊柱和躯干可释放整个背部的压力，按摩腹部，刺激消化系统。日常生活中不常做扭转运动，所以探索这种新的运动方式也有助于开拓思维，使其更具适应性。
- **平衡类：**单腿平衡姿势，如树式（p.245）及双手平衡姿势有助于打造强有力的核心（p.199），并让你切实关注自己的思想（见上框）。
- **倒立类：**倒立姿势，如肩倒立式（p.235），可增加上半身力量，为心脏带来更多的血液，改善循环，同时也给大脑带来更多的血液，使注意力更加集中。

应该什么时候练习瑜伽？

瑜伽可以随时练习。进行不同的姿势组合可以达到不同的效果。如当你倦怠时，帮你振奋精神；当你有压力时，帮你放松身心。传统上，早晨要做一次活力练习，开启身体一天的活动，而在晚上则要进行温和的恢复性练习，帮助身体进入平衡状态。饭后2~3小时练习瑜伽最佳。

每种姿势应该保持多久？

各姿势保持的时长取决于所做瑜伽的类型（p.223）及当时的感受。后面的每种姿势都给出了具体指导。但是，只要身体没有不适，也可以多保持一会儿。

需要用道具吗？

瑜伽砖可以帮助你做瑜伽动作，调整身体力线，增加身体舒适度；自身无法完成动作时，瑜伽带可以作为手臂的延伸帮助达到理想的位置或加深姿势；在脊柱或膝盖下放置枕头有助于进一步放松。

瑜伽砖可使练习更舒适。支撑桥式中，在骶骨下面放置瑜伽砖，可让脊柱张开而不会产生拉伤。

呼吸与放松

有意识地呼吸及加深呼吸是瑜伽练习的关键，只有通过充分和深入的呼吸，才能为身体提供所需的能量，使身体机能达到最优。放松是瑜伽另一重要方面——与挑战体能的姿势同等重要。下面的练习可帮助你掌握呼吸与放松的基础。

瑜伽式呼吸

这项练习建议进行全面的深呼吸，以增加能量，缓解压力，减少身体毒素。重塑神经系统平横，提高注意力。

1 双腿盘坐地面，身体挺直。一只手放在腹部，另一只手放在胸部。吸气，感觉腹部鼓起，像一个充满空气的气球。继续吸气，胸部上升，后背和肋骨向两侧扩张，锁骨上移。

2 呼气，腹部慢慢放松，缩小，肋骨两侧下降。最后，用力收缩腹部，排出肺部的最后一丝空气。两个步骤重复10次，头部挺直，坐骨固定在地面上。

调息艺术

在瑜伽术语中，我们的能量和元气，是通过食物和呼吸获得的。通过调息法来控制呼吸益处良多。充分、深度的瑜伽式呼吸是起点。如果你想在掌握了这一点后进一步探索调息法，可以阅读专门介绍瑜伽或调息法的图书。

婴儿式

这种姿势滋养身体，可用作放松练习，或者进行高强度练习后休息身体，给身体时间来缓冲高强度练习的影响。

跪在地面上，两脚趾碰触，膝盖分开，坐在脚后跟上。身体前屈，额头贴地，双臂置于身体两侧放松。吸气，感觉呼吸到达腰部。呼气，放松。至少进行10次呼吸再恢复跪姿。

摊尸式

摊尸式可以使身心得到全面放松。宜在每个动作结束之后进行，以放松身体。

平躺在垫子上，双腿分开，双臂对角线式分开。闭合双眼。吸气，绷紧一条腿，呼气时放松。另一条腿重复上述步骤。然后进行全身的绷紧和放松：吸气绷紧、呼气放松。顺序：臀部、腹部、胸部、双臂、双肩、颈部、脸。感受每一次进出鼻腔的气流，完全交付身心，进行25次呼吸。

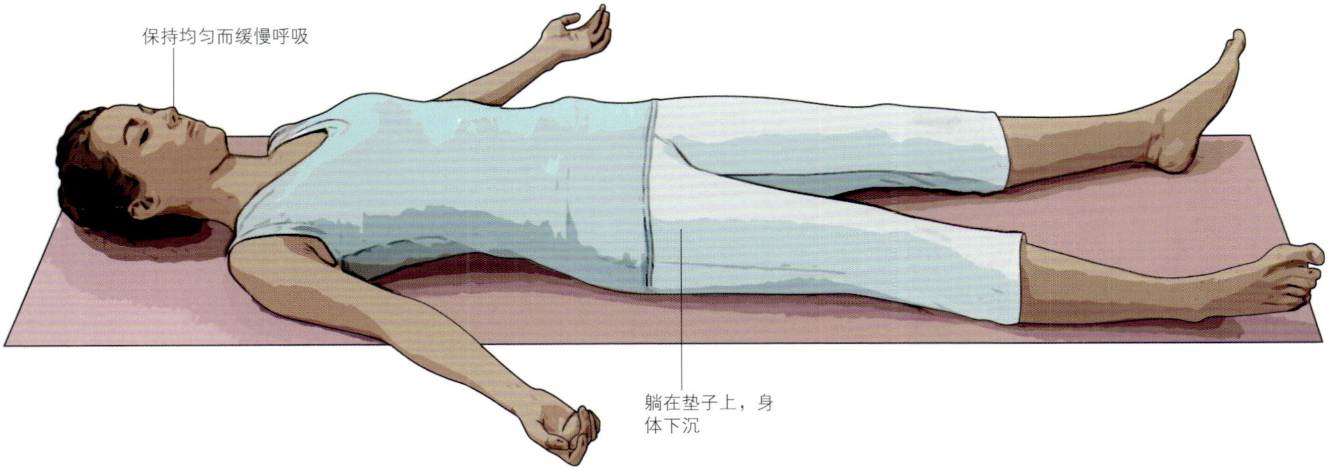

拜日式

拜日式是瑜伽的经典体式，拜日式系列动作既可独立练习，也可作为瑜伽的热身练习。即使不做其他练习，一天十个拜日式练习也会改变你的气质和感觉。按照步骤，呼吸时开始新的姿势，但要根据需要，每个姿势多吸一两口气。

山式

1 站立姿势，双脚分开与肩同宽，稳稳地站在地面上，双臂置于身体两侧。想象有条铅垂线穿过身体重心，以此保持身体平衡。鼻子吸气，向上伸展身体。鼻子呼气，肩胛骨下沉回位。

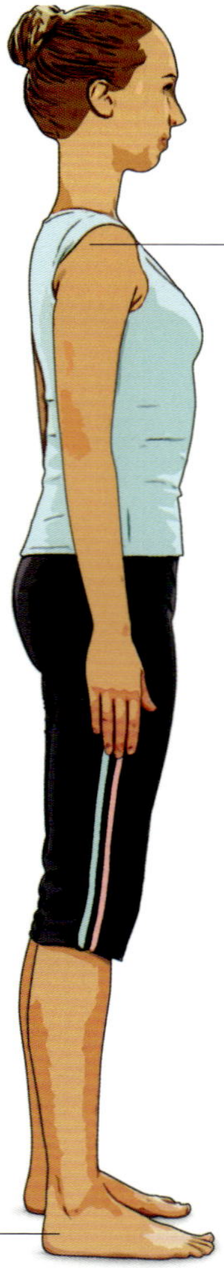

山式拉伸

2 吸气，收腹，双臂举起，伸直靠近耳朵，掌心相对。感觉身体全部肌肉都在拉伸。身体保持直线。

流畅的重要性

当做一系列瑜伽练习时，如拜日式，姿势流畅转换很重要，与每个姿势本身一样重要。主要方法是每次运动都在吸气或呼气时进行，即“流瑜伽”（vinyasa）——平稳的，以呼吸连接的运动。

站立前屈式

3 呼气，从腰部开始前屈身体，躯干接触大腿，双手碰触双脚旁的地面，掌心贴地，做不到者可以指尖触地。双腿伸直，如果感觉吃力，可以稍微弯曲，以便离地面更近。放松头部、颈部和肩部。

弓步式

4 吸气，右腿向后伸展，膝盖着地，同时弯曲前腿成90°，进入一个深度弓步状态。如果可能，将双手放在前脚两侧的地板上——手掌着地，如果吃力，指尖着地。胸部轻轻落在膝盖上。眼睛注视地面。

斜板式

5 呼气，右脚尖踩在垫子上，伸直右腿，接着调整左腿与右腿保持一致，双腿分开与髋同宽。吸气，双臂分开与肩同宽，利用腹部肌肉与腿部肌肉发力，视线朝下，脚跟、身体、头大致成一条直线。

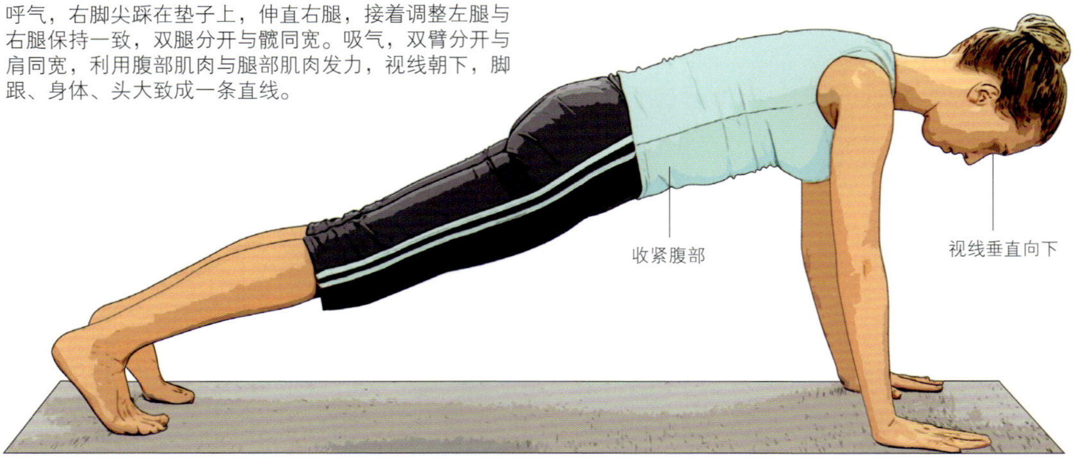

胸膝下颌式

6 呼气，弯曲手臂，膝盖、胸部和下颌贴地，臀部朝上。双手位于肩膀下方，手肘向身体靠拢。收腹，视线水平向前。

上犬式

7 吸气，臀部下沉，脚尖放置在地面上，依次抬起头部、肩部和胸部，视线保持水平向前，使胸腔更加扩张。手掌撑地，向后、向下拉肩胛骨，手肘向身体两侧靠拢。如果吃力，可以选择用前臂撑地。

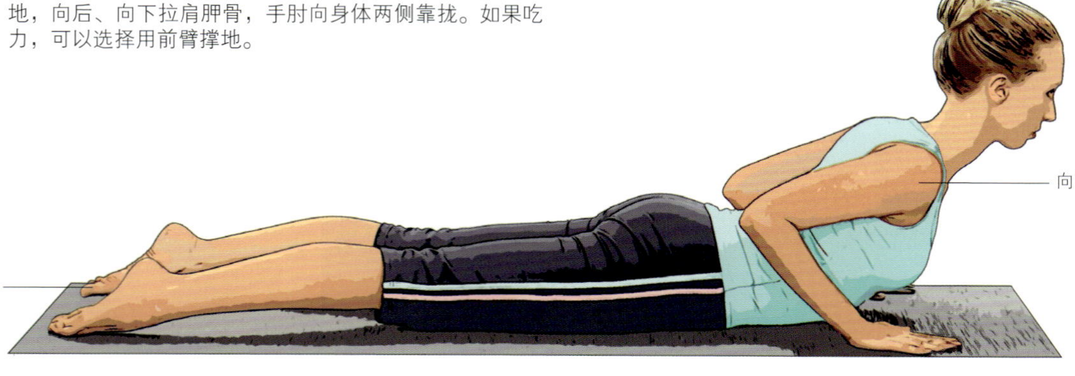

下犬式

8 呼气，脚趾贴地，尽可能向上抬起臀部，头部朝下，伸直双腿和双臂，手掌撑地，五指分开。收腹，眼睛看向腹部。若感到不适，可弯曲膝盖。保持姿势，进行5次呼吸。

站立前屈式

9 吸气，双手撑地，体重落在手掌上，双脚分开，位于两手之间；呼气，伸直双腿，进入前屈式。头部和颈部放松，若有不适，可微屈双膝。收紧腹部肌肉，使用大腿前后的肌肉发力。

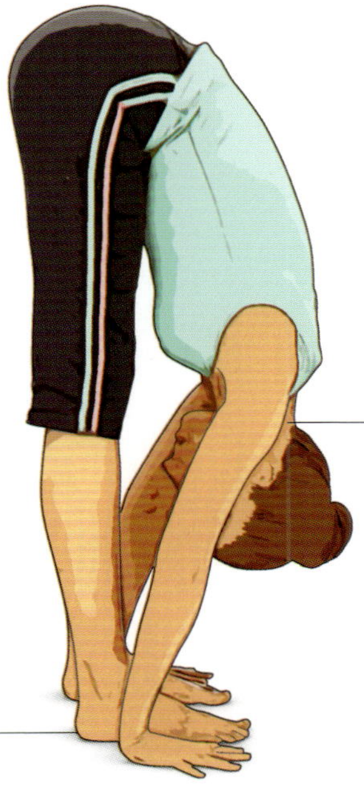

山式拉伸

10 吸气，身体站立，双手缓缓举过头顶，手指向天花板方向伸展。向下、向后拉肩胛骨，身体进一步向上延展。呼气，放下手臂，置于身体两侧，成山式站立姿势（即第1步）。视线水平向前。

逐渐掌握以上10个动作后，重复做10次，你会对拜日式更自信。

上身力量和塑形练习

以下的瑜伽姿势可释放身体压力，创造一种身体内部空间增大和延长之感。同时，打造更加强壮、精瘦的上肢。日常活动中无论携带物品还是抱孩子，都会更加高效、轻松。强健的身体在进行各种锻炼时效果都会更好。

眼镜蛇式

这一俯卧姿势不仅可以增强背部力量，还可以提高脊柱的灵活性，缓解背部紧绷感。

1 俯卧在垫面上，额头贴地。双手置于胸部两侧，指尖朝前，与肩膀持平，手肘弯曲。呼气，伸直双腿，脚尖贴地。

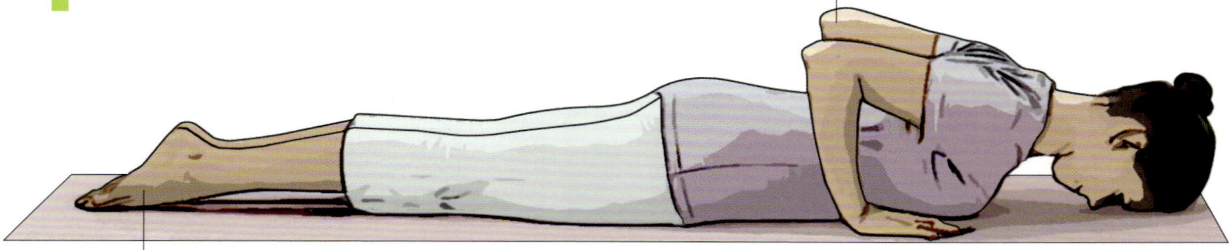

2 吸气，双手撑地，依次抬起头部、肩部和上胸部，延展脊椎。手肘向身体靠拢，向后方下拉肩胛骨，肩膀远离耳朵。保持姿势，最少进行5次呼吸，每次呼吸都应顺畅、均匀。呼气，放下身体，返回地面。

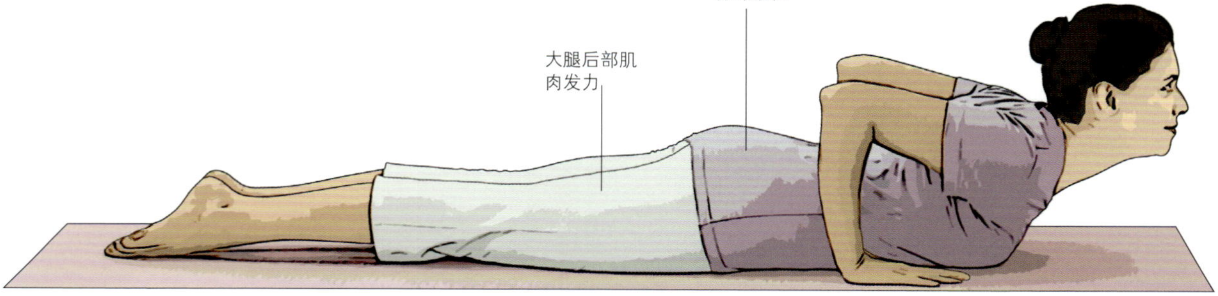

活力轻盈

练习瑜伽重要的一点是能够获取一种充沛、轻盈之感。这就意味着必须保持姿势平稳，无论是用脚站立，用坐骨支撑着坐下，还是用头和手支撑着倒立姿势，除了双脚、坐骨或双手紧贴地面外——你需要通过身体来稳固，使其拉伸、打开并感觉轻盈。

反台式

这项练习比较有挑战性，可起到延伸身体前部、增强背部的作用，故可缓解前屈式练习对身体的影响。

1 坐在地面上，身体挺直，脚尖向前。双手放在身后，指尖向后，收紧腹部。打开胸腔，头部缓慢向后倾斜，拉伸颈部前部。推动肩胛骨进一步打开胸部。

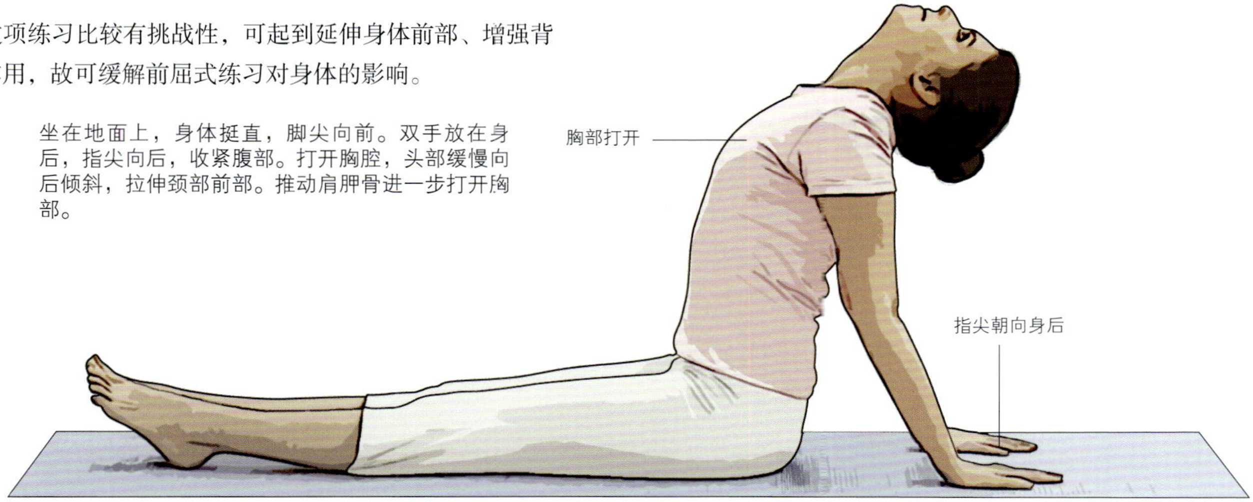

2 吸气，双手、双脚撑地，朝斜上方抬起臀部，双腿与地面成斜角。头部后仰，释放颈部压力，肩部位于双手正上方。保持姿势，至少进行5次呼吸。呼气，回到第一个步骤，接着头部返回身体中位。

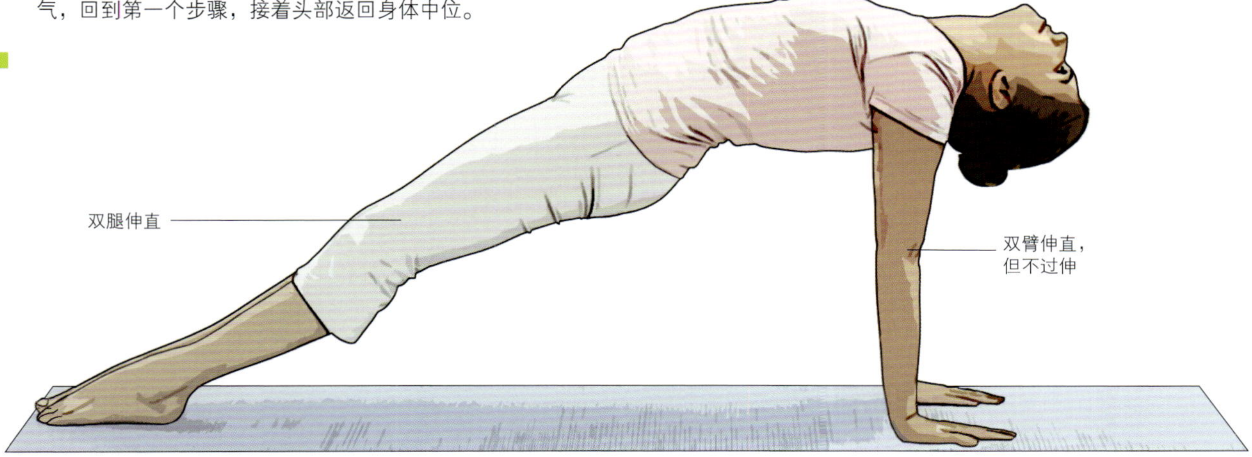

弓式

弓式练习，身体呈弯弓状，手臂呈弦状，可以拉伸整个身体前侧，同时释放背部压力。

1 俯卧在垫子上，前额贴地。吸气，向前伸直左臂，左脚脚趾向后。呼气，弯曲右腿，右手抓住脚踝，朝臀部拉近。吸气，呼气时松开右腿。换另一侧进行。

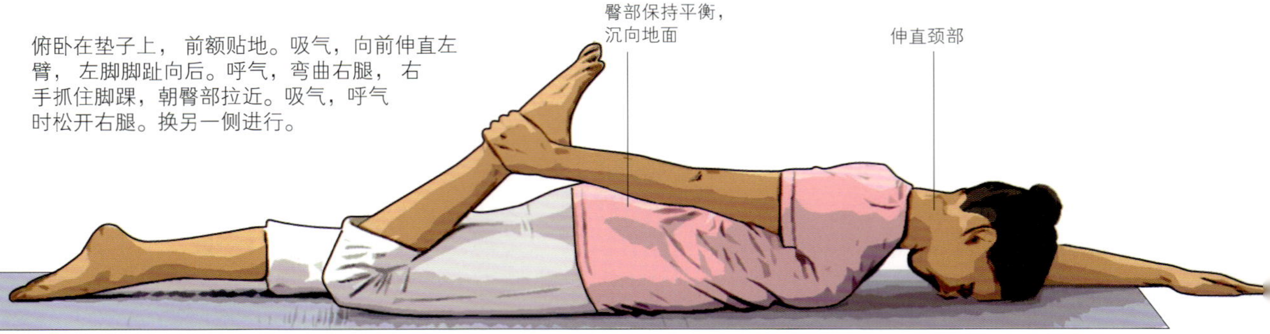

2 吸气准备。呼气，弯曲双腿，双手抓住脚踝，保持在适当位置。双臂伸直，前额贴地，收紧腹部。臀部保持平衡。

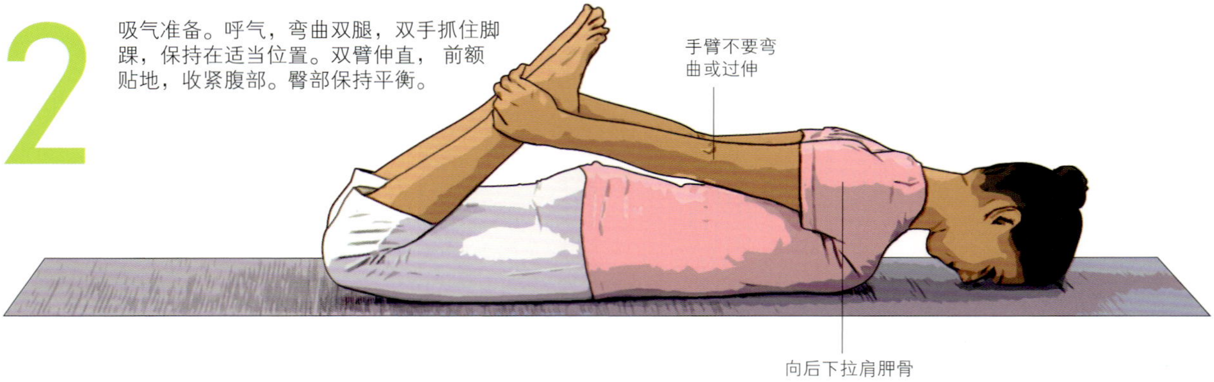

3 吸气，上抬双脚，膝盖尽量远离地面。同时，抬起上身，尽量远离地面。利用腹肌发力，保护背部。腰背部拉长，双臂伸直但不要过伸。呼气，松开双脚，缓缓落下膝盖、上身、前额，回到地面。

肩倒立式

肩倒立式有一定难度，可以切实增强双肩和背部力量。倒立过程中不要移动头部。

1 仰卧在垫子上，收紧腹部，臀部保持水平，双肩呈放松状态，头部和颈部位于身体中立位，伸直颈部。深吸一口气，呼气，抬起双腿，与地面成90°，双腿伸直，勾脚使脚掌朝向天花板。手臂置于身体两侧，掌心向下。

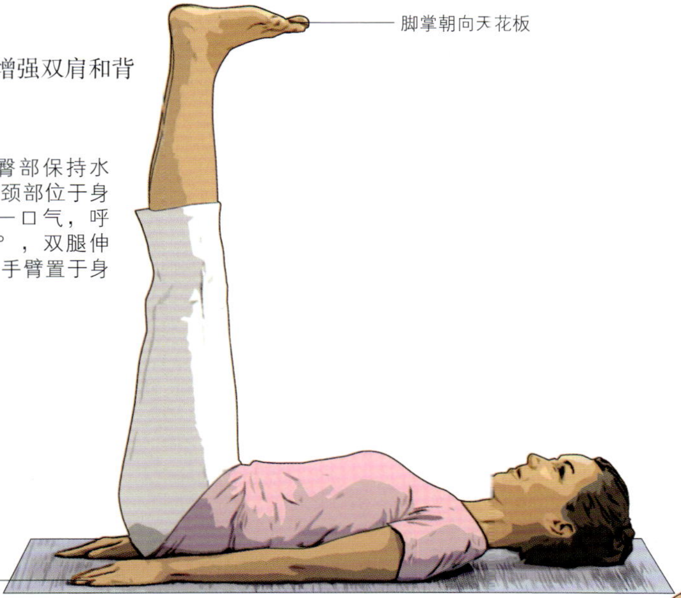

2 深吸一口气，呼气时缓缓摇动双腿靠近头部，臀部抬离地面，双手支撑背部，手掌伸平，指尖朝上。身体重量均匀落在手肘上。身体不要向一侧倾斜。恢复平躺姿势之前，请勿移动头部。

3 吸气，抬起双腿，垂直于地面，臀部靠近头部，双手尽可能靠近肩部，手肘支撑身体。身体通过脚趾向上延伸，成一条直线。保持姿势，至少进行25次呼吸。呼气，手臂平放于垫子上，掌心向下，双腿随着脊柱缓缓落下，利用腹肌发力。

脊柱灵活性

脊柱是比较复杂的结构，可以纵向移动，侧向移动或轴向移动。以下的瑜伽体式旨在增强脊柱灵活性，使其在各个方向都可自由移向，尤其是日常生活中不经常进行的移动，如扭转、后弯，这样可使脊柱灵活度最大化。

坐姿脊柱扭转

此项练习可提高整个脊柱的灵活性和柔韧性，在扭转脊柱的同时按摩腹部。

1 坐在垫子上，身体挺直，双腿伸直置于身体前侧。弯曲右膝，越过左腿，右脚置于左小腿旁。吸气，右手放在身体后侧，手掌着地，指尖指向远方，抬起左臂，朝天花板方向延展。脊柱保持挺直。

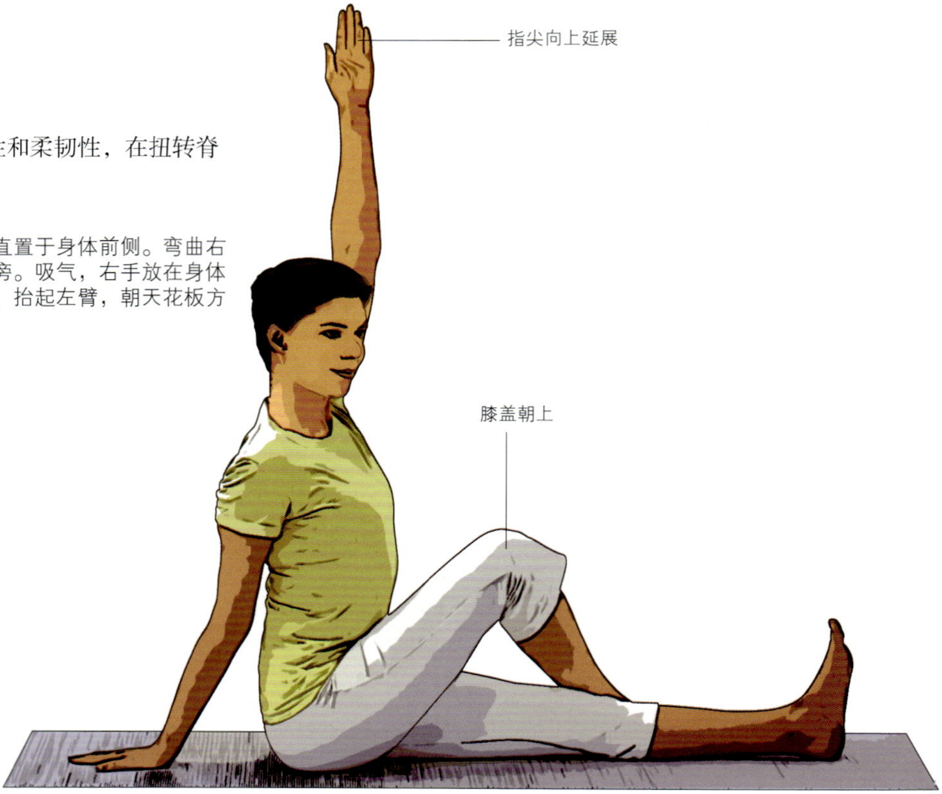

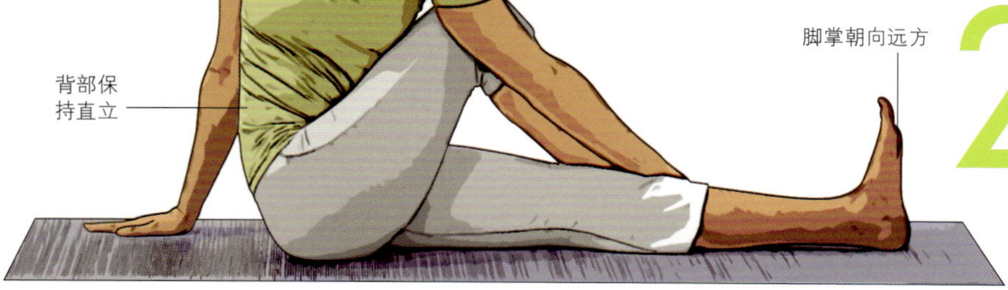

2 呼气，上身朝向右侧扭转，左臂向下靠在右小腿外侧，左手抓住右脚踝。吸气，眼睛顺着身体扭转的方向看去。保持姿势，至少进行5次呼吸。呼气，缓缓恢复到初始状态。另一侧重复进行上述步骤。

脊柱的重要性

强壮柔韧的脊柱至关重要，有助于塑造优美形体，增强运动效果，同时作为脊髓的储存室，还有利于神经系统的健康。瑜伽称中枢能量通道为中脉（sushumna nadi），中脉的底部即为“昆达利尼能量”(Kundalini energy），像蛇一样盘旋着， 等待着被唤醒贯穿整个身体。

仰卧脊柱扭转

此项练习可以打开胸腔，扭转腰部， 缓解肌肉僵硬，释放紧绷感。

1 仰卧于垫子上。吸气，张开双臂，与肩膀持平，收紧腹部，利用腹肌发力。呼气，弯曲双膝，双脚抬离地面，大腿微靠近胸部。吸气准备。

2 呼气，双膝缓缓倒向身体一侧，头扭向相反的方向，感受腰部的扭转感，胸腔像扇子一样打开。保持姿势，至少进行5次呼吸。吸气，同时身体回到中心，如步骤1所示。另一侧重复上述步骤，双膝倒向左侧，头部向右侧。

轮式

此项练习强度较大，可拉伸整个身体前侧，锻炼背部肌肉，提高脊柱灵活性，增加体能。

1 仰卧在垫子上，弯曲双腿，双膝朝上，双脚朝前，分开与髋同宽。缓缓地将双脚移向臀部，双手抓住脚踝，双臂不要弯曲。

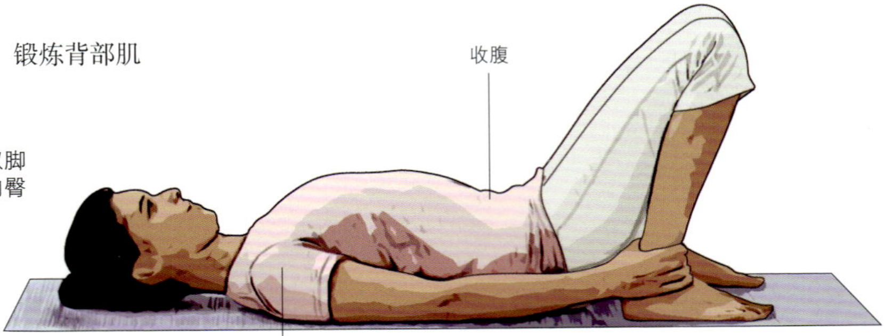

2 头部、颈部、肩部贴地。吸气，抬起臀部，尽可能远离地面，使脊柱呈拱形。肩膀和双脚紧紧贴在地面上以支撑身体重量。保持姿势，至少进行5次呼吸。若感觉吃力，缓缓恢复到步骤1，放下身体。若有余力，进行步骤3。

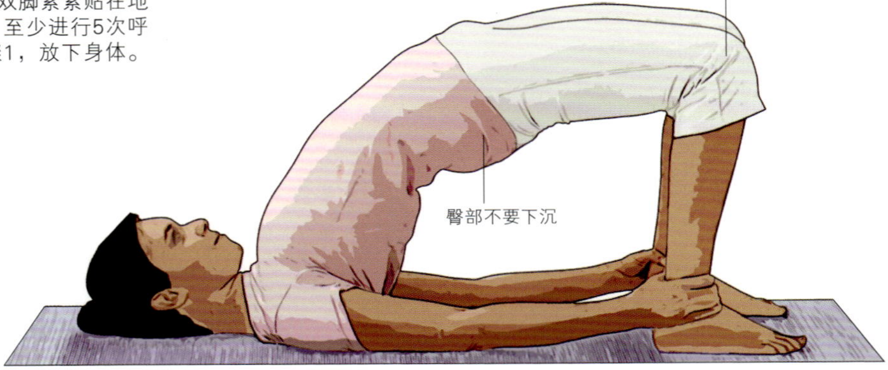

鱼式

此项练习与肩倒立式相反，后弯可以缓解颈部和喉咙紧张，矫正圆肩，打开胸部。

1 平躺在垫子上，双腿、双脚并拢，双手分别放在同侧的臀部下方，手掌朝下。手臂伸直，塞入背部，将背部稍稍抬离地面。

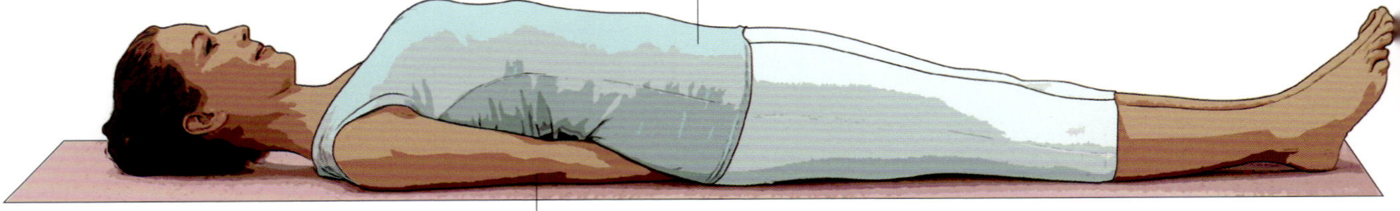

3

若在步骤2感觉轻松，双手松开脚踝，移动到耳旁，手掌朝下，指尖指向肩膀，手肘腾空。双脚平放于垫子上，背部或臀部不要下沉。若感觉吃力，缓缓放下身体，回到步骤1。若有余力，进行步骤4。

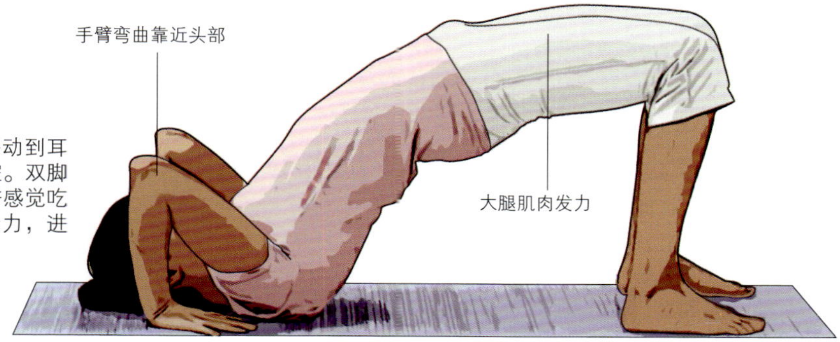

4

吸气，双手支撑身体将肩膀抬离垫子。同时，抬起头部，头顶轻轻放在垫子上。手肘弯曲，肘关节朝向远方。收紧臀肌，大腿肌肉用力，保持臀部抬高。保持此姿势，至少进行5次呼吸。若感觉吃力，适当缩短时间，不要强撑。呼气，弯曲手臂，依次回到步骤3、步骤2、步骤1。

2

吸气，腹肌发力，手肘撑地。拱起背部，尽可能上抬胸部，头部后仰，感受胸部和颈部扩张延展。保持姿势，至少进行5次深呼吸。呼气，缓缓放下身体。

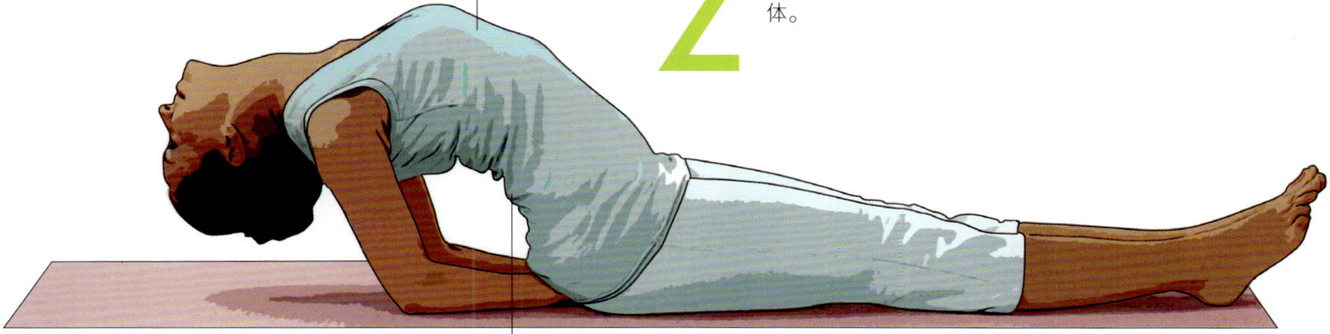

深度臀部放松

以下的瑜伽体式有助于日常坐、立、行走，可以释放髋关节压力。日常生活中，我们大部分时间都坐着——办公、驾驶、乘火车或在沙发上休息，因此臀部区域容易紧绷。经常进行以下练习可帮助你打开臀部，在老年时保持臀部灵活性。

马步式

从名字便可以看出，马步式是一项力量与精力的锻炼，有助于增强腿部和臀部力量，同时可有效拉伸大腿内侧肌肉。

1 双脚分开站立，双脚距离大于髋部，收紧腹部，挺直背部，双肩下沉，膝盖与脚尖向外45° 。吸气，双手举过头顶，掌心贴合。

2 呼气，尽可能向下弯曲双膝，膝盖不要超过脚尖。双手于胸前合十。保持姿势，至少进行5次呼吸。吸气时恢复站姿。

深度放松

瑜伽益处之一在于其各种体式都有放松作用，可放松身体各个部位。深度、有节奏的呼吸亦有如下帮助：想象每次深吸都深入关节，像一把无形的钥匙打开关节周围紧张的肌肉，使其功能恢复到最优状态。

蹲式

深蹲可以锻炼所有腿部肌肉，尤其是髋屈肌。进入最低姿势并保持，这种姿势对力量和柔韧性要求较高。

1 站立于垫子上，双脚分开与髋同宽，弯曲双膝呈半蹲姿势。吸气，双臂抬至胸部高度，弯曲前臂，掌心相对，右臂缠绕在左臂上，左手手指放在右手掌心，两手大拇指对准鼻子，呈“鹰式”姿势。

2 呼气，继续弯曲双膝，缓缓降低臀部，使其落于双脚脚跟之间略高于地面。若脚跟开始离地，则上升至双脚平稳支撑地面的位置。保持姿势，至少进行5次呼吸。吸气时缓缓恢复站姿。若有任何不适或身体开始摇晃，可提早恢复站姿。呼气，松开双臂放在身体两侧。左臂缠在右臂上，重复上述步骤。

单腿前屈

此项练习可深度锻炼两侧臀部，拉伸整个背部肌肉。做完此项练习以后最好接着做反台式（p.233），缓解此练习带来的影响。

1 身体挺直坐在垫子上，双腿向前伸直。弯曲右腿使右脚掌靠在左大腿内侧，右膝朝外。左脚跟朝向远方用力。吸气，双臂举过头顶。

2 呼气，身体前倾，双手抱住脚尖，胸部贴近大腿。若手指无法碰触脚尖，尽量向前伸即可。背部要伸直，双肩下沉。保持姿势，至少进行5次呼吸，每呼气一次，脊柱就再拉长一点。恢复初始姿势，换一侧重复上述步骤。

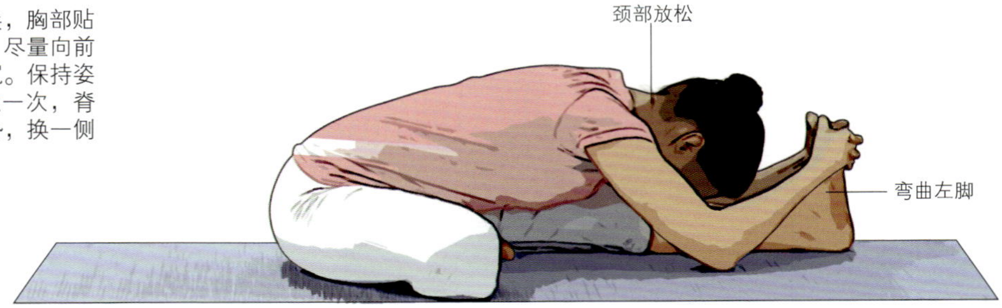

盘腿前屈

盘腿前屈有助于平定心神，拉伸大腿内侧肌肉，有效锻炼髋屈肌。此项练习须利用重力进行。

1 盘腿坐在垫子上。吸气，身体挺直。呼气，从臀部开始前倾，双手放在身体前侧地面上，指尖向前，不要弓背。吸气，臀部紧贴地面，视线落在斜下方。

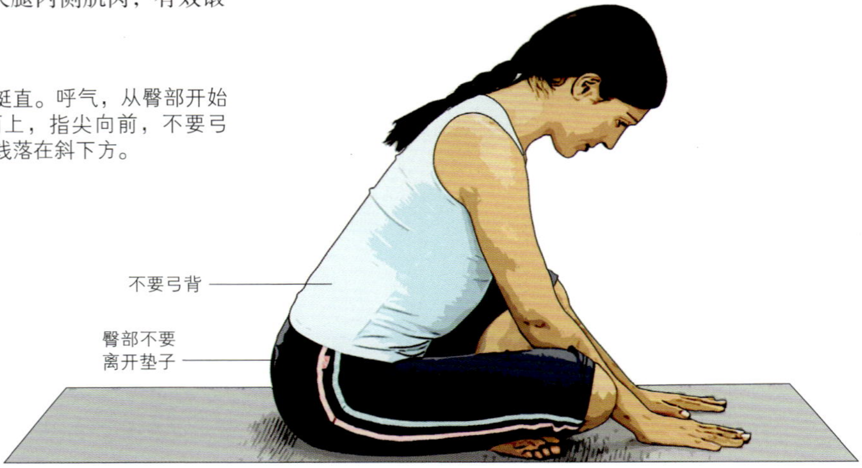

坐式分腿前屈

此项前屈练习可以充分打开髋关节，拉伸脊柱和双腿，释放身体累积一天的紧张感。

1 坐在垫子上，双腿尽可能打开，勾双脚，脚跟朝前蹬。收腹，吸气，双臂举过头顶，掌心向前，指尖向上伸展。身体重量均匀落在身体两侧。

2 呼气， 上身从腰部开始前倾，手臂打开向两侧伸展，手指抓住同侧脚尖。 若无法碰触脚尖，抓住脚踝或小腿即可。坐骨牢牢贴住垫子。保持姿势，至少进行5次呼吸。吸气，身体恢复直立。

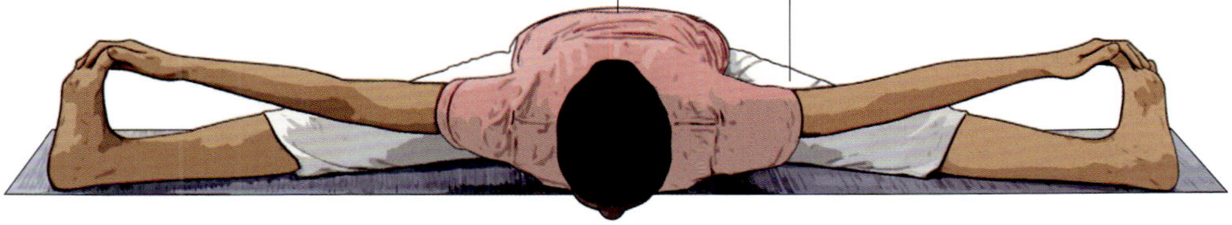

---

2 呼气，双手进一步向前延伸，感觉臀部打开到最大。保持姿势，至少进行5次呼吸。每次呼吸都伴随进一步的拉伸。若有任何不适，可缓慢恢复坐姿。交换双腿交叉，重复进行上述步骤。

下身力量锻炼与塑形

以下的瑜伽体式专门用于增强腿部力量，塑造优美腿形，不仅可以提升自我感觉，同时可以促进身体新陈代谢，强健、纤瘦的身体消耗热量更多（p.105）。有规律的练习可使下肢关节充分打开，这将减轻坐下时对脊柱的压力。

椅式

椅式是经典的瑜伽体式，悬空而坐，可以拉伸肩部和胸部并释放肌肉紧张感，同时锻炼双腿。

1 身体挺直站立，双脚分开与肩同宽。吸气，双臂向前伸展，接着举过头顶，指尖朝上，如果可以，掌心相合。若吃力，掌心隔空相对。踮起脚尖，身体上抬，双腿伸直。保持姿势，至少进行5次呼吸。

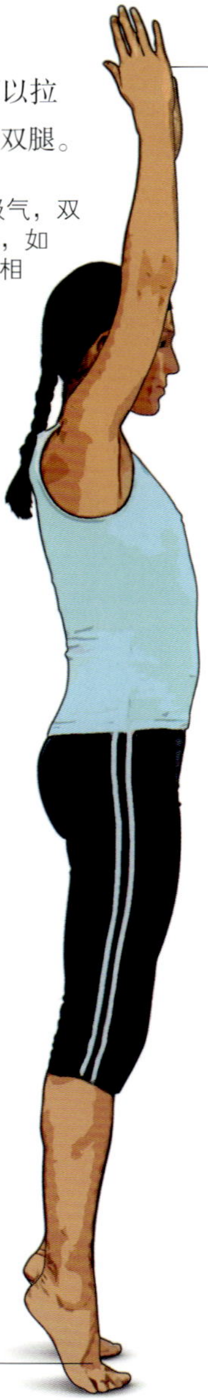

2 呼气，脚跟落回地面，弯曲双膝，如同坐在椅子上，大腿尽量与地面平行。尾骨竖直下拉，胸骨上抬，延长脊柱。保持姿势，至少进行5次呼吸。吸气，恢复站姿。

骨盆稳定的重要性

骨盆强壮对于整个身体的健康至关重要，它连接上身和下身，是支撑脊柱的盆底。很多人经常久坐，骨盆使用较少，会导致骨盆萎陷。以下的瑜伽练习可增强骨盆力量，提高骨盆稳定性。

树式

树式是自然启发式体位，单腿站立保持平衡时，对腹肌以及下肢颇具挑战性，但有助于培养专注力。

1 笔直站立，双脚分开与髋同宽。吸气，抬起右脚靠在左大腿内侧，尽可能抬高右脚，右膝朝外。呼气，双手于胸前合十。此时，身体务必保持竖直，左侧臀部不要向侧方倾斜。

2 吸气，双臂举过头顶，用力向上伸展，如同伸展的树枝。若保持身体平衡比较艰难，可单手扶墙。保持姿势，至少进行5次呼吸。呼气，放下双臂及右腿。换左腿抬高重复上述步骤。

三角式

三角式有助于增强双脚、双腿和臀部力量，提高脊柱灵活性。同时使下身关节力线正确，更好地支撑身体。

1 竖直站立，双脚并拢，双臂位于身体两侧。吸气，分开双脚，脚尖朝前，打开双臂与肩同高。调整双脚位置大致与手肘同宽。收紧腹部。

2 右脚向外旋转90°，左脚稍向内收。吸气，左臂位于身体一侧呈放松状态，右臂向上伸展，身体重量轻轻落于左腿，视线朝向抬起的右手。

3 呼气，右臂向右脚方向下落，身体弯向右侧，左臂向上伸展，掌心朝前。眼睛看向抬起的左手。保持姿势，至少进行5次呼吸。吸气，恢复初始姿势。换一侧重复进行上述三个步骤。

勇士二式和三角伸展式

这一系列练习均围绕下肢力量和稳定性及上身拉长进行，在稳健与灵活之间达到完美平衡。

1 双腿分开站立。吸气，举起双臂与肩同高，右脚向外旋转90°，左脚脚尖稍向内转。呼气，弯曲右膝成直角，回拉左臂。吸气，眼睛看向右臂，双手指尖向两侧延展。保持姿势，至少进行5次呼吸。

2 双腿保持原有姿势不动，右膝不要超过右脚趾。呼气，右手肘靠在右腿上，左臂放在身体左侧。吸气，向左转头，眼睛看向左肩上方。保持姿势，至少进行5次呼吸，之后呼气。此时若感觉吃力，则可缓缓直起身体，换另一侧重复进行步骤1、2。若仍有余力，继续进行步骤3。

3 双腿保持原有姿势不动，吸气，抬起左臂超过头顶使其与左腿成一条直线。同时，放下右手置于右脚旁，手指与脚尖同向。呼气，眼睛看向左臂。保持姿势，至少进行5次呼吸。吸气，直起身体，双脚分开站立。换另一侧重复进行上述三个步骤。

锻炼

4

如何运用本章知识

本部分主要讲述即用型健身工具，并根据锻炼者的需求和自身目标，提供一系列有关有氧运动、塑形锻炼、速效锻炼的方法，以便锻炼者进行全面练习。有氧锻炼和塑形锻炼是练习重点，每周进行3~5次常规有氧运动，3次常规塑形锻炼就能够使你在4~6周内显得更加健康、有型。

热身与放松

这里有三种常规锻炼方法：

• 常规热身运动（p.252~253）是其他任何有氧运动或塑形锻炼的基础，也是速效锻炼的练习内容（或做5分钟的行走运动）。更多有关热身运动的重要信息可参照p.17。

• 常规舒缓拉伸（p.254~255）是书中任一体能锻炼，包括有氧运动、塑形锻炼、速效锻炼后的必要练习内容。更多有关舒缓拉伸的重要信息可参照p.17。

• 常规放松运动（p.256~257）是任何舒缓拉伸运动后的练习内容。常规放松运动效果显著。

有氧运动

有氧运动部分（p.52~97）所涉及的五项有氧运动中，每项有氧运动有九种锻炼方法可供选择：五项有氧运动包括散步、跑步、骑行、游泳、健美操和舞蹈。这样一来，可供选择的锻炼方法有45种，可以增强心脏功能，燃烧更多热量，从而促进心血管健康，保持身材。选择3~5种锻炼方法进行常规练习，根据运动偏好、时间（每次练习时间可为20分钟、30分钟或60分钟，包括热身时间和放松运动时间）以及适合的练习强度（低强度、中等强度或高强度）进行选择。

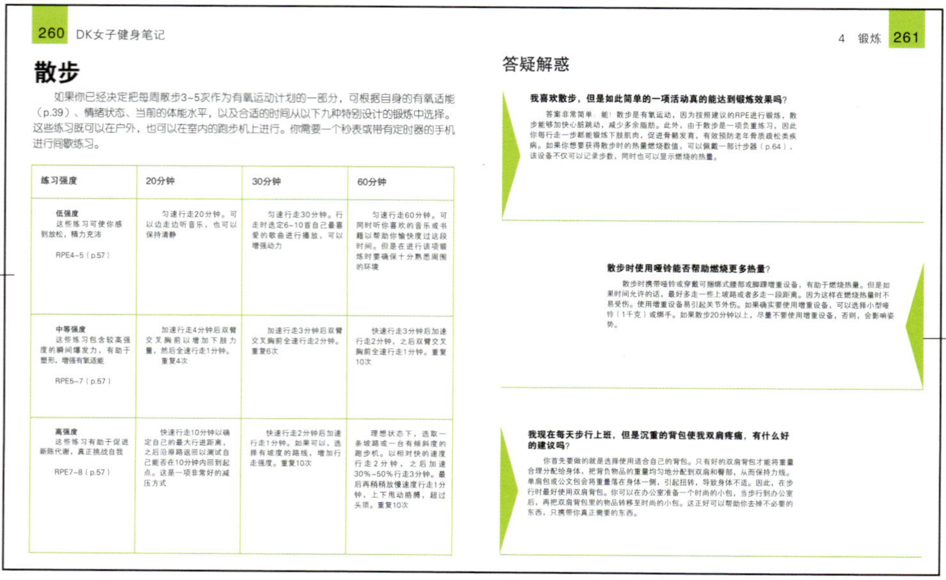
260 DK女子健身笔记

散步

如果你已经决定把每周散步3~5次作为有氧运动计划的一部分，可根据自身的有氧适能（p.39）、情绪状态、当前的体能水平，以及合适的时间从以下九种特别设计的锻炼中选择。这些练习既可以在户外，也可以在室内的跑步机上进行。你需要一个秒表或带有定时器的手机进行间歇练习。

练习强度	20分钟	30分钟	60分钟
低强度 这些练习可使你感到放松，精力充沛 RPE4~5（p.57）	匀速行走20分钟。可以边走边听音乐，也可以保持清静	匀速行走30分钟。行走时选定6~10首自己最喜爱的歌曲进行播放，可以增强动力	匀速行走60分钟。可同时听你喜欢的音乐或书籍以帮助你愉快度过这段时间。但是在进行该项锻炼时要确保十分熟悉周围的环境
中等强度 这些练习包含较高强度的瞬间爆发力，有助于塑形，增强有氧适能 RPE5~7（p.57）	加速行走4分钟后双臂交叉胸前以增加下肢力量，然后全速行走1分钟。重复4次	加速行走3分钟后双臂交叉胸前全速行走2分钟。重复6次	快速行走3分钟后加速行走2分钟，之后双臂交叉胸前全速行走1分钟。重复10次
高强度 这些练习有助于促进新陈代谢，真正挑战自我 RPE7~8（p.57）	快速行走10分钟以确定自己的最大行进距离，之后沿原路返回以测试自己能否在10分钟内回到起点。这是一项非常好的减压方式	快速行走2分钟后加速行走1分钟。如果可以，选择有坡度的路线，增加行走强度。重复10次	理想状态下，选取一条坡路或一台有倾斜度的跑步机。以相对快的速度行走2分钟，之后加速30%~50%行走3分钟。最后再稍稍放慢速度行走1分钟，上下甩动胳膊，超过头顶。重复10次

4 锻炼 261

答疑解惑

我喜欢散步，但是如此简单的一项活动真的能达到锻炼效果吗？

答案非常简单：能！散步是有氧运动，因为按照建议的RPE进行锻炼，散步能够加快心脏跳动，减少多余脂肪。此外，由于散步是一项负重练习，因此你每行走一步都能锻炼下肢肌肉，促进骨骼发育，有效预防老年骨质疏松类疾病。如果你想要获得散步时的热量燃烧数值，可以佩戴一部计步器（p.64），该设备不仅可以记录步数，同时也可以显示燃烧的热量。

散步时使用哑铃能否帮助燃烧更多热量？

散步时携带哑铃或穿戴可捆绑式腰部或脚踝增重设备，有助于燃烧热量。但是如果时间允许的话，最好多走一些上坡路或者多走一段距离。因为这样在燃烧热量时不易受伤。使用增重设备易引起关节外伤。如果确实要使用增重设备，可以选择小型哑铃（1千克）或绑手。如果散步20分钟以上，尽量不要使用增重设备，否则，会影响姿势。

我现在每天步行上班，但是沉重的背包使我双肩疼痛，有什么好的建议吗？

你首先要做的就是选择使用适合自己的背包。只有好的双肩背包才能将重量合理分配给身体，把背负物品的重量均匀地分配到双肩和臀部，从而保持力线。单肩包或公文包会将重量落在身体一侧，引起扭转，导致身体不适。因此，在步行时最好使用双肩背包。你可以在办公室准备一个时尚的小包，当步行到办公室后，再把双肩背包里的物品转移至时尚的小包。这正好可以帮助你去掉不必要的东西，只携带你真正需要的东西。

通俗易懂的表格为你列举了九种有氧运动方法，每种方法都根据你的时间安排和训练强度而定。

有氧运动部分提供散步、跑步、骑行、游泳、健美操和舞蹈等锻炼。

答疑解惑部分解决人们锻炼过程中的常见问题。

塑形锻炼

每周从20种锻炼方法中选择3种来最大限度满足你的需要。了解这些锻炼方法并选择能达到自身要求的。例如，如果你想要拥有美腿，紧身裤锻炼、性感美腿锻炼，或梨形身材锻炼都是不错的选择。如果想要度假时看起来更美，你可选择比基尼锻炼、完美腹肌锻炼、美臀锻炼；想要加强全身锻炼，可选择全身高能锻炼、全身瑜伽或小黑裙锻炼。你可以每周做三次同样的锻炼，或者每次都选择不同的锻炼，但是要确保进行隔日锻炼以达到最佳塑形效果（p.100~101）。

每项锻炼包含8组“塑形”部分的练习内容（p.98~p.247），这意味着抗阻、拉伸、普拉提和瑜伽动作的有益结合。每项练习都有一段简介，关于如何有效练习的具体指导可根据每个步骤下蓝色栏列举的页码进行查找。

速效锻炼

七项速效锻炼方法同塑形锻炼展示方法相同，唯一的不同之处在于速效锻炼可在工作间隙进行，因此，只需在自己工作之余稍加练习，不必将这些锻炼项目列为自己每周的固定练习计划。

我需要多长时间

预留5~10分钟的热身时间和放松练习时间，训练强度决定塑形锻炼和速效锻炼的时间，因为这将影响你的动作组数。你需要花费10分钟时间进行低强度锻炼，15~20分钟进行中等强度锻炼，25~30分钟进行高强度锻炼。预留给自己足够的时间从而避免时间安排上过于匆忙。如果时间有限，每项锻炼做几组练习即可，不要留下一些练习项目没有完成。

298 DK女子健身笔记

4 锻炼 299

苹果形身材锻炼

1 弓步屈膝
p.138 锻炼次数 10~12 锻炼组数 2 3 4

2 百次拍击预备式
p.208 重复100次

3 侧向卷腹
p.128 锻炼次数 12~14 锻炼组数 2 4 5

4 前臂平板支撑
p.26 坚持10秒 锻炼组数 1 3 5

5 双腿下降
p.125 锻炼次数 8~12 锻炼组数 2 4 5

6 脊柱扭转
p.207 重复10次

7 举腿翻身
p.188 坚持10秒

8 仰卧扭腰
p.182 坚持10秒

p.128 reps 12 - 14 sets 2 4 5

p.182 hold for 10 seconds

塑形锻炼和速效锻炼部分分别选定八项有效练习帮助你实现锻炼目标。

蓝色框所提供的页码内容含有每项练习的有效指导，以及每个动作的锻炼次数、锻炼组数和呼吸频率。锻炼次数指的是一侧身体需要锻炼几次，锻炼组数是指两侧身体需要锻炼的次数。锻炼组数有三种可供选择，不同深浅的蓝色分别代表不同的锻炼强度。

- 浅蓝色：低强度。
- 蓝色：中等强度。
- 深蓝色：高强度。

常规热身运动

本书认为，为了逐渐增加核心体温，使肌肉和心脏能更好地适应剧烈运动，在做任何有氧运动或塑形锻炼之前，常规热身运动十分必要。

1 肘部旋转

该练习主要调动上肢，当肘部向后弯曲时胸部随之舒展，当上肢向前伸展时上背随之伸展。

p.164 练习8次

2 股四头肌拉伸

利用该项有效平衡练习使大腿前部预热。

p.186 坚持10秒

5 站立扭腰

转动腰部的同时，右手掐腰，左手臂伸直上举，从而有效调动肩部。

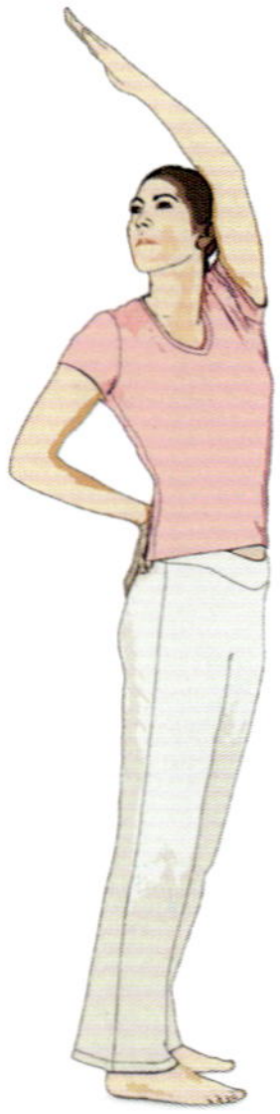

p.182 坚持10秒

6 肱三头肌过顶

一只手缓慢对另一只手臂的肘部用力，使该手臂尽可能向后拉伸，从而预热上臂。

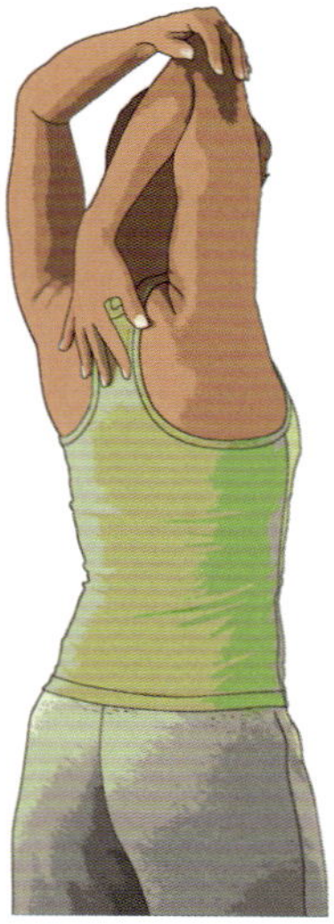

p.180 坚持10秒

在做有氧运动之前进行热身运动我是了解的，但是为什么在做塑形锻炼之前也要进行热身？

本书中的许多塑形锻炼包含一系列抗阻运动，这些练习能够最大限度地调动你的肌肉。许多情况下，还能调动像股四头肌这样的大块肌肉进行有氧运动。因此，在进行塑形锻炼之前充分进行热身是很必要的。

3 小腿弓步

腿部前弓以预热小腿，同时使脚跟贴于地面。

p.190 坚持10秒

4 站立腘绳肌拉伸

参照图中经典动作示例，身体重心移至弯曲的后腿以预热小腿后部。

p.187 坚持10秒

7 直臂后抬

双手背后紧扣后缓慢抬起，从而扩展胸部，缓解肌肉紧张。

p.174 坚持10秒

8 前髋伸展

通过前锁步和骨盆倾斜运动预热臀部，脚跟离开地面。

p.184 坚持10秒

常规舒缓拉伸

本书认为，在其他任何体育运动之后，通过常规舒缓拉伸运动使劳累的身体恢复常态是十分必要的。该运动对于预防锻炼后身体僵硬、增强身体柔韧性同样有效。时间充足，可在常规舒缓拉伸运动后进行常规放松运动（p.256~257）。若时间不足，可简单进行婴儿式（p.227）为背部做最后拉伸。

1 股四头肌拉伸

拉伸大腿前侧肌肉，以平衡姿势保持骨盆向前倾斜。

p.186　坚持10秒

2 小腿弓步

不仅可拉伸小腿部的腓肠肌和比目鱼肌，也可拉伸连接小腿与脚跟的跟腱。

p.190　坚持10秒

5 肱三头肌过顶

一只手臂的上臂抬起，肘部弯曲使前臂向后伸展。另一只手轻轻按压该手臂肘部从而拉伸上臂背部。

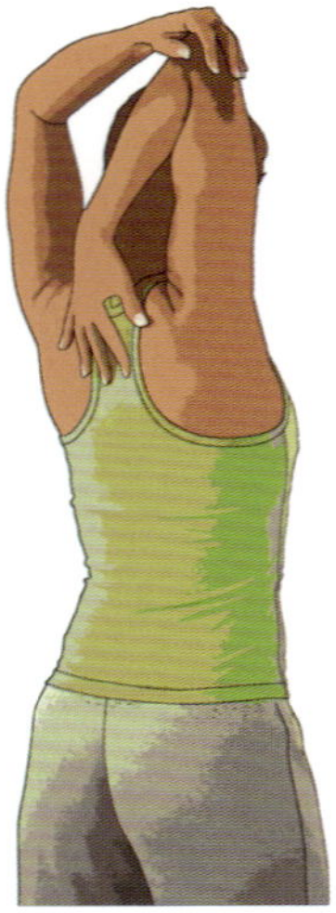

p.180　坚持10秒

6 跨坐侧屈

按此方法练习可拉伸大腿内侧及身体上部。

p.189　坚持10秒

有时锻炼一两天后肌肉会感到酸痛，这是什么原因？

这种现象被称为延迟性肌肉酸痛，通常在锻炼后24~48小时开始感到酸痛，是由于肌肉经过高强度的锻炼后产生的，这种酸痛感可以在各种强度的运动后通过下列的舒缓拉伸来减轻。

3 弓步蹲

弓步蹲可大幅度拉伸大腿前部和髋屈肌，提升下肢的柔韧性。

p.186 坚持10秒

4 双手墙角按压

双手伸开按压墙角两侧墙壁，进行胸部和肩部伸展运动。

p.174 坚持10秒

7 仰卧腘绳肌拉伸

充分拉伸大腿和小腿后部，确保一条腿平放于地面。

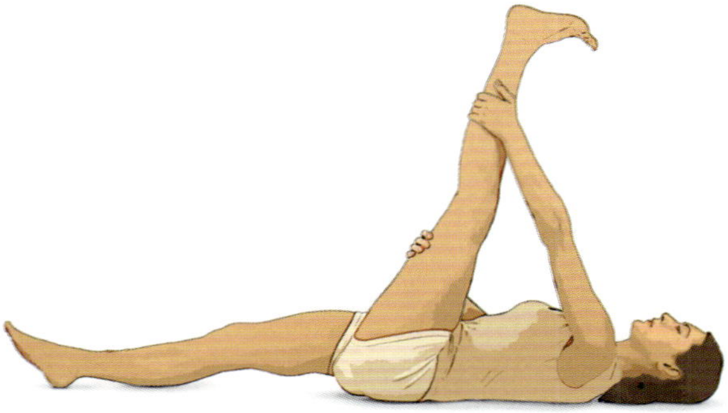

p.187 坚持10秒

8 仰卧扭腰

两肩平放于地面，扭动下肢到身体一侧，再扭动到另一侧，以此拉伸胸部、臀部和腰部。

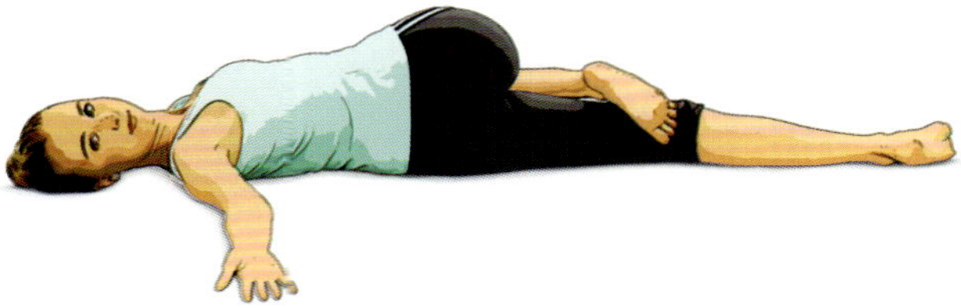

p.182 坚持10秒

常规放松运动

常规放松运动对于身体健康很重要，该练习由拉伸、普拉提和瑜伽组成，能够使全身得到锻炼。

1 向下卷动

两腿直立，上身向下弯曲后抬起以放松背部和双肩。

p.206 重复3~5次

2 跨坐侧屈

两腿跨坐在地面上，身体一侧向另一侧倾斜以同时拉伸上身和下身。

p.189 坚持10秒

5 婴儿式

蜷缩肢体，通过这种自省式瑜伽姿势练习来拉伸颈部、背部、双肩、臀部和大腿。

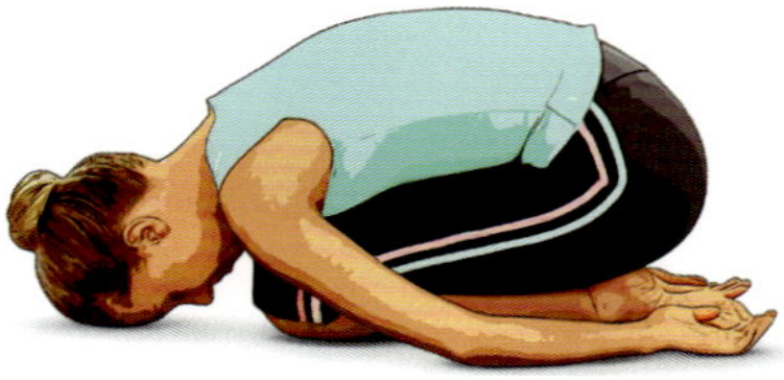

p.227 至少坚持10次呼吸

6 双臂抱腿

双臂抱腿，使膝盖位于胸部上方进行脊柱拉伸。该练习同时可放松臀部。

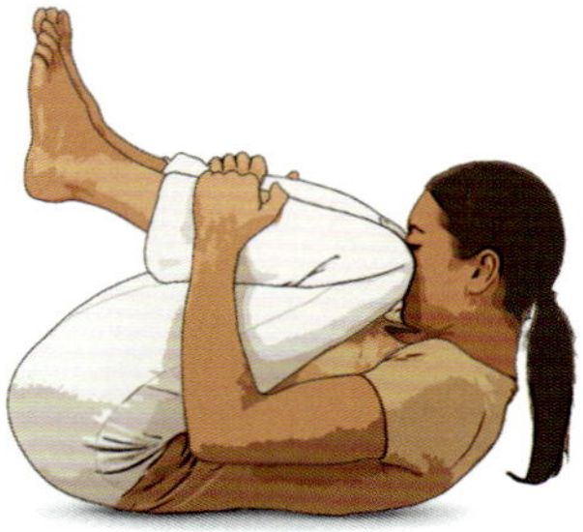

p.168 坚持10秒

我发现即使在繁忙时也进行健身仍然很难达到放松身体的效果。有什么好的建议？

即使每次练习20分钟，也要养成固定的锻炼习惯。这样，你的身体可以感知何时加大练习强度，何时降低练习强度。你同样可以尝试不同类型的练习，如瑜伽小组练习，如果快跑或游泳效果不佳，下面的这些练习将会有效提升锻炼效果。

3 盘腿前屈

以盘坐的瑜伽姿势使身体前倾，从而进行放松和重力练习。

p.242 坚持至少5次

4 俯卧后仰

进行该练习可以伸展胸部和腹部，以俯卧的姿势进行放松练习。

p.172 坚持10秒

7 仰卧脊柱扭转

通过双腿缓慢地自控转动，先转向一侧，然后再转向另一侧，从而放松身体紧绷部位。

p.237 坚持至少5次呼吸

8 摊尸式

平躺于地面，双腿及双臂略微伸开，通过这种经典的瑜伽姿势来放松肌肉。

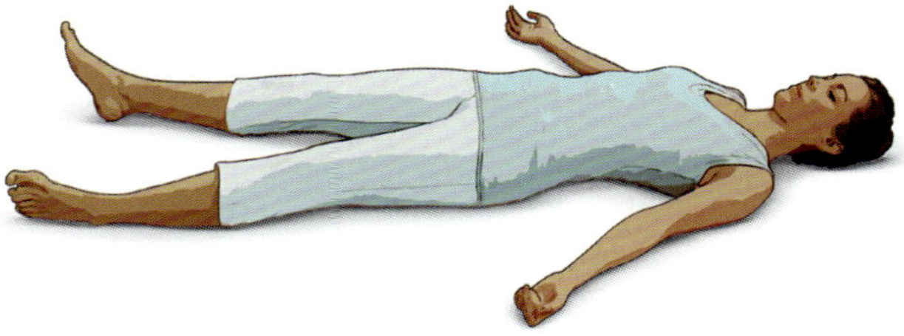

p.227 保持25次呼吸

有氧运动

作为燃烧热量的主要锻炼形式，如果想要变得苗条，使自己拥有好的身材，有氧运动应当成为日常锻炼的主要形式。下面一些特别设定的有氧运动项目旨在从散步、跑步、骑行、游泳、健美操和舞蹈五种主要运动中为锻炼者提供一系列有效的心率和燃脂选择。对锻炼者的要求如下：

- 选定最适合自己的有氧运动项目：你可能想要坚持同样的锻炼项目4~6周，或者你可能更喜欢进行多种运动，并进行对比。
- 每周进行3~5次有氧运动。
- 确定每次锻炼的最久时长——20分钟、30分钟或60分钟。
- 确定何种锻炼强度与现在的体能水平相适应——低强度、中等强度或高强度。
- 牢记任何新的运动领域都会遇到困难，要相信阳光总在风雨后。

散步

如果你已经决定把每周散步3~5次作为有氧运动计划的一部分，可根据自身的有氧适能（p.39）、情绪状态、当前的体能水平，以及合适的时间从以下九种特别设计的锻炼中选择。这些练习既可以在户外，也可以在室内的跑步机上进行。你需要一个秒表或带有定时器的手机进行间歇练习。

练习强度	20分钟	30分钟	60分钟
低强度 这些练习可使你感到放松，精力充沛 RPE4~5（p.57）	匀速行走20分钟。可以边走边听音乐，也可以保持清静	匀速行走30分钟。行走时选定6~10首自己最喜爱的歌曲进行播放，可以增强动力	匀速行走60分钟。可同时听你喜欢的音乐或书籍以帮助你愉快度过这段时间。但是在进行该项锻炼时要确保十分熟悉周围的环境
中等强度 这些练习包含较高强度的瞬间爆发力，有助于塑形，增强有氧适能 RPE5~7（p.57）	加速行走4分钟后双臂交叉胸前以增加下肢力量，然后全速行走1分钟。 重复4次	加速行走3分钟后双臂交叉胸前全速行走2分钟。重复6次	快速行走3分钟后加速行走2分钟，之后双臂交叉胸前全速行走1分钟。重复10次
高强度 这些练习有助于促进新陈代谢，真正挑战自我 RPE7~8（p.57）	快速行走10分钟以确定自己的最大行进距离，之后沿原路返回以测试自己能否在10分钟内回到起点。这是一项非常好的减压方式	快速行走2分钟后加速行走1分钟。如果可以，选择有坡度的路线，增加行走强度。重复10次	理想状态下，选取一条坡路或一台有倾斜度的跑步机。以相对快的速度行走2分钟，之后加速30%~50%行走3分钟。最后再稍稍放慢速度行走1分钟，上下甩动胳膊，超过头顶。重复10次

答疑解惑

我喜欢散步，但是如此简单的一项活动真的能达到锻炼效果吗?

答案非常简单：能！散步是有氧运动，因为按照建议的RPE进行锻炼，散步能够加快心脏跳动，减少多余脂肪。此外，由于散步是一项负重练习，因此你每行走一步都能锻炼下肢肌肉，促进骨骼发育，有效预防老年骨质疏松类疾病。如果你想要获得散步时的热量燃烧数值，可以佩戴一部计步器（p.64），该设备不仅可以记录步数，同时也可以显示燃烧的热量。

散步时使用哑铃能否帮助燃烧更多热量?

散步时携带哑铃或穿戴可捆绑式腰部或脚踝增重设备，有助于燃烧热量。但是如果时间允许的话，最好多走一些上坡路或者多走一段距离。因为这样在燃烧热量时不易受伤。使用增重设备易引起关节外伤。如果确实要使用增重设备，可以选择小型哑铃（1千克）或绑手。如果散步20分钟以上，尽量不要使用增重设备，否则，会影响姿势。

我现在每天步行上班，但是沉重的背包使我双肩疼痛，有什么好的建议吗?

你首先要做的就是选择使用适合自己的背包。只有好的双肩背包才能将重量合理分配给身体，把背负物品的重量均匀地分配到双肩和臀部，从而保持力线。单肩包或公文包会将重量落在身体一侧，引起扭转，导致身体不适。因此，在步行时最好使用双肩背包。你可以在办公室准备一个时尚的小包，当步行到办公室后，再把双肩背包里的物品转移至时尚的小包。这正好可以帮助你去掉不必要的东西，只携带你真正需要的东西。

跑步

如果你决定开始慢跑或者将每周跑步3~5次作为有氧运动的一部分，可根据自身的有氧适能（p.39）、情绪状态、当前的体能水平及时间从下列九种特别设计的锻炼方法中选择。这些练习既可以在户外进行，也可以在室内的跑步机上进行。

练习强度	20分钟	30分钟	60分钟
低强度 这些锻炼可使你神清气爽，身体灵活，重新充满力量 RPE4~5（p.57）	慢跑3分钟，之后快速跑2分钟。重复4次	匀速慢跑30分钟。慢跑时设定6~10首你最喜爱的歌曲进行播放以保持自身积极性	以稳健的步速慢跑60分钟。慢跑时听广播或音乐可在跑步时增添乐趣。如果想伴随音乐节奏慢跑，每分钟音乐节拍在135~140下为宜
中等强度 这些锻炼采用简单的间歇式练习提升锻炼者的有氧适能，并可有效燃烧热量 PRE5~7（p.57）	以合适的步速慢跑4分钟，之后加速跑1分钟。重复4次	以合适的步速慢跑3分钟，然后加速跑2分钟。重复6次	以合适的步速慢跑4分钟，之后加速跑2分钟。重复10次
高强度 这些是有效、高能的锻炼项目，有助于减轻压力，促进全身健康 PRE7~8（p.57）	先慢跑3分钟，之后以常速跑1分30秒，之后冲刺跑30秒。重复4次	以合适的步速跑4分钟，之后加速跑1分钟。重复6次	理想状态下，选择一条山路或调整跑步机的倾斜度。以合适的步速跑30分钟来确定自己的跑动距离。之后沿原路返回，看看自己能跑多快，是否能在30分钟内跑回出发点

答疑解惑

我发现跑步很难坚持，一度想要放弃。怎样才能使跑步变得简单？

把握跑步时的节奏，注意放松，努力保持自然的节奏，当双腿接触地面时及时呼吸：迈出两步时深呼吸，再迈出两步时大口呼气。跑步时通过积极地释放身体压力来调整运动节奏——放松脸部肌肉，肩膀下沉、向后舒展，甩动胳膊，活动手指，全部注意力集中于呼吸。这将使你少做无用功，获得更多的自由感，并因此对跑步更有好感。

跑步时如何不让小腿疼痛？

最常见的跑步伤痛叫外胫夹，常见于跑步者或运动中多次突然开始和停止的人群。由脚跟与坚硬的地面接触时，胫骨受到较大力量的冲击引起。在像沙地等较为柔软的地面跑步时能够在一定程度上减少运动损伤。你也需要了解自己每步的力量：如果你跑步时步伐沉重，可以通过改变跑步方式来减轻步伐重量。此外，确保运动鞋完好也非常重要。如果运动鞋不合适，需要替换。如果小腿持续疼痛，可向医生寻求帮助。

在跑步机上锻炼和在户外锻炼哪个更好？

户外跑步十分有益，因为可以呼吸新鲜空气，获得运动的真实感，并且不同的路面、坡度、风的阻力等自然条件还可为跑步者提供一系列自然挑战的机会，这些可帮助跑步者提高跑步效果。但是在天气不好、黎明或晚上跑步时，从安全及舒适的角度来说，室内运动是更好的选择。与柏油路相比，跑步机的特别设计更有利于保护关节少受伤害，并且可以根据需要设定参数，电脑读取数据，容易进行管控。

骑行

如果你决定把骑行作为每周3~5次有氧运动的一部分，可根据自身的有氧适能（p.39）、情绪状态、当前的体能水平及时间从下列九种特别设计的锻炼方法中选择。这些练习可以在户外进行，也可以在室内借助动感单车进行。你需要一只秒表进行间隔练习。

练习强度	20分钟	30分钟	60分钟
低强度 这些练习可使你精力充沛，精神焕发 RPE4~5（p.57）	在平缓路面缓慢骑行20分钟。在此期间，你可以边骑边听音乐，也可以简单地放松一下，欣赏一下周围的风景	在平缓路面缓慢骑行30分钟。在骑行时，你可能想要听听音乐以激发积极性，但是如果你是在户外骑行，要确保对骑行路段周围的环境十分熟悉以保证安全	在平缓路面低中速骑行60分钟。这是穿越乡村的好机会——计划一条穿过漂亮公园或乡村的路线，这能够帮助自己保持身心愉悦
中等强度 这些间歇练习有助于锻炼者臀部、大腿、腹部的热量燃烧，增强锻炼者的有氧适能 PRE5~7（p.57）	中速骑行3分钟，之后提速50%后骑行2分钟。重复4次。想要练习臀部和腿部，可在骑行时选择一些缓坡路段	中速骑行3分钟，之后加速骑行2分钟。重复6次。想要加速燃烧热量，可在骑行时选择一些缓坡路段	中速骑行6分钟，之后加速骑行4分钟。重复6次。可以的话进行乡村骑行——选择一条景色优美的缓坡村路，这将带给你别样的体验
高强度 这些练习消耗体能，效果明显，可帮助锻炼者缓解压力，促进全身健康 PRE7~8（p.57）	以合适的速度骑行10分钟以确定自己的最大骑行距离。之后沿原路骑车返回以确定自己能否在10分钟内返回至起点	中速骑行2分钟，之后加速骑行4分钟，如果条件允许，可选择乡村坡路缓慢骑行。重复5次	中速骑行2分钟后加速骑行2分钟，之后再加速骑行2分钟。在1小时内尽可能骑行最远距离。若条件允许，可选择低缓山路或山村梯田骑行

答疑解惑

有时，经过一段长距离的骑行后，胸部肌肉开始感到发紧。这是什么原因?

尽管骑行可以有效锻炼腿部，但是骑行同样需要调动上身肌肉以使骑行者保持一定姿势，为骑行者提供核心力量向前行进。胸部轻微发紧是骑行者常见的现象，这主要是由上身骑行姿势引起的。骑行者的上身骑行姿势使得上背过度拉伸而引起前胸肌肉收缩。骑行者在骑行时应注意只有在必要时才可转动双肩。在骑行之后，可做一些胸部拉伸运动以放松身体（p.174~177）。但是如果紧绷感持续存在，应去医院进行检查。

骑行会使双腿变粗吗?

能否通过骑行使双腿秀美修长、强健有力而不是纯粹粗壮是许多女性关心的问题，其实大可不必担心。尽管骑行时蹬车需要大腿用力，但是只有进行高强度的山地蹬车训练才会使腿部粗壮。例如，每周在陡峭的路面上骑行几次，每次骑行数小时。这里建议的骑行强度是每次骑行20~60分钟且主要在平缓的坡路进行——这会燃烧热量，塑造体形，使女性骑行者拥有一双强健秀丽的双腿。

骑行一段时间后我时常会感到身体酸痛，这是什么原因? 对身体有害吗?

这要视情况而定。如果骑行后肌肉略微感到疼痛，这属于锻炼后的正常反应。但是如果膝盖感到疼痛，很可能是车座高度不对，如果背部和手臂疼痛很可能是身体过度前倾的结果。要确保身体站立时车座高度与臀部一致，同时在双腿伸展蹬车时要确保双腿能够有效弯曲。如果双腿伸展过直，说明车座过高；如果双腿弯曲困难，说明车座过低（p.78）。对车座做出相应的调整，确保骑行舒适。

游泳

如果你决定将每周游泳3~5次作为有氧锻炼的一部分，可根据自身的健康状况（p.39）、情绪状态、当前的体能水平及时间从下列九种特别设计的锻炼方法中选择。

练习强度	20分钟	30分钟	60分钟
低强度 这些练习能够促进身体健康，提升幸福感 RPE4~5（p.57）	慢速游泳20分钟，多采用蛙泳。集中进行大动作练习以提高自身灵活性和柔韧性	游泳30分钟，上半时段慢速游泳，下半时段快速游泳——多采用蛙泳 游泳时注意保持收腹	在水中60分钟，以合适的速度游10个游泳池长度的距离和沿游泳池周边行走10个宽度的距离交替进行，以提高身体核心力量和平衡能力
中等强度 这些间歇练习包含动作的相互转换，有利于全身塑形，燃烧脂肪，并增强有氧适能 PRE5~7（p.57）	中速游泳20分钟，蛙泳与仰泳交替进行。每次练习动作尽可能协调、熟练	中速游泳（多采用蛙泳）30分钟，每游两趟后以更快的速度游一趟（多采用仰泳）	游泳60分钟，并在三种不同的动作中进行变换：第一趟多选择蛙泳，接下来仰泳，之后采用自己选择的泳姿
高强度 这些水中练习不仅提供有效的燃脂方法，而且有助于释放压力 PRE7~8（p.57）	任意泳姿快速游泳20分钟，记录下自己完成的游泳距离。每次游泳，尝试是否能在同样的时间完成更长距离的游泳	匀速游泳30分钟，用各种姿势交替进行。两次游泳池长度距离的蛙泳，两次游泳池长度距离的自由泳，一次游泳池长度距离的仰泳，一次游泳池长度距离的蝶泳和一次游泳池长度距离的自主选择的泳姿	快速游10个游泳池长度的距离，每游完一趟变换泳姿，之后踩水2分钟。使用不同的泳姿重复8个游泳池长度的距离，然后踩水。使用不同的泳姿分别游6个游泳池长度的距离、4个游泳池长度的距离、2个游泳池长度的距离。剩余时间自由练习

答疑解惑

我对穿泳衣感到难为情，这使得我不敢下水游泳。你有什么好的建议？

一套能够展现自己美好身材的泳衣是值得拥有的。如果你是苹果形身材，可以选择一件收缩腹部的泳衣；胸部下面泳衣的嵌边也能帮助你凸显身材。如果你是梨形身材，比较注重胸部细节的泳衣会将别人的视线从你的臀部转移走。如果你是直尺形身材（身体笔直），色彩鲜艳的泳衣嵌边会使身材有一种曲线感。如果你是沙漏形身材，紧身泳衣是不错的选择。只有像游泳这样的运动才能塑造体形，使你感到更加自信。所以，放下顾虑，大胆地尝试游泳吧！

我发现自己游泳时会很快就感到筋疲力尽。对此我能做些什么？

一方面，如果游泳使你感到劳累，这很正常，这意味着你的身体正在经历游泳带给你的各种体验。如果经常游泳，运动过后的疲劳感会逐渐减少。但是，不要因为错误的原因导致身体疲劳，要确保游泳时动作正确、有效。学习浮水会使你相信水在一定程度上能够支撑身体，并且让你少费体力。与连续以不适的角度来支撑头部从水面出来相比，完全放松地将头部没入水中能够在游泳时帮助减轻阻力，节省体力。

我每周游泳3次，这对预防老年骨质疏松是一个好方法吗？

游泳是一项非常好的全身运动。但是不同于其他有氧运动，游泳不是一项负重运动，这意味着尽管游泳对于心脏、力量和柔韧性的练习有好处，但是并不能有效增强骨骼。预防骨质疏松需要散步、跑步、跳健美操、耐力练习这样的负重运动，而这些活动需要骨骼承重。但是，如果你的骨骼或关节有什么问题，在做类似的运动之前要先向医生进行咨询。

健美操和舞蹈

如果你决定将每周跳健美操和跳舞3~5次作为有氧运动的一部分，可根据自身的有氧适能（p.39）、情绪状态、当前的体能水平及时间从下列九种特别设计的锻炼方法中选择。无论你选择哪项练习，你都需要选择一些能配合锻炼的音乐和可以计时的工具。

练习强度	20分钟	30分钟	60分钟
低强度 这些练习侧重协调性、平衡性和柔韧性训练 RPE4~5（p.57）	播放20分钟的音乐，练习16组无须弹跳的健美操，如： • 并步 • 脚跟点地 • 提膝 • 交替踢腿	播放30分钟你最喜爱的音乐（6~10首歌），并随音乐舞动，动作包括表格左侧练习的低难度动作。每个动作练习16组	播放选定的音乐，结合表格左侧的动作练习5分钟。每个动作做8组。原地踏步1分钟。重复至60分钟
中等强度 这些练习能够增强体能，提高全身协调能力，增强有氧适能 RPE5~7（p.57）	在16组练习中，活动手臂进行20分钟的低难度和高难度动作，包括： • 并步或手臂摆动跳动 • 脚跟点地和肱二头肌弯举 • 双手高举，提膝 • 双臂交替前伸，踢腿	在8组练习中，做表格左侧的动作6分钟，然后： • 做16组萨尔萨摆动（p.97） • 原地跳1分钟 • 再做16组萨尔萨摆动 • 跳跃1分钟 • 总共重复至30分钟	跳舞10分钟，在8组练习中做20分钟中等强度的动作，然后： • 做16组萨尔萨摆动 • 原地跳1分钟 • 再做16组萨尔萨摆动 • 跳跃1分钟 • 重复至60分钟
高强度 这些高强度练习包含低难度动作和高难度动作，能够提升新陈代谢和有氧适能水平 RPE7~8（p.57）	跟随快节奏音乐跳舞2分钟，做8组上面列举的高难度和低难度练习。然后： • 左右跳1分钟 • 做16组萨尔萨摆动，之后做16组扭动与旋转（p.97） • 重复至20分钟	跟随快节奏音乐跳舞2分钟，结合上面列表左侧的动作练习。然后： • 左右跳1分钟 • 做16组萨尔萨摆动，之后做16组扭动与旋转 • 重复至30分钟	结合你喜欢的动作，跟随快节奏音乐跳舞5分钟。然后： • 左右跳1分钟 • 做16组萨尔萨摆动，之后做16组扭动与旋转 • 重复至60分钟

答疑解惑

我喜欢跳舞，但是跟不上音乐的节奏，有什么好的建议？

坐下倾听音乐，注意音乐节拍（不是歌词），双脚或双手随音乐节奏打节拍。如果刚开始听不太清，可找一位好朋友帮忙。通过不断地练习，你对音乐节奏的把握会越来越好，跳舞时能更好地融入音乐中。但是，你要牢记，在跳舞时，为了更好地跟上音乐节奏，跳舞的每一步都要比音乐节拍稍快一点。如果在听到音乐节拍以后再移动，就会跟不上节奏。为了与音乐合拍，控制跳舞节奏同样很重要：舞蹈在自由活动与保持节奏之间起着很好的调和作用。

去舞蹈班时，我会穿上全套舞蹈衣，但是在家练习舞蹈时还有必要穿紧身衣吗？

穿品质好、合身的舞蹈衣对于身体不同角度的拉伸和室内缓冲保护非常有用，在快速移动时，穿戴运动文胸可保护胸部。但是对于其他服饰，你可以选择自己喜欢的。如果你对舞蹈衣的样式和舒适度比较在意，可在舞蹈衣的选择上花费一番工夫。专门设计的舞蹈衣能够让肢体自由活动，让皮肤自由呼吸。所以，无论是穿短裤、T恤，还是运动裤、短上衣，都要让自己感到舒服、充满自信。

我的身体协调能力很差，所以我发现自己在健美操和舞蹈班上很不适应。有什么好的提升身体协调能力的方法？

健美操和舞蹈练习确实对身体协调能力要求较高，一些人的身体协调能力比另一些人好，但身体协调能力与后天练习有关——肢体部位拉伸练习越多，大脑和肌肉就能越好地发出正确信息。我们将之称为动作技能练习，这产生于运动皮质。运动皮质位于大脑皮质，管控着自由肌肉群。肢体动作难度越复杂，运动技巧要求就越高。所以，如果某项练习难度较大，要先从单一的简单动作开始，当熟练以后再增加别的动作。

塑形锻炼

为了达到理想的体形，你需要进行一定量的塑形锻炼。本节的锻炼方法包括从p.108~p.247的一系列运动方式，如抗阻运动、拉伸运动、普拉提和瑜伽。进行4~6周每周3次的锻炼，可有效塑造体形。

- 全身高能锻炼、核心普拉提、全身瑜伽可带给你全方位的健身体验。
- 小黑裙锻炼、准新娘锻炼、紧身裤锻炼、比基尼锻炼会让你光彩照人。
- 美背锻炼、美胸锻炼、美臂锻炼、完美腹肌锻炼、美臀锻炼和性感美腿锻炼可提升身体的美感。
- 苹果形身材锻炼、梨形身材锻炼、尺形身材锻炼、沙漏形身材锻炼可让你保持自然体形。
- 和谐生活锻炼、产后锻炼、年轻十岁锻炼能够提升夫妻生活质量和产后恢复进程，让你更加年轻。

全身高能锻炼

无论是因为特殊原因还是为了即将到来的海滩度假，如果你想要拥有健康的体魄、秀美的身材，这些运动很适合你。这些运动针对主要肌肉群，不仅能够锻炼全身，而且能够有效燃烧热量，增加身体力量和灵活性。每周进行3次以下运动可有效提升健康水平。

1 深蹲

这项练习通过臀肌和股四头肌的作用来锻炼下肢。同时在肌肉锻炼过程中能够燃烧大量热量。

p.136 锻炼次数 12~14 锻炼组数 1 3 4

2 弓步扭腰

在该项动态运动中，弓步能够活动双腿，上身转动有利于活动腰和手臂。

p.152 锻炼次数 8~10 锻炼组数 2 3 4

5 简易俯卧撑

该项肢体俯卧运动能够有效锻炼胸部和手臂。如果想增加锻炼难度，可尝试进行俯卧撑（p.113）练习。

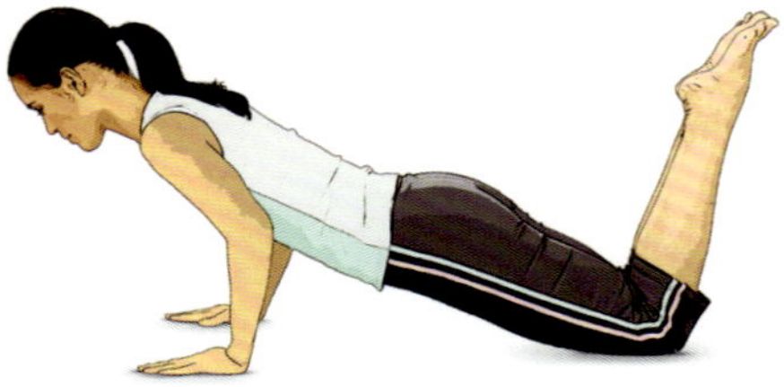

p.112 锻炼次数 10~12 锻炼组数 1 3 4

6 倒立抬腿

该项练习来自瑜伽中的下犬式，双手和一条腿撑地，另一条腿抬起，能够调动身体多个部位。

p.151 锻炼次数 10~12 锻炼组数 2 3 4

我担心抗阻运动会让我看起来像一个健美运动员，进行抗阻运动会练出大块儿肌肉吗?

没有担心的必要——你需要通过提举非常重的重物才能练出大块肌肉，本书中的各种项目要通过耐力（锻炼次数和组数）练习而非力量练习（如使用哑铃）来锻炼肌肉。这意味着这些抗阻运动的主要目的是塑造纤细、精致的体形，而非大块肌肉。

3 侧身抬腿

侧身抬腿主要锻炼大腿力量，双臂平举能够锻炼胳膊和双肩力量。

p.153 锻炼次数 12~14 锻炼组数 1 3 4

4 腘绳肌卷曲

该项肢体弯曲和直挺练习能够使臀部和大腿非常有型。

p.142 锻炼次数 14~16 锻炼组数 2 3 4

7 仰卧腿部旋转

该项富有挑战的腿部环转运动能有效锻炼腹部和腰部。

p.127 锻炼次数 12~14 锻炼组数 1 2 3

8 弓步双臂伸展

该项拉伸运动主要锻炼身体上肢和下肢，练习之后能有效缓解疲劳。

p.192 坚持10秒

核心普拉提

如果你是一位普拉提忠实爱好者，对书中普拉提（p.194~219）部分的练习内容会十分感兴趣，并且特别希望锻炼腹部、背部和臀部的肌肉，以下练习非常适合你的需求。通过3~4周的身体拉伸和体能锻炼，这些练习将会让你的身体更加健康、强健、灵活。

1 百次拍击预备式

该项普拉提经典动作通过仰卧伸展手臂、抬升上身有效锻炼腹部肌肉。在练习时不要过度紧缩脖颈。

p.208 重复100次

2 滚背

弓起的背部在接触地面又抬起的过程中能够锻炼腹部，调动脊柱。

p.212 重复3~5次

5 侧卧前踢

该项练习中的踢腿动作可有效锻炼臀部和大腿，腹部的作用是在身体侧卧时保持身体平衡。

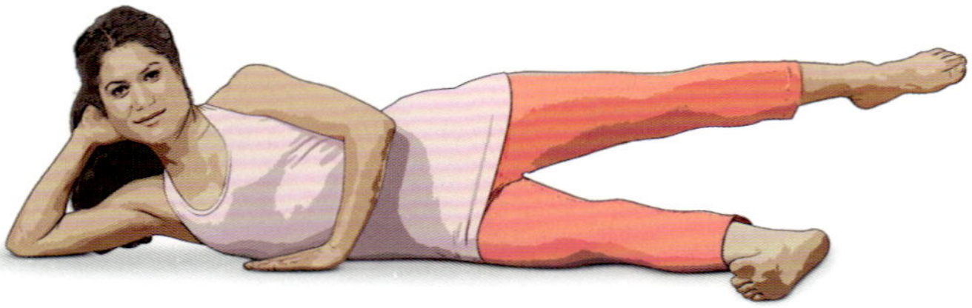

p.218 重复10次

6 卧撑腿部屈伸

该练习动作中通过一条腿跪立地面，一条腿向后抬升能够有效锻炼臀部肌肉。在进行动作练习时要注意动作幅度缓慢有序，以防过度拉伸脊柱。

p.217 重复10次

我认为练习普拉提需要借助特别的器械。不借助这些器械还能练习吗？

简而言之，当然可以。一套舒适的健身衣和一张普拉提垫就能进行本书中列举的大多数关于普拉提的练习。尽管这项运动的创始人约瑟夫·普拉提确实发明了一些特殊的普拉提器械，但垫上健身操被认为是他的核心发明。

3 单腿屈伸

拉伸双腿，头和肩部离开地面，腿部和腹部肌肉发力。

p.210 重复10次

4 肩桥

该项练习不仅可锻炼脊柱，还可锻炼臀肌和深层腹肌。

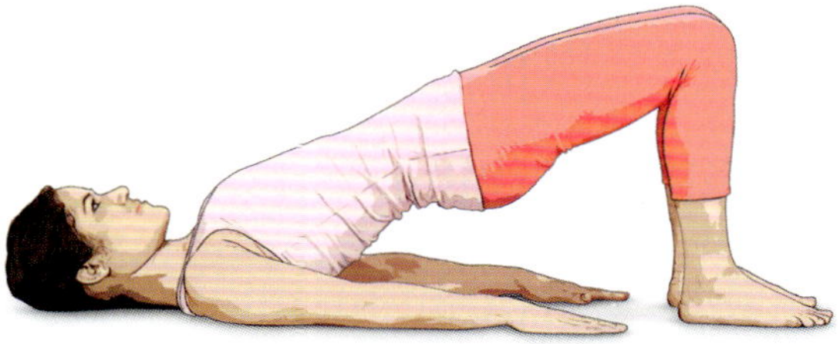

p.214 重复10次

7 天鹅式初级

该动作可帮助你打开和拉伸胸部，锻炼背部和腿部肌肉。

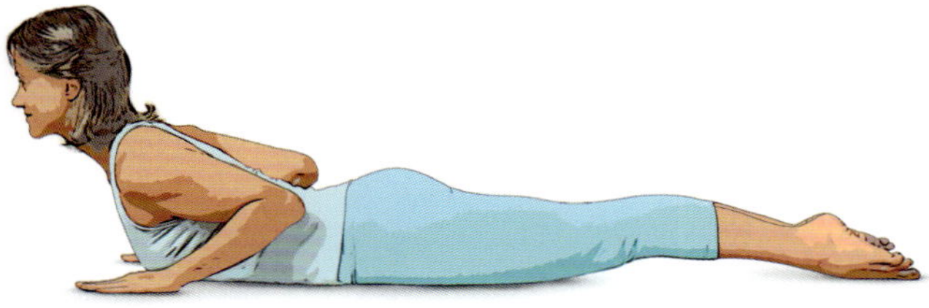

p.204 重复10次

8 向下卷动

该动作可缓解身体僵硬，通过上身简单而高效地向下卷动和直立运动最大限度地锻炼脊柱的灵活性。

p.206 重复3~5次

全身瑜伽

如果你喜欢低强度、全方位的运动，以下塑形瑜伽可能非常适合你。如果你一周至少锻炼三次，经过3~4周的练习，不仅可提升身体力量和柔韧性，还能修身养性，有一个良好的心态。

1 眼镜蛇式

这种俯卧式背部上抬能够打开胸部并拉伸肩膀，还能够活动和强化脊柱。因此，对于任何有懒散倾向的人来说，它都是一个很好的姿势锻炼方式。

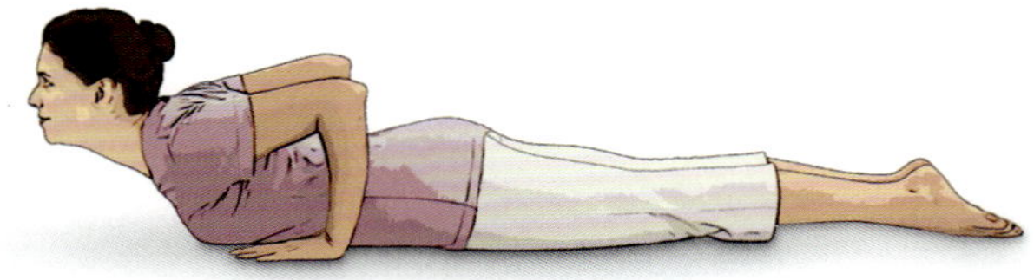

p.232 坚持至少5次呼吸

2 下犬式

采用这种倒“V”形锻炼姿势能够提升身体力量和拉伸整个身体。

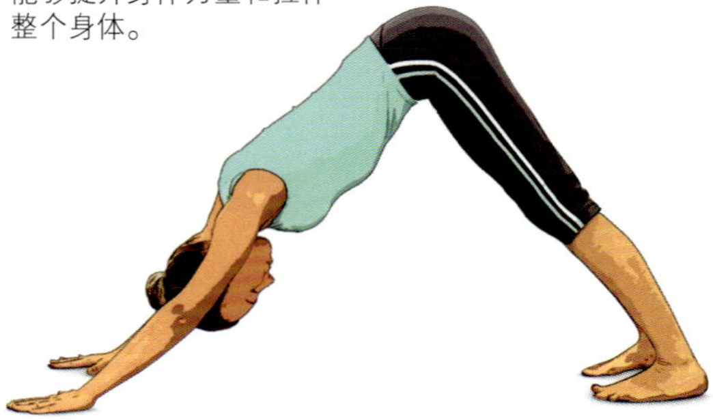

p.231 坚持至少5次呼吸

5 单腿前屈

这种有益的坐式前屈锻炼能够拉伸脊椎长度，同时增强腿部肌肉力量。

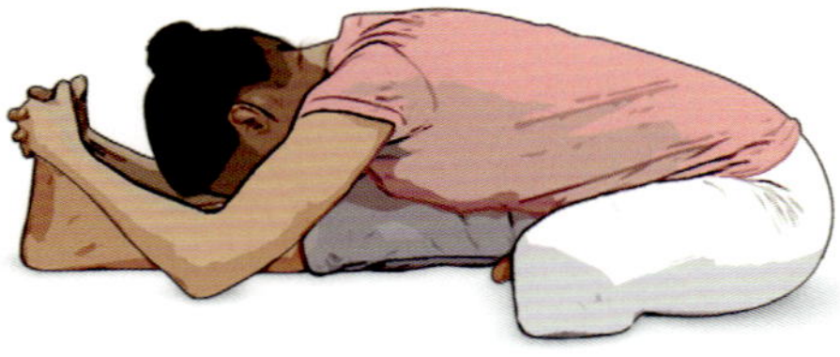

p.242 坚持至少5次呼吸

6 坐姿脊柱扭转

以该种姿势向一侧扭转臀部并伸展大腿后侧进行身体拉伸，同时也可以锻炼腹部肌肉。

p.236 坚持至少5次呼吸

瑜伽作为一种放松身体的主要锻炼方法而被人们熟知，但是瑜伽真的能够全面锻炼身体吗？

尽管瑜伽练习的侧重点在于修身养性，提高身体协调能力，如摊尸式（p.227），但大多数体式还是动感十足的。特别是在连续的动作当中，需要付出很大的努力才能对动作熟练掌握。因此，瑜伽能够全面锻炼身体。

3 三角式

这种动态姿势给腰部和腿部强有力的锻炼，可以拉伸身体两侧。

p.246 坚持至少5次呼吸

4 勇士二式及三角伸展式

这种弓步锻炼可以增强腿部力量，并可锻炼臂膀，拉伸身体两侧。

p.247 坚持至少5次呼

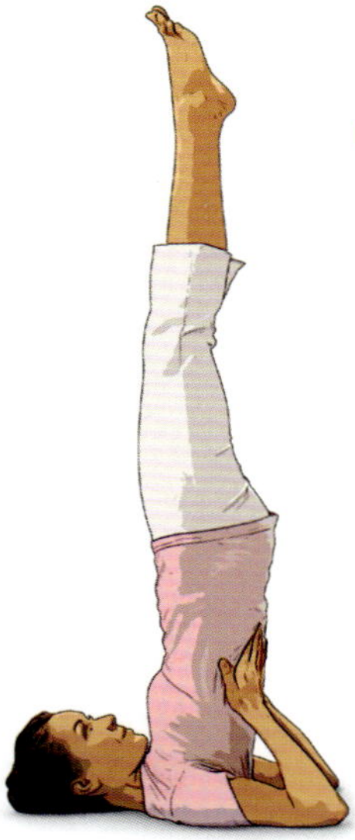

7 肩倒立式

这种经典的倒立姿势可以调动整个身体的肌肉，同时能培养良好的心态。但例假期间不要进行这项锻炼。

p.235 坚持至少25次呼吸

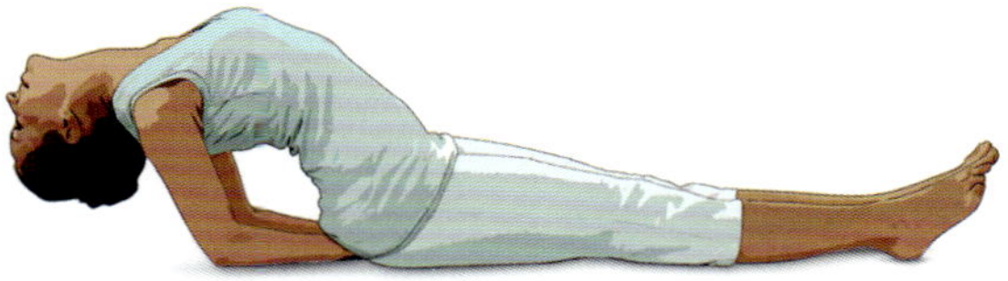

8 鱼式

这是肩倒立式的一个反向姿势，该项锻炼也可以通过上身独立完成。能够锻炼背部、双臂和肩部。

p.238 坚持至少5次呼吸

小黑裙锻炼

无论你是想要在即将到来的某个特殊场合展现自己最好的一面，还是仅仅想穿上自己最喜爱的小黑裙，以下运动对你来说都很适合。前两项练习能够锻炼双臂，接下来的两项练习可以帮助臀部和大腿塑形，还可增加热量燃烧。最后四项练习有助于收腹瘦腰。短桥式还能够锻炼小腿。

1 双手冲拳

双手握拳，双臂向前伸直再向后拉回，来加强手臂背部力量，有助于胸部和肩部的塑形，提臀。

p.119 锻炼次数 10~12 锻炼组数 2 3 4

2 哑铃前平举

两手从大腿处慢慢抬伸以锻炼上臂和肩部。该项锻炼同样能够塑造体形。

p.109 锻炼次数 8~10 锻炼组数 2 3 4

5 坐立扭转拉伸

这项扭转和伸展练习主要锻炼腹斜肌，收缩腰部，还能够扩展胸部，改善身体姿势。

p.130 锻炼次数 8~10 锻炼组数 1 2 3

6 短桥式

该锻炼能够拉伸上身，锻炼背部，增强身体力量。特别针对腹部、大腿和小腿进行锻炼。

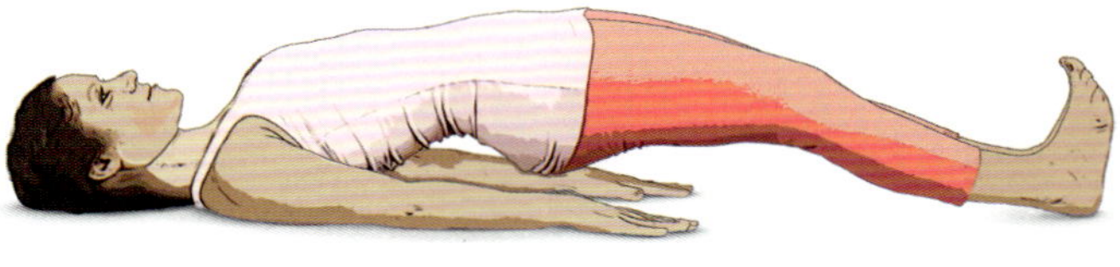

p.143 锻炼次数 10~12 锻炼组数 1 2 3

我非常想让自己的身材能够达到黑色迷你裙的尺寸，以便再次穿上一些自己最喜爱的衣服。我怎样才能实现这个愿望?

以下面这些练习作为起点来实现这个目标是非常合适的。但是只有将健康均衡饮食（p.48~51）、为了燃烧脂肪每周进行的练习由中等强度到高强度的五种有氧运动（p.258~269）同小黑裙锻炼结合起来才能够实现锻炼全身的目的。

3 持重弓步

这种大幅度向前弓步能够提臀美腿，燃烧热量。

p.141 锻炼次数 12~14 锻炼组数 1 2 3

4 马步式

这项瑜伽深蹲能够有效锻炼臀部和腿部，双臂动作使得该锻炼充满动态。

p.240 坚持至少5次呼吸

7 仰卧卷腹

这项经典的卷腹通过锻炼腹部肌肉能够增强核心力量，使腹部变得平坦。

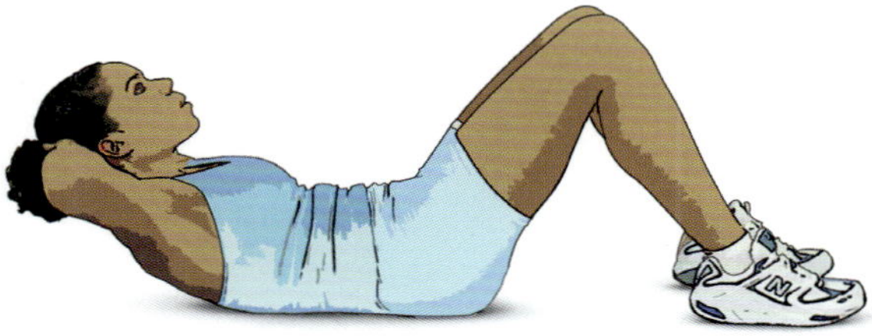

p.122 锻炼次数 12~15 锻炼组数 2 3 4

8 双腿下降

这是一项难度较大的锻炼，它通过调动深层腹肌来锻炼腹部。

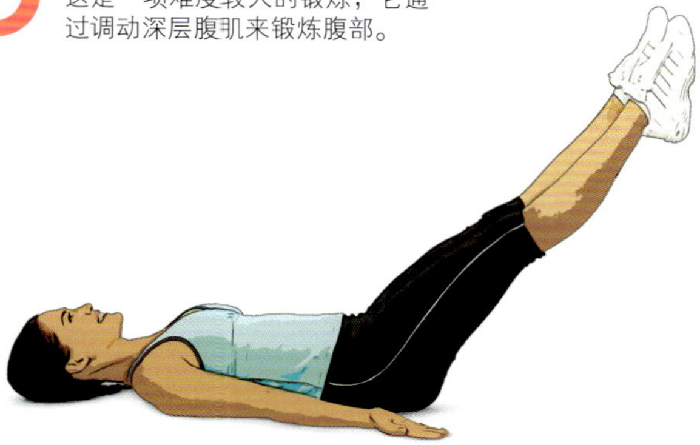

p.125 锻炼次数 8~10 锻炼组数 1 2 3

准新娘锻炼

在你大喜的日子，如果想要让自己在众人的注视下（镜头下）看起来更加美丽动人，以下练习非常适合你。以下练习是全身锻炼，但主要锻炼胸部、双肩、双臂、背部、腹部和腰部，可使你在穿着梦幻般的礼服时看起来最美。

1 肱三头肌提拉

在进行该项练习时，双臂向内弯曲意味着你能够有效锻炼后臂，告别“蝴蝶袖”。

p.118 锻炼次数 10~12 锻炼组数 2 3 4

2 屈膝侧平举

这项足尖朝外下蹲的动作是特别针对大腿内侧进行的锻炼。此外，双臂侧向抬举能够拉伸胸部、肩部和臂部。

p.152 锻炼次数 10~12 锻炼组数 2 3 4

5 腰部扭转前屈

这种姿势能够有效锻炼腹斜肌，帮助收腰，拉伸背部和双臂。

p.131 锻炼次数 12~16 锻炼组数 1 2 3

6 交替蹬腿

仰卧时交替伸展、弯曲双腿能够收腹瘦腰。

p.124 锻炼次数 12~15 锻炼组数 2 3 4

婚礼前一晚做什么锻炼可以让我看起来气色最佳?

下面这些锻炼非常适合在临近婚礼的时间进行。但是婚礼前夜最好不要让自己过度劳累，以为婚礼当日节省体力，可以做一些常规放松运动（p.256~p.257），让自己拥有一个好睡眠。

3 肩部伸展

这项动态伸展扭动练习能够锻炼双臂和肩部，还可增强腹部和背部力量。

p.108 锻炼次数 10~12 锻炼组数 1 2 3

4 跪立扩胸

该项锻炼是一种非常好的姿势改善方法，按图中这种方式前后伸抬双臂以塑造肩部和手臂形态。

p.115 锻炼次数 10~12 锻炼组数 2 3 4

7 侧向卷腹

这种侧向卷腹可锻炼腹部和腰部。腹部强健也能帮助改善身体姿势。

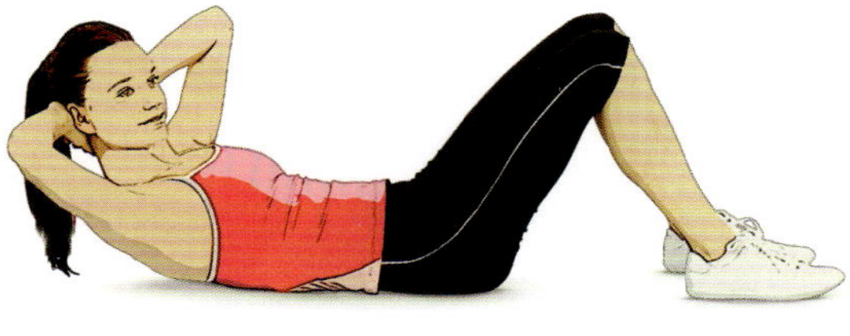

p.128 锻炼次数 14~16 锻炼组数 2 3 4

8 足跟轻叩拉伸

抬伸双腿和上身以离开地面，之后双腿向两侧开合，从而拉伸身体，锻炼臀肌和背部肌肉。

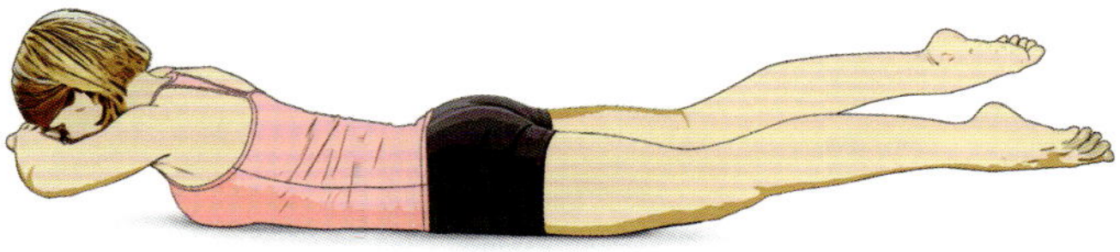

p.133 锻炼次数 10~12 锻炼组数 2 3 4

紧身裤锻炼

假期放纵自己吃喝后，想要重新穿回紧身裤，以下锻炼能给你带来自信和形体的改变。以下练习能够从各个角度对下身进行有效锻炼，有效塑造臀部、大腿、腹部和腰部，从而在穿着上随心所欲。

1 弓步踢腿

这项动态弓步踢腿练习通过对股四头肌和臀肌进行锻炼以塑造大腿、美臀。

p.141 锻炼次数 8~10 锻炼组数 1 3 5

2 侧蹲踢腿

这项锻炼包含下蹲和侧踢动作，能够有效锻炼臀部和大腿。

p.139 锻炼次数 10~12 锻炼组数 1 3 5

5 侧卧画圈

这项锻炼属于芭蕾舞风格，腿部大幅度回环能够锻炼腹部和腿部。

p.146 锻炼次数 14~16 锻炼组数 1 2 3

6 腘绳肌卷曲

这项弯曲并伸展双腿的动作能够锻炼臀部和大腿后部，以及腹部肌肉。

p.142 锻炼次数 12~16 锻炼组数 2 3 4

我有一个大肚子，肚子上的赘肉在紧身裤上方很明显，特别是腹部两侧。有什么好的方法来减掉赘肉？

作为减掉肚子上赘肉的初始练习，下面这些锻炼会非常适合你。但是这些锻炼只能增强身体练习部位的肌肉，要想真正地减去腹部赘肉，你需要多进行有氧运动（p.258~p.269）以燃烧肌肉以外的多余脂肪。

3 屈膝

这项优雅并带有芭蕾舞风格的练习可以锻炼下肢，主要是大腿内侧。

p.144 锻炼次数 12~16 锻炼组数 2 3 4

4 倒立抬腿

按照示例将身体倒立抬腿以锻炼臀部、腿部和腹部。

p.151 锻炼次数 10~12 锻炼组数 1 2 3

7 平板支撑抬腿

身体在平板支撑的状态下通过双腿交替抬伸来锻炼臀部和腹部，并增强身体核心力量。

p.126 锻炼次数 8~10 锻炼组数 1 2 3

8 交替拉伸双腿

这项双腿交替伸展的侧向卷腹能够锻炼腿部、臀部和腰部。

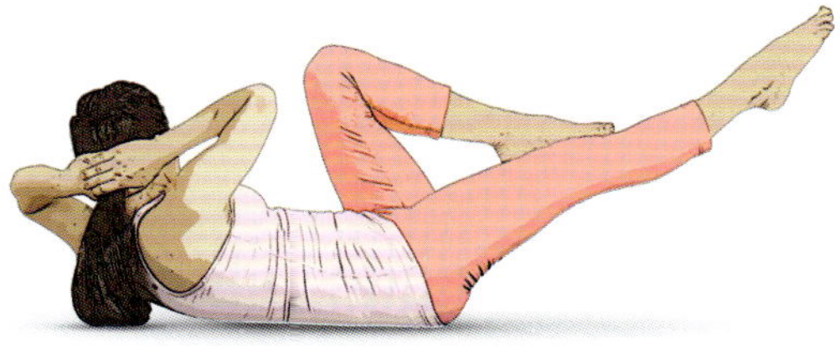

p.129 锻炼次数 12~14 锻炼组数 2 3 4

比基尼锻炼

如果你已经提前安排好假期，并且在穿比基尼或泳装时想要自己看起来最美，那么以下锻炼非常适合你。以下运动能够有效塑造臀部、大腿，锻炼双臂力量（摆脱臂膀上的赘肉），收缩腹部、背部和腰部，扩展胸部和双肩。最终使身体得到全面的锻炼与提升。

1 弓步扭腰

该锻炼能够对全身热身，并通过身体各部位的扭动、屈伸来塑造良好体形。

p.152 锻炼次数 8~10 锻炼组数 1 2 3

2 向后抬腿

该动作通过上身前倾，双腿交替向后抬伸来塑造臀部和大腿后部。

p.139 锻炼次数 10~12 锻炼组数 1 2 3

5 仰卧胸部推举

这项练习能够给予胸部、双肩和双臂良好的锻炼，从而紧实胸部。

p.114 锻炼次数 12~14 锻炼组数 2 3 4

6 侧卧外旋

这项侧卧臂部旋转练习能够锻炼上身，在身穿比基尼时能更好地秀出完美的肩胛线。

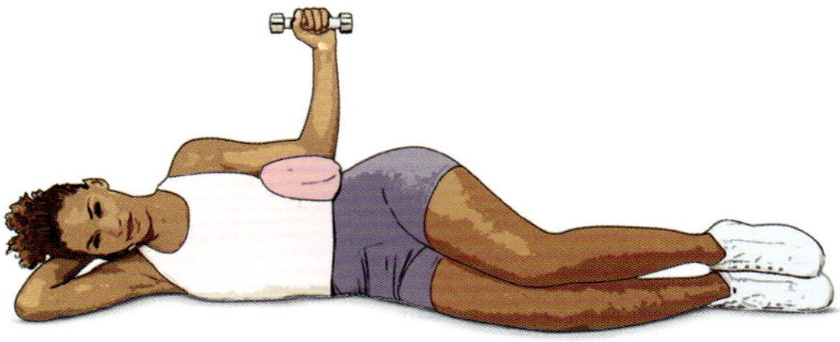

p.110 锻炼次数 12~14 锻炼组数 2 3 4

今年夏天，我想要自信满满地穿上比基尼。对此有什么好的建议吗？

假如对自己的大肚腩表示担心，可以尝试将下面的锻炼和完美腹肌锻炼（p.292~p.293）结合起来，每周进行三次练习。同时要保持均衡饮食，每六周进行一周的中等强度到高强度的有氧运动（p.258~p.269）。

3 肱三头肌提拉

当抬举向内弯曲的双臂时，通过肘部向外伸展调动双肩上下运动，以达到减掉大臂赘肉“蝴蝶袖”、改善姿势的目的。

p.118 锻炼次数 12~14 锻炼组数 2 3 4

4 健身球拉伸卷腹

该项高难度的卷腹是一种有效的腹部塑形练习，同时背部伸展能够拉伸脊柱，改善体形。

p.123 锻炼次数 10~12 锻炼组数 2 3 4

7 仰卧负重转体

锻炼腹部肌肉，并通过有效的腿部左右扭转来塑造完美腰部。

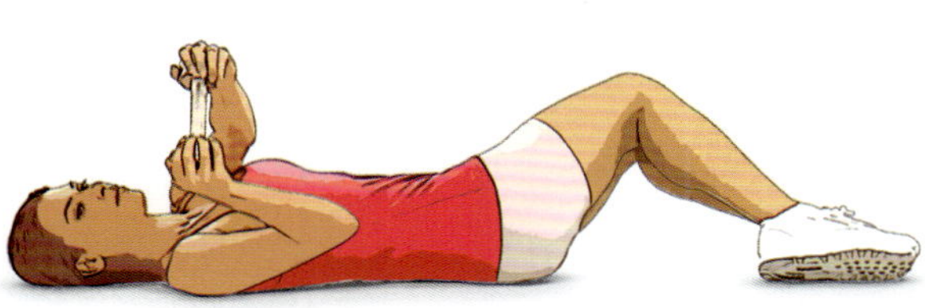

p.130 锻炼次数 12~14 锻炼组数 2 3 4

8 单腿屈伸

这项普拉提上身抬起练习能够锻炼腹部，同时双腿交替伸展能够塑造腿部和臀部。

p.210 重复10次

美背锻炼

拥有健康的脊背非常重要，然而事实却是我们经常忽略自己的背部，往往在背部感到疼痛或穿夏天衣服时才想起。以下练习不仅可让你避免背痛的烦恼，并且可以让你拥有迷人的背部和肩胛线。这项练习还能有效改善身体姿势，使你充满活力、自信满满。

1 肱三头肌提拉

这项练习通过双臂内侧弯曲来锻炼双肩、上臂和上背。同时该练习能够扩展胸部，改善体形。

p.118 锻炼次数 10~12 锻炼组数 2 3 4

2 哑铃前平举

该项练习从大腿处向外部抬伸双臂从而使双肩前后部都可得以强化和塑形。

p.109 锻炼次数 10~12 锻炼组数 2 3 4

5 跪姿背部拉伸

这项拉伸练习能够放松腰背部肌肉，并通过脊柱和腰部运动给人一种放松的感觉。

p.134 锻炼次数 8~10 锻炼组数 1 2 3

6 侧卧外旋

这项侧卧式双臂交替向外旋转练习可锻炼上臂、双肩和上背。

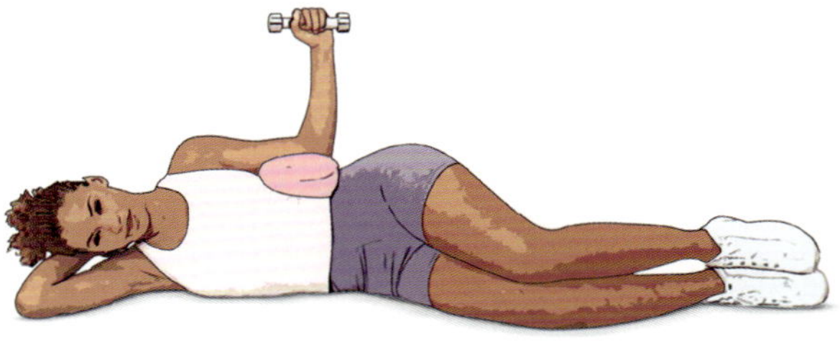

p.110 锻炼次数 12~14 锻炼组数 1 2 3

由于我经常坐在电脑前工作一整天，所以时常感到腰背部疼痛。做下面的练习对于缓解腰背部疼痛有效吗？

腰背部疼痛的主要原因是不良坐姿，因此要对自己的坐姿格外注意，并要在工作时经常短暂休息一下以缓解腰背部压力。经常练习下面的锻炼非常有效，因为这些是特别选定来让锻炼者重新拥有美丽、健康、没有压力的背部的。

3 脊柱扭转

这项坐立式普拉提身体转动练习能够拉伸脊柱周围的肌肉，增强该身体部位的灵活性。

p.207 重复10次

4 跪立扩胸

这项双臂前后抬伸练习能够增加肩部灵活性，还可锻炼上背、双臂和双肩。

p.115 锻炼次数 10~12 锻炼组数 1 2 3

7 “T”式

这项俯卧式普拉提背部弯曲练习能够锻炼中背部和上背部，并能有效缓解双肩和背部肌肉紧张。

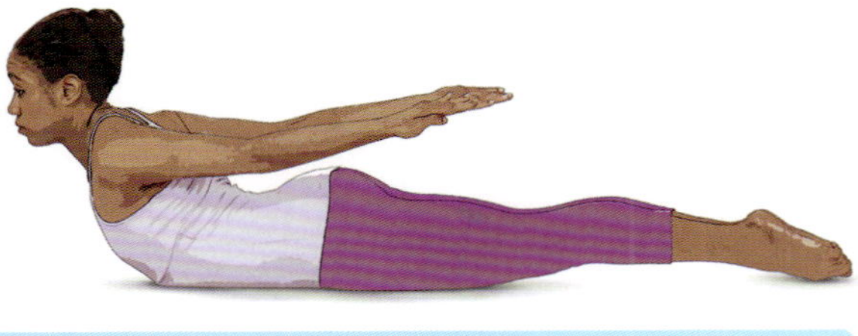

p.205 重复10次

8 足跟轻叩拉伸

这项两头翘起的练习需要整个背部肌肉共同参与，该锻炼能够强健臀肌和大腿肌肉，并且能增强和塑造背部和腹部肌肉。

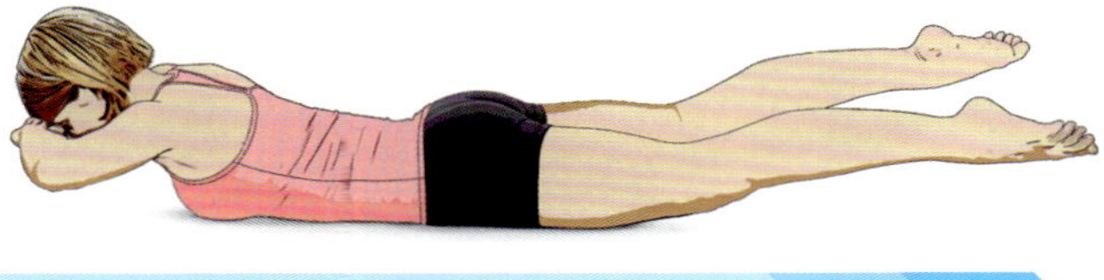

p.133 锻炼次数 10~12 锻炼组数 2 3 4

美胸锻炼

如果你想要使胸部挺拔，以下锻炼非常适合你。这些站躺结合的练习能够扩展、加强胸部和肩部的肌肉力量，从而不仅达到丰胸的效果，还能获得美丽的上体身姿。这些练习同样能够锻炼出完美胸部。

1 双手冲拳

这项简单的练习通过臂部前后运动锻炼双臂、双肩和胸部。双臂向后伸展同样能够扩展锻炼胸部。

p.119 锻炼次数 12~14 锻炼组数 2 3 4

2 屈膝侧平举

这项双臂横向抬伸练习能够有效锻炼双臂、双肩和胸部。同时，下蹲练习可增加腿部力量。

p.152 锻炼次数 12~14 锻炼组数 2 3 4

5 俯卧两头起

如图所示，上身抬起离开地面并扩展胸部，同时抬举双腿来锻炼下身力量。

p.110 锻炼次数 10~14 锻炼组数 1 2 3

6 哑铃扩胸

该项练习能够锻炼腋窝，增强日常抬举动作的力量。并通过双臂哑铃向内抬举锻炼臂部。

p.114 锻炼次数 12~16 锻炼组数 2 3 4

练习时需要穿戴运动文胸吗？普通文胸可以吗？

比起普通文胸，运动文胸更适合运动时穿戴。运动文胸能够给予胸部有效保护，极大地减少锻炼时弹跳或动作不标准给胸部带来的伤害。运动文胸由特殊织物制作，还可有效应对运动出汗问题。

3 肩部伸展

这项动态练习主要锻炼双臂、双肩、胸部和腹部，同时能够增强双肩灵活性。

p.108 锻炼次数 10~12 锻炼组数 1 3 4

4 俯卧撑

这项高难度练习主要锻炼胸部，如果开始练习时感到太难，可以先进行简易俯卧撑练习（p.112）。

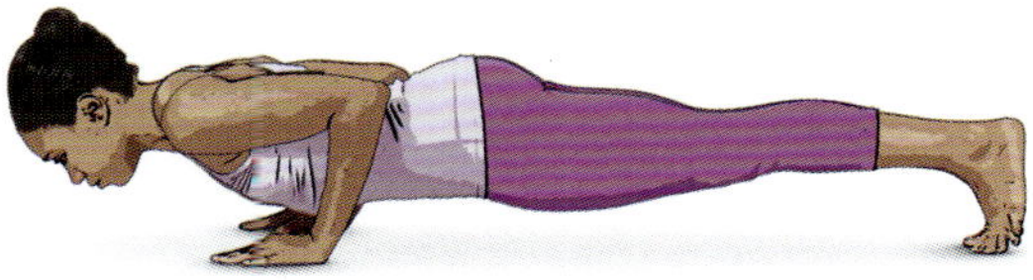

p.113 锻炼次数 8~10 锻炼组数 1 2 3

7 仰卧胸部推举

进行这项向上推举练习可进一步锻炼双肩、双臂和胸部。并且当你放下手臂时有一种放松的感觉。

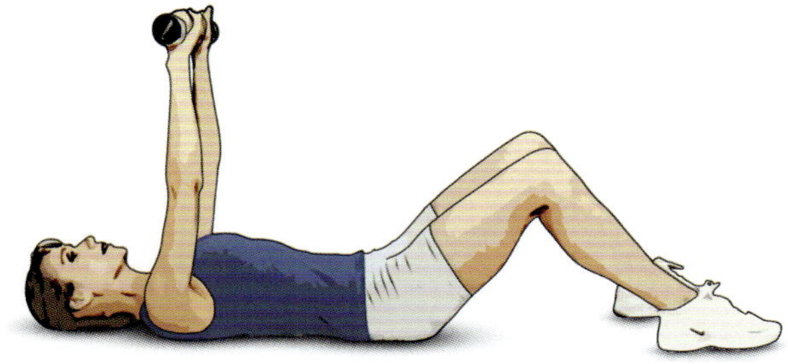

p.114 锻炼次数 12~16 锻炼组数 2 3 4

8 双臂反向拉伸

双臂一上一下交替进行，带动胸部的拉伸。

p.175 坚持10秒

美臂锻炼

如果想减少臂部赘肉，拥有梦想已久的坚实圆滑的双臂，以下练习非常适合你。随着年龄增长，臂部肌肉力量会首先减弱，因此，上臂前面的肱二头肌，以及上臂后面的肱三头肌的日常锻炼对于保持健康和良好体态非常重要。

1 弯臂出拳

该项动态练习可对整个上身进行热身。先出拳然后弯臂上举，可以增强双肩和双臂力量。

p.150 锻炼次数 12~14 锻炼组数 2 3 4

2 坐姿单臂弯曲

通过锻炼上臂前面的肱二头肌，从而塑造上臂线条。

p.117 锻炼次数 8~12 锻炼组数 1 3 4

5 仰卧后撑

按照图示的姿势屈伸双臂，进一步锻炼上臂，特别是肱三头肌。

p.120 锻炼次数 8~10 锻炼组数 1 2 3

6 “T”式

该项普拉提背部弯曲、双臂抬举练习能够拉伸双臂、双肩和胸部。

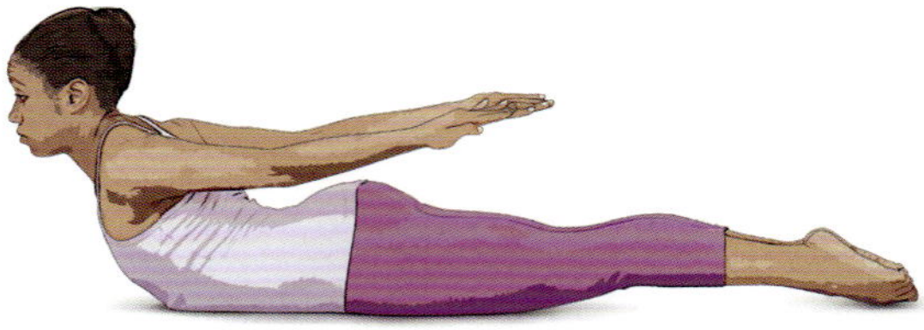

p.205 重复10次

当我年龄越来越大，双臂逐渐变得松弛无力，对此我能做些什么？

由于受年龄影响，出现这种现象很正常。好的是，我们可以通过常规的臂部和肩部练习增强双臂力量，特别是上臂后面（肱三头肌）及双肩前部（三角肌）的肌肉需要加强锻炼，因此要着重对这些部位进行练习。游泳对于锻炼这些部位也很有效。

3 肱三头肌上举

这项过顶臂部伸展练习能够锻炼后臂和腋窝。

p.118 锻炼次数 10~14 锻炼组数 1 2 3

4 肱三头肌后举

这项手臂抬举练习能够锻炼、塑造手臂后面，使你告别“蝴蝶袖”。

p.121 锻炼次数 10~12 锻炼组数 1 2 3

7 侧卧压举肱三头肌

这项侧卧屈伸练习能够锻炼腹部、肱三头肌和肩部肌肉。

p.120 锻炼次数 8~10 锻炼组数 1 2 3

8 简易俯卧撑

这项经典俯卧撑动作能够有效锻炼胸部和双臂。如果你想要增加练习难度，可以尝试进行俯卧撑（p.113）锻炼。

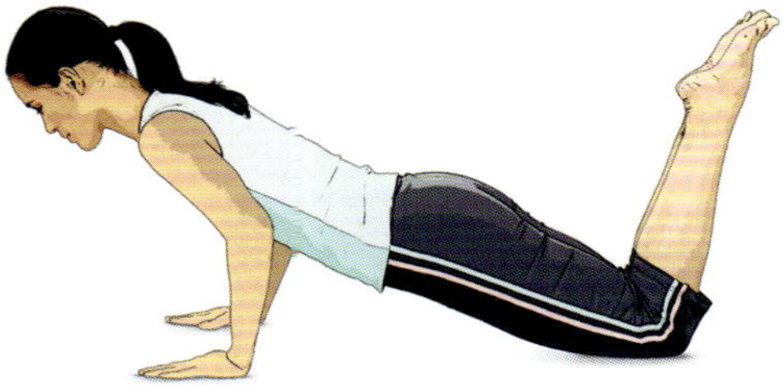

p.112 锻炼次数 10~14 锻炼组数 1 2 3

完美腹肌锻炼

腹部是许多女士最关心的问题，特别是那些梨形身材（p.28）的人。以下锻炼针对腹部肌肉，能够帮助锻炼者拥有完美腹部和腰部曲线。但是，你需要将常规的有氧运动与之相结合以确保燃烧脂肪。

1 弓步扭腰

这项练习通过先向身体一侧抬举哑铃，再向身体另一侧放下哑铃，可以对身体中部和下部进行热身。

p.152 锻炼次数 8~10 锻炼组数 2 3 4

2 坐立扭转拉伸

这项练习也被称作“瘦腰锻炼”，主要锻炼身体两侧的腹斜肌。

p.130 锻炼次数 10~12 锻炼组数 1 2 3

5 交替蹬腿

当你伸腿尽力向前蹬时能够有效锻炼腹部，这项练习也能增强腰背部力量。

p.124 锻炼次数 10~12 锻炼组数 2 3 4

6 仰卧负重转体

向一侧转动上身，下身转向另一侧以增强腹斜肌力量，缩小腰围。

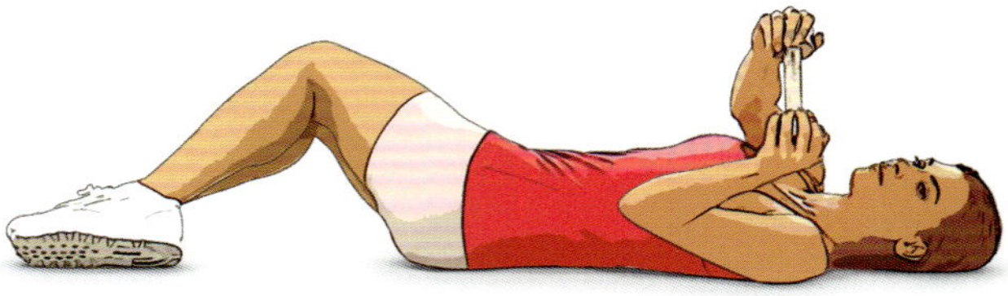

p.130 锻炼次数 10~12 锻炼组数 2 3 4

当我做仰卧卷腹时经常会感到脖子酸痛，对此有什么好的治疗方法?

在进行仰卧卷腹时时常感到脖子酸痛的主要原因是锻炼者将双手放于头部和脖子后面抬升上身，而不是通过腹部力量进行上身抬起。想要避免脖子酸痛，可以把手轻轻放在双耳或头部——牢记不要双手抱头进行锻炼。

3 钟摆式

这项练习锻炼的深层腹肌叫腹横肌，是双腿从一侧运动到另一侧的普拉提动作。

p.210 重复10次

4 仰卧卷腹

这个抬升头部和肩部的经典动作能够锻炼核心腹肌。

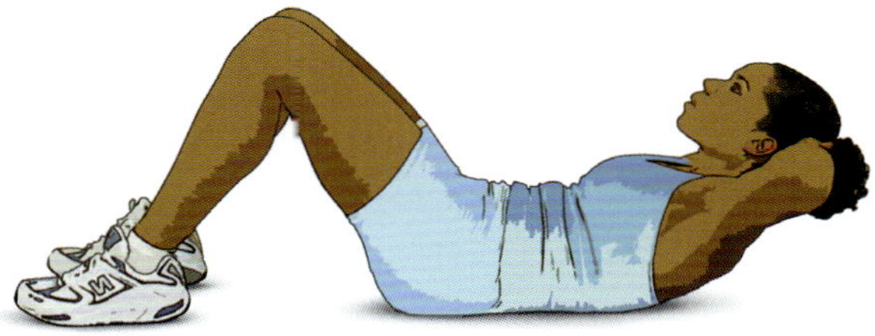

p.122 锻炼次数 12~14 锻炼组数 2 4 5

7 跪姿背部位伸

这项练习在增强一侧腰部力量的同时拉伸另一侧腰部，还可放松支撑腹部的腰背部。

p.134 锻炼次数 10~12 锻炼组数 2 3 4

8 前臂平板支撑

平板支撑时肚挤内收以锻炼腹横肌。

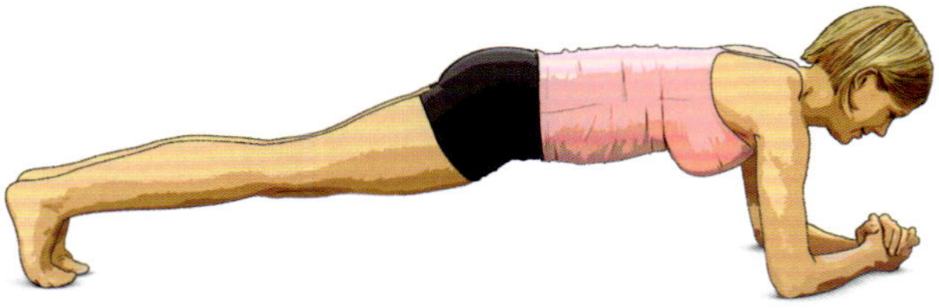

p.126 坚持10秒 锻炼组数 1 3 5

美臀锻炼

想要使臀部变得完美性感吗？那么以下锻炼非常适合你，因为它们是针对臀肌（p.137）进行各个角度的练习，可以提升和塑造大腿和臀部肌肉，拥有性感的臀部和大腿不仅看着美，还能够帮助你控制体重，因为这些部位的肌肉力量越强燃烧的热量越多。

1 深蹲

这项练习可以锻炼臀部和大腿。

p.136 锻炼次数 12~14 锻炼组数 1 3 4

2 倒立抬腿

一条腿向后抬举可以锻炼和强健臀肌。

p.151 锻炼次数 10~12 锻炼组数 1 2 3

5 椅式

这个下肢坐立的瑜伽姿势能够有效锻炼大腿和臀部肌肉，举起的双臂可以拉伸身体两侧。

p.244 坚持至少5次呼吸

6 腘绳肌卷曲

按照图中所示的姿势向后弯曲伸展双腿，能够有效拉伸大腿、提臀。

p.142 锻炼次数 10~12 锻炼组数 2 4 5

我做了许多臀部和大腿部位的锻炼，但是我依然对我的臀部不满意。还有什么其他的有效方法？

部分人群的臀部和大腿天生就比别人稍大，参照p.28了解梨形身材特征。但是进行下面的锻炼和梨形身材锻炼（p.300~p.301）,以及常规的像跑步、跳舞这样的有氧运动可让你的下肢尽可能地保持苗条有形。

3 起蹲球

当你每次从健身球上蹲下又站立时可以利用健身球作为反作用力。这项练习能够锻炼大腿内侧和臀部。

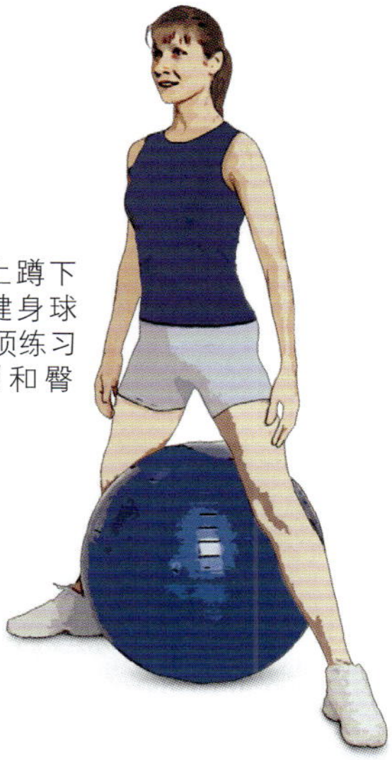

p.145 锻炼次数 10~12 锻炼组数 2 3 4

4 弓步踢腿

这是一项动态练习，可以有效锻炼大腿和臀肌。

p.141 锻炼次数 10~12 锻炼组数 2 3 4

7 平板支撑抬腿

双腿交替抬举锻炼臀肌时要保持两侧臀部高度一定。这项练习对于腹部同样有明显效果。

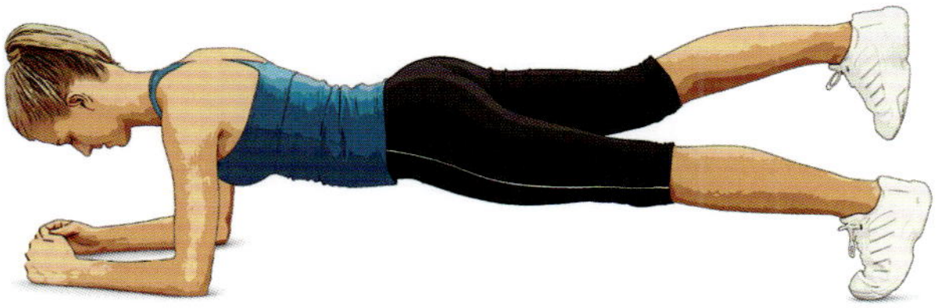

p.126 锻炼次数 6~10 锻炼组数 1 2 3

8 跪姿后仰

这项练习能够进一步锻炼臀肌和腹肌，并能对大腿前部进行有效拉伸。

p.140 锻炼次数 8~12 锻炼组数 2 3 4

性感美腿锻炼

你是否梦想拥有健美的双腿来展示自信？那么以下锻炼非常适合你。通过腿部弯曲伸展、前后抬腿、侧向抬腿和双腿旋转来进行腿部全面练习，可让你拥有性感美腿。

1 屈膝

身体下蹲、双脚向外伸展可以有效锻炼大腿内侧。

p.144 锻炼次数 12~16 锻炼组数 2 3 4

2 推墙提踵

上抬或放平脚跟可以强健和塑造小腿。这项练习对于锻炼身体平衡能力和双脚灵活性同样有效。

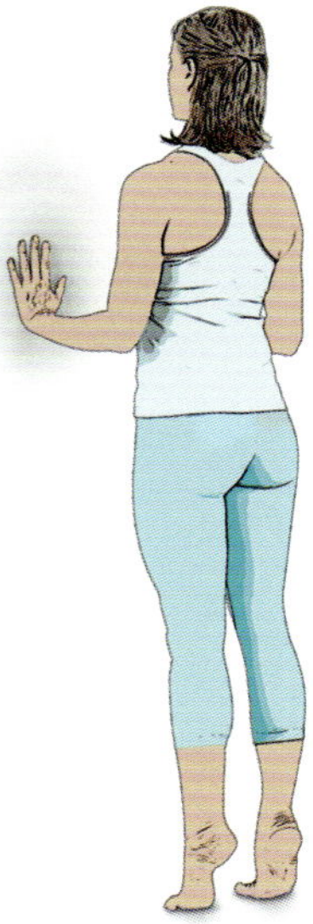

p.148 锻炼次数 12~14 锻炼组数 2 4 5

5 持重弓步

这个可爱的深度弓步练习能够锻炼并增强腿部肌肉力量。

p.141 锻炼次数 12~16 锻炼组数 1 2 3

6 单腿画圈

这项难度较大的普拉提练习可以有效锻炼腿部和腹部。

p.215 重复10次

与其他腿部练习相比，当我进行侧抬腿锻炼时很容易感到腿部劳累。这种现象正常吗？

侧抬腿锻炼作用于大腿内、外侧肌肉（内收肌和外展肌，参照p.145），内、外侧肌肉与大腿前、后肌肉相比，每天活动强度较小。因此，在进行侧抬腿锻炼时腿部更容易感到劳累。在练习一段时间后可以适当放松腿部。

3 向后抬腿

这项腿部伸展练习能够使大腿后部保持最佳状态。

p.139 锻炼次数 10~12 锻炼组数 2 3 4

4 趾踵步

这项摇摆运动不仅可锻炼身体平衡性，还可锻炼小腿和胫骨。

p.149 锻炼次数 12~14 锻炼组数 2 3 4

7 侧卧抬举小腿

侧躺，抬举平放于下面的腿，可以有效锻炼不常活动的大腿内侧肌肉。

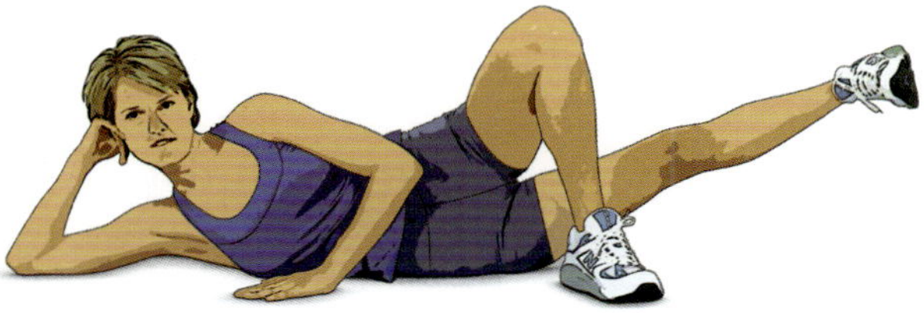

p.146 锻炼次数 12~16 锻炼组数 2 3 4

8 侧卧抬举大腿

侧躺，抬举平放于上面的腿，可以有效锻炼大腿外侧肌肉。

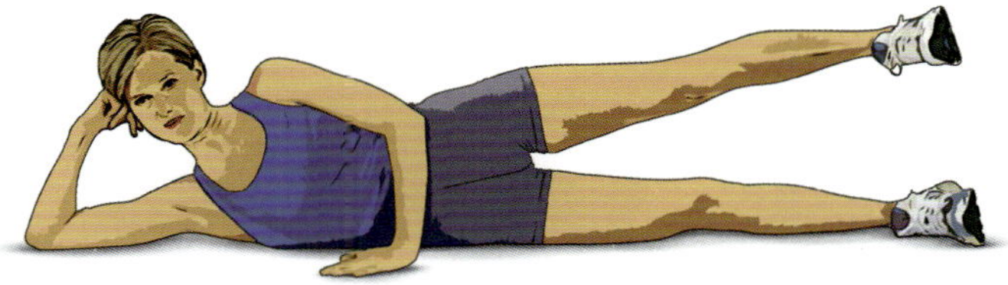

p.147 锻炼次数 12~16 锻炼组数 2 3 4

苹果形身材锻炼

如果你属于苹果形身材（p.28），那么你一定知道腹部凸显是自己的体形特征。以下练习通过核心腹部肌肉运动来对腹部塑形，并通过腹斜肌打造腰部曲线。这些锻炼需要结合几项舒缓拉伸来完成，从而更有效地对腰部和臀部塑形。

1 弓步屈膝

如图所示，双腿交叉站立可以锻炼腹斜肌、大腿和臀部肌肉。

p.138 锻炼次数 10~12 锻炼组数 2 3 4

2 百次拍击预备式

这项经典的普拉提练习可以锻炼核心部位——腹部的垂直肌（腹直肌）、下部的水平腹肌（腹横肌），从而有效锻炼腹部。

p.208 重复100次

5 双腿下降

这项高难度练习可以有效锻炼深层腹肌，增强身体核心部位力量。

p.125 锻炼次数 8~12 锻炼组数 2 4 5

6 脊柱扭转

这项轻柔的上身扭转可以锻炼腹斜肌，瘦腰。

p.207 重复10次

我坚持做卷腹很多次了，但腹部并没有明显变化。有什么好的建议？

首先，进行卷腹锻炼时，不要使腹部鼓胀。相反，要将肚脐向脊柱方向收缩。其次，确保自己进行足量的有氧运动（p.52~97），因为只有当你燃烧掉肌肉处多余的脂肪后，你才会看到腹部锻炼的效果。

3 侧向卷腹

侧向抬伸头部和肩部可以锻炼腹斜肌，瘦腰。

p.128 锻炼次数 12~14 锻炼组数 2 4 5

4 前臂平板支撑

平板支撑可以锻炼腹横肌和充当体内“紧身胸衣”的腹肌。

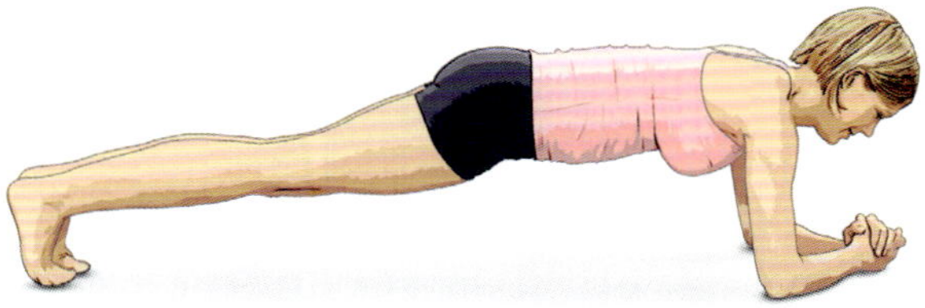

p.126 坚持10秒 锻炼组数 1 3 5

7 举腿翻身

举起腿并向一侧翻身可以锻炼腰部、大腿内侧和腹部肌肉。

p.188 坚持10秒

8 仰卧扭腰

这项练习能够有效拉伸身体中间部位——腹部、腰部肌肉。

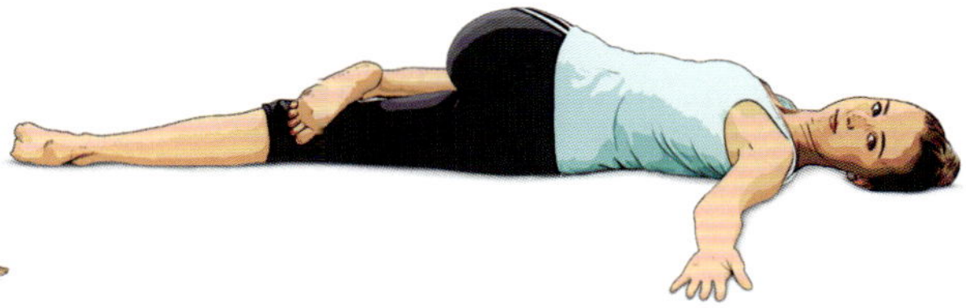

p.182 坚持10秒

梨形身材锻炼

如果你属于梨形身材，那么你一定知道自己的大腿和臀部脂肪较多。如果这个问题一直困扰着你，那么以下锻炼非常适合你。这些锻炼针对下肢各个部位，可有效改善大腿和臀部线条。

1 椅式

这项充满力量的瑜伽练习能够有效锻炼下身。练习时，大腿和臀部肌肉要努力保持要求的坐姿。

p.244 坚持至少10次呼吸

2 侧蹲踢腿

先下蹲，然后侧向踢腿可以有效锻炼大腿外侧和前侧。

p.139 锻炼次数 10~12 锻炼组数 2 3 4

5 单腿画圈

这项高难度普拉提动作不仅可锻炼整个下身，而且可锻炼腹部肌肉。

p.215 重复10次

6 肩桥

在这个姿势中大腿和腹部发力保持身体平衡，因此可以得到锻炼。此外，身体前面也可得到很好的拉伸。

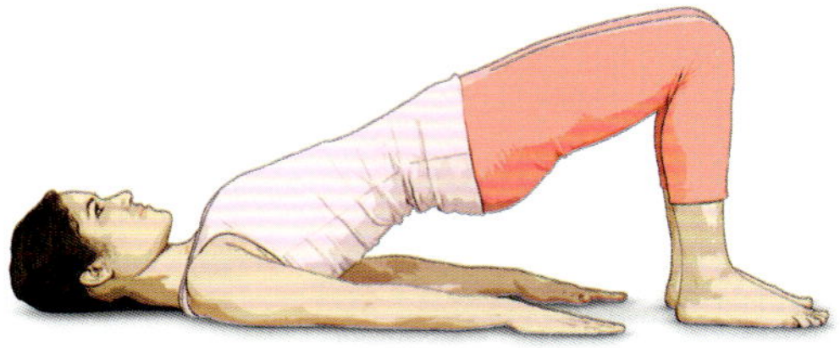

p.214 重复10次

我的大腿后部脂肪团很多。对此我能做些什么吗？

脂肪团是毒素和脂肪沉积物的聚集物，它们被困在皮肤下面的细胞中并最终被吸收。减少脂肪团的关键是保持健康的饮食习惯（p.48~p.51），多喝水将毒素排出体外，并进行常规锻炼（有氧运动和塑形锻炼）以刺激血液循环和淋巴引流。

3 起蹲球

每次从健身球上站起，大腿内侧会挤压球体，因此可以塑造大腿和臀部形体。

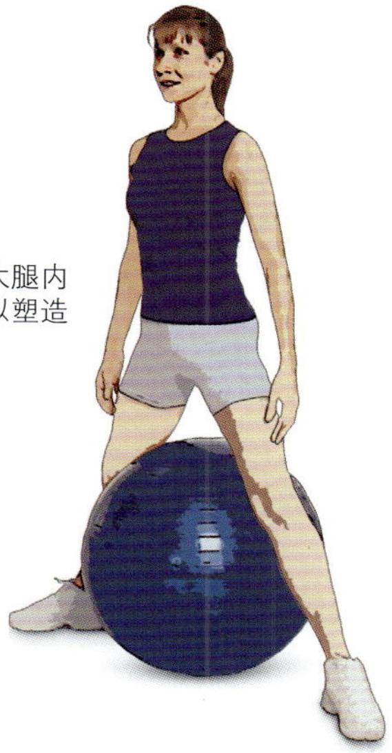

p.145 锻炼次数 10~12 锻炼组数 2 4 5

4 腘绳肌卷曲

身体下弯，每条腿向后抬举大约90° 可以有效锻炼大腿后侧肌肉和臀肌。

p.142 锻炼次数 10~12 锻炼组数 2 3 4

7 交替拉伸双腿

这项扭转仰卧运动可以锻炼腰部和腹部。双腿交替拉伸能够塑造腿部肌肉，获得更完美的身材线条。

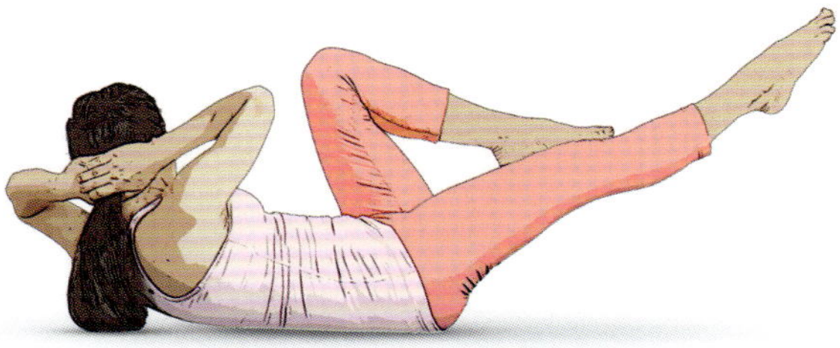

p.129 锻炼次数 14~16 锻炼组数 2 4 5

8 双腿盘坐前屈

这项动作难度较大的坐立前屈可以对臀部和大腿进行有效拉伸。

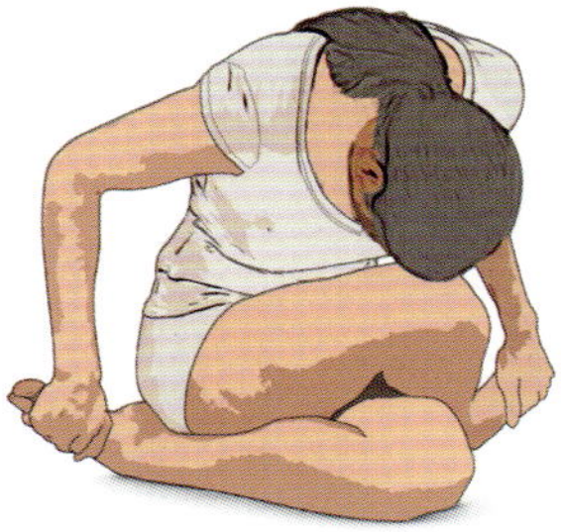

p.188 坚持10秒

尺形身材锻炼

如果你是属于尺形身材（p.29），那么你是很多女性羡慕的对象，因为你既高挑又苗条。但是，如果你像许多尺形身材的人一样，渴望拥有更好的身材，那么以下锻炼非常适合你。通过锻炼腰部和腹部，扩展双肩和胸部，塑造臀部和大腿，最大化地凸显你的身体曲线，塑造健康体形。

1 负重靠墙下蹲

这项靠墙深蹲练习可以锻炼下肢力量，同时双臂前举可以增强上身力量。

p.137 锻炼次数 10~12 锻炼组数 2 3 4

2 站立单腿屈膝

这项优雅的平衡练习可以帮助你调整脊柱力线，体验身体拉伸的感觉。

p.134 锻炼次数 10~12 锻炼组数 2 3 4

5 坐立扭转拉伸

这项练习可以帮助打造更精致的腰部线条，塑造完美体形。

p.130 锻炼次数 10~12 锻炼组数 1 2 3

6 仰卧负重转体

这项仰卧式上身和下身向左右不同方向扭动的练习通过身体中间部位的转动，可以进一步瘦腰，塑造完美体形。

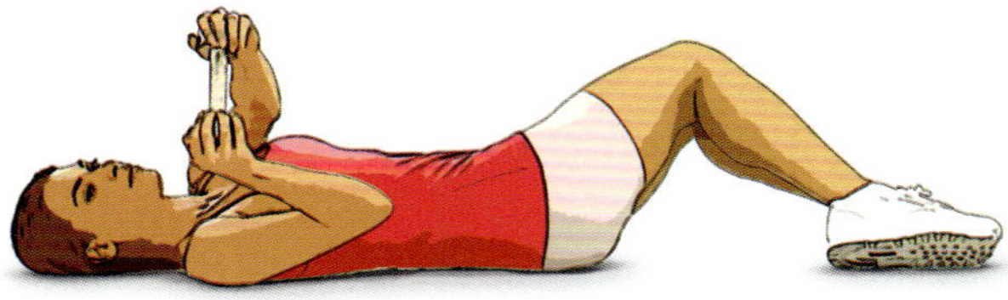

p.130 锻炼次数 12~14 锻炼组数 2 3 4

我个头很高（1.8米），但身体经常会松垮。对此有什么好的锻炼方法吗?

尺形身材身体会松垮是很常见的。由于尺形身材会导致上背部过度拉伸，胸部收紧，所以扩胸锻炼会很有帮助。每当意识到自己身体松垮时，可以尝试下面的练习，以及站立单腿屈膝（p.134）或肩部旋转（向后）（p.164）。

3 跪姿后仰

这项身体后倾、双臂前举练习不仅可以锻炼上身和下身，还可以锻炼腹部。

p.140 锻炼次数 10~12 锻炼组数 1 2 3

4 卧撑腿部屈伸

这项普拉提动作能够锻炼深层腹肌和两侧腹肌，并且能够塑造臀肌和大腿后侧。

p.217 重复10次

7 简易俯卧撑

这项富有难度的练习可帮助你塑造上身体形，增强整个身体的线条感。

p.112 锻炼次数 10~12 锻炼组数 2 3 5

8 长躯席卷

这项普拉提练习主要通过锻炼脊柱和腹部力量来进一步改善体形。

p.213 重复3~5次

沙漏形身材锻炼

如果你拥有翘臀、细腰、完美的臀部和腿部曲线，体形均衡匀称，那么你很幸运，属于沙漏形身材（p.29）。以下动作通过加强全身练习来帮助你保持当前完美身材。由于所涉及的锻炼内容能够让你的主要肌肉保持活力，从而促进新陈代谢，所以可帮助你保持体重，拥有完美身材。

1 单臂划船

这项臂部向后抬举练习可以锻炼两侧背部肌肉，从而可以紧致腋窝和上背部。

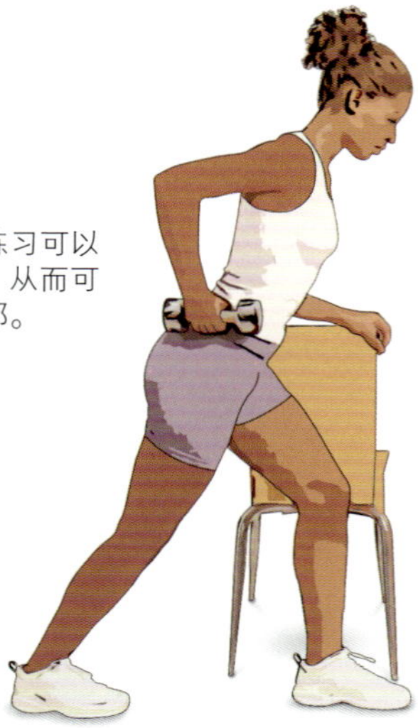

p.135 锻炼次数 12~14 锻炼组数 1 2 4

2 仰卧后撑

这项经典的动作通过使三头肌发力来强健和塑造手臂后部。

p.120 锻炼次数 8~10 锻炼组数 1 2 3

5 健身球拉伸卷腹

这项背部拉伸练习能够扩胸，塑形，仰卧起坐动作能够有效锻炼和塑造腹部。

p.123 锻炼次数 10~12 锻炼组数 2 3 4

6 简易俯卧撑

这项练习可以有效锻炼胸肌和手臂后部肌肉，还可以帮助你扩展双肩，塑造体形。

p.112 锻炼次数 10~12 锻炼组数 1 3 4

随着年龄的增长，腹部的脂肪开始堆积。对此有什么好的办法吗？

许多女士，特别是沙漏形身材和苹果形身材的女士，容易出现这种问题。因此，要保持均衡健康的饮食习惯（p.48~51），并且进行足够多的有氧运动（p.52~97），还要将完美腹肌锻炼（p.292~293）和苹果形身材锻炼（p.298~299）结合起来进行练习。

3 负重靠墙下蹲

蹲下可以锻炼大腿前侧，站立可以锻炼臀部，双臂抬伸可以锻炼上背部、双臂和双肩。

p.137 锻炼次数 10~12 锻炼组数 1 3 4

4 侧卧外旋

这项练习锻炼、塑造上臂和肩后部肌肉，能够让你拥有完美的双肩和臂部曲线。

p.110 锻炼次数 10~12 锻炼组数 1 2 3

7 钟摆式

这个难度较大的普拉提动作通过双腿左右摆动锻炼腰部和腹部，以塑造完美体形。

p.210 重复10次

8 侧卧画圈

腿部进行大幅度画圈可以锻炼大腿内侧和外侧，还可进一步塑造腹部。

p.146 锻炼次数 12~14 锻炼组数 1 2 3

和谐生活锻炼

如果你想拥有完美的身材，并且增强自己夫妻生活时的信心，那么以下锻炼非常适合你。这些特别选择的练习能够使你的整个身体充满力量，缓解疲劳和压力，调动积极性，提高灵活性。肩桥（p.214）、骨盆卷动（p.203）也可增加盆底肌力量。

1 椅式

这项动态的瑜伽姿势可以使全身得到有效拉伸，增强肌肉力量，促进血液循环，从而让你充满活力。

p.244 坚持至少5次呼吸

2 肩桥

这项普拉提背部弯曲练习可以有效锻炼腹部、臀部、双腿后部和脊柱，增强身体活力和柔韧性。身体抬起时要确保有效调动盆底肌。

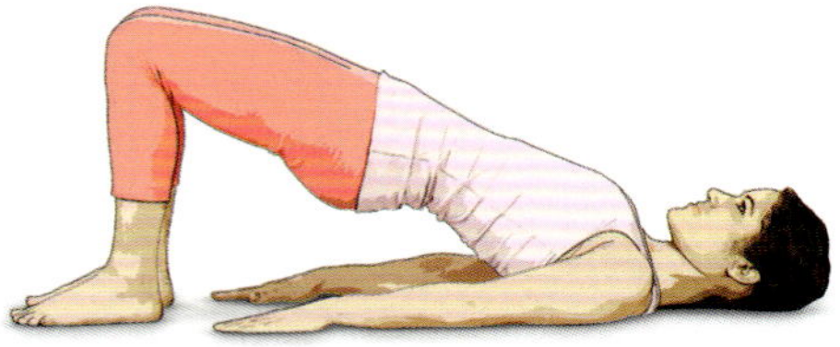

p.214 重复10次

5 侧卧抬举小腿

这项侧向腿部抬举练习可以锻炼大腿内侧，大腿内侧是不容易锻炼到的部位。

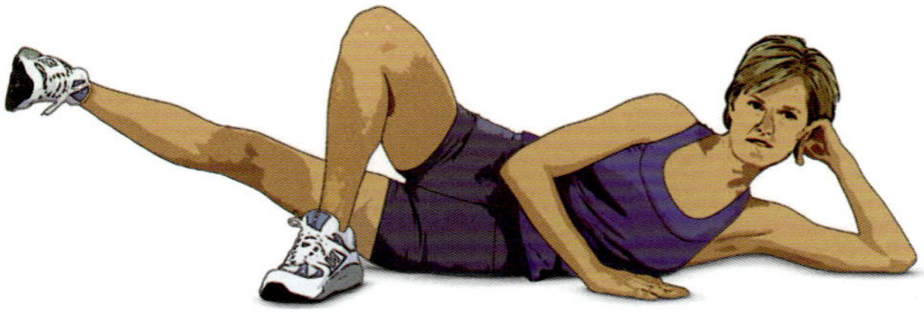

p.146 锻炼次数 14~16 锻炼组数 2 3 4

6 侧卧抬举大腿

这项侧向大腿抬举练习主要锻炼大腿外侧，从而使该部位更加强健有力。

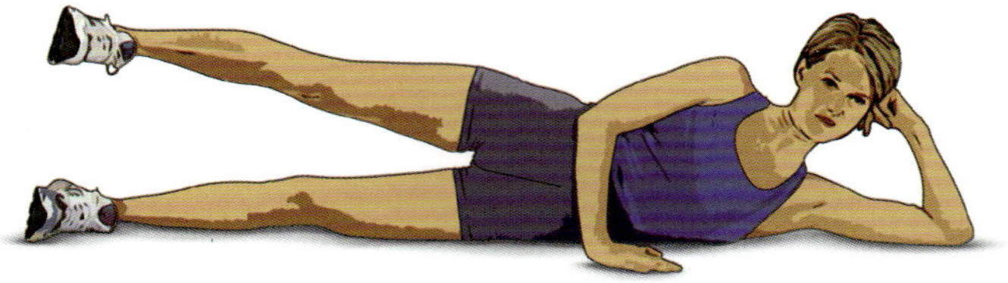

p.147 锻炼次数 14~16 锻炼组数 2 3 4

我的性欲一直在下降——我既不想要也难以享受性生活。对此有什么好的锻炼方法吗？

如果你的性欲低下是由于体能跟不上，定期锻炼可能会有所帮助。另外，运动能够增加有氧适能、身体耐力和柔韧性。所有这些锻炼都可以提高性能力，延长房事时间。

3 骨盆卷动

这项简单却十分有效的普拉提动作能够拉伸大腿前侧，锻炼腹部和臀部。身体抬起时要确保有效调动盆底肌。

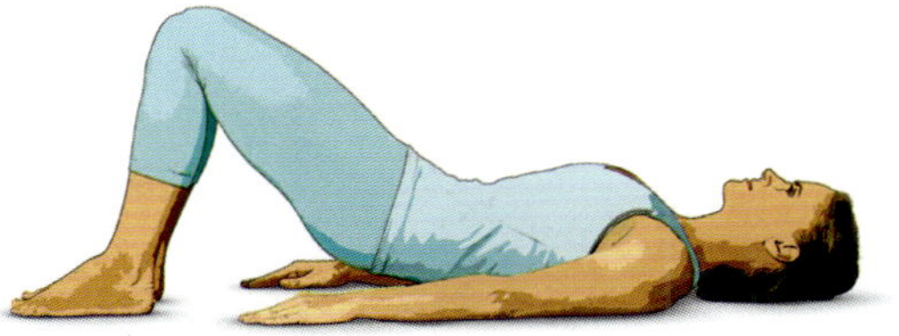

p.203 重复10次

4 足跟轻叩拉伸

俯卧的上身向上抬起可以锻炼整个背部，拉伸整个身体前部。这项动感十强的足跟伸展动作练习可以进一步提升锻炼效果，特别是腿部。

p.133 锻炼次数 12~14 锻炼组数 1 2 3

7 仰卧卷腹

这项经典的动作练习能够帮助你锻炼腹部，提升自身气质和自信。

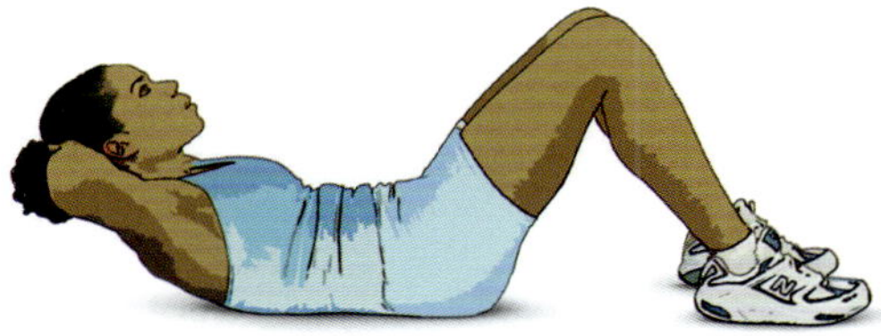

p.122 锻炼次数 12~14 锻炼组数 2 4 6

8 举腿翻身

这项动态十足的芭蕾舞风格的练习可以有效锻炼下肢柔韧性，还可增强腰背部肌力。

p.188 坚持10秒

产后锻炼

产后锻炼旨在帮助产后重新塑造整个身体，并使你变得更强壮、更有活力。产后锻炼着重锻炼和恢复腹部和盆底肌力量。不过，在进行产后锻炼之前最好先咨询专业的医疗人员以确保这些动作适合你。

1 起蹲球

这项蹲坐练习能够锻炼臀部、腿部和骨盆。

p.145 锻炼次数 10~12 锻炼组数 2 3 4

2 推墙提踵

这项简单的脚跟抬举平放练习可以有效加强小腿力量，在怀孕期间，如果你有脚踝肿胀或其他脚部问题，这项练习可以帮助你活动双脚、缓解双脚肿胀。

p.148 锻炼次数 12~14 锻炼组数 2 3 4

5 仰卧胸部推举

这项简单的臂部练习能够帮助你挺胸，增强双臂和上身力量，对于抱婴儿非常有用。

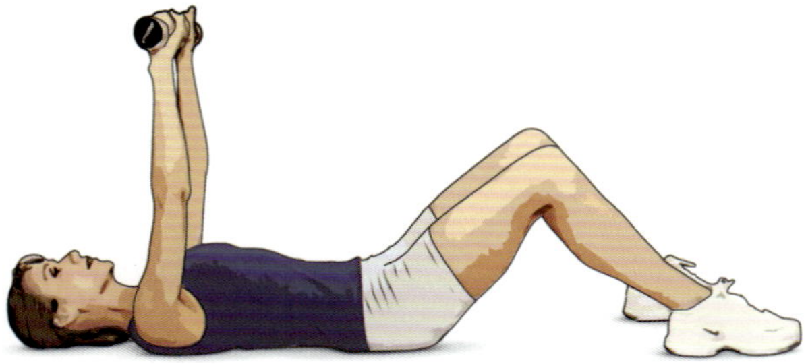

p.114 锻炼次数 10~12 锻炼组数 2 3 4

6 骨盆卷动

当你进行脊柱弯曲时，这项简单的普拉提练习对于缓解腰背部肌肉紧张非常有用。

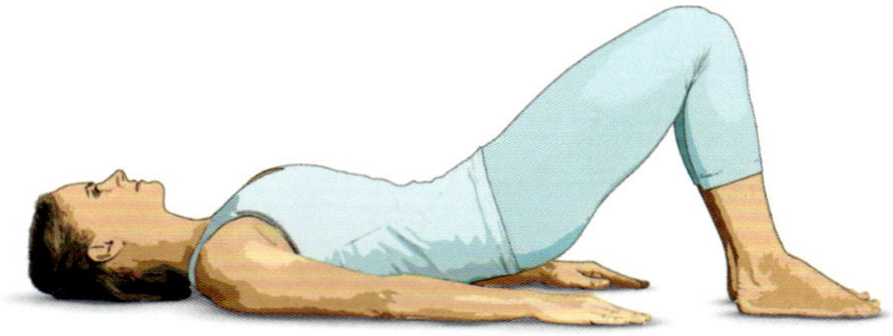

p.203 重复10次

产后我被告知需要六个月后才能进行诸如跑步和跳舞等高强度运动。这是正确的吗？

这确实是对的，因为在宝宝出生后的前六个月，你的体内仍然存在松弛素。松弛素能够使骨盆和产道中的韧带松动以促进分娩，但也会影响其他关节。为了预防关节损伤，最好在这段时间内坚持进行低强度的有氧运动，如散步或游泳。

3 卧撑腿部屈伸

这项简单的普拉提练习能锻炼腹部和腿部，在抬举并拉伸腿部时会自然带动腹部收缩。

p.217 重复10次

4 背部伸展

这项俯卧背部弯曲练习能够帮助你缓解由于怀胎十月引起的背部肌肉紧张，但是适应该项练习需要花费一段时间。

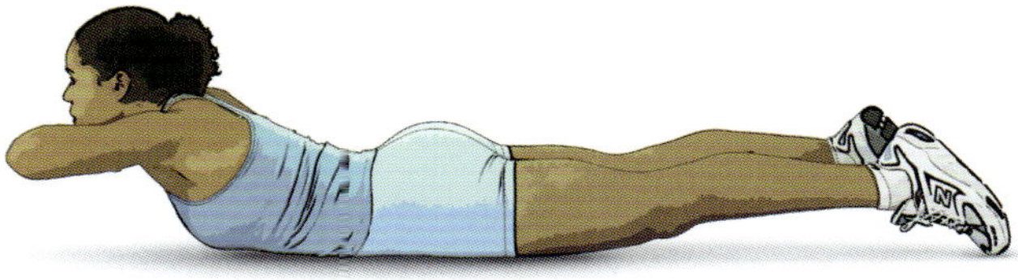

p.132 锻炼次数 10~12 锻炼组数 1 2 3

7 肩桥

这项难度较大的普拉提练习能够促使身体前后同时发力，并拉伸和强健整个身体。

p.214 重复10次

8 仰卧膝上提

当腿向胸部拉伸时，能够有效拉伸腰背部、臀部，还可轻柔收缩腹部。

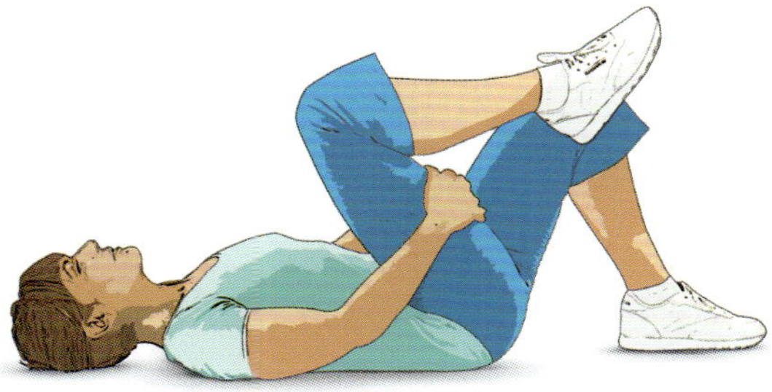

p.173 坚持10秒

年轻十岁锻炼

运动可以让你看起来更健康、更年轻、更有活力，并且比任何昂贵的护肤品或有创治疗效果更好。所以如果你想减轻压力，增强体力，保持或重新锻炼出结实的身体，下面的练习就是为你准备的。随着年龄的增长，身体的热量消耗能力会逐渐下降，因此适当的运动非常重要。

1 弓步踢腿

这项动态练习通过交替弓步踢腿可以锻炼和塑造臀部和大腿前侧。

p.141 锻炼次数 12~14 锻炼组数 1 3 4

2 向后抬腿

这项练习可以有效锻炼臀部和大腿后侧。

p.139 锻炼次数 10~12 锻炼组数 1 2 3

5 俯卧撑

长时间不锻炼，你的胸部和臂部肌肉力量就会变弱，俯卧撑可以有效锻炼上臂和胸部。如果感到难度较大，可以尝试简易俯卧撑（p.112）。

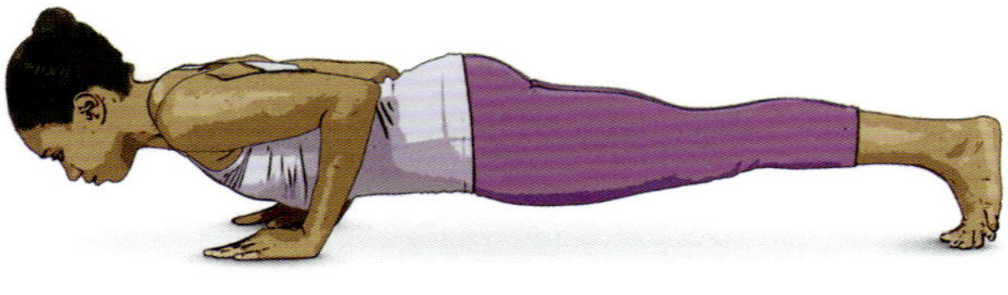

p.113 锻炼次数 8~10 锻炼组数 1 2 3

6 哑铃扩胸

这项臂部练习可以扩张胸部，活动双肩，使你摆脱腋窝部位的赘肉。

p.114 锻炼次数 12~14 锻炼组数 2 3 4

我现在已经50多岁了，跑步时，感到关节疼痛越来越明显。对此，我能做些什么呢?

最好放松一下并尝试新的练习。你可以考虑低强度的有氧运动，如散步、骑行或游泳。其中任何一项都可以让你保持身体健康，同时不会给骨骼造成损害。当然，锻炼强度的把控很重要。

3 马步式

由于深蹲和双臂动作，这项瑜伽练习可以锻炼和塑造整个身体。

p.240 坚持至少5次呼吸

4 坐姿单臂弯曲

松垂的双臂让人显老，这项臂部锻炼可以有效加强和塑造手臂。

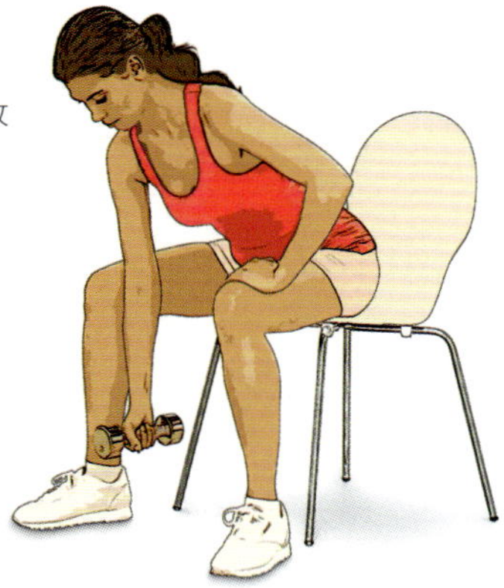

p.117 锻炼次数 12~14 锻炼组数 2 3 4

7 交替拉伸双腿

这项蹬自行车式练习专门针对核心和两侧腹肌，可以锻炼、塑造腹部和腰部。

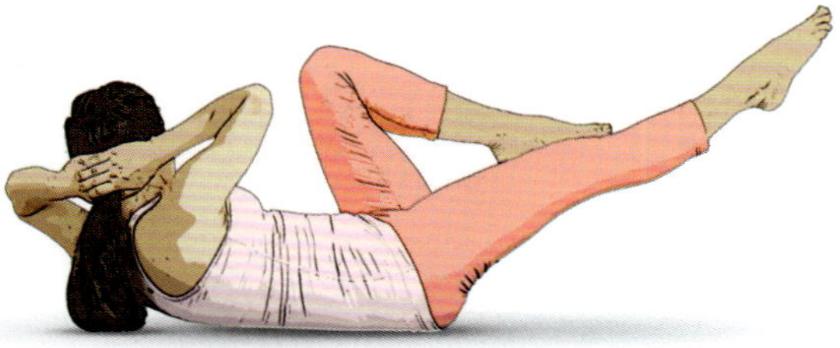

p.129 锻炼次数 14~16 锻炼组数 2 4 6

8 双腿下降

这项练习能够有效锻炼深层腹肌，并通过臀部和腿部发力，可以练出丰满的臀部和强健的大腿。

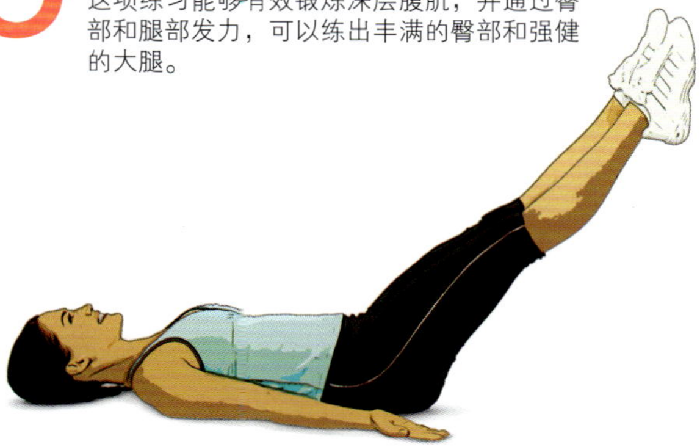

p.125 锻炼次数 12~14 锻炼组数 2 3 4

速效锻炼

为了达到预期的身体锻炼目标，每周进行常规有氧运动和身体塑形锻炼非常重要。当你感到身体僵硬，肌肉紧张，精力不足或者只有一点闲暇时间，你可以随时随地进行速效锻炼。速效锻炼可以:

- 开启美好的早晨。
- 缓解久坐的压力。
- 提供一种受欢迎的午间锻炼方式。
- 在需要的时候让你疲惫的身体呼吸新鲜的空气。
- 释放身体中的任何紧张或压力。
- 增强身体的柔韧性。
- 不论何时、何地，都能缓解肌肉紧张，使你感觉更好。

晨起唤醒锻炼

如果你在早晨起床后很难适应，那么以下锻炼非常适合你。这套轻柔却能激发能量的动作包括轻松摆脱身体僵硬的拉伸练习，活动上身的手肘旋转练习，开启美好一天的平衡练习，以及活动锻炼四肢的臂部和腿部练习。

1 双臂伸展压掌

通过双臂、双肩、上背和躯干两侧的有效拉伸锻炼开启美好的一天。

p.178 坚持10秒

2 肘部旋转

做这项练习可以锻炼双臂和双肩，通过扩展胸部，改善一整天的姿势。

p.164 前后各转8次

5 双手冲拳

这项动态冲拳练习可以锻炼上身。

p.119 锻炼次数 8~10 锻炼组数 1 2 3

6 推墙提踵

当你进行提踵练习时，能够增强下肢力量，锻炼小腿，提高脚部灵活性，进一步增强身体平衡感。

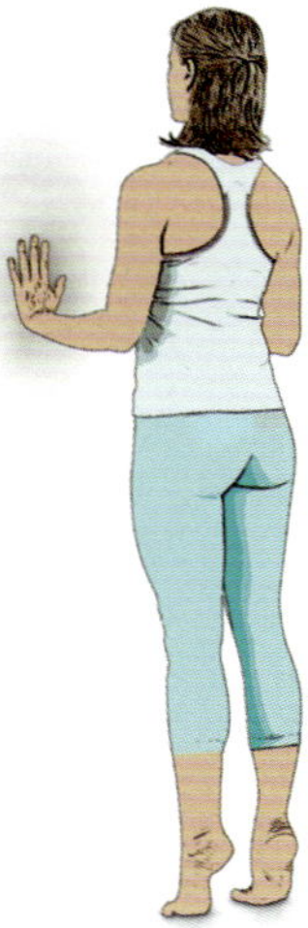

p.148 锻炼次数 10~12 锻炼组数 2 3 4

很多人说早晨锻炼身体是最好的。这是真的吗？

许多人发现早晨锻炼能够为一天的活动提供动力。然而，和一切事情一样，适合一个人的未必适合另一个人，所以根据你的日程安排和精力需求，试着去发现什么时间适合你去锻炼。

3 双臂反向拉伸

胸部在早晨容易发紧，这项双臂上下不同方向的伸展练习可以拉伸身体两侧、放松胸部。

p.175 坚持10秒

4 站立单腿屈膝

这项膝盖平衡抬举练习可以锻炼背部和腹部，同时增强自身的平衡性。

p.134 锻炼次数 8~10 锻炼组数 1 2 3

7 勇士二式及三角伸展式

这项强有力的瑜伽练习可以使上身体验到拉伸感，并能增强下肢力量。

p.247 坚持至少5次

8 屈膝侧平举

可以手握哑铃或两小瓶水来练习这个优雅且活力十足的芭蕾舞风格的动作。

p.152 锻炼次数 8~10 锻炼组数 1 2 3

电脑前锻炼

整天坐在电脑前，做重复的动作，如移动鼠标和打字，背部过度弯曲的坐姿可能会导致颈部和头部发紧，眼睛疲劳，腰酸背痛，双手、双腕、双臂和双肩不适，身体姿势不良。以下锻炼旨在解决这些问题，让你重新恢复活力。

1 转头

这项简单的头部左右扭转的练习可以活动脖颈，缓解头部紧张，恢复颈部灵活性。

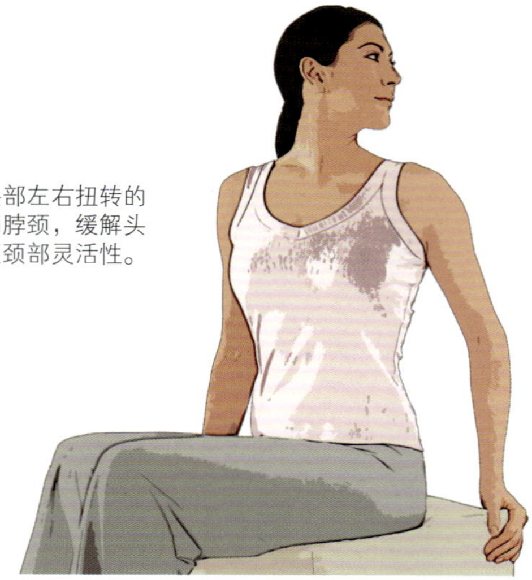

p.161 保持5秒

2 眼部锻炼

双眼先上下看，后左右看，再斜向看，可以使双眼得到休息。

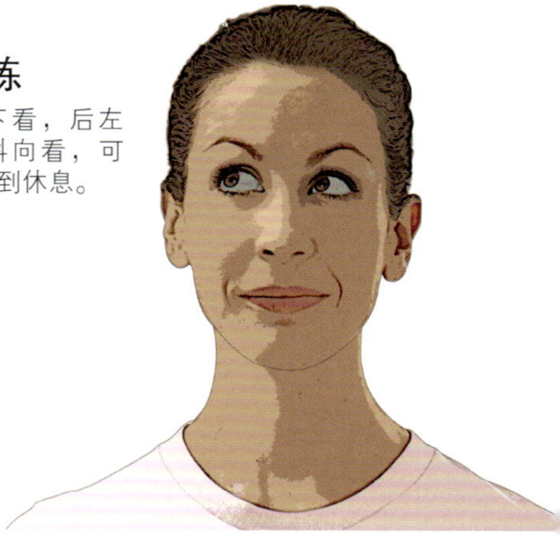

p.160 保持5秒

5 坐姿扭转

扭腰向上伸展手臂可以缓解脊柱和双肩僵硬，还可以活动腰部，扩展胸部，纠正不良姿势。

p.177 坚持10秒

6 跪立扩胸

通过活动肩部提高上肢灵活性，通过双臂抬举使整个上身得到锻炼。

p.115 锻炼次数 8~10 锻炼组数 1 2 3

坐在办公桌前工作，如何让自己的上身不松垮？

确保椅子高度适合，眼睛平视前方，膝盖略低于髋关节，脚平放在地板上，后背挺直。时不时地纠正自己的坐姿：双肩向后向下舒展，头向上伸展，收腹。

3 手部旋转

这些活动手腕、转动手臂的练习可以有效缓解手、手腕及前臂的僵硬。

p.181 左右各重复8~10次

4 下压转腰

这项身体转动练习可以有效缓解肢体僵硬，活动上身。

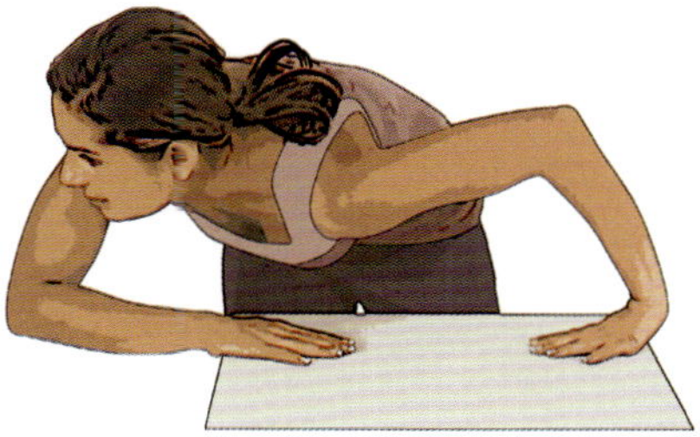

p.166 坚持10秒

7 直臂后抬

这项练习可使双肩和双臂得到有效拉伸，舒缓上身，恢复活力。

p.166 坚持10秒

8 站立单腿屈膝

腿向胸部抬举可以释放腰背部肌肉的紧张感。单腿站立保持身体平衡可以锻炼腹部。

p.134 锻炼次数 8~10 锻炼组数 1 2 3

午间锻炼

经常锻炼的好处是显而易见的。如果工作忙碌，难以进行常规性锻炼，午间锻炼就是为你量身定制的。午间锻炼不仅能够帮助你塑造完美体形，还能让你午后工作时精力旺盛。由于午间锻炼包含许多大肌肉锻炼，因此还能够帮助你加快新陈代谢。

1 弓步扭腰

这项动态练习锻炼整个身体，在练习时需要向身体两侧斜上方和斜下方交替移动双臂。

p.152 锻炼次数 10~12 锻炼组数 1 3 4

2 肱二头肌弯举

这项简单的双臂练习可以锻炼大臂前面。在锻炼时，如果没有哑铃，可以用两小瓶水代替。

p.116 锻炼次数 12~14 锻炼组数 1 2 3

5 弓步踢腿

向前弓步，腿部前踢可以有效锻炼大腿和臀部。

p.141 锻炼次数 10~12 锻炼组数 1 3 4

6 哑铃前平举

这项双臂斜向上举的练习可以有效锻炼肩膀前面和上臂。如果没有哑铃，可以用两小瓶水代替。

p.109 锻炼次数 10~12 锻炼组数 1 2 3

由于我每天有许多事情需要处理，所以很难坚持锻炼，对此有什么好的建议？

当今忙碌的生活方式让我们很难按照自己的意愿来做自己喜欢的事，但是你要记住，经常锻炼不仅可以让我们拥有更好的身材，还可以提高健康和体能水平，让我们处理事情时更加游刃有余，因此可以试着将锻炼放在第一位。

3 趾踵步

脚尖和脚跟来回滚动，交替点地，可以有效锻炼下肢和双脚。

p.149 锻炼次数 10~12 锻炼组数 1 2 3

4 仰卧后撑

以自身体重作为阻力，增强手臂后部力量。

p.120 锻炼次数 8~10 锻炼组数 1 3 5

7 腰部扭转前屈

这项斜向前屈练习可以锻炼整个腹部，拉伸整个背部。

p.131 锻炼次数 8~10 锻炼组数 1 2 3

8 侧向卷腹

这项练习可以有效锻炼腰部和核心腹肌。

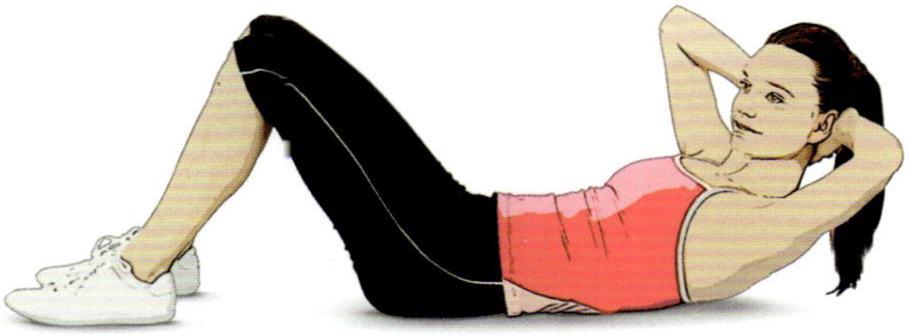

p.128 锻炼次数 12~14 锻炼组数 2 3 4

提神锻炼

如果感到身体疲乏、倦怠，需要立即补充能量，那么以下锻炼非常适合你。提神锻炼可以让你全身感受新鲜空气，提高血液中肾上腺素水平。特别选定的动态练习可以有效锻炼你的主要肌肉，并提高体能水平，让你充满活力。

1 屈膝侧平举

抬举双臂、屈膝可以唤醒整个身体，锻炼腿部力量。

p.152 锻炼次数 10~12 锻炼组数 1 2 3

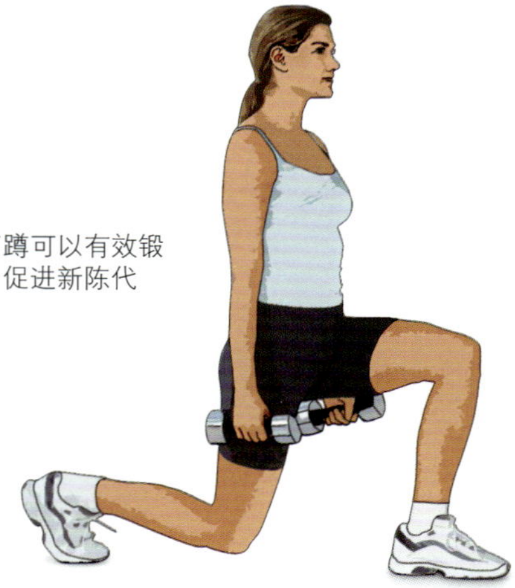

2 持重弓步

这项平衡弓步下蹲可以有效锻炼臀肌和下肢，促进新陈代谢。

p.141 锻炼次数 12~14 锻炼组数 1 2 3

5 推墙提踵

这项简单的推墙踮脚练习可以有效锻炼小腿和双脚。

p.148 锻炼次数 10~12 锻炼组数 2 3 4

6 侧蹲踢腿

下蹲可以锻炼大腿前侧，侧向踢腿可以锻炼臀部肌肉。

p.139 锻炼次数 12~14 锻炼组数 1 2 3

还有哪些运动可以帮助我在疲劳时恢复活力?

饮食均衡，饮水充足，经常锻炼和充足的休息是日常生活中保持身体活力的关键。大多数体能锻炼简单易行，如散步、游泳、摇呼啦圈或打网球，所以开始尝试吧。

3 肱三头肌后举

这项练习主要锻炼手臂后面的肱三头肌，在进行这项练习时要确保腹肌始终处于收缩状态。

p.121 锻炼次数 8~10 锻炼组数 1 3 4

4 肩部伸展

这项双臂前后伸展的动作可以有效锻炼背部、臂部、腹部和双肩。

p.108 锻炼次数 8~10 锻炼组数 1 2 3

7 交替拉伸双腿

这项骑自行车式腿部练习可以增强腹部和腿部肌肉。

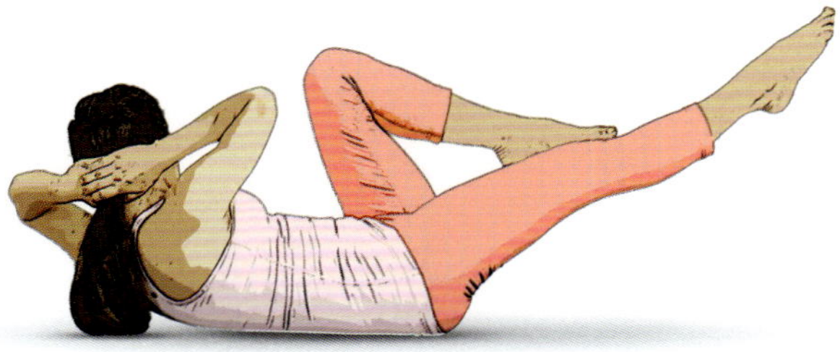

p.129 锻炼次数 14~16 锻炼组数 2 3 5

8 百次拍击预备式（初级）

这项经典的普拉提仰卧前屈练习可以有效锻炼腹部和脊柱。

p.208 重复100次

减压锻炼

压力很大时，往往不愿意去锻炼。但是你要知道，锻炼可以让你感到一身轻松，因为锻炼是一种有效的压力释放手段。充满活力的运动会转移你的注意力，你很快就会放松心情，恢复最佳的身体状态。

1 弯臂出拳

这项动态的练习可以有效缓解肩部和上背部肌肉紧张。

p.150 锻炼次数 14~16 锻炼组数 2 3 4

2 俯卧撑

这项高难度练习需要你全身心集中注意力，因此能够让你摆脱焦虑。如果这项练习难度过大，可以练习简易俯卧撑（p.112）。

p.113 锻炼次数 8~10 锻炼组数 1 2 3

5 马步式

这项瑜伽动作可以帮助你提神，锻炼整个身体。

p.240 坚持至少5次呼吸

6 单腿画圈

这项缓慢优雅的普拉提腿部旋转动作可以放松身体，锻炼腹部和双腿。

p.215 重复10次

工作压力越大，越难进行有效的锻炼。对此有什么建议？

事实上，你感觉到的压力越大，就越需要通过提升活力的有氧运动或放松身体的瑜伽来释放一天的紧张情绪。所以，不要给自己太多的时间来思考锻炼，尽可能地快点做完工作去锻炼，同时要提前计划何时何地、穿什么衣服进行锻炼。

3 弓步踢腿

这项双腿交替弓步前踢的练习可以有效缓解下肢僵硬。

p.141 锻炼次数 14~16 锻炼组数 2 3 4

4 肱三头肌提拉

进行这项臂部提举练习要保持双肩下沉，这样可以帮助你缓解上身紧张。

p.118 锻炼次数 10~12 锻炼组数 1 2 3

7 侧卧抬腿

这项有效的普拉提练习主要针对不经常锻炼的双腿两侧，可以锻炼腰部和大腿，让你重新充满活力。

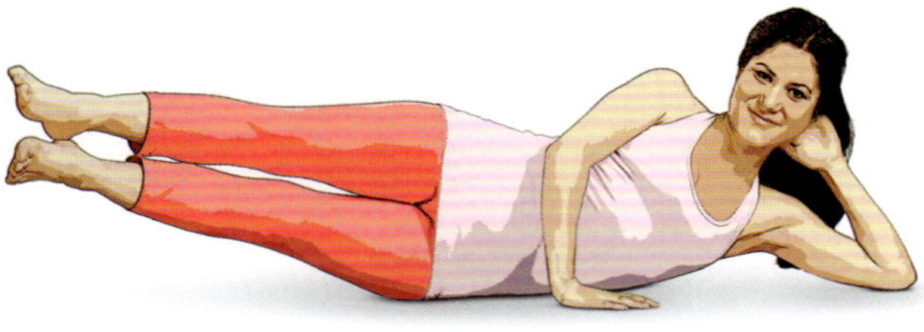

p.216 重复10次

8 平板支撑抬腿

这项难度较大的腹部练习可以活动整个身体，因此这是一项很好的压力缓解方式——压力会随着每一次呼气而呼出。

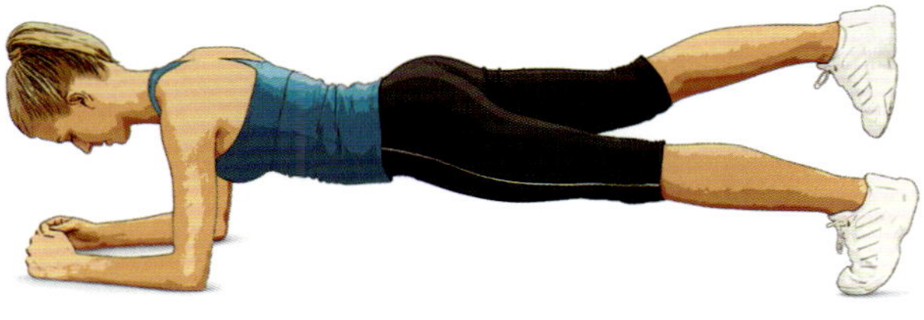

p.126 锻炼次数 8~10 锻炼组数 1 2 3

柔韧性锻炼

任何时候当你感到身体僵硬或紧张，以下练习都非常适合你。以下练习由拉伸运动、普拉提和瑜伽组合而成，可以帮助你放松身体，提高活动能力，改善肌肉功能，更高效地完成日常工作。

1 向下卷动

脊柱柔韧性对于身体活力和灵活性非常重要。重复上身下弯和直立的动作可以有效活动脊柱。

p.206 重复3~5次

2 肘部后推

这项练习通过扩展胸部和腋窝来缓解肌肉紧张，提升双肩柔韧性。

p.176 坚持10秒

5 脊柱扭转

这种坐立式腰部转动可以增强腰背部力量和柔韧性，缓解脊柱两侧竖脊肌的紧张。

p.207 重复10次

6 臀部摆动

这项摇摆练习可以拉伸臀部和大腿，增强髋屈肌灵活性。

p.185 摇摆10次

我在上健身课时，发现自己身体拉伸能力不到周围人的一半，我的身体有什么问题吗?

身体没有问题，真的不用担心，因为有些人本身就比其他人的身体柔韧性强。但是通过定期的身体拉伸，普拉提或瑜伽练习可以提高身体灵活性。

3 勇士二式和三角伸展式

这项动态瑜伽练习可以使身体两侧得到拉伸，并能增强下肢力量。

p.247 坚持至少5次呼吸

4 双手后合

这项瑜伽练习可以拉伸前臂，活动手腕。练习时前臂要保持在一条直线上。

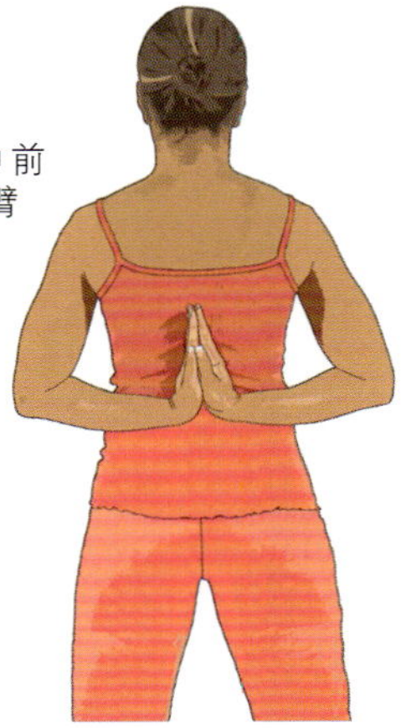

p.180 坚持10秒

7 侧卧伸臂转体

扩展胸部和双肩，当背部转动时拉伸身体两侧。

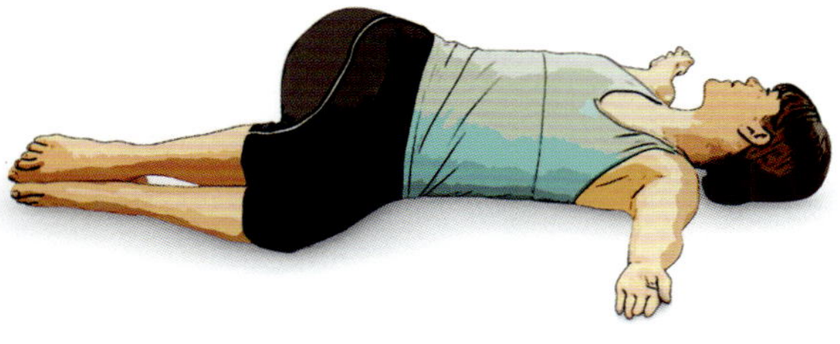

p.169 坚持10秒

8 天鹅式初级

俯卧抬起上身可以拉伸整个身体，提高脊柱的柔韧性。

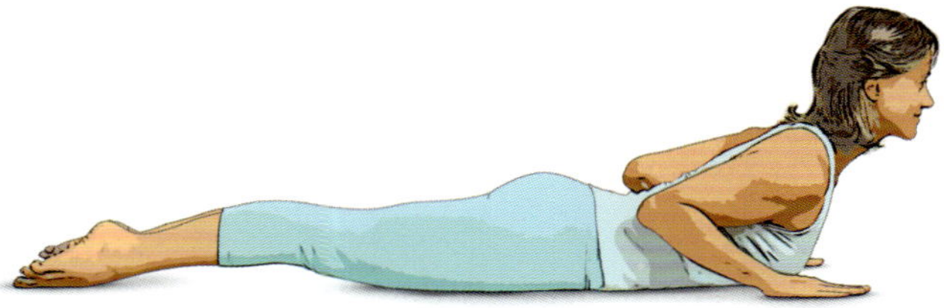

p.204 重复10次

“随时随地”锻炼

无论你身在何处，只需很小的空间和最少的设备，就可以进行这项锻炼。无论你是外出一天还是更长的时间，以下锻炼都是理想的选择。外出时很容易丧失像在家中练习那样的兴趣，以下特别选定的练习可以让你坚持进行身体锻炼，强健身体主要部位。

1 深蹲

这项下蹲练习可以锻炼大腿前侧和臀部。

p.136 锻炼次数 12~14 锻炼组数 2 3 4

2 仰卧后撑

使用一张平稳的低椅，在酒店可以借助床沿来进行这项练习以锻炼上臂。

p.120 锻炼次数 8~10 锻炼组数 1 2 3

5 树式

这项动态瑜伽姿势不仅可以提升你的身体平衡感，而且能锻炼、拉伸整个身体。

p.245 坚持至少5次呼吸

6 弓步踢腿

这项动态的前踢弓步练习可以有效锻炼双腿和臀部，在进行练习时要保持背部直立。

p.141 锻炼次数 12~14 锻炼组数 2 3 5

出差和休假时可以不锻炼吗？

偶尔不锻炼休息几天没有坏处。但一般来说，不进行像拉伸、散步和全身锻炼这样的运动最好不要超过48小时，因为这些锻炼可以让你感知到自己的身体是健康、有活力的，还能让你保持身体锻炼的动力。

3 推墙提踵

必要时双手轻轻扶墙，缓慢地进行踮脚平放练习以锻炼下肢力量。

p.148 锻炼次数 10~12 锻炼组数 2 3 4

4 肱二头肌弯举

这项臂部弯曲练习可以锻炼上臂前侧。如果没有哑铃，可以用两小瓶水代替。

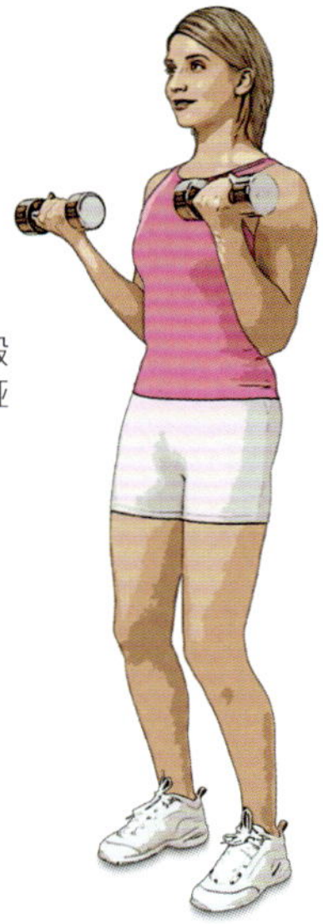

p.116 锻炼次数 12~14 锻炼组数 1 2 3

7 双手冲拳

这项双手冲拳练习可以帮助你保持上身体形。如果你想要增加难度，可以手握哑铃或小瓶的水。

p.119 锻炼次数 12~14 锻炼组数 2 3 5

8 站立单腿屈膝

这项身体平衡练习要求你保持身体直立，可以有效锻炼腿部、腹部和背部。

p.134 锻炼次数 10~12 锻炼组数 1 2 5

索引

B
百次拍击预备式 208
拜日式 228
板凳式 202
背部伸展 132
背部“C”形曲线 203
背后扣手式 180
步行者弓步 65

C
侧蹲踢腿 139
侧身抬腿 153
侧身弯曲 167
侧卧画圈 146
侧卧前踢 218
侧卧伸臂转体 169
侧卧抬举大腿 147
侧卧抬腿 216
侧卧外旋 110
侧卧压举肱三头肌 120
侧卧抬举小腿 146
侧向卷腹 128
长躯席卷 213
持重弓步 141

D
单臂按压 176
单臂划船 135
单腿画圈 215
单腿前屈 242
单腿屈伸 210
倒立抬腿 151
短桥式 143
蹲式 241

F
反台式 233
俯卧撑 113
俯卧后仰 172
俯卧两头起 110
负重靠墙下蹲 137
腹部支撑练习初级 209

G
弓步蹲 186
弓步扭腰 152
弓步扭转 193
弓步屈膝 138
弓步式 229
弓步双臂伸展 192
弓步踢腿 141
弓式 234
肱二头肌弯举 116
肱三头肌过顶 180
肱三头肌后举 121
肱三头肌上举 118
肱三头肌提拉 118
股四头肌和踝关节伸展 65
股四头肌拉伸 186
骨盆卷动 203
跪立扩胸 115
跪姿背部拉伸 134
跪姿后仰 140
跪姿上身前倾 172
滚背 212
滚球 124
腘绳肌卷曲 142

H
核心发力 202

J
脊柱扭转 207
肩部伸展 108
肩部旋转 164
肩倒立式 235
肩桥 214
简易俯卧撑 112
健身球拉伸卷腹 123
交叉步身体侧弯 183
交替蹬腿 124
交替拉伸双腿 129
脚压膝盖 184
颈侧弯曲 163
举腿翻身 188

K
跨坐侧屈 189

L
拉伸和向下卷动 162
轮式 238

M
马步式 240
猫式伸展 170

N
扭身蹬车 89
扭动与旋转 97

P

盘腿前屈 242
平板支撑抬腿 126

Q

起蹲球 145
前臂平板支撑 126
前臂伸展和弯曲 179
前髋伸展 184
球上反飞 111
屈膝 144
屈膝侧平举 152
全方位扭转 170
全身锻炼 89

S

萨尔萨摆动 97
三角式 246
山式 228
山式拉伸 228
上犬式 230
深蹲 136
深蹲扭体 171
手臂交叉 165
手部旋转 181
手部鱼动 180
手腕按压 178
树式 245
双臂抱腿 168
双臂反向拉伸 175
双臂伸展压掌 178
双手冲拳 119
双手后合 180
双手墙角按压 174
双腿盘坐前屈 188
双腿屈伸 211
双腿下降 125

T

台阶落脚 191
抬膝反向弓步 73
摊尸式 227
提踵 73
天鹅式初级 204
天使之翼 81
推墙提踵 148
臀部摆动 185

W

弯臂出拳 150
卧撑腿部屈伸 217

X

下犬式 231
下压转腰 166
向后抬腿 139
向下卷动 206
小腿侧踢 219
小腿弓步 190
斜板式 230
胸膝下颌式 230

Y

哑铃扩胸 114
哑铃前平举 109
眼部练习 160
眼镜蛇式 232
仰卧持重摆臂 89
仰卧腘绳肌拉伸 187
仰卧后撑 120
仰卧负重转体 130
仰卧脊柱扭转 237
仰卧脚压膝盖 184
仰卧卷腹 122
仰卧扭腰 182
仰卧腿部旋转 127
仰卧膝上提 173
仰卧胸部推举 114
腰部扭转前屈 131
椅式 244
婴儿式 227
勇士二式和三角伸展式 247
鱼式 238
瑜伽式呼吸 226

Z

站立单腿屈膝 134
站立腘绳肌拉伸 187
站立扭腰 182
站立前屈式 229
直臂后抬 166
肘部后推 176
肘部旋转 164
转头 161
足跟轻叩拉伸 133
坐立扭转拉伸 130
坐式分腿前屈 243
坐姿侧弯 183
坐姿单臂弯曲 117
坐姿脊柱扭转 236
坐姿扭转 177
趾踵步 149
钟摆式 210

西文字母开头的动作

“T”式 205

作者与顾问简介

凯莉·汤普森（Kelly Thompson） 是一位自由作家兼编辑，对所有与健康和健身相关的事物都有着特别的热情。取得牛津大学舞蹈专业学士学位之后，她又获得YMCA认证的健身教练资格，并在伦敦教授课程。她是一位瑜伽、舞蹈、散步和呼啦圈的爱好者，她相信寻找并坚持自己喜欢的事情能够保持健康。她出版过许多书籍，内容涵盖了瑜伽、按摩、跳舞、冥想、呼吸等方面。她居住在伦敦，并且经常前往世界上一些健身产业发达的地区观光游览。

露西·温德姆（Lucy Wyndham-Read） 是一位全球知名的女性健身专家、私人教练和多本全球知名畅销书的作者。她是英国电视台和广播电台的常客，还制作自己的训练音频、健身DVD和应用程序。露西还擅长营养和减肥及产前和产后运动。多年来，她一直在帮助成千上万的女性减肥，并通过有效且简单易行的训练来塑造身体。

格雷姆·斯通斯（Graham Stones） 在练习瑜伽和参加比赛之前一直练习研究功夫。当他在英国、希腊和印度进行了广泛的研究之后开始对瑜伽产生兴趣。他被认为是伦敦顶尖的健身从业者之一，在按摩治疗和瑜伽教学方面有很高的建树。他擅长识别、治疗身体中受限制和压抑的区域，以便使身体能够获得最佳健康状态和最佳运动表现。他在英国国家芭蕾舞团以及伦敦多处瑜伽和健康中心工作。

艾莉莎·威瑟斯（Elisa Withers） 上大学之前，在墨尔本接受过古典芭蕾舞演员的培训，在那里她获得了物理治疗荣誉学士学位。参加过普拉提教练培训后，她与丈夫格伦威瑟斯成立了澳大利亚物理疗法和普拉提学院（APPI），这是一个国际普拉提教师培训学院。之后，他们在伦敦知名的表演艺术和体育场馆内设立了几个APPI诊疗馆，教授普拉提练习方法。

王亚洲 上海交通大学体育教育训练学硕士，为游泳、赛艇、篮球等多支国家队队员提供过体能测评和训练指导服务。参与译作有《运动解剖学》《舞蹈解剖学》《普拉提解剖学》等，在*OBESITY FACTS*、《体育研究与教育》等中外期刊发表文章十余篇。主要研究方向：运动训练、青少年体育。

致谢

Dorling Kindersley感谢 Susannah Marriott参与本书的内容编写， 感谢Kathryn Meeker给予本书编辑协助，感谢Stephen Bere给予本书设计协助，感谢Susie Peachey对本书的图片支持，感谢Steve Crozier and Adam Brackenbury对本书进行润色， 感 谢Alyson Silverwood and Andrea Bagg对本书进行校对，同时感谢 Anna Bennett给予本书索引。